義理、象數與圖書之兼綜
——朱震易學研究

A Comprehensive Research on Yili, Xiang-Shu, and Tu-Shu
–A Study on Zhu Zhen's Yi Theory

陳 伯 适 著

文 史 哲 學 集 成
文史哲出版社印行

國家圖書館出版品預行編目資料

義理、象數與圖書之兼綜：朱震易學研究 /
陳伯适著. -- 初版 -- 臺北市：文史哲, 民
100.09
　　頁；公分（文史哲學集成；603）
參考書目：頁
ISBN 978-957-549-978-5（平裝）

1.〈宋〉朱震 2.學術思想 3.易學

121.17　　　　　　　　　　100016114

文史哲學集成　603

義理、象數與圖書之兼綜
朱震易學研究

著　　者：陳　　伯　　　　适
出　版　者：文　史　哲　出　版　社
http://www.lapen.com.tw
e-mail：lapen@ms74.hinet.net
登記證字號：行政院新聞局版臺業字五三三七號
發　行　人：彭　　　　正　　　　雄
發　行　所：文　史　哲　出　版　社
印　刷　者：文　史　哲　出　版　社
臺北市羅斯福路一段七十二巷四號
郵政劃撥帳號：一六一八〇一七五
電話886-2-23511028・傳真886-2-23965656

實價新臺幣八八〇元

中華民國一百年（2011）九月初版

謝　　辭

　　多年以來，升等聯繫著工作權，成為潛在的沈重壓力與研究之推力，以案牘為家而冷落家人，感謝家人的包容與體恤。

　　本論著為國科會民國 97、98、99 年度研究之主要成果，在此謹致上誠摯之謝意。

　　同時感謝本論著部份內容之發表，乃至專書之審查，學者專家們的講評與審查，提供寶貴的意見與指導，使本論著在完成的過程中，得到莫大的幫助，也致上深切的感激之情。

　　　　　　　　　　　　　　　　陳伯适　於 2011 年 7 月 20 日

凡　　例

　　一、本論著採用朱震原典之原文，主要根據文淵閣《四庫全書》之版本。

　　二、朱震論著《宋史》原名《周易集傳》、《周易卦圖》與《周易叢說》，然《四庫全書》以《漢上易傳》爲名，並附《卦圖》與《叢說》，因此，本論著稱其三著作：《漢上易傳》、《漢上卦圖》與《漢上叢說》。

　　三、爲便於閱讀，論著各章皆立新的完整標注，例如第一章第一次詳細標明「見朱震《漢上易傳》，卷x，臺北：臺灣商務印書館景印文淵閣四庫全書第 11 冊，頁x。」該章之後則僅作簡要標注：標明作者、書名、篇卷與頁數；如「見朱震《漢上易傳》，卷x，頁x。」但是，後面各章第一次引用朱震之說，仍採詳細標明之方式。其它各種典籍之注引亦同。

　　四、孔門《易傳》（或稱《十翼》）之引述，各篇獨立採用書名號（《》），即如《繫辭傳》、《象辭傳》。

　　五、《易緯》諸作之引述，皆以書名號《》標明，如《乾鑿度》、《乾坤鑿度》等等。

　　六、申言《漢上卦圖》中之各種圖式名稱，皆加上《》以標明，如《太極圖》、《河圖》、《先天八卦圖》等等。

　　七、六十四卦之卦名，兩岸學者多有附加〈〉者，如〈乾〉、〈屯〉、〈需〉等等，然本論著每每涉言卦名，加上〈〉符號，

似顯冗贅；且涉論卦爻象時，需要表明卦畫，與〈 〉符號相加，更顯混雜。因此，一般僅稱作如乾卦、坤卦、屯卦等。

八、六十四卦卦名之出現，原則上不旁加卦畫，唯論述內容涉及卦爻象，或卦符顯現有其論述之必要性時，才附加於卦名後面，如乾☰卦、坤☷卦、屯☳卦等。

九、人名後面附加生卒年，採取各章獨立標示方式。各章人物第一次出現，皆附標生卒年，如朱震（西元 1072-1138 年）；再一次出現不再標明。

義理、象數與圖書之兼綜
—— 朱震易學研究

目　　次

圖表目錄

緒　　論

　　研究的對象，本身有其所處的學術環境與背景，從文本認識的工夫入手，以客觀的態度探討與評斷其學術特色、學術成就，乃至學術得失。研究朱震（西元 1072-1138 年）易學，掌握朱震本人所處的時代現況，觀照學術環境的歷史事實，根據文本的實質面貌去認識、觀覽、分析，從詳熟文本作為最根本的研究入門，確切的瞭解朱震易學的具體內涵，掌握其各個論題主張的實況，以進行評析與檢討。例如探討朱震宇宙觀的哲學命題，若僅從其所言「體用一源，顯微無間」的單一概念之認識，聯繫作為程頤（西元 1033-1107 年）易學的後繼者，而將之歸為程氏之學的延續，未能辨清其主要觀點多與程氏相悖，而是立基於張載（西元 1020-1077 年）的氣化思想；若不能予以辨清，對其氣化的宇宙觀之認識，可能將只陷於一隅，無法得其全真。又如探討卦變說的議題，朱震卦變說談的非常龐雜，一時間不易有系統的掌握其主體的內容，而最方便的方式就是直接以其《漢上卦圖》中的卦變圖式作為說明的主軸，然而這樣的作法或許能清楚認識李挺之（西元？-1045 年）的卦變說，但對朱震的卦變說也難以求其全；唯有從朱震對每一卦爻的釋文中進行整理分析，才能呈現朱震真正的卦變主張，因為朱震卦變說的主要文獻材料，都在其經傳釋文之中。所以，面對研究的對象，以客觀的態度與正確的理解，並以文本為依據，期能面對探討的主題，達到較為全面而完整的認識。

　　學術本身就存在著一種具有多元價值多元發展的取向,立於易學研究的宏觀視野中,不論是象數或義理,本身應該是可以相容並存的,尤其面對類似朱震這種以象數與圖書之學為重的易學家,若預設象數之學為末流學說,他的易學定位也將可能導向末流的思維。主觀態度很有可能左右我們的認識意志,象數之學或圖書之學是否必然要被冠以主觀上價值低廉的標籤?在某些機械化的認識系統中,仍有其知識建構的邏輯性與合理性存在,也有其所屬的科學的或社會文化的意義,同時也可以從當中的思維體系中,試圖去創構可能的哲學意義,這是研究朱震易學所抱持的態度與努力的期許。

　　朱震易學展現出象數、義理與圖書兼綜的特色,在宋代易學發展過程,乃至後代易學的發展,有其特殊的定位、價值與影響,歷來論述者關注其象數之說,僅從其概括的傾向作評論,或關注其易學圖式,重於易圖源流的議題,但少有對其主要之觀點或主張,進行周延之討論。晚近具規模之研究漸起,成果益增,然對其核心思想主張的探述,仍有可待之處。因此,本論著主要把握其重要的、前人研究所不足的範疇與論題,進行詳細的評述。

　　本論著主要採取主題討題的方法,從其義理、象數與圖書易學等方面的重要主張論題進行入手,凸顯與建構有關主張的內容屬性與主體觀點之具體內涵。同時藉由投射歷史性的視域,掌握漢宋易學的本質與發展源流概況,對其相關的論題作客觀的認識與評價。重視材料揀選與運用的系統性與全面性,聯結研究對象的所有材料,對其《漢上易傳》、《漢上卦圖》、《漢上叢說》三作,不偏取其一,兼重運用,以得到較為全面而妥切的結果。各個論題,皆有其易學源流傳衍與思想主題辨證的問題,因此重視歸納、分析與考證的工夫,以及漢宋觀點、不同《易》說之相

對比較，對朱震思想內涵與得失，進行準確的評析。

　　本論著同時結合 2008-2010 年度連續三年的國科會研究計畫進行，把握論題的重要性與完整性，主要探討的議題摘要如下：

　　一、朱震易學的氣化宇宙觀：漢代卦氣說下的氣化宇宙觀思想，到了宋代理學家競說「理」、「氣」的問題，張載可以視爲氣論推衍過程的典型代表，也是漢說思想的延續。朱震在宇宙觀方面，除了根本漢《易》的氣化觀點外，並採取張載、程頤與邵雍（西元 1011-1077 年）等前儒之說。朱震的宇宙觀，圍繞在以「太極」或「太虛」作爲萬物本源的核心主張下開展，氣化之質的內涵，近於張載之說。朱震以氣作爲宇宙的本源，具有變動之性，故有「聚散」之別，並涉及「有無」、「體用」等性質。「陰陽」作爲氣化的主要二元，一切的形成與存在，都是陰陽的變化作用，朱震也具體提出陰陽的神化作用與動靜變化觀點。朱震融會前儒之說，建構了一個屬於自己對宇宙觀的新理解。（本議題發表於「高明教授百歲冥誕紀念學術研討會」，並收錄於《高明教授百歲冥誕紀念學術研討會論文集》。）[1]

　　二、乾坤地位張揚的思想內涵：朱震肯定變動之性的氣化流行，重視陰陽的變化之道；此陰陽的變化之道，亦即乾坤的變化之道，乾坤在其易學系統中，占有極爲重要的地位。朱震特別重視乾坤在宇宙觀中所扮演的角色，對乾坤的論述尤甚。因此，本論題主要探討朱震易學中乾坤所傳達的重要意義，包括從乾坤同於陰陽之性的創生系統、乾坤具無形的本源功能、乾與坤的重要區別、乾尊坤卑的必然性認識等幾個方面進行概括的探析。（本論題原題名爲：〈朱震易學思想中「乾坤」的重要意義〉，發表

1　見陳伯适〈朱震易學的氣化宇宙觀析探〉，《高明教授百歲冥誕紀念學術研討會論文集》，臺北：政治大學中國文學系，2009 年 10 月，頁 150-180。

於《東華漢學》。）²

　　三、傳統的儒學本色與援史入《易》的釋義特色：朱震易學具有強烈的儒家思想性格，重視儒家道統，推崇孔夫子，闡揚先聖先儒之說，表彰禮制，重視儒教規範、倫常思想，體現誠道，羅織為強烈的儒學本色之釋《易》特色，也正反映為程氏、張載等宋代儒學氣質的延續，並集中於君臣關係等治道的範疇上。同時，朱震繼承程氏引史入《易》的傳統，表達其對政治的理性自覺與期待，並以儒家先王之政為範式，以史鑑陳述《易》義。因此，本論題主要從儒學性格的詮釋內容、援史入《易》的表現，以及將《易》義融入對治道的見解等幾個面向切入，以深入探討朱震這些重要義理主張所呈顯的實質內涵。（本論題中的部份內容，曾以題名為：〈朱震易學中的傳統儒學本色〉，發表於高師大經學所主辦「2008 第二屆全國經學學術研討會」。）³

　　四、以象釋義的卦象主張：自從王弼（西元 226-249 年）關注「得象而忘言，得意而忘象」的以「意」為主體的釋《易》觀點，「象」弱化為僅是工具化的意義，對易學的發展造成了革命性的影響，唐宋以降用「象」釋義已遠遠不如漢魏時期的普遍。朱震象數之學特別表現在用象的方面，足以與漢儒如荀爽（西元 128-190 年）、虞翻（西元 164-233 年）等人並論；卦象的重視與運用，為繼漢魏之後的風華再現，成為其易學的主要特色。朱震的用象，主要以《說卦傳》與漢魏以來易學家之說，以及有關的逸象作為依據，並進一步比類推衍，繁富的運用大量的卦象，建

---

2 見陳伯适〈朱震易學思想中「乾坤」的重要意義〉，《東華漢學》，第 12 期，2010 年 12 月，頁 159-188。

3 見陳伯适〈朱震易學中的傳統儒學本色〉，「2008 第二屆全國經學學術研討會」，臺北：高雄師範大學經學研究所，2008 年 11 月，頁 1-33。

立出屬於自己的用象法則。因此，本論題在探討朱震卦象運用的實質內涵，主要包括從其八卦用象的方式及內容來源、合二卦以上之象而得新象的理解、一卦之象類推它象和多卦取同一卦象的認識，以及不同爻位與上下不同卦位呈現不同卦象等幾個方面，進行詳要之梳理與評析。（本論題原題名爲：〈論朱震易學以象釋義的卦象主張之重要內涵〉，曾發表於「第七屆中國經學國際學術研討會」。）[4]

五、互體取象之說：互體取象作爲漢代易學的主流觀點，歷經魏晉的論戰與沈寂，到了南宋時期，朱震再一次將之推向高點。朱震以互體作爲取象詮義的主要方法，也是這個時期大規模運用此法的第一人。互體之法除了作爲朱震象數之說的主要方法，亦是其變易思想的具體作爲。本論題主要探討朱震互體取象之法，從互體之用在於取象，以及以傳統《易傳》之說，確定互體運用的合理性，進而說明朱震運用互體之法的必要性。同時也從三爻互體之法、別卦互體之法、非本卦互體取象之法，以及半象的另類互體取象等方面，詳要論述朱震互體取象的具體內容。（本論題原題名爲：〈論朱震互體取象之說〉，曾發表於「政大中文系經常性研討會」，並刊載於彰化師大《國文學誌》。）[5]

六、卦主說：卦主之說爲漢魏以來爻位主張的重要觀點，從王弼建立其完整而有規模的論述體系以後，隨著象數之學的式微而歷經隋唐走向沈寂，到了南宋朱震再一次將之推向理解與運用

4　見陳伯适〈論朱震易學以象釋義的卦象主張之重要內涵〉，「第七屆中國經學國際學術研討會」，臺北：國立政治大學中國文學系，2011 年 4 月，頁 1-30。

5　見陳伯适〈論朱震互體取象之說〉，「政大中文系經常性研討會」，臺北：國立政治大學中國文學系，2010 年 12 月，頁 1-25。又見《國文學誌》，第 22 期，臺北：彰化師範大學國文學系，2011 年 6 月，頁 397-432。

的高峰。朱震以卦主的觀點論述卦爻之義，表明一卦之主藉由卦爻位的關係，以及卦爻象的呈現，推定某一爻爲卦主，以闡釋一卦之義。卦主之用，確立一爻在一卦中的重要角色，也確立該爻在一卦中的地位，以及該爻表徵卦義的可能內涵。在客觀而現實的侷限下，六十四卦很難推定出每一卦都有一個卦主存在，同時朱震也無意於如何建立一套完整的六十四卦卦主的代表體系，故只能從部份的別卦找尋其卦主。本論題旨在闡明朱震卦主解釋卦義與運用上的具體內容，以及以卦主的觀點聯繫其它解釋卦義的卦爻運用內容，並對其卦主申明卦義之說，作概括的述評。（本論題原題名爲：〈論朱震易學以卦主申明卦義之說〉，曾發表於「政大中文系經常性研討會」。）[6]

　　七、卦變思想：宋人關注卦變的議題，李挺之、邵雍根據虞翻之說，建立新的卦變主張，其後學者多論及卦變，或有新制或沿說，或有反對批評者，卦變之說儼然爲宋儒討論象數之學的重要對象。卦變之說爲朱震《易》著中象數內容的主體；朱震把握《周易》的變易本質，藉由卦變的操作方式呈顯出來，並且作爲解釋六十四卦卦爻義的重要內容。他的卦變觀點，雜揉兩漢以降的諸多說法，將不同系統的卦變之說，融並合言，也表現出他的象數易學之特色。本論題主要從思想理論背景切入，理解朱震卦變的主體意義，進而分析其重要的卦變主張，包括乾坤生六子、十二消息卦變系統、虞翻卦變說的理解、李挺之相生卦變說與反對卦變說等方面，認識與梳理其卦變觀點的實質內涵，並作進一步的評析與檢討。（本論題原題名爲：〈朱震易學的卦變思想析

6　見陳伯适〈論朱震易學以卦主申明卦義之說〉，「政大中文系經常性研討會」，臺北：國立政治大學中國文學系，2010 年 11 月，頁 1-21。

論〉，曾發表於「第二屆東方人文思想國際學術研討會」。）[7]

八、《易》數之述評：易學數論之說，《繫辭傳》開啓天地之數、大衍之數的觀點，成爲兩漢以來數論的焦點。朱震關注數論之說，將《易》數之說推向另一高峰，並標誌出漢《易》舊說的主體精神。朱震除了於《漢上易傳》與《漢上叢說》中大量引述《易》數之說，特別表現在天地之數、大衍之數，乃至八卦卦數的認識，並在《漢上卦圖》中也構制諸多由數論出發的圖式。因此，本論題主要從朱震的相關論釋與圖式觀點，針對其《易》數之說進行述評。

九、太極圖、河洛與先後天易學圖式述評：陳摶（西元？-989年）以其道教之詮釋內涵，融入《周易》之中，建立新的易學圖式，並發展出後來屬於宋代的重要易學特色－圖書之學，其核心內容主要包括《太極圖》、《河圖》、《洛書》、《先天圖》、《後天圖》等幾個主要的面向。這些圖式主張，不論是形式或內容，皆異於漢代象數之學，與傳統易學大異其趣，以今日的哲學觀點來看，可以視爲突破傳統界圍的創造性詮釋。本論題主要針對朱震所傳《太極圖》、《河圖》、《洛書》，以及先後天易學圖式等幾個宋代最具代表性的易圖進行考索與闡述，探討有關圖式的可能傳衍之問題與內蘊的重要義涵。（本論題原題名爲：〈宋代易圖詮述－以朱震太極圖、河圖與洛書、先後天易學圖式爲例〉，曾發表於「政大中文系經常性研討會」。）[8]

十、納甲與消息圖式述評：納甲與消息之說，代表漢代的主

7　見陳伯适〈朱震易學的卦變思想析論〉，《第二屆東方人文思想國際學術研討會論文集》，臺北：玄奘大學東方人文思想研究中心、玄奘大學中國語文學系，2010 年 6 月，頁 1-40。
8　見陳伯适〈宋代易圖詮述－以朱震太極圖、河圖與洛書、先後天易學圖式爲例〉，「政大中文系經常性研討會」，臺北：國立政治大學中國文學系，2011 年 4 月，頁 1-26。

流思想，也爲朱震所承繼，成爲其詮釋《周易》經傳的重要內容
與方法，並且也反映爲根本漢學、探摭象數之學的主要成份。這
種對納甲與消息之說的回歸與運用，在形式的展現上，朱震又特
別以易圖構制的方式來呈現，爲其圖書之學的主要內容之一。因
此，本論題主要針對朱震的易圖進行考索，關注其易圖中有關納
甲與消息的圖式，檢選其最具代表性的納甲圖式與消息卦圖式進
行釋說，並申明圖式所反映的宇宙時空觀之義蘊與內涵。（本論
題原題名爲：〈朱震易圖學中的納甲與消息圖式評述〉，曾發表
於「第三屆東方人文思想國際學術研討會」。）⁹

　　十一、卦氣、律呂與天文圖式述評：天文、歷法與律呂等知
識系統，爲漢代普遍發展用的認識及材料，隨著陰陽災異的思想
在政治社會與學術上的高度運用，在易學的體系中，這些知識成
爲建構具有時代特色的學說思想之養料，也成爲漢代象數易學的
重要標誌。朱震建構與輯述諸多易圖，其中不乏大量有關卦氣、
律呂與天文方面的易學圖式。本論題置重於揀選朱震易圖中，包
括從卦氣、律呂與天文等三個範疇，進行詳要之述評。

　　本論著希望從上述重點論題之深入探討，以確切瞭解朱震易
學之特質，以及在義理、象數與圖書等方面的主要內涵。尤其在
義理方面，釐清朱震對程頤、張載等人思想的繼承與改造之實際
情形；在象數與圖書方面，除了對相關觀點與圖式進行疏理與考
索外，並對有關主張與其前人《易》說的異同進行簡要之述評。
最後確認朱震在宋代易學發展過程中，展現的易學之主體特色，
以及其得失檢討，進行概括的客觀評論。

---

9 見陳伯适〈朱震易圖學中的納甲與消息圖式評述〉，《第三屆東方人文思
　想國際學術研討會論文集》，臺北：玄奘大學中國語文學系，2011 年 6 月，
　頁 190-220。

Introduction

Generally, the best way to study a philosopher is to survey his whole range of thought, identify his academic characteristics, and objectively evaluate his academic achievements, strengths and weakness, taking into consideration the academic environment and background at his time. The best way to understand Zhu Zhen's Yi theory is to study and analyze his original texts, grasp the topics he covers in his theory, and then make a review and evaluation, connecting his work to his living background, the academic environment and historical events at his time. For example, when exploring Zhu's cosmology, only a partial and biased understanding instead of a comprehensive one can be achieved if Ti-Yong is the only aspect to consider, which would lead to the false conclusion that Zhu is a follower of Cheng Yi, without realizing the fact that many of Zhu's concepts are in contradiction with Cheng's and that Zhu in fact develops his theory based on Zhang Zai's Qi-hua thought. Also, when it comes to Gua-bian, Zhu's Gua-bian theory is complicated and in great detail, and is not able to be understood in a short time. Therefore, the easiest way to explore his Gua-bian theory is through his Gua-bian Tu-shi in his *Han Shang Guatu*. However, while this approach may help understand Li Tingzhi's Gua-bian theory, it can't help get a whole picture of Zhu's Gua-bian theory. The only way to fully understand Zhu's Gua-bian theory is to examine his analysis of every single Gua yao, which can only be found in his explanation of Jing and Zhuang. In a word, when a scholar aims to conduct a comprehensive research on a philosopher, a textual research and an objective attitude and perspective are the key if he wants to delve into different topics and achieve a global understanding.

Academic studies have multi values and multi dimensions. In the macro view, Xiang-Shu（image-number）and Yili（principle study）should be compatible and co-exist peacefully in the study of Yixue. If Xiang-Shu is presumed as of lower value, such Yi philosopher as Zhu Zhen, who focuses both on Xiang-Shu and Tu-Shu, would never be recognized as one of the most distinguished philosophers. A subjective attitude is very likely to influence the way we view philosophers and their studies. Should Xiang-Shu or Tu-Shu be subjectively labeled as insignificant? In some mechanical systems exist both the logic and rationality of the building of knowledge, and its scientific and socio-cultural significance, with which potential philosophical value may be constructed. This is the attitude and expectation with which the present study on Zhu Zhen's Yi theory is conducted.

The greatest characteristic of Zhu's Yi theory is his equal emphasis on Xiang-Shu, Yili, and Tu-Shu, which has its position, value and influence in the development of Yi in the Song and later dynasties. Scholars who studied Zhu's theory commented roughly on his views or focused mainly on his Tu-shi and on the origin of Yi Tu;

few did a thorough survey on his main theories or thoughts. Lately, research on a larger scale has appeared and yielded more findings; yet, the examination of Zhu's core arguments has remained scarce and incomplete, a fact which gives rise to the present study.

As for the research methods, since each topic or argument has its origin and development in the history of Yi, dialectics, induction and analysis are used in this study to compare and contrast different Yi theories in the Han and Song Dynasties. The present study highlights the concrete content of Zhu's theory by exploring his important arguments in Yili, Xiang-Shu and Tu-Shu, and objectively assesses his arguments and related issues from a historical point of view, with the understanding of the essence and the development of the origin of Yixue in the Han and Song Dynasties. The present study places high premium on the selection of study material and the use of original texts and on the systematic and extensive survey of Zhu's three major works: *Han Shang Yi Zhuang*, *Han Shang Gua-Tu*, and *Han Shang Cong Shuo*. It is hoped that by reviewing the strengths and weaknesses of Zhu's arguments and offering a precise evaluation, a comprehensive result can therefore be achieved.

In combination with the three-consecutive-year research project of Academia Sinica from 2008 to 2010, the present study aims to address the following issues:

I. Zhu Zhen's Qi-hua cosmology: Based on the Qi-hua cosmology of Gua-Qi theory in the Han Dynasty, Song philosophers developed theories of Li and Qi. Among them Zhang Zai can be regarded as the typical representative in the development of Qi theory, and his theory a continuation of Han thought. Zhu bases his cosmology on the Qi-hua view of Han-yi, and adopts the concepts developed by his predecessors, such as Zhang Zai, Cheng Yi and Shao Yong. His core argument is that Taiji or Taixu is the origin of all beings, and the essence of his Qi-hua ideas is similar to that of Zhang Zai. Zhu regards Qi as the origin of the universe, and it has an ever-changing nature, which results in the difference between Ju （gathering） and San （parting） and is related to You （entity） and Wu （nonentity）, Ti and Yong. Yin and Yang are the main elements of Qi-hua; the formations and existence of all beings are the changing effects of Yin and Yang. Zhu also makes clear his viewpoints of the magical power of Yin and Yang and the change of Dong （moving） and Jing （stationary）. Incorporating his predecessors' thoughts, Zhu constructs his own understanding of cosmology.

II. The status of Qian and Kun: Zhu affirms the changing quality of Qi-hua and emphasizes the change of Yin and Yang, or the change of Qian and Kun. Qian Kun is an extremely important element in Zhu's Yi theory; he emphasizes and elaborates on the role Qian Kun plays in cosmology. The present study aims to explore the significance of Zhu's Qian Kun theory, including the notion that Qian Kun and Yin Yang originated from the same system, the invisible function of Qian Kun, the distinction between Qian and Kun, and the concept of superior Qian and inferior Kun.

III. The practice of traditional Confucianism and the explanation of Yi with history: Zhu's Yi theory embodies Confucianism and holds Confucianism's Dao-tong, Confucius and other sages in high esteem. He proposes to conform to Confucian norms, moral rules, and the ethics of honesty. He shows the strong characteristic of explaining Yi with Confucianism, which can also be viewed as a continuation of what such Confucian School philosophers as Cheng Yi and Zhang Zai contended in the Song Dynasty. Zhu focuses on the monarch-subject relationships in the realm of politics, expresses his sensible self-awareness and expectations in politics, and follows the examples of traditional Chinese monarchs, explaining Yi with historical events and facts. The present study probes Zhu's interpretation of Yi from the character of Confucianism, his use of history to explain Yi, and his incorporation of Yi into his political views.

IV. The interpretation of Yi from the perspective of Xiang: Since Wang Bi developed the view that focused on Yi（meaning） when interpreting Yi, Xiang had been reduced in status to merely tools used to explain Yi（meaning）, which made a revolutionary impact on the Yixue development. Since the Tang Dynasty, interpreting Yi through Xiang had been much less prevalent than it was in Han-Wei Dynasties. Zhu's Xiang-Shu theory distinguishes itself in the use of Xiang, which makese him as distinguished as Xun Shuang and Yu Fan. Zhu's emphasis and application of Gua Xiang led to its revival, and Gua Xiang thus becomes a great feature in his

Yixue theory. Based on Shuo Gua Zhuang and thoughts of philosophers since Han-Wei, Zhu makes massive use of Gua Xiang and establishes his own rules of the application of Xiang. The present study aims to investigate Zhu's application of Gua Xiang and make a comprehensive analysis and evaluation.

V. The theory of obtaining Xiang through Huti: Obtaining Xiang through Huti was the mainstream perspective in Yixue in the Han Dynasty and declined in Wei-Jin Dynasties after a series of debates among Yi philosophers. However, thanks to Zhu, it made a comeback and reached its peak in Southern Song. Zhu uses Huti as the main method to obtain Xiang and explain the meaning of Yi, and he is the first to use the method extensively. Besides, the concept of obtaining Xiang through Huti is the main realization and practice of Zhu's thoughts of Yi. The present study aims to inspect Zhu's theory of obtaining Xiang through Huti, verify the reasonability and practicality of Huti with traditional *Yizhuan* theory, and to further confirm the necessity of Zhu's application of Huti. Meanwhile, the study will provide a detailed description and analysis of Zhu's theory of obtaining Xiang through Huti in terms of the following aspects: three-Yao-Huti, Bie-Gua-Huti, non-Ben-Gua-Huti and unconventional half-Xaing Huti.

VI. The theory of Gua-zhu: The theory of Gua-zhu (the most important yao in a Gua) had been a very important aspect in yao-wei (the position of component lines) since the Han-Wei Dynasties.

While it was well established and developed by Wang Bi, the Gua-zhu theory gradually declined with Xiang-Shu and almost came to an end in the Sui-Tang Dynasties. However, because of Zhu, it made a comeback and reached its peak in the Southern Song Dynasty. Zhu explains the meaning of Gua-yao from the perspective of Gua-zhu. He proposes that Gua-zhu is determined both by the relationships among different yaos and by the presentation of Gua-yao. The practice of Gua-zhu marks the role a certain yao plays in a Gua（hexagram）, the position the yao possesses in the Gua, and most importantly, what the yao truly represents in meaning. In practice, it is difficult to objectively determine a Gua-zhu for each of the sixty-four Gua. While Zhu has no intention to establish a complete system that accounts for the Gua-zhu in every Gua, what he does is to find a Gua-zhu in some of the sixty-four Gua. The present study aims to explore Zhu's interpretation and practice of the meaning of a Gua from the Gua-zhu perspective and provide a comprehensive evaluation of his theory.

VII. The theory of Gua-bian: Gua-bian was a popular topic among Song philosophers. Li Tingzhi and Shao Yong, on the basis of Yu Fan's theory, made new proposals of Gua-bian. Later, numerous philosophers covered this issue in their works, with some developing new concepts, some following Li's and Shao's ideas, still some opposing and criticizing them. Gua-bian became an important aspect when Song philosophers dealt with Xiang-Shu. It is also the main subject of Xiang-Shu in Zhu's works. Using Gua-bian, Zhu presents the changing nature of Zhou-yi and interprets the content of sixty-four Gua. Zhu's Gua-bian theory incorporates ideas from different schools since the Han Dynasty and differentiates itself from other philosophers' theories. Based on the rationale of Zhu's theory, the present study aims to review the content of Zhu's Gua-bian, analyze his Gua-bian proposals and provide a comprehensive evaluation.

VIII. The review of Yi-Shu: Regarding Shu theory, *Xici Zhuang* proposes the concepts of Tian-di-zhi-shu and Da-yan-zhi-shu, both of which had become the focus of Shu since Han. Zhu pushes Yi-Shu to another peak and reviews the main ideas of Han-yi. Zhu not only massively quotes Yi-Shu in his *Han Shang Yi Zhuang* and *Han Shang Cong Shuo*, especially in the explanation of Tian-di-zhi-shu, Da-yan-zhi-shu, and Ba-gua-gua-shu, but also establishes numerous Tu-shi based on his Shu theory in his *Han Shang Gua Tu*. The present study aims to search into and evaluate Zhu's interpretaion of Shu and his Tu-shi theory.

IX. The review of Tijitu, He-Luo, Xian-tian and Hou-tian Tu-shi: Incorporating Dao perspective into Zhou-yi, Chen Tuan invented new Yixue Tu-shi and developed the theory of Tu-Shu-an essential feature of Yi in the Song Dynasty. The core content of Tu-Shu consists of Taijitu, He Tu, Luo Shu, Xian-tian Tu, and Hou-tian Tu. These Tu-shi, whether in form or in content, differ from Xiang-Shu in the Han Dynasty or the traditional Yixue. From today's philosophical point of view, they can be seen as innovative interpretations that break the traditional norms. The present study aims to examine Zhu's Taijitu, He Tu, Luo Shu, Xian-tian Tu, and Hou-tian Tu, the most representative Yi Tu in Song and discuss the issues that might be derived from them and their potential meaning.

X. The review of Na Jia and Xiao-xi Tu-shi: Zhu Zhen adopts the theories of Na Jia and Xiaoxi Tu-shi, the mainstream perspective in Yixue in the Han Dynasty, and makes them the important content and method in his interpretation of *Zhou-yi* Jing Zhuang, which proves that his theory has its root in Hanxue and reflects his use of Xiang-Shu. In the application of Na Jia and Xiao-xi, Zhu presents them in his establishment of Yi Tu, one of the main ideas of his Tu Shu theory. The present study aims to review Zhu's Yi Tu with the focus on Na Jia and Xiao-xi Tu-shi, select the most representative Na Jia and Xiao-xi Tu-shi, and explain their meanings and what they reflect in the time and space of the universe.

XI. The review of Gua-Qi, Lyu-Lyu, and Tian-Wen Tu-shi: Astronomy, calendar and Lyu-Lyu knowledge systems were prevailing and widely used in the Han Dynasty. With the widespread application of Yin, Yang, and the ideas of catastrophes and anomalies politically, socially and academically, these schools of knowledge served as the fertilizers for the growth of different thoughts and theories which reflected the features of a certain era and became vital aspects in Xiang-Shu Yixue in the Han Dynasty. By selecting Zhu' Yi Tu from three main categories, namely Gua-Qi, Lyu-Lyu, and Tian-Wen, the present study aims to examine them thoroughly and give a detailed evalution.

By scrutinizing the above-mentioned topics, the present study aims to obtain a deeper understanding of the characteristics of Zhu Zhen's Yi theory and his proposals in Yili, Xiang-Shu and Tu-Shu. In Yili, it is hoped that Zhu's inheritance from Cheng Yi and Zhang Zai can be clarified and his modification of their ideas can be specified. In Xiang-Shu and Tu-Shu, in addition to inspecting relevant theories and Tu-shi, the similarities and differences between Zhu's theory and his predecessors' will be thoroughly surveyed. Above all, the study aims to identify and highlight the characteristics of Zhu's theory in the development of Yixue in the Song Dynasty, and make an objective comprehensive evaluation of the strengths and weaknesses of his theory.

第一章　宋代易學發展的兼綜典範

　　朱震（西元 1072-1138 年）作爲宋代易學家的重要典型，兼綜象數、義理與圖書之學，會通程頤（西元 1032-1107 年）、張載（西元 1020-1077 年）、邵雍（西元 1011-1077 年）等人之說，囊括異同，展現出個人特殊而多元的易學風格。本章主要從宋代易學發展過程中，朱震作爲包絡諸說所展現的特殊典範之角色，以及歷來的研究概況與評論之情形，進行簡要的闡述，以對其易學的主體特色之概觀與易學成就之歷史定位有初步的認識。

第一節　宋代易學發展的歷史角色

　　王應麟（西元 1223-1296 年）《困學紀聞》指出「自漢儒至於慶歷間，談經者守訓故而不鑿」，「至《三經義》行，視漢儒之學若土梗」，[1]認爲經學發展至宋仁宗（西元 1010-1063 年）慶歷年間才產生巨大的變化。仁宗以降之學風，治經的態度主要因經以明道，明道以知經，探究經義，發明經旨，對傳統的治經方法或內容並不重視，特別是不信注疏，馴至疑經，遂成改經、刪

1　見王應麟《困學紀聞・經說》，卷八。引自臺北：臺灣商務印書館景印文淵閣四庫全書第 854 冊，1986 年 3 月初版，頁 323。

經、移易經文以就己說之風。[2]這種學術風氣,主要受到科舉制度之影響;科舉取士,闡發經義,皆以發明新義,創為新奇,標新以別異於古,以歆動試官,成為一時之好尚,所以王安石(西元1021-1086 年)著名《三經新義》,頒行天下,實為教人捐棄古說,以從新義,皮錫瑞(西元 1850-1908 年)特別痛斥,「名為明經取士,實為荒經蔑古之最」。[3]是宋學之大盛,為漢學之凋敝;雖在經學史上注入新的血脈,卻也阻斷了舊的氣息,漢、宋的鴻溝由此生焉,而此舊恨一直發展到清代,特別是乾嘉時期,成為了新仇,這是宋人所始料未及的。[4]的確,宋代所代表的純粹的漢《易》系統的易學論著,實在是不容易尋見,而那種不見得純粹,卻帶有強烈的漢《易》風格的重要《易》著,朱震的《漢上易傳》可以視為那個時期的典型代表。那個時期的易學,象數之學已從主流環境中邊緣化,而在那些非主流的象數觀點上,易學家們特別以卦變為好,且又擅從「數」的概念上談象數,同時,由於河洛之學所帶引的易圖風尚的崛起,形成一種新的象數觀與漸次蔓衍的易圖之學,朱震承襲與改造前人之說,成為那個時期象數之學與圖書之學的主要代表人物。

在易學的發展上,特別深受前述學風之影響,宋人不論在象數或義理之範疇上,大致不離「先天後天」、「河圖洛書」之說,

---

2 王應麟《困學紀聞·經說》引陸游之言云:「唐及國初,學者不敢議孔安國、鄭康成,況聖人乎!自慶歷後,諸儒發明經旨,非前人所及;然排《繫辭》、毀《周禮》,疑《孟子》,譏《書》之〈胤征〉、〈顧命〉,黜《詩》之序,不難於議經,況傳注乎!」(見王應麟《困學紀聞》,卷八,頁 324。)此一時期經學之發展,並不重於從經傳本身為出發,而重於個人意志之抒發。

3 見皮錫瑞《經學歷史》,臺北:藝文印書館,1996 年 8 月初版 3 刷,頁 303。

4 見參見陳伯适《惠棟易學研究》(一),臺北:花木蘭文化出版社,2009 年 9 月初版,頁 43-44。

亦有不涉諸說之義理爲宗者。在廣義的象數之學裡，宋代大體已脫離了傳統漢《易》之說，而是華山道士由陳摶（西元？-989 年）以降漸盛之圖說，形成一種新的易學詮釋風格。因此，宋代的易學，多數學者粗分爲圖書與義理二說。那些少數具有漢《易》氣質的易學論著，也就益加不易被關注，特別是後人對他們的評價，往往以主流易學作爲依準，而失之公允。

　　圖書之學，從文獻資料所見，似乎爲陳摶首先開啓，陳摶以其道教之詮釋內涵，融入《周易》之中，建立新的易學圖式，並發展出後來屬於宋代的重要易學特色－圖書之學，其核心內容主要包括《河圖》、《洛書》、《先天圖》、《後天圖》，以及《太極圖》幾個方面。這些學說所反映出的，不論是形式或內容，皆異於漢代象數之學，與傳統易學大異其趣，以今日的哲學觀點來看，可以視爲突破傳統界圍的創造性詮釋。在《河圖》與《洛書》方面，以北宋中期之劉牧（西元 1011-1064 年）爲首，提出「圖九書十」之說，[5] 以《洛書》體現天地之數中陽奇和陰偶相配合的法則，而《河圖》則闡發八卦的來源，以及一年之間陰陽二氣消長的過程；朱熹（西元 1130-1200 年）《易學啓蒙》與《周易本義》這曾爲典型性論著中載錄二圖，使河洛說之傳佈與影響更爲久遠。「先天」、「後天」方面，則以邵雍易學爲代表，[6] 認爲《周易》卦爻辭乃文王之《易》，屬於後天之學；而其一生重在建立先天易學，認爲伏羲氏之圖式，雖有卦無文，但盡備天地萬物之

5　「圖九書十」或「圖十書九」之說，歷來爭議不休，大抵朱震主張「圖九書十」，而朱熹主張「圖十書九」，形成兩種不同的說法。這個部份於本論著後面篇章，針對朱震圖書易學的論題中，將作詳細的評述。

6　邵雍主要易學著作有《皇極經世書》與《伊川擊壤集》，而《皇極經世書》又包括《觀物內篇》與《觀物外篇》，其實質內容已不全，當中諸多圖式，多爲邵伯溫、蔡元定、朱熹等人所補述。

理，特別以《先天八卦圖》、《六十四卦次序圖》來解釋八卦乃至六十四卦的形成，並結合曆法知識說明季節變化與陰陽消長的過程，進一步說明國家社會的興衰起滅與世界的終始轉化，具有世界觀與宇宙論的意義。在《太極圖》方面，則本諸於周敦頤（西元 1017-1073 年），其圖說大致以道教的先天太極圖為藍本，並參照陳摶的無極圖，以及禪宗思想的影響，[7]成為一種新的易學論述內涵，視「無極」與「太極」為宇宙萬物的本源，建立一套不同於以往的新穎之宇宙論體系，並對理學產生了深刻的影響。

宋代儒者以清新而別緻的圖式學說來闡釋易學，除了具備「象」的概念外，也重視「數」的運用，其圖式內容中，或以數示象，或以象寓數，或象數兼具，而全然脫出西漢易學那種強烈摻雜天文曆法的知識所普遍倡論之卦氣說，以及互體等易例的象數易學之窠臼；同時把易學概念引申推展到傳統易學之外的哲學領域，揭示大自然或宇宙本體的生成規律上，這樣的易學觀，與西漢注重占驗災變的講求實用之精神迥然相異。因此，宋代的圖書易學，在其建構的易學圖式中，常常包含著深弘豐厚的義理內蘊，這種義理的成分，也往往從屬於宋代理學之基本範疇，並不同於傳統易學所標幟的哲理，可以視為理學所表述的重要觀點。

---

7 黃宗炎《圖學辨惑·太極圖說辨》云：「太極圖者，創于河上公，傳自陳圖南，名為无極圖，乃方士修鍊之術，與老莊之長生久視，又其旁門岐路也。老莊以虛无為宗，无事為用；方士以逆成丹，多所造作，去『致虛』、『靜篤』遠矣。周茂叔得之，更為《太極圖說》，則窮其本而反于老、莊，可謂拾瓦礫而悟精蘊。但綴說于圖，合二途為一門，其病生矣。……茂叔得圖于方士，得偈于釋，心証于老。」（引自黃宗羲、黃宗炎撰，鄭萬耕點校《易學象數論（外二種）·圖學辯惑》，北京：中華書局，2010年 10 月 1 版北京 1 刷，頁 454。）明白指出周子之《太極圖》，是儒、釋、老與仙道冒昧淆亂的結果。此外，《宋元學案·濂溪學案》、朱彝尊《曝書亭集》（卷五十八），以及《二程遺書》游定夫記程子語等諸書中，皆記周子之圖學，是兼容此諸家之學而成的。

　　在圖書易學外，專主義理之闡發者，大概可分為以儒理論《易》者、以史事證《易》者，以及以心學解《易》者；[8]當然這樣的區分未必適切，然而宋代易學家，其治《易》之內容，確實可以從這幾個傾向來論述。但已如前述，這個時代的義理學家，大體都融入了濃厚的理學思想的時代哲學特色。其發展的進程，北宋時期之名家，如胡瑗（西元 993-1059 年）、歐陽修（西元 1007-1072 年）、李覯（西元 1009-1059 年）、司馬光（西元 1019-1086 年）、張載等人開其先路，至程頤的《周易程氏傳》，成就了某種學術的格局與勢力；南宋時期，經楊萬里（西元 1124-1206 年）、朱熹、楊簡（西元 1141-1225 年）等人進一步的推闡發揮，義理學派儼然已具主導的地位，並且持續影響到元明兩代的易學發展。這種義理學派的易學思想，有一基本之特色，即以新興的儒理釋《易》，與王弼（西元 226-249 年）那種強烈的老莊玄學之氣韻有所不同，程頤於此奠定了基礎，樹立其因象明理、以理解《易》的方法與內容，其中心的議題即是一個「理」字，將「理」看成是宇宙天地萬物的本原和總則，並由朱熹進一步地開展，他站在理學的立場上，結合其對儒家哲理的領悟與發揮，來闡說《周易》的義理，成為理學的宗師。程朱二家所延續的這條易學路線，代表著宋代義理學的主要傾向，並對後世產生深遠的影響。朱震作為程頤的再傳弟子，其《漢上易傳》多有宗本於程氏《易傳》者，引程氏之言者高達 173 次，[9]也就是說，在義理的闡發上，朱震深

8　一般研究宋代易學者，常作此種分類。張善文《象數與義理》即作此分。見張善文《象數與義理》，瀋陽：遼寧教育出版社，1997 年 4 月 1 版 3 刷，頁 243。

9　引用程頤作為論述者，包括卷一有二十四次、卷二有二十四次、卷三有十九次、卷四有三十八次、卷五有三十四次、卷六有三十二次、卷九有一次、卷十一有一次，合計一百七十三次。

受程氏的影響，存在著強烈的程氏易學的本色，高度表彰其義理之性。

此外，義理學上，亦有特別強調援史證《易》者，也就是透過歷代史事來推證《周易》的哲理，最具代表性者，如李光（西元 1078-1159 年）與楊萬里，「大旨本程氏，而多引史傳以證之」，[10]以大量的歷代史實材料，尤其是統治者的德行與政治得失為事例，來說明進退、存亡、治亂之道，闡明對當前政治社會的批判與不滿，賦予諷喻與規諫之情，並進一步參證《周易》經傳的內涵懿旨；將《周易》的論述重心安置在哲理與歷史經驗教訓的溝通基點上，並對後來之易學家的釋《易》方式，產生了極為顯著的影響。又有專就心性解《易》者，如王宗傳（西元？年）的《童溪易傳》，以及楊簡的《楊氏易傳》，[11]認為《易》所以明人心之妙用，為吾心所固有，《周易》這部聖典，更含有聖人對天地、自然萬物與人心的「先覺」；因此，這一系的義理之學，特別強調以人心為主要論述內涵的易學思想，標幟出其獨有的義理特色。[12]朱震某種程度，或許也感染到援史證《易》的易學風格，

---

10 見永瑢等撰《四庫全書提要·誠齋易傳》。引自楊萬里《誠齋易傳·提要》，臺北：臺灣商務印書館景印文淵閣四庫全書第 14 冊，1986 年 3 月初版，頁 513。

11 《四庫全書提要·楊氏易傳提要》指出「以心性說《易》者，始王宗傳及簡」，認為王、簡二人為從心性範疇論《易》之首見者，然而因為如此，全然脫離《易》之原來質性，「遂流於恍惚虛无耳」。引自臺北：新文豐出版公司編印《大易類聚初集》第 3 冊，影印自文淵閣四庫全書本，1983 年 10 月初版，頁 679。

12 《童溪易傳》云：「聖人本天地以作《易》，非有他也，故所以發明人心之妙用。人心之妙用，即天地之變化也；天地之變化，見於萬物成象成形之際，與夫雷霆風雨、日月寒暑之運動。人心之妙用，則為可久可大之德業，其實皆无越乎自然之理而已矣。」（見王宗傳《童溪易傳》，卷二十七，臺北：臺灣商務印書館景印文淵閣四庫全書第 17 冊，1986 年 3 月初版，頁 320。）又云：「聖人憂世之心如此其深且至也，……發之於

其釋卦爻義每每可見援用史事來證說，形成其易學的重要特色之
一。[13]

　　宋代的易學，大抵以義理爲盛，而在象數方面，則主要歸屬
於圖書的範圍。也就是說，宋代易學的主要特色，以及對後人造
成深遠的影響者，即爲其圖書易學。這個綿延七八百年的宋人圖
書之說，「其大部分易圖，對於闡釋《周易》原旨，並無重大價
值」，[14]然對在中國哲學史上，卻建立起龐大的體系與豐富的面
向，並延續與深深影響後世的易學發展。尤其元明兩代，學者論
《易》，大抵不脫宋儒窠臼。元代的易學，大多數的易學家在宋
《易》的基礎上，發揮圖書，論述性理，在方法與內容上，基本
上不出宋人的範圍。由於程朱理學地位的確立，取士用書皆主程
朱，所以元代易學家也都以程朱爲宗。至於明代二百餘年間的易
學發展，也大部分都跟在宋元之後，或制說易圖，或以《易》說
理，尤其是萬曆以後，雜入心學、佛家禪偈，《周易》經傳本旨
的闡發則乏人問津，所以皮錫瑞稱明代的經學發展，是個「極衰
時代」。[15]

　　朱震處於宋代這個特殊的易學發展年代，其《易》說帶有強

《易》故也。夫聖人之所有者安在乎？曰：此性之所見者是也。此性之
所見，而伊尹之所謂『先覺』也。有是先覺，故以覺後覺爲已任，此聖
人憂世之心也。然則見天下之賾、見天下之動，聖人之先覺其在茲乎？
故《易》象與爻由是而立焉。然則聖人區區於立象與爻何也？曰：爲天
下後世之言動設也。使天下後世言无過言，行无妄動，即是象與爻而有
得焉。此則聖人作《易》之本心也。」（見王宗傳《童溪易傳》，卷二十
八，頁 334。）此二段話，可以深刻表明以心學論《易》者所表述的主
要內涵。

13 有關的義理之認識，詳見後面章節所述。

14 見劉大鈞《周易概論》，成都：巴蜀書社，2004 年 5 月 1 版 1 刷，頁 133。

15 見皮錫瑞《經學歷史》，頁 317。宋代易學發展之論述，參見陳伯适《惠
　棟易學研究》（一），頁 43-47。

烈的象數易學之內涵，與宋儒《易》說的主要本色不合，但卻有程氏、張載諸儒的義理之蘊，以及豐富的易學圖式，成為宋代《易》家中的特殊份子，雖然未受到廣泛重視，卻為宋代《易》家中不可忽視者。

宋代的圖書易學，或稱為另類的象數易學，但始終反映出濃郁的理學體系下之義理內涵，這是宋代易學所獨有的。朱震易學所呈現的易圖特質，即是宋代易學的典型代表，而其易圖內容，卻帶有濃郁的漢《易》本色；解讀朱震的易圖，不只是以平面的認識與介紹而已，從哲理性的觀點切入，才能更加凸顯易學的價值。

第二節 象數、義理與圖書兼綜的典型

北宋以降發展出以義理為主及新式圖書之學的詮《易》風格，屬於漢代象數易學的方面，相對受到壓抑。朱震不但承傳宋代主流義理思想與圖書之學，也重啟漢幟，並且高度反映在其經傳釋說與相關圖式之中，成為象數、義理與圖書兼綜的典型。

一、漢代象數易學再現的典範

《周易》的最初形成，代表著卜筮活動下所構築的產物，遠在周時期的大卜就有「掌三易之法」[16]的卜筮操作系統，所以《漢書·儒林傳》毫無疑問的視之「為卜筮之書」。自從秦漢以前的《易

---

16 見《周禮·春官宗伯·大卜》：「（大卜）掌三易之法，一曰《連山》，二曰《歸藏》，三曰《周易》。其經卦皆八，其別皆六十有四。」（引自臺北：藝文印書館十三經注疏本《周禮注疏》，卷二十四，頁370。）

傳》以來，包括晚近出土的有關文獻資料，如《二三子》、《易之義》、《要》、《繆和》、《昭力》等諸作，除了延續卜筮的原始性格外，也更具體的發展與建構宇宙源起與生化圖式，肯定宇宙事物動運變化的普遍性概念，開闢出推天道以明人事、陰陽變易、陰尊陽卑、重視德義的種種哲理性思維，同時也在象數易學的路線上，運用更複雜與更具理性化的推演來闡發《易》道。象數與義理兩大體系，從《易傳》等有關代表先秦的文獻中，二者彼此難分親疏，但已從原始的卜筮性格中決然跳脫出來，開展出新的哲理性思維。

　　秦漢以來黃老的學術氛圍，提供易學的較大發展空間，至漢代武帝（西元前 156-前 87 年）時期，從思想文化方面的改革著手，以強化其政權與大一統的局面，罷黜百家，獨尊儒術，而董仲舒（西元前 179-前 104 年）「首推陰陽爲儒者宗」，[17]進一步將儒家帶入陰陽化的路線，當中對易學的影響尤遽，《春秋繁露》指出「《易》本天地，故長於數」，[18]以「數」言《易》，表明《易》的象數本色，對兩漢象數之學自然有一定的推動作用。兩漢的易學發展，從黃老之學的盛行，儒學的陰陽化，加上讖緯之學的漫延，以及天文、歷法、醫藥、數術等知識的發達，陰陽災異、吉凶休咎的觀念益加盛行，使易學走向象數之學獨領風潮的黃金時代，從孟喜（西元？年）、京房（西元前 77-前 37 年）、《易緯》到鄭玄（西元 127-200 年）、荀爽（西元 128-190 年）、虞翻（西

---

17 見班固《漢書・五行志》云：「漢興，承秦滅學之後，景、武之世，董仲舒治《公羊春秋》始推陰陽爲儒者宗。」見班固《漢書・五行志》，卷二十七上，引自北京：中華書局《二十四史》版本，1997 年 11 月 1 版 1刷，頁 1317。

18 見董仲舒《春秋繁露・玉杯》。引自清代蘇輿《春秋繁露義證》，卷一，北京：中華書局，1996 年 9 月 1 版北京 2 刷，頁 36。

元 164-233 年）等人，將象數易學帶入空前的壯盛階段。鄭玄「括囊大典，網羅眾家，刪裁繁誣，刊改漏失」，[19]樹立東漢以來的漢學大幟；象數之學推衍不止，至虞翻而集兩漢之大成，卻也由於它的繁富複雜，盛極而衰，終為玄學時代的義理學派所取代。魏晉時期，鄭《易》間或流通，而王弼所屬的老莊玄言解《易》的義理派易學大盛於江南，儼然開啓了義理之學的新曙光，用「得言忘象，得意忘言」的觀點，來辨析漢儒象數之學的固陋，指責以虞翻為主的象數大家，「一失其原，巧愈彌甚」，繁雜瑣屈，多有附會，以致「存象忘意」。[20]王學從此取得定於一尊的地位，歷經隋唐而不衰。

唐太宗時孔穎達（西元 574-648 年）等人撰注《周易正義》，集講疏之大成，然「獨于《易》黜鄭、虞而宗王、韓」[21]，王弼、韓康伯（西元 332-380 年）所代表的義理之學成為主流，而漢代的象數易學，已然中絕。[22]但間復有李鼎祚（西元？年）著《周易集解》，知「天象遠而難尋，人事近而易習」，以古訓未散，集漢魏三十餘家言，「刊輔嗣之野文，補康成之逸象」，歸宗於象數範疇，[23]使漢代象數之學得以綿延而弗絕。

---

19 見范曄《後漢書·張曹鄭列傳》，卷三十五，北京：中華書局，1997 年 11 月第 1 版，頁 1213。

20 括弧引文見王弼《周易略例·明象》。引自樓宇烈《王弼集校釋》，北京：中華書局，1999 年 12 月北京 1 版 3 刷，頁 609。

21 見李道平《周易集解纂疏·自序》云：「乃唐祭酒孔君沖遠奉勅疏解諸經注，獨于《易》黜鄭、虞而宗王、韓。取輔嗣野文疏而行之，其書遂藉以獨尊于世，而漢學浸微。」（見李道平《周易集解纂疏》，北京：中華書局，2006 年 7 月北京 1 版 5 刷，頁 2。

22 長孫無忌《隋書·經籍志》云：「至隋，王注盛行，鄭學浸微，今殆絕矣。」（見長孫無忌《隋書·經籍志》，北京：中華書局，1997 年 11 月 1 版 1 刷，頁 913。）即以鄭氏之說的有關漢代象數之學從此殞落。

23 括弧引文見李鼎祚《周易集解》自序。（揭前書，臺北：臺灣商務印書館，1996 年 12 月臺 1 版 2 次印刷，頁 2。）

　　有宋一朝，經學的創新詮釋視野與認識，標示出以理學爲主的新發展。易學可以視爲宋代經學中的最大宗者，單就《宋史‧藝文志》中所記載者就有二百一十三部一千七百四十卷，[24]這還不包括在術數類中所錄者，而清代《四庫全書》中收入兩宋易著也有五十餘種，可見宋代易學發展可稱蔚爲大觀。但是，宋代易學的新發展，並沒有因此延續或擴大漢學的風華，而是開展出以理學釋《易》與陳摶一系之圖書易學爲主的新里程碑。《四庫全書總目提要》對宋代易學作了簡要定調，云：

> 漢儒言象數，去古未遠也，一變而為京、焦，入於禨祥；再變而為陳、邵，務窮造化，《易》遂不切於民用。王弼盡黜象數，說以老莊，一變而為胡瑗、程子，始闡明儒理；再變而李光、楊萬里，《易》遂日啟其論端。此兩派六宗，已互攻駁。[25]

認爲宋代易學在象數方面爲代表的是陳摶、邵雍、周敦頤爲主的講求「河圖洛書」、「先天後天」與太極圖說等以圖書爲主的新的象數之學，已非漢代的象數面貌；在義理之學方面，包括以胡瑗、程頤爲主的儒家性格的易學，以及李光、楊萬里等以引史解經爲特色的另一系統的易學。雖然《四庫提要》概括之說未必確切，但也提供了宋代易學發展的大概輪廓，並反映出一個事實，宋代著重在義理的發闡，義理之學在兩宋時期代表著主流的地位，而那象數之學則是華山道士陳摶傳佈流衍下的學說主張，屬於漢代原始的象數系統已然式微，象數之學已非漢《易》所能牢寵，也

---

24 王柏《讀易記》中也提出《宋史‧藝文志》未著錄十九部，共一百八十六卷。同本文所引，皆見《宋史‧藝文志》，卷二〇二，北京：中華書局，1997 年 11 月 1 版 1 刷，頁 5042。

25 見永瑢等撰《四庫全書總目‧經部‧易類》，臺北：臺灣商務印書館景印文淵閣四庫全書本第 1 冊，1986 年 3 月初版，頁 54。

就是能夠代表較爲純粹的漢代象數之學的易學性格已不易再現。但是，並不意味著漢儒之象數觀點已不復存在了，至少北宋末、南宋初年的朱震，可以視爲重要的典型代表，並且對後學研治漢《易》，提供了重要的參考。[26]

　　朱震易學上的另一貢獻，表現在於對漢魏以降象數易學的傳承，其中對鄭玄的易學觀點，當有其綴補之效；《周易鄭康成註·提要》中提到，鄭玄的《周易註》，《隋書·經籍志》記載九卷，《新唐書》著錄十卷，「是唐時其書猶在，故李鼎祚《集解》多引之。宋代《崇文總目》惟載一卷，所存者僅〈文言〉、〈序卦〉、〈說卦〉、〈雜卦〉四篇，餘皆散佚。至《中興書目》始不著錄，則亡於南北宋之間。故晁說之（西元 1059-1129 年）、朱震尙能見其遺之，而淳熙以後諸儒，即罕所稱引也」。[27]歷來鄭玄易學的輯佚最有功者，當屬王應麟與惠棟（西元 1697-1758 年），主要是根據李鼎祚《周易集解》所錄，而朱震所處時期，又是鄭氏殘餘之作少能見者，所見《易》說，於輯鄭氏之學，或多少有增補之功，並由易圖以見其義。此外，包括互體、卦變、納甲、卦象與爻位的種種主張，亦兼予傳述與改造，對早期研究漢《易》

---

26 徐芹庭先生論及宋代易學，特別指出「朱震以象數爲宗」，（見徐芹庭《易學源流》，上冊，臺北：國立編譯館，1987 年 8 月初版，頁 668。）肯定朱震作爲宋代象數易學（非專指圖書易學）的主要代表。朱伯崑先生對於南宋易學的發展，指出程氏易學的流行和象數之學的分化上，朱震具有舉足輕重的地位。（參見朱伯崑《易學哲學史》，第二卷，北京：華夏出版社，1995 年 1 月 1 版 1 刷，頁 328-361。）此外，晚近學者王鐵先生也認爲他是漢、宋象數易學合流的重要人物。（參見王鐵《宋代易學》，上海：上海古籍出版社，2005 年 9 月 1 版 1 刷，頁 160。）因此，朱震可以視爲宋代繼承漢《易》的重要代表，並對後學研究象數易學，提供了重要的參考。

27 見王應麟《周易鄭康成註·提要》。引自臺北：新文豐出版公司編印《大易類聚初集》，第 1 冊，影印文淵閣四庫全書本《周易鄭康成註》，1983 年 10 月初版，頁 3。

者，亦大有其功。

　　這些屬於漢代的易學主張，成為其經傳釋義的主要內容，並又透過以易圖的方式來呈現，包括如《變卦反對圖》與《六十四卦相生圖》等卦變圖說；又如《卦氣圖》、《律呂起於冬至之氣圖》等諸多卦氣圖說；又如八卦六位的諸圖式，反映出京房易學的五行六位觀點；《納甲圖》、《天任地癸會於北方圖》等諸多圖式，也直接反映出漢代包括鄭玄、魏伯陽、虞翻等人的納甲觀點。因此，朱震藉由圖式表述他個人所理解的漢代易學，對朱震有關圖式的述評，結合對經傳釋說之觀點，可以更為清晰的瞭解以他為代表的漢宋易學之實質面貌。清代表彰漢學粲然可觀者，惠棟易學洵足以當之，深受朱震之影響，同時也間接影響李道平《周易集解纂疏》的象數《易》說之論釋。朱震可以視為繼唐宋以降至清代乾嘉以，前對於象數之學大有其功者。

二、重視象數與圖書而不廢義理

　　北宋易學發展至南宋前期，程頤的《易傳》成為主流，期間邵雍、張載等家也有極大的影響。至朱熹則「對北宋以來的易學及其哲學的發展進行了一次大總結」，繼承程氏之傳統，且對「周敦頤、邵雍、張載、朱震等人的易學哲學觀點皆有吸收和揚棄」。[28]也就是說，日後成為龐大體系的朱子易學，也或多或少受到程頤再傳弟子朱震易學主張的影響；[29]朱震在易學傳衍的歷程中，

---

28 見朱伯崑《易學哲學史》，第二卷，頁325。
29 全祖望於《宋元學案》中，明確提到朱震為上蔡謝良佐門人，而謝良佐又為二程弟子，所以為「二程再傳」。指出：「上蔡門人，漢上朱文定公（即朱震，字子發）最著，三《易》象數之說，未嘗見于上蔡之口，而漢上獨詳之。」所學確實授受於上蔡，又自云易學以《易程傳》為宗，多有出於二程之學，所以歷來皆將之視為二程的再傳弟子。《宋元學案》本列於〈上蔡學案〉中，後別立學案。（見黃宗羲著、全祖望補本《宋元

也扮演了舉足輕重的角色。關於朱震的易學源流特色，朱震本人
曾於《漢上易傳‧表》中自云：

> 臣頃者遊宦西洛，獲觀遺書，問疑請益，徧訪師門，而後
> 粗窺一二，造次不捨，十有八年，起政和丙申，終紹興甲
> 寅，成《周易集傳》九卷、《周易圖》三卷、《周易叢說》一
> 卷，以《易傳》為宗，和會雍、載之論，上採漢魏吳晉元魏，
> 下逮有唐及今，包括異同，補苴罅漏，庶幾道離而復合。[30]

歷經十八年之久，完成《周易集傳》等三書，而《四庫全書》將
《集傳》作《漢上易傳》。[31]自述學以程頤《易傳》為主，探訪名
師，以尋程氏真義；同時兼以會通邵雍、張載之說，也就是融合

學案‧漢上學案》，卷三十七，北京：中華書局，2007 年 1 月北京 1 版 3
刷，頁 1251-1252。）根據《宋史》本傳以及《宋元學案》的記載，朱
震字子發，湖北荊門軍人，為宋徽宗政和期間的進士，累仕州、縣，並
受胡安國薦召為司勳員外郎，後改除祠部員外郎，兼川、陝、荊、襄都
督府詳議官。又遷祕書少監侍經筵，轉起居郎、兼建國公贊讀。再遷中
書舍人兼翊善，轉給事中，知禮部貢舉，累遷翰林學士。紹興七年卒，
真宗慘然云：「楊時物故，安國與震又亡，朕痛惜之。」可見他在政治與
學術上的崇高地位。朱震學術深博，廉正守道，在那個時代可以視為士
之冠冕；尤以經學深醇，特專於《易》與《春秋》。撰《漢上易傳》，併
《易圖》與《叢說》，收錄於《四庫全書》中。本論著所引《漢上易傳》
外之二著，統一書名稱作《漢上卦圖》與《漢上叢說》。

30 見朱震《漢上易傳‧表》，臺北：臺灣商務印書館景印文淵閣四庫全書本
第 11 冊，1986 年 3 月初版，頁 5。《宋史》本傳中「元魏」二字無，疑
缺。（見《宋史‧儒林列傳》，卷 435，北京；中華書局，1997 年 11 月 1
版 1 刷，頁 12908。）

31 《周易集傳》九卷，晁公武《郡齋讀書志》作十一卷，疑將原書中《說
卦》等傳分出，故多二卷。以《漢上易傳》為稱，名「漢上」者，乃因
所居湖北荊門：漢水之上而云。（見《宋史》本傳，頁 12907。）今傳《漢
上易傳》，約有通志堂本、四庫本、四庫薈要本，湖北先正遺書本，及四
部叢刊本。今《四庫全書》以《漢上易傳》為名，其包括除了對《周易》
經傳釋義所著的《漢上易傳》外，又有專釋易圖與雜談諸說的《漢上卦
圖》與《漢上叢說》。本論著採用文淵閣《四庫全書》本，並參照王婷、
王心田點校《朱震集》（長沙：嶽麓書社，2007 年 10 月 1 版 1 刷。），
此本多有文字繁簡（如「無」與「无」；「於」與「于」等等。）之舛誤，
且句讀亦多見未當者，故依《四庫全書》本作為研究之底本。

邵氏有關之圖書學說，以及張氏氣論主張。並且採取漢魏以降的
易學觀點，特別是在象數的方面，希望能夠「包括異同，補苴罅
漏」，以彌補王弼、鍾會（西元 225-264 年）等人「盡去舊說，雜
之以莊老之言，於是儒者專尚文辭，不復推原大傳，天人之道自
是分裂而不合者」的情形，期望自己能夠辨正流俗，使「道離而
復合」，[32]恢復象數易學的傳統，所以朱伯崑（西元 1923-2007 年）
先生說他是「對漢易和北宋的象數之學作了一次總結，爲象數派
的易學提供了一套理論體系」，並且「對清代漢學家研究漢易和圖
書學派的演變，起了很大的影響」。[33]因此，可以瞭解朱震是一位
象數、義理與圖書之學兼綜的易學家，在易學發展史上，有其不
可忽略的重要地位。

　　朱震雖標榜其象數與圖書之學的強烈傾向，但仍不偏廢義理
的思想，融合張載、程頤與邵雍等人的哲學觀，以及對傳統儒家
思想的轉化，成爲其義理思想的主要範疇。朱震強調太極同於太
虛元氣的氣化實體，其絜靜精微的神妙之性，雖展現若無而隱微、
寂然不動之狀，卻仍是決然氣化的存在。朱震從氣的聚散、體用
與氣化流行之神的觀點，以表彰陰陽氣化的特質，並且以動靜的
理解概念，去建構陰陽變化的規律與屬性。朱震特別重視乾坤的
本源性之哲學意義，在《漢上易傳》中以大幅的論述作多元面貌
的呈現，成其易學思想的重要特色之一。朱震從崇禮、君臣倫常
觀、儒家的誠道觀、外王治道所反映的君子與小人的認識，以及
對聖王的期待等幾個鮮明的論述面向，展現其儒學的思想性格。
同時，又以援史入《易》的詮《易》內容之高度體現，表達其理

---

32 見朱震《漢上易傳・表》，臺北：臺灣商務印書館景印文淵閣四庫全書本
　　第 11 冊，1986 年 3 月初版，頁 5。
33 見朱伯崑《易學哲學史》，第二卷，頁 329。

想政治的期待。這些義理思想，都是後面章節所要討論的主要內容之一。

三、宋代圖書易學之集大成與主要承傳者

對於宋代圖書易學的發展，朱震曾明確提出相關源流的說法，保留了有很多珍貴的文獻資料，成爲後人討論宋代易學演變時的重要參考依據，朱震在《漢上易傳‧表》中云：

> 國家龍興，異人間出，濮上陳摶以《先天圖》傳种放，放傳穆修，修傳李之才，之才傳邵雍。放以《河圖》、《洛書》傳李漑，漑傳許堅，堅傳范諤昌，諤昌傳劉牧。修以《太極圖》傳周敦頤，敦頤傳程頤、程顥，是時張載講學於二程、邵雍之間，故雍著《皇極經世》之書，牧陳天地五十有五之數，敦頤作《通書》，程頤述《易傳》，載造〈太和〉、〈三兩〉等篇，或明其象，或論其數，或傳其辭，或兼而明之，更唱迭和，相爲表裏。[34]

明白的指出宋代圖書易學的授受脈絡，成爲後學論述宋代圖書易學的發展源流時，莫不參引的重要依據，對後來研究有關學說主張的發展演變問題，有莫大的幫助。同時，由於朱震本人對圖書

34　見朱震《漢上易傳‧表》，頁 3。關於朱氏傳授之說，其中范諤昌的傳演問題，歷來則稍有爲後學所疑者，如清代張惠言就指出：「按《東都事略》言陳摶以象學授种放，放授許堅，象學者，河圖、洛書也。而朱震云：放以圖書授李漑，漑傳許堅，堅傳范諤昌，諤昌傳劉牧。晁公武云：諤昌自謂其學出於李處約、許堅。其說互異，漑與處約，不知是一是二。諤昌又不言處約傳自誰氏，中間授受不甚分明。」（見胡渭《易圖明辨》，卷四。引自臺北：新文豐出版公司編印《大易類聚初集》第 15 冊，影印《皇清經解續編》本，1983 年 10 月初版，頁 688。）也就是說，朱震只言范諤昌傳自許堅，而晁氏《讀書志》卻指出學自李處約與許堅。但是，至少傳自許堅是可以確定的。

易學的關注與認識，使其整理與構製的龐富易圖，成爲宋代圖書易學的重要代表大家，留下的諸多提供後人研究參考的易學圖式，在圖書易學史上，有其重大的貢獻，所以毛奇齡（西元1623-1716 年）特別肯定他所進之圖，「推《易》祕旨可謂十得八九」。[35]朱震所言之卦圖，主要保留在其《漢上卦圖》（共三卷）中，包括《河圖》、《洛書》、《伏羲八卦圖》、《文王八卦圖》、《太極圖》、《六十四卦變卦反對圖》、《六十四卦相生圖》、《卦氣圖》、《太玄準易圖》等共計四十四個圖式，[36]這些圖式，有傳自於前儒者，也有朱震自行新創者；有本於前宋邵雍、周敦頤等諸家圖書易學者，亦有屬於漢代象數之學的觀點而以圖式進行詮解者。所示立之各圖，朱震也都有所根據。其有關之圖式，提供後人研究圖書易學的極爲豐富題材，也深深的影響

---

35 朱震所傳圖式，除了陳摶以降之「河圖、洛書」、「先天、後天」等有關圖式外，其他特別是卦變之圖，對理解諸家卦變與其本人卦變之說，有極大的幫助，所以毛奇齡肯定云：「朱震所進圖，而恢擴以盡其變，其于推《易》祕旨可謂十得八九矣。」（見毛氏《仲氏易》，卷二。引自臺北：新文豐出版公司編印《大易類聚初集》第 13 冊，影印《皇清經解》本，卷九十一，1983 年 10 月初版，頁 623。）

36 朱震《漢上易傳》中所列圖式，包括：《河圖》、《洛書》、《伏羲八卦圖》、《文王八卦圖》、《太極圖》、《六十四卦變卦反對圖》（又細分爲八圖）、《六十四卦相生圖》、《卦氣圖》、《太玄準易圖》、《乾坤交錯成六十四卦圖》、《律呂起於多至之氣圖》、《陽律陰呂合聲圖》、《十二律相生圖》、《六十律相生圖》、《十二律通五行八正之氣圖》、《天文圖》、《天道以節氣相交圖》、《斗建乾坤終始圖》、《日行十二位圖》、《日行二十八舍圖》、《北辰左行圖》、《乾坤六位圖》、《消息卦圖》、《納甲圖》、《天壬地癸會於北方圖》、《乾甲圖》、《震庚圖》、《天之運行圖》、《月之盈虛圖》、《日之出入圖》、《虞氏義圖》、《乾六爻圖》、《坤初六圖》、《坤上六天地玄黃圖》、《乾用九坤用六圖》、《坎離天地之中圖》、《臨八月有凶圖》、《復七日來復圖》、《爻數圖》、《卦數圖》、《五行數圖》、《十日數圖》、《十二辰數圖》、《五聲十二律數圖》等四十四個圖式。（見朱震《漢上卦圖》，臺北：臺灣商務印書館景印文淵閣四庫全書本第 11 冊，1986 年 3 月初版，頁 308-360。）有關圖式將於諸章節中進行詳說。

之後《易》家的圖說，包括宋代朱熹、元代張理（西元？年）[37]、明代如來知德（西元 1525-1604 年）[38]等《易》家，以及清代辨圖之諸家，[39]都多少受到朱震的影響。因此，朱震的易圖，不但給予後學有溯本追源之功，同時也反映出朱震自身的易學認知，呈顯出龐富的易學思想，足供後學的考索探析。

朱震繼承與保存了同時代《易》家的易學主張，包括程頤、張載與邵雍等人，其中對於邵雍易學內容的傳佈，則多有其功，特別在六十四卦的生成或卦變的論述觀點上，朱震能夠傳述邵雍「變卦圖凡十五」，[40]以復、姤兩卦生卦的主張，強化復、姤二卦的重要地位，也提供了邵雍論述卦變的參考文獻。所以，宋代程大昌（西元 1123-1195 年）《易原》曾云：

> 邵氏雍、鄭氏夬，立為復、姤生論之論曰：乾、坤大父母也，故能生八卦，復、姤小父母也，故能生六十四卦。予雖不見二氏全書，而朱震所傳，亦已略見梗概矣。[41]

邵雍、鄭夬（西元？年）的卦變主張，凸顯了復卦、姤卦的重要性，已可從朱震易學又特別是其易圖所示見其梗概。

除了屬於宋代思想主張的圖式外，朱震也回歸漢說，網羅制

---

37 元代張理著《大易象數鉤深圖》，列圖式不下七十。

38 明代來知德著《易經來注圖解》，列圖式六十八。

39 如黃宗炎《圖學辨惑》，列圖式有七；胡渭《易圖明辨》，列圖式四十一；張惠言《易圖條辨》，列圖式二十等等。

40 見宋代林栗《周易經傳集解》云：「朱震所傳邵雍變卦圖凡十五。…相生圖曰：乾一交而為姤，坤一交而為復，凡卦五陰一陽者皆自復來，復一爻五變而成五卦；五陽一陰者皆自姤來，姤一爻五變而成五卦。」（引自臺北：新文豐出版公司編印《大易類聚初集》第 3 冊，影印文淵閣四庫全書本《周易經傳集解》，卷三十六，1983 年 10 月初版，頁 507。）知朱震傳邵雍卦變之學有功。

41 見程大昌《易原》。引自臺北：新文豐出版公司編印《大易類聚初集》，第 3 冊，影印文淵閣四庫全書本《易原》，卷八，1983 年 10 月初版，頁 608。

作與象數之學有關的重要圖式，藉由圖式的具象結構之呈現，以論釋漢代易學的象數觀點。

第三節　朱震易學研究概況

朱震身處於高度義理化的主流學術環境下，標示著以象數爲主的易學內容，受到主客觀的價值認知之扞格與排擠，無法凸顯其代表宋代易學的核心風采，不爲歷來學者所積極關注。早期普遍在義理化的浸染下，自然無法開展出對朱震易學的實質研究，直至晚近易學研究多元發展，對朱震的研究才逐漸被重視。

一、歷來研究概況

宋代的經學，是中國學術思想的另一個鼎盛與再造時期，歷來學者多有概括爲道學或理學的學術稱號。但是，經學與理學或道學不能完全作等同，然這個時期的經學，仍以崇尙義理爲主流。《周易》作爲宋代經學的大宗，單就《四庫全書》所收錄的經學論著，《周易》就有五十幾種，比其它各經的總合還多。這個時期的經學乃以義理之學或圖書之學爲主，而著重以漢代象數之說作爲主體的易學論著則相對較少。朱震就是這當中的重要代表。朱震錯綜程頤、張載等人的義理思想與北宋以來流行的圖書之學，再加上漢儒所重視的解《易》之重要象數體例與觀點，形成他的獨特易學風格。他希望能夠「包括異同，補苴罅漏」，使王弼以降所流失的《易》道能夠重返光彩，能夠「道離而復合」，

所以他學習先儒之志,「辨正流俗,依經以立註」,[42]完成屬於那個時期所代表的論著,並且對後來的《易》家產生重要的影響,特別是表現在漢儒易例主張與有關象數觀點,以及圖書易學等方面。

漢代易學的高度章句訓詁之法與象數之風,從王弼掃象與採取較具義理性格的闡釋後,漢《易》從此消弱、大量流失,唯李鼎祚稍留遺緒,但象數之學儼然成爲末流;到了宋代,開啓出義理與圖書之學的新天地,屬於漢儒之說的面向,更難以與時期主流學術相抗衡,尤其是在後人普遍的眼光中,評述其易學造詣與成就,很難擺脫以那仰之彌高的形上義理作爲是較高的價值尺度來作爲衡量標準,其思想性的高度與影響力不足,漢《易》的內容又不夠純粹,在這樣的形情下,在早期的年代,自然不能獲得較高的肯定。

朱震非但不易進入宋代思想史的冊林,在宋代易學史上,也不受到應當有的關注。但是,觸及到宋代的重要易學議題,則不能離棄朱震之說,宋明以降學者,援引其說者,宋儒如王應麟《玉海》即大量引述有關主張,其他如林栗(西元 1120-1190 年)《周易經傳集解》、鄭剛中(西元 1088-1154 年)《周易窺餘》、李衡(西元 1100-1178 年)《周易義海撮要》、程大昌《易原》;[43]元代如俞琰(約西元 1253-1314 年)《讀易舉要》、王申子(西元?年)《大易緝說》、胡一桂(西元 1264-?年)《周易啓蒙翼傳》;明代如董守瑜(西元 1596-1664 年)《卦變考略》;清代如黃宗羲(西元 1610-1695 年)《易學象數論》、毛奇齡《仲氏易》與《易小帖》、朱彝尊(西元 1629-1709 年)《經義考》、

---

42 參見朱震《漢上易傳‧表》,頁 5。
43 俞琰爲宋末元初人物,故一般在學術歸類上,亦有歸於元代者。

惠棟《易漢學》與《周易述》、張惠言（西元 1761-1802 年）《易圖明辨》等等，不勝一一列舉。晚近學者如劉瀚平《宋象數易學研究》，所談的主要人物包括劉牧、邵雍、周敦頤等三大圖書《易》家，論及有關易圖源流的問題，朱震的說法往往必爲引述的對象，如談到太極圖的授受問題即是，[44]朱震的觀點具有一定的權威性；談到劉牧的河圖、洛書時，也以朱震《卦圖》爲說。[45]其它包括邵雍、周敦頤的圖說也是如此。又如潘雨廷的《易學史叢論》中〈宋易的授受及其著作〉一文，也引朱震之說論述易圖的授受問題。[46]高懷民《宋元明易學史》，著重於周敦頤、張載、二程、邵雍、朱熹及蔡門諸子易學，乃至有關易圖象之學，以及明代來知德、清代王船山（西元 1619-1692 年）等諸家易學的探討，然於〈易圖象之學〉的論述中，也不能免除引用朱震關於圖書源流的說法。[47]又如鄭吉雄《易圖象與易詮釋》中，論述到「周敦頤《太極圖》及其相關詮釋問題」時，作了詳密的考證與闡釋，也對朱震之說作了精要的說明。[48]在易圖彙輯的有關著作中，朱震之易圖也成爲重要的大宗，如郭彧《易圖講座》與《周易八卦圖解》中詳列朱震之圖說；[49]李申與郭彧編纂《周易圖說總滙》，

---

44 參見劉瀚平《宋象數易學研究》，臺北：五南圖書出版公司，1994 年 2 月初版一刷，頁 10。朱震授受之說，即其所述陳摶授受源流之言。

45 見劉瀚平《宋象數易學研究》，頁 59-61。

46 參見潘雨廷《易學史叢論》，上海：上海古籍出版社，2007 年 6 月 1 版 1 刷，頁 360-361。

47 參見高懷民《宋元明易學史》，桂林：廣西師範大學出版社，2007 年 7 月 1 版 1 刷，頁 145-146。

48 見鄭吉雄《易圖象與易詮釋》，臺北：財團法人喜瑪拉雅研究發展基金會，2002 年 2 月初版，頁 231-287。

49 參見郭彧《易圖講座》，北京：華夏出版社，2007 年 1 月北京 1 版 1 刷；又見郭彧《周易八卦圖解》，成都：巴蜀書社，2003 年 3 月 1 版 1 刷，頁 113-155。

亦詳列朱震圖說。[50]因此，在論述宋儒易圖之演變與有關圖式的
內容，朱震的圖式往往作爲這個時代的重要代表文獻，是研究上
所難以割捨的。

在當代的重要易學史的論著方面，徐芹庭《易學源流》中，
論述宋代之易學源流時，將宋代的易學主要分爲理學派、圖書象
數派、老莊心佛派、占筮禨祥派、史學派、疑古派、古本易學派、
集解派等幾個主要的派別，其中指出宋代的易學主流是以程朱爲
主的理學派。對於朱震的歸屬，則特別標示「以象數爲宗」，且
「詳其所述，蓋合孟京馬鄭荀虞之漢易，與陳邵之圖象而一之者
也」。[51]以朱震的易學根本於漢代諸家《易》說，並以宋代圖書
之學的主要內容標的，指出他象數與圖書兼論，在圖書方面，「皆
從牧說」，[52]本於劉牧而開展出來的。對於朱震自述動爻、互體
等五者論《易》之法，徐氏也認爲，「是其言象數雖分爲五，而
包『辭變象占』之精義，復歸於太極之道，天地之根本。一以持
之，亦繁而不雜者也」。[53]肯定朱震推象數以體現《易》義大道，
陳說內容繁富而不紛雜，對魏了翁（西元 1178-1237 年）等人的
批評，提出澄清。徐氏精要的點出朱震易學的主要面向，也予以
高度的認同。徐氏另外在其《易圖源流》中，特別引用朱震《漢
上易圖》中劉牧的河圖洛書，並藉以詳載劉牧《易》數之傳承，
同時也列朱震所傳之太極圖，簡介朱震的易圖之說，尤其是特別

---

50 參見李申、郭彧編纂《周易圖說總滙》，上海：華東師範大學出版社，2004
   年 4 月 1 版 1 刷。
51 參見徐芹庭《易學源流》，臺北：國立編譯館，1987 年 8 月初版，頁
   668-669。
52 見徐芹庭《易學源流》，頁 662。
53 見徐芹庭《易學源流》，頁 670。

指出其所述虞翻之卦變圖，「較朱子卦變圖精要」。[54]此外，朱伯崑的《易學哲學史》，將《周易》視爲北宋道學家立論的主要依據，「《周易》經傳視爲對抗佛道二教的有力武器」，當時的學者，「大力研究《周易》，從而將新儒家的哲學推向一個新的階段」，所以「宋易具有濃厚的哲學內容，其影響之廣泛是漢唐所沒有的」。[55]朱伯崑也指出，宋代易學的另一種主流，則爲以易圖爲主的象數之學；其間，朱震跨處北宋而入於南宋，那種義理之學高漲的年代，朱震從義理學派分化出來，企圖調和象數與義理兩派的觀點，「成爲南宋時期象數之學的闡發者」，[56]進而針對朱震易學作了局部的介紹。侯外盧等人主編《宋明理學史》也針對朱震象數之學作了簡要之介紹。[57]另外，王鐵的《宋代易學》，也將朱震作個別的簡介，將朱震定位爲「南宋前期漢、宋象數學的合流」之主要代表人物。[58]其他當代有關之易學史論著，則少有特針對朱震一家作探討者，如高懷民的《宋元明易學史》、[59]余敦康的《漢宋易學解讀》等，[60]朱震皆未受到青睞。

　　早期之易學研究論文，以朱震爲對象者，亦寥寥無幾，今蒐羅所見，也只有幾篇，包括較早時期戴君仁的〈蘇軾與朱震的易

54 見徐芹庭《易圖源流》，臺北：國立編譯館，1993 年 4 月初版，頁 290-291、399-400、409。

55 見朱伯崑《易學哲學史》，第二卷，北京：華夏出版社，1995 年 1 月 1 版 1 刷，頁 5。

56 見朱伯崑《易學哲學史》，第二卷，頁 327。

57 見侯外盧、邱漢生、張豈之主編《宋明理學史》（上），北京：人民出版社，1997 年 10 月 2 版北京 2 刷，頁 248-286。

58 見王鐵《宋代易學》，上海：上海古籍出版社，2005 年 9 月 1 版 1 刷，頁 160。

59 見高懷民《宋元明易學史》，桂林：廣西師範大學出版社，2007 年 7 月 1 版 1 刷。

60 見余敦康《漢宋易學解讀》，北京：華夏出版社，2006 年 7 月北京 1 版 1 刷。

學〉一文,[61]該文實際上論及朱震者,除了引《宋元學案》的一段簡傳外,只作了七小行的評論,指出「大約他的旨趣在包括異同,於前人略同李鼎祚,於後人近於朱子」;並且批評他的思想「不免龐雜」,同於朱子對他的批評,「如百衲襖」之般。但是,他也特別強調朱震的易學主張,在易學史上的貢獻仍不容忽視,特別是有關的易圖,「影響了中國哲學思想數百年之久」,「很容易引起我們的注意,和探求的興趣」。[62]戴氏以最簡略的方式予以褒貶,只能視為一篇簡介性的文章,卻告訴我們應給予朱震一定的關注。戴氏之後研究朱震而具規模者,主要為臺灣研究者陳志淵、曾復祺的學位論文,以及大陸學者唐琳的學位論文、出版專著與單篇論文。三家之作,為現今對朱震之研究著力較深者,對後人的研究也有參照的幫助。又有蕭漢明、林忠軍等人,特別著力從象數方面來概述其易學內涵。

二、晚近重要研究簡介

晚近重要的研究者,包括朱伯崑、王鐵、陳志淵、唐琳、蕭漢明、林忠軍、曾復祺等人,以下針對諸家之成果,分別作簡要的介紹與評析。

(一)朱伯崑《易學哲學史》章節中的段落[63]

朱伯崑認為南宋的象數之學是以朱震為主而得到開展的,肯定朱震可以視為宋代宣傳象數之學的主要代表人物,並且從吸收

---

61 參見戴君仁〈蘇軾與朱震的易學〉,《孔孟學報》,第 26 期,頁 97-99。

62 見戴君仁〈蘇軾與朱震的易學〉,頁 99。

63 見朱伯崑《易學哲學史》,第二卷,第七章第一節的第一點「朱震《易傳》和《易叢說》」,北京:華夏出版社,1995 年 1 月 1 版 1 刷,頁 328-361。

程頤、張載，以及李挺之（西元？-1045 年）和邵雍等人的易學思想後，建構出屬於他自的易學特色，對象數與義理兩派的觀點，產生了調和的效果。[64]認爲朱震否定王弼而認同程頤，強調「朱震將程氏易學歸之於象數系統，表明他是站在象數學派的立場，考察宋代易學發展的歷史」。[65]朱伯崑先生確實體察出朱震對程頤之學聯涉甚深，但朱震的易學史觀，是否真將程頤視爲象數系統來看待，仍有值得商榷之處。

　　在易學史上的定位，朱伯崑先生認爲朱震是「對漢易和北宋的象數之學作了一次總結，爲象數派的易學提供了一套理論體系。他不僅初步整理和解釋了漢《易》的卦氣說、納甲說、飛伏說、五行說、互體說和卦變說，而且對北宋劉牧的河洛說，李之才的卦變說，周敦頤的太極圖和邵雍的先天圖，都作了介紹和評論。其對象數學派觀點的整理和介紹，有一定的史料價值，對清代漢學家研究漢《易》和圖書學派的演變，起了很大的影響」。[66]他對朱震易學的價值作了極爲肯定的概括，不論是宋代易學史，或是對整個易學發展史上，朱震扮演了極爲重要的角色。他明確傳述了北宋圖書易學的授受源流，他關注漢代象數主張的傳衍，提供後學很多有關的參考文獻和重要的認識議題。

（二）王鐵《宋代易學》中的段落[67]

　　王鐵認爲南宋前期的易學時，在紹興（西元 1131-1162 年）年間有一個明顯的特點，就是漢代象數學的復興，其中以朱震、

64　參見朱伯崑《易學哲學史》，頁 327。
65　見朱伯崑《易學哲學史》，頁 328。
66　見朱伯崑《易學哲學史》，頁 329。
67　見王鐵《宋代易學》，第五章〈南宋的易學〉中的有關漢、宋象數學合流的朱震，上海：上海古籍出版社，2005 年 9 月 1 版 1 刷，頁 160-167。

張浚（西元 1097-1164 年）、林栗等人為代表，又以朱震為主。
指出這些人的共同特色，主要繼承和研究圖書之學，廣泛採用漢
代易學家普遍使用的互體、卦變、納甲與飛伏等概念來解經。王
鐵先生以朱震《漢上易傳》自序所強調的，包括動爻、卦變、互
體、五行與納甲等五種變動方式進行簡要說明。其中涉及易圖方
面的，雖然指出朱震卦變所涵攝的部份，但並沒有清楚的說出朱
震這些主張與論述的理路。關於卦變具體用於解釋經傳，王鐵說
是繼承李之才所建構的《六十四卦相生圖》的體系以及採用京房
的八宮卦次系統，以李氏之卦變圖與京房的八宮說來說明卦與卦
的生成關係；主要中集在對卦變的片面述說，並沒有系統化的重
新建構出朱震自己所理解的整體卦變主張，尤其是表現在對虞翻
卦變系統的繼承與改造。[68]

（三）陳志淵《朱震《漢上易傳》研究》[69]

陳志淵先生為最早全面探討朱震易學的研究者，其主要的研
究內容包括《漢上易傳》的易象學、易數學、易圖學，以及其思
想型態與義涵，並對《漢上易傳》作進一步的評價。他肯定朱震
易學以象數為本，且「象」又先於「數」，並且認為在那個時代，
「一般談易者多以義理易為主脈，視談易象數為歧出，在當時談
易學，自然也是以程頤《易傳》所代表的儒家義理易學為代表」，
因此認為他的易學仍歸本於義理，而兼圖書與象數。[70]

在易圖方面，陳志淵主要將《漢上易圖》卷上的七圖，從宇

---

68 有關王鐵之主張，參見其著《宋代易學》，頁 161-162、164。
69 見陳志淵《朱震《漢上易傳》研究》，國立臺灣師範大學國文研究所碩士
論，1993 年 5 月。
70 見陳志淵《朱震《漢上易傳》研究》，頁 2。

宙論思想的角度進行概括的說明，但是對於圖式佈列所表現的圖式符號之實質內容，並沒有具體的陳述。另外，將《漢上易圖》卷中的圖式，從與律歷、天文的關係來說明，而卷下則以卦圖解釋《彖》、《象》來進行簡述。整體而言，陳先生並沒有對朱震的相關易圖作實質的考索與詳細的闡釋，而這個部份正是本論著所要探述重點所在。

（四）唐琳《朱震的易學視域》與〈朱震易學納甲觀初探〉等數篇短文

　　唐琳的博士論文出版之專著《朱震的易學視域》，以及與專著內容相近的數篇論文，[71]在原典的引用上，主要偏重在《漢上易傳》的第七卷與第九卷方面，義理之論述，根本於朱伯崑《易學哲學史》之說，對會通與改造張載與程頤二家之說，並沒有具體的說明。重要的哲學命題，包括如朱震易學的儒學性格、援史入易的概念等等，未見支言片語。在象數方面，具體看到的是對卦變與互體的論述內容，其它關於卦主、互體、卦氣、卦象、數

---

71 唐琳《朱震的易學視域》出版於 2007 年 7 月（北京：中國書店，2007年 7 月 1 版 1 刷。），是修改至博士論文而成書者。其相關的短篇論文，也與其博士論文和該書之內容相同。其短篇論文六篇包括：〈朱震易學納甲觀初探〉，《周易研究》，2004 年第 1 期，頁 25-31。〈朱震易學太極觀的哲理內涵〉，《武漢大學學報》（人文科學版），第 57 卷第 2 期，2004年 3 月，頁 197-202。〈朱震《周易》文本觀初探〉，《江漢論壇》，2005年 6 月，頁 58-62。〈從相關易圖看朱震易學的卦氣觀〉，《湖北大學學報》（哲學社會科學版），第 32 卷第 6 期，2005 年 11 月，頁 641-644。〈朱震卦變思想解析〉，《周易研究》，2006 年第 3 期，頁 36-41。〈朱震太極觀的哲學內涵與歷史影響〉，《孔子研究》，2007 年 2 月，頁 69-74。細覽諸篇論作，大都僅是淺要概述的性質，文獻引據不足，對朱震《漢上易傳》原典採用薄弱，且論述之內容，每每未能切合重點，且多有舛誤之處，明顯看出對象數之學，乃至對朱震的基礎認識欠缺，尤其談到太極觀的部份，主要根本於朱伯崑之說而發，開創性不夠。

的運用等等重要主張，都沒有進行研究。在圖書易學方面，也僅針對朱震主要圖式與原典內容，作簡要的說明，對於各圖式可以呈現的重要內涵，並沒有詳作申說。在易圖的論述，在卦氣觀方面，主要從朱震《漢上卦圖》所列四個圖式來說明，包括《李溉卦氣圖》、《乾坤交錯成六十四卦圖》、《臨八月有凶圖》，以及《七日來復圖》等，論述朱震卦氣說的得失，連此四圖圖像都未列出；這樣的論述並不能牢籠朱震卦氣觀的全部圖式。[72]整體而言，唐琳的研究，在取材論述僅偏於一隅，代表其易學觀點的《漢上易傳》主體內容，文獻採用不夠全面，但已提供某種程度的研究成果。

（五）蕭漢明〈論朱震易學中的象數易〉[73]

　　蕭漢明此文開宗明義說明朱震的易學源流問題，認爲從朱震本人的學術師承與學術交往來看，其易學應以程頤的《易傳》所昭示的義理爲主，而爲其思想的主要源頭。同時認爲朱震義理與象數二者觀點不相悖，指出「《漢上易傳》的目標，就是要實現象數與義理的統一，使道離的狀態復合爲一」。[74]朱震是否認爲從理解象數作爲進路，爲可以彰顯程頤《易傳》的義理？是否強調所謂的實現義理與象數的統一？是否有此明確的意圖，仍有商榷之處。

72　參見唐琳〈從相關易圖看朱震易學的卦氣觀〉一文所述。該文以全部四頁的內容呈現，也只全在解釋四個圖式的內容，只能視爲四個圖示卦氣內容而已。

73　見王婷、王心田編輯點校《朱震集》，蕭漢明之導言，〈論朱震易學中的象數易〉，湖南：岳麓書社，2007 年 10 月 1 版 1 刷，頁 1-33。該文另收於劉大鈞主編《大易集釋》之中。（上海：古籍出版社，2007 年 5 月），頁 302-324。）

74　見王婷、王心田編輯點校《朱震集》，頁 2。

　　蕭先生通篇文章鎖定於朱震易學的象數觀點，認爲其象數易學的基本特徵，包括有三個方面：其一，以卦變爲綱，統攝象數條例；其二，以象數爲宗，推本源流；其三，原始要終，學至於太極而止。[75]關於象數的推本源流方面，特別舉八卦月相納甲、五行說與互體來進行說明。同時針對朱震以大衍之法聯繫太極的觀點進行申說，試圖從哲理化的態度上去理解與聯結筮法與太極的關係。在易圖方面的論述則闕如。

（六）林忠軍〈朱震與《漢上易傳》〉[76]

　　林忠軍探討朱震的易學源流，強調朱震的易學與二程易學有密切的相關，並且認爲漢唐以來的諸派易學，也是他的易學思想之重要淵源。探討朱震的《易》象之說，主要從動爻、卦變、互體、五行與納甲等五個方面來談；指出「朱震的象學觀仍然未跳出漢儒的窠臼，其弊與虞氏相同，『失之於牽合』」。[77]對朱震的易學成就提出概括的褒貶。談到圖書之學方面，簡略介紹朱震圖書之學的觀點，認爲《河圖》、《洛書》之數與天地之數是一致的，並與大衍之數及蓍數不悖。認爲朱震整體的易學架構，在易數的表現上，是以宋代易圖作爲框架，並容納宋之前特別是兩漢蓍數的思想，建立起會和漢宋、融通圖數爲一體的易數觀，「闡明了河圖洛書的數理，揭示了河洛數與天地數、大衍數的內在聯繫，在宋代新的背景下賦予了易學新的內容」。[78]

　　林先生斷定朱震有所謂的政治意圖，是爲了表彰程氏來凸顯

---

75 見王婷、王心田編輯點校《朱震集》，頁 3-32。
76 見林忠軍主編《歷代易學名著研究》（上），濟南：齊魯書社，2008 年 5 月 1 版 1 刷，頁 461-505。
77 參見林忠軍主編《歷代易學名著研究》（上），頁 488。
78 參見林忠軍主編《歷代易學名著研究》（上），頁 494。

自己，這種強烈的評斷，若無直截的證據，純以臆測呈現，恐有厚誣古人之嫌；以朱震所處的時代，本人認為朱震未必一定要藉由提出程氏，才能提高自己的地位，當他殞卒之時，高宗傷棟樑之頓失，慘然痛惜之狀，非程氏之學的表彰所能致之，其立身行道，也非一部易學論著所能取代的。[79]而且，歷代也沒有學者進行如此的評斷。

（七）曾復祺《朱震易學之研究》[80]

　　曾復祺肯定朱震易象數和義理兼重的易學家，認為朱震「廣泛收集漢易學家注易的思想及體例，企圖創造一個無所不包的易學體系，且其所收之易圖種類之多，為南宋圖書學的先驅，並為後世學者所流傳及討論，其易學在易學史上佔有重要的地位」。[81]從卦變、互體、取象、五行、納甲與卦主等方面概述朱震象數易學的內容。在朱震義理思想方面，主要針對「太極」和「人性論」進行說明，強調朱震易學深受宋代理學家的影響。

　　關於朱震易圖的探討，從卦圖與數、卦變圖、卦圖與先天學、卦圖與卦氣來分類說明。[82]但是，未能具體列圖說明，僅作簡要之介紹。肯定朱震「在《易圖》之中收錄的易圖的數量和種類繁多，對易學思想的保存非常有貢獻，其次對於易圖的流傳都加以討論，讓後世易學家在研究上能有所依據，且易圖的形成，有助

---

79 全祖望誦揚其所謂「漢上之立身，則粹然真儒」，（見黃宗羲著、全祖望補本《宋元學案・漢上學案》，卷三十七，北京：中華書局，2007 年 1 月北京 1 版 3 刷，頁 1252。）除了肯定朱震的易學成就外，更視重他的立身行道、憂國省政之誼表。

80 見曾復祺《朱震易學之研究》，臺北：私立銘傳大學應用中國文學系碩士論文，2008 年 6 月。

81 見曾復祺論文摘要所述。

82 參見曾復祺《朱震易學之研究》，頁 107-119。

研究者對於《周易》經傳的了解，所以儘管朱震易學被批評爲過於龐雜，但實際上他的易學在易學發展史上處於非常重要的地位」。[83]

　　不論我們以那一種價值判準來論定朱震的學術成就，至少我們可以肯定的是，從朱震同時期的相關典籍之呈現，以及後人不斷的徵引他的有關文獻，對朱震的易學成就，普遍持著極高的評價，在宋代的易學發展上，佔有極其重要的角色；作爲宋代易學家的重要典型，有其特殊而多元的風格，特別表現在象數與圖書方面，對後學的影響甚遽。晚近學術界漸漸關注朱震易學，已有如前述的諸多成果，但所見仍有失之一隅或論述議題不夠深入與全面，因此仍然有諸多研究的議題與價值。

　　本論著揆諸前人之研究成果，不論在義理、象數與圖書易學等方面，朱震易學仍有諸多可以探討的地方。以十一個章節之篇幅，揀選十一個主要的論題，作爲研究之展開：在義理方面，主要爲三個章節之論題範疇：包括氣化宇宙觀、儒學本色、援史入《易》、乾坤思想等內容；在象數方面，主要爲五個章節之論題範疇：包括卦象、互體、卦主、卦變、《易》數等內容，其中在卦變與《易》數的部份，又大量涉用易圖進行申說；在圖書方面，主要爲三個章節之論題範疇：包括《太極圖》、河洛之學、先後天之學、納甲、消息、卦氣、律呂與天文圖式等內容。最後針對朱震易學在易學史上的角色定位、得失影響，進行客觀之評論。

---

83 見曾復祺《朱震易學之研究》，頁 119。

第二章　朱震易學的氣化宇宙觀

　　《周易》古經反映在筮卜之書的原始性質上，其哲學性脈絡的宇宙觀思想，反映的極為貧乏。發展到了《易傳》，以「太極生兩儀」、「一陰一陽之謂道」等哲學性議題，開啟了《周易》思想體系下宇宙觀之新紀元；「太極」、「陰陽」等名詞，已成為宇宙觀下的專有認識，並不斷在之後易學的歷史軌跡中注入新的養料。兩漢時期融合了陰陽五行、天文歷法等知識，形成包括卦氣說為主的易學主張，呈現出結合自然科學的易學特色，建立氣化的宇宙觀與世界圖式。這種氣化的實有概念，到了魏晉時期，以王弼（西元 226-249 年）易學作為標幟性的主流，邁向一種新的里程，氣化的宇宙觀消弱，而以「無」為本的認識從此屹立顯耀。一直發展到了宋代，理學家競說「理」、「氣」，易學中的宇宙觀也隨之應合，特別是二程一派的主張，宇宙的本源概念，已非氣化的認識所能牢籠。

　　朱震（西元 1072-1138 年）處於兩宋交際之時，採取漢魏以來易學舊說，包括異同，補苴罅漏，建構其義理、象數與圖書兼綜的易學體系。其易學所呈現的宇宙觀，除了延續漢《易》的氣化觀點外，也「以《易傳》為宗，和會雍、載之論」，[1]即採取了

1　見朱震《漢上易傳・進書表》，臺北：臺灣商務印書館景印文淵閣四庫全書本第 11 冊，1986 年 3 月初版，頁 5。《漢上叢說》、《漢上卦圖》亦同此版本。

張載（西元 1020-1077 年）、程頤（西元 1033-1107 年）與邵雍（西元 1011-1077 年）等大家之說，形成其特有的易學體系。朱震的宇宙觀體，圍繞在以「太極」爲萬物本源的核心主張下開展，本身是氣化之質，近於張載的「太虛」之說，而整體的論述觀點，大抵依準於張載之說，強烈籠罩著張載的思想氛圍。

朱震以太極同於太虛的氣化之質，開展出氣化的宇宙觀，不論是以「太極」、「太虛」或「一」爲名，都是一種實有的氣化流行之存在，朱震並賦予它寂然無形的具體化形象，強調它的變動之性，亦即重視陰陽的變化之道，提出「神」、「聚散」、「動靜」等觀點。同時，涉及「有無」、「體用」、「性」、「三才」等等諸多的概念，也都是他的宇宙觀之重要論點。

朱震融會前儒之說，建構了一個屬於自己對宇宙觀之新的理解。本章主要從太極同於漢儒元氣之說的氣化實體、氣之聚散與體用之說、合三爲一、陰陽神化與動靜等幾個重要面向，對其宇宙觀進行概括而系統的梳理。另外，乾坤在其易學思想體系中，或其宇宙觀的認識上，皆扮演著重要的角色；考慮乾坤議題的特殊性與多元的內涵，故另於第四章專立論題再作詳細討論。

第一節　同於漢儒元氣之說的氣化實體

「太極」作爲《周易》哲學思維的重要核心，從《繫辭傳》開展而出，成爲歷來論述易學思想在宇宙論中的主要命題。朱震從漢儒的普遍觀點切入，以及應合張載的基本主張，認爲太極是一種氣化的存在，一種實然的氣化本色，宇宙的根本原質爲氣，太極元氣爲氣化的真實存在，也就是太虛即氣的氣化流行之認識。

一、太極元氣為一切存在之本根

　　《繫辭上傳》首先提出「易有太極，是生兩儀，兩儀生四象，四象生八卦」的太極生次思想，將太極視為先天地萬物存在的具有優先性之實存體，但其性質為何，卻未詳指。秦漢以來普遍以「氣」作為宇宙本源的概念，諸如《管子‧心術》等篇以「氣」名「道」，「道」、「氣」相類。[2]《呂氏春秋‧大樂》提到「太一出兩儀，兩儀出陰陽」，「太一」的概念，某種程度與《繫傳》的太極生兩儀的說法相通，以太一為萬物之本源而化生陰陽二氣。[3]《淮南子》更進一步從「太始→虛霩→宇宙→元氣（分清妙與重濁）→天地→陰陽→四時→萬物」的詳細創生過程，建立起典型的氣化宇宙論。[4]兩漢時期，黃老學說與陰陽五行思想盛行，以氣化元質作為宇宙的根源儼然成熟，而在《周易》太極觀的系

2　《管子‧心術》等四篇（〈心術〉上下、〈白心〉、〈內業〉），以氣名道，從本質上改造發展了老子的道，「道在天地之間，其大無外，其小無內」（〈心術上〉），充塞於宇宙之間，「萬物以生，萬物以成」（〈內業〉），而無所不在。其道與氣相類，與氣同質，所以說，「靈氣在心，其細無內，其大無外」。

3　參見《呂氏春秋‧大樂》：「太一出兩儀，兩儀出陰陽，陰陽變化，一上一下，合而成章，渾渾沌沌，離則復合，合則復離，是謂天常。天地如車輪，終則復始，極則復返，莫不咸當。」〈知分〉：「凡人物者，陰陽之化也。」〈明理〉：「凡生非一氣之化也，長非一物之任也，成非一形之功也。」萬物源於「太一」，並生化於陰陽二氣，陰陽二氣是「太一」的分化，「太一」是陰陽二氣混沌未分之初態。《呂氏春秋》並擴大精氣與形氣的養生論，參見〈盡數〉、〈達鬱〉等篇，在此不予贅述。

4　《淮南子‧天文》：「天地未形，馮馮翼翼，洞洞灟灟，故曰太始。太始生虛霩，虛霩生宇宙，宇宙生元氣，元氣有涯垠，清陽者薄靡而為天，重濁者凝滯而為地。清妙之合專易，重澤之凝竭難，故天先成而地後定。天地之襲精為陰陽，陰陽之專精為四時，四時之散精為萬物。」明白地提出萬物創生的歷程。此外，〈精神〉、〈俶真〉等也提出天地萬物的肇生，始於元氣的概念。這樣的氣化宇宙論，可以說是兩漢以來有關說法的重要典型。

統下也已確立「氣」的最高性與實存性；劉歆（約西元前 50-後 23 年）「三統歷」提到「太極元氣，函三為一」，[5]肯定太極同於元氣，包絡天、地、人三才而為一元，是一種元氣的樣態。太極的性質，普遍被解釋為陰陽尚未分判前的混沌未分之氣，如鄭玄（西元 127-200 年）釋太極為「極中之道，淳和未分之氣」。[6]虞翻（西元 164-233 年）以太極為「太一」，且「分為天地，故生兩儀」；[7]唐代孔穎達（西元 574-648 年）《周易正義》也指出，「太極，謂天地未分之前，元氣混而為一，即是「太初」、「太一」也。[8]太極為天地未分之前元氣的混沌狀態，是天地萬物的根源或總會之所在，並作「太初」、「太一」之名。太極作為宇宙最高的本源，是一種氣化的性質，又以「太初」、「太一」、「一」作代稱，成為漢代普遍認識。

朱震以「太極」作為易學範定的宇宙根源，是一種氣化的本質，同於漢儒之說。當他談到大衍之法的五十之數時，強調「四十九因於太極，而太極非无也，一氣混淪，而未判之時也」。[9]明白指出「太極」為「有」，為元氣混沌未分的實有狀態。這種以太極作為初始元氣的觀點，即根本於漢儒之說；不論它或名為「一」、「太一」、「太初」，乃至張載所說的「太虛」、「太

---

5 見班固《漢書・律曆志》，卷二十一上，北京：中華書局，1997 年 11 月 1 版，頁 965。

6 見王應麟輯《周易鄭注》，據《文選》卷十九所輯。引自惠棟考補《新本鄭氏周易》，臺北：臺灣商務印書館景印文淵閣四庫全書本第七冊，1986 年 3 月初版，頁 176。

7 見李鼎祚《周易集解》卷十四，臺北：臺灣商務印書館，1996 年 12 月台 1 版 2 刷，頁 349。

8 見孔穎達《周易正義・繫辭上》第七。引自藝文印書館十三經注疏本《周易注疏》，頁 156。

9 見朱震《漢上叢說》，頁 366。

和」，都同於「太極」的意義，指爲「氣」的本源之狀，氣之未判而有「體」者，所以他說「天地一氣，萬物同體」，[10]此天地之一氣，即是太極元氣，而萬物同體，是同於太極這一氣化的初始狀態；萬物的形成，都是由「太極」這一本源之體而來，一氣而化生萬物，萬物皆由氣生。同時，朱震以漢儒之說，訓解「太極」之「極」義，云「極，中也」，[11]「太極者，中之至也，天地之大本也，所以生天地者也」。[12]此「中」即初始元氣之中，是絕對存有的氣化實體之中，作爲天地萬化的根本，一切都由此至中之實體而生。

太極爲一種元氣的概念，「太極者，陰陽之本也」，太極之中含有陰陽二氣，陰陽二氣共成太極，故「不知陰陽，則不知太極」。[13]陰陽體現太極，太極不離陰陽，它的根本元質就是陰陽二氣。朱震云：

> 夫易廣矣大矣！其遠不可禦矣！然不越乎陰陽二端，其究則一而已矣。一者，天地之根本也，萬物之權輿也，陰陽動靜之源也，故謂之太極。[14]

易廣大而無所不包，深遠而無邊際，歸之於「一」，即沌混之一

---

10 見朱震《漢上易傳》，卷四，頁 113。
11 見朱震《漢上叢說》，頁 389。漢儒訓解作「極，中也」，包括《漢書‧律曆志》中劉歆談三統曆云：「太極元氣，函三爲一。極，中也」；鄭玄訓《尚書‧洪範》中的「次五曰建用皇極」之「極」；許慎《說文》同訓；又虞翻訓節卦九二《象傳》「失時極也」之「極」，皆訓作「中」義。以「極」訓「中」，爲漢儒的普遍認識。其後魏晉時期的韓康伯、唐代孔穎達《周易正義》亦訓爲「中」。宋儒如司馬光《溫公易說》、沈該《易小傳》、陳瓘《了齋易說》、方寔孫《淙山讀周易》等等大家，都作「中」解。
12 見朱震《漢上叢說》，頁 391。
13 見朱震《漢上叢說》，頁 389。
14 見朱震《漢上易傳‧序》，頁 4。

氣，一種絕對的實有之狀，也就是太極。以一氣或一太極包絡天地間的一切萬物，這個太極由陰陽二氣所構成，所以太極作為陰陽二氣動靜變化的本源，也就是元氣分化為二氣的本源。

二、無思無為寂然不動之狀態

太極元氣，是那陰陽二氣混沌未判、初始發動之時，是一種怎樣的狀態？朱震這麼說：

> 至隱之中，萬象具焉。見而有形，是為萬物。人見其無形也，以為未始有物焉，而不知所謂物者，實根於此。今有形之初，本於胞胎。胞胎之初，源於一氣。而一氣而動，絪縕相感，可謂至隱矣。[15]

元氣處在最隱微的當中，也是一種最樸實的初始原貌，卻已具開顯萬物的本能，在至微之中，萬象已具，萬物的形成乃至各種形象的顯現，都根本於此；各種有形之物，都從此氣化之「有」而產生，而以類似無形之狀呈現，人見其無形，主要是此氣在初始之時，在未成形之初，是一種混沌至隱之狀，萬物的化生也是在這種狀態下形成。因此，萬物的形成，都根本於「一氣」，這「一氣」就是產生萬物「胞胎」之根源，是萬物孕育的初始狀態，它雖無形，卻是一種實有的存在。「一氣」名為「太極」，為混沌未分之元氣，當它氣動相感，絪縕而成，萬物也就由是造化；所以朱震說「天地至大，感則相與，萬物至眾，感則化生」，[16]元氣變化，彼此交感，流行相生，化育萬物，綿延不息。這種太極元氣的氣動變化，如同鄭玄所說「易本無形，自微及著，故氣從

---

15 見朱震《漢上叢說》，頁389。
16 見朱震《漢上易傳》，卷四，頁113。

下生」[17]的情狀，「太極」的本身，元氣初始時呈現出絜靜精微的隱微之狀，本於氣從下升、由微而顯的律動，進而以現其萬物之形，是一種由微而顯、由隱而著、由未判而發動的交感變化過程。

這裡特別要強調的是，太極元氣的初始之狀，雖若「無形」，但絕不是「無」，也不是如理學家所說的「理」那種情形，它作為萬化的本源，本質上絕對是一種「氣」的存在。朱震根本於《繫辭上傳》之說云：

> 易无思也，無无也，寂然不動，太極未分時也。感而遂通天下之故，兩儀、四象、八卦生吉凶也。[18]

「易」之「无思」、「无為」、「寂然不動」之狀，並非如道家（老子）或王弼的「道」、「無」那樣，它本身是一種「有」的氣化、物質化的本質；老子以「無」或「道」作為相對於「有」的「先天地生」、「有生於無」的本源概念，而王弼主張萬物之上，有一個更根源的不可名狀、寂靜不動的存在者，它就是「道」，也就是「無」，所以說「混成無形」，[19]「寂然無體，不可為象」。

---

17 見鄭玄注《易緯乾鑿度》「易氣從下生」，云：「易本無形，自微及著，故氣從下生，以下爻為始也。」（見引自日本：京都市，1998 年影印自武英殿聚珍版本《古經解彙函・易緯八種・易緯乾鑿度》，卷上，頁 482。
18 見朱震《漢上叢說》，頁 388。
19 參見《老子》第二十五章云：「有物混成，先天地生，寂兮寥兮，獨立不改，周行而不殆，可以為天下母。」王弼注云：「寂寥，無形體也。無物匹之，故曰獨立也。……混成無形，不可得而定，故曰不知其名也。」（引自王樓宇烈校釋《王弼集校釋・老子道德經注》，北京：中華書局，1999 年 12 月 1 版北京 3 刷，頁 63。）又《老子》第四十章云：「返者，道之動；弱者，道之用。天下萬物生於有，有生於無。」王弼注云：「天下之物，皆以有為生，有生於無。」（引自王樓宇烈校釋《王弼集校釋・老子道德經注》，頁 110。）

[20]朱震的根源之性，是「太極未分時也」，也就是處於陰陽二氣寂然未分的太極樣態，不復動靜，卻仍屬於「氣」的存在，一直到陽動陰進，「感而遂通天下之故」，生化四象、八卦，天地萬物於是生焉。氣回歸於最根本的狀態時，它無所作為，不作分判，但它決然仍是氣化的存在。

第二節　氣的聚散與體用

「太極」作為《周易》哲學思維的重要核心，從《繫辭傳》開展而出，成為歷來論述易學思想在宇宙論中的主要命題。朱震從漢儒的普遍觀點切入，以及應合張載的基本主張，認為太極是一種氣化的存在，一種實然的氣化本色，宇宙的根本原質為氣，太極元氣為氣化的真實存在，也就是太虛即氣的氣化流行之認識。朱震以太極同於太虛，用氣之運動變化來表述萬化之作用，提出氣的聚散與體用的觀點，賦予其氣化的重要內涵。

一、氣的聚散

朱震視《繫辭傳》所言之太極生次的宇宙觀系統，是一種氣化的觀點，而其易學思想中，也圍繞在這樣的氣化宇宙觀中開闡。

20　參見王弼於《論語釋疑》中云：「道者，無之稱也，無不通也，無不由也。況之曰道，寂然無體，不可為象。」（引自樓宇烈校釋《王弼集校釋‧論語釋疑》，同前版本，頁 624。）王弼強調萬有都是有形有名的，有形有名的東西都是有限性的，既是有限的，自然不能作為萬有的根源。因此，他在《老子指略》中進一步指出：「故可道之盛，未足以官天地；有形之極，未足以府萬物。」（引自樓宇烈校釋《王弼集校釋‧老子指略》，同前版本，頁 195-196。）萬有的進一層的最根源者，只能是無形、無名的，也就是不具任何物質性的「道」或「無」。

這種氣化觀，是漢儒的延續，也是張載主張的承繼，並且直接採用「太虛」之名。

　　已如前述，朱震把太極作爲宇宙萬物的本源之氣化元質，氣爲宇宙萬物創生的第一性，它就是「太極」，也稱作「太虛」，朱震明確地指出，「《易》有太極，太虛也」，以「太極」等同於「太虛」，太極爲元氣，則太虛也是元氣，所以他說「太虛聚而有氣也」。[21]肯定太虛爲一種「氣」的存在，這種「氣」的存在而名之太虛，作爲宇宙的本源。爲「氣」之太虛，或太虛即氣，所處的狀態，是一種寂然未分的狀態，太虛以此而能作萬化之本，能夠出入於有無，成爲一切的母體，所以朱震引古籍之言云「太虛無礙，大氣舉之」，[22]作爲根源性、主宰性的太虛，健行不息，無所滯礙，內含陰陽二氣，萬物由是資始資生；此一概念，同於唐代王冰注《素問》所云，「大氣，謂造化之氣任持太虛者也，所以太虛不屈，地久天長者，蓋由造化之氣任持之也」，[23]太虛以其陰陽混沌的大氣，成爲造化萬物之氣，天地萬物的肇造，於是成爲。太虛作爲本源者、主宰者，有其長久性、永恆性，也具有最高性的意義，但其天地萬物的形成，都由「造化之氣」來主導，也就是都由乾坤或陰陽之氣來履成，二氣成爲了一切有形的

21　括弧引文見朱震《漢上易傳》，卷九，頁264。

22　朱震引《傳》言「太虛無礙，大氣舉之」。（見朱震《漢上易傳》，卷一，頁41。）不知朱震所云之《傳》，所指爲何？另外，他又引《黃帝書》云：「地在太虛之中，大氣舉之，天地未始相離也。」（見朱震《漢上易傳》，卷九，頁274。）此《黃帝書》乃指《素問》（今或稱《黃帝內經‧素問》）。事實上，《素問》所云爲：「歧伯曰：『地爲人之下，太虛之中者也。』帝曰：『馮乎？』歧伯曰：『大氣舉之也。』」唐代李冰注云：「言大虛無礙，地體可馮而止作。」皆與朱震所引有異，殊不知朱震所引《傳》與《黃帝書》確指爲何。

23　唐代王冰注文，見王冰注《黃帝內經素問》，卷十九，臺北：臺灣商務印書館景印文淵閣四庫全書本第733冊，1986年3月初版，頁211。

造化。這種思想觀點，與張載的主張也都相合。

（一）動聚為氣與靜散為太虛

太虛作為氣之本體，藉由氣的運動變化以生成萬物之化生作用。朱震根本於張載，特別強調氣的聚散觀點，表述氣的運動變化狀態，以聚散的不同氣化型態，說明元氣與萬物化生的轉化歷程。他認為「動則聚而為氣，靜則散為太虛」，「陰陽轉續，觸類成形。聚者不能無散，散者不能無聚」；[24]宇宙萬物的生成，都是透過陰陽的變化，以氣的聚合而成象成形，事物由始而終，有生即有滅，氣聚而成物，氣散不再其形而回歸氣的太虛之體，所以在聚散的轉化中，得以生生不息。他在闡釋萃卦《彖傳》時，也說明了氣聚為物，氣散回歸太虛的主張，云：

> 天地之氣，聚而有物，散而无形，散者必聚。……萬物散殊至眾也，而各從其類。故曰「觀其所聚，而天地萬物之情可見矣」。[25]

陰陽二氣，相互交感運動變化而產生萬物，視為一種氣「聚」的狀態，一旦物滅則氣散於無形之太虛，所以他說「形散為氣，明而幽也。氣聚成形，幽而明也」；「皆源於太極，知此則知幽明之故也」。[26]藉由太極氣化流行的聚散，以見氣之循環反復、終始不息的特質，也體現宇宙的永恆性；同時，也透過仰觀俯察於氣聚變化，可以知其幽明隱顯之故，體現天地萬物之情，從不同氣聚樣態，可以看出不同的萬物情貌；更重要的是，由是而「知

---

24 見朱震《漢上叢說》，頁 390。
25 見朱震《漢上易傳》，卷五，頁 157。
26 見朱震《漢上易傳》，卷七，頁 227。

周乎萬物」，「而道濟乎天下」，[27]此天道下貫於人道，知天道而明人事。

（二）鬼神論氣之無形與神妙

朱震又以鬼神言氣的聚散，認為「鬼神無形者也」，「為天地之用」，更象徵陰陽氣化的升降聚散，表現出太極無形的神妙變化之道。[28]同時他指出：

> 有天地然後有人、有鬼神，鬼神往來於天地之間者也。……盈者必虛，息者必消。天地之所不能違者，時也，而況天地之間聚而為人、散而為鬼神乎？[29]

又云：

> 故魂陽反於天，魄陰歸於地。其生也，氣日至而滋息，物生既盈，氣日反而游散，至之謂神，以其申也。反之謂鬼，以其歸也。[30]

陰陽之氣生天地，而後化生人與鬼神，人與鬼神的最大區別在於人為氣聚而生，氣散而為鬼神，氣散為無形，所以鬼神也無形。在這裡，朱震強調的是人作為天地間之「物」，是氣聚而成的，一旦氣散之後，就為鬼神，具體地說，就回歸到陰陽之氣的本然狀態，散為無形，魂陽返至於天，魄陰回歸於地，所以能夠往來於天地之間。這種由人（物）而復歸於鬼神（陰陽元氣）的情形，是氣的盈虛消息變化、天地自然的變化之道。

---

27 參見朱震《漢上易傳》，卷七，頁 228。
28 參見朱震《漢上叢說》，頁 392。
29 見朱震《漢上易傳》，卷六，頁 192。
30 見朱震《漢上易傳》，卷七，頁 228。

（三）氣與五行之貫通化生

結合五行談聚散的問題，周敦頤（西元 1017-1073 年）明白的提到，而朱震也有論及。周子在其太極圖第三層圖式中，展現其「二五之精」、「五行一陰陽」的概念。從數的呈現來看，木、火、金、水之三、二、四、一生數必得中五，而後才能成為八、七、九、六的成數，也就是代表陰陽變化的四象之數。火生數二，木生數三，合之為數五；水生數一，金生數四，合之為數五；火與木以及水與金之數各五，火數為陰，木數為陽，合為一陰陽，金數為陰，水數為陽，合為一陰陽，如此一來即「五行一陰陽」。另外，周子在其《通書》中也提到，「二氣五行，化生萬物。五殊二實，二本則一。是萬為一，一實萬分」；[31]說明了陰陽二氣合而為一太極，五行之氣又由陰陽所分化，藉由陰陽五行來化生萬物。又周子以「二五之精，妙合而凝」，說明陰陽二氣與五行形成之後，在神妙的氣聚之下而產生了萬物之形，也就是說，此時氣的流動型態，是一種聚合的情形，氣聚才能成形，成形必在氣的聚合運動下才能實現。[32]相對的，氣散則形滅，回歸氣的原始駐所。這種二氣五行的認識，乃至氣的聚散，也都是朱震陰陽

31　周子之文，引自明代曹端《通書述解·理性命第二十二》。見曹端著，王秉倫點校《曹端集·通書述解》，北京；中華書局，2003 年 1 版北京 1 刷，頁 76-77。

32　朱熹對此言之解釋，提到「精以氣言，不二之名也。凝者，聚也，氣聚而成形」。（引自《周子全書》，卷一，上海：上海商務印書館，1937 年，頁 15。）曹端《太極圖說述解》也作相同的解釋。歷來學者也往往認為「氣聚而成形」，如宋代方聞一《大易粹言》卷三十，在解釋離卦《象傳》時就說到「氣聚而成形」，「氣散而神合於無」。又如俞琰《周易集說》卷十八，云「人之生也，魂氣聚而成形，死則魂氣游散而无不之祭於廟」；以人的生死來言氣的聚散。另外，張載亦多言氣的聚散，後文將作說明。

思想的重要內涵之一；陰陽之氣的聚散變動，體現出萬物的生滅消息。朱震認為：

> 聚而為有生之始也，散而入無生之終也。始終循環，死生相續，聚散之理也。……始者生也，終者死也，反則死而復也，故知此則知死生之說也。乾兌金也，震巽木也，坎水離火也，坤艮土也，乾震坎艮陽也，坤巽離兌陰也。陰陽之精，五行之氣，氣聚為精，精為物。得乾為首，得坤為腹，得震為足，得巽為股，得坎為耳，得離為目，得艮為鼻，得兌為口。及其散也，五行陰陽，各還其本。[33]

氣以聚散為有無、為生死始終。氣的聚散之理，表現出「始終循環，死生相續」的循環反復、生生不息之道。八卦配五行，各隨其陰陽之性，各聚合而為「陰陽之精」，以精而為物，所以八卦各得其物、各成其神，以人身而言，乾為首，坤為腹，震為足，巽為股，坎為耳，離為目，艮為鼻，兌為口。八卦合五行以陰陽之氣聚成首、腹等形物。氣散之後，則陰陽所貫通的五行，就回歸其太極本體之中。

　　朱震以「太極」為「太虛」，它「聚而有氣」，其「有氣」在「聚」的狀態下形成，相對的並不是說在非「聚」的狀況下而無氣的存在，只是特別強調氣聚成形，能夠明顯看到氣「聚」的存在。這裡所說的「聚而有氣」的「聚」，在於凸顯氣的實然性、存有性；至於他另外說到「氣有聚散」的「聚」，意義上就有所差異了。朱震認為氣的運動有聚散之別，氣聚成物，氣散而回歸太極或太虛之本然樣態；這個「聚」，在說明氣化成物的狀態，與前者「聚而有氣」的太虛實有概念不同。太極或太虛，是氣化

---

33 見朱震《漢上易傳》，卷七，頁 227-228。

的合體，其聚散之別，爲氣聚成形爲物與散入太虛的不同；不論是「聚」或「散」，仍是太虛之氣的運化，它是至實之氣，決然之氣，「聚散」本身就是氣的運動變化，同於張載所說的，「氣之爲物，散入無形，適得吾體；聚爲有象，不失吾常。太虛不能無氣，氣不能不聚而爲萬物，萬物不能不散而爲太虛」；[34]「聚」是氣，「散」也是氣，不論是無形，或是有象，都是氣的變化，也都是有氣。

二、體用之說

體用觀爲北宋思想家所慣說，不論程頤或張載，皆強調體用一源的概念；朱震會通前儒之說，建立出貼近張載的氣化體用之認識。

（一）太虛為氣之本體

太虛不能沒有氣，也不能不是氣，否則就不能化成萬物，而其聚散則是萬化的運動現象；簡單的說，太虛就是氣，也就是說，「氣之聚散於太虛，猶冰凝釋於水，知太虛即氣，則無無」，[35]太虛即是氣，不能爲「無」，不能入於老氏那「有生於無」的無中生有之弊病。[36]張載以「太虛即氣」，除了肯定太虛本身就是氣之外，此「即」又有相即不離的概念，「太虛」與「氣」仍有其

---

34 見張載《正蒙・太和》。引自章錫琛點校《張載集・正蒙》，北京：中華書局，2006 年 12 月 1 版北京 3 刷，頁 7。後文所引張載《正蒙》、《橫渠易說》、《張子語錄》諸作，皆據此本，僅標明書名、頁數，不再作詳注。
35 見張載《正蒙・太和》，頁 8。
36 張載在《正蒙・太和》中指出：「若謂虛能生氣，則虛無窮，氣有限，體用殊絕，入老氏『有生於無』自然之論，不識有無混一之常。」（見張載《正蒙・太和》，頁 8。）駁斥佛老那種以無爲本或無中生有的論述弊病。

分別的意義在，太虛「不能無氣」，又「聚而有氣」，表明二者
有其層次上的差異，太虛是氣的載體，彼此有體用的關係，也就
是「氣」以「太虛」作爲本體，而「太虛」以「氣」爲用，二者
彼此相即、不可分割；「太虛」不能脫離「氣」而自存，它存在
於氣化流行之中，是氣化流行的母體。

　　這種認識，也成爲朱震對太極或太虛的理解。於此，朱震舉
季札（西元？年）之言，明白的指出「太虛者，氣之本體」，[37]從
體用的角度去關照去確立「太虛」與「氣」的關係；以「太虛」
作爲本體，「氣」的聚散，作爲「太虛」本體之用，氣聚而爲物，
爲太虛本體之作用，氣散而入於無形，氣回歸太虛本體。

（二）大衍之數的體用觀

　　在以「數」所建構出的宇宙觀圖式之認識上，朱震也強烈的
表示出其體用的概念，他在解釋大衍之數五十的筮法時，云：

> 一者，體也，太極不動之數。四十有九者，用也。兩儀、
> 四象分太極之數，總之則一，散之則四十有九，非四十有
> 九之外復有一，而其一不用也。方其一也，兩儀四象未始
> 不具。及其散也，太極未始或亡，體用不相離也。[38]

大衍五十之數，其「一」不用爲「體」，代表著以太極或稱太虛
作爲本體，是無可撼動者，所以爲「太極不動之數」。至於其它
四十九的數，則爲「用」，爲「一」數之用，象徵著「氣」的散
用爲萬物萬象。以「一」作爲本體，不管如何的氣化運動，不管
怎樣的化生爲「兩儀」、「四象」，乃至生成萬物，此「一」此
「體」未嘗不在，它以本體自居，作爲最高的主宰，作爲一切的

---

37 見朱震《漢上叢說》，頁390。
38 見朱震《漢上易傳》，卷七，頁234。

根源，無終始而不在，存在於「兩儀」、「四象」或萬物之中。
因此，「散之則四十有九，非四十有九之外復有一」，「一」作
為「體」，存在於「四十九」之「用」的當中，故云「體用不相
離」。朱震進一步說，「蓍四十九，總而為一，參天也。分而為
二，兩地也」；[39]這個「一」，在推演策數時，是其五十數用四
十九的其「一」不用之數，乃至「挂一於小指以象三」的「挂一」
之數，皆為太極或太虛之數，所以朱震說「分之左右而為二，以
象兩者，分陰陽剛柔也。挂一於小指以象三者，一太極兩儀也」。
[40]兩儀所分之策，皆顯用之數，透過這些顯用之數，以推布出六
十四卦，象徵陰陽變化的結果。因此，朱震強調「一，體也，體
隱則用顯」，[41]「體用無間，和會為一」。[42]

　　朱震以體用的認識，看待「一」與「四十九」的關係，從而
理解太極或太虛之氣的本質。「四十九」總合於「一」，「一」
囊括「四十九」，「四十九」中存在著「一」；「一」體而「四
十九」為用，正說明出太極為體，而陰陽生次變化下的包括陰陽
的本身，以及四時、五行、八卦，乃至六十四卦的形成，都是太
極之用。

　　在大衍五十之數的進一步辨析上，朱震也對漢魏以來的重要
《易》家作了評論。首先，他肯定韓康伯（西元 332-380 年）的
說法，認為韓氏云「衍天地之數，所賴者五十，其用四十有九，
則其一不用也。不用而用以之通，非數而數以之成，斯《易》之
太極也」。稱讚韓氏所言極是，肯定太極「一」數不用為「體」，

---

39 見朱震《漢上叢說》，頁 391。
40 括弧諸引文，見朱震《漢上易傳》，卷七，頁 234。
41 見朱震《漢上易傳》，卷七，頁 236。
42 見朱震《漢上叢說》，頁 391。

「四十九」數為其「用」，由「用」而通於萬物。「一」數並非只是純粹的數學數字概念而已，以此「一」數為「體」貫通於「四十九」數之「用」，而成其萬化之道。同時又明確的提到，「四十九數總而為一者，太極也。散而為四十九，即太極在其中矣」，太極存在於四十九之中，四十九乃太極之用。然而，朱震對於韓氏以「一」以「太極」象「無」，由「無」而生「有」的說法，則認為「言有未盡」。他舉韓氏之說，所謂「夫无不可以無明，必因於有，固常於有，物之極必明，其所由宗」；韓氏以有無定說，未盡理想，所以他作了補正說明，指出「四十九因於太極，而太極非无也，一氣混淪，而未判之時也」。[43]太極混淪之狀，仍為一氣存在，並非以「無」呈現，太極一氣為「有」，「有」才能生萬有。

　　對京房（西元前 77-前 37 年）的批評，京房以「凡五十其一不用者，天之生氣，將欲以虛來實，故用四十九焉」；京氏認為「一」為天所生之氣而不用，用則是「四十九」，然京氏卻以「五十」包括「十日、十二辰、二十八宿」，亦即五十數皆見於天而成之象（日、辰、象），又何以稱天生其「一」之氣而不用？故認為「此言五十數之見於天者，其成象如此，謂其一不用，為天之生氣，則非也」。[44]「五十」全以象呈現，必屬「用」的性質，既然「五十」之數全為「用」，就不會有「一」不用了。對馬融（西元 79-166 年）的批評，馬融以一太極為北辰，而兩儀生日月，「北辰居位不動，其餘四十九運轉而用也」；朱震認為「兩儀乃天地之象」，非兩儀生日月，並且，北辰既是天上星體，又居處不動，則「不能生天地」；北辰為一而不動，則不能展現體用的

---

43 以上括弧諸引文，見朱震《漢上叢說》，頁 366。
44 括弧諸引文，見朱震《漢上叢說》，頁 366。

化生本能。「一」為體，萬物皆為其用，萬物皆有「一」、有太極，也就是有氣，所以「一」就是合陰陽為一之氣。[45]

　　此外，也對荀爽（西元 128-190 年）、鄭康成、董遇（西元？年）、顧懽（西元？年）與劉牧（西元 1011-1064 年）作了評論，其中特別是對劉牧的評論，更能體現他的體用觀；他提出質疑，認為「劉謂天一居尊而不動，則與馬季長言北辰不動何異」？「劉所謂一者，言一之定位也」；也就是說，「一」既以不動而言，不動則為獨立存在的個體，就不能同於「四十九」之中。「一」作為一切的本體，「而一之所在，無往而不為，萬物之祖，得此而不失」；「一」為「體」，在「四十九」的「用」之中，如同一為太極元氣，在萬物之中。[46]

（三）太虛即氣的體用認識

　　朱震確立體用的關係，明白的指出「動靜一源，顯微無間，知四十有九為一之用，即知一為四十有九之體矣」；[47]這種體用觀的認識，似於程頤所說的「至微者理也，至著者象也。體用一源，顯微无間」[48]的體用觀，然而，程氏重在從辭意事理的隱微相應於占象的關係來談體用一源，並且以至微之「理」，即其所謂之天理、天道，一種更具本體的意義，與氣化的意義是有很大的差異。至於朱震則從衍數「一」與「四十九」的關係來看，說明太極元氣為萬化之體，萬化則為太極之用。如果要進一步推究程氏之說與朱震的關係，則可從「理」的本質來看，程氏以「理

45　參見朱震《漢上叢說》，頁 367。
46　參見朱震《漢上叢說》，頁 367。
47　見朱震《漢上叢說》，頁 367。
48　見程頤《伊川易傳・序》。引自臺北：新文豐出版公司編《大易類聚初集》
　　第 1 輯，影印中華書局聚珍倣宋版，1983 年 10 月初版，頁 795。

者，實也，本也」，[49]作為本體、本源而真實不妄的存在，它是
一陰一陽之道，相應著陰陽之氣而存在，也就是理氣相即，一種
「無獨必有對」的理，所以程氏說「天地之間皆有對，有陰則有
陽，有善則有惡」；[50]「萬物莫不有對，一陰一陽，一善一惡，
陽長則陰消，善增則惡減」；[51]理是在陰陽相對待之中生生不息
者。理與陰陽之氣的對待關係，類似朱震將太極或太虛與陰陽的
對待關係，只不過朱震明確的指出太極本身就是氣，本身就是陰
陽二氣的合體。這是朱震與程頤的根本上之不同。

　　在體用的認識上，或許朱震也有受到程氏的影響。但是，這
種體用的主張，更同於張載賦予「太虛」與「氣」關係上的體用
觀，「氣」之為用，以氣有聚有散，並藉由聚散以彰顯其為生化
萬物的現象界之實存面，是「太虛」之用；至於「太虛」作為「體」，
某種程度上已予「太虛」對「氣」的超越性之存在，它既超越聚
散、超越氣所形成的萬物萬象，同時又是與這些萬物萬象（氣）
同時存在的一種本體的意義；並且，「太虛」與「氣」不在建立
一種先後的關係，而是一種共同存在的「虛氣相即」的無法分割
的關係，既是如此，「太虛即氣」，太虛既是氣，太虛也當然是
氣，分別就在於體用上的認識。

---

49 見程顥、程頤撰，潘富恩點校《二程遺書·明道先生語一》，卷十一，上
　海：上海古籍出版社，2008 年 3 月 1 版 2 刷，頁 171。
50 見程顥、程頤撰，潘富恩點校《二程遺書·伊川先生語一》，卷十五，頁
　208。
51 見程顥、程頤撰，潘富恩點校《二程遺書·明道先生語一》，卷十一，頁
　170。

第三節　合三爲一的重要意義

　　太極元氣，雖然寂然而似無狀，但卻是實有而存在，在數字上，往往以「一」來概括，這個部份，前面已不斷的論及。以「一」作爲宇宙本源的概念，爲漢儒所普遍使用，也成爲歷來學者的慣性使用。「一」代作本源之義，而與「三」這個數作聯結，作爲萬化過程中的重要概念的有機組合之數，在漢儒的論述中極爲普遍。例如《漢書・律曆志》云「元之三統也，三統合於一元」，[52]孟康（西元？年）在注《漢志》時，認爲「泰極元氣，含三爲一，是以一數變而爲三也」，[53]劉歆將之具體呈現在其三統曆之中，並以「始於一而三之」，[54]建構起具有科學性的天文數據，明白的強調「太極元氣，函三爲一」；[55]《易緯乾鑿度》進一步指稱，「易始於一，分於二，通於三」，「三才，天地人，道分際也；三才之道，天地人也」；[56]太極元氣在未分化以前，包含著天、地、人三才而爲一體，三才合爲一元，也就是三才包絡於太極之中而渾然一體。又如揚雄（西元前 53-後 18 年）《太玄》云「生

52　見《漢書・律曆志》，卷二十一上，頁 980。
53　孟康注，見《漢書・律曆志》，卷二十一上，頁 957。
54　劉歆立三統曆，云：「數者，一、十、百、千、萬也；所以算數事物，順性命之理也。《書》曰『先其算命』，本起於黃鐘之數，始於一而三之，三三積之，歷十二辰之數，十有七萬七千一百四十七，而五數備矣。」（見《漢書・律曆志》，卷二十一上，頁 956。）以「一而三之」，開展出「三三積之」的數值（1×3×3×3×3×3×3×3×3×3×3×3＝177147），以此數值作爲萬物之數。
55　見《漢書・律曆志》，卷二十一上，頁 964。
56　見《易緯乾鑿度》，卷上，頁 484。

神莫先乎一」，又云「夫玄也者，天道也，地道也，人道也」，[57]
「玄」作爲三者之合體，而始於「一」，體一而爲有形，是一種
元氣的物質之狀。這種漢儒的「太極元氣，函三爲一」的觀點，
在朱震的氣化本源觀中也有延續。

一、以人為核心的合三為一

朱震以「一者，太極，不動之數」，「一，體也」，[58]「一」
作爲一切存在的根源，更具有本體的認識。朱震肯定易道即太極
（太虛）之道，概括爲天道，即包括了天、地、人三才之道，合
三才之道總爲太極之道，太極爲一，所以合三爲一。他說：

> 太極者，中之至也，天地之大本也，所以生天地者也。天
> 地分太極，萬物分天地，人資天地之中以生，觀乎人則天
> 地之體見矣。故曰「惟皇上帝，降衷於民」。而人之心者，
> 又人之中也。寂然不動，太極含三也。感而遂通，則天地
> 位矣，萬物育矣。[59]

「太極」極其中實，以「一」代稱，生天地而人又資之以生，太
極之道，即含天、地、人三才之道，所以云「太極含三也」。太
極以「一」而名，表現其實有之狀，卻又寂然不動，若是無爲無
形，以其如此，才能包納萬有。太極一實，陰陽於動靜之間，交
感和通，所以天地位而萬物育。人處天地之間，宇宙天地之理，
由人道而落實，所以朱震不斷申示天地之道與聖人之道同，易道
即立三才之道，「配天地立人道者」，合三才爲太極之道，「其

---

57 見揚雄《太玄・玄圖》。引自司馬光集注《太玄集注》，北京：中華書局，
　　1998 年 9 月 1 版北京 1 刷，頁 212。
58 見朱震《漢上易傳》，卷七，頁 236。
59 見朱震《漢上叢說》，頁 391-392。

實一也」，一切的變動生成，皆在太極，所以「一天下之動者」，
「而萬物備矣」。[60]

太極之道，即天地自然之道，也是陰陽變化之道，《繫辭上
傳》所謂「剛柔相推而生變化」，朱震以一卦六爻之變作爲象徵，
指出「變化者，動爻也，六爻之動，三極之道也」，一卦六爻的
變化，反應出三才之道，一切的吉凶悔吝，都在此六爻的變化與
天、地、人的關係中證成，此六爻之動確立天地之道，也賦予人
事之定理，所以「天人一理也」。[61]窮天地之道，知陰陽變化之
理，明「天地萬物，共由一理，其理順而不妄，深明其源，乃能
一天人、合內外」，如此一來，由觀天地之道，進而「立人道，
道德有義，性命有理」；所以，以天、地、人「和會爲一」，「理
也，同出於一」，[62]太極爲一，包括一切天、地、人之理，也就
是包絡了一切萬有之理；所以說，「天地變化，草木亦蕃，而況
人乎」？「天地閉塞，賢人亦隱，而況草木乎？三才，一理也」；
[63]太極之道，合天、地、人之道，而更甚之，太極元氣的宇宙觀，
更落實在自然的規律與以人爲主體的對生命之體察與認識上。這
正是合三爲一的意義上的重要體現。

二、陰陽剛柔仁義與性命理之聯繫

朱震以太極爲太虛，並說明了太虛的氣聚之狀，從三才的區
別來看，包含著陰陽、柔剛與仁義之質，他說：

> 天地之間，則无乎不備矣。有天道焉，陰與陽也；有人道

---

60 見朱震《漢上易傳》，卷七，頁 230。
61 二括弧引文，見朱震《漢上易傳》，卷七，頁 225-226。
62 參見朱震《漢上叢說》，頁 391。
63 括弧引文，見朱震《漢上易傳》，卷一，頁 19。

焉，仁與義也；有地道焉，柔與剛也。此三者一物而兩體。陰陽也，而謂之天；仁義也，而謂之人；剛柔也，而謂之地；故曰「三才」。兼三才而兩之，故六。兼之者，天之道兼陰與陽也，人之道兼仁與義也，地之道兼柔與剛也。六者非它，即三才之道也。是故三畫而有重卦；六即三也，三即一也。[64]

太虛以其虛一之體，天地萬物，無所不備；其三才各見兩體，天道見陰陽、人道見仁義、地道見柔剛，成其三才之道而各宗其「一物而兩體」，陰陽二體以「天」為一物，仁義兩體以「人」為一物，柔剛兩體以「地」為一物；進而言之，不論是三才，或是三才所含之此六者，更同於「太極」或「太虛」一物。以卦畫或卦爻而言，亦是如此，不論是單卦或是重卦，皆立三才之道，並同為太極一物變易流動，以爻效之，推布而呈現其吉凶之象。

朱震進一步提出天、地、人三才與性、命、理的概念與其彼此的關聯性，成為其太極或太虛觀點下合三才為一的重要哲學思想。他說：

易有太極，太虛也。陰陽者，太虛聚而有氣也。柔剛者，氣聚而有體也。仁義根於太虛，見於氣體，而動於知覺者也。自萬物一源觀之，謂之性；自稟賦觀之，謂之命；自通天地人觀之，謂之理。三者，一也。聖人將以順性命之理，故分一而為三，曰陰陽、曰柔剛、曰仁義，以立天地人之道，蓋互見也。易兼三才而兩之，六畫而成卦，成卦則三才合而為一。知陰陽、柔剛、仁義，同源於太虛，則知性；知天道曰陰陽、地道曰柔剛，人道曰仁義，則知命。

---

64 見朱震《漢上易傳》，卷八，頁 260。

　　知仁義，即天之陰陽、地之柔剛，則知性命之理。不順乎
　　性命之理而行之，將何所逃於天地之間乎？然道有變動，
　　故分陰分陽，迭用柔剛。……分陰陽、用柔剛者，仁義也，
　　以人而用天地也。誠知乎此，則德勝於氣，性命於德，氣
　　之昏明，不足以蔽之，至於盡性而配天地矣。[65]

從這段話當中，可見看到幾個重要的觀點：

（一）太虛包絡天、地、人→陰陽、柔剛、仁義
三者為一體

　　朱震以太虛合三才並含陰陽、柔剛與仁義的概念，根本於《說
卦傳》的思想，[66]更開展了張載之說，即張載所謂「一物兩體，
其太極之謂歟！陰陽天道，象之成也。剛柔地道，法之效也。仁
義之道，性之立也」。[67]將三才結合陰陽、柔剛與仁義而立說。
「太極」同於「太虛」，本身的元質即「氣」，當「氣」聚合時
而生成萬物，當「氣」消散時則回歸於「太虛」，回歸太虛混淪
之體，此時之「氣」為「陰陽」二者，所以說「陰陽者，太虛聚
而有氣」；陰陽氣化更屬於天道的本然，也是太虛的實有。「氣」

65　見朱震《漢上易傳》，卷九，頁 264-265。
66　參見《說卦傳》云：「昔者聖人之作《易》也，將以順性命之理。是以立
　　天之道曰陰與陽，立地之道曰柔與剛，立人之道曰仁與義。兼三才而兩
　　之，故《易》六畫而成卦，分陰分陽，迭用柔剛，故《易》六位而成章。」
　　《說卦傳》可以視為目前文獻中最早將三才與陰陽、柔剛與仁義並說的
　　觀點。
67　見張載《橫渠易說·說卦》，其完整的論述云：「一物兩體〔者〕，其太極
　　之謂歟！陰陽天道，象之成也；剛柔地道，法之效也；仁義之道，性之
　　立也；三才兩之，莫不有乾坤之道也。《易》一物而合三才，天人一，陰
　　陽其氣，剛柔其形，仁義其性。」（見張載《橫渠易說·說卦》，頁 235。）
　　說明太極以「一物而合三才」，亦即合天地人三才，也合陰陽、剛柔、仁
　　義三種屬性。同時，太極也「一物兩體」，即合陰與陽兩體為一物，合剛
　　與柔兩體為一物，合仁與義兩體為一物。

回歸於「太虛」，也就回歸於陰陽之氣的本體，是那創生萬物的母體，一種由陰陽所反映出有剛有柔的氣的本質，它本身具有柔剛之質的物質化概念，同時也確定爲太虛本體的最高性，所以說「柔剛者，氣聚而有體」；此柔剛之性，也是氣化之性，也是覆載萬物的由地道所圓成的萬有之性，更是太虛的本有之性。

　　不論是「陰陽」或是「柔剛」，皆爲太虛所本有者，而太虛混然爲一，是一種一中含兩的情形，即合陰陽爲一，合柔剛爲一，同於張載所說的「一物兩體」之認識。此外，仁義也根本於太虛，由太虛氣動於人而顯諸於知覺當中，由太虛包絡下的人道來張揚。不論是天道之陰陽、地道之柔剛，或人道之仁義，都植根於太虛之體，都發諸於氣之用，三者合而爲一，所以「陰陽、柔剛、仁義同源於太虛」。

（二）太虛涵攝性、命、理三者為一體

　　朱震以太虛之氣同時涵攝性、命與理三者。合於太虛之體與其氣之用，同歸於太虛即氣的一源，如果從萬物源此太虛的根源本質來說，朱震稱之爲「性」，也就是說，「性」爲萬物之一源，這萬物一源之「性」，他多次的申說，又如他在解釋《繫辭上傳》「《易》與天地準」一段，也明白地指出「天地無一物不體」，「性者，萬物之一源，知性則知天，知天則知物」；[68]強調天地間的一切，沒有一個東西不是以「體」來呈現，即以物質性的認識來呈現，一切萬物皆爲「體」，其即是源於太虛之一氣、太虛之「體」。賦予「性」作爲萬有的最高源頭，認爲知性就可以知天，也就可以知一切的萬物。「性」於此已具本源的意義，這個

---

68 見朱震《漢上易傳》，卷七，頁 228。

「性」，即天性，也就是陰陽氣化之性，太虛即氣之性。在太虛含括下的萬物之一源，此「萬物一源」之性，即太虛之氣的本性，也就是包括「陰陽、柔剛、仁義同源於太虛」的本性，這種說法，是根本於張載所說的「性者萬物之一源」[69]的主張，也就是性在太虛之內而同樣具有萬物本源的概念，它是太虛的氣之體，也是太虛氣化流行的本然樣態；張載此說，主要立論於具有完整體系的人性論下的本然之性的觀點，然而朱震的延續，只是斷取其要，只見支離，而不見其理路，更難以知其論「性」的目的與更重要的內涵所在。

從太虛之氣散為萬物來看，萬物各有其稟賦，則稱之為「命」。若又從能夠通天、地、人三者之道來看，則稱之為「理」；此一「理」同於太虛，能夠貫通天、地、人三才之道者。太虛之「理」，也特就人道而言，能順性與命，也就能具足陰陽、柔剛與仁義，也就能立天、地、人之道。

（三）太虛牢寵陰陽、柔剛、仁義於天、地、人與性、命、理

朱震以陰陽、柔剛、仁義三者皆同源於太虛，能夠知三者同源於太虛，則為「知性」。能夠理解三者放諸於天地人者，即知天道稱陰陽、地道稱柔剛、人道稱仁義，則為「知命」，也就是說，能知三才之道，是為「知命」。安於理，在於知仁義，也特別就是圓成人道，必須貫通天地之道，也知性與命，所以說能夠知「天之陰陽、地之柔剛，則知性命之理」。能夠順乎性命之理，則人道可成，即人道之善，方可立於天地之間。能夠分辨陰陽，

---

69 參見張載《正蒙·誠明》云：「性者萬物之一源，非有我之得私也。」（見張載《正蒙·誠明》，頁 21。）

迭用柔剛，則人道以仁義而立，人道本天地之道而成，所以說「分陰陽用柔剛者，仁義也，以人而用天地也」。

在這裡特別要強調的是，以仁義爲人道，而能夠分辨與運用天地的陰陽與柔剛，則此人道之仁義，則爲至善的，因爲太虛所貫之天地之道，乃至之所以爲「太虛」，本身作爲最高性，也是至善的，由此也由人貫通了天地。所以，如果從人性論的角度來看，人性根本於天道，必是純善的，朱震明白地指出，「善者，天地之性，而人得之，性之本也。不善，非性也，習也」，也就是說，太虛那唯一的至善之性，爲人性之本然，至於人會有不善，則非人之性，而是後天習養而成的，也是氣質變化所致，故「人之生，有氣之質，有性之本。剛柔不齊者，氣也，性之本則一而已矣」。性之本爲「一」，即那醇化未分的太極或太虛，以其醇一而能包絡萬物，所以說，「天地萬物，其本一也。天地升降，其氣絪縕，萬物化矣，醇而未雜」。[70]這樣的性說，與張載的人性論相近。對此根本於天地之性的人性之本的概念，誠如張載所云，「天地以虛爲德，至善者虛也」，[71]肯定太虛作爲一切的本源，爲至善之狀，才能化生一切，若有不善，則不能爲一切之主。

如此一來，朱震說，「德勝於氣」，此「德」即就天地之道、太虛之質而言，也就是針對能夠「分陰分陽，迭用柔剛」而言，更是就性命而言，它是至善的，它能勝於那生化萬物而有清濁昏明的氣，性命合德，其至善之質，「氣之昏明」，也就「不足以蔽之」了；朱震這個說法，同於張載所說的，「天所性者通極於道，氣之昏明不足以蔽之」，肯定太虛天性的至高美善，爲一切生命的真實本性，至於清濁不一的氣質之性，則不能遮蔽它掩蓋

---

70 括弧內諸引文，見朱震《漢上易傳》，卷八，頁 255。
71 見張載《張子語錄·語錄中》，頁 326。

它。[72]於此,若單從「性」而言,已如前述,性爲太虛之本性,是純一而唯善者,所以朱震也強調「盡性而配天地」,也就是盡太虛至善之性,配天地之德,知陰陽、柔剛與仁義,而同源於太虛,三才之道和順。人性爲太虛之氣所凝聚而成者,太虛所貫之仁義,也必然是人性的最終根源。

第四節　陰陽的神化與動靜

朱震的宇宙觀,具體的表現在氣化的觀點上,「太極」、「太虛」或是「一」等代表著宇宙本源的意義;一切的形成與存在,都是陰陽的變化作用。在這變化方面的認識上,朱震肯定陰陽變化的神性,也具體描繪陰陽變化的動靜意義。事實上,陰陽變化的認識,朱震還提出關於聚散的重要議題,然而陰陽的聚散,已於前面作了說明。因此,本節特別著重從宇宙觀中陰陽變化的理解,探討陰陽所表述出的神化與動靜之實質內涵。

一、陰陽不測而為神

朱震認爲太極爲「神」,「太極不動,則含兩儀」,「陰陽變化,不可測度,此之謂神」,即陰陽變化無端,「入於無形」

---

72 張載於《正蒙・誠明》云:「天所性者通極於道,氣之昏明不足以蔽之;天所命者通極於性,遇之吉凶不足以戕之;不免乎蔽之戕之者,未之學也。性通乎氣之外,命行乎氣之內,氣無內外,假有形而言爾。故思知人不可不知天,盡其性然後能至於命。」(見張載《正蒙・誠明》,頁21。)肯定太虛天性爲一切生命的真實本性,至於清濁不一的氣質之性,則不能遮蔽它掩蓋它;在這種狀況下,君子論性,則必在太虛天性上,「氣之昏明」的氣質之性,也就「不足以蔽之」,故「氣質之性,君子有弗性者焉」。(同前書,頁23。)

之狀，[73]所以把它稱之爲「神」。朱震以天地之數合歸於太極，也就是合歸於「一」，而在生次系統中，「太極不動，則含兩儀。動而生陽，太極兩儀而成象」，「靜而生陰，陰配於陽，猶形之有影，故兩」；[74]太極內貫陰陽二氣，經過變動而成象成形而爲「兩」，「兩」立變化成形之功；以「一」爲太極，其陰陽變化難測而爲「神」，即其所謂「一則神，兩則化。一者，合兩而爲一也」，[75]所以陰陽不測合而爲「一」者爲「神」，此「神」類似前面所述的「性」一般，即氣化流行的本質之體現，那「無形」而不可測度之狀。

（一）不可測度而為神之本質

太極或太虛的氣化流行，何以爲「神」？就在於其不可測度，又何以不可測度？就在於它的混淪之狀所表現出的無思無爲的本質。太極在未分之時，處於「無思」、「無爲」的「寂然不動」之狀態，然後分判爲陰陽二氣，而成爲「有思」、「有爲」的造化萬物之主宰者，以其無思、無爲的不爲物樣之狀，才能創生一切。所以朱震云：

> 易有思也，本於无思；有爲也，本於无爲。……歸於太極，寂然无聲，其一不動，萬化冥會乎其中，有物感之，……所謂遠近幽深，遂知來物，乃其一也，精者精此者也，變者變此者也，神之又神，謂之至神。精故可以窮深，變故可以與幾。夫《易》聖人體之，以極深研幾者也。天下之志，藏於无形，非推見至隱者，其能盡通乎？《易》至精

---

73 括弧引文，見朱震《漢上易傳》，卷七，頁230。
74 見朱震《漢上易傳》，卷七，頁230。
75 見朱震《漢上易傳》，卷七，頁233。

> 者也，天下之務，其來无窮，非曲得所謂者，其能成乎？
> 易至變者也，疾而速行而至，有思有為者，皆然。《易》
> 至神也，體《易》者，至於不疾而速，不行而至者，極深
> 研幾之效也，莫知其然而然也。[76]

《周易》所建構出的宇宙本源系統，其「有思」、「有為」，從認識的觀點言，即透過陰陽的變化，使具有思維、預判甚至引導的能力；如果從宇宙化生的角度言，則以陰陽運動，產生有形的一切事物。

然而，這有思有為的、能夠創生萬物的陰陽二氣，終歸於太極那無思無為、寂然若無之狀，即「神」之狀；所以有思有為本於無思無為，陰陰二氣本於太極。朱震又明確指出：

> 夫有行始於有為，有為始於有思。有思有為者，人也；无思无為者，天也。誰能有思有為而无於人之累乎？其唯易而已。[77]

分辨有思有為為「人」，無思無為為「天」，而能貫通此天人者，就只有「易」而已，也就只有太極；能以天之無思無為入於人之有思有為，在於太極合天、地、人三才之道，若將天與地合為自然之道或天道言，則天道與人道由太極而貫通，天人之間也建立起體用的關係，人法自然天道而行，人性又根本天性而為。這樣的天人觀視角，合於呂大臨肯定張載的「窮神化，一天人，立大本」[78]之理解。無思無為的太極，呈現其氣化的無窮性，萬化冥會於此陰陽合而為一的太極之中，它強調的是一種變化的動能，

---

76 見朱震《漢上易傳》，卷七，頁 239。
77 見朱震《漢上易傳》，卷七，頁 239。
78 見呂大臨《橫渠先生行狀》，附於《橫渠易說》。引自章錫琛點校《張載集‧附錄‧橫渠先生行狀》，頁 383。

是太極氣化的實體作用，本身呈現的是無思無爲的無方之體，無形而不可爲象的混沌太極，精於感物知物，窮深研幾，推見至隱，變化無窮，從而能夠發揮其神妙之功。

（二）一物兩體之神化

朱震所說陰陽之神化，合於前面已提到的，張載「一物兩體」的觀點，即所謂「一物兩體〔者〕，氣也。一故神，兩在故不測。兩故化推行於一。」；[79]由陰陽二氣的變化，彰現太極之「神」。尤其，朱震的「一物兩體」更表現在前述的三才之道，天道含陰與陽，人道含仁與義，地道含柔與剛，「此三者一物而兩體」。太極氣化本體，下貫陰陽、仁義、柔剛，所呈現的天、地、人各具之兩體，皆由太極一物而來，由於太極爲氣化之物，才能含天、地、人三者，而天之陰陽、人之仁義、地之柔剛，以其各屬之「兩」，而能神化於太極、神化於一之中。

（三）獨化而盡性之神妙

朱震強調氣化流行所帶來的神妙之性，認爲「天地之化者，氣也。氣之推移，一息不留，故謂之化」，是一種「絕物而獨化」的神妙特質，所以能夠「曲成萬物而不遺，乃能無一物不體，與

---

79 見張載《橫渠易說・說卦》，頁 233。唐琳在其《朱震的易學視域》中肯定張載「一物兩體」的主張，即「太極爲陰陽二氣的統一體」，認爲朱震「主要受啓於張載，卻又有所超越」，所說的有所超越，是說「朱震對於太虛的規定，則堅持了漢唐以來的元氣說」。（參見唐琳《朱震的易學視域》，北京：中國書店，2007 年 7 月 1 版 1 刷，頁 41。）唐琳似乎否定朱震有同於張載那「一物兩體」的主張，也否定太虛中含有陰陽二氣的認識。事實上，朱震對太極或太虛在這方面上的認識，觀點與張載是相近的。有關的內容已如前述。

天地相似，與時偕行矣」。[80]因此，他進一步說：

> 畫夜者，陰陽也。推乎畫夜陰陽之道而通之，則知幽明、
> 知死生、知鬼神，非盡己之性、盡物之性者，不能也。故
> 通乎畫夜之道，而知陰陽兩也。兩者合一，而不測者，神
> 也，不測則无方。剛柔雜居，而相易者，用也，相易則无
> 體。知易无方，則知易无體。知易无體，則知一陰一陽之
> 道。[81]

畫夜爲時序之變，即陰陽氣化的結果。能夠推明陰陽、四時的變
化之道，就能通曉幽明、死生、鬼神，此即盡己之性與盡物之性
的盡性之道，是盡天道之性，也就是太極陰陽之氣性，所以說「知
一陰一陽之道」。這種以太極合一、陰陽兩用不測之「神」而涉
「性」之說，也合於張載的性觀，所謂「有無虛實通爲一物者，
性也；不能爲一，非盡性也」；[82]「性者萬物之一源」，「性與
天道合一」，[83]「天性，乾坤、陰陽也，二端故有感，本一故能
合」，[84]以「性」合於太極一源，是陰陽合體的自然天性，即「性
即天道」，[85]並落實到由天道範定人道的認識，所以張載說「盡
其性能盡人物之性」。[86]太極以其陰陽二氣合兩爲一，神用而不
測，體現其無方無體之狀；能夠知其無方無體，即能知一陰一陽
之道，也就是能夠知幽明、死生、鬼神乃至知性、盡性。這種理
解，是一種由太極的宇宙之道，去規範人生乃至對人性內在的最

---

80 括弧諸引文，見朱震《漢上易傳》，卷七，頁 229。
81 見朱震《漢上易傳》，卷七，頁 229。
82 見張載《正蒙・乾稱》，頁 63。
83 見張載《正蒙・誠明》，頁 20。
84 見張載《正蒙・乾稱》，頁 63。
85 見張載《正蒙・乾稱》，頁 63。
86 見張載《正蒙・誠明》云：「盡其性能盡人物之性，至於命者亦能至人物
   之命，莫不性諸道，命諸天。」（見張載《正蒙・誠明》，頁 22。）

高稟賦即天性的肯定，其中也涵攝著認識的範疇。

（四）形上的神化本色

朱震認為「一則神，兩則化。一者，合兩而為一也」，太極為「一」為「神」，陰陽二氣變化而生成萬物，陰陽合兩而為一太極，所以朱震特別指出稱作「神」，即「乃成變化」所致，也就是說，「神」即表現出陰陽的變化之道。[87]太極為「一」或陰陽化用之「神」，是一種變化、變通之道，然後表現出無方無體、至隱而精、無思無為的本色，也就是太極的本色，它更是一種形而上的易道本色，所以朱震認為「變通者，易之道」，而「形而上者謂之道，變通也」。因此，陰陽神化後而成象，「象成而著者，形也」，此「形」即下落於「形而下者謂之器」的「執方」的有形之象器。[88]形下之器、執方之形，皆由陰陽氣變之形上之「神」所圓成，所以「氣變而有形，形具而有體」。[89]

這種不以形見的形上之「變通」、神妙的變化之道，相對於形下的有形之器的認識，朱震作了進一步的說明：

> 坤闔則陽變而陰，乾闢則陰變而陽，故一闔一闢謂之變。闔者往也，闢者來也，一闔一闢，往來相感，其機有不得息者，故往來不窮謂之通。氣聚而有見，故謂之象。象成而有形，故謂之器。利用此道，以動靜出入，而蚩蚩之民，咸日用之，莫知其然，故謂之神。[90]

陰陽的變化，其體現於形上者，即陰陽的一闔一闢，往來相感，

---

87 參見朱震《漢上易傳》，卷七，頁233。

88 參見朱震《漢上易傳》，卷七，頁244。

89 見朱震《漢上易傳》，卷八，頁255。

90 見朱震《漢上易傳》，卷七，頁241。

無窮無盡，變化無息，遠近幽深，充塞無間，它也就是「神」。
此「神」或是此陰陽的變化落實在形下裡，即為創生萬物的形器
之層面，也是氣聚成象的可見之狀。不論是形上或形下，皆合屬
於「神」，只不過姑且可以分別作形上為「神」之「體」，而形
下為「神」之「用」。至於下落於人道的範疇，又是另一神用；
體天地自然的陰陽變化之道，能夠「以通神明之德，以類萬物之
情」，[91]「咸日用之，莫知其然」者，唯聖人能當之，也唯聖人
能夠「神明其德」，「齋潔戒慎，恐懼於不聞不睹」，[92]然後才
能「通天下之志，定天下之業，斷天下之疑」，合天地之道而「與
天地並立」。[93]人道合天地之道，符合太極合三為一之性，也合
於陰陽變化為神的具有類似本體性格的認識。

（五）天地與神明相契

　　「神」表現出陰陽的變化之道，為太極之性，也就是為本源
之性，於此，朱震又以天地與神明相契而立說，云：

　　　　天，神也；地，明也。通神明之德者，示幽顯一源也，即
　　　　陰陽合德是已。[94]

以天地為神明，同於乾坤二門，亦為陰陽合德的變化之道。「天」、
「乾」或「陽」，皆在氣化元初的無形未顯、資始幽深之時，無
方無體，相對具有本源的意義，所以為「神」；「地」、「坤」
或「陰」，為資始之後的資生之時，萬物之形體顯朗可現，所以
為「明」。神明之功，造化萬物，即陰陽合德之道，也是陰陽的

91　見朱震《漢上易傳》，卷七，頁 242。
92　二括弧引文，見朱震《漢上易傳》，卷七，頁 241。
93　二括弧引文，見朱震《漢上易傳》，卷七，頁 242。
94　見朱震《漢上易傳》，卷八，頁 255。

變化之道。陰陽的變化，展現了太極之「神」；體現「神」，則在體現太極爲一的陰陽之變化，故「窮神之所爲，則知化矣」，「一則神，兩則化，窮神則知變化之道」。[95]這種根本於張載的一神兩化的觀點，認爲陰陽的變化能夠爲「神」，仍必以陰陽兩之才能夠達到，並直引張載之言，云「一則神，兩則化，妙萬物者，一則神也」；同時也舉鄭康成之說證成，云「共成萬物，物不可得而分，故合謂之神」。也就是說，陰陽的變化，必合兩爲一，「不能以獨化」，也就是不可獨陽或獨陰而變化，陰陽相依而成，相輔而不悖，則通氣協合，「然後能變化，既成萬物，合則化，化則神」。[96]

（六）神與誠之貫通

以一爲神，說明陰陽的變化之道，朱震又推出「誠」的概念，他說：

> 聖人嘗觀諸天也，四時本於陰陽，陰陽合而爲一，一則神，神者，天之道也。故陰陽自行，四時自運，……聖人觀天設教，亦一而已矣。一則誠，誠則明，明則變，變則化，不假強聒，人自服從，亦豈知所謂一哉？惟天下至誠爲能化，故曰「觀天之神道，而四時不忒，聖人以神道設教，而天下服」。此推原觀卦之始，要其終而言之，以明大觀在上，其道止於誠。誠則順而巽，中正以觀天下矣。[97]

陰陽合而爲一，即太虛的氣化流行，以「神」來彰顯其本質與概

---

95 見朱震《漢上易傳》，卷八，頁 252。
96 括弧諸引文，見朱震《漢上易傳》，卷九，頁 267。
97 見朱震《漢上易傳》，卷二，頁 75-76。

括其變化狀態，可以稱爲太極之道、陰陽之道或天道。[98]聖人透過對此天道觀照與體認，「觀天設教」，能夠合此太極神化之性，體現與照見天道，則亦能同天道而「一」，即能達諸於「誠」，明陰陽變化之道，效諸於人道，所以人道亦能同太極之「一」，如此一來則「順而巽」、「天下服」。在這裡，朱震從天道轉諸人道，從天道之「神」，下貫到人道之「誠」，以「誠」爲名，代表著從太虛流行或陰陽氣化的生生之道到效法此一天道而誠身設教的人道實現，是一種對天道的體認到人道的實踐之自覺，也是一種天道與人道的合一，更是天道主於人事、落實於人事的價值。同時，人道的「誠」的彰顯，亦是對天人共性、同歸於「一」、同歸於太極之道的揭示與肯定。如此一來，太極的本色，確非只是宇宙本源的認識而已，更具有作爲本體的意義之強度。

二、陰陽動靜觀

《易傳》首先建構起太極生兩儀，兩儀生四象，四象生八卦的萬物化生的生次系統，同時也提到「一陰一陽之謂道」（《繫辭上傳》），賦予陰陽作爲此生次系統中的兩個必要的元素，有其重要的地位，但是《易傳》並沒有確切指明其內涵，而使這樣的太極生次架構，留給後人無限的哲學思考與再詮釋的空間。早期將兩儀與四象作了明確而清楚的論述者爲《易緯乾鑿度》，認爲「太極分而爲二，故生天地。天地有春秋冬夏之節，故生四時。四時各有陰陽剛柔之，分故生八卦」，[99]以太極而天地而四時而

---

98 這裡所指的天道，即太極之道、太虛氣化流行之道、陰陽之道，亦即太極的自然之道。

99 見《易緯乾鑿度》，卷上。引自日本：京都市，1998 年影印自武英殿聚珍版本《古經解彙函・易緯八種・易緯乾鑿度》，頁 480。

八卦的生次歷程，顯示於《易緯》此一作為宇宙生成的發展過程。朱震對《易傳》的太極生次的理解，主要融合了周敦頤《太極圖說》的觀點，以不違背《易傳》與漢儒的普遍性認識，也勾勒出類似《易緯》的太極生次系統中的各部內容，會通與開展出陰陽的動靜觀。

（一）周子動靜觀之體現

關於周敦頤《太極圖說》的宇宙圖式，朱震的記載，指出周子云：

> 無極而太極。太極動而生陽。動極而靜，靜極而生陰。靜極復動。一動一靜，互為其根。分陰分陽，兩儀立焉。陽變陰合，而生水火木金土，五氣順布，四時行焉。五行，一陰陽也；陰陽，一太極也。太極本無極也。五行之生也，各一其性。無極之真，二五之精，妙合而凝。乾道成男，坤道成女，二氣交感，化生萬物，萬物生生而變化無窮焉。[100]

周子於「太極」前立「無極」一說，固為後學議論紛紜，莫衷一是者，然其仍本於先「太極」後「陰陽」的易學傳統，[101]陰陽由

---

100 見朱震《漢上卦圖》，卷上，頁 313。

101 「無極」與「太極」的關係，以及其中的實質內涵，歷來學者眾說紛紜，也都從「有」與「無」、「理」與「氣」的概念去理解，例如朱熹視「無極而太極，只是說無形而有理」，且「太極只是箇好至善的道理」（見黎靖德編《朱子語類》，卷九十四，北京；中華書局，1999 年 6 月 1 版北京 4 刷，頁，2365、2371。）朱子以其理學主張而採取的論點觀點，指在太極之前有無極，而二者同為「理」的非氣化、物質化的存在。又如黃宗羲視「無極」、「太極」、「陰陽」三者是統一的，對朱子提出質疑，云：「羅整菴《困知記》謂：『……凡物必兩而後可以言合。太極與陰陽，果二物乎？其為物也果二，則方其未合之先，各安在邪？朱子終身認理氣為二物，其原蓋出于此。』不知此三語，正明理氣不可相離，故加『妙合』以形容之。」（見黃宗羲《宋元學案·濂溪學案下》，卷十二，北京：

太極所生，且「太極」似乎可以解釋爲介乎氣與非氣之間的宇宙
萬物生成的原始狀態，可以說是物質由無形狀態到有形狀態的聯
結點。混沌未分的太極，先動而生出陽氣，後靜而生出陰氣，陰
陽二氣，彼此相互變化作用，而產生出五行之氣，四時由此而運
行起來。陰陽合於太極之中，太極透過動靜變化，分化出陰陽二
氣，而分化的先後是陽氣先分化、陰氣後分化；然而二氣仍是相
互依存、消長互現的對立存在。其分化的重要性質，是以陽氣爲
動態的變化，以陰氣爲靜態的變化特質。不論是陽動陰靜、陽先
陰後，仍具有陰陽並存不悖的概念，這是朱震陰陽動靜觀的最根
本之認識。

（二）五行布列之動靜觀

　　朱震針對《繫傳》所說的太極生次系統，作了明確的說明，
云：

> 太極者，陰陽之本也。兩儀者，陰陽之分也。四象者，金
> 木水火土也。八卦者，陰陽五行布於四時而生萬物也。故
> 不知八卦，則不知五行；不知五行，則不知陰陽；不知陰

中華書局，2007 年 1 月 1 版北京 3 刷，頁 508-509。）「太極」與「陰
陽」是統一而同體的，不是截然可分的二物，至於「無極」，更不是在
「太極」之前的一物。（參見《宋元學案·濂溪學案下》，卷十二，頁
499。）本文不在辨析其中的爭議，而是肯定周敦頤以太極而後分化陰
陽的認識，符合《易傳》的本旨。不過，這裡仍要釐清的是，唐琳可以
說是目前對朱震易學研究較爲全面的學者，然其《朱震的易學視域》中，
並沒有作確切的考證，簡引前人之說，推估「周氏《太極圖說》的首句
應該就是『自無極而生太極』或『無極而生太極』」，而非朱震圖文中的
「無極而太極」，因此認爲是朱震篡改了原文，視「這種篡改的始作俑
者就是朱震」。（參見唐琳《朱震的易學視域》，頁 40。）周氏之說，至
今並無確切的定論，若從資料的原始性來看，朱震先出，且也無證據可
以肯定朱震是自作篡改的，因此，不能言之鑿鑿的認爲朱震如此一般，
對古人是一種厚誣。

陽，則不知太極。人孰知太極之不相離乎！不知太極，則
不可以語易矣，故曰「易有太極」。[102]

太極作為陰陽二氣的根本，所以兩儀即指稱陰陽二氣。至於四象，
則專指五行而言，五行由陰陽轉化而成，而八卦又由五行所化，
如此一來，八卦含有五行屬性，五行含有陰陽屬性，陰陽又為太
極所含，為太極的根本含質；這樣的說法，同於周敦頤《太極圖
說》所言「五行，一陰陽也；陰陽，一太極也」之觀點。[103]在此
太極生次的主張中，可以理解八卦必含有陰陽屬性，宇宙萬物也
都是由陰陽的動靜變化而產生的。

　　至於五行布於八卦之中，朱震提出他的說法，云：

乾金也，兌又為金。坎水也，兌又為澤。艮土也，坤又為
土。震木也，巽又為木。離火也，火藏於水。以此見無一
物不具陰陽者。[104]

又云：

五行乾兌為金，坤艮為土，震巽為木，唯坎水離火，不二
中，不可以有二故也。天積氣而為金者，以位言也。兌位
西，乾位西北。自東言之，震木生離火，離火生坤土，坤
土生兌乾金，兌乾金生坎水。艮止也，土也，萬物之終始
也。[105]

八卦的五行屬性，乾、兌屬金；坤、艮屬土；震、巽屬木；離屬
火；坎屬水。其中朱震強調「唯坎水離火，不二中」，離與坎各
一屬火與水，不若其它六卦各兩兩一屬。由陰陽而五行而八卦，

102　見朱震《漢上叢說》，頁389。
103　周敦頤《太極圖說》之言，見朱震《漢上卦圖》，卷上，頁313。
104　見朱震《漢上叢說》，頁386。
105　見朱震《漢上叢說》，頁381。

故「無一物不具陰陽」。兩儀而生四象，「謂之四象，則五行在其中矣」，[106]然而四象的內容為五行，「四」與「五」不對等，何以能夠等同？朱震明白指出，不論以「四象」言，或以「五行」云，皆是「以位言也」，說的就是方位的概念，天地包絡上下左右四方，亦即東西南北四方，四方亦有其「中」，所以還有一個中央的位置；五行中的四個元素布四方，而其土列中央。事實上，朱震所說的五行，其實不單就方位而言，五行最重要的屬性，應該是由陰陽一動一靜互為其根而產生的五種氣化元素，此五氣順布，則四時行焉，也就是前引所謂的「陰陽五行布於四時而生萬物」。五行由陰陽氣化而來，所以「天積氣而為金」，兌為金，屬西方，於四時屬秋；乾位西北方；震為木，位東方，四時為春；震木生離火，南方之屬，四時為夏；離火生坤土，而後生兌乾金，入於坎水北方之冬；艮土亦居中央之位。土位尤顯其「萬物之終始」的本質，也表現出在此五行分化中的重要地位，並非只是傳統上那種木生火、火生土、土生金、金生水、水生木等五行相生的認識而已，土位在當中聯結了其它的木火與水金，建構其化生萬物的「分土王四季」的體系。這種由太極的陰陽動靜變化，而生成五行的思想，主要是融會了周敦頤《太極圖說》的觀點而來的，而形成其陰陽動靜觀的重要範疇。[107]

（三）數字結構的動靜衍化

由太極入而產生陰陽二氣的動靜變化，先陽動而後入於陰

106　見朱震《漢上叢說》，頁389。

107　周敦頤《太極圖說》由五個小圖所聯結出的宇宙生成圖式，其中第三小圖主要云：「陽變陰合，而生水、火、木、金、土，五氣順布，四時行焉。」（周子之言，見朱震《漢上卦圖》，卷上，頁313。）藉由五氣的推布，以開展出四時的運行。有關的內容，前面已作了說明。

靜，早在《易緯》時代，已用數字作代稱，以陽先爲進，陰後爲
退而言，《易緯乾鑿度》云：

> 易無形畔也，易變而爲一，一變而爲七，七變而爲九，九
> 者氣變之究也，乃復變而爲一，一者形變之始。……一陽
> 動而進，變七之九，象其氣之息也。陰動而退，變八之六，
> 象其氣之消也。[108]

認爲「易」本無形畔，即原始狀態是一種無形無爲的情形。太極
元氣包蘊著氣、形、質三次序，經歷始、壯、究三個階段。「太
極」元氣的發動，從數字上看，氣變之「始」爲一，氣變之「壯」
爲七，氣變之「究」爲九。有形物的生成皆歷太初、太始與太素
三個階段，藉由這樣不同階段的變化，最後形成有形的萬物。初
變爲一，進而七，乃至於九爲極數，然後復變而爲一。元氣以陽
初爲始，此時陰氣尙隱。陽始爲一，變少陽之「七」，至「九」
爲陽之極，此時坤陰方始生，所以云「九者氣變之究也，乃復變

---

108 見《易緯乾鑿度》，卷下，頁 488。鄭玄注《易緯》此文，對於「復變
而爲一」提出質疑，認爲：「乃復變爲一，一變誤耳，當爲二，二變而
爲六，六變而爲八，則與上七九意相協。」（見同前書，同頁。）然鄭
氏未能詳查《易緯》之說，當「一」爲誤，實鄭氏之不明。高懷民先生
對於鄭玄注《乾鑿度》，也作了一番詳細的分析，認爲「（鄭玄）這一段
注文乃誤解了原文之義，注者認爲『七變而爲九』之後，理應陽極變陰，
變生坤陰，即與乾陽相對爲二，故言『一變誤耳，當爲二。』不知原作
者之意，並非向『九』以下變，只是剖析『一中之變』。但注者仍有錯
誤，即不當言『二變而爲六，六變而爲八。』當言『二變而爲八，八變
而爲六。』因爲陽極所生爲少陰，然後方生老陰。注文的錯誤不止在於
易學思想欠通，且在於錯會了原作者『乾鑿度』之用心，故以『一』爲
『二』之誤文。又因爲要說明『當爲二』之正確性，乃回頭倒作解說，
謂『易』即『太易』，『變一』即『變爲太初』，『變七』即『變爲太始』，
『變九』即『變爲太素』，如此一來，等於勾消了原文的形上思想，錯
誤更大了。」（見高懷民《偉大的孕育－中國哲學在皇皇的易道中成長
發展》，臺北：作者自印，1999 年 2 月初版，頁 292。）高氏肯定《乾
鑿度》的哲理思維，否定了鄭說的曲解。

而爲一」。陽一至七、九的過程，這時坤尙未顯，自然仍是陽。
「復變而爲一」，是陽生陰之交，此時陰氣始生，但在生化的歷
程上，仍是反復爲陽一之時。回復到一而陰氣漸成，然後才至八
至六。

　　事實上，這樣的說法，並不以《易緯》爲先，《列禦寇》亦
有相同的片段，朱震在說法「河圖」時，也舉《列禦寇》作說明：

　　　列禦寇曰：「易者，一也。一變而為七，七變而為九，九
　　　復變而為一。」[109]

此文同於《易緯乾鑿度》。不論是《易緯》或是列禦寇的說法，
都強調一個重要的概念，陰陽動靜生次變化，皆以陽爲先，而陰
在後，周子如此，朱震也是如此。朱震又提到云：

　　　一者，數之始，乾之元也。陽生於子，萬物資之而有氣。
　　　一變而七，七變而九，四之為三十六，六之為二百一十有
　　　六，而乾之策備矣。[110]

透過占筮策數系統來展現其運化觀點，萬物資始於乾陽元氣，也
就是「一」，乾陽之動以「一」，「一」專屬於陽動，則先於陰；
由一變而七而九，老陽九數由三十六而來，即：36÷4=9；乾陽總
策數則爲：36x6=216。同樣的，坤陰由八而六，老陰六數由二十
四而來，即：24÷4=6；坤陰總策數則爲：24x6=144。陰陽合三百
六十策（216+144=360），體現天地變化、萬物化育之道。因此，
朱震特別指出，「聖人觀陰陽變而立卦，效天下之動而生爻」。
透過對天地陰陽變動的仰觀俯察，建構出一套理解宇宙人生的卦
爻系統。

　　陰陽五行強調變動的概念，萬化之道都在變動之中，七、八、

109　見朱震《漢上卦圖》，卷上，頁309。此段話與《乾鑿度》同。
110　見朱震《漢上易傳》，卷一，頁7。

六、九即以其具體的數字認識，以表達出陰陽的變動，其「七、八者，陰陽之稚；六、九者，陰陽之究。稚不變也，究則變焉」；陰陽的變動，即在變與不變之間，「變者以不變爲體，不變者以變者爲用。四象並行，八卦交錯，而天地萬物之情可見矣」。變與不變互爲體用，六十四卦由是而生，宇宙萬物之情態，也就朗朗可見。「陰陽之升降，四時之消息，天地之盈虛，萬物之盛衰」，[111]乃至於人事之吉凶，皆由陰陽之變化所致，故「散爲六、七、八、九之變，而天下之所以然者，無乎不通」。[112]藉由卦爻之變動來呈現，並理性的反應在占筮體系之中。不論是從對占筮系統的認識，或是對其背後的宇宙觀之瞭解，朱震對陰陽運動變化都應該有明確的認識，也能夠體會太極生次系統中，陽先而陰後的陰陽動靜變化之道；這種先陽後陰的變化次序，也合於周子《太極圖說》的主張。

（四）陰陽動靜聯繫四象生卦

陰陽的動靜變化，使太極是如何產生陰陽二氣的，能夠更爲明確。周子以太極的分化，由陽動陰靜來體現，如同黃宗羲所言，「氣本一也，而有往來、闔闢、升降之殊，則分之爲動靜。有動靜，則不得不分之爲陰陽」。[113]往來闔闢升降之概念，合於漢儒以及如《易緯》所強調的，陽氣清輕上升而爲天、陰氣重濁下降而爲地的認識。氣升則展現出動化之性，氣降則歸於地、且有沈靜的傾向。

---

111 括弧諸引文，見朱震《漢上易傳・序》，頁 3。
112 見朱震《漢上易傳》，卷七，頁 239。
113 見黃宗羲《太極圖講義》。引自黃宗羲《宋元學案・濂溪學案下》，卷十二，頁 499。

　　這種陰陽動靜之說，同為朱震的理解，以太極作為創生萬物的最高性，處在含有陰陽二氣的氣定不動的太極之狀，經由先「動而生陽」，再「靜而生陰」，然後產生具有形體的萬物。[114]朱震以陰陽的動靜，帶入四象生卦的具體化認識，他說：

> 太極動而生陰陽，陽極動而生陰，陰極復動而生陽。始動靜者，少也；極動靜者，老也，故生四象。乾，老陽也；震、坎、艮，少陽也。坤，老陰也；巽、離、兌，少陰也。故四象生八卦。[115]

朱震除了重複強調太極藉由變動而產生陰陽的「太極生兩儀」的認識，先陽動而生陰，然後陰陽互動；陽生陰或陰生陽，都在動極之時而生。但是，在引文的前面部份，朱震並沒有分判出陽為動、陰為靜的概念，以「陰極復動」言，其實仍在表達陰靜之性，只不過雖「靜」也是一種變動的概念，所以後面他就提到了「始動靜者」與「極動靜者」，仍反應出陽動陰靜的觀點。至於「兩儀生四象」與「四象生八卦」，則以始動為少陽，筮數為七，於卦則包括震、坎、艮三陽卦；始靜為少陰，筮數為八，於卦則包括巽、離、兌三陰卦；極動為老陽，筮數為九，於卦為乾；極動為老陰，筮數為六，於卦為坤。藉由陰陽的始極動靜之變化，除了形成八卦外，也藉以推布出六十四卦，並象徵萬物的生成變化。

　　不論是陰陽兩儀，或是四象，乃至八卦、六十四卦，甚至體現萬物的化生，終在「其一不動，萬化冥會」的太極，它通過變動，「散為六、七、八、九之變，而天下之所以然者無乎不通」；[116]這樣的變化，即是陰陽的變動，是陽動陰靜的變動，正是《繫

辭上傳》所說的「一陰一陽之謂道」，乃至「道有變動」的變動之道。[117]這種陰陽變動之道，從初始的先陽後陰的生成，然後陰陽彼此相存互生，動靜互現，所以朱震說，「陽生陰，陰生陽，陽復生陰，陰復生陽，生生不窮，如環无端，此之謂易」，[118]陰陽變動不息，循環不已，合「生生之謂易」之道。這正是朱震所強調的動的認識，也是他所肯定的陰陽相生相成的重要性，至於動靜之別，朱震並沒有如周子一般強烈的重視與確立。

第五節　小　結

　　朱震以太極同於太虛，甚至可以「一」數來表述，作爲一種氣化的實體，一種包絡陰陽二氣於混沌未分前的元氣狀態，它既是漢儒普遍認識的重返，也是張載氣本論的延續。朱震以其初始無思無爲之狀，明示其仍是一種「有」氣化之質，用以對王弼「無」的批判，乃至對程氏理氣觀的一種改造。朱震大致承繼張載氣的聚散變化觀點，說明氣聚爲物、氣散回歸本源，氣的聚散，體現宇宙循環反復的變化之道與終始不息之永恆性。氣的聚散之說，聯結周子二氣五行的觀點，可以視爲在義理上會通周子的具體表現。

　　朱震會通程氏「體用一源，顯微無間」的體用的主張，非但表現在對宇宙觀或大衍數的認識上，甚至可以視爲其整個易學體系的重要認識觀點，所以他強調《易》卦在「因體以明用」，也

---

117 聯繫《繫傳》「一陰一陽之謂道」與「道有變動」之說，參見朱震《漢上易傳》，卷七，頁231。

118 見朱震《漢上易傳》，卷七，頁230。

就是說，「《易》无非用，用无非變。以乾坤爲體，則以八卦爲用；以八卦爲體，則以六十四卦爲用；以六十四卦爲體，則以卦變爲用；以卦變爲體，則以六爻相變爲用，體用相資，其變无窮」。[119]立《易》之道，以乾坤爲「體」，建構出一套宇宙人生的哲學思想體系，其重要的仍在於在於「用」，而「用」由「變」來展現；《易》道言變，不論是乾坤而八卦，或八卦而六十四卦，或者是一卦中的六爻，都是由變而立其義，由變而見其道，宇宙自然的運行不息，是一種不斷的變化歷程，也就是一種變化之道；這種變化之道，同時由體用的認識，建立其變化的關係。因此，他特別提到「變者以不變爲體，不變者以變者爲用」，由此則「天地萬物之情可見矣」。[120]這個不變之「體」，就是「太極」、「太虛」或是「一」，是一切的本源，也是以本體而立。這樣的體用觀，可以視爲其自詡作爲程氏再傳弟子，不失其「以《易傳》爲宗」的所「宗」之主要思想主張，但卻非程氏的體用觀所能等同。反而，其宇宙觀的整體表現上，更能和會張載之論，爲張載思想的再現。然而，張載賦予太虛具有本源與本體的雙重性，並建立起相對較爲周延詳密的論述體系，但反觀朱震，只是套用張載「氣之體」的主要語言，將太虛作爲氣的本體、氣的主體，對於太虛的本體論性格，則並沒有具體化成型，不能將之視爲本體論來看待。

朱震概括的論述太虛的陰陽、柔剛與仁義的氣聚之狀，聯結出三才之道與性、命、理的主張，然而彼此間的關聯性，並沒有

---

119 括弧二引文，見朱震《漢上易傳》，卷一，頁 20。「則以六爻相變爲用」中之「六爻」，文淵閣四庫全書本作「交爻」，王婷、王心田點校改作「六爻」；此外蕭漢明〈論朱震易學中的象數易〉中，亦案云：「原文誤作交，正之。」(見王婷、王心田點校《朱震集》，長沙：嶽麓書社，2007 年 10 月 1 版 1 刷，頁 31。)據改作「六爻」。

120 見朱震《漢上易傳・序》，頁 3。

作詳細的交待，只是斷取張載之說，而作簡要的立說，在這種狀況下，研究者若對張載的思想不能融通熟稔，則不知所云之詳，特別是像對「性」的認識上，以張載的觀點，主張「性者，萬物之一源」，「性」似乎有本源的意義，又有同仁義般的道德意識，至善的內涵，但具體的內容，卻難窺全豹，這也是朱震思想建構上的缺失與不足之處。以性、命、理貫通於太虛，根本於張載之說，也是未能有體系的陳述。其它如對「誠」的理解也是如此，這些方面，正是朱震的缺失與不足之處。

　　太極、太虛初始的無形之狀，朱震也會通張載的神化觀，以陰陽不測而爲神，讓氣的原初變化形象更爲具體，讓氣化那無窮盡的最高性更爲強化，也將變化的動能益加彰顯。同時藉由不測之神、形上之神，以知幽明、死生、鬼神，乃至知性、盡性，是一種由太極的宇宙之道，規範人生乃至對人性內在的最高稟賦的天性之肯定，並涵攝著認識的範疇。這也是張載的觀點，只不過朱震的論述較爲片斷與支離。

　　太極以動靜而生陰陽，朱震吸收周子《太極圖說》的觀點，也是《列禦寇》與《易緯乾鑿度》動靜生次變化的重點，確定陽動在先，陰靜在後，也對陰陽尊卑的必然性原理提出參照。同時，透過這種動靜觀，爲占筮體系中數字的運用，建構出一套理性的思維。但是在動靜的分別上，朱震並沒有如周子一般的強烈區別與重視，主要在於他不願弱化陰陽相生相成的重要性與必然性。

　　總之，朱震自述其易學特色與對前賢的吸收，主要是「以《易傳》爲宗，和會雍、載之論」，但詳細斟酌其宇宙觀的主要內涵，宗主程氏《易傳》的部份似乎較少，反而合會張載的觀點較多，並帶入一些周子之說，而邵氏在方面上，則又少有足跡。欲對朱震之說有更準確的掌握，有必要對張載的思想作先備的認識。

第三章　乾坤地位張揚的思想內涵

　　朱震（西元 1072-1138 年）的宇宙觀體系，已如第二章所述，以「太極」爲萬物本源的氣化觀下展開，與張載（西元 1020-1077 年）的「太虛」之說相近，籠罩著濃厚的張載思想之氛圍，並與邵雍（西元 1011-1077 年）等北宋《易》家的陰陽氣化之說相合。[1]朱震以太極同於「太虛」、同於「一」的氣化本色之質，爲一種實有的氣化流行之存在，並賦予它寂然無形的具體化形象，強調它的變動之性，亦即重視陰陽的變化之道；此陰陽的變化之道，也可以說是乾坤的變化之道。乾坤在易學體系中，象徵天與地，

---

1 朱震以太極爲本的氣化宇宙觀，視太極爲「氣」的認識，與北宋著名的學者，除了張載之外，包括與劉牧、邵雍、周敦頤等人的氣化觀相近，如劉牧《易數鈎隱圖》云：「經曰：《易》有太極，是生兩儀。太極者，一氣也，天地未分之前，元氣混而爲一，一氣所判，是曰兩儀。《易》不云乎天地，而云兩儀者何也？蓋以兩儀則二氣始分，天地則形象斯著。以其始分兩體之儀，故謂之兩儀也。」（見劉牧《易數鈎隱圖》，臺北：臺灣商務印書館景印文淵閣四庫全書本第 8 冊，1986 年 3 月初版，頁 127。又如邵雍《皇極經世書》云：「是以陽迎而陰隨，陰逆而陽順，本一氣也，生則爲陽，消則爲陰，故二者一而已矣。」（見邵雍《皇極經世書》，卷十四，臺北：臺灣商務印書館景印文淵閣四庫全書本第 803 冊，1986 年 3 月初版，頁 1076。又周敦頤亦云：「二氣五行，化生萬物，五殊二實，二本則一。是萬爲一，一實萬分。萬一各正，小大有定。」（見周敦頤《周元公集》，卷一，臺北：臺灣商務印書館景印文淵閣四庫全書本第 1101 冊，1986 年 3 月初版，頁 430。）諸家皆以氣化的概念，論述宇宙自然生生運化的法則。然而，朱震不論在太極元氣的體用觀、氣的質性樣態等等主張上，與張載的說法更爲貼近，甚至是立基於張載之說而作闡發者；這個方面，第二章已作詳細的探討。

本質上具有宇宙自然的空間主體場域之意義，歷代易學家普遍賦予其作爲宇宙觀中的重要概念，而在朱震的易學理解裡，更扮演著舉足輕重的角色與地位。

朱震提到陰陽是「太虛聚而有氣」，說明了陰陽爲太虛（太極）氣化的實有之狀，太虛或太極爲陰陽二氣的混合或統一之體，所以，「陰陽」爲朱震論述宇宙觀在氣化歷程中的最重要最「唯一」的兩大元素；這兩個「唯一」的元素，其意義或地位，往往與「乾坤」相近或相同。在易學的思維中，根本於《彖傳》以乾爲萬物之「資始」，而坤爲「資生」，乾坤作爲萬物生成的依據；尤其將乾坤二者與陰陽視爲類同。乾坤在易學思想的發展歷程中，作爲創生萬物的父母之性，也就是在萬物生成系統中，它們具有初始的意涵。不論是乾坤或是陰陽，在朱震宇宙觀中，似乎體現著彼此可以對等的重要意義。

並且，在其易學思想的建構與闡釋過程，特別看重乾坤的位階與意義，乾坤的內涵成爲其義理思想的重要一環。從象數的觀點言，朱震把握《周易》的變易本質，以卦變的操作方式呈顯出來，同時以卦變之說貫通其《易》卦的釋義，藉由卦變取象以解釋卦爻辭義。他運用龐富的卦變主張，包括乾坤生六子、十二消息卦變系統、虞翻的卦變說、李挺之相生卦變說與反對卦變說等方面，皆以乾坤作爲卦變的原始，也就是以乾坤作爲變化的源頭。強調《易》卦在「因體以明用」，在「以乾坤爲體，則以八卦爲用；以八卦爲體，則以六十四卦爲用；以六十四卦爲體，則以卦變爲用」下開展。[2]以乾坤爲「體」，建構宇宙自然變化的思想體系，以「變」而展現其「用」，宇宙自然爲不斷變化的歷程，即

---

2 見朱震《漢上易傳》，卷一，臺北：臺灣商務印書館景印文淵閣四庫全書本第 11 冊，1986 年 3 月初版，頁 20。

陰陽的變化之道，也就是以乾坤為體的變化之道。朱震賦予乾坤的神妙之性，並藉卦變的主張予以具體化，各個卦變的體系，皆以乾坤為主體，以乾坤為開端，乾坤成其象數主張的卦變說架構的主體，並以之進行卦變而成其用。[3]乾坤在其易學思想中的地位，斑斑可見。他重視乾坤的重要性，尤其在宇宙觀中理解，賦予乾坤本源的意義，對乾坤關照的視野，比一般的易學家更為多元豐富。

　　「乾坤」二者在易學體系中的地位，從《易傳》以來，即確立其特別關注的傳統，尤其《文言傳》專就二者立論；至兩漢時期，《易緯》也有《乾鑿度》、《乾坤鑿度》等等論著，後之學者也踵事增華，多有釋述，卻大都未能凸顯乾坤在其易學思想中的特重之地位。晚近學者探討朱震的義理思想，及以其宇宙觀的議題，普遍關注的大都著重於陰陽運化的認識，而乾坤在當中所觸及的理解，乾坤在其易學中所反映出的特殊之義理價值與具體化的易學觀特色，則相對薄弱。然而，朱震特別重視乾坤在宇宙觀中所扮演的角色，對乾坤的論述尤甚。因此，本章希望從其易學思想中，探討「乾坤」所傳達出的重要內涵，透過對「乾坤」的理解，可以具體的看出其宇宙觀的重要面貌；主要從乾坤同於陰陽之性的創生系統、乾坤具無形的本源功能、「乾」與「坤」的重要區別、乾尊坤卑的必然性認識等幾個方面進行概括性的闡述。

3　有關朱震的卦變說，所涉內容極為龐富，第八章再作詳論。本章著重於探討朱震在乾坤方面的思想意義，對於卦變所涉論者，此處不作詳細的討論，留於後面章節另行探述。

第一節　乾坤同於陰陽之性的創生系統

　　陰陽作爲萬化的原質，從《易傳》以來就已確立，而乾坤的純陽與純陰的本色，作爲《易》之門戶，[4]加上在八卦形成的結構上，作爲六子卦的父母卦，並且也爲六十四卦卦序之首，從《易傳》以降，乃至歷來學者因之而立論，並與本源的概念作了聯繫。因此，乾坤與陰陽往往互通，而朱震的易學思想，更將二者視爲同一創生系統。

一、混同乾坤與陰陽的認識

　　「乾坤」與「陰陽」，爲傳統易學在宇宙觀中的兩個重要的概念，若仔細區別其意義，則有其不同的屬性，陰陽爲萬化的根本原質，而乾坤則由此純陰純陽組合而成的兩個開端的卦，代表著兩個純陰純陽的時態；然而從宇宙創生的認識上看，則屬相同的本源概念。「乾坤」屬於《易經》的八卦或是六十四卦的創生系統中，純陰純陽的最重要的兩個卦。「陰陽」則爲早期《易傳》詮釋《易經》時，較早用到的兩個對應的概念，具體而言，爲太極生次系統中的重要元素。但是，並不意味著在易學思想的發展，「乾坤」的認識早於對「陰陽」的認識，反而是古人意識到萬物變化中的陰陽之理，而依此建構出八卦或六十四卦的創生系統。

4　《繫辭下傳》以孔子之言，云：「乾、坤，其《易》之門邪？乾，陽物也；坤，陰物也。陰陽合德而剛柔有體，以體天地之撰，以通神明之德。」（《繫辭傳》文，引自朱震《漢上易傳》，卷八，頁254。）《繫辭傳》肯定乾坤二卦在《易》之體系中，具有門戶的地位，各以純陽純陰而見，似乎代作陰陽二氣，以體現天地自然的神妙萬化。

同時，《易傳》對於二者，也賦予了不同的理解。《彖傳》中對乾坤二卦的理解，對於「乾」的認知，提到「大哉乾元！萬物資始，乃統天。雲行雨施，品物流行。大明終始，六位以成」；對於「坤」，則云「至哉坤元！萬物資生，乃順承天。坤厚載物，德合无疆。含弘光大，品物咸亨」。[5] 萬物的初始，以乾元統天，也就是乾元象徵天德，爲初始原狀，具有優先性。至於創生萬物，創造具體形象的實然之物時，則由坤元來開展。「資始」與「資生」，成爲乾坤創生的主要表現。

至於「陰陽」所闡釋的宇宙觀，主要是《繫辭上傳》所說的，「易有太極，是生兩儀，兩儀生四象，四象生八卦，八卦定吉凶，吉凶生大業」；[6] 這樣的太極生次之說法，由太極而生兩儀，雖然《繫傳》並沒直明「兩儀」指的是「陰陽」，但《繫傳》也指出「一陰一陽之謂道」，[7] 歷來學者也都普遍將此兩儀看待爲陰陽，陰陽在此生次系統中，爲一切萬物形成的重要源頭，以第二順位存在，且八卦由是而生。在這種情形下，八卦的形成是在陰陽之後，而乾坤又爲八卦中之二卦，則乾坤成卦的本質仍在陰陽，也就是實有的陰陽二氣，如此一來，從宇宙生成的觀點來看，陰陽應該尤重於乾坤，乾坤因陰陽而存在。但是，古人理解這套傳統易學系統，乾坤二卦的純陽純陰本質，使乾坤的位階、性質與陰陽等同或貼近，肯定乾坤的重要性。陰陽同於乾坤，不去刻意對比「乾坤」與「陰陽」的差異性與重要性，因爲在古人的認識裡，「乾坤」屬純陽與純陰之性，正象徵著陽剛與陰柔；同時，以天地作爲萬物存在的空間，乾坤也正象徵著天與地。乾坤表徵著陰

---

5 《彖傳》文，引自朱震《漢上易傳》，卷一，頁 6、頁 14。
6 《繫辭上傳》文，引自朱震《漢上易傳》，卷七，頁 240。
7 《繫辭上傳》文，引自朱震《漢上易傳》，卷七，頁 227。

陽與天地，更表徵著對立的二方，賦予其一定的性格，所謂「天尊地卑，乾坤定矣。卑高以陳，貴賤位矣。動靜有常，剛柔斷矣」；[8]似乎乾坤範定了天地的一切，有尊卑之性，有貴賤之別，有剛柔、動靜之異，涵括了多元且豐富的內容，更具有宇宙萬物生化時的主體意義。

　　張載以乾坤與陰陽的關係，就像太虛與氣的關係一般，而且二者是並重的。太虛與氣彼此相即不離，就如乾坤與陰陽的可替代性之關係。更明確的是，張載以「陰陽言其實，乾坤言其用，如言剛柔也」，[9]「陰陽」為「太虛即氣」的氣，是太虛內含的陰陽二氣，是實有之氣（陰陽）的存在。至於「乾坤」則作為太虛之神用，包括如剛柔、動靜、健順等等，甚至連「陰陽」本身也可視為「乾坤」作為太虛的神用上的概念。張載在這方面的認識，某種程度上也為朱震所承繼。在氣化宇宙觀的立場上，乾坤資始資生，呈現出一種由無形而至有形的狀態，合二為一而同根於太極或太虛，乾坤也適合代替陰陽立說，代陰陽二氣作疏理，同樣的顯現其氣化宇宙觀的實然之狀，與天地實狀之義近似；不管以乾坤言，或天地、陰陽言，朱震所表述的幾乎是同一概念，是太極或太虛所內含的二氣。

　　這種藉由乾坤的陰陽變化，視乾坤為始生的創生源概念，在朱震的易學思想中，得到了具體的發揮。朱震認為宇宙自然之道，「在天地之用為易，在易為乾坤」，「易」作為天地自然的神用，傳達天地自然之道，而「易」這個系統，更由乾坤來彰現此自然

---

8 見《繫辭上傳》文，引自朱震《漢上易傳》，卷七，頁 223。
9 見張載《橫渠易說・繫辭上》。引自張載著，章錫琛點校《張載集・橫渠易說》，北京：中華書局，2006 年 12 月 1 版北京 3 刷，頁 177。後文所引張載《正蒙》、《橫渠易說》諸作，皆據此本，僅標明書名、頁數，不再作詳注。

之道。乾坤爲易之用，以其「陰陽變化，不可測度，此之謂神」，二者「變動也，入於無形，莫之能禦也」；具有陰陽運動變化的特性，陰陽爲乾坤所含，能展現乾坤以陰陽之質，成其變化無形而難以測度之狀，所以能夠「爲神」。朱震強調乾坤作爲天地萬物創生的來源，「以言乎天地之間，則乾坤合德，剛柔有體，變與不變，互相推盪，而萬物備矣」；乾坤以其變化之道，而行育生萬物之用。乾坤透過變動作爲化生的形成方式，所以他說：

> 變通者，乾坤之動也，故變通配四時。乾坤之動者，陰陽之變也，故陰陽之義配日月。日月相推而明生焉故也，言乎天地之間者備矣，其究則乾坤簡易而已。[10]

乾坤的變通發動，以配合四時的形成，而乾坤的發動，也就是陰陽之變，此即乾坤具陰陽之性，以陰陽代替乾坤而言。乾坤成四時之運行，是日月相互移轉變化的結果，也是陰陽變化的結果；由陰陽之義合日月之推移，天地運行、萬物生息之道由是備焉。這個萬化之道，根究其理即「乾坤簡易而已」。

　　乾坤的變化，即陰陽的消長變化，具體的反映在其卦變圖式與卦變思想中。乾坤爲萬化之源，乾坤爲卦變之開端，以乾坤爲始，其陰陽有序變而生成八卦、生成六十四卦，聯結出以陰陽變化而形成的卦與卦之生成變化關係。朱震運用與建構出多元龐富的卦變系統，即積極呈現與彰顯乾坤合同陰陽的意義。例如，他在《漢上卦圖》中闡述《伏羲八卦圖》，特別說明六十四卦成卦的歷程，先由乾坤與其所表徵的陰陽之交互變化而生成六子，共成八卦以進一步推定出六十四卦。對八卦的形成，他指出「乾之初交於坤之初得震，故爲長男；坤之初交於乾之初得巽，故爲長

---

10 前括弧諸引文，與本條引文，見朱震《漢上易傳》，卷七，頁 230-231。

女；乾之二交於坤之二得坎，故爲中男；坤之二交於乾之二得離，故爲中女；乾之上交於坤之上得艮，故爲少男；坤之上交於乾之上得兌，故爲少女」。因此，「乾、坤，大父母也」，以乾坤爲大父母之卦，進而推出復姤二卦，並視之爲小父母，即所謂「復、姤，小父母也」，父母共生八卦，「故能生六十四卦」，即六十四卦皆在乾坤的陰陽變化下分化而成，以「陰陽男女皆順行，所以生六十四卦也」。[11]當他在解釋周敦頤（西元 1017-1073 年）《太極圖》時，也引周氏之說，強調「乾道成男，坤道成女。二氣交感，化生萬物，萬物生生而變化無窮焉」。[12]乾男坤女，以其陰陽二氣交互相感而化生萬物。是故，「乾坤二卦，爲《易》之門，萬物之祖」，乾陽坤陰，資始資生，變化載物，無窮無盡。[13]朱震混同乾坤與陰陽之義，不論在生成變化的宇宙觀上，或以卦變之說所建築的宇宙圖式，都不斷呈顯乾坤與陰陽的主體意義與具體運化結構和地位。

二、乾坤與陰陽在筮數系統下的同義性

　　先陽後陰的運動變化概念，漢儒所普遍運用的「十二消息卦」之《易》例，反映出陰陽進退長消的變化過程，可以視爲較早提出的認識，並且在《彖辭傳》中也能看到一些端倪。[14]以太極作

11　《伏羲八卦圖》暨諸引文，參見朱震《漢上卦圖》，卷上，頁 311-312。
12　參見朱震《漢上卦圖》，卷上，頁 313。
13　參見朱震《漢上卦圖》中《變卦反對圖》及其說明。見朱震《漢上卦圖》，卷上，頁 314。
14　有關十二消息卦的源起，尚秉和先生在其《周易尚氏學》中指出早在《歸藏》即已使用，而《左傳》中的筮例，也直取消息立說。參見尚秉和《周易尚氏學》，北京：中華書局，2003 年 12 月 1 版北京 8 刷，頁 8。消息卦詳細之考證，可參考劉玉建《兩漢象數易學研究》所論，在此不予贅述。（見劉玉建《兩漢象數易學研究》，桂林：廣西教育出版社，1996 年 9 月 1 版 1 刷，頁 33-46。

爲本源，並聯結進推先陽後陰的陰陽變動觀點，《易緯》可以視爲先傳文獻最早且最完整的數字代稱而立說者。太極以陰陽生化萬物，其動靜變化爲先陽動而後入於陰靜，這種認識早在《易緯乾鑿度》時代，已用數字作代稱而進行論述，強調「太極」元氣的發動，由陽始爲「一」，變少陽之「七」，至「九」爲陽之極，復歸爲陽「一」之時；此時坤陰方始生，陰氣漸成，然後才至八至六。[15]這種說法並非《易緯》的專利，《列子》也有相近的說法，並爲朱震所用，他說：

> 列禦寇曰：「易者，一也。一變而爲七，七變而爲九，九復變而爲一。」[16]

不管是《易緯》或是《列子》，都肯定陰陽的動靜生次變化，皆是陽先陰後，並成爲後儒所用，尤其周敦頤《太極圖說》的陰陽動靜主張，也依此而立說。朱震也是如此，以筮數系統聯結陰陽與乾坤，開展其生化的主張，強調「一者，數之始，乾之元也」，萬物資始於「一」，也就是起於乾陽元氣，由陽氣先發動，然後才入於陰靜之變化，筮數的系統就是藉由乾坤包絡陰陽的變化來構築，乾坤包納萬有，其本質即陰陽的運動變化，並透過乾坤策數來呈現；就乾策而言，即所謂「一變而七，七變而九，四之爲

---

15 參見《乾鑿度》云：「易變而爲一，一變而爲七，七變而爲九；九者氣變之究也，乃復變而爲一。……陽動而進，陰動而退，故陽以七、陰以八爲象。易一陰一陽合而爲十五之謂道。陽變七之九，陰變八之六，亦合於十五。……」引自鍾謙鈞《古經解彙函・易緯乾鑿度上》，日本：京都市影印自武英殿聚珍版本，1998 年初版，頁 481-482。

16 見朱震《漢上卦圖》，卷上，頁 547。此段話與《乾鑿度》同。朱震所引列禦寇之言，見今本《列子・天瑞》，所言與朱震所引略異。《列子》並未明言「易者，一也」，而指稱「易變而爲一」。《列子》所言與《乾鑿度》同。

三十六，六之爲二百一十有六，而乾之策備矣」。[17]乾陽由一變而七而九，陽九之數由三十六而來，而乾陽總策數則爲：36×6=216；坤陰由八而六，陰六之數由二十四而來，坤陰總策數則爲：24×6=144。乾坤總合三百六十策，體現陰陽的變化，藉由乾坤內含陰陽的變化，以開展天地自然的萬化之道。

具體而言，乾坤所含之筮數，即陰陽的變化之數，也就是七、八、六、九之數。乾坤之中，「散爲六、七、八、九之變，而天下之所以然者，無乎不通」；[18]乾坤包含一切的陰陽變化，在陽動陰靜中進行，在七、八、六、九中化成。在這個方面，乾坤似乎統攝著所有的陰陽變化，陰陽的變化，在乾坤之中形成，乾坤同於太極，體現一切的變化。

由筮數聯結到四象生八卦，乃至乾坤生六子時，認爲「始動靜者，少也；極動靜者，老也，故生四象。乾，老陽也；震、坎、艮，少陽也。坤，老陰也；巽、離、兌，少陰也。故四象生八卦」。[19]爲八卦爲陰陽動靜變化的不同而形成的，其中乾卦純陽爲九爲老陽，坤卦純陰爲六爲老陰，六子卦分別爲二陰一陽與二陽一陰者，則爲少陽（七）少陰（八），總在乾坤所概括的陰陽概念下推動，運動變化爲六、七、八、九的四象之變，進而共構出乾坤生六子等八卦的生化體系。由此八卦並進一步建構出六十四卦；由陰陽變化而生成此八卦，象徵一切的存在。在這裡，乾坤因陰陽之動靜而存在，乾坤爲陰陽所含。但是，若從乾坤與六子卦的關係而言，六子卦又爲乾坤之動靜而產生的，由乾坤而生六子卦，六十四卦也因此而產生；由乾坤進一步聯結出六十四卦的生成與

17　二括弧引文，見朱震《漢上易傳》，卷一，頁 7。
18　見朱震《漢上易傳》，卷七，頁 239。
19　見朱震《漢上易傳》，卷七，頁 242。

運作，以乾坤作為開端的卦變之說，不論是十二消息卦變、六十四卦相生卦變或反對卦變的卦變系統，儼然皆為規制宇宙自然變化運作的有機體系，藉以凸顯宇宙自然與易學思想的變化之道。[20]乾坤為萬化之本，一切萬物的生成變化，皆為乾坤所含，也皆由乾坤所展開，不論在筮數系統或卦變之說上，皆可以得到具體的認識。

　　朱震理解乾坤或陰陽，往往混同了二者的認識，沒有刻意去作明確的分判與差異區別，兩者有高度的互通性；但是，相對於陰陽，乾坤更具多元性的象徵，一切的對應，都可以包絡於乾坤之中。不管如何，乾坤與陰陽都是具有變化意義的創生系統下之主體概念，貫串於其易學思想中，成為其宇宙觀的重要主張之一。

第二節　乾坤具無形的本源功能

　　朱震根本於張載之說，肯定「乾坤」具有本源的功能性表現，反映出無形而神妙的特質。同時，乾坤以其「無形」而包絡萬有，貼近於張載的本體概念之理解。

一、根本於張載的無形而神妙之特色

　　「乾坤」所對應的主要自然之象即是「天地」。「天地」的概念，在宇宙觀的歷史洪流中，往往被放在生化歷程中的重要高點，在本源之後的次一個位階，甚至有被用於替代那最高主宰者的地位；而從空間的角度言，則為一切萬物存在的主要範圍。至

---

20 有關卦變內容，詳見第八章所論。

於「乾坤」，以「天地」作爲主要的象徵物，二者是否可以等同？
事實上從象徵與被象徵的概念來看，前者所涵攝的意義應該較後
者爲廣，也就是說，在易學這套思想體系裡，「乾坤」可以主導
的意義與其在宇宙本源上的認識，似乎應該比「天地」來的更寬
廣與更具重要性。因此，張載在把握「乾坤」與「天地」的關係
時，特別指出「不曰天地而曰乾坤，言天地則有體，言乾坤則無
形」的認識，[21]既以「天地」言，則屬實有的，具有形象的概念，
是一種有形體的物化之形成，張載因此強調「天地」是「有體」
的，用此來對應出「乾坤」的容受性與優越性，甚至是具有形上
的視域高度，體現其對太虛那種除了宇宙本源的把握外，更有類
似本體的意義，而「乾坤」的「無形」，使「乾坤」的位階更向
本體的認識靠攏，「乾坤是由其『無形』之本體的太虛所規定的，
也是太虛的天地表現」。[22]同時，張載也指出「不曰天地而〔曰〕
乾坤者，言其用也。乾坤亦何形？猶言神也」，[23]強調乾坤的神
妙之用，指的是乾坤作爲太虛本體或是作爲本源的神妙作用。

　　張載這種對「乾坤」與「天地」的不同看待，以及其神用的
認識，都爲朱震所承。朱震云：

> 陽聚而動，動極則散之，散則復聚。陰積而潤，潤極則烜
> 之，烜則復潤。此雷霆風雨日月寒暑所以屈信相感，而成
> 萬物也。艮則動者，靜而止入于坤也。兌則止者，說而行

21　見張載《橫渠易說・上經》，頁 69。
22　見丁爲祥《虛氣相即－張載哲學體系及其定位》，北京：人民出版社，2000
　　年 12 月 1 版 1 刷，頁 73。丁氏也認爲張載「『不曰天地而曰乾坤』，說
　　明他正是從與實然天地對揚的角度來把握乾坤的」，「而乾坤『無形』的
　　特色則正顯現了張載形上的視角」，因此，強調「乾坤屬於張載本體論的
　　系統，是太虛本體的天地展現」。見氏著《虛氣相即－張載哲學體系及其
　　定位》，頁 72-73。
23　見張載《橫渠易說・繫辭上》，頁 177。

出乎乾也。乾以君之，則萬物覩。坤以藏之，則天地閉。
前說乾坤，而至六子，无形者聚而有形也。此說六子，而
歸乾坤，有形者散而入於无形也。終始循環，不見首尾，
《易》之道也。……上說天地定位，六子致用；此說六子
合而為乾坤，乾坤合而生神妙，萬物而為言者物，物自妙
也。鄭康成曰：「共成萬物，物不可得而分，故合謂之神。」
張載曰：「一則神，兩則化，妙萬物者，一則神也。」且
動撓燥說潤終始萬物者，孰若六子？然不能以獨化，故必
相逮也。不相悖也，通氣也，然後能變化，既成萬物，合
則化，化則神，康成之學進於是矣。[24]

從這段話的理解，有幾個重要的意義：

（一）乾坤生六子為太虛創生萬物之重要歷程

　　宇宙萬物的化生，透過乾坤生六子的過程來形成。太虛合二
氣為一，其中陽氣聚合而產生變動，變動到了極致就歸散於太虛
之中，歸散之後又再一次的聚合，這就是陽氣在太虛之中的變化
情形。至於陰氣則積蓄為潤濡，潤濡到了極致就烜燥，烜燥則又
回復到潤濡。此陽與陰即太虛中的二氣，更代表著以乾坤生六子
作為萬化根源的乾坤二者，由乾陽與坤陰的運動變化，進一步使
自然界因之「屈信相感」而成雷霆、風雨、日月、寒暑之象，萬
物由此而生。乾陽本質上是剛動之狀，而坤陰則為柔靜的情狀。
六子在此變化的過程中，朱震也特別提到屬於乾陽（父）所帶引
的少子艮止之德，屬陽動之性，所以云「艮則動者」，轉化入於
坤陰靜柔之時而止；至於坤陰（母）所帶引的少女兌說之德，屬

24　見朱震《漢上易傳》，卷九，頁 266-267。

陰靜之性，所以云「兌則止者」，以止為靜。在循環變化的過程中，最後再「出乎乾」，一切皆由乾而出。

朱震特別強調「六子致用，萬物化生，然不越乎乾坤也。震、坎、艮之為三男，得乾之道者也。巽、離、兌之為三女，得坤之道者也」。[25]從乾、坤生震、坎、艮、巽、離、兌六子，表現出乾坤所代表的陰陽二氣轉化成六子所表徵的物象，然後進一步的形成萬物，因此，以太虛作為萬化之源時，乾坤生六子為其重要的一個歷程。朱震在解釋《雜卦傳》「乾剛坤柔」時云，「乾、坤，易之門，凡剛皆乾也，凡柔皆坤也。剛柔相雜，乃成諸卦」。[26]乾坤為萬化之門徑，以剛柔之性呈現，二者非但是八卦之父母卦，更是六十四卦之首，也就是說，二者是萬化之首。因此，朱震藉由卦變之說，所構築的八卦、十二消息卦或六十四卦的化生體系，乾坤二者皆立於主體的父母源始之位，一切的存在，都以乾坤為開端。[27]

（二）乾坤與陰陽互為氣化之表徵

已如上述，「陽聚而動，動極則散之，散則復聚」，此言乾坤生六子中的乾性，以陽氣來呈現；「陰積而潤，潤極則烜之，烜則復潤」，則言坤性，以陰氣來表徵。陰陽為乾坤的氣化之質，為在太虛之中尚未成形（物象）之質。乾陽性動，「則萬物覩」，

---

25 見朱震《漢上易傳》，卷七，頁 224。

26 見朱震《漢上易傳》，卷十一，頁 305。

27 關於朱震的卦變之說，著力於其卦爻釋義之中，而其《漢上卦圖》中，特別針對十二消息卦作《消息卦圖》，亦採前儒之說，建立諸多六十四卦的卦變圖式，包括採李挺之《六十四卦反對圖》，以八個小圖呈現；理解虞翻與李挺之的卦變之說，作《六十四卦相生圖》，以乾坤作為「諸卦之祖」，並以復卦與姤卦為小父母，建立一套以乾坤為主體的六十四卦相生卦變體系。有關之卦變圖式，參見朱震《漢上卦圖》，卷中，頁 314-317。

坤陰性靜，「則天地閉」，此乾坤動靜之性，亦是陰陽動靜之性，
乾坤之性能，亦即陰陽之性能。

（三）乾坤無形而六子有形

乾坤雖表徵著陰陽二氣，但此二氣混然爲一而處太虛之中，
雖爲氣之質，但尙未形化，也就是尙未成萬物之象，所以朱震同
於張載之說，視之爲「無形」；至於六子，爲乾坤所成，並且已
有自然之象，所以爲「有形」。朱震認爲由乾坤「而至六子」，
是一種聚化成物的歷程，也是一種「无形者聚而有形」的狀態；
另外，由六子「而歸乾坤」，則是一種散歸太虛的歷程，也是一
種「有形者散而入於无形」的狀態。萬物在此萬化中，「終始循
環」，聚散生息，永不停歇。

（四）乾坤神化而妙用

乾坤除了代表陰陽外，在乾坤生六子的認識上，更有以時序
方位而言，乾坤更反應出「天地」的認識。乾坤以「無形者聚而
有形」，其「無形」正表現出它（乾坤）的神妙性。乾坤以「天
地」作爲表徵，定位於南北，亦即子午之位，使其「六子致用」
的物象更爲實然妙用，所以他說「乾坤合而生神妙」。這種無形
而神妙的認識，也正是張載的認識，是張載觀點的延續。因此，
朱震引用鄭玄之言，強調藉由乾坤來「共成萬物」，而萬物又難
以分辨出其中的陰陽之質，故「物不可得而分，故合謂之神」。
以乾坤所貫陰陽二氣，帶引六子進行自然之變化，「終始萬物」，
宇宙萬物的一切生成轉變，都在此乾坤的神化，所以他引張載之
說，云「一則神，兩則化，妙萬物者，一則神也」。此一爲乾陽
坤陰二氣合而爲一的太虛本體，能夠「屈伸相感」，「聚散存亡」，

神用於無窮，神應於無數，[28]以二氣之變化，以妙生萬物，而成為一切的主宰。乾坤以其陰陽二氣，合六子而成變化，不能以單一之氣而「獨化」，必因陰陽互應，八卦相通，才能化育萬物，所以說「合則化，化則神」。朱震強調太虛與陰陽二氣的神化妙用，主要根本於張載之旨，即所謂「氣有陰陽，推行有漸為化，合一不測為神」，[29]此「神」是氣化之神，即「太虛即氣」之神，更是乾坤所含之陰陽二氣變化不測之神，這個「神」具有太虛實體的意義，更具有作為乾陽坤陰的作用之義，因此太虛合二為一之氣，能夠以無方所無形體的特質來觀照一切，不論「遠近幽深，利用出入」，都能「充塞無間」。[30]

二、包絡萬有而貼近本體之義

乾坤之道廣大無邊，無窮無盡而無以形之，包絡天地之間的一切有形的認識，不論是「貴賤、剛柔、吉凶、變化四者，皆天地之固有」，[31]也皆是乾坤所涵蓋的，而其中特別是透過對天地萬物的變化認識以顯著的體現，即所謂「乾坤之道，觀乎天地萬物之變化，其道較然著見矣。然反觀吾身，乾坤安在哉？蓋善端初起者，乾也；身行之而作成其事者，坤也。人皆有善端，不亦

---

28 參見張載《正蒙‧乾稱》云：「氣有陰陽，屈伸相感之無窮，故神之應也無窮；其散無數，故神之應也無數。雖無窮，其實湛然；雖無數，其實一而已。」見氏著《正蒙‧乾稱》，頁 66。

29 見張載《正蒙‧神化》，頁 16。

30 括弧引文參見張載《正蒙‧神化》云：「虛明照鑒，神之明也；無遠近幽深，利用出入，神之充塞無間也。天下之動，神鼓之也，辭不鼓舞則不足以盡神。」見氏著《正蒙‧神化》，頁 16。太虛合二為一之氣，以無方所無形體的特質來觀照一切，即合於前面其三「無形」之說。

31 見朱震《漢上叢說》，頁 379。

易知乎！行其所知，不亦簡能乎」！[32]從自然變化中見其乾坤之道，反求於人，亦能得以觀照乾坤之道，人的知行善端、易知簡能，皆爲乾坤之道；乾坤之道已從天道的理解，直指對人性的認識。此外，乾坤之道也合人倫綱紀，配合乾坤生六子的化生觀點，以「父子、君臣，乾、坤也。夫婦、震、巽、坎、離、艮、兌也。長幼其序也，朋同類也，友異體也，五者乾坤而已矣」。[33]六子之致用，不越乎乾坤，而父子、君臣、夫婦、長幼、朋友等人倫，皆秉乾坤之道，故「聖人之用天下，合乾坤也」，[34]聖人行道，以乾坤爲本，乾坤以天道立，而聖人因之以用，用天道行人事，體現了天人合一的意蘊。因此，此一乾坤之道已非純粹的宇宙論範疇可以牢籠，同於張載那種近於本體的認識範疇。

「无形」體現乾坤的超越性與主宰性，朱震也特別以「鬼神」來說明：

> 鬼神无形者也，而曰「乾爲神，坤爲鬼」，何也？曰：鬼神者，天地之用，二氣之良能不可以形求者也。聖人仰觀俯察，四時之運，日月之行，寒暑晝夜，一幽一明，萬物由之以死，由之以生，故寓之於乾坤。萬物資始於乾，資生於坤，莫不有天地之體，而各有所本。本於天者，動物也，故以呼吸爲聚散之漸。本於地者，植物也，故以陰陽升降爲聚散之漸。聚之謂生，精氣爲物也。散之謂死，遊魂爲變也。其始生也，氣日至而滋息，至之謂神，以其申也。及其既盈，氣日反而遊散，反之謂鬼，以其歸也。天曰「神」，地曰「示」，人曰「鬼」。神示者，歸之始也；

---

32 見朱震《漢上叢說》，頁380。
33 見朱震《漢上易傳》，卷七，頁224。
34 見朱震《漢上易傳》，卷七，頁224。

> 人鬼者,來之終也。寒來則暑往,夜盡則晝明,屈伸相感,
> 生生不窮,而亦未嘗死、未嘗生。聖人以此觀天地,以此知
> 死生,以此知鬼神。天地也,人也,鬼神也,一而已矣。[35]

在這段話裡,朱震仍然以乾坤為無形對應天地之有體的概念來開
展,藉由對鬼神的認識,來彰顯乾坤的無形。首先強調鬼神為無
形,「乾為神,坤為鬼」,則乾坤也是無形,由於鬼神神妙莫測,
能夠終始一切,死生消息;四時的運轉,日月的運行,寒暑晝夜
的變化,幽明之流轉,乃至萬物的死生,都根本於乾坤,所以「萬
物資始於乾,資生於坤」,宇宙萬物的創生,生生滅滅,都根源
於乾坤,並具體的根源於陰陽二氣的升降聚散。其次,朱震認為
萬物由乾坤開始、由乾坤創生,能夠具有天地的形體,各有其本,
本於天的形體為動物,本於地的形體為植物,都是由乾坤(陰陽)
二氣的聚散而成;以天地為實體,而乾坤無形,卻又「莫不有天
地之體」,又有其本而成就其天地萬物的形體。因此,以天地為
宇宙本源太極或太虛的實然之狀,而乾坤的無形更貼近太極或太
虛的本源甚至本體的概念。

又以鬼神為天地之「用」,當然也是乾坤之用;乾坤無形,
而以天地作為其變化後所形成的實體,所以天地也當可視為乾坤
之用。不論是天地、人、鬼神,乃至天地與乾坤,都同歸於「一」,
也就是同歸於太極或太虛,即「氣」之「一」,那寂然未分之氣,
那神妙變化之氣。

---

35 見朱震《漢上叢說》,頁 392。

第三節　「乾」與「坤」的區別及統一

　　乾坤以無形之質，作爲太極或太虛運化萬物的主要部份，也可以視爲太極所含的陰陽二氣，故萬物的死生，皆「寓之於乾坤」，[36]皆爲二氣的升降聚散，以形諸宇宙的一切變化。乾與坤同是合二爲一的太極中之二氣，二者必當同時運成，所謂「兩不立則一不可見」，[37]二者缺一不可，但是二者是否仍存有重要的差別性，其差別性也有必要釐清。

一、乾始坤生的先後性與乾道為首的優位性

　　乾坤二者從本源之氣在化生運動的角度看，朱震特別強調「萬物資始於乾，資生於坤」，[38]「始於乾，終於坤，以乾知大始，坤作成物」，[39]萬物由乾萌始，而由坤來生養，要將二者強作分別，似乎乾先於坤，乾相對更具優先性。這種乾始坤生的範定，已如前述，早在《彖傳》時已確立，認爲「大哉乾元，萬物資始，乃統天」，「至哉坤元，萬物資生，乃順承天」，乾與坤皆作「元」稱，以二者皆有「大哉」、「至哉」之性，源至於太極之一元，而乾統天，坤順承天，則於太極言，乾統於太極，坤順承於乾而同歸於乾、同歸於太極；從其解釋《繫辭上傳》「乾以易知，坤以簡能」時，所言「夫乾確然不易，無爲而爲，萬物宗以易知也。

36　見朱震《漢上叢說》，頁 392。
37　見張載《橫渠易說・說卦》，頁 233。
38　見朱震《漢上叢說》，頁 392。
39　見朱震《漢上易傳》，卷七，頁 224。

天動地隨，坤順乎乾，其作成萬物者，以簡能也。簡曰『易從』者，歸之乾也」。[40]由是尤能論證其說。在這樣的意義下，從尊卑貴賤之別來看，乾必然尊貴於坤，因爲乾有統領之義，而坤性爲順承於乾，所以他也特別就提到「乾知大始，坤作成物，尊卑貴賤之分也」。[41]但是，二者雖有如此性質上的差異，卻不否定坤的必要存在性，因爲坤性育養孳生，沒有坤萬物仍不能化生。朱震繼承了《彖傳》的這種認識，並作了具體的闡釋。

　　對於乾與坤的優先性而言，朱震云：

> 乾坤相交，是生變化。萬物散殊，各正性命。性源同而分異，命稟異而歸同。太和者，相感絪縕之氣，天地之所以亨也。各正性命，保之而存，合之而聚，不貞則不利，故曰「乃利貞」。不曰「乾坤」而曰「乾道」者，乾行坤從，天之道也。……乾爲首，……首出乎庶物之上。[42]

宇宙的一切生成變化，在乾坤相交的前提上形成，二氣相互感應、運動變化，散爲萬物而各正其命，萬物的陰陽清濁之稟賦不同，所以能以不同的形體呈現。但是萬物終歸於一太極的稟性卻是相同的，同爲太極的陰陽二氣所運化，一於太極（太虛），源於太極，故云「性源同而分異，命稟異而歸同」。朱震認爲太和絪縕相感之氣，使「天地之所以亨」，之所以「利貞」，即乾坤二氣的作用，但《彖傳》僅以「乾道」稱之，而不言「乾坤」，在於強調「乾」的優位性。不論是屬於太極中的二氣之一，乾仍爲先，或是八卦的物化象徵，也仍以「乾爲首」，或是六十四卦的類分，亦以乾爲先；它是首出於萬物之上，也就是在萬物形成之前它已

40　見朱震《漢上易傳》，卷七，頁 225。
41　見朱震《漢上易傳》，卷七，頁 225。
42　見朱震《漢上易傳》，卷一，頁 7。

然生成。同時，乾坤之性，「乾行坤從」，乾健坤順，坤順服於
乾而生，是一種自然的天道，乾具有絕對的主導力。朱震明白的
指出「乾，天也。萬物資始於天」，[43]同於「天之道」之「天」，
此「天」並非僅是天與地的相對概念下的「天」，更具有主宰性
的意義之「天」，如同「太極」、「太虛」之意義，所以乾元更
貼近本源的地位，這也是漢儒每每以「乾元」或「乾初」比同太
極本源的道理所在。因此，言「乾道」而不言「乾坤」，甚至《象
傳》言乾「乃統天」，都在說明以「乾」代表了宇宙大自然的本
源之道，它的重要地位遠遠超越於坤。

　　「乾為天，尊而在上為首」，「乾无往而不為萬物先也」，[44]
乾既有「天」有「太極」的主宰性意義，所以又有開端、初始的
內涵，有稱作「始」、「元」或「一」，即同於太極，而為坤所
不能齊位同階的。朱震認為，「一者，數之始，乾之元也」，「一」
在易學系統中，往往等同於太極而作為宇宙本源的概念，所以，
以「乾」為「天」，而「天之道始於一」，故乾元為一，「統天」
也就當然必行了。[45]於此，朱震也作了進一步的解釋：

> 八卦皆純也，純而粹者，其重乾乎！故《玄》準之以晬，
> 其首辭曰：「陽氣袀晬清明，道至於純粹，无以復加，而
> 六者皆原於一。」一者何？乾始也，天地之本，萬物之一
> 源，精之又精，剛健中正，純粹自此而出，故曰「剛健中
> 正，純粹精也」。[46]

由太極所化生的八卦－八個自然象徵物，作為生成萬物的基礎，

43　見朱震《漢上易傳》，卷一，頁 7。
44　見朱震《漢上易傳》，卷九，頁 269。
45　括弧諸引文，見朱震《漢上易傳》，卷一，頁 7。
46　見朱震《漢上易傳》，卷一，頁 12-13。

其六子卦同歸於乾坤，而乾坤又歸於太極（太虛）而爲一，乾又以「始」爲稱，則八卦以乾爲重，六子卦又可稱歸於乾；乾元爲一，所以「六者皆原於一」。乾始稱一，能爲萬物之源，以其陽氣清明純粹，而云「純陽爲精」；其「精之又精」，剛健不息，才能作爲「天地之本，萬物之一源」。乾以「元」稱之，即乾作爲元氣初始的狀態，也是萬物生成前的精純之狀，所以朱震說，「元者，乾之始」，它剛健能動，萬物因之以生，無所不包，無所不能，萬物因之而「无不蒙其利者」；以其廣大神妙，剛而不撓，健而不息，故「乾道之大，其辭有不能盡者」，而以「大哉乾乎」贊誦其主宰之性。[47]

乾既可以「一」稱之，則乾可同於太極、太虛一般，具有同樣的質性，朱震云：

> 《易》言天者，皆乾也。天位者，中正也，又曰帝位。天德者，剛也。天道者，其行以正也。天之神者，陰陽合一也。……或問天有形乎？曰：天積陽也，氣也。……郄萌曰：「天了无質。」鄭康成曰：「天清明无形。」[48]

強調《易》之言「天」，皆在言「乾」，不但具有天地之「天」的一方之意義，也具有主宰性、本源性的內涵。它的重要性質爲：處於極大之位，而能中正不偏，普施萬物，如同人間帝位一般，天下得以和美昌順，萬國得以太平。它以剛健爲德，周流不息，以正流行。所以它爲「神」，它的神妙就在於是萬化之本，以其

---

47 參見朱震《漢上易傳》云：「元者，乾之始，剛反而動，亨在其中矣。……乾始，萬物資之，天下至大，无不蒙其利者。不言所利，則其利大矣。故謂之「元」。元，又訓大故也。夫子欲言乾道之大，其辭有不能盡者，故曰「大哉乾乎」。乾，總言之，則剛不撓也，健不息也。健者，積剛而成也。」見氏著《漢上易傳》，卷一，頁12。

48 見朱震《漢上易傳》，卷九，頁271-272。

陰陽之氣，合而爲一，升降聚散，剛柔動靜，變化不已，然後成
就有形的萬物。於此，朱震引了郄萌與鄭康成的話，說明了乾天
的了然無質與清明無形之狀態；以其具有無限性的氣化無形，才
能創生有形的一切萬物。因此，由這裡要再一次強調，朱震對「乾」
的認識，就像是對太極或太虛的認識一般，乾已貼近具有同於太
極或太虛的那種宇宙本源的認識。

二、乾坤合二為一而共生萬有

乾陽雖有其優越性，甚至無可取代的唯一性，但獨乾或獨陽
不能圓其合和之氣，也不能由此派生萬物，必待坤陰以成，沒有
坤陰就無法成萬物之形。乾陽之氣，必合坤陰才能育生萬物，因
爲無質無形之乾氣，無法成其有形，必待有形性的坤德才能載物
無疆。「乾坤，皆言天地者」，「《易》凡言地者，皆坤也」，[49]
坤以地爲象，以地能包容一切萬物，故「成形者，皆地也」。[50]乾
爲無形，坤爲有形，無形與有形皆爲一氣，同爲本源之必要，缺
一不可。因此，朱震特別強調「乾體本坤，陽以陰爲基也」，[51]乾
雖有其優越性，卻須與坤合體，亦即陽氣也當以陰氣作爲根基，

---

49 見朱震《漢上易傳》，卷九，頁 274。
50 見朱震《漢上易傳》，卷九，頁 272。
51 見朱震《漢上易傳》，卷一，頁 6。朱震以乾坤合陰陽之性，對陰陽彼此
　　相資相成的關係，與邵雍《皇極經世書》之說相近。邵雍云：「陽不能獨
　　立，必得陰而後立，故陽以陰爲基；陰不能自見，必待陽而後見，故陰
　　以陽爲唱。陽知其始而享其成，陰効其法而終其用。」又云：「陽者道之
　　用，陰者道之體。陽用陰，陰用陽；以陽爲用則尊陰，以陰爲用則尊陽
　　也。」又云：「性非體不成，體非性不生。陽以陰爲體，陰以陽爲性。」
　　又云：「陰生陽，陽生陰，陰復生陽，陽復生陰，是以循環而無窮也。」
　　邵雍強調陰陽二者的彼此相生相成，互推變化之道，肯定二者的相互推
　　展，萬物由是而生，由是而成，二者共構而成「一陰一陽之道」。見氏著
　　《皇極經世書》，卷十四，頁 1076。

才能化育萬物，才能具體成形。

　　乾坤合二為一，不可獨化，二者合體，萬化可成，為天經地義的事，朱震又云：

> 陰陽相根，動靜相資，形氣相應，有一則有二，有乾則有坤。邵雍曰：「天依形，地附氣，其形有涯，其氣无涯。」張載曰：「地在氣中。」《黃帝書》曰：「地在太虛之中，大氣舉之，天地未始相離也。」[52]

又云：

> 萬物資乾以始而有氣，資坤以生而有形，乾始而亨，无所待也，是以能大。坤待乾而行，乃能至於大，有氣而後有形也，故乾元曰「大哉」，坤元曰「至哉」。天，健也，坤順而承之，故曰「坤」。[53]

以乾坤言天地，乾坤更表徵陰陽、動靜與形氣；乾為天、為陽、為動，更具「氣」之始的意義，是一種元氣的意義，而相對於坤，為地、為陰、為靜、為形，尤其以形氣的對應來說明坤地之「形」，在強調乾「氣」的「資始」，而坤「形」的「資生」作用。乾坤的「資始」與「資生」，「大哉」與「至哉」，即其合二為一的絕對性認識，如此二者「相根」、「相資」、「相應」，終始互存，生生不息。朱震引邵雍、張載與《黃帝書》之言，除了說明乾陽以氣、坤陰以形為見外，更在說明二者唇齒相依、不可獨存，二者相倚互含，乾天之氣依於坤地之形，坤地之形附於乾天之氣，二者「未始相離」；「地在氣中」，即坤在乾中，以乾為氣化之始，所以在氣化之中。「地在氣中」，坤地在太極太虛之中，也在於乾氣之中。

---

52 見朱震《漢上易傳》，卷九，頁 274。
53 見朱震《漢上易傳》，卷一，頁 14。

　　張載主張「一物兩體」的觀點，此一觀點為朱震所承，不論是陰陽，不論是乾坤，皆以二體呈現，皆須二體相輔相成，而終歸於「太極」，終歸於「太虛」，終歸於「一」，皆以「兩」體合而為「一」物，然後神用而不可測，所以他說「一則神，兩則化。一者，合兩而為一也」，[54]以太極為「一」，陰陽二氣或乾坤二者的變化以生成萬物，而此太極之能「神」，皆因陰陽或乾坤的變化所致。乾坤必合兩為一，不能獨乾或獨坤而運化，唯有乾坤二者相依不悖，宇宙萬物之生成才有可能。

　　乾坤並在，由氣而形，「天先地後而生萬物」，[55]化生萬物的順序，必是先天而後地，先乾而後坤。已如前述，乾為首，庶物由乾首出，乾天神妙無形，則「天无疆者也，坤所以配之者，載物之德，合乎无疆」，坤地行其柔順之德，所以「地配天，坤合乾」，「坤依乾而行，以柔承剛，以順承健，乃能行地无疆」。[56]坤以其輔配於乾而生，在角色上是後於乾的從屬地位，在功能上卻是不可或缺的必要性存在，在此宇宙化生系統中，乾更具優先性，坤則為生成萬物的主要形質。而從化生的運動變化來看，似乎也是乾陽先於坤陰，乾以氣始，次而坤以形著，這種先後的化生情形，朱震作了明確的表述。這種認識同於《易緯》的觀點，合於《易緯》從數字上理解，由一而七，由七由九，再由二而八，由八而六的認識，也合於陰陽的陽動而後陰靜的主張，更合於周子（西元 1017-1073 年）《太極圖》陽動陰靜的先後之說。因此，朱震所建構的論述體系，大都根本於前人之說而確立。

　　此外，再一次強調，這種乾坤並存的化生萬有的認識，已如

---

54 見朱震《漢上易傳》，卷七，頁 233。
55 見朱震《漢上易傳》，卷一，頁 14。
56 括弧諸引文，見朱震《漢上易傳》，卷一，頁 14。

前述,具體表現在其諸多卦變關係的宇宙圖式之中,尤其清楚的反映在其乾坤生六子的理解上;以乾初交坤初得震,以坤初交乾初得巽,其它包括坎、離、艮、兌諸卦,也在乾坤相互摩盪下形成,[57]唯在乾坤互見,彼此合和,才能成就六子,才能進一步構築出六十四卦,才能建立一套完整的宇宙生成系統。宇宙萬物之生成變化,乾坤無法個別獨立而存在,必須共生並行,萬物才可生息不已。這樣的認識,朱震除了在哲理性的論述中有不斷的申說外,在其卦變圖式與有關的卦圖中,也都予以具體化的呈現。

第四節　乾尊坤卑的必然性認識

乾與坤的對應關係,乾動坤靜,以動主靜;乾健坤順,以健領順;乾剛坤柔,以剛合柔;乾氣坤形,由氣之變以化形,以無形而造化爲有形。這種乾尊坤卑的關係,是天地自然的必然之道,如前文引說,早在《繫傳》已確定「天尊地卑,乾坤定矣。卑高以陳,貴賤位矣」的乾尊坤卑的定位,並成爲不變的律則。

朱震易學的論釋系統,二者尊卑的來由,認爲「乾坤、貴賤兩者,聖人觀天地而畫卦」,也就是以乾坤擬天地之象,而聖人體現天地本來的關係,確定了二者的差異;乾上而坤下,乾升而坤降,乃天地之必然,所以「乾上坤下,立天地之位」,「尊乾卑坤,其體乃定」。縱使天地以變化之性顯其常道,但變化之中,乃無可改易其尊卑上下之分,所謂「道雖屢遷,上下不易」,[58]即是此理。

---

57 參見朱震《漢上卦圖》,卷上,頁311。
58 括弧諸引文,見朱震《漢上易傳》,卷七,頁223-224。

一、剛柔尊卑的倫常之義

乾性剛健，坤性柔順，下落於人事倫常，亦為不變之常道，
朱震云：

> 君尊臣卑，父尊子卑，夫尊婦卑，謂之三綱。三綱不正，
> 天地反覆。高者貴，卑者賤，則貴賤之位分矣。陽為貴，
> 乾也；陰為賤，坤也。高者，乾之位也；卑者，坤之位也。
> 上既曰尊矣，尊無二上，故《易》尊為高。又曰卑高者，
> 貴以賤為本。《易》自下升上，元士、大夫、三公、諸侯
> 承之，然後君位乎五也。[59]

取天地之象，各有用事，齊整終始之道，並濟萬物以各成其類。
陰陽定位，尊卑定象，通天意以理人倫，萬物萬事各得其宜。乾
坤二氣，下落於人事倫常，乾坤各安其位，流行其德，則君臣、
父子、夫婦之尊卑貴賤，本天地之道而得其綱維，各有職守，各
有定分。取宇宙天地的陰陽交感之道，落實於人倫事理，並確立
於社會階層之中。乾陽為貴，坤陰為賤，乾尊位高，坤卑位低，
尊者不二，必由高定，也合天地高低之性，由地性之卑，上往天
性之高，所以《易》立尊卑貴賤，「自下升上」，由元士、大夫、
三公、諸侯，乃至五尊君位，上達宗廟。《周易》一卦六爻之位，
體此天地之道，由是立階級之別。

六爻之位，由乾坤高卑之性而定，而六爻之位數，亦由乾坤
之陰陽剛柔的變化之性而定，已如前述，乾陽之氣動而後入於坤
陰之靜，也就是先由陽動而分化入於坤陰，然後進一步生化萬物。
其動而生陽，靜而生陰，確立了先陽動而後陰靜的先後關係。朱

---

59 見朱震《漢上易傳》，卷七，頁 224。

震認為「動靜有常,則乾剛坤柔,其德斷無疑矣」,即乾剛坤柔之德反應在一卦六爻的爻位之中,則決然無疑了。因此,他特別指出,「陽剛也,陰柔也。爻位以一、三、五為剛,二、四、上為柔」,此由下而上的奇數之爻,為乾陽之剛爻,而偶數之爻,為坤陰之柔爻;由下而上確立由初而上的陽爻陰爻之先後順序,本於「陽先陰後」的陰陽氣化的運動本質,並且由此建立亙古不變的「尊卑之位,貴賤之分也」。[60]

二、乾坤升降的自然之道

乾坤以天地見形為用,「則上下與天地同流」,乾上坤下亦同天地之性,用之於六爻,「尊卑有定,天地設位,六爻上下升降,而《易》行乎其中矣」,[61]乾坤行於六爻上下升降之間,爻位變動表現在乾升坤降的尊卑律則也因此確定,是一種輕清者上而為天,濁重者下而為地的運動狀態。天地既分,天尊地卑,陽氣輕清,上而為天,所以乾升;陰氣濁重,下而為地,所以坤降。

天地的尊卑貴賤,反應在上下升降之間,同時乾坤的上下升降,也反映出天地陰陽的變化,而其理想的變化,即如漢儒所說的乾二升五、坤五降二之別,乾升五位為尊為貴,坤降二位為卑為賤,坤不可僭越乾剛五位,而乾亦不宜委處坤柔二位,乾坤尊卑定位,彼此相互呼應,表現出天地之陰陽二氣,依其一定之規律而流行變化,也藉此具體彰顯坤地所以順承乾天的不變的自然之道。

---

60 括弧諸引文,見朱震《漢上易傳》,卷七,頁 224。
61 見朱震《漢上易傳》,卷七,頁 231。

第五節　小　結

　　朱震在宇宙觀的理解上，以太極同於太虛與「一」，雖言「無形」，卻是一種氣化的實體，包絡陰陽二氣或乾坤二者的混沌未分之元氣狀態，立足於漢儒氣化說的基調，更是張載氣本論的忠實反映。朱震會通程氏「體用一源，顯微無間」的體用思想，強調《易》卦在「因體以明用」，認爲「《易》无非用，用无非變。以乾坤爲體，則以八卦爲用；以八卦爲體，則以六十四卦爲用；以六十四卦爲體，則以卦變爲用；以卦變爲體，則以六爻相變爲用，體用相資，其變无窮」。[62]聖人體察天地自然的變化而立爲《易》道，以乾坤爲「體」，建構出一套宇宙人生的哲學思想體系，其重點仍落實在「用」，藉由「變」而展現其「用」，由變而立其義，由變而見其道，宇宙自然的一切，都是一種不斷的變化歷程，其最基本的就是陰陽的變化之道，也就是以乾坤爲體的運化；乾坤運化下的卦變體系，透過機械概念的卦變體系，以展現乾坤與陰陽的有機運化。乾坤並賦予同於鬼神的神妙之狀，具體的堅定的確立其超越性與主宰性特徵，有其可以替代太極一般的高度。朱震對乾坤的鑿力尤深，強化了乾坤的重要性，也成爲其易學思想的重要主張與特色。

　　朱震在論述與運用乾坤或陰陽的概念時，並沒有刻意討論乾

---

62 見朱震《漢上易傳》，卷一，頁 20。「則以六爻相變爲用」中之「六爻」，文淵閣四庫全書本作「交爻」，王婷、王心田點校改作「六爻」；此外蕭漢明〈論朱震易學中的象數易〉中，亦案云：「原文誤作交，正之。」見王婷、王心田點校《朱震集》，長沙：嶽麓書社，2007 年 10 月 1 版 1 刷，頁 31。據改作「六爻」。

坤與陰陽二者所存在的一定之可能區別，也不否定乾坤與陰陽的
同義性或相近性。乾坤與陰陽往往被視爲同一或類似的概念來看
待，有其強烈的互通性，也可以視爲同一創生系統下的不同理解，
但是，乾坤比陰陽具有更多元的象徵張力，其純陰純陽的本質，
使其成爲資始資生的重要創生角色，更邁向一種無形而神妙的本
源地位。以乾坤作爲無形之狀來看，有類似於太虛的宇宙本源甚
至本體意義，可以包絡除了天地與陰陽的概念外，尙有如剛柔、
動靜、升降、貴賤等等概念，這些概念，都屬於宇宙自然間普遍
性的對應概念，都可以含括在乾坤之中而神妙映現。

　　從朱震對乾坤的理解，「乾」與「坤」的對照，「乾」更具
優位性，爲萬有的開端，爲元始、爲一，更同於太極，尤貼近於
太極、太虛的本源意義。「乾」以氣爲始，而「坤」以形爲生，
互有先後，別有尊卑，更表現其不同的質性，但二者終究在異質
殊別中統一而相成，合二而爲一，缺一不可。以此生成萬物，萬
物萬事由此而證成，這也正合於「一陰一陽之謂道」的道理。在
此分別而統一的認識上，朱震更爲明確的賦予二者的特殊性與如
何合和共生及其重要性，這也正是《易》道的本質，乾坤之義尤
其將之張揚起來。

第四章　儒學本色、治道關懷與援史入《易》的義理取向

　　宋代易學的發展，以義理釋《易》為這個時期的主要特色，學者常常專主義理的角度去關照，有所謂以儒理論《易》者、以史事證《易》者，以及以心學解《易》者。[1]姑且不談這種區分是否適切，但可以瞭解宋代易學家的治《易》內容，這幾個方面的傾向的確非常明顯。北宋從胡瑗（西元 993-1059 年）、歐陽修（西元 1007-1072 年）、李覯（西元 1009-1059 年）、司馬光（西元 1019-1086 年）、張載（西元 1020-1077 年）等人開其先路，至程頤（西元 1033-1107 年）成就了某種學術的格局與勢力，義理學派儼然已具主導的地位，並且有一基本之特色，即以新興的儒理釋《易》。

　　朱震（西元 1072-1138 年）身處南宋初期，受到北宋以來的主要學術氛圍之影響，在治《易》的內容上，自然不能排除義理的成份，尤其又作為程氏的再傳弟子，以程氏作為時期的主流易學，對其影響自是深刻。所以他述說自作《易》著以程頤《易傳》為宗，其《漢上易傳》在闡釋《周易》經傳時，引用程頤之言高

1　一般研究宋代易學者，常作此種分類。張善文《象數與義理》即作此分。
　　見張善文《象數與義理》，瀋陽：遼寧教育出版社，1997 年 4 月 1 版 3 刷，
　　頁 243。

達一百七十三次，[2]存在著強烈的程氏易學之本色，高度表彰其義理之性；然而，綜采諸家之風，前期重要《易》家，尤其是張載在義理方面的思想，對他的影響尤其深遠，延續了張載以氣化宇宙觀爲主的諸多義理觀點，具體指名引用也達三十七次之多。[3]因此，朱震的易學，建構出特別以程頤、張載爲主的具有高度義理特色的易學主張，特別是表現出強烈儒學性格的義理性詮釋。

特殊的歷史時空，使學者造就了特殊的歷史情懷。北宋歷經長期的烽火外患與內部的政治糾葛，濟世之治道，成爲這個時期儒生的基本認識與期待；對政治的理想抱負與觀點，往往投射在其治學論著與言行之中。朱震身在北宋甫崩坼而新朝方起的年代，其《易》作的義理思想中，治道的見解自然不能缺席。在這樣的歷史環境下，以史證經也成爲這個時代的特殊現象，釋說《易》義更是如此。朱震某種程度也感染到援史證《易》的易學風格，論釋卦爻義每每可見援用史事來證說，形成其義理主張的另一個重要內涵與特色。

本章即透過朱震闡釋《周易》經傳在義理方面的表現，疏理其中具體而重要的義理特色，包括從傳統儒學的性格取向、將《易》義融入對治道的見解，以及援史入《易》的詮解內容等三個方面，深入探討朱震這些重要義理主張所呈顯的實質內涵。

---

2 引用程頤作爲論述者，包括卷一有二十四次、卷二有二十四次、卷三有十九次、卷四有三十八次、卷五有三十四次、卷六有三十二次、卷九有一次、卷十一有一次，合計一百七十三次。

3 直稱「張載」或「橫渠」之言者，包括卷一有四、卷二有一次、卷三有三次、卷四有三次、卷五有十次、卷六有一次、卷七有三次、卷八有二次、卷九有十次，合計三十七次。以張載思想爲根柢者，更不能數計。

第一節　儒學性格的義理內涵

　　程頤《易傳》歷來視爲以儒學觀點釋《易》的典範，《四庫提要》更以其爲宋《易》中闡明儒理的代表。[4]而張載的學術特色，《宋史》本傳認爲他讀書，「猶以爲未足」者，最後都「反而求之六經」，「以《易》爲宗，以《中庸》爲體，以孔孟爲法」，[5]也就是說，張載的思想，仍然圍繞在以儒家經典推布儒學思想的道路上。朱震的易學，宗主程頤、合會張載，在義理思想的表現，也同二家站在儒家的本色上開展，強烈的反映出徵聖與宗經的儒學立場。徵諸孔子、徵諸三代聖主、徵諸孔子後學的聖學之嘉言懿行。肯定《十翼》爲孔子所作的不可撼動性與神聖性之認知，解釋經義往往以《十翼》作爲最重要的文獻與指標，以傳解經成爲其詮釋經義的主要途徑。除了肯定《十翼》作爲傳統的、權威的理解外，更是一種對孔子之學的聖道追隨，每每以「夫子」之言，表彰對孔子的推崇，單計《漢上易傳》名「夫子」就達四十四次，名「孔子」者五次。以堯、舜、禹、湯、文、武、周公等

4　見《四庫書總目提要・易類》，卷一，云：「漢儒言象數，去古未遠也。一變而爲京、焦，入于禨祥；再變而爲陳、邵，務窮造化。《易》遂不切于民用。王弼盡黜象數，說以老莊。一變而爲胡瑗、程子，始闡明儒理；再變而李光、楊萬里，又參證史事。《易》遂日啓論端。此兩派六宗，已互相攻駁。」在此不究六宗之別，但知程氏易學的儒理本色，是無可否定的。同時，不管是其中的儒理思想，或是史證觀點，對後來的李光、楊萬里，都有具體深刻的影響。在兩宋易學的發展歷程中，程氏易學具有舉足輕重的影響力。

5　見托克托等修《宋史・列傳・道學一》，卷四百二十七，北京；中華書局，1997 年 11 月 1 版，頁 12723-12724。

諸聖立說者亦不下百次。其它如名「孟子」者十五次，「顏氏」與「顏子」八次、「曾子」七次、「子思」二次、「荀子」三次等等。高度肯定諸聖的德性，「存乎德行」，「神而藏用，明而顯仁」，所以「聖人指而裁之」，[6]順天應人，可以見《易》之道。

　　朱震立論，宗主儒家聖典，除了前述諸子之作外，又特別以孔子所刪述的經典，與後來儒家學者所推定的典籍為主，除了《十翼》外，包括如引《詩》者十五次、《書》三次、《尚書大傳》二次、《儀禮》二次、《周官》十次，以及在《春秋》方面，名「春秋傳」者十二次、名「春秋左氏傳」一次、「春秋」四次、「春秋外傳」，一次。又《爾雅》四次、《小爾雅》一次等。不斷的引用儒家經典與儒家所表彰的人物，除了呈現出引據文獻高度儒典化之外，在內容方面也不斷強化儒家的觀點內涵，反映出儒家的聖人之道、成德之性與種種的政治與處世哲學。這裡特別從崇禮、倫常觀與儒家的誠道等三個重要議題，說明闡釋《易》義所反映出的儒家性格。另外，儒家的政治思想，包括君臣觀、以仁為政、效法先王之政等等主張，在朱震義理的論述中也可以體現，這些方面，特別另立小節進行討論。

一、崇禮的儒學本色

　　朱震易學中常以禮述《易》，表彰儒家崇禮的特性。其中對於儒家傳統上的禮制規範方面，朱震易學中多有涉論。如有關男女婚配的問題，依國古禮的規範，男女雙方的互動，都以男方採取主動，男方求於女方，凡「納采、問名、納吉、納徵、請期、

---

6 括弧諸引文，見朱震《漢上易傳》，卷七，臺北：臺灣商務印書館景印文淵閣四庫全書本第 11 冊，1986 年 3 月初版，頁 244。本章所引朱震原文，皆以此為主要版本。

親迎」諸禮，皆當「男先於女」。[7]《禮記‧郊特牲》也指出男先
於女的大義，云「男子親迎，男先於女，剛柔之義也」。[8]男剛而
女柔，剛之德主進，而柔之德主退，此天地之道，男女之義也是
如此，這種婚禮的規範，是儒家傳統下的禮制。朱震強調「君子
之道，造端於夫婦」，而夫婦之道，又是從婚禮時就已確定，他
說：

> 艮少男，感而來，兌少女，應而往，匪媒不得待禮而行，
> 其感以正，止而說者也。取女如是。[9]

以兌女在上，艮男在下，相感而來，相應而往，以禮行正，即咸
卦「男下女」的相感婚誼。又如在婦德方面，《周禮‧九嬪》有
「九嬪掌婦學之法」，教女御以「婦德、婦言、婦容、婦功」，[10]
強調的是一種順從之禮教，朱震認為一旦「陰息剝陽，以柔變剛，
女壯男弱，不可與久處」，「剛柔反易，必有女禍」，[11]所以，
女德不正，不可為妻。另外，歸妹卦也對於婚禮與夫婦之道作了
詳細的說明，其中仍不斷強調夫婦之別，所謂「兌女在內，從震
夫之外」，亦即歸妹之義。並且指出，「婚姻之禮，陰陽交際，
天地之大義也」，而「古者昏禮，冕而親迎，壻御婦車，男下女
也。壻乘其車，待於門外，女從男也。男下女，則天地之義明。

7　見《禮記‧昏義》。引自孫希旦《禮記集解》，卷五十八，臺北：文史哲
　　出版社，1990 年 8 月文一版，頁 1417。
8　見《禮記‧郊特牲》。引自孫希旦《禮記集解》，卷二十六，頁 708。
9　見朱震《漢上易傳》，卷四，頁 113。
10　見《周禮‧九嬪》，卷七。鄭玄注云：「婦德謂貞順，婦言謂辭令，婦容
　　謂婉娩，婦功謂絲枲。」（見《周禮‧九嬪》，卷七。引自賈公彥注《周
　　禮注疏》，臺北：藝文印書館《十三經注疏》本，1997 年 8 月初版 13 刷，
　　頁 116。）「婦德」即「聽從」，為婦順；「婦言」為「婉」，即言語辭令；
　　「婦容」為「娩」，為容貌；「婦功」為執麻枲、治絲繭、織紝組紃等女
　　工之事。
11　見朱震《漢上易傳》，卷五，頁 153。

女從男，則天地之位定」。一切合於義，依於禮，則「謹於夫婦
之際，下之者有義，率之者有禮」，「故永終而無敝」。[12]

　　對於古時宴饗祭典之禮，亦多有述及。例如解釋坎卦六四爻
辭，強調「樽酒而簋副之，燕饗之禮，君臣上下剛柔相際之時也」，
君臣宴饗以禮，同於君臣的剛柔相待合於禮制。[13]享祭之時，所
用之品物，不重多少而重於以誠，以誠執禮，則損益已非問題。
朱震認為「凡損之道，損抑其過以就理義，則誠也」。「可損而
損，不為不足；可益而益，不為有餘。因時而行，當理而止」。
所以「二簋可用享」。[14]二簋用享，以其時損則損，時益則益，
損益中於禮，合於理義，也就是發於誠。其它又如益卦六三也論
及祭祀朝聘、用圭之禮，強調「皆以達誠而已」。[15]又如晉卦談
到朝覲賓客之禮，引《禮記》與《周官・校人》加以說明，云「錫
馬蕃庶」，「三饗三問三勞，晝日訪問之時三接」的「極盛之禮」，
[16]說明君明臣順的功賞之治道。又如談到宗廟之禮，提到「聖人
隨時而已」，也就是「禮以時為大」，依時而行禮，則宗廟之禮
能隨時而行，「順天理而行」，故「舉宗廟之禮，則百禮無不洽
矣」。[17]

　　朱震除了申說禮制與行禮之義外，也將禮視為一種合於儒教
的行為規範、行為指標，一種倫理道德的實踐，又特別反映在君
臣之間的關係，也以之映現國力的強弱。當他在解釋漸卦卦義時，
特別強調「禮、義、廉、恥之重，天下國家之本」，禮、義、廉、

12　參見朱震《漢上易傳》，卷五，頁 187-188。解釋歸妹卦卦辭與《象傳》。
13　參見朱震《漢上易傳》，卷三，頁 107。
14　參見朱震《漢上易傳》，卷四，頁 141-142。解釋損卦卦辭。
15　參見朱震《漢上易傳》，卷四，頁 147。
16　見朱震《漢上易傳》，卷四，頁 123。
17　參見朱震《漢上易傳》，卷五，頁 157。解釋萃卦卦辭。

恥這些道德規範，是立國的根本，更是儒家所側重的主張。他認為「臣之進於君，人之進於事，學者之進於道，君子之進於德，未有犯分躐等而能進者」，不論是君臣之間、人事方面，或是進德修道，都有其漸進之道，一切都必須根本於以禮為首的這些道德規範而行。禮是一切和諧的根本，一切以禮來節度，社會就能井然有序，和諧安適，失去了禮的節度，則事事難行，所以朱震在解釋節卦六三爻義時，引有子云「知和而和，不以禮節之，亦不可行也」，[18]強調以禮為節的重要性。禮作為一切的規範，禮的實踐，從善而立，它的力量，遠遠超過刑名法家那種嚴而寡恩的刑罰法規而來的有效。因此，他闡釋夬卦卦義時云：

> 健而說諸理，決而不失其和，非亢暴忿疾以力勝之，決之
> 至善者也。古之人退人以禮，其用刑至於殺之而不怨，所
> 以異於刑名家也。彼嚴而少恩，敢於殺，以失人之情，豈
> 知健決有和說之義？[19]

禮以善行，禮制之善，合於情理，以禮制之於人、約之於事，則天下無所怨懟，遠比嚴酷的刑殺來的有效。這種決而能和，以善決之的禮，即合於《論語・學而》所說的「禮之用，和為貴」。

朱震解釋无妄卦六二時，指出：

> 事理之固然，非私意所造，君子隨時而已，无妄也。……
> 昔伏羲創法以利天下，神農氏黃帝氏相繼而出，至堯舜氏
> 而法成。若夏商周之損益，皆因其禮，无妄作也。[20]

天下的事理，乃至君子的隨時之行，非私意妄作者，皆因禮而生，成為一切的準據。早從伏羲、神農、黃帝到、堯、舜立法行事，

---

18 見朱震《漢上易傳》，卷六，頁209。
19 見朱震《漢上易傳》，卷五，頁149。
20 見朱震《漢上易傳》，卷三，頁94-95。

到三代的損益，都是因時因禮而定，所以能夠如莊子所說「天下既已治矣」。[21]

　　君子之動，必循之以禮，合於道義，禮義所至，健行不已，所以朱震說，「君子之道義，其大至於塞乎天地之間者，以剛動也」；依禮而行，無所疑慮，「能動而不屈」，「常久而不已」，充塞於天地之間。君子之動行，禮而正，壯健而行，無所阻礙，非禮不正而不行，非禮而不行，故「君子以是動必以正，非禮弗履」，此亦「克己復禮」之義，[22]亦是孔子所強調的非禮勿以視聽、非禮勿以言動與「克己復禮為仁」[23]之重要觀點。將「禮」與「仁」作聯繫，並為儒家的原始要義；朱震在論述復卦時，以初九用剛，能夠正心修身，也能「知不正為不善之端，而復於正」，所以「初九剛復，克己復禮，為仁也」；克己復禮，中正而大，仁體可見，故「中則正，正則大，大者仁之體，仁豈外求哉？在我而已矣」。從克己復禮而為仁，見其仁體，實不假外求，而在反求諸己而已。這樣的觀點，又合於《論語·衛靈公》中孔子所謂的「君子求諸己」的認識，強調「為仁」是個人的道德追求，是一種自覺的功夫，其動力應該來自於自己而非源求於別人，也是一種內省的功夫，所以孔子又提倡「內省不疚」（《論語·顏淵》），由克己復禮為仁，體現出問心無愧、無憂無懼的安頓力量，合於復卦初九爻辭「無祗悔，元吉」之義；得其「無祗悔」，

---

21 見朱震《漢上易傳》，卷三，頁 95。

22 參見朱震《漢上易傳》，卷四，頁 121。解釋大壯卦卦辭之義。朱震並引張橫渠之說云：「克己復禮，壯莫甚焉。」

23 參見《論語·顏淵》所云：「顏淵問仁，子曰：克己復禮為仁。」又云：「子曰：非禮勿視，非禮勿聽，非禮勿言，非禮勿動。」（引自程樹德《論語集釋》，卷二十五，北京：中華書局，1990 年 8 月 1 版北京 4 刷，頁817。）

惟顏子能之，故朱震引孔子之贊云「顏氏之子，其殆庶幾乎」！[24]

　　禮確定了上下的職分關係，並可以安定民心，一民志，民無所疑慮，所以君子行禮以定民之志、去民之疑，即其所謂「君子以禮辯上下，定民志。古之治天下者，思去民之疑，志以定之爾」；[25]以禮確定上下的職守，使民能去疑守份，天下由是安定。禮作爲確立倫常關係的制約，君臣依禮，夫婦依禮，男女之別依禮，宴饗祭祀皆依禮，人我的和順，社會秩序的確定都依禮，個人的行爲表現，乃至修養自省的功夫與成爲君子人，也都依禮而實現，並從朱震對《周易》卦爻的釋義中呈顯出來；朱震易學中每以禮陳述大義，都不離儒家孔學之本色。

二、以君臣為主的儒家倫常觀

　　陽剛陰柔、陽健陰順、陽尊陰卑，爲天地自然的重要現象，也是《易傳》對陰陽的認識，人於天地之間，效法天地之道，人倫綱常依自然而定，朱震認爲「妻不亢夫，臣不敵君，天地之道」，[26]婦順於夫，臣服於君，爲自然之道，不可違逆。

　　朱震在釋義中，不斷強調儒家倫常之道，例如解釋坤卦卦辭「後得主，利」時，指出：

> 順乾得主，坤道有常。有常者，坤之利也。臣待君唱，女
> 須男行，故曰「後得主，利」。[27]

以柔順之道終始有常，順承在後而不求先，後則得其主，此即地道，亦臣道、妻道之性。以君之志而行臣之職，立事建業，居下

24　引文暨陳述諸義，參見朱震《漢上易傳》，卷三，頁91。

25　見朱震《漢上易傳》，卷一，頁44。

26　見朱震《漢上易傳》，卷一，頁22。

27　見朱震《漢上易傳》，卷一，頁15。

而有爲；同於人妻之道，順服其夫，相夫而行。因此，在解釋坤卦《彖傳》時，更進一步以三綱倫常訓之：

> 是以得君者，臣之慶；得親者，子之慶；得夫者，婦之慶。……
> 坤以順爲正，而地之順天而无疆者，順夫正也。臣有獻替，
> 婦有警戒，子有幾諫，各安其正，乃能悠久而無窮。安貞
> 之吉，應乎地之所以无疆也，故曰「安貞吉」。張載曰：
> 「東北喪朋，雖得主有慶，而不可懷也。」[28]

「得主」者，即得君、得父、得夫。君先臣後、父先子後、夫先婦後，此天地之常道，坤德即順此常道；以君爲臣之主，父爲子之主，夫爲婦之主，行坤道則後而得主，此倫常之宜。爲臣、爲子、爲婦者各安其正，能夠得其主而有福慶。因此，他引張載之說，仍在說明爲臣、爲子、爲婦安順守正的「不可懷」之道。

又如解釋坤卦六二「直方大，不習無不利」時，以六二居中得正，合於「直方大」之義，所以說，「六二中正而動。中，故直；正，故方。直者，遂也；方者，不易其宜也」。並引程氏《易傳》說明「中正在下，盡地之道」的重要；坤順守中，不易其宜，柔順自然，不作矯飾，「莫之爲而爲」，進而特別強調，此「在聖人，則從容中道」，[29]對「直方大」，行中正之道的聖人有莫大的期待，因爲只有聖人才能夠「不習無不利」。

解釋坤卦六三「含章可貞，或從王事，无成有終」，以「三內卦之上，爲成上」，六三居下卦之上，得位而能守其臣道；知坤德「无以成功自居，有終其事而已。爲臣而終其事職，當然也」，擬其臣職，「得恭順之道」，亦即其所謂「人臣當含章，不耀，

---

28 見朱震《漢上易傳》，卷一，頁 15。
29 括弧諸引文，見朱震《漢上易傳》，卷一，頁 16。

以其美歸之君」，也就是「坤之所以承天」的不變之理。[30]

又如在解釋坤卦六四「括囊，无咎无譽」，以及《象傳》「括囊无咎，愼不害也」時，云：

> 坤為囊，六四動成艮。艮為手，括囊也。六四正，動則不正。四有伏兌，兌為口，不正无譽可也。无咎何邪？六四當天地否塞、賢人遯藏之時，不利君子正，故止其口而不出者，愼也。愼以全身，故於義不害。若立人之本，朝道不行矣，而括囊緘黙，罪也，安得无咎？故此爻不以位言之。[31]

在這裡，他明白指出君子賢人的處世之道。此一爻義，「不以位言」，也就是不從原來的爻位之象來見其義，而是從動爻與伏象來解釋，得艮手、兌口之象，以強調「動則不正」的概念。當此否塞而不利君子賢人之時，知所進退，宜隱遯不出，謹愼其言行以保其身，如同括結囊口而不露一般。

解釋坤卦六五「黃裳，元吉」，仍以臣道述之，認爲「五尊位六居之，人臣當此，唯守中居下，乃得元吉，否則必凶」。人臣不管處於何等高位，仍當居守臣道，委身處下，持守本份，則可得大吉。居下之道，表現在「雖處尊位而不失坤之常，惟守中不過，斯能居下矣」。[32]爲臣之道，不因時空的不同而改變其君臣的尊卑高下之別，恪守臣順中正之常道，則不易其卑順之道。同樣的，解釋坤卦上六爻辭時，仍以君臣的關係來論述，認爲「臣疑於君，乾坤交戰，君臣相傷，不知變通故也」；[33]儒家強調君

---

30 括弧諸引文，參見朱震，卷一，頁 16。

31 見朱震《漢上易傳》，卷一，頁 17。

32 見朱震《漢上易傳》》，卷一，頁 17。

33 見朱震《漢上易傳》，卷一，頁 17。

君、臣臣，各司其份，各守其職，然後上下一心，使盛世太平。
一旦臣道窮滅，臣不臣而疑君，上下交戰，彼此相傷。不論處於
怎樣的環境，都應變通守道，不以自貴，如此才能夠政通人和，
百業俱興。

　　整個坤卦在卦爻義的疏解上，幾乎都從君臣的上下倫常關係
進行陳述，也就是在涉論倫常關係上，特別重視君臣的問題，這
也是儒家重倫常的根本性在於治道上，而治道的思想，也幾乎是
朱震解釋六十四卦比重最多的部份。以倫常爲論者，不勝枚舉，
其它如同人卦提到五倫，云：

> 人道父子、君臣、夫婦、朋友、長幼，其位不同，而相與
> 會於大同者中也。[34]

釋咸卦以夫婦之道聯繫君子之道，云：

> 君子之道，造端於夫婦矣。[35]

釋恆卦強調男上女下的夫婦居室之道，聯結尊卑之序於治國平天
下，爲不變之常道，云：

> 恒，男上女下，夫婦居室之道也。……上下尊卑各得其序，
> 常久之道也。……上下內外應而家道成，推之以治國治天
> 下，一道也。[36]

順從爲婦、子、臣等之德性，也是天經地義者，未行順從則凶，
所以又云：

> 恆其德則正，以順為正者，婦人之德。……從一而終也，
> 故日婦无再嫁之文。……婦人嫁則從夫，夫死從子，適宜

---

34 見朱震《漢上易傳》，卷二，頁 53。
35 見朱震《漢上易傳》，卷四，頁 113。
36 見朱震《漢上易傳》，卷四，頁 115-116。

而已。父令君命，有所不從，從婦則凶之道。[37]

釋家人卦以五常之正而天下正，推闡修、齊、治、平的觀點，云：

> 夫上婦下，夫婦正也。故曰父父、子子、兄兄、弟弟、夫
> 夫、婦婦，而家道正，正家而天下定矣。……正家之道，
> 始於女正。女正而後男女正，男女正而後父母嚴，父母嚴
> 而後家道正正，而後天下定。家者，天下之則也。孟子曰：
> 天下之本在國，國之本在家，家之本在身。[38]

釋歸妹卦以夫婦之道原於天地自然之性，云：

> 人之終始者，明夫婦之道原於天地，重人倫之本也。[39]

釋《繫辭上傳》強調三綱之重要，尊卑貴賤之分已定，不可踰越，
云：

> 道雖屢遷，上下不易。君尊臣卑，父尊子卑，夫尊婦卑，
> 謂之三綱。三綱不正，天地反覆。高者貴，卑者賤，則貴
> 賤之位分矣。陽為貴，乾也；陰為賤，坤也。……君不剛
> 則臣強，父不剛則子強，夫不剛則為妻所畜，尊卑之位，
> 貴賤之分也。[40]

　　諸如此類，俯拾可見，不再贅舉，後文也於治道節次中，略
論君臣的關係，這些都是儒家所重視的倫理思想。這種儒學的本
色，在朱震述《易》中體現。

三、儒家誠道的再現

　　「誠」的思想，為儒家所普遍倡論的主張，早期較有體系者

---

37 見朱震《漢上易傳》，卷四，頁117-118。
38 見朱震《漢上易傳》，卷四，頁130。
39 見朱震《漢上易傳》，卷五，頁186。
40 見朱震《漢上易傳》，卷七，頁223-224。

爲《中庸》所述之誠道。《中庸》所謂「誠者，天之道也。誠之
者，人之道也。誠者，不勉而中，不思而得，從容中道，聖人也。
誠之者，擇善而固執之者也」。[41]《中庸》將天道與人道並論，
將外在的天道與內在的人道合言，形成一種天人合一的主張，希
望藉由天道以獲得人生之道，這樣的天道或人道，即是「誠」；
透過「誠」來界定天道與人生之道的本質，理解宇宙萬物之道與
人生之理。天的根本性徵爲「誠」，因爲天是真實無妄的，天之
所以爲天即在於「誠」。對於天，誠的境界，是與道合一，不待
思勉而無不合道；對於人，求誠則須思勉，擇善固執，終致於合
道。《中庸》又以天道的「至誠」而高明，是天道的自然之「性」，
這個「性」，是真實無妄，與道爲一，而能明其理者。指出「自
明誠，謂之教」，即修明天道這一自然的「誠」，經由修道而達
到至誠的境界，是教化的結果；這樣的方式，是先明其理，而後
得以同天道之真實無妄，與道爲一，這是教化的功能。從天道觀
導入人生的修養工夫，這是「誠」所涵攝的廣度。《中庸》又言
「至誠」，此至極真實不妄者，即能天道自性，是一個圓融的「自
誠」者，所以「能盡其性，則能盡人之性」，能盡知天之「至誠」
之性，則能盡人之性，進一步「能盡人之性，則能盡物之性」。[42]
此人性得自誠體，物性也得自誠體；能盡其誠體之性，則對人人
物物之本性皆無所不悉，無所不盡。能夠如此，就可以贊天地自

---

[41] 引自朱熹集註、林松等譯注《四書・中庸》第二十章，臺北：臺灣古籍
出版社，1996 年 8 月初版 2 刷，頁 53。

[42] 參見《中庸》云：「自誠明，謂之性。自明誠，謂之教。誠則明矣，明則
誠矣。」（引自朱熹集註、林松等譯注《四書・中庸》第二十一章，頁
57。）又云：「唯天下至誠，爲能盡其性；能盡其性，則能盡人之性；能
盡人之性，則能盡物之性；能盡物之性，則可以贊天地之化育；可以贊
天地之化育，則可以與天地參矣。」（引自朱熹集註、林松等譯注《四書・
中庸》第二十二章，頁 58。）

然之化育，人便可以與天地並立於宇宙之間。

　　《中庸》之外，《孟子》曾提出「是故誠者天之道也，思誠者人之道也。至誠而不動者未之有也，不誠未有能動者也」。[43]大體而言，《孟子》之「誠」作爲「動」與「不動」的主要動因，具有行爲的倫理規範之意義。另外，《大學》有所謂「欲正其心者，先誠其意」，「所謂誠其意者，毋自欺也」，[44]也就是表現出誠於中而形於外之慎獨之修養功夫；也就是反映出欲正其心，先誠其意的修己功夫，強調「修己」工夫必以「正心」爲主，時時省察自己，不爲情欲所動，也不欺人，更不自欺。爲善去惡，從內心到外在行爲，都能展現「誠實」的一面，即「誠於中，形於外」，[45]也就是「慎其獨」。又，《荀子》所謂「養心莫善於誠」，「誠心守仁則形，形則神，神則能化矣。誠心行義則理，理則明，明則能變矣」。「不誠則不獨」，「不誠則不能化萬物」，「不誠則不能化萬民」，爲「政事之本也」，「君子之守也」。[46]是一種循著人我的內心世界來闡釋「誠」義，以「誠」爲德性的基礎，致其誠則眾德自備。惟誠然後能使人化、使人變。所以，天地之能化萬物以誠，聖人之能化萬民亦以誠。這樣的「誠」，

43　見《孟子·離婁上》。引自焦循《孟子正義》，卷十五，北京：中華書局，1996 年 2 月 1 版北京 3 刷，頁 509。

44　參見《大學》云：「古之欲明明德於天下者，先治其國。欲治其國者，先齊其家。欲齊其家者，先修其身。欲修其身者，先正其心。欲正其心者，先誠其意。」（引自朱熹集註、林松等譯注《四書·大學》第一章，頁 6。）又云：「所謂誠其意者，毋自欺也。如惡惡臭，如好好色，此之謂自謙，故君子必慎其獨也。」（引自朱熹集註、林松等譯注《四書·大學》第六章，頁 14。）

45　參見《大學》云：「人之視己，如見其肺肝然，則何益矣？此謂誠於中，形於外，故君子必慎其獨也。」（引自朱熹集註、林松等譯注《四書·大學》第六章，頁 14。）

46　參見《荀子·不苟》。引自王先謙《荀子集解》，卷二，北京：中華書局，1997 年 10 月 1 版北京 4 刷，頁 46-48。

有倫理或修養的性格。

　　這種儒家本色的「誠」，不論它是作爲天道自然之性的形上範疇，或者是正心誠意的慎獨功夫，或者是一種行爲或是政事的動能指標，乃至變化人、萬物的效能，都可以在朱震易學中展現出來。

（一）誠爲健行天道

　　朱震明白視「誠」爲「天之道」，因爲「天所以爲天者，健也」，天能健行不息，所以天道爲「誠」，如同乾卦剛健之德，故朱震「獨於乾言誠者」。能「誠」者，即同於天道循環不已，「終則有始，反復乾乾，動息不離於道者也」，以其能不息，「不息則久，久則徵，徵則悠遠，悠遠則博厚，博厚則高明」，「高明配天」則爲「誠」。[47]這樣的誠道，合於《中庸》所謂的「極高明而道中庸」的中庸之道，也就是誠道。以其能爲「高明」，所以萬物自性，萬物自化，合於其太極或太虛的萬化特性。因爲，在六十四卦當中，乾坤兩卦被視爲父母卦，具有本源的意義，又特別以乾卦，爲萬化的初始開端，所以朱震以「誠」爲「天之道」，作爲一種宇宙本源的認識，而又「獨於乾言誠者」，「乾」同「誠」爲「天之道」。

（二）誠爲從容中道

　　朱震以「誠」聯繫「中庸」之道，言乾卦「九二之動，龍德而正中者也」，[48]具有存誠之性，並指出：

　　　言中庸而應，庸言之信也。行中庸而正，庸行之謹也。言

---

47 括弧諸引文，參見朱震《漢上易傳》，卷一，頁 7-8。
48 見朱震《漢上易傳》，卷一，頁 10。

行變化，不失其中，故謂之庸。初九、九三，上下正閑邪
也。九二動，正中存誠也。誠，自成也，非外鑠也。閑邪
則誠自存，猶之烟盡火明，波澄水靜。閑之者誰歟？莫非
誠也。言信行謹，閑邪存誠，其德正中。……德施而光普，
博也，文明而巽，化也。唯至誠為能化其德如是，宜之五
為君也。是以利見九五之大人，故曰「君德」。[49]

朱震認識中庸之道在言信行謹的言行當中，不失其中正之道，言
行合於中正，即《中庸》所說的「從容中道」，也就是合於「誠」，
是那存誠而能體現中正之宜，反映在乾卦的九二爻象上，以其剛
健居中，動行而正，去其邪淫，得以存誠。此「誠」，朱震特別
指出它是「自成也，非外鑠也」，也就是說，「誠」作為天道，
健行不息，皎然自見，並為一切之本源，「誠」轉諸於人，則自
成自存於人心之中，是天道的映現，為人性之本有，人之所以不
誠，以其邪辟所致。至於去其邪，則又由「誠」致之，所以說「閑
之者誰歟？莫非誠也」。存誠之質，正中之德，能後德博而化萬
物萬民，展現出「誠」的政事性能，這種能夠德博而化的至誠者，
又以乾卦九五足以當之，居中得正，以其聖道君德，化育萬民。
又回到修養的進路言，朱震強調立誠之道，必在忠信在進德，即
「正以動忠信」，「忠信所以進德」，從忠信進德而立其誠道。
表彰乾德，賦予乾的優位性，所以朱震說「是則乾乾者，進德修
業立誠以居之而已」。[50]

（三）誠以克己化物

以誠為天道，朱震又視之為天理，言行盡依天理，則萬化皆

---

49 見朱震《漢上易傳》，卷一，頁 10。
50 括弧引文，見朱震《漢上易傳》，卷一，頁 10。

應，但又須回到人的本心，從修養功夫中去照見，也就是在於「自克」，所以朱震認為「君子自克，人欲盡而天理得則誠，誠則化物無不應。有不應焉，誠未至也」。能夠「自克」，得天理之正，化物而應。此「自克」即正心與修身的作為，求己去私，物我照見，清明同化，本身也是一種慎獨的功夫。能夠慎獨於照見物我，必能去其小惡，積其小善，以善行道，所以當他解釋坤卦《文言》所謂「積善之家，必有餘慶，積不善之家，必有餘殃」，強調「善、不善之報，必有餘者，馴而不已，積之既久，則末流必多」，也就是不以善小而不為，不以惡小而為之，小善小惡，積久成大，其慶其殃由是而見。因此，子弒其父，臣弒其君，非一朝一夕之故，其所由來者漸矣，辯之不早，則大禍必至。

立其誠敬，則去惡存善，四方來效，故「誠者，合內外之道，內直外方，敬義立矣。敬義立，則相應相與，其德不孤，放諸四海而準，以直方大也」。[51]能得其「誠」道，則不論身處何處，皆本諸善行善端，以立敬義。如顏子一般，「顏子有不善，未嘗不知，知之未嘗復行」，不以善小而不為，不以惡小而為之，知「善者，天地之性」，以善行道，即立其「誠」，而為與不為，又在於「誠」，又先在於克己。[52]因此，朱震認為「反求諸己而已。其在勝己之私乎！克己則我無，物我誠一，則物亦以誠應之矣」，我得其誠，物亦能以誠應之。以誠立道，克己去私，可以從行師征邑得到理解，他在解釋謙卦上六「征邑國」時，指出「征

51　括弧引文與相關論述，參見朱震《漢上易傳》，卷一，頁18。

52　參見朱震云：「夫智周萬物者，或暗於自知；雄入九軍者，或憚於改過，克己為難也。顏子有不善，未嘗不知，知之未嘗復行。故曰『顏氏之子，其殆庶幾乎』。孰謂小善為无益而可以弗為，小惡為无傷而可以弗去乎？……善者，天地之性，而人得之，性之本也。不善，非性也，習也。不遠而復者，修為之功也。」（見朱震《漢上易傳》，卷八，頁253。）

邑國非侵伐也，克己之謂也」，並以程氏《易傳》作說明，認為「邑國，己之私有也。征邑國，謂自治其私也」。[53]古來之大夫，皆以擁有邑國為私，以邑國為己有，既是為私，則不能以誠化育萬民，所以，藉由「征邑國」，行師公天下，亦是「自治其私」。

（四）誠具神化之性

儒家強調學以成聖成德，朱震釋蒙卦特別以蒙稚為期許，認為「學未至於聖，未足謂之成德。故夫子十五志于學，至於七十，而從心所欲，不踰矩，則蒙以養正，作聖之功也」。[54]立聖功起於養正，達於至誠。聖人為儒家的理想，惟聖人可以至誠，而乾德又有至誠之性，所以乾有聖人之象。[55]朱震進一步云：

> 誠者，天之道，聖人至誠以盡天，誠則化，化則莫知其然，謂之神。[56]

同於前述，以「誠」為天道，賦予「誠」的至高之位，「誠能化」，也就是「誠」具化生的功能，以其變化無形，而稱之為「神」。而這個「神」，在朱震的理解上，以太極為「神」，其「陰陽變化，不可測度，此之謂神」，以陰陽變化無端，「入於無形」之狀，[57]所以把它稱之為「神」。「神」即氣化流行的本質之體現，那「無形」而不可測度之狀，以其無思、無為的不為物樣之狀，才能創生一切。這種以「誠」聯結神化的認識，融合荀子從誠心入於神，神則能化萬物的理解，只不過朱震強化了它宇宙本源的

---

53 見朱震《漢上易傳》，卷二，頁 62。
54 見朱震《漢上易傳》，卷一，頁 25。
55 參見朱震云：「乾又為大人、聖人、賢人、君子。」（見朱震《漢上易傳》，卷九，頁 272。）
56 見朱震《漢上易傳》，卷九，頁 272。
57 括弧引文，見朱震《漢上易傳》，卷七，頁 230。

性能。

第二節　治道關懷的義理詮釋

　　朱震訓解《周易》經傳的進路與內容，明顯的反映在治道方面的釋說，尤其多從君臣的關係上去理解卦爻義，依循儒家傳統思想特重君子與小人之別的思路下，朱震也從政治的觀點上去看待君子與小人的問題。儒家重視效法先王之政，特別是道統下先王，透過效法先王，反映出對明君的期許。

一、君子與小人的認識

　　君子與小人在儒家的傳統上，是兩種不同且對立的人格與道德類型，例如從義利之別來看，《論語‧里仁》云「君子喻於義，小人喻於利」；從人我的相應來看，《論語‧衛靈公》云「君子求諸己，小人求諸人」；從成人美惡方面來看，《論語‧顏淵》就提到「君子成人之美，不成人之惡。小人反是」。其它在個人操守、作為與態度表現上，《論語‧子路》云「君子和而不同，小人同而不和」；又云「君子泰而不驕，小人驕而不泰」；《論語‧述而》也認為「君子坦蕩蕩，小人長戚戚」。以孔子所代表的傳統儒學思想中，對這兩種對立類型的描述，已成為儒家思想的基本內涵；從人格與道德價值上來看，君子代表的是一種理性的典型，而對小人則是一種否定的當然之惡。

　　孔子的思想體系，以仁學為核心而出發，對君子與小人在善與惡、有德與無德的分別，乃至對此二類型的整體區別，可從「仁」來認定。在《論語‧衛靈公》中有所謂「志士仁人，無求生以害

人,有殺身以成仁」,君子求仁得仁,表現出一種崇高的道德情
操,具有永恆性的道德典範;相反的,小人則不同,「未有小人
而仁者也」(《論語‧憲問》),小人不以行仁為本,小人私相
阿黨,不以忠信為周,所以《論語‧為政》云「君子周而不比,
小人比而不周」。小人關注現實,安於趨利避害,安於小恩小惠,
所以《論語‧里仁》云「君子懷德,小人懷土;君子懷刑,小人
懷惠」。[58]君子與小人的德行判然有別,形成一種對立的參照,
尤其現實的環境,小人不可免,所以樹立君子形象,作為對小人
的制約與防範,也期待從道德品格的習養,使人人都可以為君子
為聖人。

朱震根本傳統儒學對君子與小人的關注,釋《易》特重從治
道上看待君子與小人的關係。其重要的觀點為:

(一)君子與小人在正與不正間

君子與小人不同道,所以不並見,小人往往洞見君子之消長
而去留,也因此對國家造成重要的影響。朱震認為:

> 君子初去位,小人猶有顧忌,君子盡去,然後飛揚矣。君
> 子有益於世如此,可使一日去位乎?……君子往則小人
> 來,……不正之間,獨行正者,君子之願也。眾正之間,
> 而行不正者,小人之願也。願皆出於中心,而分君子小人
> 者,正不正之間耳。[59]

小人執其惡行,必不見存於君子,等待君子的離去,更積極的是
處心積慮的除之後快,故君子去則小人飛揚。盛世緣於君子,不
可一日去位,而亂世禍於小人,君子更應挺身而出。「君子往而

---

58 《論語》諸文,採用程樹德《論語集釋》之版本,此不作詳注。
59 見朱震《漢上易傳》,卷二,頁 49-50。

小人來」，這是君子、小人動態變化的常則，因為營結與製造小
人的最佳場域，是君子灰飛煙滅的時候。君子與小人之別，在於
正與不正之間，君子正存則小人邪滅，君子宜守其正，不去其位，
止惡揚善，小人則不敢入於內，不敢造次於朝政，泰世方可延續。

（二）君子處亂世待時而動

　　時勢不利於君子，多在衰亂之世，小人當道以致亂，此時小
人多於君子，所以朱震在解釋否卦時云：

> 泰多君子，否多小人，豈降之才有殊哉？否時君子消小人
> 長，自中人以下化之為不正，雖有君子，寡徒少偶，難乎
> 免於衰世，於是有善人載尸，哲人之愚，括囊无咎无譽，
> 故曰「不利君子貞」。[60]

朱震洞知人才多寡不異，泰時君子長而小人消，否時反之，泰時
多君子、否時多小人已為常態。君子以其「寡徒少偶」，少正難
敵眾邪，「小人之道日長，君子之道日消，其禍至於空國而無君
子」，[61]難於衰敗之亂世力挽狂瀾，所以，否卦於此云「不利君
子貞」。

　　處於否時，朱震特別強調君子當以退為進，忍隱為國，他說：

> （君子）能與其類退而守正，得處否之吉，身雖退伏，其
> 道亨矣。五為君，四近君，志中也。屈伸進退，相為用也。
> 君子之退以小人得志，故安於下，以俟其復，未嘗一日忘
> 君也。君子所以屈而能伸，退而能進，此否所以為泰之本
> 歟？[62]

60　見朱震《漢上易傳》，卷二，頁 51。
61　見朱震《漢上易傳》，卷二，頁 51。
62　見朱震《漢上易傳》，卷二，頁 51-52。

君子惟有與其同類相忍爲國，先保全其身，伏隱退守，與類同道，蓄勢待發，這樣才能漸漸轉化爲一股播亂反正的正義力量，也是否極泰來的支撐。若力抗小人，未必能成泰勢，反而壯志未酬身先死，所以朱震也說，「自古君子不忍於小人，以及禍害者，常多」，[63] 古來君子身死而未利於國者多可殷鑑，力抗小人，不同流合污，待時而動，則當有濟世之時。

（三）君子謙卑以自守

君子之進退，皆以公益守正作爲考量，謙卑自牧，不爭求個人利益，故朱震指出：

> 君子觀諸天地，驗諸幽明，故處卑而不爭，居尊而能降，愈久而不厭，乃能有終。[64]

君子以其能退捨不爭，除了可以保其身外，更能執守正道，貫徹始終，一心爲國，爲君所任。因此，謙卑自守爲君子之常道：

> 君子卑以自牧，則能謙。謙則能得眾，此爻施之於自牧，則可施之於他，則卑己甚矣。[65]

卑而能下，謙遜守道，謙下則可以得眾，可以自牧自足，也就可以委以國事，不貪取，盡其職，上足以爲君悅，下可惠施百姓，無往而不得其宜。

（四）君子與小人現實的共存性

現實的政治環境裡，小人本來就難以免除，朱震看到這樣的事實，詮解《易》義重於治道而不去小人。例如在闡釋訟卦時，

---

63 見朱震《漢上易傳》，卷二，頁 52。
64 見朱震《漢上易傳》，卷二，頁 60。
65 見朱震《漢上易傳》，卷二，頁 60。

特別從君子與小人的平衡間，強調不爭的重要性，指出云：

> 天下之難，未有不起於爭，剛險不相下，君子小人不相容，
> 難始作矣。聖人見其訟也，戒之中正。戒之不可成，若濟
> 之以爭，是以亂益亂，相激而為深矣。漢唐之亂，始於小
> 人為險，君子疾之已甚，其弊至於君子小人淪胥以敗，而
> 國從亡。[66]

訟之道，志在無訟。《尚書‧大禹謨》指出「明于五刑，以刑五教。期于予治，刑期于無刑，民協于中，時乃功」。[67]孔子也說過，「聽訟，吾猶人也。必也使無訟乎」。[68]設立刑罰的目的，不是為了懲治犯人，報仇雪恨，而是為了消滅犯罪，去除爭端，達到無訟無刑的大治理想。在實際的現況裡，任何時空本都是多元的組合，絕難以單一化呈現，故壞人、小人不可免，有效的使之不成為禍亂之源是最重要的。因此，這個卦裡，朱震以「爭」作為危難、災難之源，從此一認識去看待君子與小人的問題。在儒家的觀點裡，君子與小人道不同而不相為謀，去小人而求君子，君子與小人處在「漢賊不兩立」的強烈對立關係。

　　然而，朱震雖恪遵儒道，卻用更務實的主張去對待小人，他並不排斥或否定小人的可存在性，他認為天下災難的開始，始於君子與小人的不相容，若形成君子與小人的彼此爭鋒，則國家益亂，激化益深，對國家有害而無益。他認為漢唐之動亂，開始於小人的危害，而更嚴重的是「君子疾之已甚」，形成與小人間的爭戰對立，國家因此而加速敗亡。因此，為君者當「中正在上，

---

66 見朱震《漢上易傳》，卷一，頁 30-31。

67 見《尚書‧大禹謨》。引自孔穎達正義《尚書正義‧大禹謨》，卷四，臺北：藝文印書館十三經注疏本，1997 年 8 月初版 13 刷，頁 55。

68 見《論語‧顏淵》。引自程樹德《論語集釋》，卷二十五，頁 862。

無所偏係」，使「君子小人各得其平」，[69]在小人無法避免的狀態下，以持中適當的方式，不強偏於一方，不激化小人，讓其造成更大的危害。

　　朱震解釋兌卦，兌卦九二居中之象，認為「九二誠實，自信於中」，以信孚待人，雖待小人亦是如此，不因是小人而刻意疏遠，也不因親比於小人，而與之相同，故云「雖比於小人，和而不同矣」，仍堅持孔子所說的君子「和而不同」的德性，以誠信待人，不因對象而有所不同，也因為根本誠信，不會因為是小人而與之對抗，也不會因為比於小人而自失其道，所以朱震引程氏之說云「志存誠信，豈至說小人而自失乎」？當然不會因為小人而自失。[70]

（五）國君從君子不從小人之道

　　君子與小人，立處於不同的價值取向，自必會彼此對立甚至抗衡，尤其在政治的環境中，君子堅持大是大非，以君以國為重，而小人面對利益的問題，必會極欲排除君子對他的影響，如此一來，君子與小人間的衝突勢必難免。所以朱震闡釋兌卦九四「介疾有喜」時云：

　　　介者陽剛，介於三、五之間也。從五正也，從三不正也。……
　　　九四以君子疾小人，六三以小人疾君子，九四宜有憂矣。
　　　而有喜，九五陽得位為喜。四疾六三不與之交，動而正，上
　　　從於五，則君臣相說而有喜矣。……《易傳》曰：若剛介守
　　　正，疾遠邪惡，將得君行道，福慶及物，為有喜也。……」[71]

69　見朱震《漢上易傳》，卷一，頁 30。
70　括弧諸引文與有關論述，參見朱震《漢上易傳》，卷六，頁 202。
71　見朱震《漢上易傳》，卷六，頁 203。

九四君子，處於六三小人與九五君主之間，能夠剛健不息，持守正道，遠小人，去邪惡，雖與小人相疾有憂，卻仍能有喜，因為君子不與小人相交，不同流合污，可以得到君王的信賴，屬行臣道，被及民物，所以有喜。於此，朱震肯定賢臣明君彼此相得相惜，使政治清明而有福慶。同時強調國君承擔國家的盛衰，「用人為盛」，用人最為重要，小人已疾君子，明君更要識才辨物，從君子而不依小人，所以說，「不害為治者，從君子而不從小人，可不慎其所從乎」？[72]朱震進一步解釋九五「孚於剝，有厲」爻義時，以其象為：

　　　　陰消陽也，六三在下，進而上，則四、五消，有剝牀之象。[73]

君子、小人在現實對應中，小人往往無所不用其極，「巧言令色」，展現其優勢之位，一旦「小人道長，則君子之道日消，安得不危」？小人危害之甚，縱使如九五「剛健中正之君」，「有膏澤下於民」，仍是「未光」。因此，君王要能澤被萬民，政事通和，則不能引小人而用，尤其「小人以說進而為害」，不可不慮。[74]

　　在現實的狀況下，小人既然無法避免，則可以適時運用，不使之造成負面的影響。尤其不以之擔任重位，而予安頓無害，故朱震云「君子得位，則小人得其所，故為小人謀者如此」。[75]君子無害於邦國，用得其所即可，無須慮其害，但小人則非如此，不能引狼入室，又不能拒之千里，使之「得其所」、為其謀者，對待小人的確是件很大的學問，也是君王用人用賞的難處所在。

---

72 括弧引文見朱震《漢上易傳》，卷六，頁 203。
73 見朱震《漢上易傳》，卷六，頁 203。
74 參見朱震《漢上易傳》，卷六，頁 203-204。
75 見朱震《漢上易傳》，卷一，頁 30。

（六）君子併力天下之才用

　　小人不可免，可能淆亂國政，與君子抗衡，尤其小人擅於阿黨營私，形成優勢力量，以鞏固自身利益。君子處此現實環境，朱震在解釋泰卦時這麼認為：

> 君子在上，必引其類，將以合君子之類，併天下之力，以濟其道於泰，不然，小人以朋比而強，君子以寡助而弱，亦何由泰哉？[76]

君子要能同類相引，不黨其私也不獨行，「併天下之力」，共同努力使國家走向通泰安樂的康莊大道。君子之類，如果力量不大，則小人營結朋黨以強制弱，天下就難以安順平靜了。

　　在這裡更要強調的是，同類相引，在朱震看來並非是結黨，因為結黨往往有私，引其同類是一種人才的相容，重視才德之人的提引，不因其親疏遠近而有別，他指出人們往往「狃於泰」，而使「民隱忽於荒遠，人材失於廢滯」，走向「近己者愛之，遠己者惡之」的「奪於私昵」之偏私，[77]如此一來，真正的才德之人未被擢用，而偏遠的民隱不被重視，以私昵之情而任事，則泰世不保而否時將至，因此他提出了警示，認為「輕人才，忽遠事，植朋黨，好惡不中，不足以厭服人心，天下復入於否」。[78]為政者，不能不引以為惕。

二、效法先王之政與對明君的期待

　　先王立政，為王道之治，百姓安樂，萬國咸寧；是國家之強

---

76 見朱震《漢上易傳》，卷二，頁 48。
77 見朱震《漢上易傳》，卷二，頁 48。
78 見朱震《漢上易傳》，卷二，頁 49。

弱，端繫乎君王治國之良窳。朱震作爲知識份子，以其苦民憂國之心，樹立先王典範與對明君之期待，訴諸於《周易》的釋說之中。

（一）表彰先王之政

　　先王之政，本爲儒家所宣揚政治觀點，也爲《十翼》所牢寵，以「先王」爲名者，共有七次，全部出現在《象卦》中，例如比卦《象傳》提到「先王以建萬國，親諸侯」；豫卦《象傳》云「先王以作樂崇德」；觀卦《象傳》云「先王以省方觀民設教」；噬嗑卦《象傳》云「先王以明罰勅法」；復卦《象傳》云「先王以至日閉關，商旅不行，后不省方」；无妄卦《象傳》云「先王以茂，對時育萬物」；渙卦《象傳》云「先王以享于帝，立廟」。[79]先王作爲典範，作爲一種親親仁民的王道政治之象徵，使天下處於井然有序、富足安康的狀態，使萬事萬物皆有所歸，誠如宋代黃倫所言，行先王之政，使一切「取之有時，用之有禮，不傷其生，不咈其性」，所以周武王用先王之政，則「民心在焉」，然後「八百年基業自此立矣，於乎盛哉」。[80]效法先王之政，而行先王之道，已爲孔、孟以來的儒家思想體系無可撼動的傳統，這樣的傳統，在宋代道學思想發達與積弱圖強的憂患意識下，形成更爲明確的支撐；宋代的儒士，在詮釋經典時，也把效法先王作爲其政治思想主張的重要內容。

　　在程氏《易傳》中，往往可以明顯看到對先王之政的頌揚，

---

79 七段引文，以《周易王韓注》爲版本，臺北：大安出版社，2006 年 8 月
　　1 版 2 刷，頁 29、52、63、66、76、79、184。

80 括弧二引文，見黃倫《尚書精義》，卷四、卷二十八，臺北：臺灣商務印
　　書館景印文淵閣四庫全書本第 58 冊，頁 184、445。

而朱震以儒解經，同樣肯定先王之政，並且舉程氏《易傳》之言，對先王作了具體的定義，云：

> 先王者，先王立法制、建國、作樂、省方、勅法、閉關、育物、享帝是也。[81]

先王訂定法令規章，封建立國，制作樂理音律，審治四方，端正法度，封定疆域，作育萬物，祭祀先祖，殷薦上帝等等，確立完善的制度，舉凡一切的國政細要、治國方略，無不詳備。提到盤庚、周宣王「復先王之政」，能夠膏澤廣被於民。[82]先王眾建萬國，親比諸侯，肯定先王封建的重要，效法先王之政，建立完整的制度，國家才能「享國久長」。[83]

　　先王保民之法，包容萬民，以教為先，而不用之以威勢，朱震認為「臨之以勢，勢有盡也；親之以教，教無窮也。是以忘有盡之勢，思無窮之教」，「故包容之、保有之而無疆」。因此，「三代之民，不忘乎先王之澤者，教之也」；[84]教化百姓，親近人民，以德為政。同時，先王多與百姓接觸，「巡省四方」，「觀民設教」，端正民風，使「奢者示之以儉，儉者示之以禮」，所以先王「省方」其要用「觀」，要觀民風也要自觀；朱震說「先王省方，命太師陳詩觀民風，乃所以自觀也」。君民一體，斯等之君，有斯等之民，所以「君者，民之所觀，而時之治亂，風俗之美惡繫之，觀其民則知君。君之自觀其得失者，亦觀諸民而已」，從百姓身上可以看到自己的施政得失，百姓就反映出自己，故「有堯舜之君，必有堯舜之民」，時時自我反省，自我觀照，可以自

81　見朱震《漢上易傳》，卷五，頁154。
82　參見朱震《漢上易傳》，卷一，頁24。
83　括弧引文，見朱震《漢上易傳》，卷一，頁38。
84　括弧諸引文，見朱震《漢上易傳》，卷二，頁73。

見得失。這正是先王治國的根本大法。[85]同時，先王也瞭解，國家禍亂的產生，源自於「綱紀法度廢亂」，應「當正紀綱，明法度，反正理」，才能夠「追復先王之治」。[86]

同時，朱震認爲先王不會隨意擾民，不會過度干預百姓，擅用民力，所謂「先王用民之力，歲不過三日」，不徵用民力而影響百姓的生產與作息，在此前提下，國家「不可厚事」，國家處於多事之秋，怎能不動用百姓？怎能不影響百姓的生活？[87]因此，體察先王之政重於親親仁民，確立典章制度，依法順行。制度運作的根本在於人，人才的選用至爲重要，能夠任賢使能，所任得人，就能夠垂拱而天下自治，堯、舜、禹、湯等一貫道統相承，都能得人善任，用人適所，所以能夠大治。先王此等崇德化育之風，當爲後世主政者所仰效。

（二）王天下者端在明君

國家之興亡盛衰，關鍵在於國君；所以透過對先王之理解，進而對明君的期盼：

1.通於理而止於仁之明君

朱震希望國君是一天下的君王，是天下所有人的國君，所以他在解釋比卦九五爻辭時認爲：

> 王者之比天下，无遠邇，无內外，无親疎，不以邑人近則告誡而親之，不以僻陋之國遠則不誠而疎之，使人人以中道相比，無適無莫則吉。[88]

---

85 括弧諸引文，參見朱震《漢上易傳》，卷二，頁 76-77。
86 括弧引文，見朱震《漢上易傳》，卷四，頁 138。
87 參見朱震《漢上易傳》，卷四，頁 146。
88 見朱震《漢上易傳》，卷一，頁 40。

強調君王親比於天下，無個人的私心好惡，天下萬民一視同仁，城邑之人不因相近而親之，遠方或偏僻的人，也不因距離遠隔而疏遠之，無親疏遠近之別，則百姓無等級差異，如此上下一心，團結一致。

同樣的，闡釋在同人卦卦義時，也提到：

> 常人之情，其所同者，不過乎暱比之私，而同人之道，不以繫應，達于曠遠，无適无莫，其道乃亨。有一不同，為未亨也。……則遠近內外无不同者，故曰「同人于野，亨」。……萬物散殊，各有其理，而理則一。聖人視四海之遠，百世之後如跬步如旦暮者，通於理而已。[89]

人皆有私，惟君王治國，絕除私暱，天下萬民皆同人，沒有身份地域的差別，此一天下則可大亨通。這樣的認識，就好像萬物皆有其性、各有不同，但其根源則相同，同源於太極、太虛，同為氣化所成，皆一其理。因此，「人受天地之中以生，未始不同，得其所同，然則心同，心同則德同」，[90]人人皆同，為天地之定理；聖人明君，法天道而能通天下之志，中正不私，不阿其黨，民無紛擾，國無別等，天下則可以大治。這種認識，正是《禮記‧禮運》的「天下為公」的大同理想。

國君之治國，以儒家思想下的先王之政、以德為治的仁政作為典範，以德服人，而非以力以刑罰為主，所以朱震肯定「人君者，止於仁，不以明斷稱也」，以仁為治，斷獄制刑則非君王之主器，所以引皋陶讚美舜之言云，「與其殺不辜，寧失不經。好生之德，洽於民心」；君王當有好生之德，得民心、順民意，民安其樂，而不見刑罰，當君王刻薄少恩，好用刑制，施予嚴法，

---

89 見朱震《漢上易傳》，卷二，頁 54。
90 見朱震《漢上易傳》，卷二，頁 53。

則多有枉殺無辜者，所以朱震認為「夫殺不辜，則民將以虐我者
為讎；好生之德，洽於民心，則天下樂推而不厭」。[91]君王有好
生之德，以教保為先，以德化為重。

2.播亂反正必在處正之君

　　國家面對變革動亂之時，君王作為領導中心，是凝聚力量的
核心，君王的角色尤顯重要。處於「閉塞不通」的渙汗之時，「民
思其主，故王居正位乃无咎」，君王惟有居處正位，才能「號令
如之」，指揮若定，進而「省方設教」，共赴國難。[92]渙時君位
若不定，如何論及百姓？百姓失所，也就失人心。所以朱震也提
到，「天下離散，不安其居者，本於人心失中」，「聖人推原其
本，將以聚之，故建國設官，以為民極」，[93]「以一天下之心，
使知無二主也」，[94]收歸渙散民心，鞏固領導中心。這樣的認識，
正是朱震對動亂時期的明君之期待。他面對時代的更迭，深刻體
察明君聖主的重要，也期待有德之君帶領國家走向康莊大道，認
為君王在行順天應人之道，在「出其民於水火之中」，如湯武之
征伐，周公之東征，民忘其勞，民忘其死，[95]亂世更顯其明君聖
主的重要，播亂反正，濟於一君。

3.健全制度而制刑於有司

　　王政之道，同於先王之政，仍不否定刑法的必要性，只不過
運用的角色，不以君王出，也就是不以君王意志為意志而枉行律
法，且使用的頻率，亦當慎重。因此，朱震又言：

　　　制刑者，有司之事。不得已聽而制刑者，人君之德。德歸

---

91 括弧諸引文，見朱震《漢上易傳》，卷三，頁 80。
92 參見朱震《漢上易傳》，卷六，頁 206。
93 見朱震《漢上易傳》，卷六，頁 204。
94 見朱震《漢上易傳》，卷六，頁 204。
95 參見朱震《漢上易傳》《，卷六，頁 201。

> 于上，有司不失其職於下，是以其民畏而愛之，愛之斯戴
> 之矣。[96]

國君仁德澤民，不廢刑法，縱使有司之執刑，民亦安於合理而不
忘君德。臣屬之「有司」，在君臣互補的角色中，扮演了極為重
要的角色，尤其是君王失道，盜賊湧起之際，制刑之有司仍有穩
定的作用，所以朱震又引曾子之言，云：

> 上失其道，民散久矣。如得其情，則哀矜而勿喜，士師有
> 司也。[97]

有司在民心渙散、社會失序的時候，仍當以公權力維持社會國家
的穩定，這也正是官僚體系下，制度的建全與君臣互補的價值所
在。

4.興師任將慎之在慎

明君之行軍用將，當體察民苦，苦民所苦，慎其用兵，不可
以怒而興師，也不可以慍而致戰，精審嚴察，盱衡利害，定計於
廟堂之上，決勝於千里之外，縱使非不可以而用兵，也不可為所
欲為，使所到之處，淹留士眾，流離百姓，造成未去民之害，民
先受其苦。所以朱震認為「師之所興，傷財害物，施之天下至慘
也。聖人不得已而用之，以去民之害，猶用毒藥以攻疾」，不得
已而興師，志在保民護民，如以毒攻疾一般，雖有所傷，仍在去
病救命，吉而無喪，「所以濟險難」，此興師之目。師以正動，
以仁義行師，百姓才能歸往同心，所以說，「苟動不以正，出於
忿騖驕矜，雖迫之以威，非得其心也。惟一本於正，使眾人皆得
其正，天下之民將歸往之，王者之道也」。以心待之，才是王者
之道。讓百姓知道以義行師，用兵在去民害，以民苦為計，不得

---

96 見朱震《漢上易傳》，卷三，頁80。
97 見朱震《漢上易傳》，卷三，頁80。

已而用之；此民心趨向，民氣可用，故「師動以義，而民從之，雖至險而行之以順」。[98]

　　既興師不可免，則興師必有將帥領兵，將師主導戰爭的成敗，對國家盛衰起了重大的影響。《六韜》提到「國之大事，存亡之道，命在於將。將者，國之輔，先王之所重也。故置將不可不察也」。[99]將帥為國家之棟樑，是「人命之所懸也，成敗之所繫也，禍福之所依也」，[100]關係國家盛衰興亡，主宰全民的生命與國家之安危。因此，朱震強調歷史上「任將不專而致覆敗者」，歷歷在目，所以「任將不可不重」。[101]身處南宋初期，面對前期頹弱的年代與當前圖強的期許，對於國家用將當深有體認。

　　在權力賦予方面，國君慎選能將後，應賦予閫外的絕對權力與完全的信任，所以他說：

　　　古者，人君之用將，既得其人，跪而推轂，付之斧鉞，進止賞罰皆決於外，不從中制，是以出則有功。[102]

「推轂」與「付之斧鉞」都是對將帥的受命執權，同於黃石公所言，「聖主明王，跪而推轂曰：閫外之事，將軍裁之」；[103]統帥權的獨立，使將帥面對瞬息萬變的戰場與稍縱即逝的戰機，能夠統一與彈性的靈活指揮用兵。這種不以閫內的「不從中制」之作法，強調的是君將相互信任，彼此不相疑，否則能將壯志未酬身

98　括弧諸引文，見朱震《漢上易傳》，卷一，頁 34。
99　見《六韜・龍韜・論將》。引自婁熙元、吳樹平譯注《六韜譯注》，石家莊：河北人民出版社，1995 年 4 月 1 版 2 刷，頁 79。
100　見諸葛亮《將苑・假權》。引自房立中主編《諸葛亮全書》，北京：學苑出版社，1996 年 1 月北京 1 版 1 刷，頁 44。
101　括弧二引文，見朱震《漢上易傳》，卷一，頁 36。
102　見朱震《漢上易傳》，卷一，頁 34。
103　見《十一家注孫子・地形》，杜牧注引黃石公所云。引自楊丙安校理《十一家注孫子校理》，北京：中華書局，1999 年 3 月 1 版北京 1 刷，頁 226。

先死，時代的岳飛如是，後來的袁崇煥也是如是。同時，朱震也以剛柔來看待君將的特質，他認為：

> 將帥之道，不剛則慢而不肅，剛而不中則暴而無親。剛中矣，而上無柔中之主以應之，則睽孤內顧，動輒見疑，己且不暇恤，其能成功乎？[104]

強調將帥要有剛正的特質，因為殘酷嚴苛的戰場，若不能果敢剛健，則疑慮有懼，散漫而不能整肅軍威，難以「聚三軍之眾，投之於險」；[105]然而剛健於勇鬥，不能中正行道，暴而無親，不見仁義，難以惠撫附眾、體恤將士，部屬就難以與之生死，更難以克敵致勝。面對性剛之將，當有柔中之君主來相應，君王以柔應之，撫勞軍將，「威和並用」，[106]順之以正，方可得其軍功。

5.君臣合道秉誠治國

在君臣的關係上，天尊地卑，陽剛陰柔，君主臣從，本是天地之常道。「天動地隨，其行有時，故承天而時行」，同樣的，臣必承君而行，依時進退得宜，執守其為君用之能，發揮用於地道輔天的「品物咸章，保厥昭陽」之效。[107]地道在於「順天而行」，同於臣道在「終君之事」，「以從王事，待時而發」，不圖私利、「不有己」。[108]作為臣下者，宜「守中居下」，[109]不失其常，不以利害義。臣下威勢六極，則君權旁落，朱震認為「坤道已窮，動而不已。臣疑於君，乾坤交戰，君臣相傷」；[110]盛極則起抗爭，

---

104 見朱震《漢上易傳》，卷一，頁34。
105 見孫武《孫子兵法‧九地》云：「聚三軍之眾，投之於險，此謂將軍之事也。」引自楊丙安校理《十一家注孫子校理》，頁254。
106 見朱震《漢上易傳》，卷一，頁35。
107 參見朱震《漢上易傳》，卷一，頁18。
108 參見朱震《漢上易傳》，卷一，頁19。
109 見朱震《漢上易傳》，卷一，頁17。
110 見朱震《漢上易傳》，卷一，頁17。

陰是如此，陽亦如此，君或臣又皆如此。誠如宋代馮椅指出，「陰不可亢，亢則陽必伐之，戒陰也」，[111]陰亢即臣道過甚，未盡順君之道，威脅到君王的領導威信，所以君臣關係緊張，甚至對抗相傷，此社稷之不幸、百姓之不幸。此明君所當知之。

君臣皆當誠信相待，朱震認爲「唯誠信孚於上，而與上之志合，則物莫之傷，而惕懼遠矣」，誠信爲通上下之志的最重要的方法與力量，能夠如此，則一切外患傷害終將遠去；因此，「惟其有孚，志合守正而見信，故以此處上下之際而无咎」，[112]上下建立誠信的關係，君臣上下一志，持守正道，同爲國事而努力，國政亨通無所咎害。尤其國君以誠信待臣，臣當能盡其心力而承君恩服萬民，朱震舉漢代霍光爲例，[113]武帝信任霍光，托以周公之事即是。朱震又於解釋坎卦六四「樽酒，簋貳，用缶，納約自牖，終無咎」爻義時，以「樽酒而簋副之，燕饗之禮」之象，乃至「約誠信固結之象」，象徵「君臣上下剛柔相際之時」，由於能夠誠信相待，所以「上下協力，可以濟險」，「險難易濟，終无咎也」。君臣彼此誠信相待，人臣能夠言所當言，忠言直諫，而國君也能從諫如流，因此，朱震進一部引程氏《易傳》之言云：

> 自古能諫其君者，未有不因其所明者也。故訐直强勁者，率多所忤。而溫厚明辯者，其說易行。古人有行之者，左師觸龍之於趙，張子房之於漢是也。[114]

君臣相知以誠，所以君王能夠接受直諫，而臣子也敢於諫言；忠

---

111 見馮椅《厚齋易學》，卷五。引自趙韞如編次《大易類聚初集・厚齋易學》第四冊影印文淵閣四庫全書本，臺北：新文豐出版公司，1983 年10 月初版，頁 104。

112 見朱震《漢上易傳》，卷一，頁 42。

113 見朱震《漢上易傳》，卷一，頁 42。

114 釋坎卦六四諸引文見朱震《周易傳集》，卷三，頁 185。

言逆耳，「訐直強勁者」，雖似是忤逆君上，卻是最忠君的體現。賢臣以忠信善道，「溫厚明辯」之諫言，尤能見其君之失而勸補其過，知其所而順其行，戰國趙王太后時的左師觸龍與高祖重臣張良皆是如斯之良臣。明君能受諫，所以能為明君。

第三節　援史入《易》的釋義特色

《周易》的卦爻辭本身就存在著歷史的因子，以史事詮解，也不失其情理。援史之跡，由來甚早，《十翼》已有三代如文王之事略入《易》，西漢以降，也不乏有之，倘《焦氏易林》可以視為廣義《易》書，則史事時政之論，多可索見。到《周易集解》中引干寶之說，更可見其為早期以史證《易》的典型。[115]到了宋代，或因政治社會、學術發展等因素，易學家每多運用史事釋《易》，朱震在這樣的潮流下，廣用史事，成為其義理觀的重要特色。

一、根本程氏而後有影響的史證特色

《四庫提要》將易學派別區分為兩派六宗，其中以史證《易》者，也就是透過歷代史事來推證《周易》的哲理，較具代表性的

115　干寶好以殷商史事解《易》，如升卦九二注稱文王「儉以恤民」，坤卦上六注稱紂為「獨夫」、「長惡不悛」，井卦初六注稱「穢政」，夬卦九五亦注稱「无道」。又如乾卦九四注稱武王「舉兵」，坤卦上六注稱「遂有牧野之事」，乾卦九五注稱終能「克紂正位」。又如震卦《象傳》注云：「周木德，震之正象也，為殷諸侯。殷諸侯之制其地百里，是以文王小心翼翼，昭事上帝，聿懷多福，厥德不回，不受方國。」又如坤卦用六注云：「是周公始於負扆南面以先王道，卒於復子明辟，以終臣節。」蒙卦初六注稱「此成王始覺周公至誠之象也」。諸如此類，不復一一贅舉。

人物，如李光（西元 1078-1159 年）與楊萬里（西元 1127-1206
年），「大旨本程氏，而多引史傳以證之」，[116]以大量的歷代史
實材料，尤其是統治者的德行與政治得失爲事例，來說明進退、
存亡、治亂之道，闡明對當前政治社會的批判與不滿，賦予諷喻
與規諫之情，並進一步參證《周易》經傳的內涵懿旨；將《周易》
的論述重心安置在哲理與歷史經驗教訓的溝通基點上，並對後來
之易學家的釋《易》方式，產生了極爲顯著的影響。二家本身受
到程氏的影響甚邃，單就楊氏的《誠齋易傳》言，歷來研究者大
都肯定其易學深受程氏的影響，而其書中提到「程子」或「程氏」
者，有三十七處，包括在十三卷之中，[117]並以義理闡釋爲重。史
事證《易》之內容，確可推至程氏之易學，其《易傳》中每每以
三代史事爲主，乃至秦漢以降之史例證說卦爻義。這種以史事證
《易》之法，或許對後來的朱震，也有重大的影響。

　　朱震雖長於象數，卻不乏強烈的義理思想，這種義理思想，
又特別有承於程氏，並且表現在以史事證《易》的方面；也就是
說，朱震在其《漢上易傳》序文中自述其易學宗法於程氏《易傳》，
具體表現在宗法程氏以史事闡釋義理的方面，以程氏《易傳》作
爲援史入《易》的主要史料來源。從數據的顯現方面，朱震採程
氏之說的一百七十三次中，舉程氏言史事者則有泰半。當然，其
它未引程氏的自述史事者，亦難以勝數；並可能爲後來如楊萬里、

---

116 見《四庫全書提要・誠齋易傳》。引自楊萬里《誠齋易傳・提要》，臺北：
　　臺灣商務印書館景印文淵閣四庫全書本第 14 冊，1986 年 3 月初版，頁
　　513。
117 楊萬里《誠齋易傳》中引「程子」與「程氏」之言者，包括三十七處，
　　含括在第一、三、四、五、七、八、九、十、十一、十二、二十等十三
　　卷文之中。永瑢等著《四庫全書總目提要・誠齋易傳提要》特別指出其
　　「大旨本程氏，而多引史傳以證之。」根本程氏，並以援史入《易》成
　　爲楊氏易學的重要特色。

王宗傳等闡釋義理之《易》家所借用之材料。這種以程氏的史事之言爲主而開展《易》義者，成爲朱震易學的重要特色；且其以史事證《易》之方法，也影響了後來的學者。

　　引程氏之說，以三代之前的史事尤多，涉先王之政、修德用賢、君臣關係、去留之道、勝敗得失等等，大致圍繞在政治的面向而言。以下列舉諸例加以說明。例如解釋屯卦九五「屯其膏，小貞吉，大貞凶」，特別引程氏《易傳》云：

> 膏澤不下，威權已去，而欲驟正之，求凶之道也。魯昭公、高貴鄉公之事是也。若盤庚、周宣修德用賢，復先王之政，諸侯復朝，以道馴致，為之不暴，又非恬然不為。若唐之僖、昭也，不為則常屯，以至於亡矣。[118]

魯昭公外與齊、晉、楚諸國不睦，內又有三桓之患，內外交迫，以此伐季氏，終致流亡在外六年而亡。[119]曹髦於魏正始五年封爲高貴鄉公，後立爲帝，在威權漸微之際，征討路人皆知其心的司馬昭，卻遭致成濟所弒的結局。[120]二人雖有求正之心，然思澤已不能爲臣下所感，威權已失，威勢已不足以服眾，而急躁求正，終致大凶。至於盤庚，遷都於北蒙，改國號爲殷，「修德用賢」，遵行先祖成湯之德政；至於周宣王，任召穆公、周定公、尹吉甫等人整飭朝政，再現中興；[121]二君施膏澤於民，當能下達廣被，使民知其所主，「諸侯復朝，以道馴致」，能爲後世所傳誦。君

118　見朱震《漢上易傳》，卷一，頁 24。朱震引程頤《易傳》，與其原文略有所異，但未偏其大旨，故不作另列。

119　參見司馬遷《史記・魯周公世家》，卷三十三，北京：中華書局，1997年 11 月 1 版，頁 1538-1542。

120　參見陳壽《三國志・魏書・三少帝紀》，卷四，裴松之注，北京：中華書局，1997 年 11 月 1 版，頁 144。

121　二君之事跡，參見《史記・殷本紀》與〈周本紀〉。

王貴在有所作爲，積極主事，使百姓能夠深感德澤，無所作爲則如僖、昭之屬，必帶來險困危亡。

蒙卦上九「利禦寇」，朱震舉程氏《易傳》云：

> 若舜征三苗，周公誅三監，禦寇也。[122]

「爲寇者，利於蒙闇昏亂之時」，[123]堯舜時期，三苗趁天下面對洪水的災害而作亂，而周公時代，乃武王崩而成王年少之時·盜寇都起於此時。舜受命於堯之征三苗，以及周公東征之誅三監，皆是利禦寇的具體例子；百姓樂於從之，上下順服，所以「利禦寇」。

在闡釋既濟卦六二《象傳》言中道之義時，也舉程氏《易傳》云太宗用人之說：

> 《易傳》曰：「自古既濟而能用人者，鮮矣！以唐太宗之用人，猶怠於終，況其下者乎？雖不爲上所用，而中正之道，无終廢之理，不行於今，必行於異時。」[124]

天下既濟之時，不再強有作爲，而下之賢才，亦無求用之意，雖不爲用，仍能中正行道，不廢德業，適時得用；此太宗用人之道，識時知變，而無終廢之理。故君子濟時之需，應時之變，此既濟之宜時。

解釋明夷卦初九，以程氏《易傳》舉漢諸生而言：

> 《易傳》曰：「待其已顯則无及矣。此薛方所以爲明，而揚雄所以不獲去也。穆生之去楚，二儒且非之，況世俗之人乎？故袁閎之於東漢，亦以爲狂也。……」[125]

122 見朱震《漢上易傳》，卷一，頁 27。
123 見朱震《漢上易傳》，卷一，頁 27。
124 見朱震《漢上易傳》，卷六，頁 218。
125 見朱震《漢上易傳》，卷四，頁 127。

以薛方、揚雄等人說明「君子明足以見微，故去位而行」；[126]其
中薛方在王莽篡位後，欲迎之爲官，卻婉轉回拒「欲守箕山之節」，
「居家以經教授」，[127]莽不強求，得以教學爲文終其一生。揚雄
在西漢成帝時拜爲郎官，莽篡位續爲官，不獲去職，卻因事株連，
投閣未亡而免死。但是，又有「君子所爲，眾人固不識」者，所
以「穆生之去楚」，申公、白公二儒都直指其非，譏其責小禮，
何況是一般人，不知穆生之去在於避胥靡之禍。東漢袁閎在黨事
未起之前，四方名德之士鋒起，卻潛身於土室，一般人也批評他
是狂生，但最後卻能免於黨錮之禍。因此，君子知幾察微，明照
獨見，去祿退藏以保身，非一般人所能識。

又釋九三爻義，亦舉《易傳》云：

> 以下之明，除上之暗，其志在於去害而已。商周之湯武，
> 豈有意於利天下乎？志苟不然，乃悖亂之事也。[128]

九三得位而應，爲極明至剛之象，以下之明而克極暗之主，如湯
武革命，若僅是志慮於圖謀天下，而非專主於去天下大害之志，
其向南征討的革命就是悖亂之事。然而，湯武卻能以下之明，而
志去暗主昏君之害。

解釋師卦六四「師左次，无咎」之爻義，以「師宿爲次」，
「次」有宿營，軍隊採取守勢的行動，「知其不可行，量敵慮勝，
臨事而懼」，所以「於義爲无咎」。[129]並舉春秋時期的史事與程
氏《易傳》加以說明，云：

> 《春秋》書齊師、宋師次于聶，北救邢，按兵待事，卒能

---

126 括弧引文，見朱震《漢上易傳》，卷四，頁 127。
127 見班固《漢書・王貢兩龔鮑傳》，卷七十二，北京：中華書局，1997 年
　　11 月 1 版，頁 3096。
128 見朱震《漢上易傳》，卷四，頁 128。
129 見朱震《漢上易傳》，卷一，頁 36。

救邢，何咎於次哉？《易傳》曰：「度不能進，而完師以
退，愈於覆敗遠矣！可進而退，乃為咎也。……」[130]

齊師、宋師退守於聶，相機而應，而能夠救邢；攻擊前行，雖為
致勝要道，然而守亦可遂行作戰目的。作戰本來就應考慮主客觀
的因素，保持彈性應變之道，一旦前行弊多於利時，則不可躁進，
轉以退守，保全戰力，不致覆亡。然而，戰機稍縱即逝，當利於
攻勢前行，卻以守勢面對，則會有咎害。因此，朱震在這裡所強
調的是，攻、防的作動態勢，並非一成不變，而是在作戰的變化
過程中，掌握最佳優勢，審慎評估，採取最有利的作戰模式。在
闡釋六五「長子帥師，弟子輿尸」時，說明任將之重要性；作戰
遣將，必任賢使能，專一而用，任將不專，將遭來咎害，所以他
引程氏《易傳》特別提出：

自古任將不專而致覆敗者，如晉荀林父邲之戰、唐郭子儀
相州之敗是也。[131]

晉楚邲之戰，晉中軍將荀林父原主還師避戰，但中軍佐先縠等人
主戰，最後全軍應戰，結果晉軍大敗。唐肅宗時期，郭子儀相州
之敗，郭子儀與其他節度使各擁兵權，而以宦官魚朝恩統合全軍，
但未立主帥，最後與安慶緒、史思明對抗，傷亡慘重。[132]二戰之
敗因，主要在於任將不專所致。又解釋上六「大君有命，開國承
家，小人勿用」之爻義，指出「行師之時，貪愚皆在，所使未必
皆君子」；國難之時，不因此而免於貪愚之事，反而此等小人愈
盛，但在用人之際，皆能取用君子良人，小人在所難免。一旦國

---

130 見朱震《漢上易傳》，卷一，頁 36。
131 見朱震《漢上易傳》，卷一，頁 36。
132 關於邲之戰與相州之敗的史事，參見《春秋左傳注疏·宣十二年》，卷
二十三，以及《舊唐書·郭子儀傳》，卷一百二十。

事功成，則當慎之以君子、小人之用；他認爲「及其成功而行賞，則君子當使之開國承家，小人厚之以金帛，優之以祿位，不害其爲賞功也」，也就是君子委之以開國承家之重任，而小人只能示之利祿，絕不能給予土地人民，否則將造成危害，所以他明白的說，「若小人无厭，有民人社稷，其害必至於亂邦」。[133]他進一步以程氏之言加以說明：

> 《易傳》曰：「小人易致驕盈，況挾功乎？漢之英、彭所以亡也。」[134]

舉程氏之言，說明高祖時期英布與彭越的挾抗項羽之戰功而驕盈，強調小人不可以有功而任用或封地，因爲小人往往恃功而亂邦，行賞罰之道，不可不慎。

釋比卦六二「比之自內」爻義，舉程氏《易傳》云：

> 士之修己，乃求上之道，降志辱身，非自重之道也。故伊尹、武侯救天下之心非不切，必待禮至而後出也。[135]

以六二與九五中正相比，蓋「二處乎內，待上之求，然後應之，比之自內者也」。[136]所以如伊尹、武侯之志士，必待君上以禮相待而後匡正天下，不可辱身而自失其正。又釋萃卦九四「大吉，無咎」，以《易傳》之言申述爻義，云：

> 《易傳》曰：「非理枉道而得君得民者，蓋亦有焉，齊之陳恒，魯之季氏是也。得爲大吉乎？得爲无咎乎？[137]

九四處位不當，理有未正，如齊之陳恒、魯之季氏，非理枉道而以君位得其民者，未必能得大吉、能夠無咎；以王道得天下，行

---

133 括弧諸引文，見朱震《漢上易傳》，卷一，頁 37。
134 見朱震《漢上易傳》，卷一，頁 37。
135 見朱震《漢上易傳》，卷一，頁 39。
136 見朱震《漢上易傳》，卷一，頁 39。
137 見朱震《漢上易傳》，卷五，頁 159。

仁政而廣獲民心，才能得到大吉、無咎。在解釋未濟卦九二《象傳》「中以行正」之義，舉程氏《易傳》云郭子儀、李晟之行：

> 《易傳》曰：「唐郭子儀、李晟當艱難未濟之時，能保其終吉者，用此道也。」[138]

九居二位，居柔得中，特別表現恭順之臣道；為臣之義，必保其恭順中正之道。

　　以上所舉，僅朱震易學中之一端，也特別舉程氏之言來說明；如果以朱震自述宗於程氏《易傳》而成其易學思想，表現最為具體的部份，應是在此以史事闡釋義理的表現上。以史事闡發義理，確為朱震易學的重要特色，也是他作為程氏再傳弟子最能表彰的重要部份之一。

　　朱震以史證《易》，除了大量採取程氏之言，緣於程氏之說外，非程氏之言而自為立說者，也不計其數，並且多有為學者所引，如以史證《易》名家楊萬里即是，又以義理為盛者如王宗傳等宋明以降學者，也每以朱震之言證說。例如以兌卦為例，解釋《彖傳》所謂「順乎天而應乎人」，認為「湯武之征伐，出其民於水火之中，而民大說，是所以順天也。知人則知天，知天則知說之道，故曰『順乎天而應乎人』」；湯武征伐之事，體現順天應人之道。又舉周公來說明，指出「古之人有行之者，周公之東征是也」；[139]周公之東征，為悅民之行，民悅則能忘其勞，忘其死，天下也因此祥和亨通。又以晉事說明初九《象傳》，認為「晉誓祐實直而博，范宣子朝夕顧之，以問國事。不正其身，未有能決人之疑者」；[140]剛直處正，無偏頗之私，言行不為人所疑，所

138　見朱震《漢上易傳》，卷六，頁 221。
139　二段引文，見朱震《漢上易傳》，卷六，頁 201-202。
140　見朱震《漢上易傳》，卷六，頁 202。

以爲和悅之吉。范宣子之事，楊萬里解釋萃卦初六亦有引之，其
他如同時代的李衡《周易義海撮要》、李杞《周易詳解》中同引。
[141]解釋兌卦九二之義，舉諸古史人物，說明志道不同，失其誠信，
雖比亦不悅，所以說，「夫石碏、石厚父子也，叔向、叔魚兄弟
也，子產、伯有同族也，雖比也，豈能說之」；此一史說，同時
代王宗傳《童溪易傳》與元代胡震《周易衍義》同引。[142]這樣的
見解，同於其引程氏《易傳》所謂「志存誠信，豈至說小人而自
失乎」？[143]強調不以小人而失其誠信，雖比仍以正道爲守。又云
六三之凶象，舉「楚費無忌、漢息夫躬，唐佞文乎」，[144]說明柔
邪而說、高位則凶的道理。有關史事，楊萬里、胡震等人皆有引
說。[145]又以三代之事說明九四之義，並以程氏之說加以闡釋，云：

> 夫唐虞文武之際，得人爲盛，而四族三叔未嘗不疾君子，
> 然不害爲治者，從君子而不從小人，可不慎其所從乎？《易
> 傳》曰：「若剛介守正，疾遠邪惡，將得君行道，福慶及
> 物，爲有喜也。」

以唐虞文武之盛世，得其治道在於「從君子而不從小人」；以「陰
陽失位爲疾」，而九四爲「君子疾小人」而「有憂」之象，若能
剛正遠惡，守正行道，慎乎其君子、小人相從之道，則仍可得其
「有慶」。[146]

---

141 參見楊萬里《誠齋易傳》，卷十二，解釋萃卦初六；李衡《周易義海撮要》，卷六，釋兌卦初九；李杞《周易詳解》，卷三，釋泰卦九二所述。
142 參見王宗傳《童溪易傳》，卷二十五；元代胡震《周易衍義》，卷十三，同引。
143 二段引文，見朱震《漢上易傳》，卷六，頁 202。
144 見朱震《漢上易傳》，卷六，頁 203。
145 參見楊萬里《誠齋易傳》，卷八、十四、十六；以及元代胡震《周易衍義》，卷十六，同引。
146 段落引文與括弧引文，見朱震《漢上易傳》，卷六，頁 203。

　　解釋渙卦六三爻辭與《象傳》，舉遽伯玉以禮樂去亂，以及
杜洩以車葬叔孫豹而排除季孫的干擾等二事，[147]云「遽伯玉聞衛
亂而之近關，杜洩葬叔孫豹而行之時乎」，[148]說明「志在外」而
「无悔」。六四「渙其羣，元吉」，舉召伯之事說明，認為「宣
王承厲王之後，天下離散，召伯之徒佐王建國親諸侯，遣使勞來
安集，渙其羣也」；[149]天下渙散之際，能夠使之群聚，所以為大
吉。這樣的認識，同於程頤所云「方渙散而能致其大聚，其功甚
大，其事甚難，其用至妙」。[150]朱震此引召伯之事，楊萬里釋萃
卦初六《象傳》亦有引述，而王宗傳《童溪易傳》也明言引用。[151]
解釋九五「渙王居，无咎」，舉三代之王居正位而治，認為「禹
別九州而終於冀，湯勝夏而歸於亳，武勝商而至于豐。王正位，
則渙散者知所歸矣」；[152]天下渙散之時，民思能主，居其正位，
普施大政，得以无咎。朱震此說，又為王宗傳同釋其爻所用。[153]
　　解釋師卦上六爻義時舉史事述之云：

　　　《周頌》賚大封于廟，言錫予善人也。光武中興，臧宮、

---

147 遽伯玉為衛大夫，認為君子之心，當明睿洞達，重視禮樂，以觀禮樂即
　　可知治亂，而禮樂為與人交接之具，故衛國未得禮樂而亂者，所以選擇
　　離去近關。詳細內容可參見明代胡廣等撰《禮記大全》卷十。又杜洩葬
　　叔孫豹之事，叔孫豹死，杜洩將以路葬（即車葬之禮），且盡卿禮，但
　　季孫以其無路而不可用之來加以阻撓，但杜洩堅持路葬，並指出「夫子
　　受命於朝而聘於王，王思舊勳而賜之路，復命而致之君。君不敢逆王命
　　而復賜之，使三官書之。……」有關之史錄，可參見《春秋左傳·昭四
　　年》之記載。
148 見朱震《漢上易傳》，卷六，頁 206。
149 見朱震《漢上易傳》，卷六，頁 206。
150 見程頤《伊川易傳》，卷四，頁 904。
151 楊萬里用召伯之事參見楊萬里《誠齋易傳》，卷十二，釋萃卦初六《象
　　傳》。又，王宗傳《童溪易傳》，卷二十五，同釋渙卦六四，明言引朱子
　　發之說。
152 見朱震《漢上易傳》，卷六，頁 206。
153 參見王宗傳《童溪易傳》，卷二十五，同釋渙卦九五，明言引朱子發之說。

> 馬武之徒，奉朝請而已，得此道也。然寇、鄧諸賢，无尺
> 寸之土，亦過矣。[154]

封國於廟堂者，必崇德用賢。臧宮、馬武者，鳴劍抵掌，漢光武
帝閉關絕其請，不能以恃功而大用，天下所以歸心。臧、馬之事，
之後的同時期鄭剛中《周易窺餘》釋同卦爻之義，乃至楊萬里《誠
齋易傳》釋解卦初六、既濟卦九三等，皆有述及。[155]但是，光武
帝又矯王莽竊國之禍，雖寇榮、鄧禹、賈復諸賢才，未得封賜寸
土，亦賞罰之過。在這裡，關於寇、鄧之事，爲後來楊萬里釋漸
卦上九所用。[156]

　　解釋小過卦《象傳》所謂「君子以行過乎恭，喪過乎哀，用
過乎儉」，以其象「山上有雷，小有所過也」，更象徵「君子有
時而小有所過者」。天地之間，既有小過之象，則人不分聖愚，
亦不能避其小過，作爲君子者亦難以免之，其大德不踰，而小過
可爲，爲而知改，亦可爲正，所以他說，「時當小過，君子不得
不小有所過」，而最可貴的是「以矯正一時之過」。他進而舉史
事云，認爲「考父之過恭，高柴之過哀，晏平仲之過儉，非過於
理也，小過乃所以爲時中也」，[157]三者之過恭、過哀、過儉，雖
過於常理的小節之過，卻不影響其大德；同時也期待藉由小過以
瞭解時中、不過度的重要性。朱震所論考父之史事，其後同時代
易學家，如林栗、郭雍、項安世、馮椅、王宗傳、蔡淵等等著名
《易》家，直名朱說，或間接採用。[158]朱震又釋九三「弗過防之，

154　見朱震《漢上易傳》，卷一，頁 37。
155　鄭剛中部份，參見《周易窺餘》二卷。楊萬里部份，參見《誠齋易傳》，
　　卷十一，解釋解卦初六；又卷十六，釋既濟九三。
156　關於楊萬里用寇鄧之事，參見楊氏《誠齋易傳》，卷十四所述。
157　括弧諸引文，見朱震《漢上易傳》，卷六，頁 214-215。
158　參見林栗《周易經傳集解》，卷三十一；郭雍《新氏家傳易說》，卷四；

從或戕之，凶」；認為不能「正己自守防小人」，「乃捨所守」，則「不能守正，見戕於外」，必帶來凶險。因此，更舉史例說明，以「晉陽處父易狐射姑之班，伯宗言於朝，而諸大夫莫若皆過之而弗防，故及於難」，強調正己以防外；[159]這樣的說法，同於程頤所說的「防小人之道，正己為先」[160]的觀點。有關陽處父之事，其後同時代的楊萬里、李杞與俞琰等人，亦採此史說。[161]

　　論述節卦卦義，強調無過與不及的「剛柔有節而不過乎中」的中正之道，指出「守而不變，苦節也。凡物過則苦，味之過正、形之過勞、心之過思，皆曰苦。苦節則違性情之正，物不能堪，豈道也哉」？能夠亨通，不在苦節，而在能不過、不違性情，合於中正之道。因此，他舉申屠狄、陳仲子而言，認為：

> 申屠狄之潔、陳仲子之廉，非不正也，立節太苦，不可貞
>
> 也。夫節者，為其過於中也，故節之，使不失其中。[162]

申屠狄與陳仲子皆以廉潔清正而苦，違逆人之本性，難以作為常道之貞。因此，「節」的真正意涵，在於以節度使之不失其正、不失其中。這樣的思想，合於程頤所說的「節有亨義，節貴適中，過則苦矣。節至於苦，豈能常也，不可固守以為常，不可貞也」。[163]凡事過苛而去人情之守，一般人不能遵行，則不能為人之常規

　　項安世《周易玩辭》，卷十二；馮椅《厚齋易學》，卷三十八；王宗傳《童
　　溪易傳》，卷二十六；蔡淵《周易卦爻經傳訓解》，卷上。
159　括弧諸引文，見朱震《漢上易傳》，卷六，頁 215。
160　見程頤《伊川易傳》，卷四，頁 908。
161　參見楊萬里《誠齋易傳》，卷二、卷九、卷十、卷十二、卷十四；李杞
　　《周易詳解》，卷十三；俞琰《周易集說》，卷二十九。
162　括弧與段落引文，見朱震《漢上易傳》，卷六，頁 207。
163　見程頤《伊川易傳》，卷四。引自趙輯韞如編次《大易類聚初集》（一），
　　影印自中華書局聚珍倣宋版，臺北：新文豐出版公司，1983 年 10 月初
　　版，頁 904。

常道，故難以求其貞正。有關申屠狄、陳仲子之史事，其後同時代的易學家如郭雍、項安世、馮椅、易祓、方聞一、李杞等人，[164]有直引其說或同引此一史事者。

解釋訟卦六三爻義時，舉程氏之言強調止訟之重要：

> 《易傳》曰：「訟者，剛健之事，故初則不永，三則從上，二爻皆以處柔，不終，而得吉。四亦不克，而渝得吉，訟以能止，為善也。」[165]

唯有止訟去爭，不成訟，才是善法。進一步自為新說的引史事論證，認為漢代武帝時期，「竇嬰訟田蚡，上下相激，至亡其身」，[166]即不能止訟而從王事的歷史借鏡。有關之史事，其後同時代的易學家如王宗傳、楊萬里、李杞等人，[167]亦有直引其說或同引此一史事者。其它又如釋困卦上六，舉范雎、虞卿而言，認為「范雎困於鄭安平，虞卿困於魏齊，猶能解相印以全其軀，況體易君子乎」；之所以能安保其身，在於「吉行」，能夠「安於困」，「以正而行」，所以「吉且無悔矣」。[168]又如論述革卦之義，認為「秦革封建，子弟無立錐之地。漢革郡縣，而七國叛。唐革府兵，而兵農分，不當故耳」。革新變易，必求正當，否則不當如秦、漢、唐諸事，終將有悔吝。變革如何得當，最重要的是要順天應人，所以說，「湯武改物創制，革天之命，亦順天應人而已」。

---

164 參見郭雍《郭氏家傳易說》，卷二；項安世《周易玩辭》，卷十二；易祓《周易總義》，卷十六；方聞一《大易粹言》，卷十八；李杞《周易詳解》，卷七。
165 見朱震《漢上易傳》，卷一，頁 32。
166 見朱震《漢上易傳》，卷一，頁 32。
167 參見王宗傳《童溪易傳》，卷五；楊萬里《誠齋易傳》，卷二；李杞《周易詳解》，卷七。
168 括弧諸引文，參見朱震《漢上易傳》，卷五，頁 165。

[169]這些以史證《易》的例如，也爲同時期的《易》家所援引或採用，不再一一贅舉。

　　以上除了舉例說明朱震引述程氏《易傳》以史證《易》之說，成爲其宗主程氏的主要內容外，同時也不厭其煩的舉出其自用史事的一些例子，肯定其以史證《易》的側重，也考察今傳其後的同一時代之易學家之《易》著，發現甚多《易》家也參用其說，可知當時學者對他的論著之重視，也尤能表現在用史的方面。因此，援史證《易》可以視爲其以義理釋《易》的重要內容與特色。

二、藉史鑑表達期待

　　兩宋長期以來處於積弱不振的狀態，朝野賢臣儒士特重歷史治亂之經驗，從史鑑以知大義，期能匡正時局，厲精圖治，所以宋神宗感於「鑑於往事，有資治道」的以古鑒今之理，司馬光也因此「專取關國家盛衰，繫民生休戚；善可爲法，惡可爲戒者」而修成《資治通鑑》一書，[170]可見史事之鑒，在這個時代更是迫切的需要。因此，二程也特別表明，讀史的目的，「須見聖賢所存治亂之機，賢人君子出處進退」，[171]「須要識其治亂安危興廢存亡之理」。[172]這個時代仁人志士，對於歷史的認識與務實的經世致用思維，成爲這個特殊時代的一種重要的理性自覺，所以詮釋儒家傳統的經典，賦予歷史的認識；鑒於往時，知史載滔虐之

---

169 括弧諸引文，參見朱震《漢上易傳》，卷五，頁 170。

170 見胡三省〈資治通鑑音註序〉。引自清代覺羅石麟等監修《山西通志》，卷二百十二，臺北：臺灣商務印書館景印文淵閣四庫全書本第 550 冊，1986 年初版，頁 101。

171 見程顥、程頤撰，朱熹編《二程遺書》，卷十九。引自上海：上海古籍出版社，2008 年 3 月 1 版 2 刷，頁 312。

172 見程顥、程頤撰，朱熹編《二程遺書》，卷十八，頁 283。

行，天下之惡，敬戒論世，得失臧否，透過旁貫群言，博綜世務，追續先賢之正脈，爲當世之實用，以期將經學典籍，帶入喚醒時政的經世致用之途。朱震歷經時代的變局，將國家盛衰的歷史經驗，轉化在其《周易》的詮釋中，期望透過對歷史的經驗教訓，體現出一種理性的自覺與期待。

藉由對歷史的體認，乃至對先王之道的期待，並非只是一種批判，而是一種具體務實的認識，目的在於對時局的衰弊提出救亡圖存之道。先王之政，除了爲《十翼》所重，而爲詮釋者的重要認同外，更重要的是它是儒家道統下的一種典範，先王的治道，是一種最佳的良政之方，可惜後世不能以茲效正，所以他在詮解經傳時，不斷的提出先王之道。例如已如前引屯卦九五，舉程氏《易傳》之言，認爲「若盤庚、周宣修德用賢，復先王之政，諸侯復朝，以道馴致，爲之不暴，又非恬然不爲」。[173] 盤庚、周宣積極作爲，行先王之政，政通人和；不以先王之政，則屯而難行，凶厄致亡。效法先王成爲他的重要歷史觀，也是他的重要政治思想，這個部份，後面將再作詳述。

把遙遠時代的歷史人物與事件，聯結在其所處的時代，對應出一種期待與渴望，他最期待與渴望的是那種三代之前的拯時救弊之聖主明君的再現，所在他在引證史事，大都集中在三代與其之前的時期，並且主要集中在堯、舜、禹、湯等儒家道統的王道之下。他在《漢上易傳》十一卷中，闡釋經傳大義，出現「堯」者有十三次，含蓋六卷；「舜」二十九次，含蓋八卷；「禹」十五次，含蓋五卷；「湯」二十一次，含蓋六卷；「文」（專指文王）三十次，含蓋八卷；「武」（專指武王）十一次，含蓋五卷；

---

173 見朱震《漢上易傳》，卷一，頁 24。

「周公」十七次，含蓋八卷。例如他解釋離卦，認為「兩離，重明也」，「正則以察為明，重明而麗乎正，以之化天下成文明之俗矣」，是「天下之心，必麗乎中正，則重明而麗乎正，化成天下也必矣」，因此，「明明相繼而起，大人重光之象，堯、舜、禹、文、武之盛也」。[174]惟有如堯、舜、禹、湯、文、武、周公者，才能重現光明的天下，也才能化成文明之俗，國家才能長治久安。又如解釋革卦時，也以三代先王立說，強調改革的迫切性與重要性，慎其行而革；謂「天下之事至於壞而不振者，文亂而不理，事暗而不察，民怨而上不恤也。故萬物否隔，人道失正，所以當革」，能行此改革者，也只有像商湯、武王的聖主才能得其正道，所以他說，「湯武改物創制，革天之命，亦順天應人而已」。[175]順乎天而應乎人，正是湯武所以能革者，這也是他所處的宋代之所需者。這些英髦聖王，是他心目中最理想的君王典範，言行足以垂鑒後世，以正道行天下，社會將得以光明美善。又如以禹、稷之行以釋既濟卦亨通之義，云「禹思天下之溺，猶己溺之，稷思天下之飢，猶己飢之」。[176]因為有人飢己飢、人溺己溺的精神，所以能夠道濟天下，天下得以亨通順遂。在解釋既濟卦《象傳》「終止則亂，其道窮也」時，認為「濟終則極，衰亂復起，終以亂也」。[177]蓋道窮則終亂，終能不亂者必在應時通變，所以他進一步以史推明治道，云：

> 終始時也，治亂者，道之窮通也。晉、隋有天下，不旋踵而亂，不知終止，則亂之戒也。《易傳》曰：「唯聖人為

174　括弧諸引文，見朱震《漢上易傳》，卷三，頁109。
175　括弧諸引文，見朱震《漢上易傳》，卷五，頁170。
176　見朱震《漢上易傳》，卷六，頁217。
177　見朱震《漢上易傳》，卷六，頁217。

> 能通其變於未窮，不使至於極也，堯舜是也，故有終而无亂。」[178]

任何時期，都當居安思危，慎終如始，知變通達，以應時需。歷史上如晉、隋得天下，卻在短時間內又天下大亂，以其不知守正變通、戒慎止亂所致。並且舉程氏《易傳》說明古史中有終而無亂的典型；能夠進德修業，謹戒行道，不廢終始，道濟不窮，有終而不亂，如聖人堯、舜者。

　　除了這些道統下的聖主之外，其它又如出現「伊尹」四次，「箕子」七次，以及太公、比干、伯夷、皋陶、召伯等等，乃至桀、紂等獨夫，都圍繞著從三代史事來觀覽當下。同時也揀選兩漢以降史事，如武帝窮兵黷武、光武中興、太宗用人、隋煬奢敗等等，說明可作殷鑑效法的先王之道。並多有涉論君臣之義、君子與小人之別，倫常之道等主要內容。

　　作為時代的鴻儒，感時憂國的知識份子，將其心意注入在治學之中。以史事的引證，呈現在《周易》這部聖典的詮釋中，將那窮極天地變化的深邃《易》道，推明於人事，通萬民之情，定天下之業，成為治國平天下的不刊鴻教。

第四節　小　結

　　宋代可以說是中國歷代王朝中，文治武功極為特殊的朝代，雖積弱不振卻能長達將近三百二十年的國祚。[179]這個朝代長期處

---

178 見朱震《漢上易傳》，卷六，頁217-218。
179 宋朝國祚從西元960年至西元1279年：北宋（西元960-1127年）從趙匡胤陳橋兵變而定都汴梁始，到靖康二年，金兵攻陷汴京，北宋終。南

於內憂外患的狀態，外有遼、金、契丹等外族的侵奪欺凌，內有
政治上的重大變故，如哲宗的英年駕崩而由宣仁太后垂簾聽政，
又如靖康之難，徽宗、欽宗與太子宗戚三千多人被擄奇恥大辱；
朝中奸臣當道者，如欽宗時的蔡京、童貫，乃至高宗時的秦檜，
亂政賣國、陷害忠良，乃至權臣韓侂冑的專權，設僞黨僞學之禁；
又有新舊黨爭的政治對抗問題，此消彼長的官僚流放，是和或戰
的對外政策之爭論，君子與小人在此時代中，可以赤裸裸的呈現
其本色與面貌，而小人禍國歷歷可見。有志者莫不有感於沈重的
時代，以靖康之恥爲例，那非戰之禍，敗於朝堂之上，洪邁纂修
《靖康實錄》，「竊痛一時之禍，以堂堂之大邦，中外之兵數十
萬，曾不能北向發一兵，獲一胡，端坐都城，束手就斃」；[180]泱
泱大國，蒙此奇恥，忠義之士，忍能不憤慨傷慟！朱震生於神宗
時期，卒於南宋初年，親歷未雪之國恥，經驗國家的變動，也處
此諫風鼎盛的年代，彰表士大夫之節，對國政之關心不在人後，
所以殞卒之時，高宗傷棟樑頓失，益見慘然痛惜。[181]朱震特專於
《周易》經典，自能將其政事之卓識，化諸於治經的詮解中，根
本儒道之政治思想，而能會通程氏諸前儒之說，轉化爲務實致用
之道，如不去小人、君子隱忍爲國即是。朱震使《周易》聖典，

　　宋（西元1 1127-1279年）始於徽宗九子康王趙構（高宗）定都臨安，
　　元兵入逼，衛王趙昺由陸秀夫背負投海，南宋亡。
180 見洪邁《容齋隨筆》，北京：昆侖出版社，2001年4月1版北京1刷，
　　頁341。
181 根據《宋史》本傳以及《宋元學案》的記載，朱震爲宋徽宗政和期間的
　　進士，歷經司勳員外郎、除祠部員外郎、都督府詳議官、祕書少監侍經
　　筵、起居郎、建國公贊讀、中書舍人兼翊善、禮部貢舉、翰林學士等官
　　職。紹興七年卒，高宗慘然云：「楊時物故，安國與震又亡，朕痛惜之。」
　　其學術地位可爲士之冠冕深博，又能廉正守道，體察國政，深切展露於
　　聖人典籍的致用，安邦大臣，爲高宗之肱股，頓失棟樑，安不慘然傷痛！

由天道明人事，具體的直陳儒學治道而有功，用儒學治道的觀點作爲義理論述的面向，也是義理內涵表現上的最大特色與主要內容，洵爲易學政治觀的典範。

　　朱震整體的易學表現，雖然有強烈的象數內容，也有周氏以降的諸多易圖觀點，但在詮釋經傳時，仍以儒家性格爲主，重視儒家道統，推崇孔夫子，闡揚先聖先儒之說，表彰禮制，重視儒教規範、倫常思想，體現誠道，羅織爲強烈的儒學本色之釋《易》特色。在「誠」的認識上，賦予其變化無形的化生性能，可以說是一種對《中庸》以來「誠」的理解之融合與改造。儒學性格的表現，正反映爲程氏、張載等宋代儒學氣質的延續，並集中於君臣關係等治道的範疇上。繼承儒學的傳統，陳述《易》義以表達其對政治的理性自覺與期待，並以儒家先王之政爲範式，進而對明君的期盼；這種高度呈現儒學本色、以義理釋《易》的易學特色，非歷來《易》家關照其象數之學所能概括的。所以，同時代的鄭剛中將之與程氏並言，認爲「近世程頤正叔嘗爲《易傳》，朱震子發又爲《集傳》，二書頗相彌縫於象義之間，其於發古今之奧爲有功焉」；[182]而全祖望又誦揚其所謂「漢上之立身，則粹然真儒」。[183]這正是對朱震易學成就的肯定，豐厚義理思想、值得理解的真儒。

---

182 見鄭剛中《周易窺餘・自序》。引自臺北：新文豐出版公司編印《大易類聚初集》第 2 冊，影印文淵閣四庫全書本，1983 年 10 月初版，頁 341。

183 見黃宗羲著、全祖望補本《宋元學案・漢上學案》，卷三十七，北京：中華書局，2007 年 1 月北京 1 版 3 刷，頁 1252。

第五章 以象釋義的卦象觀

　　《周易》作爲原始卜筮性質之書，《易》之論著者，藉由仰觀俯察、參之以龍虎鳥龜、山川原隰等自然之象，由觀物取象反應在卦爻辭的吉凶休咎之中。因此，卜筮系統下的《周易》，六十四卦乃至陰陽爻本身就是一種「象」的符號系統，不能脫離「象」而存在；不論是將陰陽的概念展現在卦爻的意義之上，象其形容以透過卦畫與卦爻辭呈顯出來，陰陽的概念因「象」而存在，卦畫的符號訊息，本身就是一種「象」，而卦爻辭的文字內容，也必多有「象」的成份，聯結諸多「象」的內涵，以表徵和詮解所占得之結果。這種用象釋義的易學理解，從《易傳》就已確立其定勢與合理的論述內容，[1]而漢代學者又尤其以虞翻（西元 164-233年）等人作了更大的發揮，但是魏晉以降，自從王弼（西元 226-249年）關注卦爻之義的哲學性義涵，強調《周易》卦爻辭的文字符

1　《易傳》肯定「象」在《周易》思維體系中的重要地位與意義，《說卦傳》大量列舉八卦所象的不同事物之各個卦象，《象傳》也以「象」闡明《易》義，而《繫辭傳》更具理論性的多次言「象」，凡十九處三十七見。《繫辭傳》指出「古者包犧氏之王天下也，仰則觀象於天，俯則觀法於地，觀鳥獸之文，與地之宜，近取諸身，遠取諸物，於是始作八卦，以通神明之德，以類萬物之情」。見《繫辭下傳》。引自朱震《漢上易傳》，卷九，臺北：臺灣商務印書館景印文淵閣《四庫全書》本第 11 冊，1986 年 3 月初版，頁 247。從仰觀俯察、遠近擇選中，有效而系統化的取自然之事物爲八卦的象徵物，進而表述一切萬物的情狀。本章後文引《漢上易傳》、《漢上叢說》，皆採上述版本。

號與所呈現的「象」，皆僅工具化的意義，重點在於這些「言」與「象」背後的「意」，才是《周易》這部典籍的價值所在，所以「得象而忘言，得意而忘象」，「意」才具有優位的主體價值。[2]王弼這樣的理解，對後來詮釋《周易》者，造成了革命性的影響，更甚者，對《周易》用象，採取了否定的態度，《周易》詮釋的轉化，魏晉到唐宋階段，易學家廣泛的用「象」已不具普遍性。

　　《周易》作者確定陰陽演化後的八卦爲推定萬物萬事的根本，從觀物取象以「類萬物之情」，將萬物依類「引而伸之，觸類而長之」，[3]擬物之象，賦予八種自然事物的基礎下，加以引伸區分，視其形或其情相似者爲同類，所以王弼說「觸類可爲其象，合義可爲其徵」。[4]廣泛的取象用象，以及卦象歸類的類推之法，成爲漢代易學家的重要釋《易》思維與特色。這種卦象運用的觀念，歷代《易》家不論運用之多寡，不敢否定它作爲經傳釋義的必要性。漢代以來的易學家，不斷的在找尋卦爻辭與「象」的關係，以及可以推類適用的合理性，試圖建構一套八卦用象的適當而有效的規則。但是，漢代以後，歷經魏晉、隋唐的式微，標榜著理學思想的宋代，更難以重振聲威，而朱震（西元 1072-1138年）可以說是這當中出類拔萃的少數易學家。粲然可觀的卦象運用，爲朱震易學的最重要特色之一，也是其象數易學思想的重要主張，但是晚近研究者，探討朱震之易學特色，或其象數易學的主體內涵，並沒有關注其卦象的運用。

　　朱震的用象，主要以《說卦傳》與漢魏以來易學家之說，以

---

2 參見王弼《周易略例·明象》。引自王弼著，樓宇烈校釋《王弼集校釋》，北京：中華書局，1999 年 12 月 1 版北京 3 刷，頁 609。

3 見《繫辭上傳》。引自朱震《漢上易傳》，卷七，頁 234。

4 見王弼《周易略例·明象》。引自王弼著，樓宇烈校釋《王弼集校釋》，頁 609。

及有關的逸象作爲依據，並進一步比類推衍，繁富的運用大量的卦象，辨諸物物之象以正言斷辭，建立出屬於自己的用象法則。因此，本章在探討朱震卦象運用的實質內涵，主要包括從其八卦用象的方式及內容來源、合二卦以上之象而得新象的理解、一卦之象類推它象和多卦取同一卦象的認識，以及不同爻位與上下不同卦位呈現不同卦象等幾個方面，進行詳要之梳理，覲其形象之用，揆度其方，最後對其卦象之說作簡要的評析與檢討，透過對其卦象主張的認識，使能對其易學定位，得到更爲具體的瞭解。

第一節　取象方式與用象內容

　　朱震好於用象，廣用卦象以釋義，成爲宋代《易》家的典型代表，也是傳述漢《易》用象的最重要易學家。其卦象取得之方式極爲多元，八卦用象主要以《說卦傳》爲據，推用之象亦極龐富，並在經傳釋辭中也不斷說明所用卦象之合理緣由。

一、卦象取得的方式

　　《易》以象著，透過「象」的運用，以闡明《易》義，朱震指出：

> 易者，象也。有卦象，有爻象。「象也者，言乎象者也」，言卦象也；「爻動乎內」，言爻象也。夫子之《大象》，別以八卦，取義錯綜而成之。有取兩體者，有取互體者，有取變卦者。大槩《象》有未盡者，於《大象》申之。[5]

---

5 見朱震《漢上易傳》，卷一，頁 7。

天地自然之道，訴諸於「象」，在易學的符號系統中，有卦象與爻象之別。對於《繫辭傳》所說的「彖也者，言乎象者也」，認為是針對卦象而言，總一卦之大義，由卦象來展現。至於卦中之爻的「爻動乎內」，即言爻象，爻的變動，產生不同的爻象，但爻的變動，也影響了卦的變動與產生不同的卦象。變動為自然的現象，則卦的變動也就成為必然之勢，如此一來，一卦除了原來已定之卦象外，也因為此一卦之變動，而產生另外的不同之卦象。此一卦原來已定之卦象，即上下卦之兩卦體，以及藉由互體、卦變及有關方式所形成的其它卦象。這種八卦之象的運用與論述，在《彖辭傳》與《大象傳》中作了具體的呈現。朱震在這裡強調一卦之象，包括本身上下卦之卦象外，尚有以互體與卦變所構築的卦象。事實上，朱震卦象的取得，並不限於由互體與卦變來產生，尚有如動爻、伏象、反卦、半象等方式，以這些方式的綜合運用，不拘泥於本卦的上下二體，使卦象取得的來源能夠多元，獲得充分有效的卦象。同時，這些方式的運用，也都是變化之道的展現。

互體為八卦取象用象的主要方法，陰陽所構築的八卦符號系統，它除了以一個重卦的上下卦的卦象為主體外，也打破上下卦的制式規範，以互體的方式，選取連續的三爻仍可聯結出一卦之卦象；藉由互體之法，確立一卦之象，在朱震的經傳釋辭中處處可見，沒有互體即無法解釋辭義。

一卦六爻藉由互體以呈現四個基本的卦象，即朱震所謂「一卦含四卦，四卦之中復有變動，上下相揉，百物成象」。[6]一卦含有四卦，即一卦存在著最基本的四個卦象。例如解釋損䷨卦卦辭

---

6 見朱震《漢上易傳·原序》，頁 3。

「曷之用？二簋可用享」，以初至三為兌口，指出「兌為口，有
問之意」，故以「曷之用」云。並且認為「坤為腹，為方，震為
足，艮為鼻，震巽為木，器有腹有足有鼻，簋也」。[7]取三至五互
為坤腹、坤方之象；取二至四互為震足、震木之象；取四至上互
為艮鼻之象。則損卦至少含有兌、坤、震、艮四卦之象。互體展
現陰陽變動之性的具體化形象，亦即朱震取得卦象的最重要方法。

　　互體與卦變、動爻、伏卦、反卦等方式結合，使其變化性與
可用之象更為多元。這些多元方式的運用，亦即除了本卦六爻進
行互體取象之外，亦以卦變、動爻、伏卦、反卦等變易方式的運
用，藉由本卦變易之後的卦爻進行取象。

　　卦變取象為朱震變易哲學觀的具體化主張，藉由爻位的上下
變化、剛柔相易的具體呈現，認為這種主張早在《易傳》時代就
已確立其理論與運用之基礎。[8]朱震在六十四卦卦爻辭的釋義中，
明確採取卦變方式進行卦象之取得者，約計至少有二十八卦採用
此方式。[9]以大畜䷙卦為例，朱震指出「大畜者，大壯九四變也。
一變為需，再變為大畜。需有坎離相合，發為輝光，進而上行成
艮，互有兌震，兌西震東，日所出入，日新其德也」。以大畜卦

<hr/>

7　見朱震《漢上易傳》，卷四，頁142。
8　朱震認為卦爻的變易觀，《易傳》已明確的論定，《繫辭傳》所說「變動
　　不居，周流六虛，上下无常，剛柔相易，不可為典要，唯變所適」，即易
　　學變易之說、卦變主張的依據，卦變為爻位的上下變化無常、剛柔彼此
　　相易的具體展現。《序卦傳》云「物不可以終盡，剝窮上反下，故受之以
　　復」，即十二消息卦的卦變主張。又《說卦傳》云「天地定位，山澤通氣，
　　雷風相薄，水火不相射」，即六子卦皆由乾坤兩卦相易而成，而此一觀念，
　　亦為「虞翻、蔡景君、伏曼容旁通之說」的來源，更是卦變的重要內容。
　　卦變之說在《易傳》中建立了理論的基礎。相關內容參見朱震《漢上叢
　　說》，頁377-378。
9　粗計以卦變之卦取得卦象者，包括乾、坤、訟、豫、蠱、大畜、頤、大
　　過、離、恆、明夷、家人、蹇、益、夬、姤、萃、困、井、鼎、震、歸
　　妹、巽、節、中孚、小過、既濟、未濟等二十八卦。

由大壯☳☰卦先變爲需☵☰卦，再變爲大畜卦，在取象上，則取用變卦需卦四至上互坎與三至五互離的坎離二卦之象，以爲日月相合，彼此輝光相映，並用本卦大畜卦二至四互兌爲西、三至五互震爲東的日出入之向，藉由這些卦象的運用，說明《彖傳》「剛健篤實輝光，日新其德」之義。[10] 又以夬☱☰卦爲例，朱震認爲「夬自姤變，一變同人，二變履，三變小畜，四變大有，五變夬。姤巽爲命，同人二坤爲邑，履兌爲口，告邑也，於小畜、大有皆有告命之象」。以夬卦自姤☰☴卦而變，而姤卦先變同人☰☲卦、履☰☱卦、小畜☴☰卦、大有☲☰卦，再變爲夬卦。姤卦初至三互巽爲命，其它包括履卦、小畜卦、大有卦、夬卦皆有兌口之象，故小畜卦與大有卦都有告命之象，而夬卦卦辭也就有「告自邑」之言。[11] 透過變卦得巽命之象，以聯結夬卦卦辭用象之義。卦變方式的運用，使六十四卦形成有機的聯繫網絡，一別卦並不單獨存在，取用卦象也非僅限於本卦，《易》之變化特質由是激越具體。

「爻」的主要性能在於變化，朱震在其《漢上易傳》的序文中特別引用《繫辭傳》所說的「道有變動，故曰爻」；「爻象動乎內，吉凶見乎外」。強調爻的變動之性，即其所謂「效天下之動而生爻」的概念；此爻之變動，反映在他所說的「此見於動爻者也」的「動爻」觀點。[12] 他所說的動爻，即是將原來一卦中的某一爻或某數爻進行陰陽爻性的變動，或採取一卦當中數爻的變換，同於漢代荀爽（西元 128-190 年）、虞翻等人所普遍使用的爻變或爻位升降之說。朱震廣泛藉由動爻的方式，取得所需之卦象，以解釋經傳辭義。例如以履☰☱卦爲例，初九「素履，往无咎」，

---

10 引文與相關內容，參見朱震《漢上易傳》，卷三，頁 96。
11 引文與相關內容，參見朱震《漢上易傳》，卷五，頁 150。
12 見朱震《漢上易傳·原序》，頁 3。

朱震認爲「四動而求之，斯可往矣。往以正，不失其素履。往成巽，巽爲白，亦素也，故往无咎」。九四居位不正，往之動而爲陰爲正，則四至上得巽白之象。九二「履道坦坦，幽人貞吉」，指出「二動成震，震爲大途，坤爲平衍，履道坦坦也，道中正也。初動二成坎，坎爲隱伏，初未往二，伏於坎中，幽人也」。以九二動而爲陰，則初至三得震卦大途之象，又得二三兩陰爲坤卦半象的平衍之象，則合「履道坦坦」之義。又以初爻動而爲陰，得坎卦隱伏之象，以合其「幽人」之義。其它各爻亦採爻位變動之方式，取得所需之卦象，進行爻義之論述。[13]過去以虞翻爲主的漢儒，採用爻變之說，大都秉持不正之爻使之爲正的爻變原則，朱震於此採爻變之法，則未必把握這樣的基本規範，前述履卦九二爻辭的解釋，即將原本得正之初九陽爻，使之動而爲陰，變成不正之爻，目的在於取得坎卦的隱伏卦象。因此，採取動爻的方式，朱震未堅持不正使之爲正的爻位變動原則，爻位的變動，端視卦象的需要而動，能夠取得所需的卦象才是爻位變動的主要考量。這種透過動爻以取得卦象的方式，也是朱震所普遍運用的方法。

漢儒京房（西元前 77-前 37 年）重視「陰中有陽，陽中有陰」的陰陽共生的概念，也就是強調卦爻的相對應關係的「飛伏」思想主張，朱震指出一般所言之伏爻或伏卦，即「京房所傳飛伏也」。乾、坤、坎、離、震、巽、兌、艮，八卦彼此是相互爲飛伏。並且認爲「見者爲飛，不見者爲伏。飛，方來也；伏，既往也」。顯見者爲「飛」，伏隱者爲「伏」；從動態的意義來看，一爻或一卦的存在，非僅於表面所呈現的此一爻或一卦，陽爻即伏隱著

---

13 履卦諸釋文，參見朱震《漢上易傳》，卷一，頁 44-46。

陰爻，陰爻也同樣伏隱著陽爻，一卦也同卦伏隱著另一個與之對應（陰陽相反）的卦。這種飛伏的概念，在京房的八宮卦世之說中發揮的淋漓盡致，朱震並且認為早在《易傳》時就已然存在，所以他說「《說卦》，巽，其究為躁，卦例飛伏也」。《說卦傳》以震有決躁之象，即巽卦之究，也就是巽☴三爻之反為震☳，巽卦伏隱著震卦。故太史公（西元前 145-前 86 年）《律書》所謂「冬至一陰下藏，一陽上舒，此論復卦初爻之伏巽也」。[14]復☷卦下震伏隱著巽卦。這種飛伏的思想，成為漢儒虞翻採用伏卦取象的來源，而南宋以來，朱震更是後繼而變本加厲者，藉由伏卦之法以求取卦象。舉例言之，大過☵卦九二「枯楊生稊」，朱震指出「兌為澤，巽為木，澤木楊也，兌正秋，枯楊也」。大過卦上兌為澤為正秋，下巽為木，合兌巽之象為「枯楊」。又指出「巽木在土下，根也；枯楊有根，則其穉秀出稊，穉出楊之秀也，伏震之象，故曰枯楊生稊」。[15]下巽木象在二至四坤土之下，故為「根」。伏震為出為生，故為根穉之秀的出稊之狀，合於爻辭之義。此朱震以下巽伏震取象以論釋爻義。又以革☲卦上六「居貞吉」云，朱震指出「上有伏艮，居之象也」。[16]上為兌卦，以兌伏艮，艮卦有「居」之象，得其「居」象以合爻義。又以臨☷卦六三《象傳》「咎不長也」云，朱震以「二至四有伏巽，巽為長」，[17]透過二至四互體得震卦，進而以震卦之伏卦為巽卦，得其「長」象以合《象傳》辭義之用。伏卦取象之時機，朱震並沒有建立一套合理適用的原則，只是一種隨機取象的操作方式。

---

14 相關論述，參見朱震《漢上易傳》，卷一，頁 5-6。
15 括弧引文，見朱震《漢上易傳》，卷三，頁 104。
16 見朱震《漢上易傳》，卷五，頁 173。
17 見朱震《漢上易傳》，卷二，頁 74。

　　除了三爻取得卦象之外，朱震亦有以兩爻代表一卦以取得半象者，並爲其易學觀點的重要主張之一。依目前文獻所見，明確使用二爻表徵一卦之象而稱作「半象」者，爲漢儒虞翻之說，虞翻有條件的運用半象之法，成爲其取象釋義的重要特色。[18]這種半象取象的方式，朱震再一次大量運用，遠遠超越虞翻的使用限度，並爲其繼承漢說的重要指標。例如朱震解釋小畜☰☴卦九二爻辭時，指出「巽爲繩，爲股，艮爲手，牽復也」，得巽、艮之象以合九二「復牽」爻義；其艮手之象的取得，主要以二、五兩爻同志，則四、五互得艮卦半象。解釋九三「夫妻反目」爻辭，指出「震爲夫，離爲妻，爲目，巽爲多白眼」，則夫妻反目相視，不能正室。[19]上卦爲巽，得多白眼之象；二至五互離爲妻爲目；震夫之象，則取三、四兩爻之半象。朱震同時透過爻位變動的模式，進而取得二爻所構成的半象，如解釋離☲☲卦九三「不鼓缶而歌」，指出「九三離腹變坤爲缶，艮手擊之，鼓缶也」。[20]使九三陽爻變而爲陰，取其二、三兩爻得坤缶半象，並以二至四互爲艮手之象，則合「鼓缶」之義。朱震此二爻半象之法，其使用原則主要是根據經傳辭義而定，尤其在無法以完整的三爻取象的不得已情形下，採取二爻來表徵一卦之象。除了二爻之外，朱震甚至以單獨一爻代稱一卦，專就單一陽爻指稱乾卦，單一陰爻爲坤

---

18 半象之說，尚秉和於《焦氏易詁》中認爲《周易》已隱然使用半象，至焦延壽（西元？）《易林》亦用半象之法，但是否確切如此，只能視爲尚氏揣度之說。見尚秉和《焦氏易詁》，卷二，北京：中國大百科全書出版社，2005 年 6 月 1 版 1 刷，頁 25。見前文獻所見明確使用半象者，大概應屬虞翻之說，半象爲其言象用象的重要特徵。關於虞翻半象運用之考述，參見惠棟《易例》，卷二，臺北：廣文書局影印皇清經解續編本，1981 年 8 月再版，頁 1028-1029。

19 參見朱震《漢上易傳》，卷一，頁 41-42。

20 見朱震《漢上易傳》，卷三，頁 110。

卦，這種情形在其經傳釋辭中也很普遍；[21]這種方法，以陰陽爻性類比乾坤，僅就乾坤兩卦而用，不適用於其它六卦之取象。朱震廣泛的使用二爻半象，或一爻代稱乾卦或坤卦，不免令人有著漫加濫用、無端造作的負面質疑，但這也確爲朱震取卦用象的重要方式。

多元的取象方式，尚包括少數以覆卦取象，如比䷇卦九五的述義中，朱震以三至五互艮之覆卦得震決躁之象即是。[22]這種多元的運用情形，高度展現變易的易學思想，並使用象不虞匱乏，即本卦無法取得所需之象，則以卦變、動爻或其它方式取用非本卦之象。這種窮於用象的方式，成爲其經傳釋義的主要內容。

二、八卦之主要用象

聖人透過觀象用象，以確定天地自然的不變之理，朱震沿著《繫辭傳》的說法進一步闡釋，強調「聖人見天下之至賾，將以示人，故擬諸其形容，象其八物之宜，形一定也」。《易》立八卦之八類具體形容之物象，此八卦八物之象，所以見天下至幽至隱、無所不包之理，所以「欲極天下之至賾者，存乎卦可也，存乎卦則見象矣」。[23]天地之象，以具體形容呈現，藉由三爻卦（包括二爻半象或一爻所得乾卦或坤卦之象）所表徵的八卦符號來擬象，此三爻卦反映爲一物之形體，朱震以「體」爲名，故在一重卦的時態中，「以一卦內外言之兩體」，即上下卦爲兩體，但並不以此爲限，因爲一卦時態之變由六爻所組合而成，任何三爻之

---

21 一爻代稱乾卦或坤卦，並取二卦之象的方式，朱震運用極爲普遍，有關之釋例，參見後文「八卦之主要用象」中所舉比卦九五爻辭之釋文所述。

22 覆卦取象之方式，其例參見後文「八卦之主要用象」中所舉比卦九五中覆震爲「決躁」之象，此處不作贅舉詳述。

23 見朱震《漢上易傳》，卷七，244。

變化，甚至已如前述的兩爻（半象），仍可合而爲「體」，尤其互體更是以「體」名之。由「體」而得「象」，由卦體而知卦象，所以說「《易》之用也，而有體焉，能知卦象」。自然變易之道即《易》之道，亦即六爻之變，以六爻之變得其卦體卦象，故朱震認爲「有變有動，不居其所，升降往來，循環流轉於六位之中」。[24]六爻六位展現其升降往來的變動之性，卦體卦象就是在此變動中形成。這種變動的概念，在《易》之系統裡，即前述互體、卦變、動爻、升降、伏卦等等具體化之主張。透過這些方式的運作，得其象以見天下之賾；沒有卦象，無法從卦爻辭中得知天地之道，無法見其吉凶之變，即其所謂「繫之卦辭，又繫之爻辭，以吉凶明告之，於卦象相發」，[25]非卦象無以明其吉凶，非卦象無以知其至理。

　　卦象的運用，成爲卦爻辭義的理解所不能排除的方法。聖人以傳釋經，知其象義之道，則《易傳》亦以象見。因此，朱震以經傳之辭，處處皆由象生，釋辭述義也就處處呈現八卦用象。例如以比䷇卦九五「顯比，王用三驅，失前禽，邑人不誡」爲例，指出「九五比之主，坎爲明，顯明，比道者也，故曰『顯比』」。[26]以坎卦「明」象合「顯比」之義。又指出「乾五爲王，自四至二，歷三爻，坤爲輿、爲眾，坎爲輪，田獵之象，王用三驅也。艮爲黔喙，坎爲豕，震爲決躁，內卦爲後，外卦爲前，嚮上爲逆，順下爲順，故曰『失前禽也』」。五爻獨陽又居天子尊位，得乾五之象；四至二互坤爲輿爲眾，上坎爲輪，合「王用三驅」之義。取三至五互艮爲黔喙，上坎爲豕，以及三至五覆震爲決躁之象，

---

24 諸括弧引文，見朱震《漢上易傳》，卷八，258。
25 見朱震《漢上易傳》，卷七，243。
26 見朱震《漢上易傳》，卷一，頁39。

推定「失前禽」之義。又云「坤下爲邑，謂二也。邑人者，二，乾也。二之五；艮見兌伏，兌爲口。邑人不誡也」。[27]取下坤邑象，並以二之五，得二爻爲陽爲乾人之象，又以三至五互艮伏兌爲口之象，合「邑人不誡」之義。

　　又如解釋坎☵☵卦六四「樽酒，簋貳，用缶，納約自牖」之義，認爲「四自初至五，有震、坎、艮、坤。坎、震，酒也。艮鼻，震足，坤腹，樽簋之形，皆有首鼻腹足而樽異者，有酒也。有樽酒象，而簋象亦具焉。簋貳也，貳副之也，樽酒而簋副之，燕饗之禮，君臣上下剛柔相際之時也。三、四坤爲土，爲腹，土器有腹，缶也。缶，樸素之物，質之象。坤爲闔戶，坎、艮爲穴，穴其戶，傍通日月之光，牖也，明之象。約者交相信，四、五相易，而後四應初，五應二，納約也。約誠信固結之象」。[28]此一爻辭共十個字，取震、坎、艮、坤諸卦，得鼻、足、腹、酒、樽簋、土、缶、闔戶、穴、牖、明等等諸多的象，字字皆從象生，呈現高度的用象方式，宋人用象，以之獨占鰲頭，無人可及。

　　朱震高度之用象，爲唐宋時期鮮有能及者，其八卦之用象，粗略統計如表 5-1-1 所列。

表 5-1-1　朱震八卦用象彙輯表

卦　名	卦　　　　象
乾☰卦	馬、良馬、龍、剛、德、剛德、健、剛健、剛嚴、首、君、君道、天、天德、天道、甲、壬、金、玉、金玉、冰、直、王、歲、人、金、父、考、祖、西北、牝馬、衣、赤、大赤、大人、大君、聖人、賢人、君子、神、決、面、帝、血、立多、午、天命、中正、圓、寒、木、明
坤☷卦	地、土、眾、民、眾民、輿、大輿、大車、牝馬、順、柔順、處順、露、霜、方、囊、臣、臣之道、黃、黃裳、裳、母、年、亂、身、喪、乙、癸、戶、邦、國、邑、國邑、邦國、城、墉、律、死、闔

27　諸括弧引文，見朱震《漢上易傳》，卷一，頁 39-40。
28　見朱震《漢上易傳》，卷三，頁 107-108。

	戶、腹、平衍、平石、平地、吝、吝嗇、儉、牛、牡、牝、牝牛、子母牛、鳴、晦、冥、冥昧、冥晦、晦闇、无疆、厚、帛、布、布帛、宮、缶、思、妣、年、鬼、方、鬼方、醜、質、黑、意、西南、厚、黃赤、瓶、肉、文章、文、光、立秋、丑、泥、鼇、王母、金、澤、柄、十月、迷、漿、多
震☳卦	馬、健、龍、蕃、鮮、蕃庶、蕃鮮、足、蹢、足之指、作足之馬、馬善鳴、馵足、趾、逐、履、聲、雷、萬物、玄黃、動、陽、陽物、決、躁、決躁、木、草木、竹、竹木、竹葦、萑葦、輹、東、東方、酒、庚、長、子、長子、長男、丈人、丈夫、左、夫、行、稼、大途、大塗、恐懼、榮、起、反生、生、緩死、春、仲春、春分、畀、穀稷、百穀、怒、威怒、作、圭、草、鶴、鵠、鼓、卯、甲、乙、三、八、直、甲拆、出
坎☵卦	水、水畜、光、光明、月、血、雲、輪、弓輪、北、陽物、美脊之馬、美脊剛鬣、險、險難、雨、子、乾之子、男、川、大川、災、災眚、盜、寇、車、幽隱、隱伏、耳、聽、眚、多眚、酒、毒、藥、毒藥、律、刑罰、棘、叢棘、獄、豕、豚、勞、不寧、明、憂、加憂、流之、髮、通、矯、弓、冬、多至、水厓、陷、窞、穴、黑、嘀躚、鼠、心、心病、多心、堅多心、夫、節、狐、龜、石、赤、勞、酒、折之、飲、可豐、揉、豚、患、戊、寅、赤、木、輮、下首、亟心、薄蹄、曳、通、可、桎梏
艮☶卦	止、居止、手、求、手求、求取、執、篤實、黔喙、黔喙之屬、山、夫、少男、擊、慎、掇拾、受服、萬物之終、拔、門、門闕、門人、閽、掊、石、土、土石、小石、拘之、指、手指、足指、蹢、足之指、趾、拇、鼻、膚、皮革、果、蓏、果蓏、丘、陵、丘陵、陸、宗廟、宮、舍、穴、背、背胸、鼠、徑、東北方、狐、狗、虎、虎子、鹿角、庭、靜、直、庭、舉、小、木、小木、天文、肱、臀、立春、丙、辰、堅多節、金、居
巽☴卦	木、草、草木、股、腓、立、風、入、事、事業、陰物、號、號令、申命、婦、多白眼、惕、惕懼、命、魚、繩、繩直、徽纆、係、不果、徐、白、素、白茹、雞、長、長上、長女、長木、高、升階、寡髮、西方、東南、觀、躁、蟠如、三、工、絲、進退、魚、民、工、造為、辛、丑、蒺藜、棟橈、巽、飛類、口、立夏、繘、臭、幹
離☲卦	文、明、光、文明、光明、光大、大明、文理、文章、天文、日、飛、鳥、飛鳥、飛類、目、睹、視、觀、朝、晝、日昃、夕、終、暮、夜、明入地中、火、絲、南、南方、見、矢、甲、甲冑、黃、黃酒、見、女、中女、妻、婦、麗、附麗、鶉雉之屬、雉、甲冑、兵、戈兵、戎、戎戈、笑、陰、臕肉、夏、夏至、大腹、大腹器、隼、疾（快）、龜、午、絲、己、卯、虎、豹、貝、贏、贏貝、財、牝牛、木、科上槁、烜、槁、科上槁、蠃、蟹、蚌、龜

兌☱卦	澤、淵、說（悅）、樂（快樂）、口、口穴、口戒、戒、口食、食、言、有言、虎、豹、女子、刑、刑殺、少女、妹、折之、躬、和說、剛鹵、盛陰、西、西方、毀、毀之、毀折、傷、右、武、決、告、險、難、辯、譽、秋、正秋、秋分、金、无悶、舌、口舌、刻制、妾、節、隼、問、羊、泉、棟橈、魚、水、雲、川、大川、文明、決、面、嬴、貝、嬴貝、財、噫、講、穴、丁、巳、枯楊、巫、笑、嘻嘻、嗟、號、告、問、允、愬、附、鹹、鍾孔、沙石、須、常、輔頰

所用八卦之象，乾卦不下 50，坤卦不下 90，震卦不下 70，坎卦不下 90，艮卦不下 70，巽卦不下 60，離卦不下 80，兌卦不下 80，內容詳如上表之內容。朱震所用之象，主要是根本於《說卦傳》象說，同於《說卦傳》之象者，包括：

乾☰象：馬、良馬、健、首、君、天、玉、金玉、冰、金、父、大赤、圜、寒等象。

坤☷象：地、眾、大輿、順、母、腹、吝嗇、牛、子母牛、布、文、黑、柄、均等象。

震☳象：其究爲健、龍、蕃鮮、足、蹄、作足之馬、馬善鳴、馵足、雷、玄黃、動、決躁、萑葦、長子、大塗、勇、反生。

坎☵象：水、月、弓輪、美脊之馬、盜、隱伏、耳、多眚、豕、加憂、陷、心病、赤、堅多心、下首、亟心、薄蹄、曳、通等象。

艮☶象：止、手、黔喙之屬、山、門闕、閽、小石、指、果蓏、鼠、徑路、狗、堅多節等象。

巽☴象：木、股、風、入、多白眼、繩直、不果、白、雞、長、長女、高、進退、工、臭、近利市三倍、其究爲躁卦等象。

離☲象：日、火、中女、雉、甲冑、戈兵、大腹、嬴、科上槁、鱉、蟹、蚌、龜、電等象。

兌☱象：澤、說、口、少女、剛鹵、毀折、決、口舌、妾、

羊等象。

　　朱震高度運用《說卦傳》所論的八卦卦象，其中如《說卦傳》所言艮卦之卦象，朱震全部採用；離卦的卦象，僅爲「乾卦」之象未引用；兌卦的卦象，也僅爲「巫」之象未引用。由此可見，朱震使用的卦象，主要是根源於《說卦傳》。這樣的用象內容，也可以展現出朱震以傳解經的具體色特。

　　在今存的文獻中，漢儒用象以虞翻爲首，而虞氏所用，尤在逸象方面，巽、離、兌三卦所用相對較少，乾、坤、震、坎、艮諸卦相對則較多，而用象的頻率上也是如此。然而，朱震之用卻極爲平均，在巽、離、兌三卦的用象表現，尤較漢儒爲多。除了引用《說卦傳》的卦象外，朱震亦有諸多卦象之用尤其與虞翻的逸象相同，包括乾象粗計九個：德、甲、王、歲、人、聖人、賢人、君子、神等象；坤象二十一個：民、亂、身、喪、乙、戶、邦、國、邑、晦、冥、厚、宮、缶、思、妣、年、鬼、方、鬼方、醜等象；震象七個：趾、左、夫、行、百穀、生、出等象；坎象五個：雲、災、酒、毒、獄等象；艮象九個：求、執、篤實、宗廟、宮、舍、背、肱、居等象；巽象四個：草木、號、命、魚等象；離象十個：明、光、飛、鳥、飛鳥、見、矢、甲、黃、戎等象；兌象二個：刑與右等象。[29]另外，朱震同於漢魏《九家易》之逸象者，包括乾象爲龍、直、衣者；坤象爲囊、黃、裳、帛、漿者；震象爲鵠、鼓者；坎象爲律、叢棘、狐、可、桎梏者；艮

29　虞翻所用逸象，主要參考惠棟與張惠言之說，惠棟所例虞氏逸象包括乾象六十、坤象八十二、震象五十、坎象四十六、艮象三十八、巽象二十、離象十九、兌象九，合爲三百二十四。張惠言在惠棟的基礎上，增加了約一百五十個。詳細之內容，參見拙著《惠棟易學研究》（二），臺北：花木蘭文化出版社，2009 年 9 月初版，頁 276-279。

象爲鼻、狐、虎者；離象爲牝牛者；兌象爲常、輔頰者。[30]所用
同於《九家易》三十一象者，多達半數之上。

　　雖然朱震習於用象，廣泛的用象，但推用之象的種類並不如
虞翻之繁富；虞翻的逸象，朱震並沒有大量的沿用。以虞翻乾卦
逸象爲例，後人統計至少六十個逸象當中，包括善人、武人、行
人、物、敬、威、嚴、道、性、信、善、良、愛、忿、生、慶、
祥、嘉、福、祿、積善、介福、先、始、知、大、盈、肥、好、
施、利、清、治、高、宗、老、舊、古、久、畏、大明、畫、遠、
郊、野、門、大謀、道門、百、朱、頂、圭、著、善人、祥、嘉、
久、畏等象，朱震並未採用，佔十分之九未採用；其它各卦之象
的使用情形也約略如此。因此，雖然朱震具有漢儒用象之本色，
但對於取用八卦的卦象，乃至以卦象釋義的內容，並不全與漢儒
同，朱震的取象用象，仍有其屬於自己的用象風格，並沒有套用
前人之說。

三、詳明所用卦象之緣由

　　朱震的八卦用象，大都有所據，主要依準《說卦傳》與漢魏
以來易學家之說，並多有個人之創見，尤其表現在透過卦與卦間
的關係，確立新的卦象，使卦象的運用，具有高度的靈活性，能
夠達到需求的滿足，同時確立一卦並非決然單獨存在的擴延關

30　《九家易》之逸象有三十一個，朱震同用者即有二十餘個。對於《九家
　　易》之說，朱震云：「秦漢之際，《易》亡《說卦》；孝宣帝時河內女子發
　　老屋得《說卦》、古文《老子》。至後漢荀爽《集解》，又得八卦逸象三十
　　有一。」見朱震《漢上易傳》，卷九，頁 273-274。此三十一逸象之屬，
　　朱震或當根據陸德明《經典釋說》所載作《荀爽九家集解》。此三十一個
　　逸象，爲後人八卦用象所重，如朱熹也採於其《周易本義》之中。朱震
　　重於用象，也必參用這些逸象。關於三十一個逸象之內容，參見拙著《惠
　　棟易學研究》（二），頁 348。

係，強化卦與卦間的密切關聯性。所用之象，每於釋義中或有說明，然八卦用象的緣由，以及所用之象的合理性，主要呈現於解釋《說卦傳》的釋文中，對所列之卦象，作了詳細的論述。例如解釋《說卦傳》以乾為「天」之象，指出「《易》言天者，皆乾也」。純剛之性，健行不已，所以為「天」。天覆萬有，以其廣遠弘大，故「天或謂之帝，言主宰也，推而上謂之上帝」。[31]由「天」象推出「帝」象，並因在上而又有「上帝」之象。又解釋乾為「圜」之象，引曾子之言云「天道曰圓，地道曰方」，「故得乎天者皆圜」。[32]從原始思維對天的形象認識，以天為圓狀，故乾卦有「圜」象。乾卦有為「衣」之象，朱震認為「古者衣裳相連，乾坤相依，君臣上下同體」。[33]乾坤同於陽尊陰卑的陰陽之氣，彼此唇齒相依，相伴共生，同君臣上下一般，亦同人體之被覆，在上為衣，在下為裳，則乾有「衣」象。

　　又以坤象為例，坤「地」之象，朱震指出「《易》凡言地者，皆坤也。乾坤，皆言天地者。陰陽相根，動靜相資，形氣相應，有一則有二，有乾則有坤」。[34]從陰陽之氣對應乾坤的概念申明坤「地」之象，與乾陽相資，載育萬物。地色黃為土，則坤又有「邑」、「邦國」、「城」、「墉」、「泥」、「甃」諸象，且在不同的狀況下用其適當之象，朱震云：

> 坤又為邑，為邦國。天子建邦，諸侯有國，大夫受邑分土也。邑，內也，故以下卦言之。諸侯四也，下兼卿、大夫、士。邦對國，則邦為王國。五，王位，諸侯承之。通言之，

---

31 二括弧引文，見朱震《漢上易傳》，卷九，頁 271-272。
32 見朱震《漢上易傳》，卷九，頁 272。
33 見朱震《漢上易傳》，卷九，頁 274。
34 見朱震《漢上易傳》，卷九，頁 274。

　　邦國一也。坤又為城，為墉。牆謂之墉，城，墉之大者。
　　震足艮手築之，巽繩縮之，掘地為澤，土自下升者，城也。
　　積土在內外之際，設險可入者，墉也。又為泥、為甕。坎
　　水坤土，汨之為泥，土水合而火之，為甕，以甕修井，為
　　甃。[35]

天子為「邦」，諸侯為「國」，大夫為「邑」，六爻別貴賤，則
「邑」小屬大夫，為邦國之內，專就下坤取象。至於「邦國」之
象，則就坤位上卦而言。又坤為「城」為「墉」之象，「城」大
而「墉」小，坤土由下而上升之時，得其「城」象，坤土位內外
之際，則為「墉」象。又坤為「泥」為「甕」之象，坤土與坎水
相合時，此坤得「泥」象；坤土與坎水又加離火時，則得「甕」
象。對於《說卦傳》所例諸象，朱震皆作詳要的說明，並且衍生
出更多的卦象，這些卦象，都是從《說卦傳》的用象基礎而來；
也就是說，朱震所增非《說卦傳》所有之象，大都是根本於《說
卦傳》進一步的類推而來。他的用象，《說卦傳》成為其最重要
的依據。

　　在實際的經傳釋義中，部分特殊或重要的卦象，朱震作了具
體的說明，其中特別如坤卦「年」象，他指出：

　　坤為年，何也？曰：歲陽也。陽生子為復，息為臨為泰，
　　乾之三爻也。夏后氏建寅，商人建丑，周人建子，無非乾
　　也。古之候歲者，必謹候歲始。冬至日臘，明日正月旦日，
　　立春日謂之四始，四始亦乾之三爻也。坤，十月陰也，禾
　　熟時也。故《詩·十月》「納禾稼」，《春秋》書「有年」、
　　「大有年」。[36]

35　見朱震《漢上易傳》，卷九，頁 274-275。
36　見朱震《漢上易傳》，卷一，頁 22-23。

認為歲之始為陽，陽氣舒發，一陽生而為復卦，息至為臨、泰，
此皆乾陽之卦，故云不論建子、建丑或建寅，皆在於乾，此以「歲」
稱，故乾有「歲」象。但是，在十二消息卦中，坤卦為十月之卦，
正處穀熟之時，早在《詩經・十月》即有十月納禾穀莊稼之說，
而《春秋》並以「有年」、「大有年」說明豐年，是值十月「有
年」之時，故坤卦有「年」象。

對於坎卦為「毒」之象，解釋噬嗑☲☶卦六三「遇毒」之「毒」，
認為「毒，坎險也」，以坎險有「毒」象，「毒」本為危險之物，
而更具體可循者，朱震認為「師曰：以此毒天下，謂坎也」，[37]以
師☷☵卦下卦為坎，《象傳》特別提到「以此毒天下」，即象徵「用
毒藥以攻疾」，[38]故坎有「毒」象。

對於坎卦為「髮」之象，朱震云：

> 先儒以坎為髮，何也？曰：以巽為寡髮而知也。乾為首，
> 柔其毛也，故須象亦然。[39]

以巽卦有「寡髮」之象，認為由是而知坎卦為「髮」象。朱震於
《說卦傳》釋義中，明白指出「坎為髮，髮者，血之華」，[40]《說
卦傳》以坎為「血卦」，而朱震以「髮」又為「血之華」，坎具
有「髮」象。又以乾卦有頭首之象，亦以「柔其毛」知其如「髮」。
於此，只能推論坎為乾之少子，為「水」象，其狀如「髮」。

巽卦得魚之象，朱震設問其由，認為「先儒以巽為魚，何也？
曰：以重卦離知之。包犧氏結繩而為網罟，以佃以漁，蓋取諸離。
離中有巽，巽復有離，巽為魚以漁也，離為雉以佃也。魚龍同氣，

---

37 見朱震《漢上易傳》，卷二，頁 81。
38 見朱震《漢上易傳》，卷一，頁 34。
39 見朱震《漢上易傳》，卷二，頁 65。
40 見朱震《漢上易傳》，卷九，頁 283。

東方鱗蟲，龍爲之長，震爲龍木之王氣，巽爲魚木之廢氣」。[41]朱震聯結離☲卦與巽☴卦的關係，以離☲卦中含有巽☴象，巽☴卦中含有離☲象，則離繩爲網罟，網罟以漁，而魚爲漁獵之標的，故離中之巽可以類推網中之魚，巽魚之象即由是而生。又鱗蟲之類位屬東方，五行爲木，魚亦屬鱗蟲之類，但非正東之物，則爲魚木之濁氣。

「虎」象之用，多卦皆採「虎」，朱震特別說明，云：

> 虞仲翔曰「坤爲虎」，又曰「艮爲虎」，馬融曰「兌爲虎」，郭璞以「兌艮爲虎」，三者孰是？曰：三者異位而同象。坤爲虎者，坤交乾也。其文玄黃，天地之文。艮爲虎者，寅位也。泰卦乾坤交也，在天文尾爲虎，艮也。大雪，十一月節後五日，復卦六二爻，虎始交。兌爲虎者，參伐之次，占家以庚辛爲虎者，兌也。龍德所衝爲虎，亦兌也。兌下伏艮，具此三者之象，故先儒並傳之，舉兌則三象具矣。[42]

歷來學者以坤卦、艮卦、兌卦皆有虎象，包括馬融（西元79-166年）、虞翻與郭璞等人所持皆異，朱震認爲三家之說皆是，只是三卦「異位而同象」。以坤爲虎而言，即坤交乾之位，天玄地黃之文，若虎之文而爲「虎」象。艮卦爲寅位，生肖爲虎，又屬天文尾之位，故艮有「虎」象。又虎始交之時，爲大雪節氣、十一月節後五日，亦消息復卦六二之時；天干庚辛爲虎，屬西方之卦，即白虎星宿之位，所以《說文》以虎爲西方獸，故兌卦爲「虎」象。兌伏艮，二者虎象並俱。三卦同有「虎」象，非別有是非，由異位而定。

---

41 見朱震《漢上易傳》，卷三，頁 88-89。
42 見朱震《漢上易傳》，卷三，頁 102。

　　朱震認為《說卦傳》以乾、坎、震為「馬」象，並增言離卦亦有馬象，以星宿之位作說明，云：

> 《說卦》以乾、坎、震為馬，何也？曰：乾離同位，日與天同體，金與火相守則流。以五行言之，火為馬。以八卦言之，乾為馬。觀諸天文七星為馬，離也。離者，午之位，漢中之四星曰天駟，東壁之北四星曰天廄，建星六星曰天馬，乾坎也，房為天駟，東一星為天馬，震也，故馬以三卦言之。昔者國有戎事，各服其產，而冀北之馬獨為良馬者，乾也。震為龍，其究為健。健，乾也。辰為角、亢，與房及尾共為蒼龍之次，故馬八尺以上曰「龍」。世傳大宛余吾之馬，出於龍種。龍飛天者，離也；馬行地者，乾也。而馬政禁原蠶，蠶以火出而浴龍星之精，與馬同氣。察乎此，則知乾離同位矣。[43]

對於《說卦傳》以乾、坎、震皆有「馬」象，主要是針對乾離同位的概念而言。乾離同位，即離日與乾天同體，乾金與離火彼此相守。乾健合於馬性，故八卦物象以乾為「馬」。從五行或天體方位而言，五行中火屬馬，而南北子午之位，離屬午位而有馬象。乾健為馬，特別指行地之馬，龍飛於天者為離，馬龍同種，故離同具「馬」象。建星六星為天馬，屬乾坎之位，故亦坎有「馬」象。震屬東方，東一星為天馬，則從星宿觀之，震為「馬」。又震為「龍」，其究為「健」，與乾同性，乾為「馬」而龍為馬之八尺者，故震同有「馬」象。日天同體，可知乾離同位而同有「馬」象，星象之位推衍，亦見坎、震同見「馬」象。

　　朱震以巽卦、離卦都有「絲」象，解釋姤☲卦時就同用此象，

43　見朱震《漢上易傳》，卷四，頁123-124。

對二卦同用「絲」象，特別作了說明：

> 巽、離為絲，何也？曰：巽為木、為風，巽變離，木中含
> 火，火生風，風化蠱。蠱為龍馬之精，龍大火，馬畜蠱以
> 火出，出而浴，畜馬者棻原蠱。故《太玄》以火為絲。賈
> 逵以離為絲。郭璞曰：「巽為風，蠱屬龍馬，絲出中。」[44]

離為火，又有龍馬之象，蠱又與龍馬相關，馬畜蠱以火出為「絲」，
故離為「絲」。巽為木為風，巽變而為離，則巽木中含離火，離
火生巽風，則離為「絲」，巽亦為「絲」。

　　卦象之從屬，主要以推類的方式進行比附，《說卦傳》立象
如此，歷代《易》家用象也是如此，朱震以《說卦傳》與前人之
說為基礎，進而推用卦象，並作了具體而詳實的說明，使讀者能
確知其用象之緣由。

第二節　併象與變交之象得新象

　　卦象之取得，除了由一卦取其象之外，朱震特別以卦與卦的
聯結，組合或推衍出新的卦象。這種情形的最典型方式，包括合
併兩卦以上之象以得新象、某卦變某卦而生新象，以及某卦交某
卦而生新象等方式。

一、併二卦以上之象為新象

　　卦象之形成，往往藉由兩個卦象的組成或變化而形成，這種
成象的方式，朱震在其經傳釋義中大量的採用，透過這樣的取象

---

44 見朱震《漢上易傳》，卷五，頁 154-155。

方式，也同時提高用象的來源。

　　重要的合二卦以上之象爲新象者，包括如：合坎離二卦爲「經綸」。朱震解釋屯䷂卦《象傳》「君子以經綸」，指出「離爲絲，坎爲輪，綸也。離南坎北，爲經，經綸也」。[45]屯卦上卦爲坎，伏隱爲離；離卦「絲」象，坎卦「輪」象，合二卦之象爲「綸」；離卦象「南」，坎卦象「北」，二卦南北合爲「經」象，故坎離之象，合爲「經綸」。

　　合艮震之象爲「鹿」爲「林」。解釋屯䷂卦六三「即鹿」之「鹿」，指出「艮爲黔喙，震爲決躁，鹿也」。[46]屯卦三至五爲艮，艮有「黔喙」之象，下卦爲震，震象「決躁」，六三爻處下震之上，互艮之三，爲艮、震二卦之交，則合艮、震二卦之象而爲「鹿」。另外，漢儒本有以八卦取「鹿」象者，如虞翻以震有「麋鹿」之象，與朱震合二卦爲「鹿」象相近。合二卦爲「鹿」象，同時也肯定二卦同具「鹿」象。同樣屯卦六三，解釋「惟入于林中」，朱震指出「艮爲山，震爲木，林也」。[47]取艮山震木之象，二卦合有「林」象。

　　合艮坎之象爲「泉」。解釋蒙䷃卦《象傳》「山下出泉」，指出「坎水在山下有源之水，泉也」，[48]蒙卦上艮下坎，上山下水，由二卦可以進一步推得「泉」象。

　　合兌震之象亦爲「泉」象。解釋井䷯卦卦辭，指出「自二至四體兌，兌爲澤。初本泰震。震，動也。來動于澤之下，泉之象」。[49]二至四爻互兌爲澤，而井自泰變，初爻本泰卦震陽，震象爲

45　見朱震《漢上易傳》，卷一，頁 21。
46　見朱震《漢上易傳》，卷一，頁 23。
47　見朱震《漢上易傳》，卷一，頁 23。
48　見朱震《漢上易傳》，卷一，頁 25。
49　二括弧引文，見朱震《漢上易傳》，卷五，頁 166。

「動」，澤下動而爲「泉」。

　　合兌坎之象爲「泥」。解釋需☵卦九三「需於泥」之「泥」，指出「水澤之際爲泥」，[50]二至四互兌爲澤，四至上爲坎水，九三爻正處水澤之際，故得「泥」象。

　　合離兌之象爲「眇」，合巽兌之象爲「跛」。解釋履☱卦六三「眇能視，跛能履」，指出「離爲目，兌毀之，眇也。眇者，不能視遠，言其智不足以有明也。巽爲股，兌折之，跛也。跛者不能行遠，言其才雖有上九之應，不足以相與而行也」。[51]二至四互體得離目之象，然下兌有折毀之象，則合離兌而得「眇」象，「眇」而不能看遠，故不足以有明。同樣的，三至五互巽爲「股」象，下兌爲折毀之象，合巽兌而得「跛」象，跛不能行遠。透過離目兌毀得「眇」象；以巽、兌而得「跛」象，跛不能行遠。

　　合震巽之象爲「莽」。解釋同人☲卦「伏戎于莽」之「莽」，認爲「震巽，草木，莽也」；[52]震巽二卦有草木之象，進而可以推說「莽」象。

　　合坤震之象爲「鳴」。解解謙☷卦上六「鳴謙」，指出「坤爲牛，應三震，有鳴之象」；[53]上坤爲牛，上六坤爻與九三震初相應，則坤牛應震雷而有「鳴」象。

　　合坤艮之象爲「束」。解釋賁☶卦六五「束帛」，指出「坤爲帛，艮手，束之」，[54]以四、五得坤之半象爲「帛」，而上艮爲「手」，「帛」與「手」則聯結出「束」象。

　　合坤震之象爲「輹」。解釋大壯☳卦九四「大輿之輹」，指

---

50 見朱震《漢上易傳》，卷一，頁 29。
51 見朱震《漢上易傳》，卷一，頁 45。
52 見朱震《漢上易傳》，卷一，頁 45。
53 見朱震《漢上易傳》，卷二，頁 62。
54 見朱震《漢上易傳》，卷三，頁 85。

出「坤爲輿，震木在輿下爲輹」，[55]由五、上兩爻得坤輿半象，
九四爲上震初爻，在半坤之下，故震木推得「輹」象。

　　合巽兌之象爲「嗟」。解釋萃☷☱卦六三「嗟如」，指出「巽
爲號，兌爲口，嗟也，故『嗟如』」。[56]三至五互巽爲「號」，
四至上（上卦）互兌爲「口」，「口」、「號」合象，故爲「嗟」，
同於爻辭「嗟如」之義。

　　合離震之象爲「夙」。解釋解☵☳卦卦辭「夙吉」，指出「離
爲日，震東方，日出乎東，夙之象也」。[57]二至四互體爲離爲日，
上卦爲震爲東，日出東方，則有「夙」之象。

　　合巽坎之象爲「乘舟」。解釋益☴卦卦辭，指出「益道之行，
自上下下，爲漸、爲渙，皆有涉坎之象。巽爲木，坎爲大川，木
在坎上，乘舟之象」。卦由否而變，「一變漸，二變渙，三變益」，
[58]漸☶☴、渙☵☴皆有坎卦大川之象，上卦爲巽木，木在川水之上，故
有「乘舟」之象。

　　合巽兌之象爲「魚」。解釋姤☴卦九二「包有魚」，指出「初
六易四，成兌，爲澤，巽於澤下者，魚也」。[59]初與四相易，則
二至四互兌爲澤，而原初至三（下卦）爲巽卦，巽處兌澤之下，
故得「魚」象。同樣的，解釋中孚☴☱卦「豚魚吉」，指出「坎爲
豕，其初爲豚，三兌爲澤，四巽乎澤爲魚」；[60]亦以巽處兌澤之
下而有「魚」象。

　　合坤兌之象爲「瓶」。解釋井☵☴卦卦辭，指出「坤爲腹，兌

55　見朱震《漢上易傳》，卷四，頁122。
56　見朱震《漢上易傳》，卷五，頁159。
57　見朱震《漢上易傳》，卷四，頁139。
58　二括弧引文，見朱震《漢上易傳》，卷四，頁145。
59　見朱震《漢上易傳》，卷五，頁155。
60　見朱震《漢上易傳》，卷六，頁210。

為口。井中之器，有腹有口，瓶也」。[61]取坤腹兌口之象，合二象而為「瓶」。

合艮震之象為「陵」，又合坎坤之象為「泥」。解釋震☷卦六二「躋于九陵」，指出「九四艮山，在大塗之下，陵也」。[62]二至四互體為艮，則六四有艮山之象，而上卦為震為大塗，故九四艮山在上震大塗之下，取為「陵」象。同樣的，解釋九四「震遂泥」，指出「坎水，坤土，泥也」。[63]三至五互體為坎，四處坎中為水，且居三四坤土半象，故四爻合坎坤而有「泥」象。

合震坤之象為「筐」。解釋歸妹☳卦上六「女承筐无實」，指出「震為竹，上六坤動為方，竹器而方，筐也」；[64]上卦為震為竹，五、上兩爻坤方半象，取震竹坤方之象而得「筐」象。

合離巽之象為「斧」。解釋旅☶卦九四「得其資斧」，指出「離為兵，巽木貫之，斧也」；上卦離兵之象，二至四互巽為木，合兵、木之象而為「斧」。

除了有合二卦之象為新象者，亦有合三卦之象為新象的情形。如合離艮坎三卦之象為「嚬蹙」。解釋晉☶卦六二「愁如」，指出「二至五，有離目、艮鼻、坎加憂，嚬蹙之象，故愁如」。[65]晉卦上卦為離目之象，二至四為艮鼻之象，三至五為坎加憂之象，目、鼻與加憂，合憂蹙哀嘆之狀，故坎得「嚬蹙」之象，即爻辭「愁如」之義。

合離坎巽三卦之象為「鴻」。解釋漸☶卦初六「鴻漸于干」，指出「初動，離為飛鳥，坎為水，之二，巽為進退，水鳥而能進

---

61 二括弧引文，見朱震《漢上易傳》，卷五，頁 166。
62 見朱震《漢上易傳》，卷五，頁 178。
63 見朱震《漢上易傳》，卷五，頁 178。
64 見朱震《漢上易傳》，卷五，頁 190。
65 見朱震《漢上易傳》，卷四，頁 124。

退者，鴻也」；解釋六二「鴻漸于磐」，指出「自二至五，有巽、離、坎，鴻之象」；解釋九三「鴻漸于陸」，指出「三至二有坎離巽，鴻之象」；解釋六四「鴻漸于木」，指出「四離飛鳥，而有坎、巽，鴻之象」；解釋九五「鴻漸于陵」，指出「二至五有坎、離、巽，鴻之象」。[66]同取離為飛鳥、坎為水、巽為進退等三卦之象，合而得「鴻」象。

　　合離坎艮三卦之象為「矢」。解釋旅䷷卦六五「射雉一矢亡」，指出「離為兵，伏坎為弓，伏艮為手，兵加之弓上，矢也」；[67]以離兵之象，合上卦伏坎弓之象，加上三至五伏艮為手，則有「矢」象之形成。

　　朱震運用這種合二卦以上之象而成為新的卦象者，部分論述仍有值得商榷的地方。例如合艮兌之象為「戶」的說，朱震解釋節䷻卦初九「不出戶庭」，指出「五艮為門闕，交兌為戶，四在門闕之中，為庭不出者，自守以正而已」，「故不出戶庭，乃无咎」。[68]以三至五互艮為門闕，與五、上兌戶半象相交，故得「戶」象。在這裡同樣透過艮、兌二卦的關係而得「戶」象，事實上朱震本已以下兌為「戶」象，艮兌言「戶」，似有畫蛇添足之嫌。

　　又如朱震合坤坎之象為「躬」，同樣的，又合坤兌之象亦為「躬」。坤象為「身」，坎象為「折」，合二象為「躬」，朱震使用極為頻繁，如解釋艮䷳卦六四「艮其身」，指出「坤為身，三坎坎之為躬」；[69]四、五兩爻得坤身半象，而二至四互坎為折，故身折為「躬」。另外，解釋蒙䷃卦六三「勿用取女，見金夫，

66　五段引文，見朱震《漢上易傳》，卷五，頁 184-185。

67　二引文見朱震《漢上易傳》，卷六，頁 197。

68　見朱震《漢上易傳》，卷六，頁 208。

69　見朱震《漢上易傳》，卷五，頁 182。

不有躬」，指出「坤爲身，兌折之爲躬」，[70]以三至五互坤爲身，二三兌折半象，合二象爲「躬」。在這裡，令人不解的是，既然坎卦同樣有「折」象，下卦爲坎，即可得「折」象而用之，何必取兌卦半象？難以窺知朱震是否有何特殊意義！

　　在此由某卦與某卦各本其象，並而得新象者，皆據卦爻之辭而立說，由二卦象之併合，類比於卦爻辭之象而推定，使聯結而成之新象或可用之象，得以有更多的管道與機會。這種併卦爲新象之法，在其用象立說中，又具體的提出某卦變某卦與某卦交某卦之說。

二、某卦變某卦而生新象

　　特別強調由某卦變某卦，而生新象者。發揮與凸顯變易之性，也爲得象用象取得新的管道。在卦與卦的變化觀念上，朱震強調「變者以不變者爲基，不變者以變者爲用」，[71]二卦之互變，互存其性，故其「象」互存於二卦之中，變動以顯其象、顯其用。

　　在《說卦傳》的釋文中，朱震特別指出某卦變某卦而得新象者，如「坎變乾，爲輪是也」，由坎卦變爲乾卦，得「輪」象，「既濟之初九，未濟之九二」，[72]即是明顯的例子。坤有「輪」、「輿」之象，則「坤爻變乾，陽爲大，則曰大輿」，[73]即坤變乾而爲「大輿」之象。又震卦變坤卦有「輹」象，朱震指出「曰輹者，坤震也」，「震之陽爻變坤之中爻」，如「大畜九二是也」。[74]又如巽卦變坤卦而有「柄」象，所謂「爲柄者，巽之坤」，旅

---

70 見朱震《漢上易傳》，卷一，頁 26。
71 見朱震《漢上易傳》，卷一，頁 6。
72 見朱震《漢上易傳》，卷九，頁 272。
73 參見朱震《漢上易傳》，卷九，頁 276。
74 參見朱震《漢上易傳》，卷九，頁 276。

卦九四、巽卦上九即是此例。[75]又如「坤變乾爲牝馬，離變坤爲牝牛」。[76]又如「震變兌爲決，變巽爲躁」。[77]又如「震爲蕃，變巽爲鮮」。[78]又如「爲白者，坎變巽也」，[79]坎變巽而有「白」象。由某卦之象變爲新卦之象，在論釋《說卦傳》時作了清楚的陳述，對卦爻的用象，提供綜合性的說明。

實際運用於卦爻釋義之中，朱震每用某卦變某卦而得新象之法，例如解釋乾☰卦爻辭時，指出「震變乾，則乾爲龍，乾變震，則震爲馬，故震其究爲健」。[80]以乾震互變，在於從陽氣的升發由初而究極的角度言，亦即陽氣由「一變而七，七變而九」，乾元一氣，入於少陽得震，入於老陽而爲乾，乾與震有其乾陽氣化的直屬關係。由震變乾而有「龍」象，乾變震而有「馬」象，震之究極，又有「健」象，實則二卦質性相近，皆存「龍」、「馬」、「健」之象。

解釋大有☰卦九二「大車以載」，指出「六五不有其大，屈體下交九二，而倚任之，猶大車也。坤爲輿，乾變坤爲大車」。[81]坤爲「輿」象，乾君爲大，故下卦乾變坤則有「大車」之象。朱震的變易觀，強調陰陽互變，則「乾體本坤，陽以陰爲基也」，[82]同樣的，坤體本乾，陰以陽爲基，乾坤互相伏隱，也牽動著彼此的卦象關係，故於此而有「大車」之象。

---

75 參見朱震云：「旅九四得斧，巽上九喪斧，或得其柄，或失其柄。」見朱震《漢上易傳》，卷九，頁277。
76 參見朱震《漢上易傳》，卷九，頁277。
77 參見朱震《漢上易傳》，卷九，頁279。
78 參見朱震《漢上易傳》，卷九，頁280。
79 見朱震《漢上易傳》，卷九，頁282。
80 見朱震《漢上易傳》，卷一，頁6。
81 見朱震《漢上易傳》，卷二，頁57。
82 見朱震《漢上易傳》，卷一，頁6。

　　解釋同人☲☰卦《彖傳》「文明以健」，指出「坤變乾」而有健行之象，且「坤爲文，坤變離爲文明，文理也。萬物散殊，各有其理，而理則一」。「文明以健，然後中正无私，靡所不應，天下之志通而爲一」。[83]坤爲「文」，離火爲「明」，坤陰繫生少陰離卦，則坤變離而有「文明」之象。

　　解釋坤☷☷卦時，指出「坤爲眾，變震爲蕃庶」，[84]坤卦本有爲「民」、爲「眾」之象，由坤陰之極而入於初陽震卦，則震有「蕃庶」之象。

　　解釋晉☲☷卦卦辭，指出「六四進而之五」，「九五用是降心以褒大之，錫馬蕃庶也。乾變坎爲美脊之馬，坤變乾爲牝馬。坤爲眾，蕃息庶多，言不一種也」。[85]以四、五動爻相易，則原本陽五乾象變陰，則晉三至五互坎，原本乾象爲「馬」，變坎而爲「美脊之馬」。四爻原爲陰坤之象，變爲陽四乾象，故稱「牝馬」。

　　解釋巽☴☴卦九二「巽在牀下」，指出「巽初，坤變乾也。巽爲木，坤西南方，乾爲人。設木於西南之奧，而人即安焉者，牀也。巽股變艮，股見手伏，蒲伏于牀下之象」。[86]朱震以巽初陰爻爲坤，坤變而爲乾，取巽「木」之象，再由坤卦得乾「人」之象，人安於西南之木，則得「牀」象。又由巽「股」變艮而得艮「手」，合二卦爲「手伏」，人伏於牀，合於爻辭「牀下」之義。

　　解釋漸☴☶卦初六「小子厲，有言」，指出「三艮爲少男，小子也。初之二，艮變兌，兌爲口，小子有言也」。[87]下卦三爻爲艮，艮少男有「小子」之象，初爻之二，得兌口半象，則艮變兌

---

83 見朱震《漢上易傳》，卷二，頁 54。
84 見朱震《漢上易傳》，卷一，頁 7。
85 見朱震《漢上易傳》，卷四，頁 123。
86 見朱震《漢上易傳》，卷六，頁 199。
87 見朱震《漢上易傳》，卷五，頁 184。

得「小子有言」之象，合爻辭之義。

　　朱震以某卦變某卦而得新象，所用極爲繁富，而其某卦變某卦之「變」，除了有卦與卦的伏隱關係外，也有乾坤與六子卦的變化關係，亦有直接透過動爻的方式，多元的變易方式，再次展現複雜的用象變易觀。透過這種某卦變某卦的方式，提高用象的機會，也使卦與卦的相合得新象的現象，變易之特性由此具體化。

三、某卦交某卦而生新象

　　強調卦與卦之相交，而生新象者。在《說卦傳》的釋文中，朱震也特別指出某卦交某卦而得新象者。坤乾兩卦相交，而有「寒」象，所謂「爲寒者，坤交乾也」，井卦「九五寒泉冽」即是。[88]坎乾相交，而有「冰」象，所謂「又爲冰者，坎交乾也」即是說。[89]坎坤兩卦相交而爲「泥」象，又與離卦相合而爲「甓」象，即其所謂「坎水坤土，泪之爲泥，土水合而火之，爲甓」。[90]坤與離相交而有「子母牛」之象，即其所謂「爲子母牛者，坤交離也」。[91]坎卦與離卦相交而爲「曳」，即所謂「爲曳者，坎離交也」。[92]坎卦與離卦相交而爲「棘」，即所謂坎卦「爲叢棘者」，「文離爲棘，離火銳上，不可觸，刺也」。[93]以巽卦與坎、離相交而有「蒺藜」之象，艮卦、震卦與坎卦相交，又有「桎梏」之象，即其所謂「巽交坎離爲蒺藜，象與棘同」。「爲桎梏者，艮手震足，

88 參見朱震《漢上易傳》，卷九，頁273。
89 參見朱震《漢上易傳》，卷九，頁273。
90 參見朱震《漢上易傳》，卷九，頁275。
91 參見朱震《漢上易傳》，卷九，頁275。
92 見朱震《漢上易傳》，卷九，頁289。
93 見朱震《漢上易傳》，卷九，頁291。

交於坎木，桎梏也」。[94]離卦與諸卦相交，而有鱉、蟹諸象，朱震指出「爲鱉者，離交巽也」；「爲蟹者，巽交離也」；「爲蠃者，兌交離也」；「爲蚌者，離交坎也」；「爲龜者，坎交離也」。[95]

　　實際運用於卦爻釋義之中，朱震也常常運用某卦交某卦而得新象之法。例如解釋坎☵卦上六「寘于叢棘」，指出「上動成巽」，即上爻變而爲陽，上互爲巽木之象，則「巽木交坎爲叢棘」；[96]巽木與坎卦之險陷相交，有「叢棘」之象。

　　解釋困☱卦六三「據於蒺藜」，指出「巽交坎離，爲蒺藜」，六三處互巽（三至五）之下，又與初至三互坎、二至四互離相交，巽木交坎石離火之堅銳，即「中堅外銳，蒺藜之象」。[97]

　　解釋益☴卦六三「告公用圭」，云「上乾不變爲玉。震，東方之卦，交乾爲圭。圭象，春生者也」。[98]上乾半象爲玉，下震爲東方，與乾交而得「圭」象，「圭」爲春生者，合震春的時節之象。

　　解釋節☵卦初九「不出戶庭」，指出「五艮爲門闕，交兌爲戶，四在門闕之中，爲庭不出者」。[99]三至五互艮爲門闕，與下兌相交而爲「戶」象，而四爻在艮中爲門闕之中，合爻辭「不出戶庭」之義。

　　以卦之相交言象，與以卦的彼此變化言象，雖用語不同，但本質上並無太大的差異，皆在強調卦與卦彼此聯結關係的變易特性，使彼此之本象在相互影響下，產生出新的卦象。個別的卦象，

94　見朱震《漢上易傳》，卷九，頁 291。
95　見朱震《漢上易傳》，卷九，頁 295。
96　見朱震《漢上易傳》，卷三，頁 108。
97　參見朱震《漢上易傳》，卷五，頁 164。
98　見朱震《漢上易傳》，卷四，頁 147。
99　見朱震《漢上易傳》，卷六，頁 208。

已非單純由某幾爻形成一個卦象的方式所能牢籠，卦與卦之間的嚴密關係，也能促使新卦象的成形，卦象的產生由卦與卦的化學變化下構成，也是一種重要的來源。

第三節　一卦之象類推它象與多卦取同一象

卦與象二者的對應關係，一卦可以由已定的典範性之象類推它象，故一卦可類推出甚多之象，此成象之方式，即由大致約定成俗的象進一步推定它象；這種情形成為用象之普遍法則，也是卦與象的主要對應類型。另外，亦有多卦同用一象者，即多卦對應一象；主要反應在此象在某些狀況下，具有多卦可以表彰出的共同特質，使多卦都能夠成為此象。這兩種卦與象的對應關係下的用象方式，普遍存在於朱震的《易》說當中。

一、一卦之象類推它象

由一卦已存在之象，再進一步開展出它象，是邏輯概念上類比推定的普遍方式，也為朱震取象用象的重要理解，是一種類推得象、繁富衍象的根本法則。

有關的推象釋例，例如解釋屯䷂卦六四「求婚媾」之「求」，取三至五爻互艮之象，認為「艮為手，求也」，[100]先得艮手之象，進一步類推「手」可有「求」意，故艮有「求」象。解釋蒙䷃卦六三「不有躬」之「躬」，指出「兌折之為躬」，[101]二至四互兌為「毀折」之象，進而推出「躬」象；解釋蒙卦上九「擊蒙」之

100　見朱震《漢上易傳》，卷一，頁 23。
101　見朱震《漢上易傳》，卷一，頁 26。

「擊」，指出「艮爲手，擊也」，[102]取艮手之象，進而推出「擊」象。解釋需☵卦《象傳》「順以聽也」之「聽」，認爲「坎耳，聽也」，[103]由坎耳之象，進而推出「聽」象。解釋訟☵卦卦辭「有孚窒惕」之「惕」，「巽爲多白眼，惕之象」，[104]取三至五互巽爲「多白眼」，進而推出「惕」象。解釋師☵卦《彖傳》「以此毒天下」之「毒」，認爲「坎爲險，又爲毒者，險難之所伏也。醫師毒藥以攻疾，所以濟險難也，故又爲藥」。[105]以坎險之象，進而推出「毒」象，再而推爲「藥」象，以說明藥石攻疾、去民之害的「毒天下」之義。解釋履☰卦六三「武人爲于人君」之「武」，認爲「兌，西方，肅殺之氣，武也」，[106]以兌有「西方」之象，西方爲秋，有刑殺、肅殺之氣，故又有「武」象。解釋蠱☶卦六五「用譽」，六五與九二相應，則二至四互體爲兌卦，「兌爲口，譽之象也」，[107]由兌口之象，進而推出「譽」象。

其它又如解釋否☰卦《象傳》「君子以儉德辟難，不可榮以祿」，指出「泰坤吝嗇，儉也。兌澤險，難也。震蕃鮮，榮也」。[108]以反卦泰卦上坤「吝嗇」之象，推出「儉」象；泰卦二至四互兌爲「澤險」之象，推出「難」象；泰卦三至五互震爲「蕃鮮」之象，推出「榮」象。由諸卦所得之象，以合《象傳》辭義。解釋謙☷卦《象傳》「君子以裒多益寡」之「裒」字，認爲「鄭、荀諸儒讀作抒，取也。《字書》作掊」；朱震以「裒」作「掊」，

102　見朱震《漢上易傳》，卷一，頁 27。
103　見朱震《漢上易傳》，卷一，頁 29。
104　見朱震《漢上易傳》，卷一，頁 30。
105　見朱震《漢上易傳》，卷一，頁 34。
106　見朱震《漢上易傳》，卷一，頁 45。
107　見朱震《漢上易傳》，卷二，頁 72。
108　見朱震《漢上易傳》，卷二，頁 51。

爲「取」之義。並且推求合於卦象，認爲「艮爲手，掊也」，[109]下艮爲「手」，進而有「掊」象，由「手」類推爲「掊」。又如解釋隨☷☳卦上六「拘係之」，認爲「艮手，拘之也；巽繩，係之也」，[110]二至四互艮爲手，進而推出「拘之」之象，三至五互巽爲繩，亦推出「係之」之象。同樣的，解釋隨☷☳卦六三「係丈夫，失丈夫。隨有求得」，指出「艮爲手，求也」，由艮手之象，進而推出「求」象；又指出「巽爲繩，係也」，[111]由巽繩之象，推出「係」象。解釋噬嗑☲☳卦六三「噬臘肉」，認爲「離爲雉，日熯之，臘肉之象」，[112]以離卦爲日，在動物則以其艷熾而色麗，則爲「雉」象，雉以日熯之，則有「臘肉」之象。爰如諸例，皆在透過既有之卦象，進一步推定卦象，以合於經傳辭義之需。

二、多卦同取一象

八卦表徵八類物象，一物屬一卦。然而亦有以一物爲多卦所包，這種情形在朱震用象述義中運用的極爲頻繁。

朱震最常以多卦取同一卦象者，包括取乾卦爲「龍」、爲「馬」、爲「健」，同取震卦爲「馬」、爲「健」、爲「健」，指出「乾體本坤，陽以陰爲基也。自震變而爲乾，震變乾，則乾爲龍，乾變震，則震爲馬，故震其究爲健」。[113]在乾坤陰陽的交互變化之下，由一陽初生之震卦，變至三陽乾卦，此時由震變乾的乾卦所用之象爲「龍」象；震變乾而乾有「龍」象，則震本亦有「龍」象，故朱震普遍使用震卦的「龍」象，解釋乾卦《文言》即云「震

109　見朱震《漢上易傳》，卷二，頁60。
110　見朱震《漢上易傳》，卷二，頁69。
111　見朱震《漢上易傳》，卷二，頁68。
112　見朱震《漢上易傳》，卷三，頁81。
113　見朱震《漢上易傳》，卷二，頁55。

為龍」。[114]另外，六子卦皆由乾坤所變，震為長子，由乾而變，因此，當乾變為震時，此時震卦可用「馬」象，並且，震之究爻（上爻）具「健」象，與乾卦之性同。乾、震皆具「馬」、「健」之象，但在前述的不同狀態下，其象性尤顯。

坎水兌澤，坎、兌二卦卦象之性質極為相近，則用象多有相同者。又坎、兌、乾同有「金」象。坎為「水」，而朱震亦以兌澤為「水」，坎為「雲」，亦以兌為「雲」，坎為「川」，兌亦為「川」；他在解釋革卦《彖傳》「水火相息」時，特別提出說明，云：

> 兌澤離火，而《象》曰「水火」，何也？曰：坎兌一也。澤者，水所鍾，无水則无澤矣。坎，上為雲，下為雨。上為雲者，澤之氣也。下為雨，則澤萬物也。故屯需之坎為雲，小畜之兌亦為雲，坎為川，大畜之兌亦為川，坎為水，革兌亦為水。又兌為金，金者，水之母，此水所以周流而不窮乎。[115]

說明坎、兌二卦，同有「水」、「雲」、「川」象。坎與兌為同一性質之物，特別表現在「水」性方面，水澤同性，水澤相傾；雲雨又為澤之氣，施澤萬物者。坎川亦同，兌亦具「川」象，故坎卦有「大川」之象，亦以「兌澤而為大川」，[116]坎、兌二卦同有「大川」之象。甚至兌為金，金為水之母，二者之性又近。故二者性近同有「金」象。又，朱震亦以「兌、乾為金」，[117]則兌、坎、乾三卦同有「金」象。

乾、坎、震、離同有「馬」象。解釋晉䷢卦卦辭與《象傳》

114 見朱震《漢上易傳》，卷一，頁8。
115 見朱震《漢上易傳》，卷五，頁169。
116 見朱震《漢上易傳》，卷六，頁211。
117 見朱震《漢上易傳》，卷五，頁174。

時，指出：

> 午為馬，火畜也，故古者羞馬以午出，入馬以日中。而《說
> 卦》以乾、坎、震為馬，何也？曰：乾離同位，日與天同
> 體，金與火相守則流。以五行言之，火為馬。以八卦言之，
> 乾為馬。觀諸天文七星為馬，離也。離者，午之位，漢中
> 之四星曰天駟，東壁之北四星曰天廄，建星六星曰天馬。
> 乾坎也，房為天駟，東一星為天馬，震也，故馬以三卦言
> 之。昔者國有戎事，各服其產，而冀比之馬獨為良馬者，
> 乾也。震為龍，其究為健。健，乾也。……飛天者，離也；
> 馬行地者，乾也。[118]

強調乾、坎、震三卦同有「馬」象，而「乾離同位」，且在五行
中，火又為馬，故離卦同有馬象。同時，認為飛天之馬為離卦，
行地之馬為乾卦；又震為龍象，其究為健為乾，同有龍象。故乾、
坎、震、離四卦，皆具「馬」象。

　　坤、震、巽為「方」；震、巽、乾、艮、坎、離為「木」。
解釋損䷨卦卦辭「二簋可用享」，指出「坤為腹，為方，震為足，
艮為鼻，震巽為木，木為方，器有腹有足有鼻，簋也」。[119]以坤
有方象，又以震、巽二卦同有方象；並指出震卦與巽卦同有木象。
朱震普遍用震卦與巽卦皆有「木象」，即所謂「震、巽為木」，[120]
「震、巽皆木也」。[121]同時，也肯定「乾、艮、坎、離皆有木象」，
並說明其原由，乃「水、火、土、石，地兼體之，金生於石，木

---

118 見朱震《漢上易傳》，卷四，頁 123-124。此段引文與前述卦象的緣由
　　之段落引朱震申論《說卦傳》的釋文相近。
119 見朱震《漢上易傳》，卷四，頁 142。
120 見朱震《漢上易傳》，卷四，頁 142。
121 見朱震《漢上易傳》，卷九，頁 281。

備此四者而後有」。[122]則六卦同有「木」象。

　　坎、離爲「光」爲「光明」。解釋需☵☰卦卦辭「光亨」之「光」，指出「光，坎離之象」，[123]以坎離二卦同有「光」象。又如解釋萃☱☷卦九五《象傳》「志未光」之「光」，指出「坎、離爲光」，[124]上卦爲坎，三至五互離，九五並在二卦，皆有「光」象。解釋豐☳☲卦九四，指出「四動成坎離，光明也」，[125]以坎離二卦有「光明」之象。朱震取「光」、「光明」之象釋義，每多以坎卦與離卦有「光」或「光明」之象。

　　坎、震同爲「酒」象。解釋需☵☰卦九五「需於酒食」之「酒」，明白指出「坎、震爲酒」，[126]坎卦與震卦同具「酒」象；並且進一步說明二卦「酒」象之由來，認爲「震爲禾稼，麥爲麴蘖。東方，穀也。故東風至而酒湧」。[127]以震卦有五穀作物之象，震爲東方，爲春天草木繁衍之時，象徵穀豐之能時，而穀麥可以釀酒，故春天起東風，東風至而酒現，是以震卦有「酒」象。除此之外，離卦有「黃酒」之象，朱震解釋震☳☳卦卦辭時，明確認爲「坎、震爲酒，離爲黃酒」，[128]離與黃酒爲象，與坎、震爲「酒」之象相近，則三卦同有「酒」象。

　　坎、坤同有「律」象。解釋師☷☵卦初六「師出以律」，指出「坎坤爲律」，上坤下坎，二卦皆有「律」象，強調律法爲用兵

122　見朱震《漢上易傳》，卷九，頁281。
123　見朱震《漢上易傳》，卷一，頁27。
124　見朱震《漢上易傳》，卷五，頁159。
125　見朱震《漢上易傳》，卷六，頁194。
126　見朱震《漢上易傳》，卷一，頁29。解釋未濟卦上九「有孚于飲酒」時，指出「上孚於三，三震、坎爲酒」，（見朱震《漢上易傳》，卷六，頁222。）亦以震卦、坎卦同有「酒」象。
127　見朱震《漢上易傳》，卷一，頁29。
128　見朱震《漢上易傳》，卷五，頁177。

制勝之道；然而，「初六不正，動則坤坎毀，師失律之象也」，初六以陰處陽，爲不正之位，動而使之正，則坤、坎二卦皆毀，得失律之象，合於《象傳》所說「失律凶也」之義。[129]

艮、坤同有「宮」象。解釋剝☷☶卦六五「宮人」時，認爲「艮坤爲宮」，即上艮爲宮，三至五互坤亦爲宮，坤伏乾爲人，故合爲「宮人」。

坎、兌同有「節」象。解釋家人☲☴卦九三《象傳》「失家節」，指出「坎、兌爲節，坎動兌見，失節也」。[130]二至四爲坎，坎與兌皆有「節」象，唯三與二相易，則得兌卦，以坎動而云「失節」。

以兌、離皆具「虎」、「豹」之象。解釋革☱☲卦九五「大人虎變」，指出「乾爲大人，兌爲虎。虎生而具天地之文」；明白指出九五爲兌虎之象，又以京房之說認爲「京房謂虎，文疏而著是也。六二離變兌爲文明，虎變也」。[131]離具「虎」象。兌、離也同具「豹」象，他在解釋革卦上六「君子豹變」時，指出：

> 陸績曰：「兌之陽爻稱虎，陰爻稱豹。」考之天文，尾爲虎，火也。箕爲豹，水也。而同位於寅，虎豹同象而異爻也。離二文之中也，故二交五其文炳明。離三文已過，故三交上，其文蔚茂繁縟，文之過也。三交上成九；九，君子，豹變也。[132]

陸氏以兌有「虎」、「豹」之象。尾宿爲「虎」，屬「火」，離爲火；箕宿爲「豹」，屬水爲坎。虎、豹同象，亦即坎、離同有二象。

---

129 參見朱震《漢上易傳》，卷一，頁 34-35。
130 見朱震《漢上易傳》，卷四，頁 131。
131 見朱震《漢上易傳》，卷五，頁 172。
132 見朱震《漢上易傳》，卷五，頁 172-173。

　　朱震以坎卦、艮卦、兌卦同具有「穴」象，如解釋坎☵卦六四爻辭時，指出「坎、艮爲穴」，[133]以上卦爲坎，三至五互艮，坎、艮二卦皆有「穴」象；又在解釋小過☶卦六五爻辭時，也指出「坎、兌爲穴」，[134]以坎卦與兌卦皆有「穴」象，是三卦同有此象。

　　其它又如：「坤、坎爲黑」；[135]「艮、坎爲鼠」；[136]「艮、坎爲狐」；[137]「艮、坎爲石」；[138]「艮、離爲天文」；[139]「坤、離爲文」；[140]「離、兌爲隼」；[141]「震、巽爲草」；[142]「坎、離龜象」；[143]「離、巽之柔爲絲」；[144]「巽與兌同爲棟橈」；[145]「兌巽爲魚」；[146]「巽、兌爲口」；[147]「兌、乾爲決」；[148]「兌、乾爲面」；[149]「離、坤爲黃」；[150]「坤、離爲文章」；[151]「兌、離

---

133 見朱震《漢上易傳》，卷三，頁 107。
134 見朱震《漢上易傳》，卷六，頁 216。
135 見朱震《漢上易傳》，卷三，頁 108。
136 見朱震《漢上易傳》，卷四，頁 125。
137 見朱震《漢上易傳》，卷四，頁 139。朱震解釋未濟卦時，也提出「艮、坎爲狐」，（見朱震《漢上易傳》，卷六，頁 220。）同樣以艮卦、坎卦有「狐」象。
138 見朱震《漢上易傳》，卷五，頁 164。
139 見朱震《漢上易傳》，卷六，頁 194。
140 見朱震《漢上易傳》，卷六，頁 218。
141 見朱震《漢上易傳》，卷四，頁 141。
142 見朱震《漢上易傳》，卷六，頁 195。
143 見朱震《漢上易傳》，卷四，頁 144。
144 見朱震《漢上易傳》，卷五，頁 154。朱震解釋小過☶卦六五，亦指出「巽、離爲絲」，（見朱震《漢上易傳》，卷六，頁 216。）以巽卦與離卦皆有「絲」象。
145 見朱震《漢上易傳》，卷五，頁 167。
146 見朱震《漢上易傳》，卷五，頁 167。
147 見朱震《漢上易傳》，卷六，頁 192。
148 見朱震《漢上易傳》，卷五，頁 172。
149 見朱震《漢上易傳》，卷五，頁 176。
150 見朱震《漢上易傳》，卷五，頁 176；又見卷五，頁 184。

爲贏，離爲贏，貝也」，[152]「離、兌爲贏貝」，[153]「離、兌爲貝，貝爲財」，[154]兌、離同具贏貝、錢財之象；「離、巽，飛類也」，[155]二卦同有「飛類」之象；「九二坎、乾爲血」，[156]坎、乾二卦皆有「血」象；「震、巽爲號咷」，[157]二卦同具「號咷」之象。坤爲民，而巽魚亦有「民」之象。[158]一象爲二卦以上所同用，由此可知其極爲頻繁，這樣的用象情形，非漢儒用象所能相擬者。

第四節　不同爻位與上下不同卦位呈現不同卦象

　　別卦六爻，分爲上下二體，並以不同的數爻組成不同的卦象，卦象標示出此卦內陰陽之變的重要內涵與本質。例如乾天之象，反應乾卦的剛健廣大之性；如又坤地之象，也反應出坤卦柔順育含共有之質。這種卦象所反應出的陰陽運化下的屬性特質，基本上不會因爲卦象處位之不同而有改變。然而，不論是上下卦或是一卦六爻之位，皆表現出陰陽在不同時空下的變化概念。因此，一卦處位的不同，所呈現的卦象可見其差異，但此一差異仍不能脫離它的基本屬性。朱震用象每每有不同爻位與上下不同卦位呈

151　見朱震《漢上易傳》，卷六，頁 194。
152　見朱震《漢上易傳》，卷五，頁 178。
153　見朱震《漢上易傳》，卷六，頁 203。
154　見朱震《漢上易傳》，卷六，頁 208。
155　見朱震《漢上易傳》，卷五，頁 186。
156　見朱震《漢上易傳》，卷六，頁 207。
157　見朱震《漢上易傳》，卷六，頁 213。
158　參見朱震《漢上易傳》，卷五，頁 155。

現不同的卦象，標示爲其卦象運用有別於漢儒的重要特色。

一、卦處不同之爻位則呈現出不同之象

　　《易》卦由陰陽爻所構成，不同的爻位即呈現不同的意義，也反映出不同的象，從判定吉凶的角度言，《繫辭傳》即有所謂的「二與四同功而異位」，「二多譽，四多懼」；「三與五同功而異位，三多凶，五多功」。[159]陰陽剛柔居位之不同，所反應的吉凶亦不同；不同爻位的變化所構築出的卦象，所聯結出的實質意義也就不同。在這樣的概念下，爻位的不同，所形成的卦象也就必然有所差異；並且，此種認識在朱震的卦象呈現的主張上，也得到具體的落實。

　　從別卦六爻的基本位性上來看，由初至上本有其始末先後之別，即陰陽運化的先後之異。朱震指出「卦以成卦言之，上爲首、爲前，初爲尾、爲後。以畫卦言之，初爲始、爲本，上爲終、爲末」。[160]成卦之上爻爲首爲前，其初爲尾爲後，就畫卦符號來看，亦有終始本末之分。其中則又有其別然之分。分位有別，則成象亦有別。表現在其卦象的運用，則卦處不同之爻位則呈現出不同之象。以下特別將朱震於經傳釋義中的重要不同處位之象，列舉重要釋例進行說明。

　　離日象在不同的爻位上，呈現出不同的象。朱震指出「離日在上爲朝，在五爲晝，在三、四爲日昃、爲夕、爲終。日在二爲暮、夜、爲明入地中」。[161]離日處上位爲「朝」，處五位爲「晝」，處三、四之位爲「日昃」、「夕」、「終」，處二位爲「暮」、

159　見《繫辭下傳》。引自朱震《漢上易傳》，卷八，頁 259。
160　見朱震《漢上易傳》，卷六，頁 220
161　見朱震《漢上易傳》，卷一，頁 11。

「夜」、「明入地中」。又解釋離☲卦九三「日昃之離」，認為「離為日，在下昃也」，[162]以離日處下之象為「昃」。

坤戶、坤土之象，處二、三之位為「邑」，四位為「國」，五位為「邦」，上位為「社」，又有直稱坤在上爻為「國」。解釋訟䷅卦九二「邑人三百戶」，指出「坤為戶，二在大夫位，為邑」，[163]坤卦「戶」象，在二大夫之位，則有「邑」象；然而，朱震取坤邑之象，殊不知九二如何得坤卦之象，並沒有作清楚的交待。另外，解釋謙䷎卦上六「征邑國」，也指出「坤在侯位為國，在大夫位為邑」，[164]即坤處四位為「國」，處三位為「邑」，不同之處位，呈現出不同之象。又如解釋无妄䷘卦六三「邑人之災」，指出「坤土在下為邑」，[165]取二三兩爻坤土半象，居下卦二、三之位，故稱「邑」。又於師䷆卦釋義中指出「坤在上為邦」，[166]坤五之位，為天子尊位，故坤上有「邦」象。又解釋震䷲卦《象傳》「宗廟社稷」，指出「六，宗廟也。艮為門闕，坤土在上為社」，[167]此就爻位而言，上六為宗廟之象，且五、六爻有坤土半象，而上六又為坤土之上，故為「社」象。另外，解釋坎䷜卦《象傳》以「坤在上，國也」，[168]即以上六一爻代表為「國」之坤象；以上六為「國」，明顯與前說四爻為「國」之說法不同，運用之體例無法一致。

坤地、坤牛之象，處初為「黑」，處二、五中位為「黃」。

---

162 見朱震《漢上易傳》，卷三，頁110。
163 見朱震《漢上易傳》，卷一，頁32。
164 見朱震《漢上易傳》，卷二，頁62。
165 見朱震《漢上易傳》，卷三，頁95。
166 見朱震《漢上易傳》，卷一，頁35。
167 見朱震《漢上易傳》，卷五，頁177。
168 見朱震《漢上易傳》，卷三，頁106。

解釋遯☷卦六二，指出「坤爲牛，坤中爲黃」，[169]遯卦上乾下艮，初、二得坤牛半象，而六二爻處坤中，故以色黃爲象。坤卦爻處不同之位，則象不同之色，他特別提到「坤，黑也」，「坤於地爲黑」；「坤之中爻爲黃，黃者，地之中色」，「六二、六五坤之中爻，所謂黃也」。[170]坤以初爻象「黑」，中爻象「黃」。

　　乾卦之象，處五之位爲「王」爲「君」。解釋師☷卦九二《象傳》「在師中吉，承天寵。王三錫命，懷萬邦也」，指出「天寵者，龍光也」，以「龍光」爲得「天寵」，進而指出「乾在上爲天，五坎爲光，二震爲龍」，說明乾卦在上而得「天」象，坎五之位爲「光」象，震二爲「龍」，得諸象以合「天寵」。又「五乾爲王」，乾五之尊位，特別顯現「王」象。[171]在這裡可以看出，朱震好以不同之爻位，顯用不同之卦象，但是，就師卦而言，上卦爲坤，下卦爲坎，互體並不能得乾卦，此處用乾卦之象，唯一之可能，即上坤之伏卦方能爲乾，但朱震並未明說。乾五爲「王」之象，朱震運用極爲普遍，又如解釋隨☷卦上六，以四五兩爻爲乾卦半象，同樣指出「乾五爲王」。[172]這裡必須指出的是，在「乾五爲王」的用象上，朱震並非以一個完整的三爻乾卦來取象用象，而是專就五位「乾五爲王」而言；也就是說，在以乾卦具有「王」象，或是乾卦用「王」象的原則下，大致以五位而言，且這五位不必是一個完整三爻乾卦的五位。又如解釋坎☵卦《彖傳》，指出「五乾爲王」，[173]九五乾象，居尊之位，故稱「王」。這種類似以某爻專指某卦的某象之卦象運用，尤其特別針對乾坤二卦，

169　見朱震《漢上易傳》，卷四，頁 119。
170　參朱震《漢上易傳》，卷九，頁 277-278。
171　參見朱震《漢上易傳》，卷一，頁 35。
172　見朱震《漢上易傳》，卷二，頁 68。
173　見朱震《漢上易傳》，卷三，頁 106。

以一陰或一陽之爻，表徵乾坤之象，在朱震易學中運用的非常普遍。另外，解釋隨☷☳卦初九，指出「五乾為君」，[174]乾陽九五之位又為「君」象。

　　艮山之象，處三爻（下體之上）為「陵」，處中爻為「丘」，重卦中間三爻艮卦之象，以「丘陵」立說。解釋同人☰☲卦九三「升其高陵」之「陵」，認為「艮為山，在下體之上，陵也。震為足，巽為高，升于高陵也」。[175]取二三兩爻艮山半象，又以其位在下體之上，故得「陵」象。又得震足巽高之象，共取三卦之象，以合爻辭之義。解釋賁☶☲卦六五「賁于丘園」之「丘」，上卦為艮，指出「艮為山」，艮為「山」象，而六五處上艮之中，故朱震云「山半為丘」，[176]由艮山以其中而取為「丘」象。解釋坎☵☵卦《象傳》時，指出「艮為山，坎為川，半山為丘陵也」。[177]三至五互艮為山，位處卦中，則稱艮處半山為丘陵。

　　以巽☴卦之上爻之象為「躁」。解釋觀☴☷卦上九，上卦為巽，指出「巽究為躁」，[178]以巽卦之上爻為「躁」象。又如解釋恆☳☴卦九三，亦云「巽究為躁」，[179]強調上巽之末為「躁」象。解釋益☴☳卦六三，云「三震動之極，為決躁，巽其究為躁」，[180]六三相應於上巽之上九，為巽末「躁」象。解釋姤☰☴卦九三，亦稱「巽究為躁」，[181]以下巽之極為「躁」象。

　　艮「指」之象，處別卦下體艮卦之下為「趾」為「拇」之象。

174　見朱震《漢上易傳》，卷二，頁 67。
175　見朱震《漢上易傳》，卷二，頁 55。
176　見朱震《漢上易傳》，卷三，頁 85。
177　見朱震《漢上易傳》，卷三，頁 106。
178　見朱震《漢上易傳》，卷二，頁 77。
179　見朱震《漢上易傳》，卷四，頁 117。
180　見朱震《漢上易傳》，卷四，頁 147。
181　見朱震《漢上易傳》，卷五，頁 155。

解釋噬嗑䷔卦初九「屨校滅趾」,二至四互體爲艮,朱震指出「艮爲指,在下體之下爲趾」,[182]認爲艮有「指」象,而當艮處一卦之下體時,其下爻則有「趾」象。解釋離䷝卦初九,云「遯艮爲指,指在下體之下爲趾」,[183]同樣以艮指在卦體之下爲「趾」象。解釋剝䷖卦六二,指出「艮爲指,在初爲趾」,[184]艮指之象,在初爻則爲「趾」。解釋咸䷞卦初六「咸其拇」,認爲「艮爲指,在下體之下而動爲拇,拇,足大指也」,[185]同樣以咸卦下艮爲指,而初六爲下艮之初,爲足趾之拇,特以「拇」爲象。

艮䷳卦在上體之下的爻位有「臀」象,朱震特別指爲艮卦在上體之下有此象,在解釋困䷮卦初六時,指出「四否艮在上體之下,爲臀」;[186]困卦自否䷋卦而來,否卦二至四互體爲艮,而四爻處上體之下,故得「臀」象。

坤牛處初爻而爲「童牛」之象。解釋大畜䷙卦六四「童牛之牿」,指出「坤爲牛,坤初爲童牛」,然初爻爲陽,則「初剛往四」,「四之初爲童牛」,[187]變而使初爻爲陰,用以象徵坤體,而坤體爲「牛」,初爻爲犢,故稱「童牛」。

巽股在下體之中爲「腓」象。解解咸䷞卦六二「咸其腓」,指出「巽爲股,二在下體之中,腓也」,[188]二至四互體爲巽,巽爲「股」象,而巽股下爻即六二,居下體之中,故推爲「腓」象。

坎心與坤中(第二爻)相應而爲「意」象。解釋明夷䷣卦六

---

182 見朱震《漢上易傳》,卷三,頁 81。
183 見朱震《漢上易傳》,卷三,頁 109。
184 見朱震《漢上易傳》,卷三,頁 88。
185 見朱震《漢上易傳》,卷四,頁 113。
186 見朱震《漢上易傳》,卷五,頁 163。
187 見朱震《漢上易傳》,卷三,頁 98。
188 見朱震《漢上易傳》,卷四,頁 113。

四《象傳》「心意」，指出「坎爲心，坤中爲意」，[189]二至四互體爲坎心，上卦爲坤，五爻位居坤中，又下接坎心，故坤中爲「意」。

兌口上爻爲「不食」之象。解釋鼎☲☴卦九三「雉膏不食」，指出「兌口在上，不食也」，[190]以兌口有「食」象，但兌口處上之爻，已在口之極，則有「不食」之象。

艮狐之初爻爲「小狐」。解釋未濟☵☲卦卦辭「小狐汔濟」，指出「艮、坎爲狐；小狐，初爻也。艮之初爻爲小狐」。以艮卦、坎卦同具「狐」象，同時「初往之四」，[191]即初六與九四相易，則上卦爲艮，則四爻爲艮之初，並以艮初爲「小狐」之象。

除了上下不同爻位呈現不同的卦象外，也以不同的陰陽爻位產生不同的卦象。其中包括：艮卦處爻陰之位，可以得「膚」象，例如解釋噬嗑☲☳卦六二「噬膚滅鼻」，指出「艮陰爲膚」，[192]二處艮下，又爲陰爻陰位，故有「膚」象。解釋夬☱☰卦九四「動有伏艮，爲臀。艮柔爲膚」；[193]四動爲陰，則二至四互兌，伏卦爲艮，艮爲「臀」象，四處陰柔之位，有「膚」象。

巽爲「草木」之象，陽爻爲「木」，陰爻爲「草」。巽卦爲「草木」之象，但不同的爻性，仍有所別，即所謂「巽爲草木，剛爻木也，柔爻草也」。[194]

兌羊前陽之爻爲「角」。解釋大壯☳☰卦九三，指出「兌爲羊，前剛爲角」，[195]二至四爻互體爲兌，兌有「羊」象，處兌之前，

---

189 見朱震《漢上易傳》，卷四，頁 128。
190 見朱震《漢上易傳》，卷五，頁 175。
191 二括弧引文見朱震《漢上易傳》，卷六，頁 220。
192 見朱震《漢上易傳》，卷三，頁 81。
193 見朱震《漢上易傳》，卷五，頁 152。
194 見朱震《漢上易傳》，卷九，頁 291。
195 見朱震《漢上易傳》，卷四，頁 122。

又爲具剛性之陽爻，故有「角」象。

因此，爻位的處位上下之不同，或處位的陰陽屬性之差異，所形成的卦象也就作了不同的區別，凸顯爻位的變化特質，雖同屬一卦，但爻位與陰陽屬性的不同，其成象也就判然有別，這也正是朱震卦象運用的特殊性所在。

二、卦處重卦上下卦之不同而有不同之象

八卦兩兩聯結爲六十四卦，六十四卦的基本組成即朱震所慣稱的上下兩體，上下異位，其陰陽屬性不同，也就是說，同樣一個卦體，處上卦之位與處下卦之位，其象意之結果自然也就不同。傳統上最常被討論到的，最明顯的如坎水之象，從《易傳》以來，似乎隱約見其上下卦用象的不同分判，屯䷂卦與蒙䷃卦《象傳》對坎象所述即是。

坎卦本爲「水」象，可類推爲「雨」爲「雲」，但用「雨」必在下卦，用爲「雲」則爲上卦，即其所謂「上而爲雲」，「下而爲雨」。[196]朱震解釋屯䷂卦《象傳》「雲雷屯」時，指出「坎在上爲雲」，「雲蓄雨而未降」，[197]強調坎處上卦之位，如天上「雲」象，爲水氣聚積而未成雨水之時，故坎雲之象，專就上坎而言。又解釋蒙䷃卦《象傳》「山下出泉」，指出「坎水上爲雲，下爲雨，在山下爲泉」，[198]坎卦處上爲雲，處下爲雨，而在蒙卦艮山之下，則爲「泉」象。又如解釋卦睽䷥卦上九，指出「坎在下爲雨」，[199]三至五互坎爲水，而三處坎下，又爲下卦，故以「雨」

196　見朱震《漢上易傳》，卷九，頁 286。
197　見朱震《漢上易傳》，卷一，頁 21。
198　見朱震《漢上易傳》，卷一，頁 25。
199　見朱震《漢上易傳》，卷四，頁 135。

爲象。

　　坤卦的邦、國、邑之象，上下卦位之屬象，判然有別。朱震解釋否☷☰卦強調「坤在上爲邦，在下爲邑」，[200]坤處上卦爲「邦」，處下卦爲「邑」。又如解釋晉☲☷卦上九時，指出「坤在內爲邑」，[201]即下坤爲邑。因此，解釋比卦《象傳》「先王以建萬國」，指出「坤土在上，國也」，[202]以上坤爲「國」象；同樣的，在解釋師卦九二時，指出「坤在上爲邦」，坤上有「邦」象。[203]朱震以坤卦有爲「國」爲「邦」之象，特別指明坤處上位才合用此象。解釋大壯☳☰卦九三，指出震卦卦象「爲竹木，在外爲藩」，[204]上卦爲震，震有「竹木」之象，又因處於外卦，故有「藩」之象。

　　艮卦爲「手」象「指」象，處上卦作「手指」，處下卦則作「足指」，朱震明白的指出「艮爲手，又爲指者，在上體爲手指」，「在下體爲足指」。[205]這樣的艮象之用，在其經傳釋義中，可以普遍的看到。

　　卦象性質雖同，指意雖近，但成象用象，仍因其處位上下之類推而見其差異性，此差異也使八卦用象的性質屬向之規範更具嚴密性。同時，上下之位的成象不同，也反應出陰陽之變，隨時空的不同或轉化，也必產生不同的象意。這樣的概念，在此用象的規則上予以具體化。

　　然而，這樣的規範，在朱震卦象的運用，是否視之爲圭臬，其實未必盡然，在某些方面，朱震與運用與述說上似存矛盾，其

200　見朱震《漢上易傳》，卷二，頁 51。
201　見朱震《漢上易傳》，卷四，頁 125。
202　見朱震《漢上易傳》，卷一，頁 38。
203　見朱震《漢上易傳》，卷一，頁 35。
204　見朱震《漢上易傳》，卷四，頁 122。
205　見朱震《漢上易傳》，卷四，頁 296。

明顯的例子即坎「眚」之象。朱震解釋訟䷅卦九二「无眚」之「眚」，認爲「坎在內爲眚」，[206]明白指出坎處內卦才能有「眚」象。但是，他在釋說《說卦傳》時，以坎爲「災」、爲「險」、爲「多眚」，並認爲「眚自取不正，災天降之」。「眚」的判定標準主要來自取位不正，其中如「訟九二、訟五、无妄三、四、上不正，震六三不當位，自取也，故曰『眚』」。[207]訟䷅卦下坎九二爻確爲不正，以「眚」稱之，但五爻非但沒有坎象，且又爲得正之位，但朱震卻也視之爲「眚」。又以无妄䷘卦六三、九四、上九等爻爲不正之位，同樣爲「眚」，卻也無坎象。又震䷲卦六三不當位，位於互坎之下亦爲「眚」。在他所舉的這些爲「眚」的例子中，仍有處上卦而有此象者，並不符合其所指的坎卦在內卦而爲「眚」之規定。這裡的解釋，也明顯看出所論紛沓不一，如此一來，很難讓人確定其運用的一致性。

第五節 小 結

　　朱震多元而繁富的卦象運用，肯定《周易》經傳義理之彰明，必即象以明之，無象無以見其義，用象之重，可以視爲宋代《易》說的翹楚，也標示著此一時期異軍突起在宋代易學發展中的特殊意義，南宋前期以其爲一系所代表的易學家，包括鄭剛中（西元1088-1154年）、張浚（西元1097-1164年）、林栗（西元1120-1190年）等人，爲繼漢儒以來的象數大宗與主流典範；認同漢說、回歸漢學，理解《易》象的千變萬化，本於用象方可通義的認識，

---

206 見朱震《漢上易傳》，卷一，頁32。
207 括弧諸引文，見朱震《漢上易傳》，卷九，頁289。

大量使用卦象成爲此時期象數之學的最大特色。面對理學的義理
化影響與圖書易學的崛起，屬於漢《易》的象數之學，陷於嚴峻
的困境與質變，但朱震的象數之用，尤其展現在卦象的方面，在
易學發展上有其重要的意義。

　　朱震卦象的運用，體現出一個重要之意蘊，即《易》卦所呈
現的變化之性，落實在別卦之象上，非僅限於此卦而獨立存在，
仍可由衍生的它卦它爻而聯繫出更多卦爻象的可能性。自然物象
的生生之化，轉諸《易》卦體系，亦是錯綜複雜，非執一以求而
可明義，藉由卦爻之變、非本象之用，以及象的交變與類推，方
可循卦爻之辭以明《易》義。因此，他曾明確的提出卦爻之象有
因前後之爻與它卦而形成者，認爲「前爻既往，後爻方來，來往
相爲用，故有因爻成象者，如同人九四因九三，九五因九三、九
四。明夷六二因初九也。有因前卦爲象者，如明夷之上六因晉，
夬之初九因大壯，玩其辭則可知」。[208]強調卦爻象的形成變化多
端，往往並不是單一的僅從某一爻或某一卦就可以去找尋卦爻辭
所用之象，很多的卦象與爻象必須從其卦之前後爻位或爻位的內
在變化上去推定，也有很多的卦象更須從與之相關的卦當中去找
尋。朱震掌握宇宙自然變化觀的哲學命題，並落實在卦象的推布
運用上；一個事物的存在，並非只是此一事物的獨立概念而已，
必與其所處時空的環境與事物共成關係網絡，此一事物的存在意
義，絕非可以置外於其時空關係上。因此，一卦表徵某一時態，
一卦著其卦象，以反應此一時態的意義，卦象之形成，亦不以此
一卦爲限；故多元的用象之法，複雜的成象之類推比附，成爲必
然之勢。藉由多元龐富的用象，抉摘合宜之象，闡發深邃隱微之

---

208 見朱震《漢上易傳》，卷四，頁 127-128。

大義，正是朱震用象的重要哲學意義之所在。

　　《繫辭下傳》所謂「爻象動乎內，吉凶見乎外」，[209]爻象以變動爲其本性，於別卦時態內進行變動，可以展現其所處時空的吉凶；這種卦內的爻位變動，必然帶引著自然之象的形成，也就是陰陽的變化，自然物象推衍而生，所以朱震說「爻有變動，象亦像之」。[210]於此，爻象的變動，可以藉由朱震互體、半象、單一爻位取用卦象，以及各種取象的方式來呈現，乃至一象類推它象、併用與變爻所得之新象、不同爻位與不同卦位所分別出的不同卦象等各種卦象的多元成形之變化。變易的思想藉由象數思維的用象主張予以具體呈現，提高用象的自由度與方便性，使所需八卦任何一卦作爲可資取象者，已無太大的難度，再加上併同二卦以上與言某卦變某卦或某卦交某卦的兩卦之象聯結類求新象，又以類推的簡易邏輯方式，由一卦既成之象（已成爲普遍理解之象，尤其以《易傳》用象爲本），進一步類推它象；衍象之法滋漫煩瑣，務在牽合辭義，並認定字辭皆由象生，成象勢在必行，則得象豈能不便，求象豈能不及。如此一來，縱使有意建構與確定用象的規則準據，如互體的用法、本卦之象與卦變之象的使用時機、動爻與伏卦的使用原則等等，循立用象的明確理路與合理性，卻只能望之卻步，其難度與侷限，是不易突破與克服的。在這種情況之下，穿鑿附會、掠象求義，是無法避免的歸途，這正是朱震八卦用象的困境所在。

　　太極生化兩儀，陰陽生成萬有，以其元氣龕興之象，推佈自然之變，見其天下之賾，明其吉凶悔吝。其象之成形，以卦象尤爲顯重，從六爻之中定其八卦象形，由八大物類明之，以觀象玩

209　見《繫辭下傳》。引自朱震《漢上易傳》，卷八，頁 245。
210　見朱震《漢上易傳》，卷八，頁 246。

辭知其《易》蘊，則廣用卦象成爲必然。然而，用之合理，推之合義，終歸彖辭本義而求之適當，則爲歷來易學家所努力開展與建構者。朱震八卦用象根本《易傳》，倣用漢儒之法而不敢自暇，指言創說，繁而可徵，富而猶有可善者。用象立說可見有依循與理據，卻不乏疵謬乖僻之處，或感有執象害意，贅於求象，弱化其可資稱美的用象原則規範。所以其後《易》家如南宋魏了翁（西元 1178-1237 年）直言「漢上太煩，人多倦看」。[211]歷來「詆其卦變、互體、伏卦、反卦之失」者亦可多見。[212]不論在互體、卦變、動爻、伏卦、半象或其它相關取象方式之運用，選擇本卦或之卦的卦象，據以斷辭闡說，並未確立嚴整的使用法則；何以此卦此爻專取卦變之象，彼卦彼爻卻用動爻之象？此卦此爻用伏卦之象，彼卦彼爻用半象？專注於循其辭而妄立可用之象，雖然擬用論述可察其苦心孤詣之情，仍有其合理稱洽的可觀之處，但往往游失其守，難以求信，處處曲透複雜，因辭立象又因象求象，過度強取，致使辭屈義泥，難以迴避述評之詰。

　　聖人伸引觸類以取象，作八卦以類萬物之情，八卦作爲萬有存在的生生法象，其八種象類本是一種類比、推類的結果，歷代《易》家根據個人之認知，推定某卦具有某象，而每個《易》家所持觀點不同，則一物推爲某卦，往往或有不同。如「狐」象，孟喜（西元？年）、《子夏傳》、虞翻、《九家易》、王肅（西元 195-256 年）、干寶（西元？-336 年）等人皆以坎水隱伏陷穴，爲狐之穴居，又以水性多變，合狐之多疑本性，故以坎卦具「狐」

---

211 見魏了翁《鶴山集》，卷一〇九，臺北：臺灣商務印書館景印文淵閣四庫全書本第 1173 冊，1986 年 3 月，頁 591。

212 馮椅《厚齋易學》指出「毛伯玉力詆其卦變、互體、伏卦、反卦之失」。見馮椅《厚齋易學》，附錄一，臺北：臺灣商務印書館景印文淵閣四庫全書本第 16 冊，1986 年，頁 830。後學亦多就其諸法之失提出批評。

象。但是，《九家說卦》卻又有以艮卦爲「狐」象，以狐狼皆黔喙之屬。[213]執其物性之不同，使二卦同有「狐」象。這種類推認定所形成的結果上之不同，是可能存在的，但情形必不在多數，畢竟八卦作爲八類象徵物，彼此屬性必然有明顯的不同，不可能繁富的出現一物爲二卦以上之象。並且，前人之說，形成一物所屬之卦的歧異，後人綜取前人之說不作揀選的並用，也必導致廣泛以多卦同取一物爲象的情形。這種情形正是朱震八卦用象與漢儒用象的重要差異，他大量以多卦取同一象，如震、巽、乾、艮、坎、離等六卦皆有「木」象，乾、坎、震、離等四卦同有「馬」象即是，同象比例之高，模糊了八卦或八種象類的差異性；八卦作爲聯結建構判定吉凶休咎的占筮系統，其比類用象的思維必將鬆動，其類推的邏輯性意義也必然消弱。同時，八卦推類的基本結構必爲三爻之卦，而朱震廣用半象與單爻取象之法，偏離傳統八卦類推的認識，其合理性與嚴整性也必遭受質疑。

---

213 「狐」象之用，參見惠棟《周易述》，卷十八，臺北：廣文書局影印皇清經解續編本，1981 年 8 月再版，頁 614。

第六章　互體取象之說

　　《周易》作者以原始的樸素思維，建構出預判吉凶的卜筮系統，確定宇宙自然的一切存在都是由陰陽的變化所形成。陰陽的變化，造就各種物象，藉由「仰則觀象於天，俯則觀法於地，觀鳥獸之文與地之宜，近取諸身，遠取諸物」，進而作成八卦，聯結宇宙自然的各種物象，「以通神明之德，以類萬物之情」。[1]以八卦推象，即其所謂「八卦成列，象在其中」[2]的「設卦觀象」[3]之用；自然的物象，可以由八卦類推為八種基本的形象。從仰觀俯察以取法實存事物之象，所比擬出來的符號形象，是一套具有由陰陽所含攝的事物之共同本質的符號系統。符號本身是個別與一般相結合的產物，具有普遍的意義，它「不是孤立的、個別的，而必定有自己的系統，有自己的規則或邏輯結構（logical context）」。[4]一卦六爻由陰陽的符號概念與由三個陰陽符號所聯結的八卦符號概念所推擬出事物之象，以表彰出吉凶休咎的內涵。這種由陰陽所構築的八卦符號系統，除了由上下各三爻所組

---

1 見《繫辭上傳》。引自朱震《漢上易傳》所引《繫辭傳》原文；見是書，卷七，臺北：臺灣商務印書館景印文淵閣四庫全書本第 11 冊，1986 年 3 月初版，頁 227。本章引《漢上易傳》與《漢上叢說》原文，皆以《四庫全書》本為主。

2 見《繫辭下傳》。引自朱震《漢上易傳》，卷八，頁 245。

3 見《繫辭上傳》。引自朱震《漢上易傳》，卷七，頁 225。

4 見侯鴻勛、姚介厚編《西方著名哲學家評傳續編（上卷）》，濟南：山東人民出版社，1987 年 1 版 1 刷，頁 460。

成的上下卦所展現的卦象之主要規則與結構外，尚有打破上下卦爻的基本制式符號認識，從連續的數爻也可以聯結出不同的卦象，這些卦象皆足以表徵一卦或卦中之爻的卦爻義。這種取象之法，即漢人所普遍運用的互體之說。

互體以取象為用，為象數之學的重要觀點，也是《易》義詮解的主要易例之一，這樣的觀點在《左傳》中已可見其端倪；宋代王應麟（西元 1223-1296 年）認為互體求《易》之說，由來已久，早在《左傳》時期已存在。[5]歷來學者也每每推說《繫辭傳》、《子夏易傳》，乃至西漢焦延壽（西元？）的易學觀點中，也有互體的主張。從現存文獻所見，最早明確使用互體之法者，當屬西漢後期的京房（西元前 77-前 37 年）。[6]京氏之後，馬融（西元79-166 年）、鄭玄（西元 127-200 年）、荀爽（西元 128-190 年）

---

5 《左傳·莊二十二年》記載：「周史有以《周易》見陳侯者，陳侯使筮之，遇觀☷☴之否☶☰，曰：是謂觀國之光，利用賓于王。……坤，土也；巽，風也；乾，天也。風為天於土上山也。有山之材，而照之以天光，於是乎居土上，故曰觀國之光，利用賓于王。」杜預注云：「巽變為乾，故曰風為天。自二至四有艮象，艮為山。」孔穎達《正義》則云：「六四之爻位在坤上，坤為土，地山是土之高者，居於土上，是為土上山也。又巽變為乾，六四變為九四，從二至四互體，有艮之象，艮為山，故言山也。」見左丘明著，孔穎達等注疏《左傳注疏·莊二十二年》，卷九，臺北：藝文印書館十三經注疏本，1997 年 8 月初版 13 刷，頁 163-164。王應麟《周易鄭康成注》中據《左傳·莊二十二年》陳侯筮得遇觀之否的例子，指出「以互體求《易》，左氏以來已有之」，肯定春秋時期，互體釋《易》之法已存在了。參見王應麟《周易鄭康成注》，臺北：新文豐出版公司編《大易類聚初集》本第 1 冊，1983 年 10 月初版，頁 4。

6 文獻所見京房的互體之說僅有一例，先以三爻互體為經卦，再進而重為益☶☳卦，具五爻互體之芻型。京氏論釋渙☴☵卦時，云：「互見動而上，陰陽二象，資而益也，風行水上，處險非溺也。」見《京氏易傳》，卷中。引自郭彧《京氏易傳導讀》，濟南：齊魯書社，2002 年 10 月 1 版 1 刷，頁 120。以二、三、四互震為動，而「資而益也」者，其「益」之象，乃以二至上之五爻互體立象，由二至四互震、四至上互巽，合上巽下震為益☶☳卦。

等人，皆普遍使用互體之說，以三爻互體爲主，並少有互體爲重卦的主張。[7]一直到了東漢後期，虞翻（西元 164-233 年）集互體之大成，除了大規模運用三爻互體外，也慣用四爻、五爻互體求取重卦之象，藉由互體之法取得所需卦象以陳述卦義。虞翻在推求互體的過程中，往往透過透過爻位之正的爻變方式，再以互體取得必要之卦象，這樣的方式成爲虞翻最常運用的方式，也是虞翻互體之說的重要特色。[8]互體取象之法，進入魏晉時期，成爲學者爭訟討論的議題。反對者例如董遇（西元？年）與王肅（西元 195-256 年），摒棄卦變與互體之說。王弼（西元 226-249 年）對虞翻的互體提出質疑，對其用象之法，「互體不足，遂及卦變」的「僞說滋漫」情形，提出嚴厲的批判。[9]鍾會（西元 225-264 年）特別針對互體，提出了強烈的論難，著《易無互體論》，否定互體之說作爲釋《易》的正當性。在此同時捍衛互體者，如荀顗（西元？-274 年）作《難易無互體論》，反擊鍾會的無互體之主張。互體之說在這個時期爲易學論戰的重要焦點，並且從南北朝以

7　馬融之說，文獻中也僅一例，解釋巽☴☴卦九五指出「巽互兌，而五在兌上」。引自明代熊過《周易象旨決錄》，卷四，臺北：新文豐出版公司《大易類聚初集》第八輯，1983 年 10 月初版，頁 780。二至四互兌，九五爻在此互兌之上。鄭玄佚文中的互體之說，劉玉建統計其三爻互體者有三十三處，包括《易緯》中的七處。詳細內容參見劉玉建《兩漢象數易學研究》，桂林：廣西教育出版社，1996 年 9 月 1 版 1 刷，頁 388-389。其中四爻互體爲重卦在鄭氏時已採用。另外，荀爽亦廣用三爻互體之說，佚文中並無作重卦的互體主張。

8　虞翻三爻互體爲其互體說中最基本與運用次數最多者，不下五百次。三爻互體爲經卦取象外，並多有以四爻與五爻互體成爲重卦以取其大卦象者。虞翻互體之說，歷來學者的研究成果斐然，如劉玉建《兩漢象數易學研究》、王新春《周易虞氏學》中皆有詳述，拙著〈虞翻取象表意的易學思維〉（臺北：政大中文系《第六屆漢代文系與思想學術研討會論文集》，2008 年 3 月，頁 43-92。）亦有論及，可供予參照。

9　見王弼，《周易略例·明象》。引自王弼著、樓宇烈校釋，《王弼集校釋》，北京：中華書局，1999 年 12 月 1 版 3 刷，頁 609。

降，互體之用已不能與東漢盛世同日而語。進入宋代的理學化時代，互體作爲代表漢《易》象數在此發展的弱勢時期，北宋明顯處在沈寂的階段，南宋期期在不易獲得認同的情形下，朱震（西元 1072-1138 年）異軍突起，成爲其易學思想的重要特色。他引領風騷，在其之後包括鄭剛中（西元 1088-1154 年）、張浚（西元 1097-1164 年）、林栗（西元 1120-1190 年）、吳沆（西元？）等人，也都大量運用互體之法，互體取象之說，再次成了這個時期易學觀點的重要話題。

互體作爲南宋易學取象詮義方法運用的重要主張，朱震正是這個時期大規模運用此法的第一人。互體之法除了作爲朱震象數之說的主要方法，亦是其變易思想的具體作爲，成爲此一時期互體取象主要人物。因此，本章主要探討朱震互體取象之法的重要內涵，首先從互體之用在於取象，以及以傳統《易傳》之說，確定互體運用的合理性，進而說明朱震運用互體之法的必要性。進一步從三爻互體之法、別卦互體之法、非本卦互體取象之法，以及半象的另類互體取象等幾個方面，詳要論述朱震互體取象的具體內容。

第一節　確立互體之法的必要性

漢儒廣以互體取象之法論釋卦爻之義，在那個時代是一種取象釋義的普遍認識，並未遭受質疑，但進入魏晉時期，逐漸改變詮義的進路，互體之法始受爭議；到了疑經尙義的宋代，這種爭議再次踵起。但是，朱震的《周易》詮義之法，取漢宋兼採的路線，在象數的觀點上，堅持互體爲取象求義的必要方法。運用互

體之法，排比爻位的關係，也具體展現陰陽變動之性，並認爲從
《左傳》以來，尤其是孔門之《易傳》，可以確認此法使用的合
理依據。

一、互體具體展現陰陽的變動之性

朱震肯定宇宙自然是一個不斷變動的過程，一切的存在也在
不斷的變動之中，變動作爲宇宙自然存在的必然性，因爲變動才
能展現存在的意義；變動的源由在於陰陽，因爲陰陽的氣化而變
動，變動成爲陰陽的性能，也是存在的可能性之依據。朱震指出：

> 聖人觀陰陽之變而立卦，效天下之動而生爻。變動之別，
> 其傳有五：曰動爻，曰卦變，曰互體，曰五行，曰納甲，
> 而卦變之中，又有變焉。[10]

朱震強調宇宙自然的陰陽變化之道，在聖人的仰觀俯察中得以確
定，落實於《易》道，自然的變動，透顯於卦爻之中，要展現要
理解自然的變動，必須從代表陰陽變化的卦爻中去認識。卦爻之
中所展現的變動之性，主要爲卦變等五種具體的方法，互體即是
其中的一種。

一卦由六爻所構成，以之立定一卦的意義。此一卦之下的各
爻之意義，其陰陽變動所傳達的概念，並非只是單一的陰陽爻位
爻性的概念而已，更甚者，也非僅是上下兩卦的關係與上下兩卦
所彰顯的意義而已，而是反應出更爲多元的卦爻關係，不拘限於
上下兩卦，藉由互體之法，使可以由連續的數爻組成一卦，讓一
個六爻卦聯繫出更多的卦象，使卦爻的意義能夠具體的呈現出
來。因此，互體之法，使陰陽的變動之性得以具體化，開展出高

---

10 見朱震《漢上易傳・原序》，頁 3。

度的動態性意義。

　　以互體之法強調變動之性，即一卦六爻藉由互體以呈現多元的卦象。這些互體取得之象，即此卦內陰陽變化的具體形象。理解卦爻之義，必須從此動態性的爻位關係上確認。朱震重視易學的變動之性，由卦爻釋義的視角切入，以互體取象來踐行，落實在普遍的卦爻釋義之中。他在《漢上易傳》序文中開宗明義的指出「一卦含四卦，四卦之中復有變動，上下相揉，百物成象」，[11]說明一個六爻別卦，至少含有四個經卦之象，而此四卦之連綴，當中又可以產生別卦與經卦之象；互體取象之法，陰陽的變動之性得以高度的發揮。

　　這裡特別舉其解釋豫☷☳卦《彖傳》之義，作進一步的說明，他說：

> 坎有伏離，日月也，二至也。天之動，始於坎，歷艮與震而左行。地之動始於離，歷坤與兌而右行。⋯⋯此以九四互體論坤震之義也。坎為律，刑罰也。坤為眾民也，艮止也。聖人之動，必順乎萬物之理，法之所取，必民之所欲也，法之所去，必民之所惡也。故法律止於上，刑罰清簡也。眾止於下，民服從也。故曰「聖人以順動，則刑罰清而民服」。此以互體之坎變艮，推廣坤震，以盡豫之義也。[12]

在這個卦例中，朱震以三至五爻互體為坎，並伏有離卦，則得日月之象。同時取傳統八卦方位（即宋人所說的文王八卦方位或後天八卦方位）之說，坎（北）離（南）震（東）兌（西）處四方之位，乾（西北）坤（西南）艮（東北）巽（東南）處四隅之位，則天之動由坎北為開端，歷經東北艮卦、東方震卦為左行；相對

---

11 見朱震《漢上易傳·原序》，頁 3。
12 見朱震《漢上易傳》，卷二，頁 63。

的，地之動則始於南方離卦，歷經西南坤卦、西方兌卦，稱之爲右行。由坎離表徵的方位與天地概念，聯結《象傳》所說的日月推移、四時不忒之義。同時，又以九四爲基準，以初至三互體爲坤民之象，四至上互體爲震動之象，以及二至四互體爲艮止之象，說明律法之用以清簡爲本，即《象傳》所謂「聖人以順動，則刑罰清而民服」之義。諸如種種，皆以互體見其爻位之變，推求卦象以明卦義。朱震又進一步云：

> 或問：互體之變有幾？曰：體有六變。《春秋傳》畢萬筮仕於晉，遇屯之比，辛廖占之曰：「震爲土車，從馬，足居之，兄長之，母覆之，衆歸之，六體不易。」廖以震坤合而言六體也。且以豫卦九四論之，自四以上，震也；四以下，艮也；合上下視之，坎也。震有伏巽，艮有伏兌，坎有伏離，六體也。變而化之，則无窮矣。故曰「雜物撰德，其微顯闡，幽之道乎」！[13]

引《左傳》釋說互體有六變，肯定《左傳》筮例中，已有互體之用。《左傳》筮得遇屯䷂之比䷇，辛廖以屯卦初至三互震、二至四互坤，合震坤言六體，雖六體具體所指未必明朗，至少知道有坤爲土、坤爲車、坤爲母、坤爲衆，以及震爲馬、震爲兄長之象，涉用本卦與伏卦之象。朱震並以豫卦九四說明六體之所指，認爲四至上互震，二至四互艮，三至五互坎，此三卦之伏卦爲巽、兌、離，則合爲六個卦體。互體聯結伏卦之用，充份展現陰陽變化無窮之本質，以及其幽微的神妙之道。

　　互體的運用，體現出的變易之道，朱震在其卦爻釋義中，不斷的申明其旨，又如解釋噬嗑䷔卦《象傳》云：

---

13 見朱震《漢上易傳》，卷二，頁63。

夫互體之變，難知也。聖人於噬嗑，《象》明言之，其所
不言者，觀象玩辭，可以類推。固者為之彼，將曰艮、震
頤也。責離而求艮，離豈艮哉？故曰「知者觀其《彖辭》，
則思過半矣」。[14]

說明互體本身即是卦爻之變的展現，互體變化複雜，很難從卦爻
之辭的表面字義體現知悉，也不易立即從爻位關係就可知其質
性，得其卦爻之義。互體之變，推其所變，端在觀象玩辭以類推
其象。他特別舉《彖傳》對噬嗑卦的解釋，說明互體之變，噬嗑
本有咬合之義，由離、震合體，推其義以觀其爻位關係，可以確
見「頤中有物之象」，即初至三互體為震☳，二至四互體為艮☶，
合上艮下震為頤☶卦，得其嗑合有物、進而為亨之義。互體變化
多元，不但可以組合三爻的經卦之象，也可以產生六爻的別卦之
大象。《易》道的神妙複雜變化之特性，藉由互體一法即可透顯
的淋漓盡致。

二、《易》以象成而由互體為主要取象之法

　　陰陽的變動，形成各種自然之象，而互體之法也在於反映陰
陽變動下的各種自然之象，亦即各種八卦之象、爻位之象；藉由
互體之法以聯結更為多元的卦爻關係，呈現各種可能的自然之
象。朱震即互體以求象，即象以明理，索求卦爻之象，必以互體
為之。互體之用，主要目的在於取象，他認為：

易者，象也。有卦象，有爻象。象也者，言乎象者也，言
卦象也。爻動乎內，言爻象也。夫子之大象，別以八卦取
義，錯綜而成之，有取兩體者，有取互體者。[15]

---

14 見朱震《漢上易傳》，卷三，頁79。
15 見朱震《漢上易傳》，卷一，頁6。

宇宙自然的一切現象與事物之理，皆由陰陽的變化所推定，陰陽相推而成象，而《周易》則以「象」成其占筮吉凶，乃至明其事理的知識系統。其「象」即陰陽的概念所構築的卦爻之象，由卦爻之象而推明其義。他明白的指出孔子《易傳》不論是《彖辭傳》或《象辭傳》，斷明卦爻之義，皆在於用象，以八卦之象闡發卦爻之義；並且認為《易傳》取象之法，主要有取上下兩體者，以及互體取象者，強調互體取象之法，早在孔子之時、《易傳》之中已直接的使用。理解《周易》，推明其理，當知卦爻之辭，無不在言象，由知其所用之象，才能準確的瞭解《易》義；欲知其象，必由卦爻推之，除了從上下卦觀之，亦有不限於上下卦者，則以各種合理的方法取象，其中最為普遍的方式，就是採取互體的方法。互體作為其取象的最重要方法之易學觀點，展現出陰陽變動之性的具體化與一定運作方式的規律化原則。

　　《易》推象以明義，而《易》之象由互體可得，則卦爻之義，亦當可藉由互體取象以合其辭義。朱震解釋卦爻辭時，即每每採用互體推象釋義之法，也往往述明互體之用。例如以咸䷛卦為例，朱震專就上下二體與中爻互體以推明咸卦之義。首先指出「艮止也，兌說也，上下相感以正，則止而說矣」，「此以上六、九三合艮兌二體，言感之道當以正也」。其中特別透過下艮止象與上兌說象，以合《彖傳》「止而說」之義。又指出「兌為澤，巽者萬物潔齊之時，有化生之象」，取上兌與二至四互巽之象而立說；又云「乾變兌則剛者，說天為澤」，取三至五互乾之象，以及上兌之象，說明與天地萬物相感之情。最後強調「此以上、三兩爻合互體推之，以盡咸感之道也」。[16]咸卦之卦義，藉由互體取象

---

16 參見朱震《漢上易傳》，卷四，頁 112-113。

之法，才能得以彰明。這種互體取象以盡其義的方法，在其解釋卦爻辭當中，處處可以看見，成爲朱震卦爻釋義的主要特色，是其取象來源的主要方法。

三、肯定《易傳》廣用以確定互體運用的合理性

以互體取象用象之法，漢儒運用極爲普遍，但是到了魏晉時期，王弼爲了打破過去煩瑣用象的缺失，特別針對互體之法提出嚴厲的批判，包括同時期的鍾會也同樣否定互體存在的合理性；朱震對二人之說，深不以爲然，特別指出「王弼謂互體不足遂及卦變」，而「鍾會著論，力排互體」，[17]二者皆強力反對卦變、互體之說，尤其因爲二人的關係，使互體用象之法成爲日後學者所質疑者，特別是宋代時期，這個標榜著義理飛躍而象數詮義的弱勢時代，互體同樣成爲被嚴格檢驗與評論的對象。有鑑於此，朱震特別強調《易傳》已處處顯現互體之法，除了表明互體運用的理據與合理性外，也說明了互體的運用，至少可以溯源至《左傳》與《易傳》。包括前已引說之《彖傳》、《象傳》，用互體之法取象，朱震又於《漢上易傳》序文中，提出《彖傳》與《繫辭傳》中，已見其互體之用。云：

> 一卦含四卦，四卦之中復有變動。上下相揉，百物成象。其在《易》，則離、震合而有頤，坤、離具而生坎。在《繫辭》，則網罟取離，耒耨取益，爲市取噬嗑，舟楫取渙，服乘取隨，門柝取豫，杵臼取小過，弧矢取睽，棟宇取大壯，棺槨取大過，書契取夬。又曰「八卦相盪」，又曰「六爻相雜，唯其時物也」，又曰「雜物撰德」，此見於互體

者也。[18]

已如前述，一個六爻卦最根本的包括四個單卦，即上、下兩卦，加上二至四與三至五互體所形成的兩個卦，合為四個卦。除了此四個單卦之外，仍可由其它爻位的相配而形成更多的卦與卦象，即其所謂「上下相揉，百物成象」，結合上下之爻，進行更為多元的互體，以產生四卦之外的卦與卦象。例如他認為「離、震合而有頤」，上離☲下震☳為噬嗑☲卦，噬嗑卦中有頤☷卦之象，他在解釋噬嗑卦「噬嗑，亨」卦義時，也同樣的指出「離、震合而成體，為頤中有物之象」，合於《象傳》所云「頤中有物，曰噬嗑，噬嗑而亨」之說。噬嗑卦取其初至四爻，初至三爻互震☳為下卦，二至四爻互艮☶為上卦合艮震為頤卦。在這裡，他再一次證說《象傳》已以四爻互體述明卦義，強調「互體之變，難知也。聖人於噬嗑，《象》明言之，其所不言者，觀象玩辭，可以類推。固者為之彼，將曰艮、震頤也」。[19]《象傳》所言「頤」之大象，由艮、震之合。朱震又指出「坤、離具而生坎」，此專就明夷☷卦而言，他在《漢上叢說》中認為「坎體復而師象立」，「明夷九三互有坎體，師象已見，乃成南狩」。[20]明夷卦互體得師☷卦，即二至四互坎，四至上互坤，合坤坎為師卦，外坤為柔，內坎為險難，故《象傳》指出「外柔順以蒙大難，文王以之利艱貞」，即隱見互體之意。[21]此外，他又以《繫辭傳》中，已見互體取離卦、益卦、噬嗑卦、渙卦、隨卦、豫卦、小過卦、睽卦、大壯卦、大過卦與夬等象，也就是《繫辭傳》已大量採用互體重卦之說。

---

18 見朱震《漢上易傳・原序》，頁 3。
19 括弧諸引文，見朱震《漢上易傳》，卷三，頁 79。
20 見朱震《漢上叢說》，頁 383。
21 見朱震《漢上易傳》，卷四，頁 126。

　　朱震解釋屯䷂卦初九時，也再一次強調《易傳》與《左傳》已用互體之說，云：

> 四比於九五，自三柔，爻數之至於九五，巽也。震，陽物也。巽，陰物也。剛者陽之德，柔者陰之德，剛柔雜揉，不相踰越，故曰「雜而不越」。先儒傳此謂之互體。在《易》噬嗑《彖》曰：「頤中有物，曰噬嗑。」離震相合，中復有艮。明夷《彖》曰：「内文明而外柔順，以蒙大難。」又曰：「内難而能正其志，坎難也。」離坤相合，中復有坎，在《繫辭》曰「八卦相盪」。先儒謂坎、離卦中互有震、艮、巽、兌，在《春秋傳》見於卜筮，如周太史說觀之否，曰「坤，土也；巽，風也；乾，天也」。風為天，於土上，山也。有山之材，而照之以天光，於是乎居土上。自三至四，有艮，互體也。[22]

除了已如前述的噬嗑卦與明夷卦，證明《彖傳》已用互體之外，特別提到《繫辭傳》的八卦形成之說，也是藉由互體的方法來述明，由乾坤父母卦，入於坎離二卦，並以坎、離二卦互有震、艮、巽、兌四卦。同時《左傳》所言觀䷓卦互體之用，以初至三互坤為土，四至上互巽為風，三至五互艮為山，此皆因互體得以詮義。

　　朱震解釋剝䷖卦時，指出「《彖》言象者三，剝也，鼎也，小過也」，認為《彖傳》觀象述義，最明確的是剝卦、鼎䷱卦與小過䷽卦，其中「剝、小過，卦變之象也」，剝卦與小過卦是取卦變之象，而「鼎，互體之象也」，鼎卦採互體取象，並進一步指出「卦以陰陽、虛實、剛柔、奇耦交錯，互變於六爻之中，而

22　見朱震《漢上易傳》，卷一，頁 21-22。「自三至四」，疑當為「自三至五」，因為如此才能互體為艮卦。

象其物宜，觀鼎之象則知之矣」。[23]從觀察鼎卦六爻的互體變化，可以得到鼎卦之象義。因此，朱震在解釋鼎卦卦爻義時，特別強調「以六爻兩體言乎鼎」的上離下巽二體之象，「以木巽火，木入而火出」，得亨飪之鼎象；並且，以「二、三、四腹也。腹而中實，受物也」，取二至四爻互體爲乾金腹實之物。朱震進而說明，「兌乾爲金，而又火在木上，亦鑄鼎之象也」，[24]二至五爻居卦之中，二至四互體爲乾，三至五互體爲兌，乾兌五行屬金，而上下二體火木燃鼎，故有中實鑄金之象。以互體訓解鼎卦之義，說明合於《彖傳》用象之法。

　　朱震肯定《彖傳》辭義多從象生，且必以互體以成其象，故解釋《彖傳》辭義，也就多以互體之法論釋之。如解釋大畜☰卦《彖傳》「剛健篤實輝光，日新其德」之義，指出「剛健，乾也。篤實，艮也」，以互體得乾、艮二卦之象」。並以大畜爲大壯☰九四之變，其「一變爲需」，「需有坎離相合，發爲輝光，進而上行成艮，互有兌震，兌西震東，日所出入，日新其德也。剛健則不息，篤實則悠久，兩者合一，畜而爲德，動而有光，其光輝散，又日新无窮」。《彖傳》「合乾、艮兩體而又推大壯之變以言大畜也」。[25]類似訓例，不勝枚舉，明指《彖傳》廣用互體之法。互體之用，《左傳》與《易傳》已見，尤其《易傳》更見其運用之普遍性，則後之易學家採用此法，皆有所本，使用互體的理據，毋庸置疑。

---

23 括弧引文與此獨立引文，見朱震《漢上易傳》，卷三，頁 87。

24 括弧引文見朱震《漢上易傳》，卷五，頁 174。

25 見朱震《漢上易傳》，卷三，頁 96-97。

第二節　三爻爲主的互體模式

　　朱震廣泛運用互體之法，以三爻互體展現出所謂中爻的二、三、四、五爻之中爻本色，同時依辭義之需要，以三爻互體作爲取象的最普遍之方法，且無意建立使用上的原則規律。

一、三爻互體下的二三四五爻之中爻本色

　　宇宙自然處於不斷的運動變化之中，《易經》效法此一自然天道，以爻位來展現出自然變化下的不同事物之象與不同時態之事理，尤其以中爻爲重，故朱震強調「辯得失是非，則非中爻不備」。此「中爻」即「崔憬所謂二、三、四、五，京房所謂互體是也」。[26]二至五爻爲中爻，最能體現以象推定事物變化的象徵意義；互體取象時，尤其更爲重視中爻取象。一般以二、五兩爻爲上下卦之「中」，爲一卦的居中之位，何以二、三、四、五爻皆以「中」爲名，朱震指出：

> 夫二、五，中也，二、三、四、五皆曰中爻，何也？曰以三數之，自一至三以二爲中，自四至上以五爲中。以五數之，自二至上以四爲中。以四數之，自二至五以三、四爲中。[27]

朱震採取漢魏舊說，即互體取其二、三、四、五爻爲中爻的觀點。此種中爻之說，包含三爻互體、四爻互體與五爻互體而言。取三爻互體之中爲中爻，亦即初至三互體其二爲中，二至四互體其三

---

26 括弧諸引文，見朱震《漢上易傳》，卷八，頁 258。
27 見朱震《漢上易傳》，卷八，頁 257。

爲中，三至五互體其四爲中，四至上互體其五爲中；三爻互體有
四種不同的互體取卦結果，其中爻適爲二、三、四、五。取四爻
互體的中爻互體方式，其初至四體者，則二、三爻爲中爻；二
至五互體者，三、四爲中；三至上互體者，四、五爲中。四爻互
體同樣以二、三、四、五爻爲中爻。五爻互體之方式，其初至五
互體者，三爻爲中；二至上互體者，四爻爲中。五爻互體取二至
五爻中的三、四兩爻爲中爻。

朱震明白指出互體之法，有三爻互體、四爻互體與五爻互體，
不管是何種互體之法，都是中爻認識觀的互體取象之法。以中爻
作爲互體取象的主體爻位，只是名稱上的不同，意義皆同，即一
般所謂的互體成卦取象之法；雖以「中」爲名，其互體取卦得象，
並沒有特別看重「中」在其間所表達的特殊意義，在互體取象的
過程中，「中」無特別的重要地位。

二、三爻互體作爲互體取象的主要方法

或稱「中爻」，或稱「互體」，其目的皆在於取象，透過取
象作爲釋義之需。所取之象，有八卦推類之象，有六十四卦之大
象，漢魏以來所取者，大多數爲八經卦之象，也就是三爻卦所構
成的卦象。以「中爻」或「互體」取象的主要方式，即是打破上
下卦之界囿，以三爻互體的模式。三爻互體爲虞翻所代表的漢儒
取象之主要方式，亦是朱震取法的主要方式。

朱震對《周易》經傳的釋義觀念，肯定經傳之辭多擬象而成，
處處皆在用象。因此，理解辭義，必須還原其所用之象。認識與
回歸其本來之象，以互體方式呈現，成爲最爲普遍與有效的方法。
互體得其八卦之象，以合經傳之辭，朱震廣泛使用三爻互體以求
得符合經傳之象，三爻互體也是其互體取象的主體。以下隨機舉

例說明。

　　例如解釋咸䷞卦上六「咸其輔頰舌」，指出「乾爲首，兌外爲口內爲舌，艮止也，兌說也。上六兌感，艮口動而上。止者，輔也。輔上頷也」。[28]以初至三互體得艮止爲輔之象，四至上互體爲兌卦，得口內、舌、說等象，三至五互體得乾首之象，爻辭所現之象，透過三爻互體得其合適之象，以詮解其義。

　　解釋訟䷅卦卦辭時，得「乾，健也；坎，險也」上下二卦之象，同時又於上下卦象之外，得「離爲目，巽爲多白眼」的「惕之象」，[29]也就是以二至四互體得離目之象，三至五互體得巽多白眼之象，從六爻當中以三爻互體之方式，取得四個可資運用的卦象。

　　解釋師䷆卦卦辭時，以其上坤爲眾，「二有震體，震，動也」，得其「聚眾而動之」之義。[30]震動之象，即取二至四爻互體爲震。解釋九二爻辭時，也同樣取互震之象，以「二震爲龍，二之專制以五寵之」，二至四互震爲龍，二剛五柔彼此相應，合於《象傳》所云「承天寵」之義。[31]

　　解釋大畜䷙卦卦辭與《彖傳》，指出大畜卦的上艮下乾二體，「剛健，乾也。篤實，艮也」，二體之象，合於《彖傳》「剛健篤實」之義。同時認爲此爲由大壯䷡卦所變，藉大壯卦之變，說明大畜卦之卦義，云：

　　　大畜者，大壯九四變也。一變爲需，再變爲大畜。需有坎
　　　離相合，發爲輝光，進而上行成艮，互有兌震，兌西震東，

28　見朱震《漢上易傳》，卷四，頁 115。
29　見朱震《漢上易傳》，卷一，頁 30。
30　參見朱震《漢上易傳》，卷一，頁 33。
31　見朱震《漢上易傳》，卷一，頁 35。

日所出入，日新其德也。剛健則不息，篤實則悠久，兩者
合一，畜而為德，動而有光，其光輝，又日新无窮，進而不
已，自畜其德者也。故曰『剛健篤實輝光，日新其德』。[32]

大壯卦一變為需☵卦，需卦上卦為坎，三至五互離，坎離有日月
光輝之象，與大畜上艮下乾的剛健篤實之象相合，即《彖傳》所
說的「剛健篤實輝光」。需卦九五上行則為大畜上艮，且大畜卦
中爻互體得兌（二至四）震（三至五）二卦，後天之位，兌西震
東，為日出入之位，日出入不息，則有「日新其德」之義。綜合
大畜卦的上下二體、中爻之象，與其卦變的互體之象，以合《彖
傳》述明之卦義。

解釋大壯☳卦，廣以三至五互體取兌羊之象釋義，如指出「兌
為羊，前剛為角，震為反生，羊角反生為羝羊」，藉兌羊、震反
生之象，說明九三爻辭「羝羊」之義。上六「羝羊觸藩」也是如
此，云「上六動成九，前剛也。前剛角之象。兌為羊，震為反生，
羊角反生羝羊也」，同樣以兌羊、震反生之象釋義。又云「兌為
羊，羊群行善，諸陽並進之象」，說明六五「喪羊于易」得其「羊」
象之由。[33]

解釋蹇☳卦卦義，首先指明蹇卦為險難在前之義，「坎，險
難也；艮，止也。坎在上，險難在前，止而不進」，主要針對坎、
艮上下兩體而言。又進一步指出，「離目為見，見險者，明也」；
「精神之會，水火之合，坎離之象」，「兼互體以卦才言處蹇之
道也」。[34]特別以三至五互體得其離象，以述明卦義。

解釋損☶卦簋象之由來，指出「坤為腹，為方，震為足，艮

---

32 見朱震《漢上易傳》，卷三，頁96。

33 諸引文見朱震《漢上易傳》，卷四，頁121-122。

34 見朱震《漢上易傳》，卷四，頁136。

爲鼻，震巽爲木，木爲方，器有腹有足有鼻，簋也」。以三至五互坤爲腹爲方之象，又以二至四互震爲足爲木之象，以及上艮爲鼻之象，合有「簋」之象。同樣的，解釋《象傳》「懲忿窒欲」之義，指出「震，雷怒也，懲忿也」。「坤爲土，震爲足，土窒塞之，窒欲也」。[35]亦取震、坤諸象論述其義。

解釋升䷭卦初六「允升」，指出「四坤爲眾、爲順，二、三、四兌爲口，眾口順之，允也」。[36]取上卦爲坤眾、坤順之象，又以二至四互兌爲口之象，聯結出眾口順從的意涵，合於爻辭「允」之義。

從上述例子可以看出，朱震廣泛運用三爻互體的方式，以闡釋經傳之辭義。一個重卦之基本組成爲上下兩個三爻之卦，而朱震在互體的運用上，並不以上下兩卦爲限，廣取上下兩卦外的三爻互體之模式，看待一個重卦，視六爻共成一卦，取卦得象，自然可以隨取六爻中的任一卦象組成，打破上下卦作爲基本組成的重要性。一卦既由六爻組成，隨取三爻互體成象，是天經地義的合理方式。三爻互體成爲朱震互體取象的最重要方式，不論是卦義或爻義，都必須透過互體取象的方式，才能使卦爻義得到合理的解釋。甚至《易傳》之辭義，也當以互體取象才能得到合理的解釋，並間接說明與確立《易傳》普遍以三爻互論述其辭義。三爻互體爲朱震最主要的互體取象方法。朱震時用上下卦，時用上下卦之外的三爻互體之卦，至於何時取上下卦象，何時取二至四爻或三至五爻互體之象，端就卦爻辭義而定，並沒有一定的規律與運用原則。

---

35 諸引文見朱震《漢上易傳》，卷四，頁 142。
36 見朱震《漢上易傳》，卷五，頁 161。

第三節　別卦互體取象

　　朱震互體取象，主要採取三爻互體，以得八卦之象，但是亦有以四爻或五爻互體之法，乃至特殊得卦之法，以得其別卦之大卦象，或是藉以同時取得單卦之卦象。朱震所用之法，有參考漢魏以來《易》家之說，然大多是針對卦爻辭與《彖傳》、《象傳》之辭，透過可以使用的互體之法，以取得所需之象，在別卦互體中，更能反映出他推辭用象的特性，建立一套屬於自己參用漢魏象數之說的獨特體系。

一、四爻互體之釋例

　　朱震以四爻互體取象釋義，部份釋例與漢魏舊說相近；在本章所整理的四爻互體的例子裡，包括以下三處與虞翻、侯果之說相似者：

　　大畜䷙卦《彖傳》「養賢」之義的論述，指出「三至上，體順養賢也」，至三至上爻互體爲頤卦，即有頤養之象，並認爲「此以二、三、四、五言大畜賢者止而受養也」，[37]又取上艮爲止之象。同時，解釋六五「豶豕之牙」，同樣以四爻互體得頤卦之象，認爲「自三至上體頤豕，頤中有剛且白者，豕之牙也」，取頤中之象，並藉爻變以得坎豕巽白之象，以說明此一爻義。[38]朱震此頤養之象，與虞翻同。虞翻認爲「至上，有頤養之象，故名大畜也」。「今體頤養象」，故不家食吉，養賢也」。虞翻又解釋六

37　括弧引文見朱震《漢上易傳》，卷三，頁 97。
38　參見朱震《漢上易傳》，卷三，頁 99。

五爻辭，也取頤養云「剛自從頤中出」。[39]對應二者之說，朱震蓋源自虞說。

論釋賁☲☶卦六二「賁其須」，以四爻互體得頤下鬚象，指出：

> 二言賁飾之道。毛在頤曰須，在口曰髭，在頰曰鬚。三有頤體，二柔在頤下，須之象。二、三剛柔相賁，賁其須也。夫文不虛生，譬之須生於頤，血盛則繁滋，血衰則減耗，非增益為之飾，與上興也。與相與也，二、三相賁而成震起也。柔道上行，有興之象。[40]

六二爻云文飾在於其鬚，其鬚象之生，以其三至上爻互體為頤，而二爻在頤下，頤下之毛為「須」。鬚之為飾，並非只是表面上的增益而已，而是有其文飾之理，當血氣旺盛之時，其頤下之鬚必然滋生茂繁，一旦血氣衰弱，則稀疏消減。今六二之位，處二至四互震的震起之位，有上興之象，故爻辭特別以「須」言其飾道。侯果針對六二「須」之形成，亦取頤象而論之，指出「自三至上，有頤之象也。二在頤下，須之象也」。[41]以二爻在頤卦之下，可得「須」象，其理解朱震與之同。

又，解釋艮☶☶卦六五「艮其輔」，指出「三至上體頤，五動成巽，五應二，五成兌，艮在首，下動而上止為輔」。[42]由三至上四爻互體得頤☶☶卦之象，並藉爻位之變動使上卦體巽。虞翻同樣指出「三至上體頤象」，並具體採取頤象釋義。[43]此朱震又與之相近。但是，這裡必須特別說明，朱震雖然取得四爻互體的頤

---

39 括弧虞翻諸言，見李鼎祚《周易集解》，卷六，臺北：臺灣商務印書館，1996年12月臺1版2刷，頁137-140。

40 見朱震《漢上易傳》，卷三，頁84-85。

41 侯果之言，見李鼎祚《周易集解》，卷五，頁121。

42 見朱震《漢上易傳》，卷五，頁182。

43 虞翻之言，見李鼎祚《周易集解》，卷十，頁257。

卦大象，卻未用於卦爻義的釋說，不知此處得其頤象之實質用意
爲何，也就是四爻互體並沒有爲某一特殊意義而用。

　　除了上述三例之外，朱震又有自爲創說的四爻互體之主張，
包括解釋解䷧卦九二「田獲三狐，得黃矢」，指出「自三至上有
師象」，[44]也就是三至上爻有師䷆卦之象，所成師卦之象，並非漢
儒通採四爻互體的正例，而是純從四個爻對比師卦，認爲與師卦
相近而得師象。具有師象，故有田獲得矢的兵戈之象。

　　解釋噬嗑䷔卦《彖傳》「頤中有物，曰噬嗑」，指出「離、
震合而成體，爲頤中有物之象。九四之剛，頤中之物」。[45]噬嗑
卦上離下震，初至四互爲頤䷚卦之象，也證說《彖傳》釋義所云，
正是取四爻互體之法。

　　解釋鼎䷱卦九三「鼎耳革，其行塞。雉膏不食」，指出「離
兌革之象，鼎耳革，失其爲鼎耳之義也。其能成亨飪之功乎？離
爲雉，兌澤爲膏，雉膏食之美者。兌口在上，不食也」。[46]以三
爻至上爻互體得上離下兌的革䷰卦之象，取其四爻互體之法，見
革卦之象，則失其鼎耳之義；並藉此四爻革卦所重合之爻，互爲
離象、兌象以進一步論述爻義。

　　另外，解釋晉䷢卦六二「晉女愁如」之義，認爲「二至五，
有離目、艮鼻、坎加憂嚬蹙之象」。[47]朱震並非就二至五取其重
卦大象，而是從這些爻中，得其四至上互離爲目之象，二至四互
艮爲鼻之象，以及三至五互坎爲加憂嚬蹙之象，由諸象之聯結，
以合爻辭「愁如」之義。

---

44 見朱震《漢上易傳》，卷四，頁 139。
45 見朱震《漢上易傳》，卷三，頁 79。
46 見朱震《漢上易傳》，卷五，頁 175。
47 見朱震《漢上易傳》，卷四，頁 124。

　　朱震四爻互體之法，有採漢魏《易》家之說，亦有自爲創說者。以四爻互體取象，主要在取重卦之大象，亦有如晉卦釋義，取其四爻，得其單卦之象。四爻互體取象，不專求重卦之象。

二、近於漢儒舊說之五爻互體

　　互體取象釋義，朱震亦有採用五爻互體之法，取得別卦大象，以求合於卦爻辭所需之象。朱震所用約見七例，大多與漢儒虞翻之用相近，包括蒙卦《彖傳》、睽卦六五、豐卦上六、豫卦卦辭、明夷卦九三等釋例所用別卦之象，同於虞翻所取。

　　朱震解釋蒙䷃卦《彖傳》「蒙以養正」，以蒙卦有蒙養之義，指出「蒙自二至上，體頤，頤養也」，此以五爻互體之法，以二至上爻互體得上艮☶下震☳之頤䷚卦，得頤卦之大象而有頤養之義，以「二志應五」，變而得正，則「童蒙養之，至於成德，躋位乎中正，則聖功成矣」。[48]朱震此說與虞翻所云相近，虞翻同樣針對《彖傳》「蒙以養正，聖功也」進行論釋，云「體頤，故養。五多功，聖謂二。二志應五，變得正而忘其蒙，故聖功也」。[49]不論是五爻互體取頤養之義，或二五相應、變而得正的爻位關係之言，皆同於虞義。

　　解釋睽䷥卦六五「厥宗噬膚」時，指出「自二至上體噬嗑，故曰『厥宗噬膚』」。[50]即由二至上有噬嗑䷔卦之卦體卦象，這種互體之說，並非五爻互體形成別卦的正例，純取五爻所反映出的相近於噬嗑卦之象而言。同樣的，《漢上叢說》中，也指出「膚六三之象，以柔爲物之間，可噬而合。此卦自二至上，有噬嗑象，

48　括弧諸引文，見朱震《漢上易傳》，卷一，頁 25。
49　虞翻之言，見李鼎祚《周易集解》，卷二，頁 44。
50　見朱震《漢上易傳》，卷四，頁 135。

此互體也」。[51]以互體取噬嗑之象，明其噬膚之義。虞翻解釋此
爻，也指明有噬嗑之象，只不過虞翻採用爻變的方式，認爲「二
動體噬嗑，故曰『噬』」。[52]二爻陽變陰，則適爲噬嗑卦。虞翻
之說，或有影響朱震對此爻之認識，但朱震並未取虞翻形成噬嗑
卦之法。朱震以五爻成卦，並不能形成完整的噬嗑卦，故所用顯
見牽強。

　　解釋豐䷶卦上六，指出「自二至上，體大壯棟宇之象」，[53]以
二至上爻，有五爻互體大壯䷡之象，然二爻爲陰，似無法取得五
爻互體得大壯之象，此當朱震之誤。虞翻對此爻之解釋，同樣取
用大壯之象，但取用之爻與朱震不同，認爲「三至上體大壯」，[54]
以三爻至上爻互爲大壯之象，但無法形成完整的大壯全象。虞翻
此爻之用，仍有其不合理的可議之處。朱震或許根本虞翻取大壯
卦立說，但取用爻位互體與虞翻不同，並且不能得到正確而合理
的大壯卦之卦象。因此，此用互體之法，未見後出轉精之功。

　　解釋豫䷏卦時，指出豫卦爲謙䷎卦之反，認爲「謙九三在三
公之位，自二以上有師體」，即謙卦二至上爻五爻互體爲師䷆卦，
故「師動而往，行師之象，故利行師」。[55]合於豫卦卦辭「利建
侯行師」之義。虞翻論述此卦，亦採互體取別卦大象之法，指出
「三至上體師象，故行師」，[56]以三至上爻互體得師象，並非取
用一般四爻互體之正例，此三至上所得之師象，只能視爲師卦之
半象，非師卦完整的六爻組合。虞翻與朱震皆以卦辭有「行師」

---

51 見朱震《漢上叢說》，頁 362。
52 虞翻之言，見李鼎祚《周易集解》，卷八，頁 190。
53 見朱震《漢上易傳》，卷六，頁 195。
54 虞翻之言，見李鼎祚《周易集解》，卷十一，頁 273。
55 見朱震《漢上易傳》，卷二，頁 62。
56 虞翻之言，見李鼎祚《周易集解》，卷四，頁 96。

之語，虞翻以互體師卦之象論說，而朱震以反卦互體取象，取象
釋說與虞翻相近。朱震取得師象之法，較虞翻更爲完整的呈現師
卦全象，可以視爲對虞翻之說的改造。

解釋明夷☷☲卦九三「明夷于南狩」時，指出「自二至上，體
師坎爲中，多狩之時。離爲南，三動之上，南狩也」。[57]以二至
上互體爲上坤下坎師☷☵卦大象，「師」有動眾興戈之性，且坎爲
北爲多，則推此爲「多狩之時」。同時取本卦下離南方之象，推
合爲「南狩」之義。虞翻解釋明夷卦九三爻，《周易集解》中並
未著錄，並不因此認爲虞翻未於此爻取師卦大象而立說。[58]反倒
是《周易集解》採錄虞翻解釋《象傳》時用師象者，認爲「君子
謂三，體師象，以坎莅坤」，[59]即取二至上互體爲師象，這樣的
說法，與朱震所用相近，可見朱震之法當取法於虞翻之說。

前引諸例爲朱震可能沿襲參照漢儒舊說者，但互體取象之運
用卻不與漢儒同。透過五爻互體取得完整而新的別卦大象，或僅
以五爻取得概括的別卦大象。亦有以五爻互體，取得單卦之卦象。
除了上述有關釋例之外，朱震亦有自爲創說者，包括需☵☰卦《彖
傳》與家人☴☲卦《象傳》二個釋例。[60]此二釋例的互體之用，不合
一般互體常例，故納入後文特殊互體方式來進行說明。

三、特殊的互體成卦方式

朱震互體運用之法，極爲多元複雜，其特殊的互體方式，包

---

57 見朱震《漢上易傳》，卷四，頁 128。
58 李鼎祚《周易集解》中，九三爻之釋義，取用《九家易》之說，但不代
　　表虞翻無互體師卦之說者。參見李鼎祚《周易集解》，卷七，頁 179。
59 虞翻之言，見李鼎祚《周易集解》，卷七，頁 178。
60 此二《彖傳》、《象傳》之釋例，今傳《周易集解》與相關漢魏《易》家
　　之佚文，未見取五爻互體立說者，故姑且視爲朱震創爲新說者。

括解釋需☷☰卦時，以《彖傳》提到「其義不困窮」的「困」義，指出「困者，水在澤下也。需自二而上，有困反之象」。[61]此乃以五爻互體的方式，得困卦之反象；需卦二至上互體，產生上坎☵下兌☱之卦，此上下二卦對調，即爲上兌下坎的困☷卦。因此，需卦的五爻互體，即形成困卦上下二卦之反象。解釋家人☰☴卦《象傳》「君子以言有物而行有恆」，認爲「自初至五，體噬嗑，頤中有物，言有物也」。[62]由初爻至五爻互體爲噬嗑☳☲卦之象，又進一步以噬嗑卦初至四爻互體爲頤☶☳卦之象，故爲頤中之有物，藉以與「言有物」相聯繫。在這裡，初至五體噬嗑者，非五爻互體以成別卦之正例，而是五爻以其表象近於噬嗑卦而言。從這兩個卦例，可以看到朱震互體運用之巧妙。此二釋例，配合反卦、變卦之運用，以得其所需的大象。更甚者，進行二次互體，得其卦中之卦的大象。

　　解釋未濟☲☵卦上九「有孚于飲酒」與《象傳》「飲酒濡首，亦不知節」時，指出「上孚于三，三震坎爲酒，上反三成兌，坎流于兌口，有孚于酒也」。又指出「坎兌節之象也」，以「上反三，乾首濡于酒中，則從樂耽肆，亦不知節矣」。[63]在這裡，朱震先探爻位升降變動的方式，使上與三相易，則三至五互體得兌口之象，且四至上亦互震爲酒。同時，原未濟本卦不論是初至三或三至五皆互體得坎卦酒象，尤其五爻爲未濟卦的上坎之上，爻位變動後入於兌象之上，所以有坎酒流入於兌口之中。由本卦未濟卦之坎象，與爻位變動後所得之兌象，坎☵兌☱相合，則得節☵☱卦之重卦大象。坎與兌皆爲三至五爻之位，只不過一個是本卦之

61　見朱震《漢上易傳》，卷一，頁 27。
62　見朱震《漢上易傳》，卷四，頁 130。
63　見朱震《漢上易傳》，卷六，頁 222。

互體得象，一個是爻位變動後的同樣位置之互體，將此二者聯結爲節卦，以合於《象傳》「不知節」之「節」象。這一種互體取象的方法，先儒學者少有此例之運用，而朱震此種說法也僅此孤例。朱震之用，全在於呼應卦爻辭，乃至《彖傳》、《象傳》之辭，目的在於完整卦象的取得。複雜的互體之法，主要在於爲取象而服務。

第四節　非本卦之互體取象

朱震互體取象，往往有因爲本卦取象之不足，而採取卦變或爻變的非本卦之互體取象方式，也就是先藉由卦變與爻位的變動，形成新的卦，再針對此新的卦以互體之法，取其所需之象。

一、以卦變取得之卦爲互體之對象

朱震卦變之說爲其易學主張的主要觀點，也是其象數之說的重要特色。其卦變之法，包羅宏富，包括八卦生成卦變之說、十二消息卦變之說、京房（西元前 77-前 37 年）八宮卦次之說、虞翻的卦變說、李挺之（西元？-1045 年）修正的六十四卦相生卦變與六十四卦反對卦變之說，乃至於漢儒飛伏思想下的伏卦之運用，透過這些卦變之說，使能於本卦之外，有新的卦可資使用，再以互體取象，得其合於經傳辭義之象。

朱震解釋卦爻義，不斷以卦變與互體二法的結合，在其論著中處處可見，這裡隨機揀選一二例子進行說明。例如申明萃☷☰卦卦義，指出「萃自小過變，澤上於地，萬物萃聚之時」。並認爲「小過，明夷變也。明夷離爲甲冑戈兵，坎爲弓，變小過巽爲繩、

爲工，艮爲石，巽納辛，繕甲兵，修弓矢，去弊惡而之新之象也」。又指出「明夷坎爲寇，兌爲口，上六既安之時，聚而相告，消寇於未形，戒不虞也」。[64]朱震推明萃卦自小過☶卦之變，又小過卦爲明夷☷卦之變，進而取諸卦的各個互體取象，以申明萃卦之義。

又如小過☶卦的卦爻釋義，朱震指出「小過自臨來，明夷變也。臨二之三，六三之二，成明夷，二過乎三也。明夷初九之四，成小過，五過乎四也」。以小過卦由明夷☷卦之變，而明夷又自臨☷卦而來；小過卦爲明夷卦與臨卦之變，與二卦有密切的關係，故多取明夷卦與臨的互體之象以論述卦爻之義，這種情形在小過卦的釋義中處處可見。例如解釋《彖傳》「過以利貞，與時行也」，指出「所謂時者，臨之兌秋也、震春也；明夷之離夏也、坎冬也」。取臨卦初至三互兌爲秋，二至四互震爲春；又取明夷卦初至三互離爲夏，二至四互坎爲冬。則《彖傳》以小過卦言「時」，即四時之變化，「冬裘夏葛，無非正也」，亦即六二居中得正之位。又如卦辭云「飛鳥遺之音」，取明夷卦互體之象，認爲「明夷離爲鳥，初往之四，自下而升，有飛鳥之象。四易坤成坤震。震爲聲，聲往於上，而止於下，飛鳥遺音之象。巽爲風，飛鳥遺之音，逆而上則難，順而下則易」。明夷卦初至三互離爲鳥，初九往升六四，得飛鳥之象；初與四爻位之升降，則原來四至上互坤之象，變而爲震聲之象。且四爻變而爲陽，則二至四互巽爲風。所取之象，多爲變卦之象；在其其它爻辭與《象傳》的釋義中，大都以明夷卦作爲互體取象之對象，這裡不再贅述。[65]

藉由卦變取得新的變卦，再以變卦爲主體，以互體取象而闡釋卦爻之義，這種方式成爲朱震取象的常見之模式，在其六十四

---

64 見朱震《漢上易傳》，卷五，頁157。
65 參見朱震《漢上易傳》，卷六，頁213-216。

卦的卦爻釋義中，可以普遍看到。卦變聯結互體運用於實際的經傳釋義上，最重要的仍希望對文義能夠得到合理適當而有效的用象理解。[66]

　　朱震融合漢魏以降諸家卦變之說爲一體，並無建立一套系統化的完整的一致性的合理體系，取虞翻、李挺之、邵雍等人之觀點，形成蕪雜的易例運用；並將之配合互體之法，取得所需之象，目的皆在對經傳辭義的以象釋義之有效之理解。但是，卦變運用本身沒有具說服力的原則可供依循，結合互體的取象，更不易見其統緒，增添其穿鑿附會的疑慮。

二、以爻位變動的新卦為互體之對象

　　除了卦變之外，朱震以非本卦的互體之象進行論說者，最重要的是表現在運用爻變的互體取象模式，先探爻位變動的動爻之法，再行互體取象。以下列舉典型的卦例進行說明。

　　解釋離☲卦上九爻辭「王用出征，有嘉折首」時，云：

> 上、五相易，六以正行，正用之以出征也。上有剛德而明，
> 故王用之。兌毀折，乾為首，陽為美，九五美之至嘉也。
> 言用之有功，王嘉其折首。[67]

三至四互體爲兌，有折毀之象。又以上爻與五爻相易，兩爻互得乾卦半象，取乾爲首爲剛之象。五、上兩爻之動，在於兩爻皆不正，動而使之爲正，再進一步互體取象。又如解釋咸☷卦《彖傳》「天地感而萬物化生，聖人感人心而天下和平」時，指出陰陽二氣之相感，「无所不感者，其唯天地乎」，以天地無所不相交感，取其天地之象，則以上九與六三相易，得其互體之象，所以朱震

66　有關卦變之說，將於第八章再作詳細探述。
67　見朱震《漢上易傳》，卷三，頁111。

進一步云：

> 聖人感人心而天下和平者，无所不感，亦若天地也。否上
> 九聖人也，六三中位，人心也，上九之三，聖人下感乎人
> 心也。三之上，人心感乎聖人也。……此以上、三兩爻合
> 互體推之，以盡咸感之道也。[68]

以「上九之三」、「三之上」，則初至三互體爲坤，四至上互體
爲乾，上乾下坤合而爲否卦，並以否卦上九爲聖人，而三爻三才
屬人，又居於六爻之中，故云「人心」，透過爻位的變動，上下
互體得否卦，以取其卦爻之象。三、上兩爻皆不正，動而使之爲
正，再進行互體取象。解釋遯☶☰卦初六《象傳》「遯尾之厲，不
往何災」之義，指出「初六止而在後」，即初至三爻互體爲艮止
之象，「所處不正，危道也」，所以稱「遯尾之厲」。進一步指
出，「往之四，雖正成離坎，自明其節，而遇險災也，不若退藏
於下，自晦其明，不往則何災之有」？[69]以初四相易，則初至三
互體爲離，有「明」象，而二至四互體爲坎險之象。藉由爻之變
動，以取離、坎二卦之象。此種爻位的變動方式，爲將原本不正
之位，以爻位升降之法，使之爲正，再進行互體取象。解釋大畜☰☶
卦六五「豶豕之牙」，指出「九二犯五，則三成坎，坎爲豕，五
成巽，巽爲白」，[70]由九二升五，二五相易，則二至四互體得坎
豕之象，又四至上互體得巽白之象，取坎豕巽白以合爻義。此以
九二升五、六五降二，使陰陽各正其位之動爻互體之正例。解釋
升☷☴卦九二所述禴夏祭之象，認爲「五納二成離，離爲夏，震爲
聲，爲長子，上爲宗廟，艮爲門闕，二升五有長子升自門闕奉祭

68　見朱震《漢上易傳》，卷四，頁113。
69　見朱震《漢上易傳》，卷四，頁119。
70　見朱震《漢上易傳》，卷三，頁96。

之象」。[71]二爻升五，爲五所納，則三至五互離得「夏」象；陽
二升五，二爻變而爲陰，則初至三得艮卦門闕之象，加上原來升
卦本卦三至五互震爲聲、爲長子之象，而得其所述之義。九二升
五，六五降二，使不正之位，變而爲正，並藉互體之法，取得所
需之象。以上諸例，即採取兩爻之升降變換方式，使原本不正之
位，變而使之爲正，再進行互體取象。

　　朱震又有單就一爻之變動，再進行互體取象者，如解釋晉☷☲卦
六二「晉如愁如，貞吉。受茲介福，于其王母」，云：

> 二至五，有離目、艮鼻、坎加憂嚬蹙之象。故愁如。言進
> 之難，知道未行，爲天下憂之，然守貞則吉。王母，六五
> 動也，柔得尊位，五動成乾，乾爲王，坤爲母，王母也。[72]

認爲晉卦二至五爻可以藉由互體而產生「離目、艮鼻、坎加憂嚬
蹙之象」，事實上應該爲二至上爻，由二至四爻互體爲艮，三至
五爻互體爲坎，四至上爻互體爲離。同時，又以六五爻之動爲「王
母」之象，即五陰動而爲陽，則四至上互體爲乾爲王，而下三爻
互體爲坤爲母，故稱「王母」。在這裡同樣以爻變的方式，進而
互體而得「王」象。六五本爲陰居陽位的不正之位，變而使之爲
正，再進一步互體取象。此爻位的變動，爲一個爻本身的動之正
的作法，不以兩爻作升降互換的變動。又如解釋解☵☳卦九二「得
黃矢」，指出「二坎爲弓，三離爲矢，三動以正，弓動矢發」，
以初至三互體爲坎弓之象，二至四互體爲離矢之象，又藉由九二
動而爲正，以表弓矢發動之義。同時，進一步指出「二動離爲坤
黃，地道之美，坤之中色，得黃矢也」；[73]九二動而爲陰，則初

---

71 見朱震《漢上易傳》，卷五，頁 161。
72 見朱震《漢上易傳》，卷四，頁 124。
73 二括弧引文，見朱震《漢上易傳》，卷四，頁 140。

至三互體爲坤，爲黃中之色，故離矢坤黃，合爲「黃矢」。此爻
變互體釋例，爲爻位不正，動而使之爲正的正例。同時，此又爲
單一爻位的變動。又如解釋夬䷪卦九二「惕號，莫夜有戎，勿恤」
之義，指出「二動成離目，巽爲多白眼，惕懼之象。巽風爲號，
應兌口爲號呼，故曰『惕號』。離目西之下，『莫』也。巽爲入
日，入於地，『莫夜』也。離爲戈兵，戎也。坎爲憂，離見坎伏，
『勿恤』也」。[74]以二爻動而爲陰，則初至三互離爲目、爲日在
西下、爲莫、爲戈兵、爲戎之象，二至四互巽爲多白眼、爲風、
爲號、爲入日之象。同時，因動得離見，則多有伏坎爲憂之象。
綜合諸象之用，以述明九二爻義。又如解釋九四爻辭，也明白採
用爻位的變動，以進一步互體得象，指出「四動成兌，兌爲羊」，
四陽處陰不正，動而使之爲正，互體得兌羊之象。又指出「兌爲
口，受之信也。九四動，乃有坎耳。離目聰明之象，不動則耳塞
目毀，聰不明矣」。[75]以四爻變而爲陰，則二至四互體爲兌卦，
四至上互體爲坎卦，三至五互體爲離卦，取得所需之諸卦之象以
釋義。九二與九四皆爲陽居陰位的不正之位，動而使之爲正，以
進一步互體取象以論釋爻義。其爻變之法，以個別一爻之變而論
之，非兩爻升降互換之用。

　　朱震又有針對原本正位之爻，使之變爲不正，再進行互體取
象者，如解釋恆䷟卦卦爻辭，亦廣用互體取象以釋義，如解釋初
六「浚恆」時，認爲「初入卦底，在兌澤之下，巽爲股，股入於
澤下，入之深者也，浚之象，故曰『浚恆』」。[76]初六爲卦之初，
屬初至三爲巽股之位，又居三至五互體爲兌澤之下，故深浚而云

---

74 見朱震《漢上易傳》，卷五，頁 151。
75 見朱震《漢上易傳》，卷五，頁 152。
76 見朱震《漢上易傳》，卷四，頁 116。

「浚恆」。又如解釋九三「不恆其德，或承之羞」，指出「三動成離，爲目，三復成巽，兌爲口，目動言巽羞之象」。[77]以三爻爲陽，動而爲陰，則二至四互體爲離，可得離目之象。又三爻回復陽爻，初至三互體爲巽，故爲「三復成巽」。又三至五互體爲兌，得兌口之象。在這裡，取離目之象，採用爻變互體之方式，以得到所需之象。進行爻變之爻，本爲九三陽爻，變而爲陰，將原本正位之爻，使之爲不正，這種爻位的變動方式，不符合漢儒的普遍方式。又如解釋遯☷☶卦六二「勝說」之義，指出「二從五成離兌，離火勝兌金，兌爲毀折，有勝說之意」。[78]遯卦二五相易，則三至五互兌爲金爲毀折，四至上互離爲火，則得「勝說」之義。六二與九五原皆陰陽正位，但兩爻相易後皆爲不正，再以此變易後之爻位，進行互體取象。又如解釋家人☲☴卦九三「婦子嘻嘻，終吝」，云：

> 坎子離婦，三動不正，與二相易，離成震兌。離，目也。震，動也。兌，說也。坎兌爲節，坎動兌見，失節也。目動聲出而說，嘻嘻也。喜樂无節，其終必至於亂倫瀆理，蕩而不反，雖欲節之，有不得而節者，吝也。故辭曰「婦子嘻嘻，終吝」。[79]

三爻對應出初至三互體爲離，三至五亦爲離，而二至四互體爲坎，得坎子離婦之象。又因此爻剛而過中，故使之與二相易，則原來初至三爲離，則變而爲兌，而二至四亦互體爲震，所以說「離成震兌」。以此進而得離目、震動、兌說等象，以闡釋爻辭之義。此互體得象之法，仍透過爻變的動爻方式來形成；但是所變之爻，

---

77 見朱震《漢上易傳》，卷四，頁117。
78 見朱震《漢上易傳》，卷四，頁119。
79 見朱震《漢上易傳》，卷四，頁131。

原爲正位，卻爻變使之不正。又如解釋升䷭卦九三「升虛邑」爻義，採取非本卦的互體之象，指出「九三升上六，六坤之三，坤在下爲邑，陰爲虛，升虛邑也」。[80]九三上升至上爻，九三變而爲陰，則三至五互體爲坤，得其坤象以合爻義。九三與上六原本陰陽正位，卻採兩爻彼此升降變換，使正位變而爲不正之位，再以互體取象。這些原本爻位已正，卻爲求互體取得所需之象的需要，使之變爲不正的爻變模式，不符合虞翻等漢儒採取爻變的正常方式。

以爻位的變動進行互體取象之方式，其爻位的變動非常多元，朱震仍未建立一個可供依循的爻變原則，而是端視經傳之辭的實際狀況，爲互體取象之方便與需要，而隨意採用不同的爻變方式；何時需要爻變，採用何種爻變方式，全依互體取象而定。

第五節　另類之互體取象 —— 取兩爻之半象

八卦卦象主要是由三爻卦組合而成，也就是說，完整的卦象，是藉由三爻所構成；朱震往往以互體之法，取得三爻卦，得其卦象以論釋經傳辭義。然而，朱震亦有隨採兩爻，以代表一卦之象，亦即「半象」的方式，取得所需之卦象，以合其辭義。

一、虞翻半象之說的再張揚

半象之說，尚秉和（西元 1870-1950 年）於《焦氏易詁》中認爲《周易》已隱然使用半象，至焦延壽（西元？）《易林》亦

80　見朱震《漢上易傳》，卷五，頁 161。

用半象之法,但是否確切如此,只能視爲尚氏揣度之說。[81]文獻所見明確使用半象者,大概應屬虞翻之說,半象爲其言象用象的重要特徵。[82]這種半象之說,主要是取二爻表徵一卦之象,隨取二爻爲一卦之法,可以視爲另類的互體之說。這種主張一直發展到南宋朱震之時,又再一次大量的重現;半象之說可以視爲朱震繼承漢說的重要指標。朱震廣泛運用半象取象之法,遠遠超越文獻所見虞翻之用。以下隨機列舉數例進行說明。

朱震解釋坎☵☵卦六四「樽酒,簋貳,用缶,納約自牖,終无咎」時,指出:

> 四自初至五,有震、坎、艮、坤、坎。震酒也,艮鼻,震足,坤腹,樽簋之形,……三、四坤爲土,爲腹,土器有腹,缶也。……坤爲闔戶,坎艮爲穴,穴其戶,傍通日月之光,牖也,明之象。[83]

取坎卦二至四爲震卦酒、足之象;取初至三與四至上皆爲坎卦,得穴象;取三至五爲艮卦鼻、穴之象;當中唯坤卦之由來,朱震認爲是由三、四兩爻得坤土之象,也就是半互得坤,取其腹象,故爲簋貳、爲缶、爲闔戶、爲牖之象。

解釋小畜☴☰卦時,也廣以互體取象論釋卦爻之義,指出「下乾,健也;上巽,巽也」;「二乾體剛健,五巽體柔巽」。「健而濟之以巽,則易入剛,不過乎中,則志行於上下,兩者得,則柔道亨」。取上巽下乾之象立說,合於卦辭與《象傳》「剛中而志行」,得以亨通之義。又取二至四互兌之象,認爲「兌,盛陰

---

81 見尙秉和《焦氏易詁》,卷二,北京:中國大百科全書出版社,2005 年 6 月 1 版 1 刷,頁 25。

82 關於虞翻半象運用之考述,參見惠棟《易例》,卷二,臺北:廣文書局影印皇清經解續編本,1981 年 8 月再版,頁 1028-1029。

83 見朱震《漢上易傳》,卷三,頁 107。

也。密雲者，兌澤之氣上行也」，說明雲氣上行的不雨之狀，合於卦辭「密雲不雨」之義。[84]解釋九二、九三爻義時，則用半象述義。指出「巽爲繩，爲股，艮爲手，牽復也」，得巽、艮之象以合九二「復牽」爻義。其艮手之象的取得，主要以二、五兩爻同志，則四、五互得艮卦半象。九三爻辭「夫妻反目」，指出「震爲夫，離爲妻，爲目，巽爲多白眼」，則夫妻反目相視，不能正室。[85]上卦爲巽，得多白眼之象；二至五互離爲妻爲目；震夫之象，則取三、四兩爻之半象。

解釋大畜䷙卦六四爻辭時，明白指出六四爲坤體，藉以取得坤體之象，云「坤爲牛，坤初爲童牛，童牛始角時也」，即合爻辭「童牛之牿」之義。[86]此坤體之象，即取六四、六五兩爻互體半象以立說。

解釋大壯䷡卦九四「壯于大輿之輹」，認爲「坤爲輿，震木在輿下爲輹」，[87]取六五、上六兩爻互爲坤輿半象，進而推出「輿」、「輹」之象以合爻義。

解釋晉䷢卦初六《象傳》「未受命」之義，指出「四艮爲手，受也。巽爲命，初動震見，巽伏未受命」。[88]二至四互得艮手之象，而三、四兩爻又有巽命半象，進一步說巽象潛伏而未受命。

二、爻位變動以求半象

除了一般取用兩爻互爲半象之外，朱震亦同樣採取爻位變動的模式，以進一步以二爻互爲半象，取得所需之卦象申明卦爻之

---

84 見朱震《漢上易傳》，卷一，頁 41。
85 參見朱震《漢上易傳》，卷一，頁 41-42。
86 見朱震《漢上易傳》，卷三，頁 99。
87 見朱震《漢上易傳》，卷四，頁 122。
88 見朱震《漢上易傳》，卷四，頁 124。

義。例如解釋離☲卦九三「日昃之離，不鼓缶而歌」，指出：

> 九三離腹變坤為缶，艮手擊之，鼓缶也。兌變震而體離，
> 口舌動有聲成文歌也。[89]

以九三變而為陰，取其二、三兩爻半互而得坤缶之象；同時取其二至四為艮手之象。又以原來離卦三至五取兌卦口舌之象，並以「兌變震」而得「動」象，故云「口舌動」。同樣的，解釋離卦九四「突如其來如，焚如，死如」，云：

> 四之五成乾巽，乾為父，巽為子，子凌父，突也。……巽
> 木得火，焚如也。火王木死，死如也。[90]

以四爻與五爻互易，則五、上二爻互而為乾父之半象，而四至上亦得互巽為子之象，故云「四之五成乾巽」。同時又取巽木離火之象，因其象而得「焚如」、「死如」之象義。離卦此九三、九四爻辭之釋義，皆先以爻變而以半互之法而得坤、乾之象。兩爻互為半象，已使取象之法有過於浮濫之嫌，再加上採用爻位變動的方式，欲使某卦為某象，已絕無難處，但穿鑿之跡卻顯現無遺，用象的不嚴謹，已無待爭辯了。

　　焦循《易圖略》中提到對虞翻採用半象的不以為然看法，否定半象之說，並提出朱震對虞翻的批評，指出「虞氏之學，朱漢上譏其牽合，非過論也」。[91]歷來學者認為虞翻用此半象之說，

89　見朱震《漢上易傳》，卷三，頁 110。
90　見朱震《漢上易傳》，卷三，頁 110。
91　括弧引文見焦循《易學三書・易圖略》，卷七。引自趙韞如編次《大易類聚初集》第 20 冊，影印皇清經解本，卷一千一百一十五，臺北：新文豐出版股份有限公司，1983 年 10 月初版，頁 485。焦氏對虞翻的半象之說，不予認同，云：「虞翻解『小有言』為震象半見，又有半坎之說，余以為不然。蓋乾之半，亦巽、兌之半；坤之半，亦艮、震之半；震之下半，何異於坎、離之半？坎之半，又何異於兌、巽、艮之半？求其故而不得造為半象。」（揭前書，頁 485。）強調虞翻以兩爻為半象之用，將致取象無從根據的困境。

似乎有過於浮泛附會之嫌，而朱震對虞氏之說，也批評其煩瑣牽合，但是朱震本人於此半象之用，卻也同樣陷入此種窘境。朱震二爻半象取象之法，其用象取法之原則，主要是根據經傳辭義而定，依據經傳之辭而求取所需之象，在無法以完整的三爻取象的不得已情形下，只好尋求二爻以代一卦之象。這種方式，打破三爻爲卦象的嚴謹規範，存在著漫加濫用、無端造作的負面非議，但也看出朱震承繼漢《易》的具體表現。

第六節 小 結

朱震依準《易傳》的傳統認識，確立互體運用的合理性，使互體成爲其取象用法的最普遍之方式。互體的運用，打破上下卦的既定模式，從六個陰陽爻當中尋找八卦符號類型，推求易象以解說卦爻辭義。互體的運用，主要目的在於用象；比附而爲互體的前提，在於取象表意的需要。何時採用互體之法，取決於卦爻辭所顯現的象，以卦爻辭所表徵的象，連綴互體之法以進一步取得。互體成爲取象釋義的最主要依據。

互體作爲闡述經文在卦爻象運用上的主要依據，以互體所反映出的卦爻象，可使《易》義之詮釋更爲便利與合理。一卦六爻的組成，以互體運用的機制可以體現的，已非只是上下兩個經卦以及由此兩經卦所傳達的卦象而已。六爻共構一卦，本來就應打破上下卦的界線，畢竟六個陰陽爻聯結爲一卦，每一爻都是此卦的一份子，爻與爻之間自然也都存在著必然的聯繫關係。聯結的數爻，即有其存在的卦爻之象。透過互體來彰顯其可能的聯繫關係，這種互體下的聯繫關係，也正具體的反應出《易傳》所強調

的「唯變所適」的變易之性。這種變易的觀點，正是朱震易學思想的重點所在。互體正是變易思想的具體顯現。

　　三爻互體為朱震互體主張中最基本與最具規模者，其運用也最富彈性，除了本卦可以取得最基本的四個卦外，亦採用卦變、爻變之模式，從之卦中以互體取象，甚至從伏卦中以互體取象。因此，以互體索求卦象，成為方便且不虞匱乏的的必要方法。這樣的易例之用，與卦變及爻位升降等爻變諸例作有機的結合，這正是漢代主流象數之說的本色。朱震於此，可以視為漢《易》再現的典範。在三爻互體的運用上，朱震大都發於己說、本於己意，以自己的認識方式，巧用互體之法，不侷限於漢儒之用為定勢之規準，不泥於漢說，也不決然承襲墨守，展現出屬於自己的互體取象之新風格。使用四爻、五爻互體以成別卦大象之法，朱震則多與虞翻之說相近，在某些方面上，仍無法擺脫漢儒之影子而走出自己的新道路；因為這樣，當代表重振漢學旗幟的乾嘉易學家惠棟在考索漢《易》之時，朱震之說也就成為必要的參照。這種易學詮解的方式，也正凸顯出宋代主流易學之外的異數，決然回歸漢學的本色。

　　本卦六爻作為互體取象的依據，不足以獲得所需之卦象時，則以卦變或爻位變動與其它的變易方式，尋求從非本卦的爻位以互體取得所需之象，使互體取象釋義更為方便與更具彈性。這種非本卦六爻之互卦取象方式，其在經傳釋義中佔有較高的比例。雖求便宜之用，但嚴謹的學說主張，並不代表可以隨意的以卦變或爻變、乃至隨意摘取卦爻，仍須有取爻論述機制的合理性，以及爻位改變上的原則與規律。也就是說，應明確訂定出採取卦變或爻變的時機與方式，以及某爻處於某位，以哪幾爻作為互體取象的根據，應有一個基本的運用規範，不能只因卦爻辭所呈現的

象之需要，就肆無忌憚的採用各種可能的互體方式，符合象義之
需即可。如此一來，必當陷於繁瑣與附會的不合理困境。

朱震互體之說，成爲歷來評論的焦點，南宋馮椅（西元？）
《厚齋易學》指出「毛伯玉力詆其卦變、互體、伏卦、反卦之失」。
[92]南宋魏了翁（西元 1178-1237 年）《鶴山集》指出「漢上太煩，
人多倦看，却是不可廢耳」。[93]元代胡一桂（西元 1247-？年）《周
易啓蒙翼傳》認爲朱震「變、互、伏、反、納甲之屬，皆不可廢，
豈可盡以爲失而詆之」。而「觀其取象，亦甚有好處，但牽合走
作處過多」。[94]不論是卦變、伏卦、反卦之用，每多因互體取象
之需而論，造成過度的繁富牽合，但學者卻大多認爲仍有其可觀
而不可廢者。這種屬於漢代的取象之法，在朱震廣泛之後，得到
某種程度的張揚，例如吳沆在其《易璇璣》中強調「互體之說，
雖不可泥，而亦不可廢」；其論《易》之變有四，其中互體爲其
一；《易》以通象，其象有正體與互體之別，亦即用象無法避談
互體之用。[95]又如林栗《周易經傳集解》之釋義，「每卦必兼互
體、約象、覆卦」的方式，也就是六十四的每一卦都有其藉由互
體方式取得的最基本之八個卦象。[96]互體之法，成爲南宋時期以

---

92 見馮椅，《厚齋易學》，附錄一，臺北：臺灣商務印書館景印文淵閣四庫
　　全書本第 16 冊，1986 年初版，頁 830。
93 見魏了翁《鶴山集》，卷一〇九，臺北：臺灣商務印書館景印文淵閣四庫
　　全書本第 1173 冊，1986 年 3 月初版，頁 591。
94 見胡一桂《周易啓蒙翼傳》，臺北：臺灣商務印書館景印文淵閣四庫全書
　　本第 22 冊，1986 年 3 月初版，頁 268。
95 參見吳沆《易璇璣》之序言、卷上、卷下，臺北：臺灣商務印書館景印
　　文淵閣四庫全書本第 11 冊，1986 年 3 月初版，頁 599、605、617。
96 參見林栗《周易經傳集解》提要中所述。以需䷄卦爲例，本卦互體得乾、
　　兌、離、坎四卦象，覆卦互體得坎、離、巽、乾四卦象。以師䷆卦爲例，
　　本卦互體得坎、震、坤、坤四卦象，覆卦互體得坤、坤、艮、坎四卦象。
　　有關內容，見林栗《周易經傳集解》提要、卷三、卷四，臺北：臺灣商務
　　印書館景印文淵閣四庫全書本第 12 冊，1986 年 3 月初版，頁 2、頁 42、54。

朱震為首的漢《易》風華再現的重要階段，標誌為宋代象數之學
的主體內容，在這方面，朱震可以說是厥功甚偉。

第七章 卦主申明卦義之說

卦主思想的確立，可以追溯至《易傳》時期。《易傳》描繪出卦主的思想雛形；尤其是《繫辭傳》提出「陽卦多陰，陰卦多陽」的概念，以乾卦爲純陽之卦，生震、坎、艮三陽卦，而坤卦爲純陰之卦，生巽、離、兌三陰卦，體現出以「少」反映出所屬的陰、陽之卦，一種以少爲重的爻位思想。這種思想成爲易學家建立卦主的理論思想之重要依據。

卦主爲傳統釋《易》體例中的重要方法，歷來易學家多以「卦主」代表一卦的主體意義，也就是說選擇一卦六爻中的某一爻作爲表徵此卦之卦義，此主爻與此卦的建立了最爲密切的關係。從傳世文獻所見，較早具體提出卦主主張者爲西漢的京房（西元前77-前37年），京房的八宮卦說，建立以世爻作爲核心，確認出一卦之主爻，以此說明卦義、判定吉凶。[1]東漢鄭玄（西元127-200

---

1 在《京氏易傳》中，京房往往以某世爻作爲主爻，例如解釋損☶☲卦時指出「成高之義在於六三」，（見京房《京氏易傳》，採用陸績注本《京氏易傳注》，臺北：新文豐出版公司《叢書集成新編》第十四冊，1985年元月初版，頁583。按：疑「高」字或作「卦」。）損居艮宮三世卦，六三世爻最能體現損卦的卦義。又如在一陰五陽或五陰一陽的卦中，往往以其一陰或一陽作爲卦主，如解釋師☷☵卦時指出，九二「處下卦之中，爲陰之主」，「衆陰而宗於一，一陽得其貞正也」，「九二貞正，能爲衆之主」，（同前書，頁583。）肯定獨陽爲主。又如姤☰☴卦，指出此卦爲「元士居世」，「定吉凶只取一爻之象」，（同前書，頁579。）以初六獨陰作爲主爻，除了強調世爻之外，也同樣肯定以少爲貴的概念。京房推定吉凶之兆，側重於以某爻作爲吉凶判定之依準，並爲該卦的主要卦義。

年）以乾坤生六子的認識，於某些卦當中，重視其關鍵的某爻，
藉以反映該卦的卦象與卦義，這些爻儼然成爲這些卦的卦主。魏
晉時期，王弼（西元 226-249 年）特別強調卦主的重要，成爲新
一波卦主之說的承繼者與開創者；王弼立義於哲學的高度，在寡
與眾、一與多的關係上，重視「一」、「寡」的主導意義，此「一」
此「寡」即落實在一卦的卦主之中。[2]王弼肯定卦主表彰一卦之卦
義，並認爲在《彖辭傳》中透顯出來，也就是說，《彖辭傳》確
切的反映出卦主之義。王弼可以視爲今傳文獻中，論述卦主之說，
最完整且最具規模的易學家，對後世關於此說，起了繼往開來的
引領地位與作用。

　　卦主之說可以視爲漢魏以來，爻位思想主張的重要觀點，歷
經隋唐的沈寂，到了朱震（西元 1072-1138 年）的《漢上易傳》，
再一次將之推向認識與運用的高峰。朱震在解釋卦爻義的過程
中，不斷以卦主的觀點進行論述，表明一卦之主藉由卦爻位的關
係，以及卦爻象呈現在此卦當中的重要地位，推定某一爻爲卦主，
以闡釋一卦之主要意義。

---

2 王弼提出寡與眾、一與多的思想主張，指出：「夫眾不能治眾，治眾者，
　至寡者也。夫動不能制動，制天下之動者，貞夫一者也。故眾之所以得
　咸存者，主必致一也；動之所以得咸運者，原必无二也。」（見王弼《周
　易略例・明彖》。引自王弼著、樓宇烈校釋《王弼集校釋》，北京：中華
　書局，1999 年 12 月 1 版北京 3 刷，頁 591。）一切的存在都在「一」在
　「寡」下形成，由「一」由「寡」主導一切的存在。在人事治道上，治
　眾皆由寡而成，以眾治眾，各自爲主，難以眾治，能治眾而有成者，爲
　至寡之治。一切的變動，能制其動者，在於「貞夫一者」；由一主宰來制
　動，制動歸於一。王弼以一卦反映一個時態的變動，其內在存在著有眾
　多的變化，即六爻的陰陽互動的「眾」的關係，欲知其時態的主要內涵，
　則可以從「至寡」的某一爻來著眼，也就是他所說的「一卦之體必由一
　爻爲主，則指明一爻之美以統一卦之義」；「六爻相錯，可舉一明也；剛
　柔相乘，可立主以定也」。（同前書，頁 615、頁 591。）由最具主導作用
　的某一爻來表徵一卦的卦義，所以稱作卦主。

　　六十四卦當中，朱震明確提到一卦（別卦）之主者有十八個卦例，而另外提到上下卦的某一經卦之主者有九個卦例，其中晉卦同時提到別卦之主與經卦之主。從透過爻位論述卦義的觀點來看，雖未明確指出一卦之主，但確實指稱某一爻可以表徵一卦之卦義者，至少可以從八個卦例的卦義解釋上，確定是針對某一爻而言，也就是這些爻都可以視爲這些卦的卦主。卦主之用，除了確立一爻在一卦當中的重要性之外，也確立該爻在一卦中的地位與卦義表徵的可能內涵。然而，在客觀的爻位關係、符號訊息聯結、爻象之用的種種可能侷限，六十四卦很難推定出每一卦都有一個卦主的存在，並足以代表其卦義，再加上朱震並無意於如何建立一套完整的六十四卦卦主的代表體系，故只能從部份的別卦當中去找尋到卦主。這些卦主的運用，成爲表述卦義的主要取向；確立卦主的主要目的，在於申明卦義。因此透過對卦主的理解，一方面可以瞭解朱震卦主運用的實質面貌外，也可以進而認識朱震以卦爻之位論述卦義，除了採用卦主之外，尚有其它確認卦義的多元方式。本章旨在闡明朱震卦主釋義運用的具體內容，以及以卦主的觀點聯繫其它解釋卦義的卦爻運用情形，並對其卦主申明卦義之說，作進一步概括的述評。

第一節　經卦之主

　　朱震論述卦主之說，確立經卦之主的卦主釋例，爲其卦主之說的重要部份。其經卦之主的擇定原則，大都能夠本著卦之少者爲經卦之主的觀念，而其經卦之主，主要透過經卦的概念，闡釋此主爻之爻義，不見得能夠視爲別卦之主，也就是不能以之表徵

別卦之卦義。

一、卦之少者爲經卦之主

　　傳統上對卦爻組成的普遍認識，往往以少者爲尊；在一個三爻卦之經卦（單卦）中，除了乾坤兩卦之外，最足以表徵其卦象卦義者，大都以其陰陽爻組合之少者最具表代性，也就是震☳卦之第一爻、坎☵卦之第二爻，艮☶卦之第三爻、巽☴卦之第一爻，離☲卦之第二爻，兌☱卦之第三爻，這樣的認識，在朱震的經卦之主的觀點中，得到了具體的落實。這種經卦之主的主要原則，根本於《易傳》乾坤生六子的陽卦多陰、陰卦多陽的以少爲重之概念，也合於王弼以少御眾的精神。朱震論述六子卦，特別指出：

> 凡得乎乾者，為陽卦，震、坎、艮是也。凡得乎坤者，為陰卦，巽、離、兌是也。陽卦以奇為本，故多陰；陰卦以耦為本，故多陽。本不可二也。陰陽二卦，其德行不同，何也？陽一君而徧體二民，二民共事一君，一也，故為君子之道。陰卦一民共事二君，二君共爭一民，二也，故為小人之道。陽貴陰賤，晝人多福，夜人多禍，故君子貴夫一也。[3]

震、坎、艮爲陽卦，陽卦多陰爻；巽、離、兌爲陰卦，陰卦多陽爻。朱震雖然以君子之道與小人之道說明陰陽卦的差異，卻也肯定「貴夫一」的重要性。因此，六子卦皆以其中之一陰一陽爲重，各卦的一陰一陽成爲這個經卦的代表，也是這個經卦當中相對較爲重要的位置。

　　朱震在卦爻釋義中，提到三爻經卦之主者，約計九處，其中

---

3 見朱震《漢上易傳》，卷八，臺北：臺灣商務印書館景印文淵閣《四庫全書》本第 11 冊，1986 年初版，頁 253。

以陰陽爻少者爲主者，則多達八處，包括咸☲☶卦下艮九三、晉☲☷卦上離六五、蹇☵☶卦下艮九三、升☷☴卦下巽初六、遯☰☶卦下艮九三、革☱☲卦下離六二、歸妹☳☱卦下兌六三、未濟☲☵卦上離六五；另外，也有一個例外的卦例，即家人☴☲卦下離九三，並未以爻之少者爲經卦之主。經卦之主是否可以視爲別卦之主，彼此是否有絕對的關聯性，後文又將有關之卦例分別從經卦之主視爲別卦之主與經卦之主非別卦之主等兩個方面作進一步說明。

　　朱震確認經卦之主，主要是依據陰陽爻中少者爲主之原則而立說，即上述八個卦例的單卦之主，都本著這樣的原則。[4]但是，也有此原則外之特例者，也就是未本著這樣的原則，即解釋家人☴☲卦九三爻辭一例。朱震指出「三，內之主也」，以此爻居下卦的重要之位，此爻「陽居三，剛正過中」，則「骨肉之情，望我以恩，而治家太嚴，傷恩矣，能無悔乎」？[5]雖正而居位不中，又不相應，必有所悔。此一爻位爲下離之主，並不符合朱震普遍認定的經卦以陰陽爻之少者爲主的原則。同時此爻在整個家人卦的卦義中，並不具有特別重要且代表卦義的特殊意義。在這個卦當中，朱震反而特別重視二爻、四爻與五爻的重要地位；認爲二爻「六二正，離爲女，女正乎內也」；以四爻爲「六四正」，「言家人利女貞也」；以五爻爲「五，君之位也。乾九五者，父也」，則「此以九五而下言家人正家之道也」。[6]諸如之說，九三爻反映在家人卦的地位上相對不突出，卦義也相對較爲薄弱。

4　有關諸卦例的具體內容，後文將從經卦之主視爲別卦之主，以及經卦之主非別卦之主等兩個方面，作進一步說明。
5　見朱震《漢上易傳》，卷四，頁131。
6　參見朱震《漢上易傳》，卷四，頁129。

二、經卦之主代表別卦之主

在朱震的有關釋例中，經卦之主足以代表別卦之主者，約見三例，包括：解釋咸䷞卦九三，指出「感上而動，三陽才剛，為內卦之主，當位宜處，說於上六而動」。[7]九三陽處正位，應以居處為佳，但以剛應上，動而往吝，強調宜處不宜動，否則會帶來悔吝。朱震認為九三爻為下艮之主，肯定此爻在這個卦爻中的重要地位，此爻甚至確立為咸卦卦義的主要意涵所在。他認為咸卦「柔上而剛下，感應以相與，此以三上交感，六爻相應，言咸所以亨也」。雖然咸卦六個爻彼此相應，反映出陰陽上下相與相感之義，但最重要的仍在九三與上六的正應。他進一步認為下剛為艮之九三，上柔為兌之上六，「上下相感以正」，兩爻正位且相應，即「相感之道，利於正」，強調「上六、九三合艮兌二體，言感之道當以正也」。[8]朱震雖單就經卦云卦主，卻也直接反映出此內卦之主，足以代表整個咸卦的卦主。

晉䷢卦六五爻辭的論釋解釋，朱震指出「五明之主，患在於矜智。遂非以失為恥，故戒以失得勿恤」。[9]強調上離象「明」，六五為離明之主，然五爻以柔居尊不正，有用明過甚之失，故當「戒以失得勿恤」。五爻作為上離之卦主，更是整個卦的卦主，也就是代表晉卦的主體卦義，所以朱震進一步解釋，「離為明，自六五言之為大明」，為「明出地上，進而不已」，亦即《象傳》說「順而麗乎大明，柔進而上行」的概念，是特別專就六五爻而

---

7 見朱震《漢上易傳》，卷四，頁 114。
8 參見朱震《漢上易傳》，卷四，頁 112-113。
9 見朱震《漢上易傳》，卷四，頁 125。

言，因此朱震明白的指出「此以六五一爻言晉也」。[10]

　　歸妹䷵六三爻辭，指出「六三居不當位，德不正也。柔而上剛，行不順也。爲說之主，以說而歸，動非理也」。[11]六三居位不正，德性不正，上接九四陽剛，有前行不順之象。此爻爲下兌之主，兌爲說，故兌說而歸，其動行非理之就。在整體卦義的解釋上，朱震強調「歸妹自泰來，三之四爲震，四之三爲兌」，「以三、四相易言歸妹之義」，[12]認爲歸妹之大義從三、四兩爻可以顯現出來，因此作爲此卦卦義的代表，三、四兩爻足以當之。此卦之卦主，可以從此兩爻來做抉擇；雖朱震並沒有具體的指明，但六三爻義貼近歸妹卦義，作爲下卦之主，亦可表徵整個別之卦主。從以上三個卦例可以看到朱震視經卦之主爲別卦之主，某經卦之主在爻位的重要關係之下，成爲在整個別卦上具有主體的地位；也就是說，朱震並無刻意將經卦之主視爲別卦之主，只因爻位的重要處位，經卦之主適爲別卦之主。

三、經卦之主不能視爲別卦之主

　　在經卦之主的釋例中，除了前述三個釋例之外，其它有關釋例的經卦之主，皆不足以表徵爲別卦之主，也就是此經卦之主，無法等同別卦的卦義。朱震在解釋蹇䷦卦九三，指出「九三重剛，爲下卦之主」，「陽得位，故喜」。又，「九三剛實，四牽連之，共濟五難，當位而又得濟之實也」。[13]特別強調九三爻的重要性，以其陽爻處陽位而有喜，且以其剛實之性，可達濟難之功。因此，

---

10 參見朱震《漢上易傳》，卷四，頁123。
11 見朱震《漢上易傳》，卷五，頁188。
12 見朱震《漢上易傳》，卷五，頁186-187。
13 括弧引文，見朱震《漢上易傳》，卷四，頁137。

當解釋九五爻時，又再一次指出九三爻的重要性，認為「九三外應上六，內為六二、初六之所喜，而又六四牽連而進，同心協力，斯可以濟天下之難」。[14]九三處位之重要，在於它作為下卦之主，與上六相應，又為初六、六二所承所喜，並與六四相互牽連共進，以濟九五「大蹇」的天下之難。同樣的，解釋上六之所以為「吉」，在於「柔自外來，求助於九三，三以剛濟柔，則難紓，志乃大得」。[15]三上相應，以剛濟柔，則蹇難可解。九三雖如斯之重要，但朱震解釋卦辭時，對蹇卦六個爻位之論述，特別看重四爻與五爻，不斷強調「九五、六四言濟蹇也」，[16]也就是以四、五兩爻表徵蹇卦之卦義。因此，九三作為經卦之主，卻不足以代表蹇卦之主體意義。

　　升☷☴卦初六爻辭的論釋，指出「初六巽之主，以一柔承二剛，能巽者也」。[17]即升卦之下卦為巽，初六為下巽之主，以一柔承二剛，則得以巽順。初六為下卦巽卦陰陽爻之少而為之主，但在整個升卦的卦爻卦義上，則相對不如二、五兩爻的重要，朱震對升卦卦義的論述，不斷強調二、五兩爻的重要意義，以「二、五相易，明升之才也」，肯定二、五兩爻的對應關係，反映出升卦之義。因此，初六作為下卦之主，並不表述整個別卦之卦義。

　　遯☰☶卦九三爻辭，指出「九三為內之主，二陰自下承之。坤為臣，伏兌為妾，以此畜臣妾，則吉正也」。[18]遯卦上乾下艮，九三為下艮之主，安其正位而二陰承之。初二坤體半象為臣，下艮伏兌為妾；以九三之位行畜臣妾之事，臣妾之事非為大事，力

14　見朱震《漢上易傳》，卷四，頁137。
15　見朱震《漢上易傳》，卷四，頁138。
16　見朱震《漢上易傳》，卷四，頁136。
17　見朱震《漢上易傳》，卷五，頁161。
18　見朱震《漢上易傳》，卷四，頁119-120。

足以爲之，故可以得吉。九三作爲下卦之主，但在朱震卦義的論述上，此爻並不足以代表遯卦之卦義，也就是並不足以稱作遯卦卦主，反倒是特別重視二、五兩爻，不斷「以二、五相應伸遯亨之義」，[19]此二爻相對較貼近卦義，相對較有作爲卦主的可能代表。

　　革☱☲卦六二爻辭，指出「以六居二，柔順得中正，又文明之主，上有剛陽之君，同德相應。中正則无偏蔽，文明則盡事理，應上則得權勢，體順則无違悖。時可矣！位得矣！才足矣！處革之至善者也」。[20]革卦上兌下離，離象文明，六二柔而得正，並爲下卦文明之主，上承乾陽之君，且與九五相應，朱震予以高度肯定，肯定此爻得位適時，才性具足，處革卦至善之位。然而朱震在論述卦義時，雖然不否定六二的重要，但六二並不足以代表革卦卦義，反倒是尤其肯定五、上兩爻，「以五、上言革之道」，[21]似乎六二遠不如此兩爻，此兩爻更能反映出革卦的卦義，所以六二不能視爲革卦之卦主。

　　未濟☲☵卦六五爻辭的論釋，指出「六五文明之主，柔居尊位，悔也。虛中而下九二，二往五正，以剛濟柔，故『貞吉，无悔』」。[22]上卦爲離，有文明之象，六五則爲文明之主。此爻以柔居陽尊之位，處位不當，故有「悔」義。與九二相應，二往之五，則以剛濟柔，得以「貞吉，无悔」。在整體卦義的論述上，朱震並沒有特別提出六五在表徵卦義方面的重要地位，倒有「以二、五言未濟」之說，視之足以代表卦義，或從中擇一作爲卦主，但朱震

19　見朱震《漢上易傳》，卷四，頁 118。
20　見朱震《漢上易傳》，卷五，頁 171。
21　見朱震《漢上易傳》，卷五，頁 169。
22　見朱震《漢上易傳》，卷六，頁 222。

所論仍無法判定其確切的重要地位。[23]

另外,朱震解釋家人☲☴卦九三爻辭,視之為經卦之主,然此爻非本於少者為主之原則,也不能等同於別卦之主,特別另作說明。因此,從上述卦例可以看到,經卦之主不見得可以等同別卦之主,經卦之主並沒有視為別卦之主的普遍性意義。

在上述的九個卦例當中,朱震確定經卦之主,大致能夠依準卦之少者為主的原則,以此原則作為揀選經卦之主的準據。經卦之主是否可以視為別卦之主的認識上,這些卦例裡,咸卦下艮九三、晉卦上離六五,以及歸妹卦下兌六三,這三個卦例,論及經卦之主在整個別卦當中,似乎比其它各爻,更具重要的地位,更能表現出其所屬別卦的卦義,也就是作為經卦之主者,儼然可以視為別卦的卦主。然而大多數經卦之主,卻無法代表一卦的卦義。朱震並無意建立一套經卦之主可以表徵別卦之主的論述體系,也未因此建立其運用的原則。經卦之主只是說明某一爻在其經卦中的主體地位,藉以進一步說明此一爻之爻義,亦即爻義的論定,與此爻處經卦中的位置,或者說此爻與經卦有著密切的關係,此爻即此經卦卦象的主體,由此卦象闡明此爻之義。因此,經卦之主,未必可以視為別卦之主,兩者不能混為一談。

第二節　別卦之主

漢魏以來論述卦主者,主要是針對六爻卦的別卦而言;卦爻辭的確立,卜筮的吉凶結果,都由別卦推定,而卦主即代表一個

---

23 參見朱震《漢上易傳》,卷六,頁220。

別卦的卦義而立說。朱震論說別卦之主者，約計十八處。這些卦爻之所以能夠作爲卦主，大多數是表現在能夠符合中位的原則，也就是重視中正原則而立爲卦主者。另外，也有針對卦爻之少者爲卦主者；也有並不考慮特定的爻位，而以卦變關鍵之爻作爲卦主者。因此，以下根據爻位性質之不同，進行分類論述。

一、以二五中位爲卦主

一卦六位，上下卦中爻之位，從《易傳》對「二多譽」，「五多功」的確定以來，乃至歷來易學家，普遍視之爲最重要的位置，二、五的重要地位，已是毋庸置疑的認識。因此，在論述卦主上，往往也就有以中位爲依準；王弼肯定中爻的重要性，強調「雜物撰德，辯是與非，則非中爻，莫之備矣」，[24]即以中爻作爲一卦之卦主，往往是認定卦主的主要依據。這種以中位作爲確認卦主的標準，也爲朱震所延續。在朱震的十八個卦主之卦例中，以上下卦之中作爲卦主者，包括坤▤▤卦、訟▤▤卦、需▤▤卦、夬▤▤卦、比▤▤卦、節▤▤卦、觀▤▤卦、萃▤▤卦、睽▤▤卦、師▤▤卦，以及屯▤▤卦等十一個卦例。其中師卦又爲一陽五陰之卦的以寡爲主之性質，屯卦同時存在著兩個卦主的特殊情形，以及節卦採取卦變之爻爲卦主，故此三卦另外別類說明。

朱震以上下卦之中爲卦主釋例，解釋坤▤▤卦六二「直方大，不習无不利」，指出「二爲坤之主，中正在下，盡地之道，故以直方大。三者形容其德，由直方大，故不習而无不利。不習，謂自然也。在坤道，則莫之爲而爲也。在聖人，則從容中道」。[25]強

---

24 見王弼《周易略例·明彖》。引自王弼著、樓宇烈校釋《王弼集校釋》，頁 591。
25 見朱震《漢上易傳》，卷一，頁 16。

調六二居得正之位，具「直方大」三德，以二爻尤見坤道，尤能表現坤卦之卦德。

解釋訟䷅卦卦辭「利見大人」與《彖傳》「利見大人，尚中正也」之義，指出「九五，大人聽訟者也。中正在上，無所偏係，君子小人各得其平，故九二利見之，以中正爲尚也」。強調九五中正之位，爲聽訟判訟之大人，則九二有孚信於五，而云利見九五大人。故朱震特別指出「此以九五言訟之主也」。[26]同樣的，解釋九五爻辭時，認爲「九五聽訟之主」，以其高處尊位，居中得正，「在上無所偏係，雅枉之道不行」，故能得以「元吉」。[27]

解釋需䷄卦卦辭時，指出「九五正中，待物之須而不匱者，惟正中乎！故曰『貞吉』。需道至於光亨，位乎天位，爲須之主，萬物需之，貞吉也」。[28]九五之位，居尊得正，爲需道之主，得以「貞吉」。又解釋九五「需于酒食，貞吉」，指出「九五爲需之主，應之以中正而已」。[29]又解釋上六時，也指出「九五，需之主也」。[30]同樣以五位得正而尊，爲需卦之主。

解釋夬䷪卦九五時，指出「九五得尊位大中，爲決之主」，[31]強調九五爻健決之性的重要性，「動而往決」，作爲夬卦的卦主。此卦爲一陰五陽之卦，若依少者爲主的原則，應以上六爲卦主，但朱震於此卻重視九五尊位，以之爲卦主。

解釋比䷇卦九五，指出「九五比之主，坎爲明，顯明，比道

26　二括弧引文，見朱震《漢上易傳》，卷一，頁30。
27　參見朱震《漢上易傳》，卷一，頁33。
28　見朱震《漢上易傳》，卷一，頁27。
29　見朱震《漢上易傳》，卷一，頁29。
30　見朱震《漢上易傳》，卷一，頁29。
31　見朱震《漢上易傳》，卷五，頁152。

者也，故曰『顯比』」。[32]九五爻居中得正，爲比卦唯一的陽爻，呈現出「顯比」之吉象，最能代表比卦之道。「九五之剛，乾元也」，「位乎中正，故永貞」，故「原筮元永貞者，九五也」。[33]卦辭所言，即專指九五之位。

解釋觀䷓卦六三時，指出「卦以九五爲主」，「九五中正」，表現出「君之自觀其得失者，亦觀諸民」[34]的觀道。

解釋萃䷬卦卦辭，指出「九五剛得位，以剛中爲萃之主，下有六二柔中之臣應之，君臣聚會，以聚天下，此合二、五而言萃也」。二、五上下聚從，即君臣之聚會。「九五示之以大人之德，六二以正而往聚之，則人倫正，民志定，物情相交而亨」。其中九五之爻，剛中得正，有君德而位尊，能夠總攝眾志，即「王者萃天下之道」，故以九五爻爲卦主，「以九五言萃之道也」。[35]

解釋睽䷥卦九二爻辭，指出「九二以剛中之德，遇六五濟睽之主，人情睽離之時」。強調六五爲睽卦之卦主，正表現出「人情睽離之時」。「睽之時，人情乖隔，相與者未固，非剛健中正不能合天下之睽」，[36]處此睽卦之時，人情各歸異志，主要反映在六五爻以柔居剛，處非正位，且又爲上離中女之主，故貼近卦義而爲卦主。

師䷆卦五陰一陽之卦而以九二爲卦主，以少爲主，而二爻同時爲中位，所以當然爲卦主的必然之選。屯䷂卦同時以初二兩爻爲卦主。節䷻卦由泰䷊卦九三之五所變，取所變之爻爲主。因此，此三卦後面另作說明。

---

32 見朱震《漢上易傳》，卷一，頁 39。
33 見朱震《漢上易傳》，卷一，頁 37。
34 括弧諸引文，見朱震《漢上易傳》，卷二，頁 76、77。
35 括弧諸引文，見朱震《漢上易傳》，卷五，頁 156-157。
36 括弧諸引文，見朱震《漢上易傳》，卷四，頁 132-133。

在上述卦例中，一陽與一陰之卦僅師▤▤卦與夬▤卦，師卦以九二為少並為少主，合於少者為主的普遍認識；然而夬卦以上六一陰為少，若以少者為主的觀念來看，上六理當為卦主，但是，其實不然，朱震仍依循中位的觀念，以九五為卦主。同時，在這些卦例當中，某一爻作為一卦之主，也反映出該爻之爻義，乃至由該爻推定一卦卦義的取向，大致上除了睽卦九二有警示的負面氛圍外，幾乎都是一種積極正面的吉兆，這種情形除了肯定中爻的正面意義外，更重要的是體現卦主的本身即是一種正面吉象的引領認識。它除了可以表徵一卦的卦義外，也確認此一卦義積極正面的必然性；以中爻為卦主，即標示出此卦與此爻的正面價值與吉慶反映。

二、卦爻之少者為卦主

卦中之少者為卦主，早在京房時已出現，以少者大都為多者所尊。[37]進入魏晉時期，王弼更強調「夫少者，多之所貴也；寡者，眾之所宗也。一卦五陽而一陰，則一陰為之主矣；五陰而一陽，則一陽為之主矣」。肯定「一卦之主者，處其至少之地」，[38]即「一卦之體必由一爻為主，則指明一爻之美以統一卦之義」，[39]重視執一領多、以寡御眾的思想，一爻可以概括一卦之義；此卦

---

[37] 京房以少為卦主者，如復卦之釋義，認為「一陽為一卦之主」；大有卦認為「少者，多為之所宗，六五為尊也」。陸績注《京氏易傳》，解釋京房對姤卦的認識，指出「多以少為歸」；比卦亦云「比卦，一陽五陰，少者為貴，眾之所尊者也」。陸績之氏，可以看到漢儒以少為貴，以少御多的基本認識。見京房著、陸績注《京氏易傳注》，頁 579、580、585、586。

[38] 見王弼《周易略例・明象》。引自王弼著、樓宇烈校釋《王弼集校釋》，頁 591-592。

[39] 見王弼《周易略例・略例下》。引自王弼著、樓宇烈校釋《王弼集校釋》，頁 615。

主的確定，從一卦陰陽爻的多寡作爲選擇的重要考量。在六十四
卦當中，獨一的一陰或一陽之卦，其一陰或一陽皆爲卦主，不論
是一陰五陽或一陽五陰之卦，其一陰或一陽可以御領其它五陽或
五陰，同時表徵此卦的卦時卦義，強烈地體現以一御多、以少爲
宗的特色。這種以少者爲主的觀點，在朱震的卦主說當中也得到
了部份的延續；包括師䷆卦、履䷉卦與豫䷏卦卦等三卦之釋義。
又蒙䷃卦爲二陽四陰之卦，取其少者二陽中之一爻爲主，亦合少
者爲主的認識。

　　解釋師䷆卦卦辭時，指出「五陰而一陽爲之主，利於用衆」；
師卦爲五陰一陽之卦，以寡統衆之象，故以九二陽爻爲卦主。然
而，九二處非正位，則必動而使之正，因此朱震又指出「用師之
道，以正爲本，九二動之五，正也」。「惟一本於正，使衆人皆
得其正，天下之民將歸往之，王者之道也」。[40]二爻陽處陰位，
必使己正而衆正，王者正道，民乃歸之。使之爲正之法，以動爻
爲之，故朱震在論釋九二爻辭與六五爻辭時，不斷申說動而之正
的觀點，認爲「卦五陰聽於一陽」，「自五之二，懷來也」，陰
得九五之正，可以懷萬邦。又，「二往之五，成艮手爲執，伏兌
爲言」，執言而行，以懲惡罰罪，「去民之害」。[41]一陽爲主，
以統衆陰，有師卦用衆之義。而師之用必以正，故又採變爻之法，
使之爲正，表明用師之道。

　　解釋履䷉卦卦辭時，指出「三柔，履之主也。以柔履剛，踐
履之難，處之得其道，履之至善也。故曰『柔履剛』。此以六三
一爻言履之義也」。[42]此五陽一陰之卦，以柔履剛，猶履於猛虎

40　見朱震《漢上易傳》，卷一，頁 33-34。
41　參見朱震《漢上易傳》，卷一，頁 35-36。
42　見朱震《漢上易傳》，卷一，頁 43。

之尾，六三陰柔，為此一卦之主。六三陰柔作為一卦之主，以一柔履五剛，其陰難之狀即卦義的履虎尾之狀。

朱震以豫䷏卦為「謙之反，謙九三反而之四，四動群陰應之其志」，強調豫卦由謙之反卦而來，其關鍵爻位在於四位，故四位為最重要的位置。因此，解釋豫卦初六時，認為「四者，豫之主」，藉由初四相易，以成震聲，「相應而鳴之象」。解釋九四時，也認為「四為豫之主，五陰順從，由己以致豫」；「以一陽而從五陰，大者有得也，故曰『大有得』」。[43]以一陽五陰的少者為尊之認知，加上此一陽又為謙反之四的位置，確認九四一爻為卦義。解釋六五爻辭亦云「四以剛動為豫之主，眾之所歸，權之所主也」。[44]同樣採取少者為尊的認知。

師卦、履卦與豫卦三卦為一陰五陽與一陽五陰之卦，以其一陰一陽為卦主。另外，蒙䷃卦為二陽四陰之卦，以少者為主則取其二陽中之一爻為卦主，朱震專取九二為卦主。朱震解釋蒙䷃卦卦辭與《彖傳》之說，指出「二為眾陰之主，四陰皆求於二，而志應者，應五也」。[45]強調二爻為眾陰之主，居下卦之中，與五陰相應，為重要之位。又於解釋六四爻辭時，也指出「陽為實，九二剛實，發蒙之主」。[46]同樣以九二陽實為卦主。取其較少的二陽之一作為申明卦義之主，並確認二位較上位為重的概念，仍合少者為主之原則。

三、卦變之爻為卦主

朱震立論卦主，亦有不考慮特定的爻位，專以卦變之爻作為

---

43 見朱震《漢上易傳》，卷二，頁 63-64。
44 見朱震《漢上易傳》，卷二，頁 65。
45 見朱震《漢上易傳》，卷一，頁 24。
46 見朱震《漢上易傳》，卷一，頁 26。

卦主者。包括隨☳☱卦、无妄☰☳卦、豐☳☲卦與節☵☱卦之釋義，皆採此
方式以立卦主。

　　隨☳☱卦由否☰☷卦卦變而來，即朱震所謂「隨自否來。上九之
初剛，人之所隨，柔隨人者也」。又云「上九之初，大者亨也」，
「以初九一爻言隨之道」。[47]解釋隨卦九四時，指出「初九其行
以正，所謂道也。道之所在，故初九爲隨之主」。[48]否卦上九變
而入於隨初，初爻作爲卦變的重要爻位，也是申述卦義的重要位
置。他並以九四爻受命於九五之君，「九四變而正，以剛下柔」，
初九陽爻居正則爲隨之道，隨其正而爲吉，故初九《象傳》稱「從
正吉也」。[49]初九隨四之功，合於本卦之義，故朱震以初九爲卦
主。

　　解釋无妄☰☳卦《彖傳》「剛自外來而爲主於內」，指出「无
妄，大畜之反，大畜上九之剛自外來，爲主於內」。強調无妄自
大畜☶☰而來，大畜上九變而爲无妄，即上九之剛入於无妄內震；
震初得正，又爲震動之主，此健動不息，合於无妄之時，故朱震
認爲「此以初九言无妄之主也」。[50]

　　解釋豐☳☲卦初九「遇其配主」，指出「泰九二之四成豐，故
九四爲豐之主」。以泰☷☰卦卦變爲豐卦，二之四變而爲豐卦，則
九四爻爲豐卦之卦主。初九遇其陰陽相互匹配之主即九四爻。初
九與九四皆爲陽爻，本不相應不相配，但「四雖不應，初可因四
爲主而配五，陰陽相配，故九四爲配主」。[51]同樣以卦變之爻位
爲卦主。

47　見朱震《漢上易傳》，卷二，頁 65。
48　見朱震《漢上易傳》，卷二，頁 68。
49　參見朱震《漢上易傳》，卷二，頁 67。
50　參見朱震《漢上易傳》，卷三，頁 93。
51　括弧諸引文，見朱震《漢上易傳》，卷六，頁 192-193。

解釋節☱☵卦九五時，指出「節者，理之不可得而過者也。九五居位以中，爲制節之主」。[52]以節卦由泰卦而變，即泰卦九三之五，得九五中正之位，亦即《彖傳》所說「當位以節，中正以通」的概念，故以爲「吉」。

取卦變之爻作爲卦主，主要在於卦變之爻具有關鍵性的地位，以卦變之爻爲卦主，更可體現卦變之說在卦爻變化關係上的重要性；以卦變之爻作爲卦主，卦變的重要性得以凸顯，《易》卦變易特性再一次得到強化與肯定。

四、上爻爲主之單例

前述朱震所確認的卦主，大都是上下卦之中，或是卦之陰陽爻中之少者，乃至卦變的關鍵爻位，但是也有出於這些範圍者，即表現在明夷☷☲卦的解釋上。朱震以明夷卦卦義爲「明在地中，暮夜也」的夜暗傷狀。他特別從政治的觀點論釋，認爲「明夷者，闇君在上，明者在下，見傷之時，故曰明夷」；[53]整體的卦義爲闇主見傷的困境。朱震在此九三爻辭與《象傳》的解釋上，特別從卦主的觀點云，指出「上六明夷之主，九三極明至剛，得位而應，不得已而動，以克極闇之主，湯武之事也」。[54]上六爲明夷之主，最符合明夷卦之卦義，此爲闇主見傷者，而相應的九三相對則爲扭轉闇闇、求見光明的克闇之時，亦即湯武伐闇之事。朱震在解明上六爻辭時，再一次提到此爻爲明夷卦的卦主，指出「《雜卦》曰：『明夷，誅也。』爲明夷之主而不誅者，鮮矣」。[55]《雜

---

52 見朱震《漢上易傳》，卷六，頁 209。
53 見朱震《漢上易傳》，卷四，頁 126。
54 見朱震《漢上易傳》，卷四，頁 128。
55 見朱震《漢上易傳》，卷四，頁 129。

卦》論明夷卦有遭誅伐之義，而上六正是此卦之主，爲難以避誅之位，亦即上六合明夷誅凶之義。

五、一卦二主之特例

　　既以卦主爲名，即一爻主一卦之義，標準的方式爲一爻確立爲一卦之主。王弼刻意強調以一統衆的卦主思想，但是仍然無法避免類似一卦同言二主的說法，當他在解釋同人☲☰卦《彖傳》時指出「二爲同人之主」，六二以陰柔居下卦之中而得位，上應乾五，爲同人之主本是合理，但是在解釋同人卦六二時，卻又指出「應在乎五，唯同於主，過主則否」，[56]似乎又另以九五爲卦主。另外，解釋訟☰☵卦時，更明確的提出二主的說法，也成爲歷來學者所討論的議題。[57]對於這種一卦二主之說，朱震也同樣出現明

---

56 二括弧引文，見王弼《周易注·上經》，引自王弼注、樓宇烈校釋《王弼集校釋》，頁 284、285。

57 王弼解釋訟卦《彖傳》時指出「必有善聽之主焉，其在二乎」，又於九五注云「處得尊位，爲訟之主」，（見王弼《周易注·上經》，引自王弼注、樓宇烈校釋《王弼集校釋》，頁 249、251。）孔穎達《周易正義》特別說明云：「然此卦之內，斷獄訟之人，凡有二主。……若卦由五位，五又居尊，正爲一主也，若比之九五之類是也。今此訟卦二既爲主，五又爲主，皆有斷獄之德，其五與二爻，其義同然也，故俱以爲主也。」（見孔穎達《周易正義》訟卦九五疏文。引自臺北：藝文印書館十三經注疏本《周易注疏》，卷二，1997 年 8 月初版 13 刷，頁 34。）孔氏以此二卦兩主之情形，在王弼的《易》說中，非僅此例。清代李光地提出「成卦之主」與「主卦之主」的區別，爲王弼圓說，指出：「凡所謂卦主者，有成卦之主焉，有主卦之主焉。成卦之主，則卦之所由以成者。無論位之高下，德之善惡，若卦義因之而起，則皆得爲卦主也。主卦之主，必皆德之善，而得時、得位者爲之。故取於五位者爲多，而他爻亦間取焉。其成卦之主，即爲主卦之主者，必其德之善，而兼得時位者也。其成卦之主，不得爲主卦之主者，必其德與時位，參錯而不相當者也。大抵其說皆具於夫子之《彖傳》，當逐卦分」。李氏並對六十四卦逐一說明。（見李光地《周易折中》，成都：巴蜀書社，1998 年 4 月 1 版 1 刷，頁 30-36。）另外，清代王又樸《易翼述信》，卷一，也針對李氏之說，作了重複的說明，爲王弼的觀點，提出合理性的解釋。

確的主張。

　　朱震一卦有二主之特殊例子，主要爲解釋屯▦卦卦辭「屯，
元亨利貞，勿用有攸往，利建侯」，指出「初九，屯之主也。初
往之五，行必犯難，益屯而不能亨矣。君子宜守正待時，故勿用
有攸往，此言初九也」。[58]強調屯卦以初九爲卦主，爲屯難之始，
初九守其正位，等待時機動行向前，最能反映此卦卦辭「勿用有
攸往」之義。然而，朱震卻又在解釋六二「屯如邅如」時，認爲
「九五，屯之主。六二中正而應，共濟乎屯者也，故曰屯如」。[59]
以九五尊貴，又能與六二正應，故爲屯卦之主。朱震標示出屯卦
有二個卦主，這樣的二主之例，爲其卦主說的特殊釋例，表明一
卦有二主，二主共同反映出一卦之義。這種以兩個爻爲主的主張，
與後面章節提到諸多以兩爻足以表徵一卦之卦義者，性質相近，
這些以二爻論義的卦爻，都應可以視爲一卦之主，只不過在明白
指稱爲卦主的說法上，這是唯一的明確特例。

第三節　卦主之外的申明卦義之卦爻體

　　朱震以卦主表明卦義，卦義之推定卻也有未指明「卦主」而
立說者。朱震以某爻或某數爻，乃至某一卦體申明卦義，則這些
未指明爲卦主卻足以表徵卦義者，或許可以推擬爲卦主，或許朱
震並不在意一定要推立卦主，目的只在於卦義的合理解釋罷了。

　　卦主即取一卦中最足以代表該卦卦義的一爻，作爲表徵一卦
之義，然而六十四卦並非每一卦皆能選得合適的一爻爲卦主，畢

58　見朱震《漢上易傳》，卷一，頁 20。
59　見朱震《漢上易傳》，卷一，頁 22。

竟一卦是由上下兩卦的六個爻所組合而成，每一個卦都有其特殊
的陰陽爻組合，由上下兩卦（六爻）所共構的陰陽關係與卦象而
聯結推定出一卦之卦義，其卦義不一定能夠從當中一爻來完整的
反映出來。因此，當一爻無法有效的表徵該卦的卦義時，卦主就
無存在的必然性，勢將可能以多爻或上下卦體來呈現。朱震對卦
義的認識即是如此，除了以一爻爲主的卦主述義之外，也採用以
兩爻來表徵一卦之義，或採用多個爻來申明卦義，或採用上下兩
個卦體來呈現，甚至綜採上下二體與六爻之位。論釋卦義之法，
面對實際現況與客觀的限制下，非一爻的卦主所能牢籠。以下從
朱震未表明或稱說卦主的其它別卦中，仍能看到其明白指出何者
足以述明卦義，茲分述如下。

一、一爻論義可以推擬爲卦主

　　除了前述章節諸說，朱震確立某爻作爲卦主之外，在六十四
卦的某些卦爻當中，他雖未明言卦主，卻論及某爻代表一卦之卦
義，故可以視爲一卦之卦主。這樣的情形，大概有八個例子。

　　例如在解釋小畜䷈卦時，以六四陰柔之位，「得位，上下五
剛，說而應之，說則見畜矣」。故「一柔畜五剛，小畜」，「此
以六四言小畜之義也」。雖未明言六四爲卦主，卻已明白指出六
四爻作爲標示小畜卦之義。因此，不論是卦辭，乃至《象傳》所
言「柔得位而上下應之」，乃至「密雲不雨，尚往也」，皆以六
四言小畜卦義。[60]

　　論釋大有䷍卦時，提到「六五而言大中，五者大中之位，柔
得之也，故曰『大有』」，「此以六五一爻言有其大」。「蓋六

60　參見朱震《漢上易傳》，卷一，頁 40-41。

五自同人之二，固始以正矣。以時而行，是以元亨」；「六五言大有之才也，才者能爲是德者也」。[61]說明六五一爻可以表徵大有卦之卦義，可以視爲大有卦的卦主。

又如剝☲卦，他認爲剝卦爲五陰一陽之卦，「陰侵陽進而剝之，柔剝乎剛，回邪剝正道，小人剝君子」；「一陽僅存，小人既長，君子道消」，「此以五陰剝陽言剝也」，亦即「以上九言剝也」。[62]以上九表徵卦義，可以視爲卦主來看待。

又如復☳卦卦義的解釋，他認爲「此合坤震兩體初九之動，以言復亨也」，尤其「以初九剛動言復之始也」。進一步指出「一陽來復而得位。无咎者，以正也。剛動則不累於物，以順行則不違其時，正則和而不同，斯朋來所以无咎也」。陰極而陽，「往極而來復，復則萬物生」。[63]初九一爻可以視爲卦主。

又如大壯☳卦，他提到「陽之初，其動甚微，動而不已物莫能禦。君子之道義，其大至於塞乎天地之間者，以剛動也」。「初九，大者正也。大者正，乃能動而不屈」，「此以初九言壯之道也」。[64]則初九可以視爲其卦主。

又如益☴卦，以益卦爲否卦之變，指出「損上之九四，益下之初六，損上益下也」，「此以初九言益之道也」。「否自上而下」，「三變益」，「此再以初九推原其變而言益也」，[65]初九爲卦變的主要爻位，不斷的申說初九的重要性，以及初九所反映的卦義。

又如對姤☴卦卦義的理解，指出「柔出而遇剛」，「此以一

---

61 見朱震《漢上易傳》，卷二，頁 57。
62 見朱震《漢上易傳》，卷三，頁 86。
63 見朱震《漢上易傳》，卷三，頁 89-90。
64 見朱震《漢上易傳》，卷四，頁 121。
65 見朱震《漢上易傳》，卷四，頁 145。

柔遇五剛言姤之義也」。「女德柔順而剛健，女壯也，故曰『女壯』」，「此再以初六言姤之時也」。[66]初六可以視爲姤卦之卦主。

又如論述旅䷷卦卦義，指出在爻位上，「六居五，失其所居而在外，旅也。然六居五，柔得中矣」，「此以六五言旅小亨也」。[67]六五可以視爲旅卦之卦主。

這八個卦例，雖然朱震沒有明指「卦主」之位，卻清楚的指出某一爻可以作爲表徵該卦之卦義，故可以視之爲卦主。在這些代表卦義的爻位當中，大致能夠符合寡者爲主的概念，包括小畜、大有、剝、復、姤等五卦，都是五陰一陽或是五陽一陰之卦，其一陰一陽皆爲其卦義的主體代表。其它三個卦例，益卦取其卦變之主爻釋說卦義，旅卦取中位之爻述明卦義，僅大壯卦，以初爻申明卦義，但沒有述明初爻運用上的特殊意義。

二、兩爻表徵一卦之義

既以卦主稱說，本應只有一爻，但前文已提及朱震有以兩爻爲卦主之特殊釋例者。同時，一卦由六爻組成，必當可以一爻以上述說卦義者。這裡特別將兩爻表徵二卦之義的有關釋例，列述如下：

朱震解釋泰䷊卦時，指出「上下交而二、五不失中，其志同也」，[68]以二、五兩爻爲處中之位，並且又相應，故相交而志同。

又如解釋否䷋卦時，認爲「二、五獨正，正者少，不正者眾，

---

66 見朱震《漢上易傳》，卷五，頁 153。
67 見朱震《漢上易傳》，卷六，頁 195。
68 見朱震《漢上易傳》，卷二，頁 47。

小人多也」，故「不利君子貞」。[69]二、五兩爻足以表徵此卦之卦義。

又如解釋同人䷌卦，指出「六二應乎九五，同人也」；二、五居中當位而相應，「各得其正而其德同」，[70]二、五正能展現出能夠同心同德的同人之義。

又如解釋謙䷎卦卦義時，同樣以爻位的關係視角來論釋，指出「此以剝之上九、六三升降言謙亨」，並不斷「以上九、六三論盈虛之理明謙也」。[71]從復卦卦變成剝卦，並再一次變而爲謙卦的卦變觀念來談，即以剝卦的上九、六三的爻位升降進行論述，剝卦此二爻，即謙卦之九三與上六；此二爻正足以表徵謙卦之卦義。

又如解釋臨䷒卦之卦義，指出「九二剛中，六五應乎外，則說而順者，非苟說之順乎理也，臨之道成而大亨矣」。[72]以九二與六五論釋臨道。

又如解釋噬嗑䷔卦，以噬嗑卦自否卦而來，其「九五之剛，分而之初，剛下柔也。初六之柔，分而之五，柔上行也。剛柔分，則上下交矣」。故「此以初、五相易合兩體以言噬嗑之才也」。[73]初、五兩爻成爲論述噬嗑卦卦義的主要爻位。

又如解釋坎䷜卦卦義，坎卦云「維心」而「亨」，指出「行險而不出乎中，五必應二，不失其信也」，故「心者，中也，二、五也」；「推明二五，反復以盡習坎之義也」。[74]二、五兩爻表

---

69 見朱震《漢上易傳》，卷二，頁 51。

70 見朱震《漢上易傳》，卷二，頁 53。

71 見朱震《漢上易傳》，卷二，頁 59。

72 見朱震《漢上易傳》，卷二，頁 73。

73 見朱震《漢上易傳》，卷三，頁 80。

74 參見朱震《漢上易傳》，卷三，頁 106。

徵坎之德、坎之義。

又如解釋離☲卦卦義，指出「二、五皆一陰而麗二陽，物之
情未有不相附麗者也。柔必麗乎剛，弱必麗乎強，小必麗乎大，
晦必麗乎明」，[75]天地萬物莫不爲此離麗之道。此離麗之道，由
二、五兩爻而證成。

又如解釋恆☳卦，指出「卦自泰變，初九之剛上居四，六四
之柔下居初，剛上而柔下，上下尊卑各得其序，常久之道也」。
此尊卑恆常之道，由初、四兩爻而明之，故「以初六、九四言恆
也」。[76]

又如解釋損☶卦，指出損卦爲「泰變也，損九三以益上六也」，
藉以論述以下事上之道，故「以三、上二爻言損也」。又指出「上
六宜有咎，然而无咎者，損之以正，是以无咎」；「上九不正，
動則正，正則何所往而不利」，是以「泰九三往上言處損之道也」。
[77]朱震不斷透過三、上兩爻以言損卦之義。

又如解釋漸☴卦之卦義，專主三、四兩爻，以卦變立說，認
爲「漸，否一變，三之四成卦」。「三坤之四成巽，女往也。四
乾之三成艮，男下女也」。「艮陽居三，巽陰居四，男女各得其
正矣」。故「此以否六三之四言漸也」，「三、四易位，各得其
正，言漸之進也」。[78]三、四兩爻足以表述漸卦的具體內涵。

朱震專就兩爻以闡明一卦之義者，大概爲上述十一個卦例。
選擇兩爻來表述卦義，此諸兩爻在其卦中有其特殊之地位，包括：
兩爻都具有中位的居中之性質，如泰卦、否卦、同人卦、臨卦、

---

75 見朱震《漢上易傳》，卷三，頁 108-109。
76 見朱震《漢上易傳》，卷四，頁 115。
77 見朱震《漢上易傳》，卷四，頁 141-142。
78 見朱震《漢上易傳》，卷五，頁 183。

坎卦、離卦等卦之二、五兩爻。又有以兩爻彼此爲卦變的主體爻位，或是爻位升降變化的爻變關係，如謙卦三、上兩爻；噬嗑卦的初、五兩爻；恆卦的初、四兩爻；損卦的三、上兩爻；漸卦的三、四兩爻。又有以兩爻爲相應的爻位關係，立說兩爻的重要性，如泰卦、否卦、同人卦等卦之二、五相應關係。倘若卦主的擇定可以兩爻當之，則這十一個卦例的兩爻，皆可視爲準卦主。

三、綜採多個爻位爻象申明卦義

　　朱震關注於從多個爻位爻象來論釋卦義者，例如乾☰卦的解釋，乾卦爲六爻皆陽的純陽之卦，朱震綜采六爻之象以申明其義。[79]震☳卦的解釋，並不專主一爻而言震卦之義，著重於「震四之初言震亨」，以及「以初、二、三、四言震」，[80]從多個爻象爻位論釋卦義。渙☴卦的解釋，也並不單就一爻而言渙卦之義，包括從卦變而言，並「以二、四、五三爻言渙之才所以致亨」之義。[81]中孚☴卦的解釋，綜採六爻言中孚，尤其關注於六四與初九的相應，四、五兩爻所表彰的「中孚之功」，以及二、五兩爻的象義。[82]小過☶卦的解釋，綜以六爻言小過之義，又特別關注六二、六五兩爻，蓋以「四陰之中，舉六二、六五言小過也」，[83]二、五所以爲「亨」，由於居中。既濟☵卦的解釋，綜論六爻之當位而言既濟之義。[84]困☱卦的解釋，也並不專主於某一爻，綜合諸

---

79 參見朱震《漢上易傳》，卷一，頁 6。
80 見朱震《漢上易傳》，卷五，頁 177。
81 參見朱震《漢上易傳》，卷六，頁 204。
82 參見朱震《漢上易傳》，卷六，頁 210-211。
83 參見朱震《漢上易傳》，卷六，頁 213-214。
84 參見朱震《漢上易傳》，卷六，頁 217。

爻之象而言困卦之義，故「此以一卦之爻言困也」。[85]在六十四
卦當中，專從多個爻的視角去看待卦義者，約有上述七個卦例，
考量爻位處卦的關係，針對足以申義的理由，進行卦義的論述。
從這七個卦例的論述可以看到，一卦的六個爻對於表述一卦之
義，六爻合用爲合理而必然之態勢，單取一爻表義，難盡其功。

四、上下兩卦的卦體申明卦義

　　朱震關注於從上下兩卦的卦體卦象來申言卦義者，包括解釋
蠱☴☶卦卦義，以其爲泰卦所變，指出「泰初九之剛，上而爲，艮
上六之柔，下而爲巽，剛上柔下，各得其所事」，「此以泰變合
二體而言蠱也」。[86]以巽艮二體言蠱卦之義。解釋賁☶☲卦卦義，以
其爲泰卦所變，指出「坤來文，乾而成離，坤文而離明，文明也。
艮，止也。父剛子柔，君剛臣，夫剛婦柔」，故云「文明以止，
人文也」。「此合乾坤剛柔艮離兩體而言賁也」。[87]專就泰卦乾
坤剛柔之變，以及合艮離兩體之象而論釋賁卦卦義。解釋頤☶☳卦
卦義，舉鄭康成之說進行論述，認爲「震動於下，艮止於上」，
有嚼物養人之義，「此合震艮兩體而成頤也」，[88]即從震艮之象
而得其義。解釋井☵☴卦卦義，以其上下卦象進行論釋，指出「巽，
木也，入也，木入於水，舉水而上之，井也」，「此合二卦言井
也」。[89]以巽木坎水二卦之象論明井卦之義。專門著重於上下兩
卦的卦體卦象，進行卦義的闡釋，約有上述四個卦例。這四個卦
例當中，除了以本卦卦象進行說明外，亦有聯結卦變的卦象以申

85 見朱震《漢上易傳》，卷五，頁 162。
86 見朱震《漢上易傳》，卷二，頁 69。
87 見朱震《漢上易傳》，卷三，頁 83。
88 見朱震《漢上易傳》，卷三，頁 99。
89 見朱震《漢上易傳》，卷五，頁 166。

明其義。以卦象得其卦義，並非本卦之象可以自足，仍必仰賴其它的卦變之卦，才能取得適合之象，以圓說其義。因此，一卦之義與它卦存在聯繫的關係，卦變立說的重要意義即在此鮮明的透顯出來。

五、合上下卦體與六爻之位申明卦義

　　同時綜采上下兩卦的卦體卦象，以及六爻的爻位爻象來進行論述卦義者，包括解釋大畜䷙卦卦義，以大畜卦爲大壯䷡卦之變，認爲「此合乾艮兩體而又推大壯之變以言大畜也」，並且又從各個不同的爻位申說卦義。[90]解釋大過䷛卦卦義，針對「巽兌兩體言大過之時」，著重於上下二體之象，並舉鄭康成之說，專從六爻的陰陽之位言大過之義。[91]解釋解䷧卦卦義，以其坎險震動，「合二體言解」，「言解乎險難以是動，動而出乎險之外，則險難解矣」。又以解爲蹇䷦之反，以蹇之九三「言處解之道」。又以解卦「九二言處解之道」，「以九二言終則有始之道」。[92]因此，解卦之卦義，不但專注上下二體，也同時重視二爻、三爻等諸爻之義。解釋鼎䷱卦卦義，專就六爻與上下卦之卦爻象義論說其義，故云「此以六爻兩體言乎鼎也」。[93]解釋兌䷹卦卦義，著重於「合兩體卦變而言兌」，以及綜采「以兩體六爻言兌」，[94]從上下卦象與六爻之象論釋卦義。解釋艮䷳卦卦義，以「上下兩體，爻不相應，譬則兩人」，「震艮相反，推明艮其背也」。[95]不專主某

---

90 參見朱震《漢上易傳》，卷三，頁 96-97。
91 參見朱震《漢上易傳》，卷三，頁 103。
92 見朱震《漢上易傳》，卷四，頁 138。
93 見朱震《漢上易傳》，卷五，頁 173。
94 見朱震《漢上易傳》，卷六，頁 201。
95 見朱震《漢上易傳》，卷五，頁 180。

一爻，尤重於上下卦象之說。解釋巽☴卦卦義，以巽象爲風、爲號令、爲命，「重巽之象，唯可施之於申命」，「此以兩體而言巽也」。又綜采初、四、二、五之爻象以申義。[96]這樣的卦例約見七例，綜合卦爻諸象，使卦義得以周全的理解。

第四節　小　結

「易」以象立，朱震強調「易者，象也，有卦象，有爻象」，[97]卦爻之象，成爲確立易學系統的主體，《易》義之建成，不能排除其象。以象推意，卦象如此，爻象也是如此，一卦之象，包絡衆爻之象，而在卦象下的爻象，往往在某些可能的狀態下，可以代表這一卦，經卦之主如此，別卦之主也是如此。每一個爻在一個卦當中，都有其舉足輕重的地位，扮演其自身的角色，反映出其在所處之卦當中的某一種狀態，甚至代表一卦的整體意義。一爻處位之不同，標示著象意的不同。卦主爲某一爻處於一卦上下卦或六爻的當中所呈現的爻位與爻象，能夠作爲反映一卦之義，因此，透過此爻來概括這一個卦的卦義，而立作此卦之主。這種情形，在朱震易學中得到部份的證成，他延續漢魏舊說，新立諸卦之主以申論其義，成爲卦主之說在宋《易》中最鮮明的承先啓後者。

卦主既是表徵此卦之義，爲某一卦卦義的代言人，可以等同此卦之義。所以不論是經卦之主或別卦之主，都當具有反映卦義的指標性意義。然而朱震論述經卦之主，在九個卦例中，僅有兩

---

96 參見朱震《漢上易傳》，卷六，頁 198-199。
97 見朱震《漢上易傳》，卷一，頁 7。

個卦例有表徵卦義的氛圍與指向，其它七個卦例所提到的經卦之主，則無法視爲各該卦眾爻中的翹楚，並沒有辦法理解爲整個別卦卦主的關鍵角色，也就是說，僅僅只是經卦之主，不能藉由這些經卦之主來表彰一卦卦義。經卦之主，不能作爲別卦之主的必然要件，兩者沒有必然的關聯性。六十四卦共有一百二十八個經卦，而朱震所用僅有九例，也可以看出朱震並沒有要刻意去確認或建立一個經卦之主在別卦的爻位當中的特殊地位、意義與價值，或許稱說經卦之主，只是信手拈來，以茲爲名，訴說該爻的角色與爻義罷了。然而，經卦在傳統的認識上，那種陽卦多陰、陰卦多陽的以少爲主之概念，朱震卻能夠作了某種程度的提點。

朱震重視從卦爻之位與其處位及立象以申論卦義，主要運用的方式與內容，有明確申言卦主者，有取一爻論其卦義者，有專取二爻者，有取數爻論義者，有合上下二體者，亦有綜採卦象與諸爻之象而論述卦義者。卦主只能視爲申論卦義的來源或方法之一，卦義不見得都只由一個爻位爻象就可以確認。卦主爲立於一卦關鍵之位，足以表徵一卦之義；以之論述卦義，而卦義仍是主體。因此，一卦是否一定要存在著有一爻爲主的卦主，也就是六十四卦是否必須有六十四個卦主？王弼刻意呼應其執一御眾的觀念與思想，重視卦主的認識，雖是如此，王弼仍無法全面的立定卦主，無法使每一個卦都有其明確可循的卦主，但是對於卦主作爲解釋卦義與具有思想意義的立論，王弼的卦主之說，在傳世文獻所見的歷代易學家中，已是較早且最具有體系的主張。至於後出者的朱震，立說之規模，則不如王弼之系統化，同時朱震以卦主釋義，也沒有去述說其背後的思想意義。朱震採取卦主之說，主要是藉由爻位的關係來進行論述卦爻之義，卦主即表徵一卦之義，也就是卦主的形成，立基於一卦卦義，透過對卦義的確認，

進一步找尋足以代表該卦卦義的某一爻，當某一爻無法形成合理
的立說時，則以兩爻或多爻，乃至直取一卦上下卦體來呈現卦義，
雖未能全面以某爻爲卦主進行有系統的論述，但朱震仍一致的關
注以卦爻之位與有關之象作爲釋義的準據。

　　雖然朱震無意於建立一套以一御眾的六十四卦之卦主的論述
體系，當然一方面是每個卦都確立出一爻爲卦主，本身有其現實
上的困難，另一方面朱震主要立基於釋義上的方便與需要，綜合
運用前人的各種取象用象與卦爻關係的相關主張，卦主之說自然
也就難以割捨而不用。在哲學的意義上，朱震也肯定「一」的重
要，「一」作爲其思想內涵的重要命題，強調「萬物即一，一即
萬物，同歸而有殊途，一致而具百慮，其一既通，萬物自應」。[98]
「一」具根源之義，從宇宙根源的概念言，主宰一切事物，都有
其宗主與源頭，在《易》爲太極，太極爲一切的根本，萬物本於
太極而生，太極爲「一」，則萬物也本於「一」。事物的道理，
也有主要的要點根據可循，能夠掌握要點，則其道理往往可以自
然澄明。同樣的，一個卦由六個爻所組成，掌握其中一爻，確立
其一卦之主，則其卦義也可明白朗見。朱震以卦主述義，卦主之
用，也深刻的表達出此等以一御眾的哲學意義。

---

[98] 見朱震《漢上易傳》，卷八，頁 252。

第八章　多元龐富的卦變思想

　　完整的六十四卦卦變系統之建立，漢代學者以京房（西元前77-前37年）的八宮卦次之說與虞翻（西元164-233年）的卦變說最具代表性，尤其虞翻的卦變主張，以乾坤陰陽消息變化的十二消息卦爲基礎，進一步衍生出其它的各個雜卦。虞翻的觀點，一直爲後人討論或運用卦變所不能避免者。宋人關注卦變的議題，李挺之（西元？-1045年）[1]、邵雍（西元1011-1077年）根據虞翻之說，建立新的卦變主張，其後學者多論及卦變，或有新制或沿說，或有反對批評者，卦變之說儼然爲宋儒討論象數之學的重要對象。作爲以象數之學爲特色的朱震易學，卦變之說可以視爲其《易》著中象數內容的主體。朱震（西元1072-1138年）把握《周易》的變易本質，藉由卦變的操作方式呈顯出來，並且作爲解釋六十四卦卦爻義的重要內容。他的卦變觀點，雜揉兩漢以降的諸多說法，將不同系統的卦變之說，融並合言，也表現出他的象數易學之特色。因此，本章主要針對朱震象數易學中的卦變思想進行全面性的討探，從思想理論背景切入，理解其卦變的主體意義，以及進一步分析其重要的卦變主張，包括乾坤生六子、

---

[1] 李之才字挺之，青社（今山東青州市）人，個性樸直，倜儻不群。得穆修（西元979-1032年）《易》之真傳。有關之生平事蹟，參見《宋史·李之才傳》。又《宋史·邵雍傳》稱邵氏「乃事之才，受河圖、洛書、宓羲八卦六十四卦圖像。之才之傳，遠有端緒，而雍探賾索隱，妙司神契，洞徹蘊奧，汪洋浩博，多其所自得者」。也就是說，邵氏之學，緣自李氏。

十二消息卦變系統、虞翻卦變說的理解、李挺之相生卦變說與反對卦變說等方面，認識與梳理其卦變觀點的實質內涵，並對有關內容進行評析與檢討。

第一節　卦變的理論基礎與卦變的主體意義

卦變的思想為朱震義理與象數，乃至圖書之學的重要主張；朱震的卦變說聯繫著三者所展現的易學內涵。卦變說為朱震變易思想的具體化、具象化，透過象數與圖式的思維，系統化的展現其生生運化的變易思想。

一、生生運化的變易思想

朱震易學關注自然變化的宇宙觀，掌握陰陽變易之性，筮數成卦確立的變易特質，以及體用相資的哲學思想，落實於卦變系統之中。

（一）宇宙自然之變化由卦變落實

《周易》的思維系統，本身即圍繞在陰陽變易的觀點下來形成，變易的思想成為其主體的思想，也成為歷代易學家在思想建構上的最重要一環。朱震易學表現出象數與義理兼綜的特色，不論是象數或義理的表現上，生生運化的變易思想，成為其核心的思想主張，所以他強調「《周易》論變，故古人言《易》，雖不筮，必以變言其義」，[2]變易思想作為《周易》的核心思想。

---

2 見朱震《漢上叢說》，臺北：臺灣商務印書館景印文淵閣四庫全書本第 11 冊，1986 年 3 月初版，頁 377。本章所採《漢上易傳》、《漢上卦圖》、《漢

　　對於宇宙萬物生成變化的理解，朱震改造程氏的理氣觀，並延續張載（西元 1020-1077 年）氣化的思想，以太極爲「一」，同於太虛，作爲氣化的實體，並且含攝陰陽二氣的元氣狀態，一切的存在，皆爲陰陽二氣的變化作用。他以太極具神妙之性，內含「兩儀」，即含藏陰陽，而「陰陽變化，不可測度，此之謂神」，肯定宇宙自然的一切，都是陰陽的變化作用所產生，而陰陽變化無端，「入於無形」之狀，故以「神」爲名，即強調陰陽的變化之道。[3]太極爲「一」，內含陰陽二氣，以「兩」爲名，成其變化成形之功，故「一則神，兩則化。一者，合兩而爲一也」。[4]太極從「無思」、「無爲」的「寂然不動」之狀態，透過陰陽的運動變化，以產生有形的事物。[5]一切事物都是由陰陽的變化而來，在一闔一闢、往來相感、無窮無盡的變化下，萬物由是證成。

　　將變易的思想，轉化爲象數運作的機制，朱震最重要的象數主張，仍然以強調變動之性下來展開，他認爲：

> 聖人觀陰陽之變而立卦，效天下之動而生爻。變動之別，其傳有五：曰動爻，曰卦變，曰互體，曰五行，曰納甲，而卦變之中，又有變焉。[6]

聖人仰觀俯察於天地自然的陰陽變化，效法天下一切事物的動靜行止，以確立卦爻，一種具有動態性的卦爻變化，主要包括動爻、

上叢說》三書，皆根據臺灣商務印書館景印文淵閣四庫全書本，本章後文所引不再詳註。

3 括弧引文，見朱震《漢上易傳》，卷七，頁 230。

4 見朱震《漢上易傳》，卷七，頁 233。

5 參見朱震云：「易有思也，本於无思；有爲也，本於无爲。……歸於太極，寂然无聲，其一不動，萬化冥會乎其中，有物感之，……所謂遠近幽深，遂知來物，乃其一也，精者精此者也，變者變此者也，神之又神，謂之至神。」（見朱震《漢上易傳》，卷七，頁 239。）

6 見朱震《漢上易傳·序》，頁3。

卦變、互體、五行與納甲等五種內容，這些內容都是體現宇宙自然變化的運作機制，強調宇宙自然的生生運化都是透過這些體例來呈現，這些體例又以卦變更具積極變易之性。

（二）筮數成卦確立卦變形成的必然性

萬物「糾錯相紛，死生相纏，無非其變化」，一切的存在，無非是陰陽的變化作用，也就是陰陽的進退變化之象，並反映在《易》卦的六爻之中，所以說「變化者進退之象」，這種六爻的進退變化，即卦變成的必然形式與有序歷程。六爻的進退變化，本質上即陰陽所呈現的剛柔變化，並在六爻當中結合筮數來確立，於此，朱震認為「自六爻觀之，初為剛，二為柔，三為剛，四為柔，五為剛，六為柔；自陰陽之數觀之，七、九為剛，六、八為柔，老陽之剛變為陰柔，老陰之柔變為陽剛」，賦予一卦六爻的剛柔定位，七、九為陽剛之數，而六、八為陰柔之數，陽剛極而變為陰柔，以九數代之，陰柔極而變為陽剛，以六數代之。九、六二數，表徵萬物的生生演化的進退之象，由是「萬物蕃鮮而搖落，則進退之象見矣」。[7]以數代表陰陽變化的可能性，以數建立變化規律，以數作為卦變的符號運作，推定本卦，繼之以之卦。以數推卦，由本卦而有之卦，以數推卦，由本卦而有之卦，更確立了卦變的必然性。

《周易》系統建構者，肯定宇宙自然的一切皆在陰陽的變化下形成，這種陰陽的變化，以六十四卦的變化來概括，透過超驗的筮法立卦以確定變化的結果，並以體用的認識，看待「一」與「四十九」的關係，從而理解太極或太虛的陰陽氣化本質。大衍

---

7 相關引文與內容，參見朱震《漢上叢說》，頁380。

筮法透過數字符號聯結爲卦爻符號，得其七、八、六、九之數，表彰陰陽的變化性質；以大衍五十，「蓍四十九，總而爲一」，並藉「三變而成爻，十有八變而成卦」，故云「觀變於陰陽而立卦」，立卦爻以開展出陰陽剛柔的變化體系，作爲象徵宇宙自然的變化之道。自然的陰陽變化，神妙無端，落實在《易》卦之中，一卦六爻，乃至六十四卦三百八十四爻，聯結成爲「上下無常，變動不居」的有機變化系統。[8]這種由筮數所反映出的變化觀，成爲朱震建構與論述卦變主張，表彰變化觀的重要依據。

（三）體用相資類推卦變關係

在宇宙觀的理解上，朱震根本於程頤（西元 1033-1107 年）、張載等前儒的觀點，提出體用的概念，運用在解釋大衍筮法時，認爲五十之數，取其「一」不用爲「體」，代表著以「太極」或「太虛」爲無可撼動的本體，所以說「一者，體也，太極不動之數」。至於「四十有九者，用也」，以「四十九」數爲「一」數之用，象徵陰陽之氣的變化而散用爲萬物萬象，故「總之則一，散之則四十有九，非四十有九之外復有一，而其一不用也」。「一」作爲「體」，存在於「四十九」之「用」的當中，彼此「體用無間，和會爲一」，「體用不相離」。[9]體用的觀念，成爲其宇宙觀或陰陽變化思想的重要主張。因此，一切的變化，皆有主體的部份，根本於主體而有進一步的作用變化，八卦的形成，六十四卦的推演，乃至由一卦而變化爲他卦，皆可含攝爲體用的關係。

朱震重視體用的概念，在體用彼此同源相因的思路下，與卦變思想作聯繫，他設問「聖人既重卦矣，又有卦變，何也」？自

---

8 相關引文與內容，參見朱震《漢上叢說》，頁 391。
9 參見朱震《漢上易傳》，卷七，頁 234；《漢上叢說》，頁 391。

己回答云：

> 因體以明用也。《易》无非用，用无非變。以乾坤為體，
> 則以八卦為用，以八卦為體，則以六十四卦為用；以六十
> 四卦為體，則以卦變為用；以卦變為體，則以六爻相變為
> 用。[10]

《易》以「體」為根本，而著重於「用」，以「體用相資」，宇
宙自然「變化無窮」之道得以開顯。聖人立卦即在於體現此變化
之道，所以聖人確立八經卦，進一步推演出六十四重卦，即是一
種卦變的運用，也是一種體用彼此相互配合的變化之道。同樣的，
確立六十四重卦，又別有變卦的形成，也是「因體以明用」的變
化觀。「體」與「用」構成宇宙運化的兩個相合相繫的關係，「體」
作為根源性、根本性的概念，「用」則為當中變化的面向，也是
事物最真實的面貌與運動變化的必然性內容，這也是《周易》之
所以強調變易觀點之所在，因此，朱震特別強調「《易》無非用，
用無非變」，「用」更能凸顯自然的變化性意義，也就是卦變更
能反映由此而建築的易學體系下的變化特性。這種體用觀，聯結
《易》卦的系統，則從八卦的角度看，乾坤生六子，以乾坤父母
卦為「體」，則八卦為「用」；從八卦推演至六十四卦的角度言，
則八卦作為「體」作為根本，而六十四卦為用為變化中的事物實
況；以十二消息卦的形成云，乾坤為體，其它消息卦為用，以消
息卦推衍其它雜卦的情形云，消息卦為體，雜卦為用。同樣的，
六十四卦仍可進一步推定出其它的卦來，如《焦氏易林》之說屬
之，也就是以六十四卦為「體」為根本，以其之卦為其「用」，
即本卦為「體」，之卦為「用」。

---

10 見朱震《漢上易傳》，卷一，頁 20。《四庫全書》本，作「則以交爻相變
　為用」，「交」字宜作「六」。

　　除此之外，在體用的卦變關係下，可以藉由卦變下的卦與卦以及爻位爻性的變化關係，去理解更多元具體的變化實情，這正是朱震所說的「以卦變爲體，則以六爻相變爲用」的道理。透過這樣的體用關係，呈現多元的變化內涵，使易學體系更能有效的概括宇宙自然的生生變化之道。

二、卦變的主體意義

　　「卦」由「爻」組合而成，爻變之後自然成爲新的卦，因此爻變與卦變有密不可分的關係。然而，爻變與卦變仍別爲二者，故朱震以動爻與卦變有別，卦變的具體模式，仍在以卦變卦，重在由某卦而成爲另一卦的主體意義上，而其形成則可以藉由不同的方式或系統來建構。

（一）動爻與卦變有別

　　廣義的卦變觀念即本卦藉由爻位的變動而產生新的之卦，漢儒或以「之卦」爲名，由虞翻首先建立較爲龐大而完整的體系，魏晉以降多有依之闡釋《易》義，成爲重要的易例。朱震以「卦變」爲名，在解釋卦爻義的過程中，莫不以卦變作爲重要的依據。

　　朱震特別強調一卦六爻陰陽正位的概念，大力肯定虞翻「成既濟定」的主張，以六爻的陰陽正位爲最佳的狀態，也是事物發展的理想態勢，一旦非爲正位，則相應採取變動的方式使之爲正。同時認爲這種爻位的變動觀點，早在《易傳》中已存在。他說：

　　　　離卦曰「既濟，定也」。既濟六爻，陰陽得位，是以定也。
　　　　乾《文言》曰「雲行雨施」，又曰「大明終始」；雲雨，
　　　　坎也，大明，離也。乾卦而舉坎離者，言其變也。陰陽失
　　　　位則變，得位則否；九二、九四、上九，陽居陰位故動，

而有坎離之象，此虞氏所論動爻之說也。訟《彖》曰「剛柔而得中」，隨《彖》曰「剛來而下柔」，蠱《彖》曰「剛上而柔下」，噬嗑《彖》曰「剛柔分動而明」，賁《彖》曰「柔來而文剛，分剛上而文柔」，无妄《彖》曰「剛自外來，而為主於內」，大畜《彖》曰「剛上而尚賢」，咸《彖》曰「柔上而剛下」，損《彖》曰「損下益上」，又曰「損剛益柔」，益《彖》曰「損上益下」，又曰「自上下下」，渙《彖》曰「剛來而不窮，柔得位乎外而上同」，節《彖》曰「剛柔分而剛得中」。剛者陽爻也，柔者陰爻也，剛柔之爻，或謂之來，或謂之分，或謂之上下，所謂惟變所適也。此虞氏、蔡景君、伏曼容、蜀才、李之才所謂自某卦來之說也。夫質之於經而合，考之義而通，則王弼折之，亦可謂誤矣[11]

強調初、三、五為陽位，當以陽爻居之，而二、四、上為陰位，則由陰爻居之，六爻陰陽各居其所，各正其位，而為「成既濟定」的理想歸宿。舉《文言傳》提到對乾卦的論述，有所謂的「雲行雨施」與「大明終始」的坎、離之象，然而乾卦純陽六爻，並無坎、離二象，何以言之，主要在於乾卦二、四、上爻以陽居陰不正，動而使之正，故而有坎、離之象。藉由這樣的認識，肯定六十四卦陰陽變易使之正的積極性意義，一旦處位不正，則有透過爻變的方式，回歸理想本質。他認為這種變化的思想，是宇宙自然的主體現象，以《易》卦來呈現，即具體的爻位變化主張，也就是虞翻所說的「動爻」觀點，以動爻來開闡宇宙自然的有序變化之特色。

---

11 見朱震《漢上叢說》，頁 378。

　　藉由「動爻」而產生新的卦，動爻成爲由本卦產生新卦的必然形式，也就是卦變必由動爻而來。但是，這種動爻的爻變主張，或是透過動爻而產生新卦的卦變思想，並不以虞翻爲先，早在《文言傳》、《彖傳》時已大量透顯了，陽剛陰柔之爻，或稱之來去，或稱之上下，皆「惟變所適」，爻變處正，使爻能居其定所。因此，他認爲從虞翻到李挺之（之才）等人所稱「自某卦來之說」，都在強調這些概念；特別指明「自某卦來」的說法，即言「卦變」，也是惠棟（西元 1697-1758 年）所說的「之卦」主張。對於王弼（西元 226-249 年）批評與責難虞翻等漢儒以卦變的言變機制，可以說是一種錯誤的理解。

　　循著朱震這樣的論述，可以看出朱震肯定動爻作爲易學變易觀的具體展現，動爻並爲實施卦變的操作方法，透過爻位與陰陽爻性的變動，以產生另外的一個卦，也就是說，以動爻來進行卦變。然而，朱震強調變動，賦予不同的變動內容與不同的易例，主要有五種，包括動爻、卦變、互體、五行與納甲，也就是說，朱震的理解上，動爻與卦變是有差異的，動爻關注的是爻位與爻性的變動，重在爻變的象義問題，而卦變則重在本卦的爻變而產生新的之卦，關注在「卦」的身上，談的是本卦與之卦的問題，所以他不斷強調「卦變也，所謂之某卦也」，[12]焦點在本卦與之卦的「卦」的問題上，以及二卦的關與可以聯繫之象義。因此，當代學者唐琳先生指出「朱震將虞翻、陸績等人的動爻說視爲卦變」，並沒有精準地分辨朱震所理解的卦變範疇，朱震的卦變說雖然顯得蕪雜多元，但仍立基於「之某卦」的身上；動爻爲朱震論「變」的一個體例，且與卦變有相近而密切的關係，但絕不能

---

12 見朱震《漢上易傳》，卷一，頁 28。

將二者等量齊觀，也不能將動爻視爲卦變的一種。

（二）由卦變卦與其具體模式

「動爻」、「卦變」等體例，都在強調宇宙自然的變化變動思想，但「動爻」與「卦變」不能混爲一談，不能視「動爻」爲「卦變」，卦變的對象是「卦」，主要在論「某卦之某卦」，這種卦變說法早在《左傳》中已得到證實，所以朱震這麼說：

> 夫《易》之屢遷，將以明道，而卦之所變，舉一隅也。推而行之，觸類而長之，存乎卜筮之所尚者，豈有既哉？故在《春秋傳》曰「某卦之某卦者」，言其變也。若伯廖舉豐之上六曰「在豐之離」，知莊子舉師之初六曰「在師之臨」。其見於卜筮者，若崔子遇困之大過者，六三變也；莊叔遇明夷之謙者，初九變也；孔成子遇屯之比者，初九變也；南蒯遇坤之比者，六五變也；陽虎遇泰之需者，六五變也；陳仲遇觀之否者，六四變也。周官太卜掌三《易》之灋，其經卦皆八，其別皆六十有四。八卦謂之經，則六十四卦爲卦變可知。[13]

卦變之說，遠在《周易》作爲卜筮系統的原始思維與運作方式上已具體存在，卜筮過程中，藉由陰陽的壯極性質之不同，而有陰陽變異的情形，也就是當筮得老陰、老陽的六、九之數時，必須採取爻變，而可能產生一個原本筮得的本卦之外的新卦，亦即以卦變而得的卦。這種情形，《左傳》中云「某卦之某卦者」，即是談卦變者，如「在豐之離」、「在師之臨」、「遇困之大過」、「遇明夷之謙」、「遇屯之比」、「遇坤之比」等等皆是，由一

---

13 見朱震《漢上易傳》，卷一，頁 20-21。

卦變爲另一卦，卦變即以卦爲主體。這種卦變的思想，發展到了虞翻，建構出一套六十四卦的卦變體系，成爲其易學主張的主要特色，並且爲後儒論象所重，卻也成爲王弼批評的主要對象。

於此，朱震肯定《易》本諸於「變」，卦爻之變，早在《易傳》已然確立，他引用《繫辭》云「變動不居，周流六虛，上下无常，剛柔相易，不可爲典要，唯變所適」，強調此即倡論變易之說、卦變主張的依據，卦變正是藉由爻位的上下變化無常、剛柔彼此相易的具體展現。同時，他也引《序卦》云「物不可以終盡，剝窮上反下，故受之以復」，認爲「剝之上九，窮而反初，乃成復卦」，也就是說，《序卦》直用十二消息卦之法的卦變主張。又引《說卦》云「天地定位，山澤通氣，雷風相薄，水火不相射」，說明「六子皆以乾坤相易而成。艮兌以終相易，坎離以中相易，震巽以初相易。終則有始，往來不窮，不窮所謂通也」。這樣的觀念，也是「虞翻、蔡景君、伏曼容旁通之說」的來源。並且，《說卦》又說「乾，天也，故稱乎父；坤，地也，故稱乎母。震一索而得男，故謂之長男，巽一索而得女，故謂之長女，坎再索而得男，故謂之中男；離再索而得女，故謂之中女；艮三索而得男，故謂之少男；兌三索而得女，故謂之少女」。這種乾坤生六子的變易觀，也正是卦變的重要內容。不論是筮法之變、消息卦之變、乾坤生六子之變，乃至漢儒如京房（西元前 77-前 37 年）八宮卦變之說，虞翻等人的旁通、卦變之說，都視爲由卦變卦的卦變內容，這些內容在《易傳》中已存在或已具理論的基礎。[14]

從《易傳》以來，到漢儒建構了具體的卦變主張，賦予易學

---

14 相關內容與括弧諸引文，見朱震《漢上叢說》，頁 377-378。

變易觀的實際操作模式，爲易學論變注入多元呈現的面貌，所以「王弼盡斥卦變」，雖欲救易學之失，但一味的排斥卦變觀點，則爲王氏之非。從對傳統筮法的理解，卦變的主體內容，在於「某卦之某」，以八經卦稱「經」，有別於六十四卦，以六十四卦爲卦變所成，也就是說，卦變必以「卦」言之。[15]

　　晚近學者陳志淵先生對朱震易學的研究中，關於卦變思想方面，取用朱震對剝卦的詮解，認爲朱震僅就「十二辟卦」、「反對卦」與「自某卦來之」等三個方面來論述卦變的主張；[16]陳先生的說法，僅就其解釋剝卦的說法來論定，且以何者牢籠「自某卦來之」，這正是朱震卦變的主體，但內容的複雜情形，正是探討卦變說必須釐清的部份。這方面，陳先生似乎沒有進一步作週延的論述，僅作概括的提及，無法探知朱震卦變說的實質內涵。朱震於剝卦釋義中，認爲：

> 象言象者三，剝也，鼎也，小過也。剝、小過，卦變之象也。卦變自辟卦言之，坤變復，六變而成乾；乾變姤，六變而成坤。自反對言之，復、姤變十二卦，遯、否、臨、泰變四十八卦，自下而變也。觀剝之象則知之矣。自相生言之，復、姤五變成十卦，臨、遯五復五變成二十四卦，泰、否三復三變成十八卦，上下相變也。觀小過之象則知之矣。鼎，互體之象也。卦以陰陽虛實，剛柔奇耦，交錯互變於六爻之中，而象其物宜，觀鼎之象則知之矣。觀是三者，易之象舉積此矣。[17]

---

15 參見朱震《漢上易傳》，卷一，頁 21。

16 參見陳志淵《朱震《漢上易傳》研究》，臺北：臺灣師範大學國文研究所碩士論文，1993 年 5 月，頁 31。

17 見朱震《漢上易傳》，卷三，頁 87。

這段話當中提到卦變有從十二辟卦（消息卦）言者，如由坤而入於一陽復，由乾而入於一陰姤者。又云卦變從反對言者，如復、姤各變六卦，並兩兩反對，其它包括遯、否、臨、泰又各變十二卦，又呈現兩兩反對的關係。不論是消息卦或是反對卦的卦變關係，都屬於自某卦來者的原則。至於陳先生所指「自某卦來之」者，則就李挺之的六十四卦相生卦變而言，以復、姤各統五卦，臨、遯各統十二卦，泰、否各統九卦，這種相生卦變之說，當然為「自某卦來之」者，但朱震所認同的或使用的，又比此寬廣，包括對虞翻的卦變主張、京房的八宮卦次、旁通、以及自所認定的某卦變而為某卦，甚至焦延壽《易林》的一卦變六十四卦，皆可屬之，而朱震所重者，仍在乾坤生六子、消息卦、虞翻卦變說、李挺之的卦變系統者，這些內容，也是本章所討論的主要對象。

第二節　乾坤生六子的卦變思想

乾坤為宇宙創生之本，六子為乾坤所生，構成宇宙化生體系中的重要歷程，並使八卦成為宇宙萬物生成變化的組成分子，一切的變化皆由是而生。乾坤生六子，也成為卦變的重要類型；從《易傳》確立理論基礎，到漢魏以降，易學家據以討論卦變之說的重要主張，而朱震延續漢說，賦予其豐富的內涵。

一、乾坤生六子行陰陽之變為萬化之源

宇宙自然的生生運化，透過《周易》的系統建構來確立，並且表現在乾坤的作用上，所以朱震認為「在天地之用為易，在易為乾坤」，「易」開展了天地自然之道與其神妙作用，而「乾坤」

更爲這自然之道與作用中的重要主體。在《周易》的系統中，「乾坤」以其「陰陽變化，不可測度，此之謂神」的作用，發揮其變動無形、「莫之能禦」的特性，所以以「神」爲名。在這種情形下，乾坤如同太極一般具有本源的特質，作爲創生的主體，「則乾坤合德，剛柔有體，變與不變，互相推盪，而萬物備矣」；乾坤的推盪變化，萬物由是化育生成。乾坤的本質是變通而動行不已的，而「乾坤之動者，陰陽之變也」，乾坤本身即陰陽之性，故乾坤的變通發動，能夠配合四時的形成，此即朱震所云「變通者，乾坤之動也，故變通配四時」，也就是「日月相推而明生焉」的認識。乾坤藉由日月的相互移轉變化，以成四時之運行，則萬物生息之道由是備焉。此萬化之道，即「乾坤簡易而已」。[18]

　　《周易》化生體系的運作，具體的反映在筮數系統上。朱震將筮數系統聯結陰陽與乾坤而開展，以「一」作爲萬物資始資生的本源之數，認爲「一者，數之始，乾之元也」，「一」即起於乾陽元氣，由乾陽先動，而後入於坤陰之靜的變化；乾坤包納萬有，透過陰陽的運動變化，並藉乾坤策數來呈現。代表陰陽運動變化之數，即「六、七、八、九」四數，也就是乾坤之中，「散爲六、七、八、九之變，而天下之所以然者，無乎不通」。[19]從策數的設計來運成，乾策的變化，從「一變而七，七變而九，四之爲三十六，六之爲二百一十有六，而乾之策備矣」；[20]乾陽由一變而七而九，九數由三十六而來，七數則由二十八數而來，乾陽總策數則爲：36x6=216；坤陰由八而六，六數由二十四而來，

---

18 諸引文見朱震《漢上易傳》，卷七，頁 230。
19 見朱震《漢上易傳》，卷七，頁 239。
20 二括弧引文，見朱震《漢上易傳》，卷一，頁 6。

八數則由三十二而來，[21]坤陰總策數則爲：24x6=144。乾坤合三百六十策，體現乾坤內含陰陽的變化，開展自然萬化之道。在筮數的變化規則上，「七、八，不變者也；六、九，變者也」，乾坤所包含的陰陽變化，因不同狀況，就呈現不同的變化，其中七、八所表徵的壯盛之陰陽爲不變者，而六、九所表徵的究極之陰陽則爲當行變化者，陽極而陰，陰極則陽。由這樣的筮數安排，以體現乾坤統攝一切的陰陽變化，陰陽的變化，在乾坤之中形成與開展。

乾坤運化進而生六子，六子之生，一切根本於乾坤，尤其根本於最初始的乾元，朱震認爲「八卦皆純也，純而粹者，其重乾乎」，由太極所化生的八卦－八個自然象徵物，作爲生成萬物的基礎，其六子卦同歸於乾坤，而乾坤又歸於太極（太虛）而爲一，乾又以「始」爲稱，則八卦以乾爲重，六子卦又可稱歸於乾；乾元爲一，所以「六者皆原於一」。乾始稱一，能爲萬物之源，以其陽氣清明純粹，而云「純陽爲精」；其「精之又精」，剛健不息，才能作爲「天地之本，萬物之一源」。[22]因此，乾坤生六子，主要反映出宇宙化生的本源質性的認識。

二、乾坤變化致乎六子

乾坤運化產生六子，即「乾之初交於坤之初得震，故爲長男；坤之初交於乾之初得巽，故爲長女；乾之二交於坤之二得坎，故爲中男；坤之二交於乾之二得離，故爲中女；乾之上交於坤之上

21　參見朱震云：「故策二十八者，其數七；策三十二者，其數八；策三十六者，其數九；策二十四者，其數六。」（見朱震《漢上易傳》，卷七，頁224。）

22　參見朱震《漢上易傳》，卷一，頁 12-13。

得艮，故爲少男；坤之上交於乾之上得兌，故爲少女。乾、坤，大父母也，故能生八卦」。[23]乾坤父母卦，相交而得震、坎、艮三子卦與巽、離、兌三女卦。朱震認爲「六子致用，萬物化生，然不越乎乾坤也。震、坎、艮之爲三男，得乾之道者也。巽、離、兌之爲三女，得坤之道者也」。[24]從乾、坤生震、坎、艮、巽、離、兌六子，表現出乾坤所代表的陰陽二氣轉化成六子所表徵的物象，然後進一步的形成萬物，因此，以太虛作爲萬化之源時，乾坤生六子爲其重要的一個歷程。朱震在解釋《雜卦傳》「乾剛坤柔」時云，「乾、坤，易之門，凡剛皆乾也，凡柔皆坤也。剛柔相雜，乃成諸卦」。[25]乾坤爲萬化之門徑，以剛柔之性呈現，二者非但是八卦之父母卦，更是六十四卦之首，也就是說，二者是萬化之首。

　　由乾坤之中形成與開展的一切變化，進一步具體的反映在四象的形成到乾坤生六子的八卦之確立，朱震認爲「始動靜者，少也；極動靜者，老也，故生四象。乾，老陽也；震、坎、艮，少陽也。坤，老陰也；巽、離、兌，少陰也。故四象生八卦」。八卦爲陰陽動靜變化的不同而形成的，其中乾卦爲老陽，坤卦爲老陰，六子卦則爲少陽少陰，由此八卦象徵一切的存在，「以通神明之德，以類萬物之情」。[26]乾坤生六子，六子卦爲乾坤之動靜而產生的，乾坤代表著萬化之本，由乾坤定天地萬象，即乾坤生六子，六十四卦也從而生成。

　　太極或太虛合陰陽二氣爲一，其運動變化爲「陽聚而動，動

---

23 見朱震《漢上卦圖》，卷上，頁 311-312。
24 見朱震《漢上易傳》，卷七，頁 224。
25 見朱震《漢上易傳》，卷十一，頁 305。
26 見朱震《漢上易傳》，卷七，頁 242。

極則散之，散則復聚。陰積而潤，潤極則烜之，烜則復潤」；陽氣聚合而產生變動，變動至極則歸散於太虛之中，歸散之後又再一次的聚合，這就是陽氣在太虛之中的變化情形。陰氣積蓄爲潤濡，潤濡至極致則烜燥，烜燥之後又回復到潤濡。此陰陽二氣的運動變化，即代表著以乾坤生六子作爲萬化根源的乾坤二者，其陰陽的運動變化與帶引出六子，使自然界因之「屈信相感」而成「雷霆、風雨、日月、寒暑」之象，萬物由此而生。六子卦變化的過程中，朱震特別提到屬於乾陽（父）所帶引的少子艮止之德，屬陽動之性，所以云「艮則動者」；三陽卦同於乾卦，屬於剛動的本質，轉化入於坤陰靜柔之時而止。至於坤陰（母）所帶引的少女兌說之德，屬陰靜之性，所以云「兌則止者」；同樣的，三陰卦同於坤卦柔靜之性，以止爲靜。在循環變化的過程中，六子卦最後皆「歸乾坤」，甚至「出乎乾」，一切皆由初始於乾。[27]陰陽爲乾坤的氣化之質，乾坤之性能，亦陰陽之性能，也就是六子之性能。

　　朱震呼應《易傳》之說，以乾坤作爲天地之氣，生成六六子而化爲自然之象，則坎水、震雷、艮山、離火、巽風、兌澤，各有所屬，他說：

> 水雷山，乾也，火風澤，坤也。雷風相薄，山澤通氣，水火不相射，乾坤不相離也。天地之撰物者如此，而萬物皆有乾坤六子之象。觀乎物則神明之德見矣，故《易》之六爻變化，必陰陽合德而剛柔有體，其立法制器亦然。[28]

27　參見朱震云：「此雷霆風雨日月寒暑所以屈信相感，而成萬物也。艮則動者，靜而止入于坤也。兌則止者，說而行出乎乾也。乾以君之，則萬物覩。坤以藏之，則天地閉。」（見朱震《漢上易傳》，卷九，頁266。）

28　見朱震《漢上叢說》，頁379。

又云：

> 天地能變化成萬物者，必水火雷風山澤合一焉。所謂陰陽
> 合德，剛柔有體也。陰陽者，在天成象也。剛柔者，在地
> 成形也。萬物既成，各得其一，故健順動入陷麗止說，其
> 性各不同，能備萬物而兼有之者，人也。故下舉八畜八體，
> 而終之以男女。[29]

乾坤各主其象，各生其象，乾坤作爲萬物之本源，則萬物皆有六
子之象。乾坤合而爲一，入於太極之體，總爲一氣，則六子之象
由乾坤所生，本於乾坤而合亦爲「一」，也就是水、火、雷、風、
山、澤合於天地陰陽之中而爲一，由乾坤生六子，變化其陰陽剛
柔之性，以成天地之象，化生天地萬物。這種陰陽之變化，就是
乾坤與六子所表徵的自然之象的變化，更是《易》卦六爻之變化，
六爻的陰陽剛柔之變，就是乾坤與其所帶領的六子之變化，不同
的變化，即產生不同的卦、不同的時態、不同事物形象，以其神
妙之性以顯其變，以其卦變更顯發其神妙之性。乾坤在此事物發
展的歷程與現象中，藉由生六子，使其多元的變化本質，得以透
顯出來。因此，乾坤生六子，成爲宇宙化生過程中的必然階段，
乾坤生六子代表著卦變的重要體系。

　　朱震認爲乾坤雖表徵著陰陽二氣處於尚未形化、尚未成萬物
之象的狀態，視之爲「無形」；六子爲乾坤所成，已具自然之象，
則視爲「有形」。朱震認爲由乾坤「而至六子」，是一種聚化成
物的歷程，也是一種「无形者聚而有形」的狀態；另外，由六子
「而歸乾坤」，則是一種散歸太虛的歷程，也是一種「有形者散
而入於无形」的狀態。萬物在此萬化中，「終始循環」，聚散生

---

29 見朱震《漢上叢說》，頁 379。

息，永不停歇，故乾坤生六子，共構爲化生循環的過程。[30]

三、坎離作爲天地之用

乾坤生六子，六子出自乾坤，其生成各有所別，而坎離在當中尤顯重要，朱震云：

> 《易》曰：「剛柔相摩，八卦相盪。」先儒謂陰陽之氣，旋轉摩薄。乾以二五摩坤，成震、坎、艮；坤以二五摩乾，成巽、離、兌。故剛柔相摩，則乾坤成坎離，所謂卦變也。八卦相盪，則坎離中互有震、艮、巽、兌之象，所謂互體也。[31]

又云：

> 乾生者四卦，坤生者四卦。八卦變復生六十四。坎、離肖乾、坤者也。大過、小過、頤、中孚肖坎、離者也。[32]

在這裡，朱震明白的指出乾坤所表彰的陰陽二氣，彼此相互摩薄，則產生六子卦，視之爲卦變。舉出剛柔彼此的相互摩盪，則乾坤生坎離，特別強調坎離二卦由乾坤而來，也就是說，乾卦二五之坤而成坎卦，坤卦二五之乾而爲離卦，具體分判坎離之所以生，「坎生於坤，本乎地也，故潤下；離生於乾，本乎天也，故炎上」；坎爲坤所生，而離則自於乾。坎離成爲乾坤之用，爲「天地之用」，[33]故云「六爻，天地相函，坎離錯居。坎離者，天地之用也」。[34]

---

30 參見朱震云：「前說乾坤，而至六子，无形者聚而有形也。此說六子，而歸乾坤，有形者散而入於无形也。終始循環，不見首尾，《易》之道也。」（見朱震《漢上易傳》，卷九，頁267。）

31 見朱震《漢上叢說》，頁383。

32 見朱震《漢上易傳‧自序》，頁3。

33 見朱震《漢上叢說》，頁370。

34 見朱震《漢上易傳》，卷一，頁7。

所以朱震對離卦的理解，以之為乾卦之變，他提到「乾《文》曰
『雲行雨施』，又曰『大明終始』，『雲雨』，坎也；『大明』，
離也。乾卦而舉坎離者，言其變也」，[35]即說明坎、離由乾卦而
變。坎離為天地的作用，直接為乾坤所變，在六子當中別具重要
地位，朱震特別認為因為二卦的不同，所以《周易》成書在卦的
安排上，「首乾次坤，以乾、坤、坎、離為上篇，震、巽、艮、
兌為下篇」，[36]與乾、坤在同一範疇內。朱震在解釋坤卦《象傳》
「含弘光大」時，認為「地配天，坤合乾」，而「光者，坎離也。
大者，乾陽也」，以乾、坤、坎、離四卦表現「含弘光大」、「德
合無疆」之資始資生之性。[37]

　　坎離在八卦卦變系統的中，具有舉足輕重的地位，朱震特別
建構出《坎離天地之中圖》：

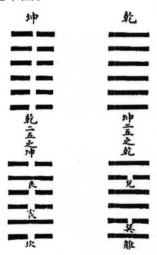

圖 8-2-1　坎離天地之中圖

35 見朱震《漢上叢說》，頁 378。
36 見朱震《漢上易傳》，卷一，頁 6。
37 見朱震《漢上易傳》，卷一，頁 14。

　　強調坎離爲「日月」、「水火」之象，居天地之中，[38]得乾坤之德而行萬化之性。坎離除了爲其它四子卦形成的來源，也是大過、小過、頤、中孚等卦的重要依據。坎離在八卦當中，成爲特別被看重的兩個卦，所以漢儒如虞翻者，不斷申說二卦的重要性，並在月體納甲說中，以坎離處戊己中宮之位，以王四方之功，並爲成既濟定的理想境域之主體。虞翻的這種觀點，也爲朱震所繼承。至於八卦的相盪而產生各個不同的卦象，如坎、離二卦中互有震、艮、巽、兌之象，即坎卦互震、互艮，離卦互巽、互兌，則另有別稱，視之爲「互體」，也就是說，朱震特別以卦變和互體有別，不能混爲一談。卦變爲由某卦變而爲某卦的概念，運成方式與互體不同，互體與卦變都爲易學系統變化觀的體現，不同方式的體現。

第三節　十二消息卦變系統

　　消息卦之運用由來已早，漢儒往往結合卦氣之說以解釋經傳辭義，並爲定型較早的易例。消息卦以陰陽爻位的消息演化推布出十二卦，本身即爲小規模的卦變系統，聯結其它五十二個雜卦，即成爲完整的六十四卦卦變體系。朱震將此十二消息卦，結合干支、律呂等漢儒普遍運用之元素。並且，遠較漢儒對復、姤二卦的重要，也就是延續北宋邵雍的認識，二卦小父母的地位高度揚升。同時，十二消息卦運用上的主要目的，即具體落實於辭義釋說之中。

---

38 此一圖式與有關說明，參見朱震《漢上卦圖》，卷下，頁348。

一、消息配支之說

　　十二消息卦爲漢儒慣用的易例，其起源歷來學者的說法不一，朱彝尊（西元 1629-1709 年）《經義考》引徐善（西元？年）《四易》云：

> 子復、丑臨、寅泰、卯大壯、辰夬、巳乾、午姤、未遯《歸藏》本文作遂。、申否、酉觀、戌剝《歸藏》本文作僕。、亥坤。
> 此《歸藏》十二辟卦，所謂《商易》也。[39]

　　干寶（西元？-336 年）引《歸藏》言十二消息，即以十二消息卦起源於商代。尚秉和《周易尚氏學》肯定十二消息卦早在《歸藏》中已見，且《左傳·成十六年》記載晉侯筮與楚之例，「以復居子」，以復卦代表十一月，出於十二消息之說，也就是說，春秋戰國時期，十二消息卦已然盛行。[40]消息卦之說，不管源自何時，但兩漢時期已普遍而成熟的使用。

　　消息卦的形成，同於《繫傳》所云「動靜有常，剛柔斷矣」，「剛柔相推而生變化」，「變化者，進退之象也」的陰陽進退、盈虛變化之觀念，藉由陰陽的運動變化而產生十二消息卦。乾陽坤陰，剛柔相推而產生變化，由乾坤的陰陽相互交感而化生萬物，這種相互交感也就是陰陽的此消彼長的現象，陰進則陽退，陽進

39　見朱彝尊《經義考·易二》，卷三，北京：中華書局影印《四部備要》本，1998 年 11 月北京 1 版 1 刷，頁 29。

40　參見尚秉和云：：「清儒毛西河等，動以月卦屬之漢人，此大誤也。干寶《周禮》注引《歸藏》云：復子、臨丑、泰寅、大壯卯、夬辰、乾巳、姤午、遯未、否申、觀酉、剝戌、坤亥。是月卦已見於二《易》。故坤《象》及上六爻辭，非用月卦不能解，明以坤屬亥也。《左傳》得復卦曰：『南國蹙，射其元王中厥目。』以復居子，尤爲顯著。後漢人注《易》，往往用月卦而不明言，以月卦人人皆知，不必揭出，其重要可知已。」見尚秉和《周易尚氏學·總論·第十論消息卦之古》，北京；中華書局，2003 年 12 月北京 1 版 8 刷，頁 8。

則陰退，以乾坤等十二個卦來體現，加上聯結時序，剛好成為其
有規律變化的週期，並且成為漢儒論述卦氣說的主要元素。對於
這樣的消息卦之認識，朱震在《漢上易傳》的序文中即開宗明義
的指出：

> 乾生三男，坤生三女。乾交乎坤，自姤至剝，坤交乎乾，
> 自復至夬，十有二卦，謂之辟卦。坎、離、震、兌，謂之
> 四正。四正之卦，分主四時，十有二卦，各主其月。乾貞
> 於子而左行，坤貞於未而右行。左右交錯，六十卦周天而
> 復，陰陽之升降，四時之消息，天地之盈虛，萬物之盛衰，
> 咸繫焉。……此見於卦變者也[41]

十二消息卦又稱十二辟卦。十二消息卦剛柔相推的變化之道，構
成了宇宙萬物生存消亡，生息反復之規律，也形成宇宙化生的基
本圖式。以十二消息卦皆自乾坤出，坤陰交乎乾陽，即復、臨、
泰、大壯、夬自坤卦來，而乾陽交乎坤陰，即姤、遯、否、觀、
剝自乾卦來。十二消息卦由乾坤所衍，並且由十二消息卦再進一
步推變出其它的各卦，這種推定卦變的模式，即虞翻卦變說的主
體，虞翻卦變說中的不論是一陽一陰或二陽二陰、三陽三陰等等
的卦變統緒，都是以十二消息卦的本卦，以進而定出之卦來。同
時以四正卦結合十二消息卦而建構出卦氣之說，為包括以孟喜（西
元？年）為主的漢代《易》家之普遍主張。這種以十二消息卦為
中心的卦變系統與聯結卦氣之說，更是朱震卦變說的核心內容，
並且，從這樣的卦變說，可以看到朱震傳述漢《易》之功，在他
所處的時代，成為特殊的獨幟漢《易》之易學家。

　　前述這段引文中，有必須澄清之處，則朱震提到「乾貞於子

---

41 見朱震《漢上易傳・自序》，頁3。

而左行，坤貞於未而右行」的概念，這個部份朱震並沒有明白清
楚的說明，或許是朱震誤解或混淆了十二消息與十二乾坤爻辰
的，或許只是朱震跳躍式的點出，但是將這兩句話後接「左右交
錯，六十卦周天而復」，似乎可以看到朱震語意上的模糊。以十
二支配十二消息卦，則為：子復、丑臨、寅泰、卯大壯、辰夬、
巳乾、午姤、未遯、申否、酉觀、戌剝、亥坤，這種地支配卦之
說，並不存在著「乾貞於子」與「坤貞於未」的情形。實際上去
討論「乾貞於子而左行，坤貞於未而右行」的內容，即在是就乾
坤二卦十二爻配十二辰，源自於京房、《易緯》與鄭玄（西元 127-200
年）的說法，這個方面，朱震有作了詳細的考索，並建成易學圖
式，其中《乾坤交錯成六十四卦圖》[42]的內容，正符合前面引文
所述者，即：

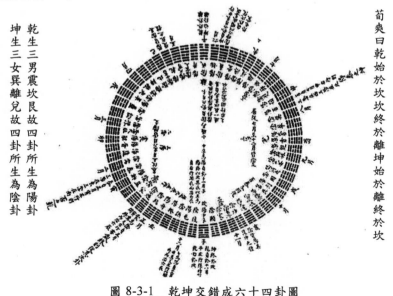

圖 8-3-1　乾坤交錯成六十四卦圖

---

42 《乾坤交錯成六十四卦圖》，見朱震《漢上卦圖》，卷中，頁 328。

　　圖式當中明白指出由乾坤交錯而行，而產生八卦、產生十二消息卦，並相盪推定出六十四卦，與四時聯結，形成一個完整體系的宇宙圖式。此一圖式，朱震並予以說明，認爲「乾貞於十一月子，左行，陽時六。坤貞於六月未，右行，陰時六，以順成其歲」，也就是由乾坤十二爻，分屬於乾初九起於子、坤初六起於未，一爻主一月而十二成一歲；乾坤十二爻配月的形成如下：

表 8-3-1　乾坤十二爻配月表

乾坤十二爻位	乾初九	坤六四	乾九二	坤六三	乾九三	坤六二	乾九四	坤初六	乾九五	坤上六	乾上九	坤六五
地支	子	丑	寅	卯	辰	巳	午	未	申	酉	戌	亥

　　其次入於屯蒙，「屯爲陽，貞十二月丑，其爻左行，以間時而治六辰。蒙爲陰，貞正月寅，其爻右行，亦時間而治六辰」，也就是屯初九起於丑，六二爲卯而推至上六爲亥，蒙初六起於寅，至上九爲辰，合二卦成一歲。其它各卦亦兩兩主一歲，則「三十二歲期，而周六十四卦、三百八十四爻、一千五百二十復貞此，乾坤交錯，成六十四卦」。在這裡，朱震強調六十四卦是透過乾坤交錯變化而成，並引京房之說提出「盪陰入陽，盪陽入陰，陽交互內外，適變八卦，回巡至極，則反此正解《繫辭》八卦相盪之義」。[43]八卦的形成是由乾坤陰陽相盪變化而成，同樣的，十二消息卦也是藉由乾坤的陰陽變化而推定，並在此交錯圖式中，標明了十二消息卦的所在位置，確立十二消息卦的卦變本質與交錯變易圖式中的重要地位。

二、消息配律呂

　　乾坤作爲八卦、十二消息卦，乃至六十四卦形成的根源，與

---

43 括弧相關引文，見朱震《漢上卦圖》，卷中，頁 328-329。

節氣、時間運化相結合，使乾坤乃至變化的各卦，具有宇宙自然生成變化的時空意識。除此之外，更與律呂作了結合，朱震提出《律呂起於冬至之氣圖》與《十二律相生圖》，內容結構如下列二圖所示：

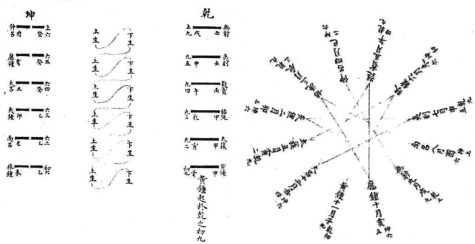

圖 8-3-2　律呂起於冬至之氣圖　　　　圖 8-3-3　十二律相生圖

　　這樣的圖式，為朱震根據鄭玄注《周禮·太師》而作，除了乾坤爻位配辰已如前述外，亦將律呂與爻辰結合，以黃鍾合乾初九，下生林鍾坤初六，林鍾又上生太簇為乾九二，太簇又下生南呂為坤六二，南呂又上生姑洗為乾九三，姑洗又下生夾鍾為坤六三，夾鍾又上生蕤賓為乾九四，蕤賓又下生大呂為坤六四，大呂又上生夷則為乾九五，夷則又下生應鍾為坤六五，應鍾上生無射為乾上九，無射下生仲呂為坤上六。[44]乾坤的陰陽變化，表彰出宇宙自然的規則與秩序，也類比音樂的變化律則。

----

44 二圖與有關內容，參見朱震《漢上卦圖》，卷中，頁 329-332。

三、消息變化圖式與復姤地位的提升

朱震在以十二消息卦爲主體，具體建構出十二消息卦的變化圖式，最具代表性的，包括《消息卦圖》、《斗建乾坤終始圖》、《天之運行圖》與《坤上六天地玄黃圖》：[45]

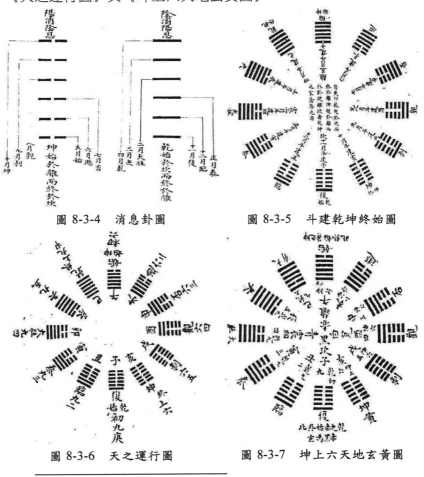

圖 8-3-4　消息卦圖　　　　圖 8-3-5　斗建乾坤終始圖

圖 8-3-6　天之運行圖　　　　圖 8-3-7　坤上六天地玄黃圖

---

45 四圖式，參見朱震《漢上卦圖》，卷中、卷下，頁 336、340、344、346。

　　陰陽的消息變化，坤陰至極而後一變爲復（子），二變爲臨（丑），三變爲泰（寅），四變爲大壯（卯），五變爲夬（辰），再而至陽極乾卦（巳）；然後「純乾之卦，而柔變之。一變爲姤，二變爲遯，三變爲否，四變爲觀，五變爲剝」。[46]在這些圖式當中，可以看到朱震重視荀爽等漢儒對坎、離在此變化歷程中的重要角色，乾坤與坎離成爲這個變化體系中的根本性角色，這個部份前面談到乾坤生六子的部份已有說明。

　　除此之外，朱震也特別標明復卦與姤卦的重要地位，以復卦爲乾之始，而姤卦爲坤始，復姤二卦代表乾坤二卦的最初變化之卦。在這種狀況下，也意味著復姤二卦在整個卦變視域中，必然有其一定的重要地位；的確，朱震將此二卦與乾坤相擬，同樣具有父母之性。六十四卦的形成，主要是透過八個基本卦作進一步的推演，而八卦又是由乾、坤二卦所聯結而成，乃至十二消息卦也是由乾坤的陰陽變化而成形成，朱震將乾坤視之爲「大父母」。除此之外，又將復、姤二卦稱作「小父母」者，朱震云：

　　　　復、姤小父母也，故能生六十四卦。復之初九交於姤之初六得一陽，姤之初六交於復之初九得一陰；復之二交於姤之二得二陽，姤之二交於復之二得二陰；復之三交於姤之三得四陽，姤之三交於復之三得四陰；復之四交於姤之四得八陽，姤之四交於復之四得八陰；復之五交於姤之五得十六陽，姤之五交於復之五得十六陰；復之上交於姤之上得三十二陽，姤之上交於復之上得三十二陰。陰陽男女皆順行，所以生六十四卦也。[47]

復、姤源於乾坤陰陽消息的十二卦，乾坤作爲眾卦之源，爲眾卦

<hr />

46 見朱震《漢上卦圖》，頁 340。
47 見朱震《漢上卦圖》，卷上，頁 312。

之父母卦，在朱震看來，更具有宇宙根源義，乾坤一陽一陰生則
爲復姤二卦，二卦爲陽生與陰生之始，並且可以藉以推變爲六十
四卦，所以乾坤二卦爲「大父母」，則復姤二卦爲「小父母」。
這樣的說法，當源自於邵雍之說，邵雍之子邵伯溫（西元 1057-1134
年）在《易學辨惑》中提到，江南人鄭夬（西元？年）「談《易》
其間，一說曰：乾坤，大父母也；復姤，小父母也。乾一變生復，
得一陽；坤一變生姤，得一陰；乾再變生臨，得二陽；坤再變生
遯，得二陰；乾三變生泰，得四陽；坤三變生否，得四陰；乾四
變生大壯，得八陽；坤四變生觀，得八陰；乾五變生夬，得十六
陽；乾五變生剝，得十六陰；乾六變生歸妹，本得三十二陽；坤
六變生漸，本得三十二陰。乾坤錯綜，陰陽各三十二，生六十四
卦」。同時指出這是「夬以王天悅傳授先君之學」，也就是說，
這種以復姤爲小父母的卦變系統，是源於其父邵雍。[48]

　　邵雍這樣的說法，主要根據李挺之而來，所以朱震以復姤爲
小父母的卦變系統，是對邵氏卦變說的繼承，也是對李挺之的接
受與改造。李挺之、邵雍與鄭夬建構的大父母、小父母的卦變之
說，雖不能由諸家氏之作見傳，卻可由朱震的說法中得到確認，
而且這樣的說法，也對後來的易學產生影響，例如明代胡仁居《易
像鈔》提到，「人心復姤之真幾，純善无惡，地逢雷，太極動而
生陽，幾一動便是天根，乾遇巽。太極靜而生陰，幾一靜便是月
窟」。將復姤二卦視爲變易之本，並以理學的理解，與「天根」
和「地窟」的丹道之學相繫，認爲「天根月窟，乃人人日用尋常
心體」。[49]在專論卦變的象數之說方面，也有深刻的影響，如宋

---

48 見邵伯溫《易學辨惑》，臺北：臺灣商務印書館景印文淵閣四庫全書本第 9
　　冊，1986 年 3 月初版，頁 403。
49 見胡居仁《易像鈔》，卷四，臺北：臺灣商務印書館景印文淵閣四庫全書
　　本第 31 冊，1986 年 3 月初版，頁 183。

代方實孫（西元？年）《淙山讀周易》作《易卦變合圖》，即強調復姤爲小父母的說法。[50]同時，也有針對此一卦變系統的合理性提出質疑的，如同時代之後的林栗（西元 1120-1190 年）、鄭汝諧（西元 1126-1205 年），元代的王申子等等，也都認爲這樣的主張是值得商榷的。[51]

四、消息釋義的具體落實

　　十二消息卦的卦變系統，透過陰陽有序的消長變化，傳達出以十二個卦所聯結出的變化體系，更進一步推定出六十四卦的卦變系統，在此十二消息卦的基礎下形成。十二消息卦除了與卦氣之說作了密切的聯繫外，十二消息卦本身所形成的陰陽變化之象與變化理則，也往往成爲解釋卦爻義的重要論述來源。這種情形，也成爲朱震易學卦變說的重要部份所展現出的釋《易》特色。

　　十二消息卦的認識，具體運用在卦爻的釋義上，例如解釋否䷋卦《彖傳》「小人道長，君子道消」之義，指出「一陰自姤長而爲遯爲否，小人之道日長，君子之道日消」。[52]透過否卦爲陰長至三之卦，以陰消陽息的陰氣日長的現象，說明小人、君子的消長情形。

　　又如解釋臨䷒卦《彖傳》「剛浸而長」之義，指出「剛自復浸，浸以長大，而後有臨」。[53]陽氣舒發，一陽升而爲復䷗，浸長二剛而爲臨，故義在此。

50　見方實孫《淙山讀周易・圖》，臺北：臺灣商務印書館景印文淵閣四庫全書本第 19 冊，1986 年 3 月初版，頁 583-584。

51　參見林栗《周易經傳集解》，卷三十六；鄭汝諧《易翼傳》，上經上；王申子《大易緝說》，卷二。

52　見朱震《漢上易傳》，卷二，頁 51。

53　見朱震《漢上易傳》，卷二，頁 72。

又如解釋大壯☳☰卦《彖傳》「大壯，大者壯也」，指出「陽動於復，長於臨，交於泰，至四爻而後壯；泰不曰壯者，陰陽敵也。過於陰，則陽壯矣」。[54]陽氣動而升長，由復☷☳而臨☷☱，至泰☷☰為三陽三陰，陰陽相敵，至四陽大壯，以陽壯於陰。

又如解釋復☷☳卦卦辭「出入無疾」，指出「復本坤，而乾交之，陰陽之反，皆自內出，非由外來。而「出入」云者，以剝、復明消息之理也。剝極成坤，陽降而入，坤極而動，陽升而出。入其反也，出其動也。其出其入，羣陰莫能害之」。指出復卦根本於坤☷☷，與乾☰☰初相交而得一陽。而云「出入」者，即表現在剝☶☷、復的陰陽相反的關係，陰陽出入，群陰皆不能害之，故云「無疾」。又解釋「七日來復」，認為是指反復之數而言，也就是「自午至子，不過於七。陽生於子，陰生於午，剝復七變，陽涉六陰，極而反初」，此變動為「七」，天行以時，有以「日」以「月」或以「歲」稱者，於此則稱「七日來復」。[55]

又如解釋遯☰☶卦卦辭與《彖傳》所述之卦義，指出「遯，坤再交乾也。陽長則陰消，柔壯則剛遯，晝夜寒暑之道也。二陰浸長，得位於內，君子之道漸消，是以四陽遯去，自內而之外，故曰遯」。[56]說明陰氣日滋，小人漸長而君子漸消，陽氣漸遯，故卦稱為「遯」。

又如解釋夬☱☰卦《彖傳》「夬，決也，剛決柔也」，指出「五陽長於下，一陰消於上，五陽合力而決一陰」，故《彖傳》為是說，亦即「此以五剛言夬之時也」。[57]五陽之剛決一陰之柔，以

---

54 見朱震《漢上易傳》，卷四，頁 120。
55 見朱震《漢上易傳》，卷三，頁 89。
56 見朱震《漢上易傳》，卷四，頁 118。
57 見朱震《漢上易傳》，卷五，頁 149。

剛決柔，決斷無疑。

其它以消息卦釋義之情形極爲普遍，此再贅舉。然而綜觀朱震以消息釋義之取向，似乎特別著重於解釋《彖傳》，慣用消息卦的陰陽消息變化的概念，闡明《彖傳》之辭義。十二消息卦作爲卦變的系統，而以之詮解《彖傳》用義，適與朱震不斷強調《彖傳》多言卦變之義相合；也就是說，透過十二消息卦的系統，正可以說明《彖傳》述明卦變的必然性。

第四節　虞翻卦變說的理解

京房的八宮卦次之說與虞翻的卦變說，開啓了漢代學者立論六十四卦的卦變思想。尤其，虞翻以十二消息卦爲基礎，推衍出六十四卦的卦變系統，普遍爲後人所追述。宋人關注六十四卦的卦變說，從李挺之到朱震的傳衍，可以視爲典型的代表。朱震在《漢上卦圖》中，針對北宋李挺之的卦變說制作《六十四卦相生圖》，並作文字的說明，除了重申李氏的觀點外，也特別強調虞翻的卦變思想。同時，從朱震運用卦變的觀點解釋卦爻義來看，朱震似乎又偏重於虞翻的主張，以虞翻對卦變的理解進行卦爻義之闡釋。但是，朱震對虞翻卦變說的認識，卻又有諸多舛誤與商榷之處。

一、對虞翻卦變說的基本認識

虞翻六十四卦的卦變系統，主要是以一卦六爻的陰陽爻數作爲分類，藉由乾☰坤☷的陰陽消息變化所生的十二消息卦來作基本卦，主要是取復☷、姤☰、臨☱、遯☰、泰☱、否☰、大壯☳、

觀☷等八個卦爲基準，分出一陽五陰之卦、一陰五陽之卦、二陽四陰之卦、二陰四陽之卦、三陽三陰之卦，其內容大致如黃宗羲（西元 1610-1695 年）《易學象數論》考索分類者，即：

（一）一陰一陽之卦自復☷、姤☰而變，包括：

　1.自復☷卦而變者：師☷、謙☷、豫☷、比☷、剝☶。

　2.自姤☰卦而變者：同人☰、履☰、小畜☰、大有☰、夬☱。

（二）二陰二陽之卦自臨☷、遯☰而變，包括：

　1.自臨☷卦而變者：升☷、解☷、坎☵、蒙☶、明夷☷、震☳、屯☵、頤☶。

　2.自遯☰卦而變者：无妄☰、家人☴、離☲、革☱、訟☰、巽☴、鼎☲、大過☱。

（三）三陰三陽之卦自泰☷、否☰而變，包括：

　1.自泰☷卦而變者：恆☳、井☵、蠱☶、豐☳、既濟☵、賁☶、歸妹☳、節☵、損☶。

　2.自否☰卦而變者：益☴、噬嗑☲、隨☱、渙☴、未濟☲、困☱、漸☴、旅☲、咸☱。

（四）四陰四陽之卦自大壯☳、觀☷而變，包括：

　1.自大壯☳卦而變者：大過☱、鼎☲、革☱、離☲、兌☱、睽☲、需☵、大畜。

　2.自觀☷卦而變者：頤☶、屯☵、蒙☶、坎☵、艮☶、蹇☵、晉☷、萃☷。

（五）變例：中孚☴、小過☳。[58]

58　參見黃宗羲《易學象數論·卦變三》，卷二。引自黃宗羲撰、鄭萬耕點校《易學象數論（外二種）》，北京：中華書局，2010 年 10 月 1 版北京 1 刷，頁 74-77。黃氏之說，基本上符合虞翻卦變說的原則，但是否全合虞翻之意，仍有商榷之處，例如以頤卦爲例，虞翻從晉四之初，特別表明不從觀卦四陰二陽之例。

　　黃氏從虞翻卦變基本原則的角度，推定出上列之卦變系統。然則虞翻的卦變說，主要是由於釋義取象之需而制作，而卦變的形成則堅持採取一爻變動的原則，在這樣的狀況下，造成除了上述中孚與小過二卦，無法符合此一原則外，尚包括如頤卦不著重於從二陽四陰之臨卦出的常例，而別自晉卦出，其它仍有諸多例子是一卦有兩種卦變之說的情形，主要仍由於釋義的需要而另作變例之卦。

　　若以黃氏所立虞翻之卦變系統來看，在臨卦與遯卦所變的二陰二陽之卦，以及大壯卦與觀卦所變的四陰四陽之卦，有八個卦重複出現的情形，即臨卦所變之坎、蒙、屯、頤四卦，同樣出現在觀卦所變之中，而遯卦所變之離、革、大過、鼎四卦，亦重出於大壯卦所變者。這種重出的現象，爲建構一套卦變系統所存在的明顯缺陷。因此，虞翻這種卦變系統所造成的未必周延之缺失，給予後人嘗試修正或重新建構一個更具系統化邏輯化的卦變系統之空間，在這個方面，宋代的李挺之、朱熹（西元 1130-1200 年）等人，可以視爲典型的代表，而朱震在此易學流變中，也扮演了極爲重要的角色。朱震的卦變說，主要是建立在解釋《周易》經傳的需要而立說，同虞翻一般，目的是爲了辭義之需。他瞭解虞翻卦變說存在的諸多問題，接受了同時代修正的卦變主張，綜采虞翻與李挺之等前人的主張，對卦變說提出他的理解，多元運用卦變之法，可以視爲他重視《周易》變易思想的具體展現。在這種情形下，對虞翻之說的精確理解，似乎也就不是他的目的所在了。

　　對虞翻卦變說的認識，朱震指出：

　　　始虞氏卦變，乾坤生坎離，乾息而生復、臨、泰、大壯、夬；坤消而生姤、遯、否、觀、剝。自復來者一卦豫，自

臨來者四卦<small>明夷、解、升、震</small>，自泰來者九卦<small>蠱、賁、恆、損、升、歸</small>妹、豐、節、既濟，自大壯來者六卦<small>需、大畜、大過、睽、鼎、兌</small>，自夬來者一卦同人，自遯來者五卦<small>訟、无妄、家人、革、巽</small>，自否來者八卦<small>隨、噬嗑、咸、益、困、漸、渙、未濟</small>，自觀來者五卦<small>晉、蹇、頤、萃、</small>艮，自剝來者一卦謙。而屯生於坎，蒙生於艮，比生於師，頤、小過生於晉，睽生於大壯，咸生於无妄，旅生於賁，咸生於噬嗑，中孚生於訟。小畜變需上，履變訟初，姤無生卦。師、同人、大有、兌四卦闕。李鼎祚取蜀才、盧氏之書，補其三卦<small>大有闕</small>，而頤卦虞以為生於晉，侯果以為生於觀。今以此圖考之，其合於圖者三十有六卦，又時有所疑。不合者二十有八卦。[59]

朱震論述虞翻整體的卦變說，首先是乾☰坤☷二卦生坎☵離☲，賦予坎卦與離卦的重要地位，同時藉由乾息坤消而產生十二消息卦，再由消息卦生雜卦，即：

自復䷗變者：豫䷏

自臨䷒變者：明夷䷣、解䷧、升䷭、震䷲

自泰䷊變者：蠱䷑、賁䷕、恆䷟、損䷨、升䷭、歸妹䷵、豐䷶、
　　　　　　節䷻、既濟䷾

自大壯䷡變者：需䷄、大畜䷙、大過䷛、睽䷥、鼎䷱、兌䷹

自夬䷪變者：同人䷌

自遯䷠變者：訟䷅、无妄䷘、家人䷤、革䷰、巽䷸、中孚䷼（中
　　　　　　孚生於訟）

自否䷋變者：隨䷐、噬嗑䷔、咸䷞（又，咸生於无妄；又，
　　　　　　咸生於噬嗑）、益䷩、困䷮、漸䷴、渙䷺、未濟䷿

<small>59 見朱震《漢上卦圖》，卷上，頁 320。</small>

自觀䷓變者：晉䷢、蹇䷦、頤䷚（又，頤生於晉）、萃䷬、艮
　　　　　　䷳、蒙䷃（蒙生於艮）、小過䷽（小過生於晉）

自剝䷖變者：謙䷎

其它：屯䷂生於坎䷜、比䷇生於師䷆、旅䷷生於賁䷕、小畜䷈
　　　變需䷄上，履䷉變訟䷅初

　　在他的認識裡，採取九個消息卦作爲支系以生雜卦，其中復、
夬、剝三卦僅各變一卦，並且有多個雜卦有二種以上的卦變關係，
同時又有其它如屯生於坎等特殊變例的說法。朱震對虞翻卦變說
的理解，並沒有進行嚴格的考索，當中仍存在諸多可以討論的部
份，因此後文特別提出討論。

二、考索未詳的商榷之處

　　仔細考索朱震對虞翻卦變說的理解，不難發現有甚多的誤謬
或令人質疑之處：

　　（一）虞翻的卦變說，雖然隨著其論著之亡佚不全而難窺全
貌，但歷來學者普遍合理推定，認爲其卦變的主體架構，是以如
前已述之復、姤、臨、遯、泰、否、大壯、觀八個卦爲基準，但
朱震卻明確的說「姤無生卦」，認爲姤卦不爲此卦變的基本卦。
另外，夬卦與剝卦也非虞翻卦變系統主要支系，所以同人由夬而
出，以及謙卦由剝而出，並非虞翻之主張，除非朱震時期有虞氏
不見今傳之文獻。其它包括「屯生於坎」、「比生於師」等諸卦
的卦變關係，也不能視爲虞翻以十二消息卦進行推衍的卦變內
容，皆屬特變或它說之例。

　　以朱震釋卦的實際內容來看，例如就屯卦而言，虞翻確言「坎

二之初」，[60]也就是屯卦是由坎變而來，然而朱震認為「自屯象而下，乃以卦變爲象。屯，臨之變，自震來，四之五」。[61]這樣的說法，不同於虞說，似乎是以李挺之之說爲據，以四陰二陽之卦自臨卦而來，則屯卦由臨卦之變。又以比卦爲例，朱震認爲虞翻主張「比生於師」，是合虞翻「師二上之五」的說法，而歷來學者對虞翻的普遍看法，以比卦爲復初之五者，於此，朱震實際面對經傳釋義時，亦以比自復出，認爲「比自復來，一變師，二變謙，三變豫」。[62]這樣的說法，與後人所推定的虞翻卦變說同，又同於他所說的李挺之之觀點，五陰一陽者皆自復卦而來的說法；也就是說，對於此卦，其釋義所取卦變之說，以李氏之說爲準，並透過卦變取象以釋其義。

（二）朱震認爲師卦、同人卦、大有卦、兌卦四卦，原本爲虞翻所缺，後經李鼎祚取蜀才、盧氏之書，而補了師、同人與兌卦，而大有卦仍缺。文獻之缺，不代表虞翻原著缺遺，虞翻推定卦變之說，有其嚴整的規則性存在，是可以確定的。姑且從文獻實有來作統計，事實上兌卦並不缺，虞翻明白的指出「大壯五之三也」，也就是兌卦是大壯卦五之三而來，藉由兌卦與大壯卦在卦變關係上的聯繫，在解釋兌卦《象傳》「是以順乎天而應乎人」時，也以大壯之象作解，云「大壯乾爲天，謂五也，人謂三矣。二變順五承三，故『順乎天，應乎人』」。又大壯卦上體爲震，取震象云「震爲喜笑，故人勸也」，用以釋《象傳》「民勸矣哉」之義。又釋《象傳》「君子以朋友講習」，亦取大壯卦之象，云

---

60 虞翻之言，見李道平《周易集解纂疏》，卷二，頁 95。
61 見朱震《漢上易傳》，卷一，頁 20。
62 見朱震《漢上易傳》，卷一，頁 37。

「君子，大壯乾也」，「伏艮為友」，「震為講」。[63]虞翻以兌自大壯出，並廣取大壯之象釋義，二者的卦變關係是確定的。

另外，朱震提出缺同人卦，但又說「自夬來者一卦同人」，以同人自夬變，如此之說，前後矛盾。一陰五陽之例，從現有佚文來看，確實不易看到虞翻有明確的說法。對於同人卦，蜀才也確言「此本夬卦」，而虞翻云「旁通師卦」，[64]如何以蜀才之說視為虞翻之言，這仍有待商榷。朱震於此諸卦之言，並沒有作嚴密的考索。

（三）朱震認為中孚☲卦自遯卦出，又說中孚生於訟。實際考察虞翻的說法，虞翻認為「訟四之初也。坎孚象在中，謂二也，故稱中孚。此當從四陽二陰之例，遯陰未及三，而大壯陽已至四，故從訟來」。[65]虞翻明白指出此四陽二陰之例當自遯☲、大壯☲而來，但是在二陰爻中，遯卦之陰爻未能及於三，而大壯陽爻已至四位，不能兩爻並動以成其卦，不合只動一爻的原則，所以中孚不從遯卦或大壯而來，而取從訟☲卦而來。朱震以中孚從訟之變，亦本虞氏之說而用，他在解釋中孚卦時指出，「中孚自遯來，訟之變也。二五不應，六三孚于上，六四孚于下，二爻在中而孚，中孚也」。[66]顯然他採取他所認定的虞翻觀點來作解釋，指出中孚卦當自遯卦而來，但未明其由而直指為訟卦之變，即訟初之四而為中孚，使三、四兩爻居六爻之中，具居中孚信之象，名為中孚。

同樣的，與中孚☲卦同屬虞翻卦變的變例者，即小過☲卦，小過卦也是如此，虞氏以小過卦從晉☲卦而來，歷來學者包括黃

---

63 虞翻之言，引自李道平《周易集解纂疏》，卷七，頁 502-503。
64 虞翻與蜀才之說，引自李道平《周易集解纂疏》，卷三，頁 180-181。
65 虞翻之言，引自李道平《周易集解纂疏》，卷七，頁 515。
66 見朱震《漢上易傳》，卷六，頁 210。

宗羲、惠棟、李道平（西元 1788-1844 年）等人，皆從此說。[67]朱震以小過卦自觀卦變，又云小過生於晉，與中孚卦同樣的因素，實際上，虞翻以小過卦二陽在中，不從臨卦、觀卦變，而是取從晉卦來。從朱震實際上對小過的詮解來看，其小過卦的卦變主張，首先認爲「小過與中孚相易」，[68]同於乾☰坤☷、坎☵離☲、否☷☰泰☰☷一般，是一種「非覆即變」的變卦關係，使二卦的緊密關係得以確立，進而指出「中孚肖乾，小過肖坤，故二卦爲下篇之正」。[69]其次，他又認爲「小過自臨來，明夷變也。臨九二之三，六三之二，成明夷，二過乎三也。明夷初九之四成小過，五過乎四也」。[70]在這裡，他以小過自臨☷☱卦而來，並沒有採用他所誤認的虞翻從觀來之說，而是李挺之的臨卦復三變而來者，同時，他置重於小過自明夷☷☲而變；明夷初九之四變而爲小過，而明夷本身爲臨卦二之三所變，所以歸其源，小過仍自臨卦而來。這種以小過卦從明夷卦所變的說法，不符合虞翻之說；虞翻以觀卦陽爻未至於三，不能一次兩爻並動而變爲小過卦，取晉上之三而得小過卦，這樣的主張，顯然不爲朱震所用。朱震以明夷卦爲其所變，主要在取明夷卦之象而用，「明夷離爲鳥，初往之四，自下而升，有飛鳥之象」，取飛鳥之象，在於應合卦辭「飛鳥遺之音」與《象傳》所說的「有飛鳥之象焉」。[71]從這裡可以看到，朱震在以卦變之說釋義上，時以虞翻之說爲據，時以李挺之爲論，並不專主

---

67 參見黃宗羲《易學象數論·卦變二》，卷二，頁 69。又見惠棟《易例》，臺北：廣文書局《惠氏易學》本，1981 年 8 月再版，頁 946；另外，其《周易述》，卷一，頁 15-16 所述略同。又見李道平《周易集解纂疏》，卷七，頁 521。
68 見朱震《漢上易傳》，卷六，頁 213。
69 見朱震《漢上易傳》，卷六，頁 214。
70 見朱震《漢上易傳》，卷六，頁 213。
71 參見朱震《漢上易傳》，卷六，頁 214。

一家，沒有一定的規則性。

　　因此，從虞翻這兩個變例來看，不能將中孚卦當作從遯卦變，也不能將小過卦視爲觀卦所變，朱震之說是不夠嚴謹的，也不符合虞翻的主張，似乎對虞翻的卦變說解釋不夠完整，認識不夠透徹。

　　（四）關於朱震認爲咸☷☴卦自否☰☷卦而來變，卻又說咸生於无妄☷☳、咸生於噬嗑☲☳：咸卦卦變之來由，蜀才明確指出「此本否卦」，即否卦六三升上、上九降三而爲咸卦。虞翻則認爲「坤三之上成女，乾上之三成男。乾坤氣交以相與」，所以「咸，感也」，即男女之交感；[72]虞翻此「坤三之上」、「乾上之三」即指否卦而言，也就是透過否卦而變爲咸卦，此則爲三陰三陽自否卦而來的卦變規則。然而，朱震又指出咸卦由无妄卦、噬嗑卦所生，殊不知根據爲何？如果以現行文獻觀之，虞翻並無此說，是朱震之時有此文獻之說？抑或自爲造說？若從虞翻以消息卦統攝的六十四卦變系統來看，並沒有這樣的說法。如果從爻位的性質來看，咸卦與噬嗑雖同爲三陰三陽，但噬嗑卦再如何移動一個爻位，也無法變成咸卦，二者也沒有反卦或伏卦的關係。至於咸卦與无妄卦，咸卦是三陰三陽之卦，而无妄卦則是四陽二陰之卦，二者的陰陽爻數都不同，更難以如何形成卦變的關係。

　　若從朱震實際上詮解咸卦經傳的內容來看，朱震指出：

> 咸，感也，不曰「感」者，交相感也。咸自否變，乾，天也；坤，地也。六三之柔上，上九之剛下，天地之氣感應，而上下相與則亨矣。[73]

所採取的卦變觀點，仍然是虞翻三陰三陽之卦自否卦而來的說

---

72 虞翻與蜀才之說，見李道平《周易集解纂疏》，卷五，頁314。
73 見朱震《漢上易傳》，卷四，頁112。

法，也就是否卦三之上為咸卦，並且論述的內容，亦與虞翻的說法相近，以否卦聯繫男女相說交感之義。同時，檢索對咸卦經傳的解釋中，也看不到有咸卦自无妄或噬嗑來的主張。因此，不知朱震此等說法的依據何在？

（五）關於朱震認為虞翻卦變說以頤䷚卦自觀䷓卦而變，卻又說頤生於晉䷢：依虞翻之見，頤卦為「晉四之初」，以其上下如一，終則復始，故「反復不衰」；並且又說「或以臨二之上」。[74]虞翻指明頤卦卦變為特例，變自晉出，釋義多從晉象言；同時也指出或從臨䷒卦而變，但釋義涉臨象則寡。朱震認為虞翻的頤卦卦變是出自於觀卦，又說出自於晉卦，前者似乎與虞翻的說法不同。對於類似的特殊情形，朱震並沒有作具體的說明。朱震本人對於此卦卦變的理解，強調「頤自臨九二變之」，也就是頤由臨卦所變，並認為「一變明夷，離為目，觀也。自內觀外，觀其人飲所養也」，透過由臨卦所變，也帶出臨卦一變為明夷卦，取離目為觀之象，以解釋卦辭「觀頤」與《象傳》「觀其所養」之義，並進而指出「此以臨二初變，明在人者養之之道當正也」，仍在以臨變而言。然而，當解釋初九爻辭時，則又指出「頤自明夷之離，四變而成頤，故頤初九有龜之象」，[75]似乎認為頤卦自明夷下離上升而變，仍在索求明夷之象；但是，也以臨卦四變而成頤言之，即一變為明夷，二變為震，三變為屯，四變為頤。從這裡可以看出，朱震以卦變釋義，所取之說，與虞翻所重有別，反而近於李挺之之說。

（六）關於朱震認為虞翻卦變說以升䷭卦自臨䷒卦變而，卻又於自泰䷊變者，亦將升䷭列入：實際考察虞翻之說，強調「臨初之三」，並無有自泰卦來者。虞翻重視以一爻作為卦變的原則，

---

74 虞翻之說，見李道平《周易集解纂疏》，卷四，頁282。
75 相關引文見朱震《漢上易傳》，卷三，頁100-101。

臨卦一爻變可以爲升卦，但泰卦爲三陰三陽之卦，何以能夠變爲二陽四陰的升卦？這當是朱震不察而誤說。朱震解釋升卦經傳之義，著重於以升卦爲萃䷬卦的反卦來看，指出「升者，萃之反，柔在下者也」，又認爲「升，萃之反也，升之九二，即萃之九五，故升萃二爻反復同象」。[76]朱震並無採取虞翻的卦變說作爲釋義的對象，完全以自己所說的李挺之《變卦反對圖》的升、萃互爲反對來論述。

　　朱震所說的虞翻卦變之說，存在諸多令人質疑之處，不僅僅只是上列這些問題，若要仔細推敲，仍有很多可以討論的地方。然而，朱震在釋義的運用上，卻每多重視以虞翻的說法爲根據，例如以大畜卦爲例，朱震以李挺之與其認同的說法，皆以大畜卦自遯卦而出，然而實際釋義上，卻以之自大壯來，合於虞翻之說。同樣的，又以需卦爲例，朱震同李挺之之說，認爲四陽二陰者自遯來，但實際釋義運用上，則稱作自大壯卦而來。但是，朱震又並不以虞翻的卦變說爲自足，在釋義的過程中，爲了得到其所需的卦象與釋義的方便，仍廣採李挺之說與自己所認同的說法。事實上，李挺之之說，爲延續虞翻的觀點而進一步修正的卦變主張，二家相同的變卦本來就很多，根據前引朱震所言，以虞翻同於李挺之者有三十六卦，「不合者，二十有八卦」，確實二家有甚多相同之卦，但是否爲這樣的數據，仍有待保留的。二家之不同，使可用的卦增加了，自然也就提高了取卦釋義的方便性。作爲回復漢儒之說的角度看，朱震對虞翻卦變說的考索並不夠審慎精細，但運用上卻凸顯了虞翻卦變說作爲解釋《周易》經傳的重要性。

---

76 見朱震《漢上易傳》，卷五，頁 160-161。

第五節　李挺之六十四卦相生卦變說的認識

朱震的卦變體系中，其中傳述李挺之的六十四卦相生卦變說為的重要部份。肯定李挺之對虞翻卦變說的修正與改造，主要將其說其運用於釋說經傳大義，取得更多可資運用的卦象為目的。

一、六十四卦相生卦變說之理解

朱震傳述李挺之的《六十四卦相生圖》，並且認為這個圖式在漢代虞翻時已存在；「諸儒各伸臆說，至於紛然」，皆因未能見此圖式，以致未能得其綱領，但是，「仲翔則知有此圖」，[77]所以能夠申明卦變之說，建立其卦變之特殊體系。李挺之建構此一圖式，目的即在修正虞翻的不周延，以建立一個探討陰陽變化的較為完整而合理的六十四卦卦變系統。

朱震所傳李氏之六十四卦相生圖式，以下順應著圖式之順序進行說明：[78]

（一）六大卦變支系，乾、坤為大父母，復、姤為小父母：朱震認為李挺之的的六十四卦卦變系統，主要分為六個支系，分別由復卦、姤卦、臨卦、遯卦、泰卦與否卦統之。圖 8-5-1 所示，首先確立乾坤為眾卦之祖，也就是六十四卦的「大父母」，乾坤作為資始資生的宇宙創生本源之重要地位，在六十四卦的卦變系統中具體呈現。圖式同時指出「乾一交而為姤」，「坤一交而為復」，復、姤作為乾、坤的陰陽始交的首變二卦，並藉此二卦確

---

77 見朱震《漢上卦圖》，卷上，頁 318。
78 有關圖式，見朱震《漢上卦圖》，卷上，頁 318-320。

立最早的兩個卦變支系。復、姤的重要地位，稱之爲「小父母」。從這個圖式所見，可以瞭解以復、姤名爲「小父母」者，以李挺之尤先，而李氏之說，傳至邵雍又有進一步的發揮。

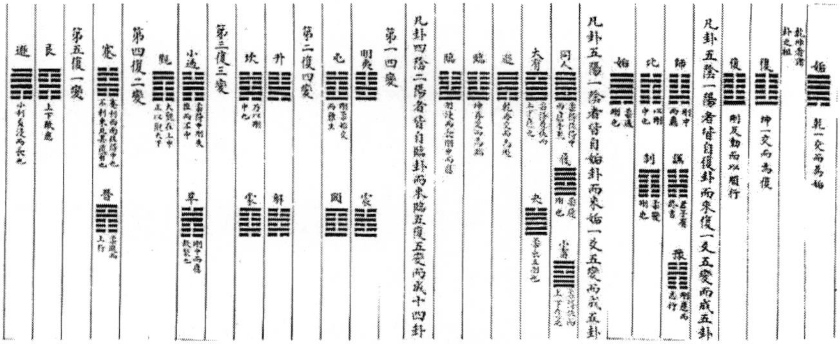

圖 8-5-1　六十四卦相生圖（一）

（二）五陰一陽自復出：由圖 8-5-1 所示，朱震認爲「凡卦五陰一陽者，皆自復卦而來」，且由「復一爻五變而成五卦」，復卦初九往前，之二、之三、之四、之五、之上，則成師、謙、豫、比、剝等五卦。五卦之形成，皆取復卦一爻變的原則。同時，各卦皆取《易傳》尤其是《彖傳》之說作注解，師卦取「剛中而應」，謙卦取「君子有終，吉」，豫卦取「剛應而志行」比卦取「以剛中也」，剝卦取「柔變剛也」，藉此證明《易傳》多言卦變。

（三）五陽一陰自姤出：如圖 8-5-2 所示，朱震認爲「凡卦五陽一陰者，皆自姤卦而來」，並且指出「一爻五變而成五卦」，同樣採一爻變五卦的取一爻之變的原則，變出同人、履、小畜、大有、夬卦等五卦。同樣以《易傳》論述的變易特質對各卦作注語，強調《彖傳》言變之特質。陰陽剛柔的上下變化，由一卦之時態可以變易成爲新的卦時，剛柔與爻位之性，爲卦變主體元素。

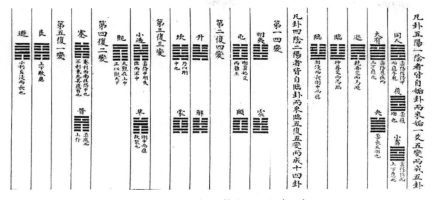

圖 8-5-2 六十四卦相生圖（二）

（四）四陰二陽自臨出：如圖 8-5-2 所示，朱震認為「乾再交而為遯」，「坤再交而為臨」，乾、坤陰陽再交而成遯、臨。臨卦支系，「凡卦四陽二陰者，皆自臨卦而來」，指出「臨五復五變而成十四卦」，其中第一梯次的四變成明夷、震、屯、頤四卦，第二梯次的四變成升、解、坎、蒙四卦，第三梯次的三變成小過、萃、觀三卦，第四梯次的二變成蹇、晉二卦，第五梯次的一變成艮卦一卦，合十四卦。

（五）四陽二陰自遯出：如圖 8-5-3 所示，朱震認為「凡卦四陽二陰者，皆自遯卦而來，遯五復五變而成十四卦」，同樣經過五梯次變易，第一梯次的四變成訟、巽、鼎、大過四卦，第二梯次的四變成无妄、家人、離、革四卦，第三梯次的三變成中孚、大畜、大壯三卦，第四梯次的二變成睽、需二卦，第五梯次的一變成兌卦一卦，合為十四卦。

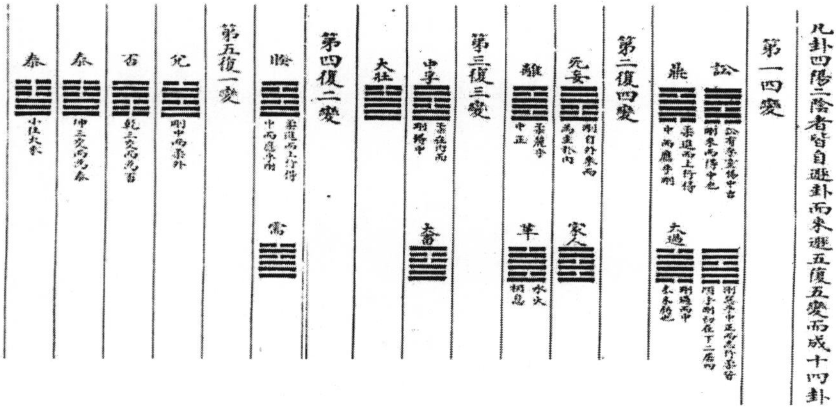

圖 8-5-3　六十四卦相生圖（三）

　　（六）三陰三陽自泰出：如圖 8-5-4 所示，朱震指出乾、坤的三交而成否、泰二卦，即「乾三交而爲否」，「坤三交而爲泰」。在泰卦的卦變支系上，「凡卦三陰三陽者，皆自泰卦而來，泰三復三變而成九卦」，也就是第一梯次的三變成歸妹、節、損三卦，第二梯次的三變成豐、既濟、賁三卦，第三梯次的三變成恆、井、蠱三卦。

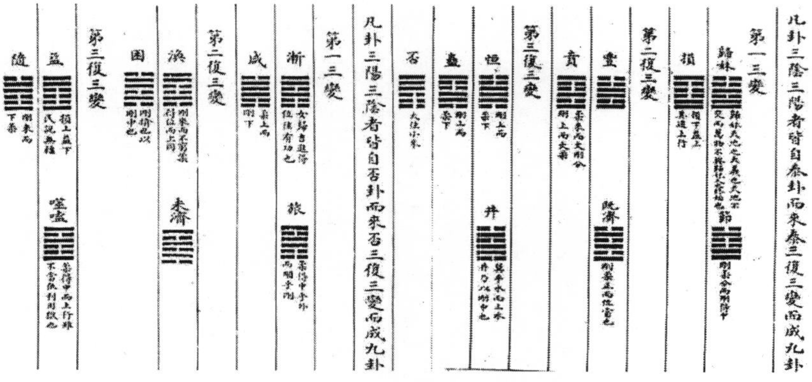

圖 8-5-4　六十四卦相生圖（四）

（七）三陽三陰自否出：如圖 8-5-4 所示，朱震指出否卦的卦變支系，「凡卦三陽三陰者，皆自否卦而來，否三復三變而成九卦」，也就是否卦經過三個梯次的變卦，第一梯的三變成漸、旅、咸三卦，第二梯三變成渙、未濟、困三卦，第三梯次三變成益、噬嗑、隨三卦。

朱震針對李挺之六十四卦相生卦變說的理解，統合指出六十四卦的卦變關係與性質，云：

> 夫自下而上謂之升，自上而下謂之降。升者，上也，息也；降者，消也。陰生陽，陽生陰，陰復生陽，陽復生陰，升降消息，循環無窮，然不離於乾坤。……故凡卦五陰一陽者，皆自復來。復一爻五變，而成五卦師、謙、豫、比、剝。凡卦五陽一陰者，皆自姤來。姤一爻五變，而成五卦同人、履、小畜、大有、夬。凡卦四陰二陽者，皆自臨來。臨五復五變而成十四卦明夷、震、屯、頤、升、解、坎、蒙、小過、革、觀、蹇、晉、艮。凡卦四陽二陰者，皆自遯來。遯五復五變而成十四卦訟、巽、鼎、大過、无妄、家人、離、革、中孚、大畜、大壯、睽、需、兌。凡卦三陰三陽者，皆自泰來。泰三復三變而成九卦歸妹、節、損、豐、既濟、賁、恆、井、蠱。凡卦三陽三陰者，皆自否來。否三復三變而成九卦漸、旅、咸、渙、未濟、困、益、噬嗑、隨。乾、坤，大父母也。復、姤，小父母也。坎、離得乾、坤之用者也，頤、大過、小過、中孚得坎、離者也。故六卦不反對，而臨生坎，遯生離，臨生頤、小過，遯生大過、中孚。[79]

宇宙自然的一切存在，都在陰陽變化中證成，藉由《易》卦來呈現，則卦爻的升降消息，以及由之所產生的卦變關係，即表

---

79 見朱震《漢上卦圖》，卷上，頁 320-321。

徵一切的動態機能，特別是反映宇宙自然的時空變化之多元面貌。朱震強調陰陽爻位的升降消息，為卦變形成的基本模式，同於動爻一般藉由爻位的升降變化，以聯結出卦與卦的變化關係。卦爻的變化，使陰陽的變化得以循環無窮、生生不息，其中最根源的即是乾坤二卦，以乾坤開啓變化之道，以乾坤作為變化的根本，進一步由陰陽消息推定由復、姤、臨、遯、泰、否等六個卦，升降變化以形成其所屬的卦變支系，共構成完整的一套卦變系統。朱震不斷重申乾坤作為「大父母」的重要地位，以及採用李挺之、邵雍等人的卦變主張。其中尤其肯定復姤二卦在卦變系統中，作為「小父母」的重要位階；同時認定坎離二卦與乾坤的體用關係，確立坎離的特殊地位，也是對漢儒看重坎離二卦的認同與觀念之延續。另外，提出臨生坎、遯生離等卦變關係，為虞翻卦變說所沒有者。

二、六十四卦相生卦變說之運用認知

朱震理解的李挺之卦變系統，是透過對虞翻的改造與修正，試圖建立一個合理的卦變體系，李氏與虞翻的最大差異，在於李氏並無意於對《周易》經傳的解釋，主要在於卦變系統的建立，而不像虞翻專為經傳釋義而服務。李氏此卦變圖式，朱震認為是源自於穆修、陳摶系統，由「康節之子伯溫傳之於河陽陳四丈忘其名，陳傳之於挺之」，[80]也就是說，這套卦變系統，並非李氏所創，而是繼承陳氏之說而一脈相承。這一卦變系統，將原來虞翻以復、姤、臨、遯、泰、否、觀、大壯等八個消息卦所組成的卦變支系，改為只以復、姤、臨、遯、泰、否六消息卦的卦變支

---

80 見朱震《漢上卦圖》，卷上，頁320。

系，可以修正虞翻二陰二陽（臨、遯）與四陰四陽（觀、大壯）
重複出現變卦的情形，即頤、屯、蒙、坎、大過、鼎、革、離等
八個卦會重出，調整成爲六個支系後，將原來虞翻的觀、大壯二
支併入臨、遯之中，則可排除重出的情形。

　　朱震這套卦變系統，仍以一爻變動作爲基礎，希望能夠修正
虞翻卦變說的同時，也能兼顧虞翻卦變說的大原則，以及能夠有
效運用於經傳的釋義上。卦變的目的在於釋義，這是朱震論述卦
變說的主要目的，與李氏重在建構具有系統性的卦變體系的出發
點不同，朱震仍在關注卦變說在釋義上的運用，透過卦變取象才
能使卦變之說具有意義，例如在解釋困卦時，指出「困自否來，二
之上，坎險兌說也。上九之二，處乎險難之中，樂天安義，困而自說，
不失其所亨者，心亨也」。[81]以困卦自否卦而來，即否二之上變而爲困
卦；藉由卦變的關係，與使否卦合理的聯繫，進而取得所需之象，以
進行卦爻辭之解釋，如解釋初六「臀困於株木」，則從否卦取象，認
爲「四否艮在上體之下，爲臀。巽木，兌金傷之，爲株木」，[82]不論是
得其艮臀之象，或是巽木兌金而爲株木之象，皆從否卦而來。卦變之
說，作爲取象釋義的主要手段與方法。

　　朱震肯定李挺之對虞翻卦變說的修正，運用於釋義也能採用
李氏之說，例如以蹇卦爲例，虞翻以蹇卦從二陽四陰之例自觀卦
來，即其所謂「觀上反三也」，[83]然而，朱震並未採用此說，而
是片面取用李氏主張，認爲「蹇自臨來」，即四陰二陽者自臨卦
而來，但是，在這裡朱震並無意於取臨卦之象作進一步的解釋，
反而又指出蹇卦爲「小過變也」，即小過「九四往之五」爲蹇，

81　見朱震《漢上易傳》，卷五，頁162。
82　見朱震《漢上易傳》，卷五，頁163。
83　虞翻之說，見李道平《周易集解纂疏》，卷五，頁362。

小過以見其蹇難,「過則道不行天下」,「乃蹇之所不利」。[84]或許朱震難以直接從臨卦取得有效的釋義內容,進而認為蹇卦又從小過而變;小過卦同屬於由臨卦所變,這樣的卦變之說,或許也是另類的臨卦所變者。

雖然朱震重視李挺之的這套卦變系統,但是實際運用於經傳釋義上,則仍有未按李說,而仍採虞翻之說者,例如解釋需卦時,指出「需自大壯變。大壯四陽同德,四與五孚,未進之時,雖未得天位,其德固已剛健,有孚特道未彰爾。及其自四而進,則位乎天位,乃光亨也」。[85]以需卦自大壯而變,即原來虞翻四陽二陰之卦自大壯卦而變的主張,並沒有取李氏自遯卦而來的觀點。又如解釋大畜卦,指出「大畜者,大壯九四變也。一變為需,再變為大畜」;「而又推大壯之變,以言大畜也,剛賢者也,大壯再變,九四之剛進居君位之上,賢者置之上位,六五以柔下之,尚賢也」。[86]取大壯賢剛之象釋義,此亦本虞翻四陽二陰之卦自大壯卦而來、四之上而為大畜卦的主張。

另外,朱震每每有以一卦取多種卦變之說者,例如解釋既濟䷾卦,認為「既濟自泰來,豐九四變也」;明白指出既濟卦除了自泰䷊卦而來外,也是豐䷶卦九四之六五而來;取泰、豐之象以明其卦辭與《彖傳》之義,故云「泰兌為澤,九二之四成豐,四已濟既,而小者未盡亨,九四之五,則小者亨矣」。另外,三陽三陰之卦自泰卦而來,泰卦二之上成豐卦,二之五成既濟卦,二之上成賁䷕卦,「自泰至賁二復三變,始於二之四成豐,次四之五成既濟,其終五之上而成賁」。朱震在這裡,也取賁卦次變可以

---

84 括弧諸引文,見朱震《漢上易傳》,卷四,頁 136。
85 見朱震《漢上易傳》,卷一,頁 27。
86 見朱震《漢上易傳》,卷三,頁 96。

得既濟卦，亦用以推定《彖傳》之義。既濟卦不論是由豐卦或賁
卦之變而來，皆屬於泰卦的卦變支系。[87]在這樣，朱震並沒有以
虞翻或李挺之的單一說法來作為取象釋義的運用，反而推衍出自
前述三卦而來，以便於釋義的需要。因此，縱使李挺之修正虞翻
之說，建構出看似更為完整而合理的卦變系統，但朱震取用卦變
之說，也並沒有以李氏之說更具優位性，更沒有棄虞說而不用，
系統的合理或完整與否，並不是使用與否的主要考量，釋義取象
的方便性、有效性才是優先考量的因素。

第六節　李挺之六十四卦反對卦變說之認識

　　《周易》八經卦藉由陰（--）陽（-）符號所組成，而六十
四重卦則由陰陽符號聯結的八卦作重組來形成，因此六十四卦當
中，必然存在著六爻上下相反或是性質完全相反的兩兩之卦，孔
穎達稱說「六十四卦，兩兩相耦，非覆即變」，[88]也就是說，六
十四卦存在著兩兩之卦，不是覆卦的關係就是變卦的關係；其中
所謂的覆卦，就是朱震所說的反對卦。這種反對卦的易例，漢代
時期已然確定，虞翻用之取象以釋經傳之義，也成為後世普遍使
用的釋《易》之法。朱震指出「六十四卦剛柔相易，周流而變」，
「《易》於《序卦》、於《雜卦》盡之」，[89]認為反對卦本身即
存在一種陰陽剛柔的變易特性，而這種特性，早在《序卦》與《雜

---

87 括弧諸引文，見朱震《漢上易傳》，卷六，頁 217。
88 見孔穎達《周易正義》。引自王弼、韓康伯注，孔穎達疏《周易注疏》，
　　卷九，臺北：藝文印書館《十三經注疏》本，1997 年 8 月初版 13 刷，
　　頁 186。
89 見朱震《漢上卦圖》，卷上，頁 314。

卦》中就已透顯出來了。六十四卦的反對變易之性，構築成爲一個井然有序的卦變系統，這樣的系統由李挺之予以完整的確立，朱震傳制其圖式，稱之爲《變卦反對圖》。[90]

　　關於李挺之的六十四卦反對關係的卦變觀，朱震不斷稱說「乾、坤三變而成六卦。乾一陰下生，三變而成六卦；坤一陰下生，三變而成六卦。乾卦二陰下生者，六變成十二卦。坤卦二陽下生，六變成十二卦，六變亦三也。乾卦三陽下生者，六變成十二卦。坤卦三陽下生，六變成十二卦。大抵皆三以變也」。[91]將反對的卦變系統，區分爲：乾、坤的三變；乾一陰下生的三變；坤一陰下生的三變；乾二陰下生的六變，坤二陰下生的六變，認爲六變亦即三變而成；乾三陽下生的六變，坤三陽下生的六變，六變同爲三變而成，區分爲這些卦變的支系，聯結出六十四卦的反對卦變關係，並且強調以「三」爲變的觀念，也是他不斷申明的「一生二，二生三，至於三，極矣」的論「三」的思想。[92]

　　朱震傳述李挺之反對關係的卦變圖式，分爲八個支系，以下分別針對其圖式作簡要說明：

一、乾坤爲易之門戶萬物之祖的乾坤二卦反對圖式

　　在這圖式中，乾坤二卦並不具反對的關係，但卻是其它各反對卦的父母之卦。乾坤兩卦，作爲《易》之門戶，六十四卦的父母卦，更是象徵萬物形成的根源，爲「萬物之祖」。朱震借用乾坤二卦的經文與《易傳》的思想，作圖式建構與文字的說明，強

90　朱震傳李挺之《變卦反對圖》，共八個圖式。文中所列，參見朱震《漢上卦圖》，卷上，頁314-317。
91　見朱震《漢上叢說》，頁388。
92　見朱震《漢上卦圖》，卷上，頁320。

圖 8-6-1　卦變反對圖（一）

調乾坤二卦的性質與功能，反映出二卦的對立性與統一性，一種反對而相生相輔的本質。他強調乾坤以其陽剛陰柔之性，化生萬物，生生不息，而二者之性質與功能，首先以「乾道變化」，「萬物資始」，「坤厚載物」，「萬物資生」；「乾」本氣化之初，爲一切氣化的開端，故云「資始」，強調初始氣化的剛建不息之性，「坤」據而成形，爲一切萬物形體的萌生之初，故坤德載育萬物，以「資生」爲名。接著，指出乾坤之德，「天行健，乾：元、亨、利、貞。地勢坤，坤：元亨，利牝馬之貞」；乾坤二卦同具「元、亨、利、貞」四德，但是乾建剛強，以統天爲本，坤性柔順以承天爲前提，作爲初始本源之性來看，乾仍有其優先性，故乾具此四德而無所限制，坤同具四德，卻有「牝馬之貞」、「後得主」、「安貞吉」之相對限制。朱震並引《易傳》之說，以乾「稱乎父，用九，天德不可爲首」，坤「稱乎母，用六，利永貞」，[93]乾陽之剛，坤陰之柔，都因其性而當有其適性之道，乾「用九」而當「無首」，求剛而能柔，坤「用六」而當「利永貞」，求柔而能剛，如此乾坤合德並行，剛柔相濟，萬物得以化生有序。由此一乾坤反對圖式，具體映現出二卦作爲宇宙本源的相對應下的特質性能。

---

93 乾坤圖式與諸引文，參見朱震《漢上卦圖》，卷上，頁314。

二、乾坤相索三交變六卦圖式

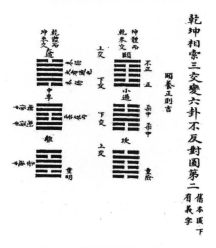

圖 8-6-2　卦變反對圖（二）

　　此一圖式，主要說明透過乾☰坤☷二卦的交感卦變而產生六個卦，他特別舉邵雍之言，指出「乾坤之名，位不可易也。坎離名可易，而位不可易也。震巽位可易，而名不可易也，兌艮名與位皆不可易也。離肖乾，坎肖坤，中孚肖乾，小過肖坤，頤肖離、坤，大過肖坎，是以乾、坤、離、坎、中孚、頤、大過、小過皆不可易者也」。[94] 坤體而乾來交，產生頤☶、小過☳、坎☵三卦，其中頤卦又特別有大離之象，所以說「頤肖離、坤」。乾體而坤來交，產生大過☴、中孚☲、離☲三卦，其中大過卦，以初上皆陰，有大坎之象，故云「大過肖坎」。乾坤彼此相交而各生三卦，即六卦為乾坤相交而變，其中頤與大過，以及坎與離之肖象關係尤其密切。六卦兩兩陰陽不同，即頤與大過、小過與中孚、坎與

---

94 乾坤相索三交變六卦圖式與引文，見朱震《漢上卦圖》，卷上，頁315。

離，兩兩互爲「非覆即變」的變卦關係。在這樣的卦變系統中，朱震特別強調六卦連同乾坤二卦皆有「不可易」的特性，彼此「不反對」，並沒有反對卦的關係，在反對卦變系統中，屬於特殊的卦變關係。

三、乾卦一陰下生反對變六卦圖式[95]

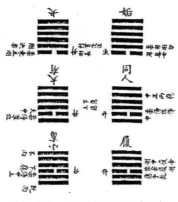

圖 8-6-3　卦變反對圖（三）

　　真正作爲反對卦的關係者，由此一圖式連後面五個圖式。乾☰卦一陰生姤☴、同人☲、履☱、小畜☴、大有☲、夬☱等六卦，且兩兩互爲反對卦，即姤與夬、同人與大有、履與小畜，這種兩兩反對的卦變關係，其陰陽爻數性質，朱震往往引邵雍之說，稱作「十陽二陰」之卦。這樣的六個卦之關係，也可以視爲姤一陰變動的卦變關係，即姤初之二爲同人，姤初之三爲履，姤初之四爲小畜，姤初之五爲大有，姤初之六爲夬，採一爻變動的原則。在朱震所理解的卦變思想中，由姤卦所引領出的這樣的關係，即是一個卦變的支系，姤作爲「小父母」者，即由此可見。

---

95 圖式見朱震《漢上卦圖》，卷上，頁 315。

四、坤卦一陽下生反對變六卦圖式[96]

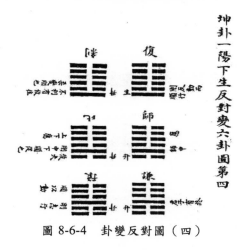

圖 8-6-4　卦變反對圖（四）

　　坤☷卦一陽生復☳、師☷、謙☶、豫☳、比☵、剝☶等六卦，且兩兩互爲反對卦，即復與剝、師與比、謙與豫，這種兩兩反對的卦變關係，從陰陽爻數性質來看，朱震引邵雍之說，稱作「十陰二陽」之卦。這六卦也可以視爲復一陽變動的關係，即復初之二爲師，復初之三爲謙，復初之四爲豫，復初之五爲比，復初之六爲剝，由復卦所引領出的這樣的關係，同姤卦被邵雍所重，也稱作小父母卦。

五、乾卦下生二陰反對變十二卦圖式[97]

　　由乾☰卦下生二陰各六變爲十二卦，即乾生二陰而爲遯☶卦，遯卦下二陰爻的變動，變出十二卦，十二卦兩兩反對卦，即

---

96 圖式見朱震《漢上卦圖》，卷上，頁 316。
97 圖式見朱震《漢上卦圖》，卷上，頁 316。

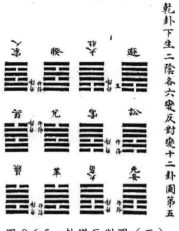

圖 8-6-5　卦變反對圖（五）

遯與大壯▤、訟▤與需▤、无妄▤與大畜▤、睽▤與家人▤、兌▤與巽▤、革▤與鼎▤等六組反對卦，也就是說，這十二個卦，不但是一種由遯卦所聯結出的卦變關係，彼此更是兩兩的反對關係，這種反對的關係，也是一種卦變關係的體現。此即邵雍所說的「八陽四陰」之卦。

六、坤卦下生二陽反對變十二卦圖式[98]

由坤▤卦下生二陽各六變而合十二卦，亦即下生二陽而爲臨▤卦，臨卦下二陽爻的變動，變出十二卦，十二卦兩兩反對，即臨與觀▤、明夷▤與晉▤、升▤與萃▤、蹇▤與解▤、艮▤與震▤、蒙▤與屯▤等六組反對卦，彼此具有反對與卦變的關係。此即邵雍所說的「八陰四陽」之卦。

---

[98] 圖式見朱震《漢上卦圖》，卷上，頁316。

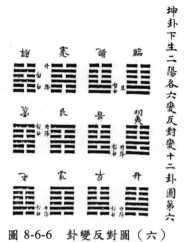

圖 8-6-6 卦變反對圖（六）

七、乾卦下生三陰反對變十二卦圖式[99]

圖 8-6-7 卦變反對圖（七）

由乾☰卦下生三陰各六變而合為十二卦，亦即乾卦下生三陰

---

99 圖式見朱震《漢上卦圖》，卷上，頁 316。

而為否☷☰卦，再由否卦而生出合否為十二卦。十二卦兩兩反對卦，即否與泰☷☰、恆☳☴與咸☶☱、豐☳☲與旅☶☲、歸妹☳☱與漸、節☵☱與渙☴☵、既濟☵☲與未濟☲☵等六組反對卦。此即邵雍所說的「六陽六陰」之卦。

八、坤卦下生三陽反對變十二卦圖式[100]

坤卦下生三陽各六變反對變十二卦圖第八

圖 8-6-8　卦變反對圖（八）

由坤☷☷卦下生三陽各六變而合為十二卦，亦即坤卦下生三陽而為泰☷☰卦，再由泰卦而生出合泰為十二卦。十二卦兩兩反對，即泰與否☷☰、損☶☱與益☴☳、賁☶☲與噬嗑、蠱☶☴與隨☱☳、井☵☴與困☱☵、既濟☵☲與未濟☲☵等六組反對卦。此即邵雍所說的「六陽六陰」之卦。

關於李挺之透過上列八個《變卦反對圖》之圖式，所建構的這套反對變卦系統，朱震引邵雍之言云：

---

100 圖式見朱震《漢上卦圖》，卷上，頁 316。

康節曰：「卦之反對，皆六陽六陰也。在《易》則六陽六陰者，十有二對也。去四正者，八陽四陰、八陰四陽者，各六對也。十陽二陰、十陰二陽者，各三對。」康節所謂六陽六陰者，否變泰、恒、咸、豐、旅、歸妹、漸、節、渙、既濟、未濟十二卦；泰變否、損、益、賁、噬嗑、蠱、隨、井、困、既濟、未濟十二卦。四正，頤、大過、中孚、小過也。所謂八陽四陰、八陰四陽者，遯變大壯、訟、需、无妄、大畜、睽、家人、兌、巽、革、鼎十二卦；臨變觀、明夷、晉、升、萃、蹇、解、艮、震、蒙、屯十二卦。十陽二陰、十陰二陽者，姤變夬、同人、大有、履、小畜六卦；復變剝、師、比、謙、豫六卦。[101]

反對的卦變主張，由李挺之為先，而邵雍延續李挺之的說法而來，邵雍之說正合李氏圖式所見。朱震將之區分為三大類型：其一、六陽六陰者，分別由泰卦所變而聯繫出的十二卦之六組反對卦，以及由否卦所變的十二卦六組反對卦。其二、八陽四陰與八陰四陽者，分別由遯卦與臨卦所變，各聯繫出十二卦之六組反對卦。其三、十陽二陰與十陰二陽者，分別由姤卦與復卦所變，各聯繫出六卦之三組反對卦。這樣的反對卦之卦變系統，即藉由乾坤的陰陽變化，推定出泰、否、遯、臨、姤、復六個消息卦，並以此六卦再進一步以爻位的升降，以卦變獲得可以匹配的反對卦。卦變的運作，除了復姤二卦之支系以一個爻變動進行卦變外，其它四組則取二爻與三爻之變動，這種變動與傳統卦變以一爻變動的原則不同。

這種關注反對關係所構成的卦變系統，同於前述六十四卦的

相生卦變系統一樣，都以此六個消息卦作爲基礎而推定，形成兩套相近而不同的卦變系統。卦的反對，反映出一卦的另一種對應性格，也就是反對以呈現出另一卦象，凸顯《易》卦的變化性，將易學所表彰的變易思想透過符號性質使之有機呈現。漢儒採用反對卦之說， 而入宋以來，學者雖對卦變之說各持己見，褒貶不一，但採此一說，仍可視爲對漢代象數之學的繼承與肯定，以及賦予另類的創造性理解。然而，李挺之此一主張，目的在於建構一套完整而合理的系統，並無意於爲闡釋經傳義理的需要而制作。但是，朱震仍是著重在釋義的目的上，希望以反對卦的卦變方法之運用，取得更多可用的卦象，使其釋義得到更多更方便的卦象可用，這樣的目的性，正是追隨漢儒的具體表現。

例如朱震解釋蒙卦，認爲「蒙，屯之反，何也：曰：姤變者六，復變者六；遯變者十有二，臨變者十有二；否變者十有二，泰變者十有二。反復相變，聖人所以酬酢也。陸震亦曰：卦有反合，爻有升降，所以明天人之際，見盛衰之理焉」。強調這種反卦的支系關係，以及爻位的升降與反卦的形成，即體現宇宙自然之道。同時不斷引用屯卦作爲蒙卦的反卦，可以藉之說明蒙道，云「蒙者，屯之反。屯者，物之穉，故蒙而未亨，有屯塞之義。九二引而達之，屯塞者亨矣。屯九五大者亨，五反爲二以亨道行也」。[102]以屯塞之義，說明蒙之未亨，而屯五爲亨，反爲蒙二亦亨。又如解釋艮☶卦《彖傳》「動靜不失其時，其道光明」時，指出「艮者，震之反。艮，止也，靜也；震，動也，行也。艮直坤之初六，可止之時也。震直大壯之九四，可行之時也。不可止而止，猶不可行而行，其失道一也。是以一動一靜，震艮相反，

---

102 二段引文，見朱震《漢上易傳》，卷一，頁24

而不失其時,則其道光明矣」。[103]以艮卦的卦變是建立在與震☳卦作為反卦的關係上來立說,艮止為靜與震動為行相合,動靜合宜,不失其時,所以為「其道光明」。解釋兌☱卦時,認為「兌,巽之反,初六之上,六四之三」,[104]兌卦為巽☴卦之反卦,則巽卦的初六即兌卦之上六,巽卦的六四即兌卦的六三。類似的例子,不勝枚舉,皆在以反卦之法解釋經傳之義。總之,反卦的運用,有前人主張的合理性依據,增加了取象釋義的便利性。但是二個不同的卦變體系並在,沒有確立運用的準據與原則,以及二個體系的內容與性質上的差異,仍有為後人所質疑批評者。

第七節　小　結

朱震對象數易學的重要觀點,也大致能夠疏通漢儒舊說,然而也不免也有缺失舛誤者,歷來學者多有提出異議者,例如元代俞琰(約西元 1253-1314 年)《讀易舉要》提到他「多採先儒之說」,「於象數頗加詳焉」,但也指出「毛璞力詆其卦變、伏體之失」,[105]雖然肯定他詳於象數,卻失於卦變、伏體之說。的確,朱震的象數之學,主要圍繞在卦變的方面,卦變為其象數之學的最重要特色與最主要的內容所在,但其多元而複雜的面貌,也成為批評之所在。朱震融合諸家之說為一體,沒有建立一個有系統的完整且具一致性的合理體系,將虞翻等漢魏學者之說,結合宋

---

103 見朱震《漢上易傳》,卷五,頁 180。
104 見朱震《漢上易傳》,卷六,頁 201。
105 見俞琰《讀易舉要》。引自臺北:新文豐出版公司編印《大易類聚初集》第 6 冊,影印文淵閣四庫全書本《讀易舉要》,卷四,1983 年 10 月初版,頁 666。

代李挺之、邵雍等人的觀點，形成蕪雜的易例運用，純粹只爲釋
義的需要而制說；如以既濟卦爲例，《京氏傳》云「既濟與豐皆
自泰來」，[106]也就是辟卦中的泰卦推佈出既濟卦、豐卦，虞翻也
認爲既濟是「泰五之二」，[107]而侯果（西元？年）也指出此本泰
卦「六五降二，九二升五，是剛柔正而位當也」，[108]很明顯的，
漢魏學者普遍肯定既濟卦是出自泰卦的二、五升降的結果。但是，
朱震對既濟卦的解說，或曰自泰卦來，或曰自豐卦來。「初吉」
以內卦言，離卦在南方當亨極之時，故與豐卦同象；「終亂」以
外卦言，出離入坎，由既濟卦而入未濟卦。與豐卦日中則昃，月
盈則食，天地盈虛，與時消息同義。[109]朱震這樣的主張，確爲後
人所非議，明代董守瑜（西元 1596-1664 年）《卦變考略》中指
出「漢上（朱震）以內外卦言，非精於變者。初吉者，謂泰乾也；
乾爲始。終亂者，謂泰坤；稱亂，反否終坤，虞氏之變不可易也」。
[110]其卦變主張，確實不全然依準於漢儒之說，從復原漢《易》本
來面貌的角度云，朱震之說確實未等同漢儒之論述，雖有功於漢
《易》，卻也難辭其咎；而在對舊說的綜合運用與改造上，成爲
自己對卦變的新理解。將卦變運用於實際的經傳釋義上，最重要
的仍希望對文義能夠得到合理適當而有效的理解，但朱震的運
用，仍難以避免穿鑿附會的疑慮。

　　朱震會通程頤、張載的體用思想，強調《易》卦在「因體以

---

106 《京氏傳》之言，源自郎顗之說。此處轉引自明代董守瑜《卦變考略》
　　之錄。見董守瑜《卦變考略》，卷下，臺北：臺灣商務印書館景印文淵
　　閣四庫全書本第 35 冊，1986 年 3 月初版，頁 675。
107 虞翻之言，見李道平《周易集解纂疏》，卷七，頁 527。
108 侯果之言，見李道平《周易集解纂疏》，卷七，頁 528。
109 參見朱震《漢上易傳》，卷六，頁 217。
110 見董守瑜《卦變考略》，卷下，臺北：臺灣商務印書館景印文淵閣四庫
　　全書本，第 35 冊，1986 年 3 月初版，頁 675。

明用」，認爲「《易》无非用，用无非變。以乾坤爲體，則以八卦爲用；以八卦爲體，則以六十四卦爲用；以六十四卦爲體，則以卦變爲用；以卦變爲體，則以六爻相變爲用，體用相資，其變无窮」。[111]聖人體察天地自然的變化而立爲《易》道，以乾坤爲「體」，建構出一套宇宙人生的哲學思想體系，其重點仍落實在「用」，藉由「變」而展現其「用」，由變而立其義，由變而見其道，宇宙自然的一切，都是一種不斷的變化歷程，其最基本的就是陰陽的變化之道，也就是以乾坤爲體的變化之道。乾坤並賦予同於鬼神的神妙之狀，具體的堅定的確立其超越性與主宰性特徵，有其可以替代太極一般的高度。朱震對乾坤的鑿力尤深，強化了乾坤的重要性，也成爲其易學思想的重要主張與特色。乾坤落實在卦變之中，不論是哪種卦變之說，都離不開以乾坤作爲主體，以卦的變動來展開其用。在此，《周易》的變易思想，由卦變說得以具體展現，卦變之說儼然爲一套規制宇宙自然的變化之運的有機體系，藉以凸顯宇宙自然與易學思想的變化之道。在朱震的易學視域中，這個部分得到廣泛的開展。

朱震繼承與保存同時代《易》家的易學主張，包括程頤、張載、李挺之與邵雍等人，其中對於李挺之、邵雍易學內容的傳佈，則多有其功，特別在六十四卦的生成或卦變的論述觀點上，朱震能夠傳述李挺之、邵雍「變卦圖凡十五」，[112]以復、姤兩卦生卦

---

111 見朱震《周易集傳》，卷一，頁 26。「則以六爻相變爲用」中之「六爻」，文淵閣四庫全書本作「交爻」，王婷、王心田點校改作「六爻」；此外蕭漢明〈論朱震易學中的象數易〉中，亦案云：「原文誤作交，正之。」（見王婷、王心田點校《朱震集》，長沙：嶽麓書社，2007 年 10 月 1 版 1 刷，頁 31。）據改作「六爻」。

112 見宋代林栗《周易經傳集解》云：「朱震所傳邵雍變卦圖凡十五。…相生圖曰：乾一交而爲姤，坤一交而爲復，凡卦五陰一陽者皆自復來，復一交五變而成五卦；五陽一陰者皆自姤來，姤一交五變而成五卦。」（引

的主張，強化復、姤二卦的重要地位，也提供後人理解李、邵論述卦變的參考文獻。所以，宋代程大昌（西元 1123-1195 年）《易原》中特別提到，「邵氏雍、鄭氏夬，立爲復、姤生論之論曰：乾、坤大父母也，故能生八卦，復、姤小父母也，故能生六十四卦。予雖不見二氏全書，而朱震所傳，亦已略見梗概矣」。[113]邵雍、鄭夬的卦變主張，凸顯了復卦、姤卦的重要性，已可從朱震所傳看到大概情形。

在乾坤生六子的卦變體系中，朱震特重由乾坤變至坎離，僅以坎離作爲直接由乾坤變化而形成，賦予坎離更重要的位階，並透過卦變關係，使坎離直繫來自乾坤，地位直追乾坤，這種情形可以視爲對漢魏《易》家高度肯定坎離二卦的主張之認同與延續。

十二消息卦方面，乾坤陰陽消息變化而構成十二消息卦變體系，朱震藉以聯結卦氣、律呂之說而制爲圖式，漢《易》思想得以再現；以消息卦結合成六十四卦的變化，不論是虞翻之說，李挺之、邵雍的相生或反對之說，皆由消息卦開展，消息卦在卦變體系中成爲最爲重要的中介。但是，不同的卦變體系，使用的消息卦都不同，也就是說，使用不同的消息卦，形成各自獨立的不同體系，朱震予以混合運用，無法作有效而合理的說明，使運用上客觀性必然受到質疑。

在闡明虞翻的卦變說方面，朱震對虞翻的認識不夠透徹，多有誤謬之處；修正虞氏之說，並沒有達到後出轉精之效。申明李

自臺北：新文豐出版公司編印《大易類聚初集》第 3 冊，影印文淵閣四庫全書本《周易經傳集解》，卷三十六，1983 年 10 月初版，頁 507。）知朱震傳邵雍卦變之學有功。

113 見程大昌《易原》。引自臺北：新文豐出版公司編印《大易類聚初集》第 3 冊，影印文淵閣四庫全書本《易原》，卷八，1983 年 10 月初版，頁 608。

挺之、邵雍的相生、反對卦變之法，對有關之法雖有承傳之功，
惟混雜繁瑣，規範未嚴，失其統緒，不離轉襲繆妄之嫌。

第九章　《易》數思想述評

　　易學數論之說，《繫辭傳》開啓天地之數、大衍之數的觀點，並在兩漢象數之學高度發展的同時，數論也隨之盛行，一直到了魏晉之後，義理之學成爲主流的釋《易》取向，數論的思想主張與認識漸趨和緩。然而到了宋代，從北宋劉牧（西元 1011-1064 年）、邵雍（西元 1011-1077 年）、周敦頤（西元 1017-1073 年）等人大倡數說與圖學的結合，到了南宋前期，朱震（西元 1072-1138 年）、林栗（西元 1120-1190 年）、張浚（西元 1097-1164 年）等易學家，一致側重數論之說，數論的理解與關注再一次的甚囂塵上，將《易》數之說推向另一高峰，並標誌出漢《易》舊說的主體精神。

　　朱震認爲「《易》含萬象，策數乃數之一，又有爻數、卦數、五行、十日、十二辰、五聲、十二律、納甲之數，不可一端」。[1]指出易學系統，包絡宇宙自然的一切萬物萬象，並以「數」來展現，所納用者包括筮策之數、卦爻之數，以及前述種種之用數，不可執其一端而偏廢其用。因此，朱震除了於《漢上易傳》與《漢上叢說》中大量引述《易》數之說，特別表現在天地之數、大衍之數，乃至八卦卦數的認識上，同時，並在《漢上卦圖》中也構

1　見朱震《漢上易傳》，卷七，臺北：臺灣商務印書館景印文淵閣四庫全書本第 11 冊，1986 年 3 月初版，頁 237。本章所採《漢上易傳》、《漢上卦圖》、《漢上叢說》三書，皆根據臺灣商務印書館景印文淵閣四庫全書本。

制諸多由數論出發的圖式。因此,本章主要從朱震的相關論釋與圖式觀點,針對其《易》數之說進行述評。

第一節　天地之數與大衍之數

天地之數與大衍之數,爲《易傳》傳述與「數」有關的最重要數質概念,並且爲筮法用數的主要來源與認識基礎。此二種數質,在象數之學乃至易學發展的歷程中,不斷的被詮釋與運用,尤其宋代時期,以朱震爲代表的易學家,更加重視與賦予此二數之多元內涵。

一、天地之數

在易學系統中,首論天地之數者,出於《繫辭傳》,此天地之數並爲先秦兩漢以來,普遍運用於建構宇宙自然生息運化的數值化之理解方式。天地之數作爲自然的生成變化之用數,一直以來爲偏重象數之學的易學家所重視。

朱震以天地之數論占,云:

> 天數二十有五,地數三十,極天地之數,而吉凶之變可以前知,此之謂占。窮則變,變則有術以通之,此之謂事。[2]

以天地之數窮其吉凶之變,一切的吉凶變化可以測度預知,此稱之爲「占」。天地之數,天數合一、三、五、七、九爲二十五,地數合二、四、六、八、十爲三十,天地之數合爲五十五。朱震又云:

---

2 見朱震《漢上易傳》,卷七,頁230。

> 參天兩地，五也；五，小衍也。天地五十有五之數具，而
> 《河圖》、《洛書》，大衍之數實倚其中。一與五為六，
> 二與五為七，三與五為八，四與五為九，九與一為十。五
> 十者，《河圖》數也。五十有五者，《洛書》數也。五十
> 有五，即五十數，五十即大衍四十有九數。[3]

又云：

> 一、三、五、七、九，奇也，故天數五。二、四、六、八、
> 十，偶也，故地數十。九者，《河圖》數也，十者，《洛
> 書》數也。五位相得者，一五為六，故一與六相得。二五
> 為七，故二與七相得。三五為八，故三與八相得。四五為
> 九，故四與九相得。五五為十，故五與十相得。然各有合，
> 故一與二合丁壬也，三與五合甲己也，五與六合戊癸也，
> 七與四合丙辛也，九與八合乙庚也。五即十也，天地五十
> 有五，大概如此。故曰「凡天地之數五十有五」。然五十
> 則在其中，故《太玄》：「一六為水，二七為火，三八為
> 木，四九為金，五五為土」。《黃帝書》亦曰：「土生數
> 五，成數五，是以大衍之數五十也。」[4]

天地之數分奇偶，以此推衍自然之變，而大衍筮法也因此數而推
變，以筮數推衍自然的陰陽之變，由天地之數建構其制用之規律。
此天地推衍之數，朱震進一步與《河圖》、《洛書》之數相聯繫；
天地之十數即《河圖》與《洛書》之用數，《河圖》用一至九的
九個數，而《洛書》用一至十的十個數，此《河》九與《洛》十
之用數，與朱熹（西元 1130-1200 年）後傳之數適為相反，朱熹
等後人所說，為《河》十《洛》九。這個部份將於後文述評《河

---

3 見朱震《漢上易傳》，卷九，頁 263-264。
4 見朱震《漢上易傳》，卷七，頁 234-235。

圖》、《洛書》時，再作詳細之說明。

朱震並以天地之數進一步說明「五位相得而各有合」的概念：以一與五爲六，則一與六相得；二與五爲七，則二與七相得；三與五爲八，則三與八相得；四與五爲九，則四與九相得；五與五爲十，則五與十相得。其相合者，乃天地之數與十天干之相合，朱震認爲一水爲壬，二火爲丁，則一與二合爲丁壬；三木爲甲，五土爲己，則三與五合爲甲己；五土爲戊，六水爲癸，則五與六合爲戊癸；七火爲丙，四金爲辛，則七與四合爲丙辛；九金爲庚，八木爲乙，則九與八合爲乙庚。

朱震又舉《太玄》論天地之數與五行之相配，以一六爲水，二七爲火，三八爲木，四九爲金，五五爲土，則天一生水，地二生火，天三生木，地四生金，天五生土，地六生水，天七生火，地八生木，天九生金，地十生土，天地之數始於一，五行屬水，居於北方主位，天一生水成爲歷來申論宇宙生成觀的本源概念，故晚近出土文獻有所謂「太一生水」的主張，即取法於此天地之數合五行的觀點，這樣的觀點由來已久，早在秦漢以來即已存在。

朱震又引《黃帝書》之說，將天地生成數與大衍五十之數相合，認爲生數五、成數五，則大衍之數合爲五與十，五十與五十五之數相互繫結，大衍之數與天地之數共成。總之，藉此諸多的說法，說明天地之數涵攝大衍之數，乃至《河圖》之數、《洛書》之數、五行與天干相配之數，可見天地之數的運用極爲廣泛，尤其普遍運用作爲宇宙自然生成概念上的數值，成爲中國早期以數值元素架構宇宙生成演化的重要哲學命題。

二、大衍之數

朱震不論在其《漢上易傳》、《漢上卦圖》或《漢上叢說》，

不斷重複的申說大衍之數，以下列舉其幾段重要的衍數之說，云：

> 小衍之五，參兩也。大衍之五十，則小衍在其中矣。一者，
> 體也，太極不動之數。四十有九者，用也。兩儀四象分太
> 極之數，總之則一，散之則四十有九，非四十有九之外復
> 有一，而其一不用也。方其一也，兩儀四象未始不具。及
> 其散也，太極未始或亡，體用不相離也。四十有九者，七
> 也。是故爻用六，著用七，卦用八，玄用九。十即五也，
> 十盈數，不可衍也。分之左右而為二，以象兩者，分陰陽
> 剛柔也。挂一於小指以象三者，一太極兩儀也。揲之四以
> 象四時者，陰陽寒暑即四象也。歸奇於扐以象閏者，先以
> 其左四揲之，歸其所揲之餘而扐之，以象閏。次以其右四
> 揲之，歸其所揲之餘而扐之，以象五歲再閏。故再扐而後
> 復挂，皆參兩也。[5]

又云：

> 大衍之數五十，而策數六、七、八、九，何也？曰：六者，
> 一五也。七者，二五也。八者，三五也。九者，四五也。
> 舉六、七、八、九，則一、二、三、四、五具。所謂五與
> 十者，未始離也。五與十中也，中不可離也。考之於曆，
> 四時迭王而土，王四季，凡七十有五日，與金木水火等。
> 此《河圖》十五隱於一九三七、二四六八之意。劉牧曰：
> 『天五居中，主乎變化。三才既備，退藏於密是也。』故
> 六、七、八、九，而五十之數具。五十之數，而天地五十
> 有五之數具，奇偶相合也。故能成變化相合，而有升降也。
> 故能行鬼神變化。鬼神者，天地也。成之行之者，人也。

---

5 見朱震《漢上易傳》，卷七，頁234。

《太玄》天之策十有八，地之策十有八，虛其三以扐之，準大衍之數，其用四十有九也。雖虛其三，而三畫成首，首有三表，七、八、九為用，亦大衍五十而五在其中也。凡此言天地之數五十有五，而大衍之數其用四十有九者，為是也。[6]

又云：

揲之四以象四時，歸奇合偶之數得五與四、四，則策數三十六，四九也，是為乾之策。乾之策，老陽也。得九與八、八，則策數二十四，四六也。是為坤之策。坤之策，老陰也。得五與八、八，得九與四、八，策數皆二十八，四七也，是為震、坎、艮之策，少陽也。得九與四、四，得五與四、八，策數皆三十二，四八也，是為巽、離、兌之策，少陰也。三十六合二十四，六十也。二十八合三十二，亦六十也。乾之策六爻，二百一十有六；坤之策六爻，一百四十有四。乾坤之策，凡三百有六十，當期之日，具四時也。震、坎、艮之策六爻，一百六十有八，巽離、兌、之策六爻，一百九十有二。震、坎、艮、巽、離、兌之策，凡三百有六十，亦當期之日。舉乾坤，則六卦舉矣。老者變少者，不變易以變，為占者也。變則化成，變化則鬼神行矣。管子曰：「流行於天地之間，謂之鬼神。」歸奇合偶之數，所以異於策數者，存其挂一之數也。一者，太極，不動之數。故五與四、四合為十三，去其一則十二。九與八、八合為二十五，去其一則二十四，五與八、八合為二十一，九與四、八合亦二十一，去其一則皆二十。九與四、

---

6 見朱震《漢上易傳》，卷七，頁235。

四合為十七，五與四、八合亦十七，去其一皆十六。……
二篇之策三百八十四爻，陽爻一百九十二，其策六千九百
一十二；陰爻一百九十二，其策四千六百八。二篇之策，
合之凡萬有一千五百二十，當萬物之數。此變爻也，老陽
老陰之策也。以不變者論，少陽之策二十有八，凡一百九
十二爻，為五千三百七十六策。少陰之策三十有二，凡一
百九十二爻，為六千一百四十四策。二篇之策，合之亦萬
有一千五百二十，當期之日。[7]

又云：

變者以不變為基，不變者以變者為用。以爻數言之，陽爻
一百九十二，晝數也，其數一千七百二十八；陰爻一百九
十二，夜數也，其數一千一百五十二。綜而言之，二千八
百八十，凡四求之，亦萬有一千五百二十，當萬物之數。
四時行而後萬物生，無非四也，故曰「四營而成」。[8]

在這些引文中，傳達出朱震的一些重要觀點：

（一）小衍之數含於大衍之中

朱震認為大衍之數為五十，而小衍之數為五，即《繫辭傳》
所說的「參天兩地」之數，也就是天地之數中的一、三、五等三
個陽數（天數），以及二、四兩個陰數（地數）。朱震強調小衍
之數存在於大衍五十數的當中，即透過大衍之數推定出 36、32、
28、24 等四種策數，亦即 9、8、7、6 四個筮數，或稱作天地之
數的四個成數。此大衍之四個成數，皆從小衍的參兩之五個數而
來：一五合為六，二五合為七，三五合為八，四五合為九，大衍

---

7 見朱震《漢上易傳》，卷七，頁 235-237。
8 見朱震《漢上易傳》，卷七，頁 237-238。

之數中含有小衍之數，而小衍之數也相應推定出大衍之數的筮數概念。

（二）五十筮策與八卦策數之推衍

大衍五十之數，以其「一」不用以象徵太極，所用之數為四十九，萬化皆在四十九，而也皆含有「一」數。以「四」象徵四時之變，則揲之以四，得三變之餘數，進而求得所筮之數。當三變之餘數分別為五、四、四時，則所得之策數為三十六，其筮數為九：

49-（5+4+4）=36　　　　36=4×9　　　　此即乾之策，亦即

陽九老陽之數乾第六爻，合其策數為 36×6=216 策

當三變之餘數為九、八、八時，則其策數為二十四，其筮數為六：

49-（9+8+8）=24　　　　24=4×6　　　　此即坤之策，亦即

陰六老陰之數坤第六爻，合其策數為 24×6=144 策

當三變之餘數為五、八、八，或為九、四、八時，其策數為二十八，其筮數為七：

49-（5+8+8）=28　　　　　28=4×7

或為 49-（9+4+8）=28　　　　28=4×7

此即陽卦震、坎、艮之策，亦即陽七少陽之數

震、坎、艮各卦之六爻策數為 28×6=168 策

當三變之餘數為九、四、四，或為五、四、八時，其策數為三十二，其筮數為八：

49-（9+4+4）=32　　　　　32=4×8

或為 49-（5+4+8）=32　　　　32=4×8

此即陰卦巽、離、兌之策，亦即陰八少陰之數

巽、離、兌各卦之六爻策數為 32x6=192 策

八卦筮策之數，茲統計如下表之內容：

表 9-1-1　八卦筮策數表

八卦	身份性質	得爻策數	陰陽筮數	筮數名稱	六爻策數
乾	父	49-（5+4+4）=36	9	老陽	36x6=216
坤	母	49-（9+8+8）=24	6	老陰	24x6=144
震、坎、艮	長子、次子、少子	49-（5+8+8）=28 49-（9+4+8）=28	7	少陽	28x6=168
巽、離、兌	長女、次女、少女	49-（9+4+4）=32 49-（5+4+8）=32	8	少陰	32x6=192

乾坤之策，即老陽合老陰之策，為 216+144=360，即當期之日。同樣的，震、坎、艮之策，合巽、離、兌之策，即少陽合少陰之策，為 168+192=360，亦即當期之日。

（三）陰陽爻之策數

六十四卦共三百八十四爻，陽爻與陰爻各為一百九十二，若從變者觀之，則陰陽策數各為六千九百一十二與四千六百零八：

陽爻策數：192x36=6912

陰爻策數：192x24=4608

六十四卦陰陽爻之總策數為 6912+4608=11520；此為萬物之數，即變爻之總數，亦即老陰與老陽之總策數。若從不變者觀之，則陰陽策數各為五千三百七十六策與六千一百四十四策：

陽爻策數：192x28=5376

陰爻策數：192x32=6144

六十四卦陰陽爻之總策數為 5376+6144=11520，此就不變者而言，即少陰與少陽之總策數。三百八十四爻合一萬一千五百二十策數，即一年之日的策數，也是萬有的變化之數。

（四）晝夜之數

以陰陽爻數推衍聯結出晝夜之數。晝數爲 192×9=1728，由陽爻之數所推定；夜數爲 192×6=1152，由陰爻之數所推定。合晝夜之數爲：1728+1152=2880。以 2880 爲晝夜之數，晝夜之時間變化，進而爲四時之變化；完整的四時變化之數，即以晝夜變化之數乘以四時，即：2880×4=11520，此 11520 數爲一年（四時）變化的總策數，同於前述陰陽爻之總策數。朱震強調四時的推移變化，萬物因之以生，亦即宇宙自然的一切生成演變，一切的存在，無非時空的概念；以時間與空間共構出宇宙自然的存在，四時代表時間的序列，萬物的生生運化，即在此四時的推衍下而形成。因此，推筮求卦，衍算陰陽策數、晝夜之數，都與「四」數進行聯繫；大衍筮法也因此有所謂「揲之以四以象四時」與「四營而成」之說。

（五）述評諸家衍數之說的重要內容

朱震廣引諸家之說，著重於述評大衍之數的來源，如引韓氏之言進行述評：

> 韓氏曰：「衍天地之數，所賴者五十，其用四十有九，則其一不用也。不用而用以之通，非數而數以之成，斯《易》之太極也。」此言是也。四十九數總而爲一者，太極也。散而爲四十九，即太極在其中矣。故分而爲二，以象兩，揲之以四，以象四時。四時者，坎、離、震、兌，此六、七、八、九之數也。又曰：「夫无不可以無明，必因於有，固常於有，物之極必明，其所由宗。」此言未盡也。四十九因於太極，而太極非无也。一氣混淪，而未判之時也。

天地之中在焉，故謂之太極。極，中也。[9]

五十之數，其「一」為太極，散而為四十九，即陰陽變化之數，而此「一」太極又在其中。筮法分兩之數象徵陰陽，四數以揲象徵四時，所得結果即六、七、八、九四數，亦即陰陽運化後的坎、離、震、兌四方之卦的形成。朱震特別強調韓氏對於太極的質性所言未盡，肯定太極為有，為一氣之混淪的氣化樣態，固存於天地之中，以此為「一」之「有」之「氣」而包絡萬有之一切。

評論京房（西元前 77-前 37 年）之說：

> 京房云：「五十者，謂十日、十二辰、二十八宿也。凡五十其一不用者，天之生氣，將欲以虛來實，故用四十九焉。」此言五十數之見於天者，其成象如此，謂其一不用，為天之生氣，則非也。[10]

京房以五十之數為天體之成象，包括十日、十二辰與二十八宿，合為五十，而天之生生運化，卻以「一」不用，其說法錯誤；天既生氣成物，則「一」當為運用之主體。

評論馬融（西元 79-166 年）之說：

> 馬融云：「《易》有太極，謂北辰也。太極生兩儀，兩儀生日月，日月生四時，四時生五行，五行生十二月，十二月生二十四氣。北辰居位不動，其餘四十九運轉而用也。」季長之論，不若京房。蓋兩儀乃天地之象，而北辰不能生天地也。故邵雍曰：「萬物皆有太極、兩儀、四象之象。」[11]

以馬融指稱太極為北辰，亦即五十之數的「一」數，所說為非，不如京房之言。認為兩儀為天地之象，而北辰乃天地中之一星象，

9　見朱震《漢上叢說》，頁 366。
10　見朱震《漢上叢說》，頁 366。
11　見朱震《漢上叢說》，頁 366-367。

當為天地所包，何以反過來以北辰來生天地？此說為謬。因此，他舉邵雍之說，強調萬物生成的根源在於太極，並藉由兩儀、四象的進一步推衍而成，所以萬物中皆含有太極、兩儀與四象之象，由此諸象才能生化萬物。

評論荀爽（西元 128-190 年）之說：

> 荀爽曰：「卦各有六爻，六八四十八，加乾坤二用，凡五十。初九潛龍勿用，故用四十九也。」乾用九，坤用六，皆在八卦爻數之內。潛龍勿用，如勿用娶女之類。[12]

指出荀爽穿鑿附會，乾元之初，非為不用之「一」，故「潛龍勿用」，不以「一」為名，此爻辭僅為一般占斷之警語罷了。

評論鄭康成之說：

> 鄭康成云：「天地之數以五行氣通，凡五行減五，大衍又減一，故用四十有九。」康成所謂五行氣通者，蓋謂十日、十二律、二十八宿三者。五行之氣通焉，為五十五減五行之數為五十。大衍又減一為四十九，其說本於《乾鑿度》，與京房為一說，而五行氣通其說尤善。[13]

朱震肯定天地之數以五行通氣，則五十五數減五數為五十，五十即大衍之數。五行通氣，乃結合十日（天干）、十二律（地支），以及二十八宿的布列，並與五行相配；其十日合十二律合二十八宿，得五十之數，合大衍之數。這樣的說法，根本於《乾鑿度》，並與京房同為一說。朱震於此高度認同五行通氣的觀點，但五行通氣何以當以五數減於五十五，以此而得五十之數，仍無法見其合理的邏輯認識，難以免其令人有附會之虞。

評論董遇（西元？年）之說：

---

12 見朱震《漢上叢說》，頁 367。
13 見朱震《漢上叢說》，頁 367。

董遇云：「天地之數五十有五者，其六以象六畫之數，故
減而用四十九。」非也。董謂五十有五減卦之六畫為四十
九，不知五十有五天地之極數，大衍之數五十，其一太極
不動，而四十九運而為八卦，重而六十四，若去六畫即說，
不通矣！[14]

朱震反對董遇視大衍數中的四十九之數，為天地之數五十五減去
一卦六畫之數；認為這樣的說法，根本為誤，因為大衍之數本為
五十，當中尚有其一不用的太極之數。六十四卦的衍生，即由大
衍之數而來，其四十九數運化生成八卦，再重而成為六十四卦，
六畫之卦尚未生成，而以五十五減其六數，則說法不通。

朱震其它又評顧懂（西元？年）與劉牧之說，以顧氏對於五
十數中的「一」數，為「虛其一數」，「未詳其所出之宗」。[15]並
認為劉氏以「一」為不動之定位，卻「不知五十去一，則一在四
十九中」。「凡有數則未嘗无一，而一之所在，無往而不為，萬
物之祖，得此而不失，是謂執天地之機」。[16]「一」固存於萬物
之中，天地自然之變化，皆有其「一」，亦即皆有其太極，也就
是有其元之一氣。因此，朱震評論諸家之衍數，著重於五十之數
的來源，以及其「一」數作為氣化之性的本質意義。

第二節　爻數與卦數

朱震賦予陰陽爻以數量化的概念，以及運用北宋以來的八卦

---

14 見朱震《漢上叢說》，頁 367。
15 見朱震《漢上叢說》，頁 367。
16 見朱震《漢上叢說》，頁 367-368。

卦數與結合五行之說，建構出卦爻數說的數量觀點，藉以釋說辭
義與闡述易學思想。

一、《爻數圖》的爻數意蘊

　　朱震透過乾坤十二爻所構築的消息卦之圖式結構，從爻數概
念闡明卦爻辭的內在蘊意，其《爻數圖》與說明如下：

> 自初數之至上為六，或以一爻為一歲一年：同人「三歲不
> 興」；坎「三歲不得，凶」；豐「三歲不覿」；既濟「三
> 年克之」；未濟「三年有賞于大國」。或以一爻為一月：
> 臨「至于八月有凶」。或以一爻為一日：復「七日來復」。
> 或以一爻為一人：需「不速之客三人來」；損「三人行則
> 損一人，一人行則得其友」。或以一爻為一物：訟「鞶帶
> 三褫」；晉「晝日三接」；師「王三錫命」；比「王用三
> 驅」；睽「載鬼一車」；解「田獲三狐」；損「二簋可用
> 享」；萃「一握為笑」；革「革言三就」；旅「一矢亡」；
> 巽「田獲三品」。[17]

朱震認為一卦六爻由初至上有其年、月、日、人、物等量化單位
的概念，並在卦爻辭中具體呈現，其中有以一爻代表一歲一年者，
即同人☰☲卦九三爻辭所謂「升其高陵，三歲不興」，爻位在三，
以「三歲」言之。坎☵☵卦上六云「三歲不得，凶」，以「三非其
應」，[18]即上六與六三敵應，故以此為凶，非應於三，則為「三
歲不得」。豐☲☳卦上六云「三歲不覿」，以九三與上六相應，「三

17　見朱震《漢上卦圖》，卷下，頁357。文中「革言三就」，原作「言三就」，
　　疑脫字，據補。

18　參見虞翻釋文，引自李道平《周易集解纂疏》，卷四，北京中華書局，2006
　　年2月1版北京4刷，頁303。

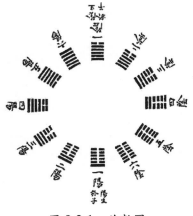

圖 9-2-1 爻數圖

「歲」即就三爻而言。既濟☲☵卦九三云「高宗伐鬼方，三年克之」，仍依其爻位在三，以「三年」稱之。[19]未濟☲☵卦九四云「震用伐鬼方，三年有賞于大邦」，「三年」即就三爻而言；依據虞翻的說法，即就「體既濟離三，故『三年有賞于大邦』」。[20]但朱震則認爲「自三至初，歷三爻」，以此而稱「三年」。[21]

有以一爻代表一月者，朱震以臨☷☱卦卦辭「至于八月有凶」稱之，指出「陰陽消長，循環无窮，自子至未，八月而二陰長。陰長陽衰，其卦爲遯，小人道長，君子道消」。[22]如《爻數圖》所示，陽生於子，陰生於午，由子至未，歷八月爲二陰漸長之遯☰☶卦，以臨、遯二卦旁通，則臨卦所云「八月」即在於此。[23]

有以一爻爲一日者，即復☷☳卦卦辭所謂「反復其道，七日來復」之說。兩漢易學家論釋「七日來復」，多從「六日七分」的卦氣之說進行申述，但朱震則仍從爻數的觀點來說，認爲「天道之行，極則來反，往則必復，其復之數，自午至子，不過於七。陽生於子，陰生於午，剝復七變，陽涉六陰，極而反初」，故「此

19 參見虞翻云「位在三，故『三年』」，以爻位在三，則稱作「三年」。引自李道平《周易集解纂疏》，卷七，頁 530。

20 參見虞翻釋文，引自李道平《周易集解纂疏》，卷七，頁 538。

21 見朱震《漢上易傳》，卷六，頁 221-222。

22 見朱震《漢上易傳》，卷二，頁 72。

23 參見虞翻云：「與遯旁通。臨消于遯，六月卦也。于周爲八月。」引自李道平《周易集解纂疏》，卷三，頁 223。虞翻以夏曆建子，則遯爲六月卦，周曆建寅，則爲八月之卦。朱震以臨卦至遯卦，所歷爲八月稱之。

推剝復之變，言復之數也」。[24]陰氣由午而生，由一陰生歷七日而回復於一陽生之復卦。

　　有以一爻代表一人，即需☵☰卦上六所謂「有不速之客三人來」，朱震認為此「三」人即就初至三而言，云「三人者，三爻也」，「上六、九三當位而應」，「三陽同類」，與之相應而來。[25]又損☶☱卦六三「三人行則損一人」，朱震解釋云，「損自泰變，三陽並進，三人行也。九三一爻，損而上之，三人行則損一人也」。[26]此「三人」即就損卦自泰☷☰卦變而言，泰卦下三陽為三人，三陽並進為三人之行，三人前行則損其一人。以爻數代表人數，於爻辭中已具體的呈現。

　　有以一爻代表一物者，訟☰☵卦上九「或錫之鞶帶，終朝三褫之」，此「三」即就三爻而言，朱震認為「上九之三」，「自五之三歷三爻，三褫也」。「三褫」其物，為「腰以金飾」的鞶帶之物。[27]晉☲☷卦卦辭「康侯用錫馬蕃庶，晝日三接」，此「三接」即「坤三爻三接」，就下卦三爻而言；[28]三爻之數，類比三接賜馬，亦即三爻為三物，三物為三馬。師☷☵卦九二「王三錫命」，此「三」即指三爻，為「九自五之二」，也就是由六五來至九二，歷三爻，所賜者為有功而賞物。[29]比☵☷卦九五「王用三驅」，朱震指出「乾五為王，自四至二，歷三爻」，「三面驅之，闕其一面」，故稱之。[30]以九五爻下歷三爻，三爻代稱三面田獵之象。

24　見朱震《漢上易傳》，卷三，頁 90。
25　參見朱震《漢上易傳》，卷一，頁 30。
26　見朱震《漢上易傳》，卷四，頁 143。
27　參見朱震《漢上易傳》，卷一，頁 33。
28　參見朱震《漢上易傳》，卷四，頁 123。
29　參見朱震《漢上易傳》，卷一，頁 35。
30　見朱震《漢上易傳》，卷一，頁 40。

睽☲☱卦「載鬼一車」，朱震指出「上與三應」，而「坤爲鬼，坎爲輪，坤在坎中，載鬼一車也」。[31]所指「一車」爲一爻之物，但朱震在釋文中並未言明。解☵☳卦九二「田獲三狐」，朱震指出「自二至四，三爻不正，皆具坎、艮」，以艮坎皆有狐象，而「一剛上行，歷三爻而坎毀」，以此三爻爲「三狐」。[32]損☶☱卦卦辭「二簋可用享」，朱震以損、益二卦皆有簋象，「一損一益，循環無窮，則二簋可用享」。[33]於此並沒有特別強調以二爻表明「二簋」。萃☱☷卦初六「一握爲笑」，朱震指出「艮爲手，三往易四，一握手也」。此就第四爻言「一握」其「手」。[34]革☱☲卦九三「革言三就」，以三爻言「三革之，而就稽之於眾」，以「三」言人之眾。[35]旅☲☶卦六五「射雉一矢亡」，朱震指出「離爲雉」，「伏坎爲弓」，而此「一矢」乃指六五一爻「五動弓矢發，離坎毀而雉亡」，也就是以一矢亡雉。[36]巽☴☴卦六四「田獲三品」，朱震指出「古之田者，上殺、中殺、下殺爲三品」，此三品乃就三至五爻而言，「三爻皆正而相得，故田獲三品」。[37]

朱震認爲爻位之數值概念，乃至爻數之多寡，皆爲陰陽成象數量化的表徵，含有時間與事物之象數量化意義；這種爻數之認識或運用，直接呈現在卦爻辭之中，因此，卦爻辭中的相關量詞，皆有爻數的意義存在。

---

31 見朱震《漢上易傳》，卷四，頁135。
32 參見朱震《漢上易傳》，卷四，頁139。
33 見朱震《漢上易傳》，卷四，頁142。
34 參見朱震《漢上易傳》，卷五，頁158。
35 參見朱震《漢上易傳》，卷五，頁172。
36 參見朱震《漢上易傳》，卷六，頁197。
37 參見朱震《漢上易傳》，卷六，頁200。

二、八卦之卦數

　　朱震於其《易》著中不斷申明八卦卦數的概念，並且建構《卦數圖》，確立八卦卦數之結構；此圖式結構，即《河圖》之數，亦即傳統易學的八卦方位觀點，這種以八卦方位聯結天地之數而立說者，朱震特別強調早在郭璞時代已然存在，其圖說如下：

圖 9-2-2　卦數圖

> 圖《八卦數》者，《河圖》數也。此郭璞所謂「巽別數四，兌數七」。又曰「坎為一年」。《易鑑》所謂震三艮八也。[38]

此卦數之說，即邵雍以降所謂的後天八卦之數。八卦配數立說，以傳統八卦方位配天地之數而言，也就是八卦卦數之說，專就邵雍的後天八卦方位之數而論，並為《河圖》的九宮格數，其縱橫數列之總合皆為十五，五居其中，各數列之總合皆有「五」數，即萬物化生總為十五之數，皆有「五」居之，「五」可以視為中庸之常數。合數為十五，同於筮數六九與七八，六與九、七與八皆合為十五，故朱震之後，張浚等易學家特別強調一陰一陽合十

---

[38]　《卦數圖》與說明引文，見朱震《漢上卦圖》，卷下，頁357。

五數之謂道的概念。[39]

八卦配數確立其時間與空間的宇宙圖式,其氣化流行,始於北方坎水一數,入於坤二,再而震三,再而巽四,再而五中,再而乾六,再而兌七,再而艮八,再而離九,並復歸其中,再由坎一循環變化,周而復始,生生不息。氣化流行圖式,草繪如下圖所示:

圖 9-2-3　卦數流行圖

從此圖式的卦數流行,可以看出其結構化的規律特性,陰陽氣化有其一定的變化與恆常不變之道,變化有序,循環有則,四時如斯。朱震前立《卦數圖》,可以同時看出乾、坎、艮、震,同屬一方,而兌、坤、離、巽又相隔對應,形成陰陽分判之狀。兩兩二卦對應,合數皆十,十以成其完整,加上與五數相合,則為自然生成變化的必然合數。

---

39 參見張浚云:「九六十五也,七八亦十五也。以五成之而合九、六、七、八之生數,皆為五,五者數之中也。」張浚在其《紫巖易傳》中不斷申說合十五數之謂道的概念,也強調五數為中的觀點。見張浚《紫巖易傳》,卷十,台北:廣文書局《易學叢書續編》影印自成德校訂鍾謙鈞重刊本,1974 年 9 月初版,頁 740。

朱震以大衍筮數推出八卦之卦數，云：

> 乾策三十六，陽也；坤策二十四，陰也。陽合於陰，而生
> 震、坎、艮者，二十八策。陰合於陽，而生巽、離、兌者，
> 三十二策。乾坤六爻，其策六十。[40]

強調乾卦之策數爲三十六爲老陽之「九」數；坤策二十四爲老陰
之「六」數；陽合於陰，生震、坎、艮二十八策數，亦即少陽之
「七」數；陰合於陽，生巽、離、兌三十二策數，即少陰「八」
之數。乾坤老陽與老陰之總策數爲三十六合二十四爲六十，而震、
坎、艮之少陽與巽、離、兌之少陰，所合之總策數爲三十二合二
十八，亦爲六十。

乾坤陰陽以數言變，朱震云：

> 夫乾之靜，以一陽藏於二陰之中，陰不能撓，故專。及其
> 動也，九變爲六，依坤而行，故直。坤之靜也，以一陰藏
> 於二陽之中，隨陽而入，故翕。及其動也，六變而九，從
> 乾而出，故闢。直則自遂，闢則浸昌。大生者，通乎形外。
> 廣生者，用止乎形。此廣大之辨也。[41]

乾坤二卦爲純陽純陰之卦，動靜變化成爲一種規律性的常態。乾
陽之靜，其一陽藏於二陰之中，即震、坎、艮三卦之象，其數爲
七爲少陽；坤陰之靜，其一陰藏於二陽之中，即巽、離、兌三卦
之象，其數爲八爲少陰。乾陽之動，其動之極由九變爲六，則入
於坤陰而依坤而行；坤陰之動，其動之極由六變爲九，則入於乾
陽而依乾而行。乾坤陰陽之變，資始資生，盡在此陰陽變化的翕
闢之間，變化無窮，以盡神妙之境。

朱震確切說明天地之數推定《河圖》用數與八卦方位，云：

---

40 見朱震《漢上叢說》，頁 364。
41 見朱震《漢上易傳》，卷七，頁 230。

七、八、九、六乃少陰、少陽、老陰、老陽之位，生八卦
之四象也。天一，地二，天三，地四，兼天五之變化，上
下交易，四象備其成數，而後能生八卦。于是坎、離、震、
兌居四象正位，各以本位數存三以生餘數，則分乾、坤、
艮、巽之卦。四象既列，五居四位，此《河圖》五十有五，
居四位之數。[42]

以七、八、九、六為四象之數，分居少陰、少陽、老陰、老陽之
位。此四數為天地之成數，由天地之生數兼五而變化形成，即一
五為六為老陰，二五為七為少陽，三五為八為少陰，四五為九為
老陽。此四數為天地之成數，居四方之位，以之交錯變化而生成
八卦，故八卦定位，由是以生。同樣的，《河圖》的五十五數之
配位，亦此天地之數的生成變化之結果。

朱震引劉牧之說進行批判，從八卦生成之數，推明乾卦的主
體地位，云：

劉氏曰：「八純卦兼兩儀四象，而盡五十五數，謂先布五
十五位，後除天地四方數，餘以奇耦數排之，便見八卦之
位。」此說不通。所謂乾者天也，坤地也。所謂坎者北方
也，離南方也，兌西方也，震東方也。今除天九地六，四
方四數，而分布八卦，即八卦所用止三十六，而十九數為
贅矣。夫八卦皆本於乾坤，而坤之數乾兼有之，故八卦不
出於三十六。夫三十六數，六九也。九老陽之數也，此小
成之卦也。若大成之卦，三十二策也，二十八策也，二十
四策也，而三十六策皆兼有之。蓋天地之數五十有五，自
一衍而五，大衍為五十，五十則五，十五在其中，其用四

42 見朱震《漢上叢說》，頁 365。

十有九，則一在其中，更不論五十五也。若除天地四方之
數，又於四象二儀之外而有八卦矣。故曰其論不通。[43]

朱震反對劉牧以五十五數之布列，從而八純卦兼兩儀四象之說；
認爲從大衍五十之數推定，而八卦之布列只用三十六數，展現乾
九（4×9=36）之主體地位。在此策數的數論之中，可以看到朱震
仍不論強調「八卦皆本於乾坤」，參天兩地爲九六，一切的存在
皆根源於乾坤二者，而當中又以乾更具根源性的意義，所以在數
論的說法上，又特別強調「八卦所用止三十六」，老陽之九數尤
爲重要。「九」作爲老陽之數，爲生數一、三、五之合數，即小
成之卦數。在大成之卦中，三十六策（乾陽之數）兼有三十二策、
二十八策、二十四策，由此策數之說，可以看出乾卦在六十四卦
中的根源性地位，乾坤表徵陰陽，作爲一切的創生根源，而乾卦
又更具優先之地位。

三、五行配數之說

八卦配數之圖說，即《河圖》九宮之數的配位，朱震又以五
行配數立說，名爲《五行數》，即《洛書》之數，其圖說如下：

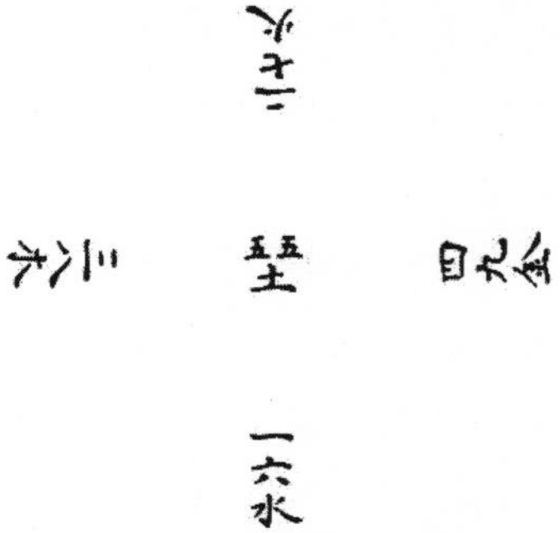

圖 9-2-4　五行數圖

---

[43] 見朱震《漢上叢說》，頁 365。

圖《五行數》者，《洛書》數也。此郭璞所謂「水數六、
木數三」，又曰「坎數六也」。[44]

認為五行之數列，為《洛書》之數。以天地之數合五行，天一生
水為北方，地二生火立南方，天三生木處東方，地四生金位西方，
天五生土居中，地六生水又為北，天七生火為南，地八生木為東，
天九生金為西，地十生土為中。以天地之數結合五行，構成一個
具有空間意識的變化圖式。

這樣的圖式，朱震追溯前人文獻，認為早在郭璞（西元 276-324
年）時期就已存在，也就是說，五行配數由來已早；不僅如此，
五行之數也結合八卦立說，郭璞以坎卦之數為六，六數又為水，
合於坎水之象；但是，坎數以「六」而言，非前述《卦數圖》圖
式之數，亦即在八卦方位結構上，郭璞所云與之不同，《卦數圖》
圖數即後天八卦之數，亦即文王八卦方位之數，而朱震引郭璞立
說，坎數為「六」，即伏羲八卦方位之數（先天八卦之數），其
五行數配卦配位的圖式結構，即同於伏羲八卦配位之數，則其它
各卦之卦數，乾數為一，坤數為八，兌數為二，艮數為七，離數
為三，震數為四，巽數為五。

然而，這並不意味著《五行數》的結構等同於伏羲八卦方位
圖式的結構，因為伏羲八卦方位的南北子午之位為乾坤二卦所
居，而東西二卦則為坎離二卦，其中坎屬西方之位；在《五行數》
中，一六為水，位處北方，而坎數為六，即坎居北方，這種坎北
之位，反而又同於傳統的方位觀，也就是後天八卦的方位。因此，
《五行數》同於《洛書》的天地之數與五行相合的概念，但絕不
可將《五行數》的圖式結構，特別是八卦的位置，與伏羲八卦方

---

44 《五行數》與圖說引文，見朱震《漢上卦圖》，卷下，頁 357。

位等同看待。

　　五行配數，各取一個天數與地數居於一方，而此天數與地數，並分別一個是生數，一個是成數，再將之與五行相配，也就是每五行之一，各配一個天數與一個地數，同時是配一個生數與一個成數。天地之數配五行，作為宇宙自然運化的時空圖式，再一次確定從易學系統所聯繫出的知識系統，數字概念與五行觀的重要地位；宇宙自然由生發而圓成，以生數而成數進行簡易的概括與推演，五行各含生成之數，並藉中土之五數聯結四方的生數為內層，外推成為四方的成數，即天一之水合五為地六之水，地二之火合五為天七之水，天三之木合五為地八之木，地四之金合五為天九之金。這樣的觀點，也是南宋以來學者論述六、七、八、九衍卦之數時，所普遍提到的概念。

　　五行之數依水、火、木、金、土之次序排列而成，其六、七、八、九之數，又即四正卦數，所謂「七、八、九、六，乃少陰、少陽、老陰、老陽之位，生八卦之四象也」；「坎、離、震、兌，居四象正位，各以本位數存」。[45]此四數合四正卦為四方、四時之域。一切的存在，乃至任何時空下所確定的吉凶休咎，都是由這些數字以及五行的生剋關係所推演出來的。

第三節　日辰與聲律之數

　　時間的推算，本身即是一種數質的展現，在朱震根本漢說的易學系統中，自然無法排除藉由天干與地支所推布的時空義涵。同時，漢儒所重視的聲律之說，朱震同時以圖式的方式，進行數

---

45 見朱震《漢上叢說》，頁 365。

質化的建構。

一、十日之數的數值意義

天地之數與八卦相配，除了前述幾種方式外，尚有結合天干以形成新的宇宙時空圖式，成為八卦之數與前述之用不同的新的圖式系統，朱震將此一圖式稱為《十日數》。其圖式與說明如下：

圖 9-3-1 十日數圖

圖《十日數》者，八卦五行分天地五十五之數也。虞翻曰：「甲乾乙坤，相得合木；丙艮丁兌，相得合火；戊坎己離，相得合土；庚震辛巽，相得合金；天壬地癸，相得合水。故五位相得而各有合。」崔憬曰：「天三配艮，天五配坎，天七配震，天九配乾；地二配兌，地十配離，地八配巽，地六配坤。不取天一地四者，此數八卦之外。」臣曰：以三配艮，五配坎，七配震，八配巽是也。餘論非也。《遁甲》九天九地之數，乾納甲壬，坤納乙癸，自甲至壬其數九，故曰九天；自乙至癸其數九，故曰九地。甲一、乙二、丙三、丁四、戊五、己六、庚七、辛八、壬九、癸十，故乾納甲壬配一九，坤納乙癸配二十，震納庚配七，巽納辛

配八，坎納戊配五，離納己配六，艮納丙配三，兌納丁配
四，此天地五十五之數也。關子明曰：「蓍不止法天地而
已，必以五行運其中焉。」[46]

《十日數》的圖式結構，朱震特別指出為八卦配五行與天地之數，
並引虞翻之說，納入十天干所構成的宇宙圖式。同時也舉崔憬（西
元？年）之言，提出導非正謬的說法。十天干配天地十數，依序
相屬，一一相配；然而再以八卦相配，則八卦之數與十天干、天
地之數，多出者二，天地之數多出「九」與「十」數，天干多出
「壬」與「癸」，分別再配屬於乾、坤二卦。如此一來，乾納甲、
壬與一、九，坤納乙、癸與二、十，艮納丙與三，兌納丁與四，
坎納五與己，離納戊與六，震納庚與七，巽納辛與八。[47]

　　這樣的圖式內容，朱震認為源於漢魏以降虞翻、崔憬之說，
並為歷代學者申論自然演化的重要元素。此納配之法，並為歷代
學者所沿用，如《遁甲》有九天九地之數的說法，以乾納甲、壬，
其數由一至九，故名九天之數；坤納乙、癸，其數由二至十，名
作九地之數。這種納配思想，廣泛為數術之學所用。

　　陰陽的推演變化，產生八卦，八卦推布出時間與空間的意義，
在《十日數》中，朱震強調以八卦推布十日，十日在八卦與五行
的運化下確立，並不斷變化循環，使時序不斷的推展；十日為一
旬，一月為三旬，一年為十二月，由月而年的時間遞進，就在這
樣簡易的結構下進行。

　　《十日數》以八卦、十天干表徵十日，與虞翻的納甲之說，
雖然屬性相同，但所合之時間有所不同，這個部份朱震並沒有說
明。虞翻的納甲之說，即月體納甲之說，以月相圓缺變化與八卦、

46　《十日數》與圖說引文，見朱震《漢上卦圖》，卷下，頁358。
47　相關的說法，朱震於《漢上叢說》中亦有詳明。見是書，頁365-366。

天干相配，月相圓缺消長一個週期爲一月，即八卦與天干相配所含爲一個月的時空運化，以乾於十五日盈於甲，陽息於巽爲十六日退位於辛，艮以二十三日消於丙爲下弦之相，坤以二十九日窮於乙，三十日日月會於壬，月相滅於癸；陰消於震以三日爲庚，兌丁以八日爲上弦之相；坎戊離己爲日月，居中土之位。[48]虞翻納甲的時間與方位之配屬，與《十日數》所含爲十日明顯不同。

　　推蓍之法，朱震特別以關子明之語，認爲並非僅止於效法天地之變而單用天地之數，尙有以五行生剋運化其中，似乎認爲必合五行以推明吉凶，蓍法不能捨五行而不用。天地自然的運化，人事吉凶的演變，由天地之數、八卦定位，以及天干與五行的聯結，成爲一個多元變化的宇宙圖式。

二、十二辰數之說

　　《十日數》以天干推布時間之運化，朱震另置《十二辰數》，結合十二地支進行推演，其圖式與說明如下：

圖 9-3-2　十二辰數圖

---

48 有關虞翻月體納甲之說的具體內容，參見惠棟《易漢學》，卷三，臺北：廣文書局（《惠氏易學》輯自南菁書院皇清經解續編本），1973 年元月初版，頁 1107-1109。

圖《十二辰數》者，十二卦消息數也。陽生於子，陰生於午，子十一月，午五月。郭璞以卯爻變未爲未之月，此論十二辰也。十二辰即月數，月數即消息數，或用之爲日數，則京房之積算也。[49]

藉由十二地支配數，朱震認爲是十二消息卦的卦數，以十二個月配十二個卦，即乾息爲盈之卦，起於子（11）月復卦，接著丑（12）月臨卦、寅（正）月泰卦、卯（2）月大壯卦、辰（3）月夬卦，入於巳（4）月乾卦；然後午（5）月姤卦、未（6）月遯卦、申（7）月否卦、酉（8）月觀卦、戌（9）月剝卦，終於亥（10）月坤卦，此皆坤消爲虛之卦。[50]乾陽之氣起於子，正是復卦之時；坤陰之氣起於午，即姤卦之時。子午陰陽消息分行，亦有順逆之別，即乾息由子、丑、寅、卯、辰、巳爲逆，以列六陽辟卦；坤消由午、未、申、酉、戌、亥爲順，以列六陰辟列。[51]至若郭璞之以辰配爻，亦屬十二辰配月之說。

十二辰亦有配日者，京房的積算之法即是如此。黃宗羲（西元 1610-1695 年）《易學象數論》指出京房「曰積算，以爻直日，從建所止起日」，[52]說明京房積算以直日爲主。京房以一卦六爻，一爻爲一辰（即一日），每爻一日，循環十周，周而復始，合六

---

49 《十二辰數》之圖式與引文，見朱震《漢上卦圖》，卷下，頁358。

50 虞翻解釋剝卦時指出，「乾息爲『盈』，坤消爲『虛』，故『君子尚消息盈，天行也』」。說明十二消息卦正爲乾坤的消息盈虛。李道平進一步說明，「消息十二卦，成于乾坤十二畫，復、臨、泰、大壯、夬、乾，皆自乾息而成也，故云『乾息爲盈』，姤、遯、否、觀、剝、坤，皆自坤消而成也，故云『坤消爲虛』」。說明乾坤的陰陽演化，由十二消息卦表徵十二個月的陰陽消息之變化。參見李道平《周易集解纂疏》，卷四，頁254。

51 參見虞翻之說，以及李道平之釋述。見李道平《周易集解纂疏》，卷十，頁693。

52 見黃宗羲《易學象數論》。引自黃宗羲撰、鄭萬耕點校《易學象數論（外二種）》，北京：中華書局，2010年10月1版北京1刷，頁47。

十日爲兩個月。藉此積算之法，推求災祥進退、生死休咎與吉凶
禍福。對於京房的積算之說，朱震並沒有進一步的考索與說明。
然而，十二辰所建構出的時間圖式，反映出陰陽的消息變化，正
是宇宙自然的時間流轉下所囊括的日月星辰、山川草木、蟲魚鳥
獸的生死情狀，陰陽的變化，正是時間流動的實際現況，不同的
時間場域共構出一切存在的實狀，一種動態變化的存在。

三、五聲合十二律數

朱震以律呂合聲，結合數值之配置，得《五聲十二律數》之
圖式結構，其圖式與說明如下：

圖 9-3-3　五聲十二律數圖

圖《五聲十二律數》者，《太玄》曰：「子午之數九，丑
未八，寅申七，卯酉六，辰戌五，巳亥四，故律四十二，
九、五、七而倍之，故四十二。呂三十六，八、六、四而倍之，故三十六。并
律呂之數，或還或否，并律呂而數之，得七十八也。八則丑未，所謂還得
呂而不得律，故或還或否。凡七十有八，黃鍾之數立焉，其以爲度
也，皆生黃鍾。黃鍾之管長九寸，圍九分，秬黍中者九十枚，則其長數也，

實管以上簫合度量。**甲己之數九，乙庚八，丙辛七，丁壬六，戊癸五。聲生於日，律生於辰。聲以情質，律以和聲，律相協而八音生。**[53]

有關之數說，即揚雄（西元前 53-後 18 年）《太玄》所論者，朱震又於其《漢上叢說》中引揚雄之言，指出「子雲『子午九，丑未八，寅申七，卯酉六，辰戌五，巳亥四』，以六辰相配成十二支之數，蓋有得於納音之說也」。[54]這種律呂配數，結合干支之法，早在漢代就已成為普遍的說法。

採用天地之數中四、五、六、七、八、九等六個數，並於相對應之位置也用同樣的數值，則六個數對應出十二個位置，每個位置並配以十二地支與十天干。九六兩數立為四正之方，九列子午南北之位，十二辰由子位而起，順向終於亥位；六列卯酉東西之位，其它之配數，四數配巳亥，五數配辰戌，七數配寅申，八數配丑未。在十天干的配位配數上，六數對應出十二位，十天干不足以相配，則五數不配天干，甲己配子午為九數，乙庚配丑未為八數，丙辛配寅申為七數，[55]丁壬配卯酉六，辰戌五數不配十天干，戊癸配巳亥四。以此配數之法，表徵五聲十二律的規律與變化之性。

律數四十二，即陽數九、五、七之倍數：9+9+5+5+7+7=42。呂數三十六，即陰數八、六、四之倍數：8+8+6+6+4+4=36。合律呂之數為：42+36=78；此 78 之數即立黃鐘之數。黃鍾之數為 78，處北方之位，為律呂之始，亦為一年變化之開端。此聲律之數為揚雄所倡用，卻未必為漢儒《易》說之普遍用說，朱震也未以易

---

53 《五聲十二律數》與圖說引文，見朱震《漢上卦圖》，卷下，頁 359。
54 見朱震《漢上叢說》，頁 370。
55 此一圖式中，朱震作「寅七離」者，當為「寅七丙」，疑朱震之誤。

學觀點加以論釋，只能視爲漢代律呂用數的一種主張，卻也對後來的易學思想，造成運用上的或多或少之影響。

第四節 小 結

天地自然之變化以陰陽爲用，於數值則以天地之數作爲表徵與架構，於《易》筮系統則以大衍之數作爲彌綸天地之道、陰陽之道的形式操作之數值符號；天地之數與大衍之數相連相繫，大衍之數的推布，源自天地之數的運用。天地之數的生數即推定成數的根本，此天地之數的成數即《易》用之筮數，也是展現變化之性的老少陰陽之數；生成之數，彼此建立其互爲推原的關係。這種關係，朱震作了詳細的申說，誠如江慎修（西元 1681-1762 年）《河洛精蘊》所言，「陰陽老少，原以一二三四爲根，老陽居一，則餘爲九，少陰居二，則餘爲八，少陽居三，則餘爲七，老陰居四，則餘爲六，然則一二三四者，九八七六之原。九八七六者，一二三四之委」。[56]天地之生成數，互爲推用，易學的系統中，其主要的用數在於成數的九、八、七、六之數，也是聯繫大衍之數的陰陽筮數。此天地之數與《河圖》、《洛書》、先天及後天之法結合，成爲宋代用數的新的開展。朱震易學的用數，除了繼承漢魏傳統易學的用數之說，也薪傳北宋新法，成爲繼往開來、功不可滅的重要易學家。

---

56 見江永著、郭彧注引《河洛精蘊注引》，卷之三，北京：華夏出版社，2006 年 1 月北京 1 版 1 刷，頁 51。江永字慎修，江西婺源人，一生研經，尤精於《三禮》，長於比勘、推步、律呂、聲韻。晚尤好《易》，《河洛精蘊》爲其重要的易學論著；昭晰理數，普受肯定。

　　數值的本身，或爲機械化的數量概念，但也透過某種簡易的邏輯建構之認識主張或圖式訊息，傳遞出自然演化的宇宙時空觀與思想內涵。如「一」數的本源性意義，四十九數的萬化之用，契合北宋以來張載（西元 1020-1077 年）、程頤（西元 1033-1107 年）所倡說之「體用一源，顯微無間」的認識。同時也接榫於《易傳》「太極→兩儀→四象→八卦」的太極生次觀與「一陰一陽之謂道」的哲學命題，由天地之數與大衍之數有機的巧用聯結；確立九、六、七、八四數的陰陽變化之性與四方之位的時空意義，並爲筮法用數，以表徵陰陽變化而得八卦與六十四卦的基源，乃至論定一陰一陽合爲十五之謂道的合理性認識。[57]

　　朱震根本於張載的氣化觀，以天地自然之變化，即陰陽的氣化，「陰陽之氣變於上，剛柔之形化於下」；氣爲一切的開端，藉由陰陽的變化，而產生剛柔之形。朱震並認爲「陰陽變化之道，乾坤之交也。乾以剛摩柔，坤以柔摩剛，剛柔相摩，八卦相盪，變化彰矣」。[58]陰陽的變化，即乾坤交互摩盪的結果，藉由摩盪而產生的剛柔之形，即爻位之象、八卦之象，乃至六十四卦之象，表徵所有一切萬物萬象，也就是氣化而後形象以生，故他又說，「氣變而有形，形具而有體，是故總策成爻，健順合德，而剛柔

---

57 參見朱震《漢上易傳》釋說大衍之數云：「一者體也，太極不動之數，四十有九者用也。兩儀、四象分太極之數，總之則一，散之則四十有九，非四十有九之外，復有一而其一不用也。方其一也，兩儀、四象未始不具。及其散也，太極未始或亡，體用不相離也。四十有九者七也，是故爻用六，蓍用七，卦用八，玄用九，十即五也；十盈數，不可衍也。分之左右而爲二，以象兩者，分陰陽剛柔也。掛一於小指，以象三者，『一』太極、兩儀。揲之四以象四時者，陰陽寒暑即四象也。」（見朱震《漢上易傳》，卷七，頁 234）有關之內容，在第三章與相關章節中，已多有論明，不再予以贅。

58 括弧二引文，見朱震《漢上易傳》，卷七，頁 224。

之體見矣」。[59]形體之象由陰陽氣變而生，而此陰陽氣化的形體之象，以天地之數、大衍之數的策數操作，以及前述諸多數論結構的具體化，「數」成為表現氣化形象的形式與方法，乃至合於時空意涵的量化存在。如此一來，「乾奇坤偶者，象也；象成而著者，形也」。[60]陰陽所代用的奇偶之數，也就合理的成為成象成形的依據。因此，在氣、象、數的關係上，「氣」置於第一優位，而「數」在「象」之後，「數」的存在，在於因「象」而生，則朱伯崑先生認為朱震以有「象」而後有「數」，並且表現在筮法的理解上，主張「有氣而後有象，有象而後有數」。[61]「數」的運用，正是生生氣化的展現。

---

59 見朱震《漢上易傳》，卷八，頁 255。
60 見朱震《漢上易傳》，卷七，頁 244。
61 見朱伯崑《易學哲學史（第二卷）》，北京：華夏出版社，1995 年 1 月北京 1 版 1 刷，頁 346。

第十章　太極圖式、河洛圖式與先後天圖式述評

　　在易學的發展上，特別深受前述學風之影響，宋人不論在象數或義理之範疇上，大致不離「太極圖說」、「先天後天」、「河圖洛書」之說，亦有不涉諸說之義理爲宗者。在廣義的象數之學裡，宋代大體已脫離了傳統漢《易》之說，而是由陳摶以降漸盛之圖說，形成一種新的易學詮釋風格，故可以另作「圖書之學」爲名。

　　圖書之學，從文獻資料所見，似乎爲華山道士陳摶（西元？-989年）首先開啓，陳摶以其道教之詮釋內涵，融入《周易》之中，建立新的易學圖式，並發展出後來屬於宋代的重要易學特色－圖書之學，其核心內容主要包括《太極圖》、《河圖》、《洛書》、《先天圖》、《後天圖》等幾個主要的面向。這些圖式主張，不論是形式或內容，皆異於漢代象數之學，與傳統易學大異其趣，以今日的哲學觀點來看，可以視爲突破傳統界圍的創造性詮釋。在相關的易學圖式中，常常包含著深弘豐厚的義理內蘊，這種義理的成分，往往從屬於宋代理學之基本範疇，不同於傳統易學所標幟的哲理思想，可以視爲理學的另類思維形式。

　　周敦頤（西元1017-1073年）傳授《太極圖》，其圖說大致

以道教思想圖式爲藍本，並受到禪宗思想的影響，[1]成爲一種新的
易學論述內涵，視「無極」與「太極」爲宇宙萬物的本源，建立
一套不同於以往的新穎之宇宙論體系，並對理學產生了深刻的影
響。在《河圖》與《洛書》方面，以北宋中期之劉牧（西元 1011-1064
年）爲首，提出由朱震論定的「圖九書十」之說，[2]以《洛書》體
現天地之數中陽奇和陰偶相配合的法則，而《河圖》則闡發八卦
的來源，以及一年之間陰陽二氣消長的過程；朱熹（西元 1130-1200
年）《易學啓蒙》與《周易本義》這曾爲典型性論著中載錄二圖，
使河洛說之傳佈與影響更爲久遠。在「先天」與「後天」圖式方
面，則以邵雍（西元 1011-1077 年）易學爲代表，[3]認爲《周易》
卦爻辭乃文王之《易》，屬於後天之學；而其一生重在建立先天
易學，認爲伏羲氏之圖式，雖有卦無文，但盡備天地萬物之理，
特別以《先天八卦圖》、《六十四卦次序圖》來解釋八卦乃至六
十四卦的形成，並結合歷法知識說明季節變化與陰陽消長的過

---

1 黃宗炎《圖學辯惑・太極圖說辨》云：「太極圖者，創于河上公，傳自陳
　圖南，名爲无極圖，乃方士修鍊之術。與老、莊之長生久視，又其旁門
　岐路也。老、莊以虛无爲宗，无事爲用，方士以逆成丹，多所造作，去
　『致虛』、『靜篤』遠矣。周茂叔得之，更爲《太極圖說》，則窮其本而反
　于老、莊，可謂拾瓦礫而悟精蘊。但綴說于圖，合二途爲一門，其病生
　矣。……茂叔得圖于方士，得偈于釋，心證于老。」（引自黃宗羲、黃宗
　炎撰、鄭萬耕點校《易學象數論（外二種）》，北京：中華書局，2010 年
　10 月 1 版北京 1 刷，頁 454。）明白指出周之《太極圖》，是儒、釋、
　老與仙道冒昧淆亂的結果。此外，《宋元學案・濂溪學案》、朱彝尊《曝
　書亭集》（卷五十八），以及《二程遺書》游定夫記程子語等諸書中，皆
　記周子之圖學，是兼容此諸家之學而成的。
2 「圖九書十」或「圖十書九」之說，歷來爭議不休，大抵朱震主張「圖
　九書十」，而朱熹主張「圖十書九」，形成兩種不同的說法。孰是孰非，
　本人將作具體的說明。
3 邵雍主要易學著作有《皇極經世書》與《伊川擊壤集》，而《皇極經世書》
　又包括《觀物內篇》與《觀物外篇》，其實質內容已不全，當中諸多圖式，
　多爲邵伯溫、蔡元定、朱熹等人所補述。

程，進一步說明國家社會的興衰起滅與世界的終始轉化，具有世界觀與宇宙論的意義。這些圖式的流衍，皆經朱震傳述下來，成爲學說溯源的重要參照；然而朱震所傳與其後作爲主流學術的朱熹之學，存在著諸多的扞格與差異，朱震《易》圖所反映出的圖學問題，似乎被淡化甚至不被關注，而以朱熹爲有功。

朱震（西元 1072-1138 年）《漢上易傳》輯述四十四個卦圖，所展現的《易》圖內容，可以視爲漢魏以來易學論著中傳述《易》圖的第一手資料，更是北宋以來新的易學論釋形式與內容的重要延續者；不但給予後學有溯本追源之功，同時也反映出朱震自身的易學認知，呈顯出龐富的易學思想，足供後學的考索探析。因此，本章藉由朱震所傳《太極圖》、《河圖》、《洛書》，以及先後天易學圖式等幾個宋代最具代表性的《易》圖進行考索與闡述，探討有關圖式的可能傳衍之問題與內蘊的重要義涵。

第一節　《太極圖》述評

《太極圖》的傳衍授受與其思想內容的問題，一直爲思想史或易學史上所關注且爭論不休的議題。南宋最明顯的是朱熹與陸九淵（西元 1139-1192 年）的論戰，至朱熹以降的主流學說予以高度定型化。明清以來考據之學的興起，包括毛奇齡（西元 1623-1716 年）、黃宗羲（西元 1610-1695 年）、黃宗炎（西元 1616-1686 年）、朱彝尊（西元 1629-1709 年）、胡渭（西元 1633-1714 年）等人的關注與考索，此一圖說的學術問題，始終未曾停歇。這個議題的導引源頭與重要關鍵，在於朱震所提出的授受關係與其圖說內容。其傳述如下圖 10-1-1 與說明所見：

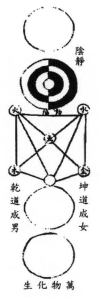

圖 10-1-1　太極圖

茂叔曰：無極而太極。太極動而生陽。動極而靜，靜極而
生陰。靜極復動。一動一靜，互為其根。分陰分陽，兩儀
立焉。陽變陰合，而生水火木金土，五氣順布，四時行焉，
五行，一陰陽也；陰陽，一太極也。太極本無極也。五行
之生也，各一其性。無極之真，二五之精，妙合而凝。乾
道成男，坤道成女。二氣交感，化生萬物，萬物生生而變
化無窮焉。唯人也，得其秀而最靈。形既生矣，神發知矣，
五性感動而善惡分，萬事出矣。聖人定之以中正仁義聖人
之道，仁義中正而已矣，而主靜無欲則靜，立人極焉。故
聖人與天地合其德，日月合其明，四時合其序，鬼神合其
吉凶。君子修之吉，小人悖之凶。故曰：立天之道曰陰與
陽，立地之道曰柔與剛，立人之道曰仁與義。又曰：原始

反終，故知死生之說。大哉《易》也，斯其至矣！[4]

此一圖式爲周子一系所建構的宇宙生化圖式。將《繫辭傳》的「易有太極，是生兩儀，兩儀生四象，四象生八卦，八卦定吉凶，吉凶生大業」的生化系統，帶入圖式的理解中，並雜有老子丹道的思想氛圍，但在論述上終究回歸於儒家中正仁義的認識範疇。

一、穆修至周敦頤的傳衍授受之確立

周敦頤的《太極圖》在宋代易學發展或宋代思想史上，一直爲舉足輕重的學術議題。[5]尤其當朱震提出《易》圖的授受傳承的源流關係，在〈進周易表〉中明確指出《太極圖》由穆修（西元979-1032 年）所傳，而「修以極圖傳周敦頤，周敦頤傳程頤」；[6]在《漢上易圖》中論《太極圖》時，也直言「周敦實茂叔傳二程先生」，[7]《太極圖》的傳授問題一直成爲後人考索論辨的問題，卻是眾說紛紜，莫衷一是。

與周氏友好的北宋學者潘興嗣（西元約 1023-1100 年），最早提到周敦頤的易學論著，於〈濂溪先生墓志銘〉中提到濂溪先生「尤善談名理，深於易學，作太極圖易說易通數十篇，詩十卷，今藏於家」。[8]對於潘氏所記「作太極圖易說易通數十篇」，朱熹

4　見朱震《漢上卦圖》，卷上，臺北：臺灣商務印書館景印文淵閣四庫全書本第 11 冊，1986 年 3 月，頁 313-314。本章所引朱震原典與圖式，皆以四庫全書本爲主，不再作詳注。

5　周敦頤字茂叔，原名惇實，道州營道人，歷任縣主薄、縣令、州判官、州通判、知州軍等職。根據《宋史・道學傳》所言，爲避宋英宗舊諱而改名惇頤，並作敦頤。諡元，尊稱元公。以其曾於潯陽、廬山溪上築室名「濂溪書堂」而爲世稱「濂溪先生」。

6　見朱震《漢上易傳・進書表》，頁 5。

7　見朱震《漢上卦圖》，卷上，頁 313。

8　見周敦頤撰，梁紹輝徐蓀銘等點校《周敦頤集》，卷之四，長沙：嶽麓書社，2007 年 12 月 1 版 1 刷，頁 167。雖以此點校本爲主，然原作「作《太

認爲所言即周氏有三作，包括《太極圖》附有圖說，即爲《太極圖說》，另外《易通》即《通書》，而《易說》則已佚，並對《太極圖說》與《通書》進行校定整理，作《太極解義》與《通書解》；其後半生兀兀窮年於二書之考辨釋說，對二作之傳衍著有貢獻。朱熹以此三著立說，後人並多有採用；但是，亦有以周氏之後的文獻所見《太極圖》（或《太極圖說》）與《通書》而將潘氏此言作爲二著看待。[9]潘氏明白的指出「太極圖易說易通」是「數十篇」，而「詩」則有「十卷」，在「篇」與「卷」的不同分說上，爲歷來學者所少關注者；可以看出以「篇」爲名，不足以將之分爲《太極圖》、《易說》與《易通》的獨立或具規範的論著看待，應爲個別篇章之說《易》之作；或許三者可以並爲一著，則可作「〈太極圖〉、〈易說〉與〈易通〉」或「〈太極圖易說〉與〈易通〉」的今日篇名之標示方式呈現。

　　至於周氏以「書」爲著的記載，文獻所見最早者應爲南宋紹興甲子年（即紹興十四年，西元 1144 年）祁寬（西元？年）〈通

極圖〉、《易說》、《易通》數十篇」，拙自認爲爲避免陷入主觀的認知，當爲「作太極圖易說易通數十篇」較爲適切。

9 歷來學者取朱熹說法者衆，晚近梁紹輝、徐蓀銘等點校《周敦頤集》，亦以「作《太極圖》、《易說》、《易通》數十篇」等三書看待。（見周敦頤撰，梁紹輝、徐蓀銘等點校《周敦頤集》，卷之四，頁 167。）至於以二書立說者，主要基本舊時文獻的見，周氏之作有《太極圖》（或《太極圖說》）與《通書》，故對潘氏之言，分爲二作，包括《太極圖易說》（或作《太極圖‧易說》）與《易通》（即後人所言之《通書》）。這樣的說法似乎更被接受。如今人邱漢生即是。（見侯外廬、邱漢生、張豈之主編《宋明理學史》（上），北京：人民出版社，1997 年 10 月 2 版北京 2 刷，頁 50-51。）又如胡瀚平探討周氏《易》著，引潘氏之說，作《太極圖易說》與《易通》，並認爲《太極圖易說》即《太極圖說》，《易通》即後傳之《通書》。（見胡瀚平《宋象數易學研究》，臺北：五圖圖書出版公司，1994 年 2 月初版 1 刷，頁 227。）世人言「《太極圖》」或「《太極圖說》」，蓋朱熹對二名每爲互用，皆包含其中的圖與說。

書後跋〉所記，將周氏書作稱作《通書》，並將周氏之學的傳承，作了清楚的說明，云：

> 先生歿，洛陽二程先生唱於時，辯異端，闢邪說，自孟子而下鮮所許可，獨以先生為知道。又云：自聞道於先生，而其學益明。明道先生曰：吾再見周茂叔，吟風弄月而歸，得吾與點也之意。伊川先生狀明道之行曰：幼聞周茂叔論道，遂厭科舉之業，求諸六經而後得之。其推尊之如此，於是世方以道學歸之。其後東坡蘇公詩云：「先生本全德，廉退乃一隅」，蓋謂此爾。《通書》即其所著也。始出於程門侯師聖，傳之荊門高元舉、朱子發。寬初得於高，後得於朱，又後得和靖尹先生所藏，亦云得之程氏，今之傳者是也。逮卜居九江，得舊本於其家，此前所見，無《太極圖》。或云圖乃手授二程，故程本附之卷末也。校正舛錯，三十有六字，疑則闕之。夫老氏著道德五千言，世稱微妙。此書字不滿三千，道德、性命、禮樂，刑政，悉舉其要，而又名之以通，其示人至矣，學者宜盡心焉。[10]

這段話提供幾個重要的訊息：

其一、具體的舉出伊川與明道（西元 1032-1085 年）學道於周敦頤之言，並以茲為尊崇，二程學本於周氏毋庸置疑，[11]且對

---

10 見周敦頤撰，梁紹輝、徐蓀銘等點校《周敦頤集》，卷之四，頁 87。

11 歷來學術史的論述，每有以二程之學本於周氏之說者，除了朱震、祁寬等人的主流說法外，《中國佛寺史志彙刊》中的〈鶴林寺志〉中提到「宋周濂溪先生少失父，奉母依舅氏鄭龍圖，居潤州，母卒遂葬，夙與鶴林寺僧壽涯交善，讀書於寺旁」。（見該寺志頁 18。）「宋壽涯釋師，與胡武平、周茂叔交善，茂叔尤依壽涯讀書寺中，每師事之，盡得其傳焉。其後二程之學本于茂叔，皆淵源于壽涯云」。（見該寺志頁 78。）從其記載中也可以明確看到二程與周氏的密切關係，並且，周氏與道釋之學淵源深厚；其《太極圖》當出於此道釋之學。

《通書》一著必能通曉傳讀。

其二、朱震《漢上易傳》的自序中《易》圖源流之說中，穆修以《太極圖》傳周氏，周氏再傳二程，而周氏作《通書》，程頤述《易傳》，二人的學承關係由祈寬的輔證可以更爲確定。

其三、祈氏指出《通書》由程門侯仲良（西元？年）傳至朱震，朱震對周氏、程氏之學亦有承繼關係，又問學於程門謝良佐（西元 1050-1103 年），毋怪乎朱震直言以程頤《易傳》爲宗。朱震熟悉此一學脈也是不容懷疑的，所以歷來以朱熹的首的學者，質疑朱震所論《易》圖的傳授關係，應該提出充足的引證，否則對朱震是一種誣詆。

其四、程門傳述周氏之學，所見僅爲《通書》，此著在當時必爲周氏之學的代表論著；從侯仲良傳至高元舉（西元？年）、朱震，祁氏並由二人得《通書》，復由尹和靖（西元 1061-1132 年）處又得，皆屬程門之本。其書末皆附有《太極圖》，與其另於九江家藏之舊本無附《太極圖》之《通書》有異，之所以不同，祁氏認爲是周氏傳二程以學承有源故有之，而九江本則無此傳授的淵源，故缺《太極圖》。因此，《太極圖》代表周氏的重要學術思想，二程學有《太極圖》，也是不容置疑的；後人懷疑程氏之著無有關的論述，當無涉《太極圖》，而以此推翻可能的承傳關係，是有待商榷的，何況程氏之學，多見二氣五行之觀點，此亦周子之學，怎能以無稱說。[12]

---

12 朱熹並不否定程氏接受周氏之學，他指出「熹竊謂以爲此圖立象盡意，剖析幽微，周子蓋不得已而作也。觀其手授之意，蓋以爲惟程子爲能當之，至程子而不言，則疑其未有能受之者爾」。（此朱熹之說，見明代胡廣等奉敕撰《性理大全書·太極圖》，卷一，臺北：臺灣商務印書館景印文淵閣四庫全書本 710 冊，1986 年 3 月初版，頁 49。）以周子立圖探賾幽微，通於鬼神之間，惟程子能夠承其真意，而程子不言，主要在於憂

　　「《通書》」一名，初或非周子所自稱，[13]至南宋初年紹興年間，談論周氏之著，皆就《通書》而言，如胡宏（西元 1105-1161年）言「《通書》四十章」，朱震於紹興五年（西元 1135 年）《上周易表》，也以《通書》爲名，可見以《通書》爲其論著而見說者，已成爲普遍的說法，而《太極圖》則附於其中。另外，程門傳述《太極圖》是事實，朱震與之相繫也是事實，因此，朱震所言圖說的傳承關係，應該有其具體的可確根據；肯定程氏之傳，所學又以程氏爲宗，固不應無端虛言造作。

　　朱震以《太極圖》由穆修所傳，經周子而至二程，胡宏的傳承之說與朱震同，於〈通書序略〉中指出「推其（周敦頤）所自，或曰傳《太極圖》於穆修也，傳《先天圖》於种放，放傳於陳摶，此殆其學之一師歟？非其至者也。希夷先生有天下之願，而卒與鳳歌荷蓧長往而不來者伍，于聖人無可無不可之道，亦似有未至者。程明道先生嘗謂門弟子曰：昔受學于周子，令尋仲尼、顏子所樂者何事。而明道自再見周子，吟風弄月以歸，道學之士皆謂

世人之不解。朱子肯定程氏之受學，在釋說《太極圖》時每以程氏之學互徵，他在〈太極圖通書後序〉中認爲「先生（周敦頤）之學，其妙具於太極一圖。《通書》之指，皆發此圖之蘊。而程先生兄弟語及性命之際，亦未嘗不因其說。觀《通書》之誠、動靜、理性命等章，及程氏之書李仲通銘、程邵公志、顏子好學論等篇，則可見矣」（見周敦頤撰，梁紹輝、徐蓀銘等點校《周敦頤集》，卷之四，頁 87。）認爲二家思想彼此相繫，程氏多因其說。另外，朱熹於〈通書後錄〉中也具體的引二程思想與周敦頤相互呼應，如「程先生曰：二氣五行，剛柔萬殊，聖人所由惟一理，人須要復其初」。（見周敦頤撰，梁紹輝、徐蓀銘等點校《周敦頤集》，卷之四，頁 85。）此說與周氏太極圖中的二氣五行概念相合。然而，朱熹對於程子未言或未詳傳周子之言者，乃恐顯天機之神，又憂後人之不識，這樣的講法僅是臆測之說。

13 楊柱才考證「《通書》一名，肯定不是周敦頤生前所定，而是其死後四五十年內形成的」。（見楊柱才《周敦頤哲學思想研究》，北京：人民出版社，2004 年 12 月北京 1 版 1 刷，頁 14。）《通書》是否爲周子所自名，已不可考，而從北宋潘興嗣所述，確無此名。楊先生所考，備供參酌。

程顥氏續孟子不傳之學，則周子豈特爲种、穆之學而止者哉」！
周子之學「包括至大，而聖門之事業無窮矣」；「宜其度越諸子，
直與《易》、《書》、《詩》、《春秋》、《語》、《孟》同流
行乎天下」。[14]述明二程受學於周子，高度肯定周子道學之功，
可與儒家聖典同流並位。對於《太極圖》所傳，也直說出於穆修，
同朱震所言。歷來學者往往依朱熹否定朱震的承傳之說，並以朱
震與胡宏二人同好，認爲是胡宏呼應朱震並爲誤，但是無確切可
以鑿證之論據以令人信服，只陷於各說各話的局面。

二、朱熹議論朱震之商榷

朱熹晚年致力於《太極圖》之考辨，以其具體成果與學術影
響力，其論斷或批評者，若擲千金，少有質疑非議者；對朱震的
批評，似乎也就如朱熹之定言。然而，二家參校考索，仍有諸多
商榷之處。

（一）非周子之新制

朱震以《太極圖》由穆修傳周子以至二程，並沒有斷明是由
陳摶、种放（西元？-1015 年）而至穆修，也就是說，朱震並未
明言《太極圖》是傳自陳摶，但是朱熹卻是如是稱說，自云「嘗
讀朱內翰震《進易說表》，謂此圖之傳，自陳摶、种放、穆修而
來」。[15]或許圖學思想的源頭，可由陳摶而起，但《太極圖》的
授受，朱震明確的指稱來自穆修，而自承以程氏爲宗，當深知此
一圖學的傳衍關係。或許《太極圖》在某些思想帶有《參同契》

---

14 見胡宏〈通書序略〉。引自周敦頤撰，梁紹輝、徐蓀銘等點校《周敦頤集》，
　卷之四，頁 86。
15 見朱熹〈太極圖通書後序〉。引自周敦頤撰，梁紹輝、徐蓀銘等點校《周
　敦頤集》，卷之四，頁 88。

以來的道教觀點，合陳摶的仙道老學的性格，卻不能以此而推說朱震指出《太極圖》是源自陳摶，畢竟朱震確實沒有這樣的說法。不過，縱使確說源自陳摶，又如何以斯爲非，歷來學者多有駁說而言之鑿鑿者，而令人信從的說服力卻不足。

　　《太極圖》是否爲周子之新創，至少依朱震之見，是承傳有自，或許周子作了改變或更爲新製，但應該在諸多的內容上，與穆修所言是相同的或相近的，也就是說，將《太極圖》視爲周子的決然獨創之作，仍當有所保留。然而，朱熹明白指出「周子蓋不得已而作」此圖說，而此作「語意峻潔而混成，條理精密而疏暢」，[16]堅定的認爲周子之學的深邃奧妙，透過此一圖象來呈現，故「莫備於太極之一圖」；[17]這樣的圖說成就，「決非种、穆所及」。[18]朱熹以《太極圖》爲周子之作，對朱震的傳承系譜作了直截的否定。

　　雖然朱熹在現實的學術環境中，有其既有的優勢，並造成深遠的影響，學者每有以茲爲正，並懷疑或否定朱震的說法，然而在其同時期，卻也有因此而造成學術論戰者，即與陸九韶（西元1128-1205 年）和陸九淵對於「太極」與「西銘」論題上的朱陸之爭；二陸在朱震認爲是穆修所傳的基礎上，質疑《太極圖》與周子關係，以《通書》不言「無極」，二作不類，「疑非周子所爲」，「或是其學未成時所作」，「或是傳他人之文」。[19]二陸

---

16 二括弧引文，見胡廣等奉敕撰《性理大全書‧太極圖》，卷一，頁 49、48。

17 見朱熹〈太極圖通書後序〉。引自周敦頤撰，梁紹輝、徐蓀銘等點校《周敦頤集》，卷之四，頁 89。

18 見朱熹〈太極圖通書後序〉。引自周敦頤撰，梁紹輝、徐蓀銘等點校《周敦頤集》，卷之四，頁 88。

19 見陸九淵《陸九淵集》，卷二，北京：中華書局，2008 年 9 月 1 版北京 2 刷，頁 22。

之說有其理據，而朱熹亦有圓說之主張，然而孰是孰非，在諸多觀點上，沒有明確的鐵證，仍難判定對錯。同樣的，回到朱熹對朱震的質疑與否定，在無法找出足以證說的有利理據，怎能以朱震沒有更爲詳細的說明或證據支撐就認定爲非，以朱震所學之背景，這樣的簡明傳承系譜的說法，必有其一定的道理與可能的真實性。

（二）本諸丹道而以儒學爲宗

　　歷來學者溯其學說源來，大都肯定具有道佛的色彩，從早期朱陸之爭，二陸兄弟即認爲其「無極」的說法，已然是老子觀點的再現，而朱熹則執守理學的立場，以其爲儒學的真傳，元明時期追隨其說者眾；然而明末以降學者的考索，如毛奇齡、黃宗炎、朱彝尊、胡渭等人，認爲其圖說帶有濃厚的道佛影子，甚至向這個方向靠攏。

　　《太極圖》中的丹道成分，不論從穆修或之前的陳摶的思想背景，乃至日後丹道之學的看重，本身固存丹道之學的養料，這是可以肯定的。朱震以周子之說源自穆修的方外之學，學說淵源與丹道之說貼近，但是對其《太極圖》的學術認同，並不從儒道的學術優劣或紛歧上去進行批判或述評，反而強調周子儒學本色的優位性，就如同時期的同好胡宏所強調的，周子是以儒學爲本位的「道學之士」，「其功蓋在孔孟之間」，「直與《易》、《詩》、《書》、《春秋》、《語》、《孟》同流行乎天下」。[20]雖承自具道教背景的穆修，仍不失其爲儒學中人，以其《通書》中所展現的道德倫常之內涵或以「誠」爲本的思想，就可以確立其儒學

---

20 見胡宏〈通書序略〉。。引自周敦頤撰，梁紹輝、徐蓀銘等點校《周敦頤集》，卷之四，頁 86。

的關懷。

三、無極與太極之義涵

朱熹稱著於理學，將中國哲學帶引到更具形上特質或新的多元面貌，使中國哲學走向更為璀璨豐富的局面。但是，好於改易經典或更易原說，一直以來都是他治學的習慣，對於易學也是如此，不論是先天後天之學、河圖洛書之學，乃至周子的《太極圖》也是如此。例如從圖式的早期結構來看，在朱熹之前，包括朱震、胡廣仲（西元？年）等人所傳圖式皆與之所校正之圖式有所差異，將胡廣仲所傳舊圖中的第二圈左半圈的「白中無點」改為「白中有黑」，將時紫芝（西元？年）所注《太極圖》第一圈內有一點直視作錯誤。並且，圖中的文字方面，將朱震、胡宏所傳圖式第一、二圈分別為陰靜、陽動定為第一圈，第一圈與第二圈間的右側標明的「陰靜」，以及第二圈與第三圈的上下之間標明的「陽動」，改為第二圈合為「左陽動右陰靜」。在圖說中的文字上，「靜極而生陰」，朱熹以「極」為衍字，故予刪改為「靜而生陰」。又早先九江舊家傳本所見的「無極而生太極」或是洪邁（西元1123-1202 年）編纂《國史》作「自無極而為太極」，朱熹堅持己說，強烈指稱當為「無極而太極」；[21]尤其在理解上，朱熹以

---

21 對於洪邁的「自無極而為太極」，朱熹提出強烈的抗議，指出：「不知其何所據而增此『自』、『為』二字也。夫以本文之意，親切渾全，明白如此，而淺見之士猶或妄有譏議。若增此字，其為前賢之累，啓後學之疑，益以甚矣。謂當請而改之之而或者以為不可。」（見朱熹《晦庵集‧記濂溪傳》，卷七十一，臺北：臺灣商務印書館景印文淵閣四庫全書本第 1145冊，1986 年 3 月初版，頁 406。）對於朱熹的說法，文獻所見，洪邁並沒有作出任何的說明。洪邁這樣的說法，毛奇齡《太極圖說遺義》中，肯定洪氏的可靠性，採用的是原本的內容。相關之論述，楊柱才作了詳細的說明，仍認為朱熹部分的看法有其確鑿的根據，是否確是如此，沒

「無極即是無形,太極即是有理」,[22]「無極」等同於「太極」,兩者本為一體,視之為「理」;假周子之說,捍衛其太極為理的學說主張,為個人之見,非周子之本然。

從語脈內涵而言,不論是「自無極而為太極」,或是「無極而生太極」,乃至「無極而太極」,基本上都應視為二個階段的生發歷程,至於朱熹所堅持的「無極而太極」,只能視為自己的看法;將無極等同於太極,以無極之真,決然為太極,「非太極之外復有無極」。[23]這樣的說法,很難視為周子之本義。

朱熹站在以「理」為主體的本位上,以「無極」為無形無狀卻是有理的概念,而「太極」亦為最高範疇之「理」,「無極」和「太極」同為一理,堅持二者合而為一,沒有先後的問題,否定二者為生發過程的二個不同之階段或歷程。朱震所傳衍的圖說,並沒有這種爭議或特別需要說明或辯護的部分;由無極到太極,作為生化推衍的兩個不同的過程,無文字語意上的難解或模糊之處。縱使從實際的圖式來看,黑白互對的圖式(或是黑白互間的坎離圖式,即《參同契》思想領域所云之《水火匡郭圖》),其上方雖只有一個圓圈,但不能視之為一定只是最初始的單一階段(無極即太極,亦即一理),它仍然可以作為結合周子言說的由無極到太極的兩個階段存在之認識;或許因為「無」,故無以體現其圓圖之存在,而至太極之時,陰陽之氣未分而若判之時,

---

有確切的文獻根據,已難辨是非;但是,不能因為反對朱熹之說就是「捨源逐流」,仍有諸多可以商榷討論之處。限於議題的主要論述取向,不予詳說考辨。詳參楊柱才《道學宗主－周敦頤哲學思想研究》,北京:人民出版社,2004 年 12 月 1 版北京 1 刷,頁 23-28。

22 見朱熹《晦庵集·答陸子美》,卷三十六,臺北:臺灣商務印書館景印文淵閣四庫全書本第 1144 冊,頁 4。

23 見胡廣等奉敕撰《性理大全書·太極圖》,卷一,頁 21。

以一個圓圖表徵，則「無極」與「太極」用一圓圖則足矣。

　　周子身處丹道高度發展的時期，也與道佛過從甚密，「無」的思想認識範疇自然萌生，且其時期不論是從本體論或是宇宙論的觀點看，並沒有刻意強調以「理」作為範疇概念的主張。「無極」以「真」為見，似乎為具有真實存在的最高本源，因為是最高性的，所以類似老子之道的那種無形的無可名狀的情形，至於它的本身是不是一種類似張載「太虛」的氣化內涵，則不得而知，但它作為第一性的認識，應當是不受質疑的。無極在生化系統中的具體內容，以及運化過程的主體角色，周子並沒留下更多可以根尋的文獻；周子借用老子思想而立作「無極」，但關注點仍在易學原本的「太極」概念上。

　　至於「太極」，朱震在《太極圖》的圖說文字中，也明白的指出「陰陽，一太極也」，太極內含著陰陽二氣，為陰陽二氣運化之初，或為沌渾未分之時，但仍是以「氣」而存在；在這裡，太極作為氣化的實體，是決然無疑的。然而，在整個圖說的生化系統裡，陰陽二氣之前有「太極」，在「太極」之前又有「無極」，這種在陰陽之前存在著「太極」之外的其它範疇，並不是周子《太極圖》的專利，早在漢代時期，如《淮南子》建構出「太始→虛霩→宇宙→元氣（分清妙與重濁）→天地→陰陽→四時→萬物」的創生過程，作為典型的氣化宇宙觀。[24]又如《易緯》也建構出

---

24 參見《淮南子・天文》：「天地未形，馮馮翼翼，洞洞灟灟，故曰太始。太始生虛霩，虛霩生宇宙，宇宙生元氣，元氣有涯垠，清陽者薄靡而為天，重濁者凝滯而為地。清妙之合專易，重濁之凝竭難，故天先成而地後定。天地之襲精為陰陽，陰陽之專精為四時，四時之散精為萬物。」以宇宙自然之演化生成，由天地未形之時的「太始」作為開端，進而生「虛霩」、「宇宙」、「元氣」、「陰陽」、「四時」，以至於萬物的形成，具體的提出萬物創生的歷程。其它包括〈精神〉、〈俶真〉等篇章，也提出天地萬物的肇生，始於元氣的概念。這種的氣化宇宙觀主張，成為兩漢時

由「太易」→「太初」→「太始」→「太素」，再化分爲天地陰陽，以進一步衍生萬物的生化體系，一種由無而有的變化歷程。[25]這種在陰陽二氣之前，增加了一個以上的生化範疇，某種程度與兩漢諸說相近，或許它貼近老子「道」、「無」思想的影響，[26]或許它仍在表述「氣」的原始狀態，但它視爲朱熹決然立說的「理」，則沒有具體的證據可以確切論定。

四、陰陽動靜之變

　　朱震圖式以「陰靜」在上，而「陽動」在下，似乎某種程度帶有陰靜在前而陽動在後的概念，存在著老子思想的影子，所以過去一些研究者，強調其主靜的觀點。另外，亦有學者認爲從圖式之最下方「萬物化生」的文字看，是自右向左的書明方式，則第二圈下二字亦應自右向左讀作「動陽」而非「陽動」，則圈上作「陰靜」可能是傳抄之誤，宜作「靜陰」。[27]不過，不論是「動

期以氣爲主體的典型觀點，也作爲黃老學說的可能主張。

25 參見《易緯乾鑿度》云：「昔者聖人因陰陽，定消息，立乾坤，以統天地。夫有形生於無形，乾坤安從生？故曰：有太易、有太初、有太始、有太素也。太易者，未見氣也；太初者，氣之始也；太始者，形之始也；太素者，質之始也。氣形質具而未離，故曰渾淪。渾淪者，言萬物相渾成而未相離。視之不見，聽之不聞，循之不得，故曰易也。易無形畔，易變而爲一，一變而爲七，七變而爲九，九者，氣變之究也，乃復變而爲一。一者形變之始，清雅者上爲天，濁重者下爲地。」（見《易緯乾鑿度》，卷上。引自鍾謙鈞《古經解彙函·易緯八種》，日本：京都市影印自光緒戊子年武英殿聚珍版，1998 年初版，頁 481。）此文又見《列子》與《白虎通》，文字內容相近。

26 晚近論述漢代的黃老思想，學者普遍以《淮南子》此說定位爲黃老的學說觀點。至於《乾鑿度》此一說法，歷來也普遍以老子的有形與無形的觀點進行探討。不論說法是否精確，但在陰陽二氣之前，確實存在著多種不同的生化層次。

27 參見郭彧《易圖講座》，北京：華夏出版社，2007 年 1 月北京 1 版 1 刷，頁 67。

陽」或「陽動」，「靜陰」或「陰靜」，皆在說明由太極而演化
爲陰陽，陰陽的運動爲「動而生陽。動極而靜，靜極而生陰。靜
極復動」的狀態，陽動與陰靜爲陰陽之氣的自然狀態；就位置來
看陽動之氣在下方，即「子」之位，而陰靜之氣在上方，即「午」
之位，也就是漢儒如京房所強調「陰從午，陽從子，子午分行」[28]
的陽生於子而陰生於午之主張，亦即邵雍的天根與月窟之位。因
此，第二圈圖式的開展，不能單從由上而下的順序去看，必須考
慮方位的視角，就如第三層的五行布列的概念一樣。陰陽的生成
運動，「一動一靜，互爲其根」，動中有靜，靜中有動，亦即陽
中有陰，陰中有陽，彼此互相生成，而能爲之「神」。因此，陰
陽的動靜運化，並不以陰靜爲主，二者共爲太極，彼此共生並存；
若真要強作先後分別，反而當以陽動爲先，陰靜在後，同於《彖
辭傳》的「大哉乾云，萬物資始，乃統天」，「至哉坤元，萬物
資生，乃順承天」的概念，[29]也同於《易緯》所謂「易變而爲一」，
一陽之動，變而爲七，再而爲九，爲氣變之究；並復變爲二，爲
六，再而八的過程。[30]

　　另外，圖中的陰陽左右的互存，即《周易參同契》「坎離匡
郭，運轂正軸」思想，[31]後來所衍生出的《水火匡廓圖》。漢代
學者魏伯陽（西元？年）與虞翻（西元 164-233 年）特別關注乾
坤兩卦之外的坎離二卦，以此四卦共構出宇宙運化的圖式。這樣
的認識在周子《太極圖》此層圖式中再一次的有機的開展出來。

28 見京房《京氏易傳》，卷下。引自郭彧著《京氏易傳導讀》，濟南：齊魯
　　書社，2002 年 10 月 1 版 1 刷，頁 133。
29 見乾坤二卦之《彖辭傳》。引自朱震《漢上易傳》，卷一，頁 6、14。
30 參見《易緯乾鑿度》，卷下，頁 488。
31 見魏伯陽《周易參同契》云：「乾坤者，《易》之門戶，眾卦之父母。坎
　　離匡郭，運轂正軸，牝牡四卦，以爲橐籥」。見魏伯陽《周易參同契》，
　　卷上，臺北：新文豐出版公司，1987 年 6 月臺 1 版，頁 1。

乾坤陰陽的互含推變，流行變化，而產生圖式右面的坎☵水之象，以及左面的離☲火之象；一陽入於坤而爲坎，坎爲陰中之陽，而一陰入於乾而爲離，爲陽中之陰。坎離爲陰陽互含的象徵，也代表日月的進退斡轉。因此，沿著《參同契》的丹道觀點，以坎離爲乾坤陰陽之用，它的本身，不能視之爲「兩儀」或「陰陽」。[32]坎離是陰陽動靜變化的結果。這樣的主張，一直爲《參同契》一系的丹道之主流思想，周子也給予直接的承繼，作爲宇宙發展圖式中的一部分。這種陰陽互根而使陽動爲二陽一陰的陽中有陰，以及陰靜而二陰一陽的陰中有陽，使陽動與陰靜彼此可以相互轉化，陰陽的變化保持永恆的能動性。

　　歷來論述者，有考索認爲朱震原圖當爲左白（陽）右黑（陰）者，即《道藏》所收稱《周氏太極圖》者。《道藏》所列圖式，與明英宗正統十年（西元 1446 年）從《正統道藏》所收《上方大洞真元妙經圖》中的《虛無自然之圖》相近，亦近於楊甲《六經圖》所言圖式。[33]特將丹道的《周氏太極圖》與《太極先天圖》列作參照如下：[34]

---

32 有關「水火匡廓圖」的考辨，以及坎離的重要地位之論述，參見胡渭撰、鄭萬耕點校《易圖明辨》，卷三，北京：中華書局，2008 年 2 月 1 版北京 1 刷，頁 61-64。

33 圖式內容分層圖式的差異，以及圖式出處演變之概況，鄭吉雄先生《易圖象與易詮釋》進行詳細的考索與論述。（參見鄭吉雄《易圖象與易詮釋》，臺北：財團法人喜瑪拉雅研究發展基金會，2002 年 2 月初版，頁 231-287。）又郭彧《易圖講座》中，亦有詳述。（參見郭彧《易圖講座》中，頁 71-72。）

34 胡渭考索認爲唐代《真元妙經品》中即存有《太極先天圖》，（見胡渭《易圖明辨》，卷三，頁 66。）但歷來學者普遍存疑。二圖式轉引自李申、郭彧《周易圖說總匯》（中），上海：華東師範大學出版社，2004 年 4 月 1 版 1 刷，頁 803、850。

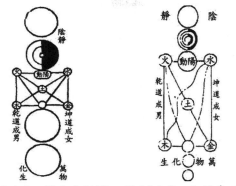

圖 10-1-2　周氏太極圖　　圖 10-1-3　太極先天圖

　　有關圖式在朱陸鵝湖之會的爭辨中，並沒有引據推駁，且同時期相關文獻中，也沒有具體可證的確切記載，故學者大致認為是在此之後的丹道之學所用周氏圖式之傳述與改造，皆在朱震圖式之後。這些圖式，除了在「陰靜」與「陽動」之位置與朱震原圖相呼應且有別於朱熹圖式外，很重要的是《周氏太極圖》的第二層圖，陰陽剖判於左右，與朱震或朱熹那種《周易參同契》的「水火匡廓」之狀不同。

　　朱震所傳周子圖式，此層陰陽互根而具動態性的變化，與《周易參同契》的認識觀點相近，尤其反應出乾坤以外的坎離二卦之重要性，賦予乾坤以陰陽的元質本色和變化之性，以及天地的空間方位概念，並藉彼此的相交，以映現坎離二卦所表彰的日月轉化之時空內涵；使乾坤的陰陽變化結合坎離的日月運動，萬物存在的時空意義得以合理構成。

　　乾坤坎離四卦，雖共成萬有的變化之源，但乾坤作為陰陽的概念，仍是太極內的二個唯一元素，陰陽仍是萬有之源，所謂「乾道成男，坤道成女。二氣交感，化生萬物，萬物生生而變化無窮」，萬物的生成變化，由陰陽化存在。乾坤之優位性，仍然遠遠超越

坎離；至少在文字的論說上，朱震並沒有提到坎離在此之中的定位，也沒有刻意凸顯坎離的價值。

五、陰陽推布五行

第三層爲由陰陽進一步生化形成的五行結構，陰陽二氣的交感變化而產生五行之氣，最後再成於「萬物化生」。藉由「陽變陰合，而生水火木金土」，使「五氣順布，四時行焉」，五行同爲氣化的概念，同有陽動陰靜的本質，以此進一步推布四時變化，產生天地萬物，確立萬物的存在規律。因此，太極推衍陰陽，陰陽產生五行，則五行統一於陰陽，而陰陽又歸於太極歸於無極，五行也同歸於太極與無極。

五行此五行結構的基本性質是「二五之精，妙合而凝」，類似毛奇齡《太極圖說遺議》所說的「三五至精圖」，[35]由乾坤陰陽之兩儀，進一步推定出四時之四象，以五行中之木火金土分別代表四時，即木春、火夏、金秋、水冬，至於土則王四季，也就是《周易參同契》所謂的「土旺四季，羅絡始終。青赤白黑，各居一方」的說法。[36]這種五行合四時的說法，成爲周子《太極圖》生化系統中的一環，具體的反應在圖式的動態且立體之性質下開展出來。

至於「二五之精」的概念，歷來學者從丹道之學的觀點進行考證，認爲當爲「三五之精」，即張伯端（西元 987-1082 年）《悟真篇》所說，「三五一都三箇字，古今明者實然稀。東三南二同

---

35 參見毛奇齡《太極圖說遺議》。引自毛奇齡撰，鄭萬耕點校《毛奇齡易著四種・太極圖說遺議》，北京：中華書局，2010 年 1 月 1 版北京 1 刷，頁 97-99。

36 見魏伯陽《周易參同契》，卷上，頁 2。

成五，北一西方四共之。戊己自居生數五，三家相見結嬰兒」。[37]

從五行方位確立三方各爲五數。毛奇齡作了更爲清楚的說明，云：

> 分五行爲三五：中央土一五也，天五生土也；左火與木共
> 一五也，地二生火、天三生木也，二三，五也；右水與金
> 又共一五也，天一生水、地四生金也，一四，亦五也。故
> 其爲生序，則水承坎下，火承離下；其爲行序，則金盛爲
> 水，木盛爲火，而合而復歸於一元。則此一○者，三五之
> 合，非二五之合；三五之精，非二五之精。[38]

此即以天地之數合五行而立說，也是《繫辭傳》的天地之數的認
識範疇。在生數方面，天一生水，地二生火，天三生木，地四生
金，天五生土；土位中央爲一五，火二木三合爲一五，水一金四
又合爲一五。以此五行方位並數字之概念，稱作「三五之精」。
由生數進一步推定出成數的認識，則天一生水合五土爲六，地二
生火合五土爲七，天三生木合五土爲八，地四生金合五土爲九；
六七八九共構出宇宙自然一切存在的根本內涵，這四個數也象徵
四象，也代表著陰陽的本身，並爲宋儒的普遍觀點。雖然朱震於
周子的《太極圖》中並未談及數字的概念，但確實可以從這樣的
方向進行論述與建構，然而朱子記載下的周子之觀點，「二五之
精」是否如毛氏所說的當爲「三五之精」？且其內容又爲此生數
的結聯主張？這是有必要作澄清的。

　　首先，周子確實以「二五之精」立說，非毛氏所言之「三五
之精」；其二，「二五之精」的最重要內容非僅就生數的概念；

37　見張伯端撰，翁葆光註，戴起宗疏《悟真篇註疏》，卷上，臺北：臺灣商
　　務印書館景印文淵閣四庫全書本 1061 冊，1986 年 3 月初版，頁 450。
38　見毛奇齡《太極圖說遺議》。引自毛奇齡撰，鄭萬耕點校《毛奇齡易著四
　　種‧太極圖說遺議》，頁 98-99。

其三，「二五之精」的具體內容，是專「氣」的理解而言，「二」即陰陽二氣，「五」爲陰陽所推布出的五行，即周子《通書》所說的「二氣五行，化生萬物」，[39]五行由二氣所推，則不論是二氣或五行，本質上都是氣的變化與存在。其四，陰陽之氣推布五行，此五行的結構可以聯結生成數的認識，最後並入於六、七、八、九的成數之運化主張。這四數或回歸於生數，皆同爲陰陽的概念，同爲四方與四時的意義，亦同爲五行分佈與變化。

　　四時配五行，早在《左傳·昭公元年》所謂「分爲四時，序爲五節」之說，已見其芻型，其後《管子·五行》明確以天干、五行配四時。[40]兩漢時期爲陰陽五行配於干支歷律的鼎沸階段，包括《淮南子·時則》、《呂氏春秋》、《禮記·月令》，以及《史記》中都有詳備之論述，其中如《淮南子·時則》以孟春之月，盛德在木；孟夏之月，盛德在火；季夏之月，盛德在土；孟

39　見周敦頤《通書·理性命第二十二》。引自周敦頤撰，梁紹輝、徐蓀銘等點校《周敦頤集》，卷之四，頁 76。

40　《管子·五行》云：「日至，睹甲子木行御。……然則冰解而凍釋，草木區萌。贖蟄蟲卵菱，春辟勿時，苗足本，不癘雛鷇，不夭麑䴠。……睹丙子火行御。……然則天無疾風，草木發奮，鬱氣息，民不疾而榮華蕃。……睹戊子土行御。……然則天爲粵宛，草木養長，五穀蕃實秀大，六畜犧牲具。……睹庚子金行御。……然則晝炙陽，夕下露，地競環，五穀鄰熟，草木茂實，歲農豐年而大茂。……睹壬子水行御。……然則羽卵者不段，毛胎者不牘，䖵婦不銷棄，草木根本美。」（引自《諸子集成》本，戴望《管子校正》，北京：中華書局，1996 年 2 月 1 版北京 9刷，頁 242-243。）冬至起以甲子配木，歷七十二日後爲夏令之始，丙子配火，又歷七十二日，爲夏事之畢，進爲戊子配土，爲夏秋之際，又經七十二日而入秋令，庚子配金，歷七十二日而秋事畢，並入於壬子配水，爲冬藏之令。年分五等，配以五行，此種說法，《淮南子·天文》中也有記載：「壬午冬至，甲子受制，木用事，火煙青。七十二日丙子受制，火用事，火煙赤。七十二日庚子受制，金用事，火煙白。七十二日壬子受制，水用事，火煙黑。七十二日而歲終，庚子受制。」（引自劉安著，劉文典集解《淮南鴻烈集解》，北京：中華書局，1997 年 1 月 1 版北京 2刷，頁 105。）又將五色納入相配。

秋之月，盛德在金；孟冬之月，盛德在水。[41]這種五行分屬四時

41 見《淮南子‧時則》云：「孟春之月，……其位東方，其日甲乙。盛德在
木。仲春之月，……其位東方，其日甲乙。季春之月，……其位東方，
其日甲乙。孟夏之月，……其位南方，其日丙丁。盛德在火。仲夏之月，……
其位南方，其日丙丁。季夏之月，……其位中央，其日戊己。盛德在土。
孟秋之月，……其位西方，其日庚辛。盛德在金。仲秋之月，……其位
西方，其日庚辛。季秋之月，……其位西方，其日庚辛。孟冬之月，……
其位北方，其日壬癸。盛德在水。仲冬之月，……其位北方，其日壬癸。
季冬之月，……其位北方，其日壬癸。（劉安《淮南子‧時則》，卷五。
引自劉安著，劉文典集解《淮南鴻烈集解》，頁 159-183。）《淮南子‧
時則》以夏季配五行中的火、土二元，即孟夏配火，季夏配土，此即「土
王季夏」之說。《淮南子‧天文》也提出「東方木也」，「其日甲乙」；「南
方火也」，「其日丙丁」；「中央土也」，「其日戊己」；「西方金也」，「其日
庚辛」；「北方水也」，「其日壬癸」。以木、火、金、水四行各治一季，而
土行則是「制四方」，排除了將土統四時之配當。對此，董仲舒《春秋繁
露‧五行對》進一步解釋云：「水為冬，金為秋，土為季夏，火為夏，木
為春。……土者火之子也，五行莫貴於土，土之於四時無所命者，不與
火分功名。」雖然賦予土以「五行莫貴於土」的崇高地位，卻也只能處
於「土者火之子」的處境。不過，也因土行的地位不斷的提高，進而發
展出將春、夏、秋、冬四季的各季之末月配土之法，此即「土王四季」
說。所以《淮南子‧天文》云：「甲乙寅卯木也，丙丁巳午火也，戊己四
季土也，庚申辛酉金也，壬癸亥子水也。」以月配十二辰，寅為孟春，
卯為仲春，辰為季春，巳為孟夏，午為仲夏，未為季夏，申為孟秋，酉
為仲秋，戌為季秋，亥為孟冬，子為仲冬，丑為季冬；四季辰、戌、丑、
未皆土，而十干戊己配土，故〈天文訓〉說「戊己四季土也」。如此一來，
五行中土行共配四個月，而其它四行則各僅配二個月，土行過重，有失
比例，因此，又回到五行每行七十二日，只不過土行的七十二日是分布
在四季的後十八日，四個十八日，則為七十八日。此種配法，保留了「土
制四方」與「五行莫貴於土」的基本思想，並使五行與四時的配當趨於
整齊，「土王四季」的觀念得以確立，一直沿用至後世。不過，此種配法，
仍存有其實際上的矛盾，即水、火、木、金四行各配以二支，而土行配
以四支；由於一個月三十日，可以取其十分之六（十八日）來配五行之
土，但一個支卻不能分割而取其分數來與五行相配，從而導致一個季月
可取其十分之六的日數配土，而該月之支名卻得全部配土的矛盾現象。
此外，在方位上，戊、己二干配土，卻配方位於中央，辰、戌、丑、未
四支配土，卻不配方位於中央，而是配方位於周邊，此也是難以改變的
矛盾事實。為了解決此一矛盾，〈天文〉則以「子午卯酉為二繩，丑寅辰
巳未申戌亥為四鉤」，明確地以支名論周邊十二方位，雖不盡理想，也大
致解決其間的紛歧。

的認識，更修正發展出「分土以王四季」的主張，周子《太極圖》的五行順布思想，也是在傳統的陰陽五行觀的基礎下建立的。五行成為宇宙生化系統下的重要一環，它是陰陽的進一步推衍之氣性，更表徵出時空的意涵，為宇宙自然存在的重要基源。朱震解釋《周易》經傳，特別重視五行之說，亦當受周子《太極圖》思想的影響。

六、人極理想的關懷

周子確立宇宙自然的生化體系，最終仍落實在立人極的「人」的本質關懷上，他強調「唯人也，得其秀而最靈。形既生矣，神發知矣，五性感動而善惡分，萬事出矣。聖人定之以中正仁義而主靜，立人極焉」。將人與自然運化之道聯結在一起，人與萬物皆為陰陽五行的氣化而生，人與萬物存在著根本的差異，在於人為陰陽五行氣化過程中最具靈秀者，類似孟子所說「人異於禽獸者幾希」－在於人具有仁義禮智四端的道德本性的概念；人作為萬物靈者，本諸人得自自然的五行之性，並為人異於萬物的本質所在。

聖人效法天地自然之性，依據此陰陽五行運化之秀下的人性本質，律定「中正仁義」且「主靜」的人生修養功夫，確立為「人極」的價值導向。「中正仁義」為「人極」的客觀要件，此一客觀的、超驗的、自發的對人起作用的人道內容與規範，建立於人的自覺之中，並轉化為自覺的踐履，推為主觀的自覺，即以「主靜」作為「人極」的主觀要件，[42]使人能藉由「主靜」而顯其「中

---

42 「中正仁義」與「主靜」作為「人極」的客觀與主觀之條件，參見邢冠群《周敦頤哲學思想研究》，長春：吉林大學中國哲學研究所碩士論文，2009 年 4 月，頁 10。

正仁義」，使人能自覺於「人極」的實踐與追求。從無極而太極，到人極的終極期待，是一種順應與把握自然氣化的本然之道，「中正仁義」與「主靜」正是自然天道的映現，由自然天道的無極而太極，以及陰陽五行，入於具有道德意涵的人極，將人與天聯繫爲一體。宇宙的陰陽運化之有序，同於人的中正仁義之道德規範，確立此一道德內涵，成爲「人極」理想的必要。

　　中正仁義始終爲儒家思想的核心價值，傳統儒家以仁義一以貫之，且早期的孔子易學詮釋進路，又著重於德義的主流觀點；中正除了爲《中庸》與孔子正名所倡，更爲易學的和諧公正的至當之道。儒家的價值體系與價值理想，最終仍落實在「人」的本身，最終仍強調人的道德關係。無極而太極，乃至陰陽五行的運化，「人」於此中出類拔萃，此一陰一陽的運化之道，由人極來證成。由無極而太極的天道自然到人極的期待，是一種效法天道自然入於人倫道德的理想與實踐。

　　聖人效法天地自然之道，立《易》體現此自然之道，並以之作爲人事之準則，則《易》中無不體現此自然之道下的「中正仁義」、「主靜」之性，以及「寂然不動」之「誠」，[43]爲太極之通澈與體現，成爲聖人傚天地自然所立之人倫道德準則規範。這些重要的思想主張，爲周子《太極圖》的終極價值所在，並爲《易》道所固存。所以，周敦頤本著《繫辭傳》的本義，指出「聖人與天地合其德，日月合其明，四時合其序，鬼神合其吉凶。君子修

43　參見周敦頤《通書》云：「寂然不動者，誠也；感而遂通者，神也；動而未形，有無之間者，幾也。誠精故明，神應故妙，幾微故幽。誠、神、幾，曰聖人。」（見周敦頤撰，梁紹輝徐蓀銘等點校《周敦頤集·通書》，卷之四，頁 67。）「誠」作爲成聖之法要，是一種寂然不動、由靜入於動的動靜有常之展現。

之吉，小人悖之凶」。[44]聖人本著中正仁義之道德內涵，與天地、日月、四時與鬼神相互參合，藉以表彰天地自然之性。這些概念雖從《太極圖》出，但也直與《周易》之主體價值相合。故這些概念，在朱震的經傳釋義中，也具體的呈現出來；一種儒道相摻而重於儒家的道德義涵之述《易》本色。

　　《太極圖》的宇宙圖式，以及相關圖式思想的陳述，朱震提供了第一手資料，儘管以朱熹為首的歷來學者提出了部份的質疑，但在沒有確切的新證以前，他的論述仍是最重要的依據。尤其周氏與丹道之學的深厚淵源，丹道的後啓者亦有能夠跳脫出朱熹的理解思維，其圖式取向，也明顯近於朱震所傳者；以朱熹理解認識周子《太極圖》，也只能視為朱熹的認識觀點之延續，是否為周子之本然，至少已如前述所見，朱熹之諸說是有待商榷的。朱震立作進書，在當時學術上何其莊重崇敬的事，不論是作為程門之後，或是在具體陳說易學授受的傳衍脈絡與相關圖式呈現，在同時的著名學者群中，並沒有提出異議者。

第二節　《河圖》與《洛書》述評

　　河洛之說由來已早，其圖式明確傳衍的文獻來源，主要來自朱震；然而朱震「河九洛十」之說，卻在日後為朱熹的「河十洛九」所取代，此數字上的不同，至今仍眾說紛紜。對此之說，朱震有其堅定的主張，並且對二者之內容，進行具體而詳細的申明。

---

44 見周敦頤《太極圖說》。引自朱震《漢上卦圖》，卷上，頁 313-314。

一、聖人法象以立「河九洛十」

　　「河圖」與「洛書」名稱的相關記載，早在唐宋以前的先秦兩漢時期就已普遍，如《尚書・顧命》云「天球河圖在東序」。《論語・子罕》云「鳳鳥不至，河不出圖」。鄭玄（西元 127-200 年）以為「河圖、洛書皆龜龍銜負而出」。《繫辭傳》云「河出圖，洛出書」。孔安國（西元？年）以為「河圖」即八卦是也，「洛書」即九疇是也。鄭玄據《春秋緯》云「河以通乾出天苞，洛以流坤吐地符。河龍圖發，洛龜書感。河圖有九篇，洛書有六篇」。《竹書紀年》云「龍圖出河」。《帝世紀》云「河出龍圖，洛出龜書」。《禮記・禮運》云「天降甘露，地出醴泉，山出器車，河出馬圖，鳳凰麒麟，皆在郊棷」。孔安國又云「伏羲氏王天下，龍馬出河；禹治水時，神龜負文」。楊雄（西元前 53-後 18 年）〈覈靈賦〉云「河序龍馬，洛貢龜書」，《尚書中候》亦云「龍馬啣甲，甲似龜背」。《墨子・非攻》云「天命文王，伐殷有國，泰顛來賓，河出綠圖，地出乘黃」。《淮南子・俶真》云「河出丹書，洛出綠圖」（四庫本改作「洛出丹書，河出綠圖」）。《春秋緯》云「河以通乾出天苞，洛以流坤吐地符。河龍圖發，洛龜書感。河圖有九篇，洛書有六篇」。孔安國又謂「龍馬出河，伏羲則其文以畫八卦；神龜負文，禹遂因而第之以成九類」。王充（西元 211-297 年）《論衡・正說》云「河出圖，洛出書，伏羲王河圖從河水中出，易卦是也。禹之時，得洛書，書從洛水中出，洪範九疇是也。故伏羲以卦治天下，禹案洪範以治洪水。古者黃帝氏之王得河圖，夏后因之曰連山；烈山氏之王得河圖，殷人因之曰歸藏；伏羲氏之王得河圖，周人因之曰周易」。班固（西元 32-92 年）《漢書・五行志》引劉歆（約西元前 50 年-後 23 年）

之言，云「伏羲氏繼天而王，受河圖則而畫之，八卦是也。禹治
洪水，賜洛書，法而陳之，洪範是也」。《穆天子傳》云「玉果、
璇珠、燭銀、金膏等物，皆河圖所載，河伯以禮。穆王視圖視典，
方乃導以西邁矣」。在讖緯方面的論著，以二者爲名者即有如《河
圖括地象》、《河圖稽命曜》、《河圖挺輔佐》、《河圖錄運法》、
《河圖真鈎》、《河圖著命》、《河圖矩起》、《河圖天靈》、
《河圖祕徵》、《河圖玉版》、《河圖八文》、《洛書錄運法》、
《洛書稽命曜》等等。[45]這些典籍所載對「河圖」與「洛書」的
認識，一直具有高度的神祕性與似乎具有某種高度超驗的訊息能
力存在，除了部份涉及到與易學系統有著不明的關聯性外，它們
又往往是盛世之際的祥瑞符應，也是帝王之圖載江山寶器之典
冊。然而它們的實質面貌，乃至以圖象的形式呈現，至少兩漢魏
晉的著名易學家，包括施（施讎，西元？年）、孟（孟喜，西元？
年）、梁丘（梁丘賀，西元？年）、京（京房，西元前 77-前 37
年）、焦（焦延壽，西元？年）、費（費直，西元？年）、馬（馬
融，西元 79-166 年）、鄭、荀（荀爽，西元 128-190 年）、虞、
何晏（西元 190-249 年）、王弼（西元 226-249 年）、陸績（西
元 187-219 年）、干寶（西元？-336 年）、王肅（西元 195-256

---

45 相關文獻資料十分龐富，不作細註。歷來學者多有針對有關文獻進行考
　索論述者，如宋代胡方平《易學啓蒙通釋》，即針對二者進行詳述。（見
　胡方平《易學啓蒙通釋‧圖》、〈本圖書〉，卷上，臺北：臺灣商務印書館
　景印文淵閣四庫全書本第 20 冊，1986 年 3 月初版，頁 656-674。）宋元
　代吳澄《易纂言外翼》亦有詳考。（見吳澄《易纂言外翼‧易原》，卷七，
　臺北：臺灣商務印書館景印文淵閣四庫全書本第 22 冊，1986 年 3 月初
　版，頁 667-675。）又如毛奇齡著《河圖洛書原舛編》，特別就二者進行
　詳細的考辨。（見毛奇齡《河圖洛書原舛編》。參見毛奇齡撰，鄭萬耕點
　校《毛奇齡易著四種》，頁 69-91。）其它又如清代江慎修《河洛精蘊》、
　胡渭《易圖明辨》，皆有考辨。歷來考論者眾，不及一一備載。

年）、孔穎達（西元 574-648 年）、陸德明（西元 550？-630 年）、
李鼎祚（西元？年）諸家所傳述之文獻論著中，都沒有實質而具
體的記載相關的圖式內容。這方面的圖式內容，應當源自於魏伯
陽《周易參同契》一系的丹道之學，至陳摶時期才真正的傳衍見
世。

　　《易》之著成，從文獻所載，始於伏羲之作八卦，《繫辭傳》
所謂「古者包犧氏之王天下也，仰則觀象於天，俯則觀法於地，
觀鳥獸之文與地之宜，近取諸身，遠取諸物，於是始作八卦，以
通神明之德，以類萬物之情」。[46]八卦之形成，始於伏羲，從「仰
觀龍虎鳥龜之文，其形成於地；俯觀山川原隰之宜，其象見於天。
凡在地者，皆法天者也。近取諸身，則八卦具於百骸而身无非物；
遠取諸物，則八卦具於萬物而物无非我。故神明之德雖異，而可
通萬物之情雖眾，而可類其道，至於一以貫之，此包犧氏所以作
《易》」。[47]朱震本於古說，以聖人之觀象設卦，本自於伏羲始
作八卦，而此八卦之作，更進一步認爲「龜具八卦五行天地之數，
神物也，故聖人則之」。聖人即效法神龜所現八卦五行天地之數，
並且則之效之於「《河圖》九宮，《洛書》五行」；從「蓍龜而
信天地、四時、日月之象數，以《河圖》、《洛書》而信蓍龜之
象數。信矣，其不疑也，於是乎作《易》」。因此，不論是「大
衍之數、八卦、五行，作《易》者則之。故乾、坤、坎、離、震、
巽、艮、兌三畫之卦，爻合皆九、六、七、八。九數皆十五，水
六、火七、木八、金九，五行之數具焉」。[48]朱震強調不論是天
地之數、大衍之數，乃至陰陽之四數與九宮合十五之數，以及四

46　見《繫辭下傳》。引自朱震《漢上易傳》，卷八，頁 247。
47　見朱震《漢上易傳》，卷八，頁 248。
48　括弧諸引文，見朱震《漢上易傳》，卷七，頁 242-243。

時、五行與八卦，皆由《河圖》與《洛書》而著，《河圖》與《洛書》同爲易學系統與思維建構的源頭，更是卜筮操作與用數的依據，《河圖》與《洛書》正是一套最爲樸素的宇宙圖式。

文獻中的《河圖》與《洛書》之傳衍授受，最明確與最早出現於朱震所言，認爲始於陳搏而傳至劉牧。二圖式皆以天地之數值表徵宇宙自然氣化之布列，包括劉牧、朱震、程大昌（西元1123-1195年）、張行成（西元？年）、郝大通（西元1140-1212年）等人，以《河圖》之數爲九，《洛書》之數爲十，即「河九洛十」之說，也就是朱震所不斷強調以天地之數爲《河圖》與《洛書》之數，而以「九者，《河圖》數也；十者，《洛書》數也」。[49]然而，至朱熹刊定二圖爲《河圖》之數爲十，《洛書》之數爲九的「河十洛九」之說以來，以其學術地位之崇高，《周易本義》爲官方教科書，影響之深使之確定爲普遍被接受的正統說法，歷來包括如蔡元定（西元1135-1198年）、吳澄（西元1249-1333年）、張理（元元？年）等人，乃至今天論及《河圖》與《洛書》的主張，大都不假它說的以「河十洛九」爲當然之觀點。

二、《河圖》之結構內涵

朱震陳述《河圖》的傳衍授受與其圖式內容，如下所示：

> 右《河圖》，劉牧傳於范諤昌，諤昌傳於許堅，堅傳於李溉，溉傳於种放，放傳於希夷陳搏。其圖戴九履一，左三右七，二、四爲肩，六、八爲足，縱橫十有五，總四十有五。列禦寇曰：「易者，一也。一變而爲七，七變而爲九，九復變而爲一。」李泰伯曰：「伏羲觀《河圖》而畫卦。」

---

49 見朱震《漢上易傳》，卷七，頁235。

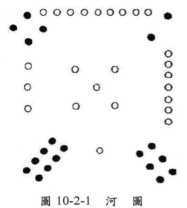

圖 10-2-1　河　圖

禦寇所謂變者，論此圖也。一者，太極不動之數；七者，大衍數；九者，玄數也。泰伯謂畫卦，亦未盡其實。大衍五十之數，寓於四十五之中。《黃帝書》土生數五，成數五，《太玄》以五五為土，五即十也。其在《周官》天府，凡國之玉鎮大寶器藏焉。大寶器，《書》所謂天球，《河圖》在東序是也。其在《易》則見於《繫辭》。王洙曰：「《山海經》云：伏羲氏得《河圖》，夏后因之，曰《連山》。黃帝氏得《河圖》，商人因之，曰《歸藏》。列山氏得《河圖》，周人因之，曰《周易》。斯乃杜子春之所憑，抑知姚信之言非口自出，但所從傳者異耳。梁武攻之，涉于率肆。」《易》曰：「河出《圖》，洛出《書》，聖人則之。」仲尼曰：「鳳鳥不至，河不出《圖》，吾已矣！」夫蓋聖人受命，必有符瑞，若《圖》出不再無勞歎，僕謂河伯不智，為妄矣。[50]

朱震認為《河圖》是由陳摶傳予种放，放傳予李溉，溉再傳許堅，堅再傳范諤昌，最後傳給劉牧。朱震以《河圖》近傳自劉牧，而此圖式與劉牧《易數鉤隱圖・遺論九事》所述《太皞氏授龍馬負圖》相符，圖式與劉牧之說明如下：

50　見朱震《漢上卦圖》，卷上，頁 308-309。

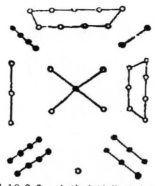

圖 10-2-2　太皞氏授龍馬負圖

昔宓犧氏之有天下，感龍馬之瑞，負天地之數出於河，是謂「龍圖」者也。戴九履一，左三右七，二與四為肩，六與八為足，五為腹心，縱橫數之皆十五，蓋《易繫》所謂參伍以變，錯綜其數者也。太皞乃則而象之，遂因四正定五行之數，以陽炁肇於建子為發生之源，陰炁萌於建午為肅殺之基，二炁交通，然後變化所以生萬物焉，殺萬物焉。[51]

劉牧在九個數字的列位上，與朱震所載相同，且九宮縱橫之數皆為十五。同時將天地之數配於四方與五行，並以天一配坎，地二配離，天三配震，地四配兌，天五居中，又以子配地六，午配天七，卯配地八，酉配天九。以陽氣肇端於建子之位，即天一配坎的北方之位，而陰氣萌發於建午之位，而午位為陽，則入於地二配離之位，坎離日月二氣交通，則萬物變化生成。

朱震所傳《河圖》的圖式數值總合為四十五，以九個數分列遍行九宮的象龜之形，其縱橫合數皆為十五。此《河圖》即朱熹所倡的並流行於之後所普遍認定的《洛書》圖式。並舉列禦寇（西

---

51 見劉牧《易數鈎隱圖・遺論九事》，臺北：新文豐出版公司正統道藏本第4冊，1988 年 12 月再版，頁 794。

元？年）之言，即《列子》乃至《易緯》所載的漢代普遍的藉由數字以代稱陰陽氣化的說法：以易爲一，由一而變爲七，再變爲九，再復變爲一。認爲數字本身即表徵宇宙生成氣化的概念，其一爲太極沌渾不動的初始之數，而七爲大衍數，九爲極數，亦即陽氣之究；並以列禦寇所言這些數字的變化，即是論說此圖之數。同時，朱震認爲大衍五十之數，乃至策數六、七、八、九等四個數，皆寓於此《河圖》四十五數之中。何以五十數之大，能寓於較小的四十五數之中？此或許即後人所云原來之數仍爲天地之數的總合，但以其地數「十」數在龜背而未顯，故現之以四十五數，如宋元之際丹道之士郝大通《太古集》中的《河圖》即以此立說。[52]至於大衍之數寓此《河圖》之中，則在推求出象徵陰陽氣化的九、六、七、八四數，「六者，一五也。七者，二五也。八者，三五也。九者，四五也。與六、七、八、九，則一、二、三、四、五具。所謂五與十者，未始離也。五與十中也，中不可離也」。《河圖》十五之數，隱於此天地之數當中。[53]其氣之壯以七、八，合數爲十五，氣之究以九、六，合數亦爲十五，「十五」數即同於九宮的縱橫合數。朱震又引《易傳》與仲尼之言，說明聖人因之作《易》的可能性。並且以王洙引《山海經》之說，認爲伏羲、

---

52 參見郝大通云：「天地奇偶之數而成《河圖》，則有五十有五，惟此圖書則四十五數而遍九宮，象龜之形狀。頭九尾一，左三右七，二四爲肩，六八爲足，此自然之象也。背上有五行而可以知來，占兆吉凶，故通神明之德，以類萬物之情。天生神物，聖人則之以爲圖書。一、三、五、七、九爲奇，屬陽也，四正方；二、四、六、八爲偶，屬陰也。惟地數十在於龍腹，不有所顯，故存之不畫也。」（見郝大通《太古集》，卷二，臺北：新文豐出版公司正統道藏本第 43 冊，1988 年 12 月再版，頁697-698。）郝氏以九個數總合四十五構成《河圖》圖式，遍行九宮成龜象之狀，其「十」數位在「龍腹」而無法顯現。郝氏承其丹學傳統，則《河圖》九數而《洛書》十數當較合其原始面貌。

53 參見朱震《漢上易傳》，卷七，頁 235。

黃帝與列山皆得《河圖》而作三《易》，三《易》皆因《河圖》
而建成，不論是陰陽五行的思想，乃至筮數的運用，皆有本於此。

《河圖》所呈現的宇宙圖式，以陰陽與數字結合方位的布列，
作爲宇宙自然的變化圖象；天數三、七、九、一分屬東、西、南、
北四方，五數居於中央之位，地數二、四、六、八分居西南、東
南、西北、東北四隅，凸顯出宇宙自然的空間概念。奇偶分陰陽，
五奇數之陽統四偶數之陰，且其四方之位皆含天地之生成數，表
徵陰陽之氣的布散；四正以四個陽數列位，並以五數處中，而四
隅以四個陰數陳立，陽數居四正主位，陰數居四隅偏位，呈現出
陽主陰從、陽尊陰卑的陰陽之性。

《河圖》九數之變化，與大衍五十之數或有相繫的關聯性；
五居其中位，與五相繫的數列組合，其相對應皆以五相乘，總合
皆爲五十：[54]

4	6	2
3	5	7
8	1	6

就 4-5-6 的組合言：（4x5）＋（6x5）＝20＋30＝50
就 2-5-8 的組合言：（2x5）＋（8x5）＝10＋40＝50
就 9-5-1 的組合言：（9x5）＋（1x5）＝45＋5＝50
就 3-5-7 的組合言：（3x5）＋（7x5）＝15＋35＝50

《河圖》之數與大衍五十之數進行聯結，與五相繫的積合之
數皆爲 50，而「5」數作爲居中之數，具有重要的意義，也爲宋

54　這種積合爲 50 之數的認識，清代江慎修《河洛精蘊》中已有見說，只不
　　過江氏將此九宮格數視爲《洛書》之數，即本諸朱熹「河十洛九」的觀
　　點。詳細內容參見江氏論述〈大衍之數五十說〉。見孫國中校理，江慎修
　　著《河洛精蘊》，卷三，北京：學苑出版社，2004 年 3 月北京 3 版北京 1
　　刷，頁 75-76。

明以降數論的重要概念。在天地之數的生成數之關係上，生數入於成數的變化過程，皆合「5」數而成之，即生數 1+5 爲成數「6」，生數 2+5 爲成數「7」，生數 3+5 爲成數「8」，生數 4+5 爲成數「9」，生數 5 與 5 合爲成數「10」。「10」爲圓滿極數在成數作爲氣化成物的運用上捨而不用，代表陰陽的變化作爲筮數的運用上，則用 6、7、8、9 四個數，此四數皆合「5」數之用，「5」爲中庸之常數，固存於萬物生成變化的成數之中。

三、《洛書》之具體內容

朱震以十數立爲《洛書》，與朱熹以降所傳九數宮格之說不同。圖式形式與朱熹所立《河圖》亦略有所別，圖式內容如下：

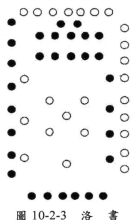

圖 10-2-3　洛　書

右《洛書》劉牧傳之。一與五合而為六，二與五合而為七，三與五合而為八，四與五合而為九，五與五合而為十。一六為水，二七為火，三八為木，四九為金，五十為土。十即五五也。《洪範》曰：「一五行。」《太玄》曰：「一與六共宗，二與七共朋，三與八成友，四與九同道，五與

五相守。」范望曰：「重言五者，十可知也。」一、三、五、七、九奇數，合二十有五，所謂天數。二、四、六、八、十偶數，所謂地數。故曰「天地之數五十有五」。數五即十也，故《河圖》之數四十有五，而五十之數具；《洛書》之數五十有五，而五十之數在焉。惟十即五也，故甲己九，乙庚八，丙辛七，丁壬六，戊癸五，而不數十。十盈數也。[55]

一與六共宗而居於北方，二與七爲朋而居於南方，三與八同道而居於東方，四與九爲友而居於西方，五與十相守而居於中央。此即以一陰一陽、一奇一隅以兩數居於一方，並五位相得而五行配乎其間；也就是天以一生水而地以六而之，地以一火而天以七而成之，天以三生木而地以八而成之，地以四生金而天以九而成之，天以五生土而地以十而成之。天地各以五數而天數積爲二十五，地數積爲三十，合五十五爲《洛書》之全數。十數兩兩相合，則吉凶生乎動，由動而後生。朱震於此再一次強調劉牧以《河圖》之數爲四十五，而《洛書》之數爲五十五。以十干相得而有合者，其相得者：甲乙相得爲三屬木，兩丙丁相得爲二屬火，戊己相得爲五屬土，庚辛相得爲四屬金，壬癸相得爲一屬水。其有合者：甲與己合爲九，乙與庚合爲八，丙與辛合爲七，丁與任合爲六，戊與癸合爲五

　　天地之間惟一氣之運化，氣化流行必有其有序的生生變化法則，由天地之數以表徵其運化狀態，十數佈散，構成一個有機的宇宙時空圖式。天地一氣，分而爲二以示陰陽之別，四時之變，五行造化，萬物由是而生。藉由十數相配而行其變化，以生數統

---

55 見朱震《漢上卦圖》，卷上，頁 310。

其成數，構成一個陰陽數列的變化圖式。

　　《洛書》六、七、八、九之數，由天地之數的生數所推生，亦即五行配數而成者，故朱震云「五行之成數，則九六在其中」。[56]九數即老陽之位，為生數一三五之合，自北而東、自東而西，以成於四數之外；六數即老陰之位，為生數二四之合，自南而西、自西而北，以成於一數之外。七為九之自西而南者，八為六之自北而東者，七八兩數非由合數而來，七與九皆屬陽，則少陽七數自九來，而居於二之上三，少陰之位；八與六皆屬陰，少陰八自六來，而居於三之生三少陽之位。《洛書》之虛五與十，為太極之象，而其散於外者，其數合為四十，以一三七九為陽，數合二十；二四六八為陰，其合數亦為二十。以一二三四之位，而為六七八九之象稱作四象。

第三節　先後天八卦圖説

　　邵雍建立了一套不同於傳統易學的宇宙圖式與宇宙觀，提出先天與後天易學的思想主張，其先天易學即源於伏羲的先天八卦之說，後天易學即文王的後天八卦之說，各有其八卦的不同配置與分佈，以及由此而推衍的六十四卦之變化結構，體現出宇宙自然的運動變化規律。朱震特別專立其二個不同觀點的代表圖式。

一、《伏羲八卦圖》

　　邵雍的先天易學思想，透過先天圖式進行建構，朱震稱作《伏

56　見朱震《漢上叢說》，頁 366。

羲八卦圖》，即伏羲所制之八卦圖式，認為是源自陳摶，而由邵康節傳至王豫。其說明與圖式如下所示：

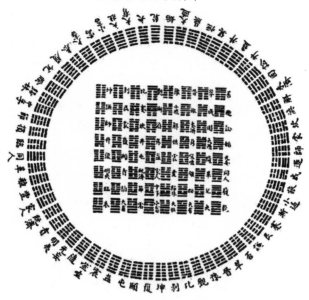

圖 10-3-1　伏羲八卦圖

右《伏羲八卦圖》，王豫傳於邵康節，而鄭史得之。《歸藏初經》者，伏羲初畫八卦，因而重之者也。其經初乾、初奭（坤）、初艮、初兌、初犖（坎）、初離、初釐（震）、初巽，卦皆六畫，即此八卦也。八卦既重，爻在其中。薛氏曰：「昔神農氏既重為六十四卦，而《初經》更本包犧，八卦成列而六十四具焉，神農氏因之也。」《繫辭》曰：「神農氏作，斲木為耜，揉木為耒，耒耨之利，以教天下，蓋取諸益。」王輔嗣以為伏羲重卦，鄭康成以為神農重卦，其說源於此。子曰：「天地定位，山澤通氣，雷風相薄，水火不相射。」天地定位，即乾與坤對；山澤通氣，則艮

與兌對；風雷相薄，則震與巽對；水火不相射，則離與兌
對。而《說卦》健、順、動、入、陷、麗、止、說、馬、
牛、龍、雞、豕、雉、狗、羊、首、腹、足、股、耳、目、
手、口，與夫別象次序，皆初卦也。共曰：乾之初交於坤
之初得震，故為長男；坤之初交於乾之初得巽，故為長女；
乾之二交於坤之二得坎，故為中男；坤之二交於乾之二得
離，故為中女；乾之上交於坤之上得艮，故為少男；坤之
上交於乾之上得兌，故為少女。乾、坤，大父母也，故能
生八卦。復、姤小父母也，故能生六十四卦。復之初九交
於姤之初六得一陽，姤之初六交於復之初九得一陰；復之
二交於姤之二得二陽，姤之二交於復之二得二陰；復之三
交於姤之三得四陽，姤之三交於復之三得四陰；復之四交
於姤之四得八陽，姤之四交於復之四得八陰；復之五交於
姤之五得十六陽，姤之五交於復之五得十六陰；復之上交
於姤之上得三十二陽，姤之上交於復之上得三十二。陰陰
陽男女皆順行，所以生六十四卦也。[57]

朱震此一圖式，即朱熹所分立為六十四卦方圖與圓圖的六十四卦
分佈圖式。在說明此一圖式之前，必須瞭解邵雍所說的伏羲八卦
圖式，此八卦圖式，非上列所見之圖式。伏羲的八卦圖式，包括
八卦的次序，一般稱之為《伏羲八卦次序圖》，或稱《小橫圖》，
以及八卦的方位，一般稱之為《伏羲八卦方位圖》。[58]此八卦方
位圖式，朱震雖未予列說，但肯定八卦方位圖式建構之存在；八
卦方位之象的運用，也成為其用象之來源。

---

57 見朱震《漢上卦圖》，卷上，頁 311-312。
58 二圖式見朱熹《周易本義・圖說》，臺北：大安出版社，2006 年 8 月 1
　　版 2 刷，頁 17-18。

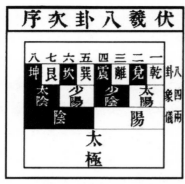

圖 10-3-2　伏羲八卦次序圖　　圖 10-3-3　伏羲八卦方位圖

　　八卦的形成，爲根據《繫辭傳》的太極生次的觀點而生，由太極的動陽靜陰的生成變化而生一陰一陽之兩儀；兩儀復自生陰陽，太陽、少陰、少陽、太陰之四象；四象再自生陰陽，進而生成有序的乾☰、兌☱、離☲、震☳、巽☴、坎☵、艮☶、坤☷等八卦。此先天八卦的形成，即其所謂「自然而然者，天也」，[59]爲自然天成者，非後天之造作。先天八卦分屬四方四隅，陰陽之卦兩兩相對，即乾南與坤北相對、兌東南與艮西北相對、離東與坎西相對、震東北與巽西南相對，即合於朱震引《說卦傳》所云「天地定位，山澤通氣，雷風相薄，水火不相射」的觀點。乾南坤北天地定位，以此開展出陰陽的自然運化之宇宙圖式。這種八卦的對應關係與規則，一直以來廣泛被使用，朱震特別認爲陰陽家的八卦變五鬼的觀點，「其卦乾坤、坎離、震巽、艮兌相對而變，亦先天之序也」。[60]八卦對應之有序，爲自然運化的法則。

　　八卦各據卦數，各有順逆之向，乾一、兌二、離三、震四，

---

59 見邵雍《皇極經世書・觀物外篇下》，卷十四，臺北：臺灣商務印書館景印文淵閣四庫全書本第 803 冊，1986 年 3 月初版，頁 1088。
60 見朱震《漢上叢說》，頁 361。

由一至四爲逆向排列，巽五、坎六、艮七、坤八，由五至八爲順
向排列。合於京房所說「子左行，午右行」[61]或《易緯》乃至《白
虎通》所言「天左旋，地右轉」的天地運動之傳統觀念。這種卦
數合順逆之行的觀點，朱震認爲亦同於劉牧《河圖》之說，指出
「劉牧畫圖爲乾者四，爲坤者四。乾天左旋，坤地右轉，乾坤上
下，自然相交，而成六子」。[62]天地順逆之行，本諸傳統一貫的
天左旋、地右轉的法則。並且，朱震肯定伏羲先天八卦之說與劉
牧的《河圖》之說，有異曲同工之性。

　　乾、坤、坎、離立四正之方位，邵雍認爲「乾坤定上下之位，
坎離列左右之門。天地之所闔闢，日月之所出入，是以春夏秋冬、
晦朔弦望、晝夜長短、行度盈縮，莫不由乎此矣」。[63]乾天坤地
居上下之位，離日坎月分處東西，此四卦處宇宙時空之要位，同
於前述引《參同契》之說，「乾坤者易之門戶，衆卦之父母。坎
離匡郭，運轂正軸」[64]的思想，在先天易學中此一卦位關係再次
凸顯出來。在具體的宇宙時間意涵的表現上，邵雍認爲「震始交
陰而陽生，巽始消陽而陰生。兌，陽長也；艮，陰長也。震兌在
天之陰也，巽艮在地之陽也。故震兌上陰而下陽，巽艮上陽而下
陰」。[65]坤三陰之後，始生一陽之震卦，爲冬至之時，則左邊震、
離、兌三卦皆爲乾天之陰。乾三陽之後，一陰始生爲巽卦，夏至
之時，右邊巽、坎、艮三卦皆爲坤地之陽。天地之陰陽闔闢，四
時由是生焉，此八卦所律定的四時變化，與漢儒卦氣之分列迥異。
八卦既成，萬物由是而生，萬象由是而備，則《說卦》所云諸象，

---

61 見京房《京氏易傳》，卷下。引自郭彧《京氏易傳導讀》，頁 133。
62 見朱震《漢上叢說》，頁 390。
63 見邵雍《皇極經世書·觀物外篇上》，卷十三，頁 1065。
64 見魏伯陽《周易參同契》，卷上，頁 1。
65 見邵雍《皇極經世書·觀物外篇上》，卷十三，頁 1064。

即此八卦之初象，萬物成象由是而類比推生。

　　八卦基本結構，進一步推變出六十四卦，邵雍認爲「天有二正，地有二正，而共用二變以成八卦也。天有四正，地有四正，而共用二十八變以成六十四卦也」。「乾坤離坎，爲三十六卦之祖也；兌震巽艮爲二十八卦之祖也」。[66]四正之卦，分天之二正與地之二正，天之二正爲乾離二卦，地之二正爲坤坎二卦。其「共用二變」，乃震與巽、兌與艮，陰陽相錯，彼此反對，其象一致。由八卦再進一步推變出六十四卦；共用二十八變合五十六卦，加上八卦爲六十四卦。其中乾、坤、坎、離爲三十六卦之卦，而兌、震、巽、艮爲二十八卦之祖。以這種具有卦變與反對的觀點，聯結出六十四卦的生成變化圖式。

　　八卦迴繞循環，朱震認爲「先天坤生震，震生離，離生兌，兌生乾，乾生巽，巽生坎，坎生艮，艮生坤，坤復生震，此大易之祖也」。[67]四正四隅布列相生，構成一個環繞的時空圖式。邵雍認爲「先天圖者，環中也」，[68]先天圖式所聯結的陰陽之自然運化，爲「環中」的分佈結構，此「環中」的概念，強調先天之學同爲「心法」的結構，也是傳遞心法的方法與思想。他說「先天之學，心法也。故圖皆自中起。萬化萬物生乎心也。圖雖無文，吾終日言而未嘗離乎是。蓋天地萬物之理，盡在其中矣」。[69]以太極爲陰陽變化之本體，先天圖式之中即太極，太極爲陰陽運化之中，也是八卦或六十四卦分佈之中。此太極此中，又爲中核之「心」，宇宙萬物皆生自太極，也生自於心；從空間而生，即生

---

66 見邵雍《皇極經世書・觀物外篇上》，卷十三，頁 1053。
67 見朱震《漢上叢說》，頁 387。
68 見邵雍《皇極經世書・觀物外篇上》，卷十三，頁 1069。
69 見邵雍《皇極經世書・觀物外篇上》，卷十三，頁 1069。

地之心，所以他又說，「天地之心者，生萬物之本也」。[70]萬物
天地，天地生於太極，太極又爲天地之中、天地之心。伏羲氏爲
聖人者，法天地自然變化之象而立爲先天之圖，伏羲氏以其心體
察自然之變而入於圖式之中，則萬物又皆備於吾心；聖人以心觀
天下萬物，得天地之理，天地之理，皆在聖人之心。此即其所謂
「物莫大於天地，天地生於太極。太極即是吾心。太極所生之萬
化萬事，即吾心之萬化萬事也」。聖人體太極之化而入於己心，
以「天下之心爲己之心，其心無所不謀矣」，萬物莫不皆備於己
心。[71]這種環中或天地之心的理解，在圖式的呈現上，若以八卦
方位圖而言，乾南坤北，子午分判，則東西各半而有別，若以六
十四卦的方圖或圓圖而言，亦即朱震所列之《伏羲八卦圖》，圓
圖亦由上乾與下坤爲中軸，分東西兩半，東半部起於北方，由復
卦而順沿入於夬卦，終於乾卦，共三十二卦；西半部起於南方，
由姤卦而入於剝卦，終於坤卦，共三十二卦。邵雍指出「復至乾，
凡百有十二陽，姤至坤，凡百有十二陰。姤至坤，凡八十陽，復
至乾，凡八十陰」。[72]六十四卦共三百八十四爻，陰陽各一百九
十二，此六十四卦圓圖左右分判，左邊由復至乾，陽爻一百一十
二，陰爻八十，右邊由姤至坤，陰爻一百一十二，陽爻八十。陰
陽左右對等互補，彼此平衡一致。

　　陽息陰消之卦各居其中，起始之復、姤二卦爲小父母卦，在
六十四卦的卦變系統中，居於主導之地位，故邵雍指出「易根于
乾坤而生于姤復，蓋剛交柔而爲復，柔交剛而爲姤，自茲而無窮

---

70 見邵雍《皇極經世書・觀物外篇下》，卷十四，頁 1080。
71 相關引文，見邵雍《漁樵問對》，臺北：藝文印書館百部叢書集成影印百
　　川學海本，1965 年出版，頁 5。
72 見邵雍《皇極經世書・觀物外篇上》，卷十三，頁 1065。

矣」。[73]「陰爲陽之母，陽爲陰之父。故母孕長男而爲復，父生長女而爲姤，是以陽起於復，陰起於姤」。[74]復卦陽氣舒發爲一陽生，繼坤卦之後，由坤母而生；姤卦一陰生，接於乾卦之後，由乾父而生。此二卦爲陰陽大化流行之開端，邵雍又以復卦爲陽之始，稱作「天根」，姤卦爲陰之始，稱作「月窟」。六十四卦流行於四時之中，作爲丹道修煉之法，建構出一套不同於漢魏以來的卦氣主張。同時，此圓圖中六十四卦之天道運化，也反映出人事之治亂盛衰，邵雍指出「天地之氣運，北而南則治，南而北則亂，亂久則復北而南矣。天道人事皆然，推之歷代可見，消長之理也」。[75]圖式左面由北而入於南，即復卦入於乾卦，主陽升之卦，爲治世之時；右面由南而入於北，即姤卦入於坤卦，主陰長之卦，爲亂世之時。陰陽消長推移，循環往復，治生於亂，亂生於治，治亂互見，正是歷史的自然演化規律。

　　六十四卦圓圖之展開，朱熹依之制作六十四卦卦序的大橫圖，作爲六十四卦生成的結構圖式，如圖 10-3-4 所示：[76]

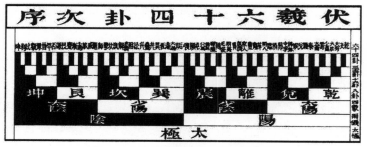

圖 10-3-4　伏羲六十四卦次序圖

---

73 見邵雍《皇極經世書・觀物外篇上》，卷十三，頁 1065。
74 見邵雍《皇極經世書・觀物外篇上》，卷十三，頁 1065。
75 見邵雍《皇極經世書・觀物外篇下》，卷十四，頁 1077。
76 引自朱熹《周易本義・圖說》，臺北：大安出版社，2006 年 8 月 1 版 2 刷，頁 19。

大橫圖由八卦續分爲十六，十六分爲三十二，三十二分而爲六十四卦，其衍卦的方式，即所謂「加一倍法」者。由太極推衍出八卦，已如前列之《伏羲八卦次序圖》，再由八卦進一步推出六十四卦；在數學的概念上，即由二之零次方爲太極，二之一次方爲陰陽兩儀，二之二次方爲四象，二之三次方爲八卦，再入於二之四次方，二之五次方，最後二之六次方爲六十四卦。

在六十四卦方圖的結構上，則左上至右下連爲一線，由左上坤卦經艮、坎、巽、震、離、兌入於乾卦等八卦（重卦），同於八卦圖式中的坤主艮、坎、巽之卦，乾主兌、離、震之卦與卦序關係。由中心到外圍的延伸，皆在此斜軸之線上運行，每一層皆含此八卦中之二卦。以中間第一層而言，即包括巽、震、恆、益等四卦。第二層爲坎、離合井、屯、既濟、家人、豐、噬嗑、鼎、未濟、解、渙等十二卦。第三層爲艮、兌含蒙、蠱、頤、賁、損、節、中孚、歸妹、睽、革、隨、大過、困、咸、旅、小過、漸、蹇等二十卦。第四層即坤、乾含謙、師、升、復、明夷、臨、泰、大畜、需、小畜、大壯、大有、夬、履、同人、无妄、姤、訟、遯、否、萃、晉、豫、觀、比、剝等二十八卦。由內而外爲「四而十二，而二十，而二十八」，其卦數之分佈，「皆有隔八相生之妙」。[77]邵雍對此圖式結構誦詩說明，指出「天地定位，否泰反類。山澤通氣，損咸見義。雷風相薄，恆益起意。水火相射，既濟未濟。四象相交，成十六事。八卦相盪，爲六十四」。[78]由外層而入於內層，最外層（第四層）左上東南方之坤☷卦，與右

---

77 見黃宗羲《宋元學案·百源學案下》，卷十，北京：中華書局，2007 年 1 月 1 版北京 3 刷，頁 395。

78 見邵雍《擊壤集·大易吟》，卷十七，臺北：臺灣商務印書館景印文淵閣四庫全書本第 1101 冊，1986 年 3 月，頁 134。

下西北方之乾☰卦，爲天地定位，對應另二角落爲否☷☰泰☷☷兩卦，與乾坤位置相反，而二卦皆爲之象所組成，否卦爲上乾☰下坤☷，泰卦爲上坤☷下乾☰，二卦之卦象亦皆相反。第三層艮☶山兌☱澤二卦，同樣對應於左上與右下之角落，與此二卦對應者爲損☶卦與咸☱卦，損咸卦卦皆艮☶兌☱二象之組合。第二層坎☵離☲二卦水火相對，並對應出未濟☲與既濟☵二卦，且此二卦皆含坎☵水離☲火之象。核心之第一層爲巽☴震☳二卦雷風相對，並對應出恆☳益☴二卦，且此二卦同樣含有巽☴風震☳雷之象。四象相交而成十六事，即此四層共同對應出各層之四方卦，即前述之十六卦。六十四卦皆由八卦之交盪而成。此一圖式正展現出高度的陰陽對待運化流行的關係，形成一個陰陽變化的具有邏輯意涵的有機體。

二、後天之學的八卦圖式

邵雍建構先天之學的思想，成爲其學說主張的主體，並又提出後天之學的觀點，認爲後天之學爲文王所制作，有別於伏羲的先天之學，並以後天之學爲先天之學的進一步應用。他指出「先天之學，心也；後天之學，迹也」。[79]先天之學作爲天地自然陰陽運化的根本理論架構與思想主體，具有核心的意義，而相對於後天之學，則爲宇宙自然之道的外在形迹與器用的思想傾向。二者共構自然之道，則「心以藏其用，迹以顯其心。迹因於心，心顯於迹。皆是一動一靜、一陰一陽之道的表現，萬物的有無、生死無不是太極（道）的出入、表裡」。[80]先天之學，以「乾坤縱

---

79 見邵雍《皇極經世書·觀物外篇上》，卷十三，頁 1069。
80 見唐明邦《邵雍評傳》，南京：南京大學出版社，2001 年 4 月 1 版 2 刷，頁 208。

而六子橫，易之本也」；後天之學，以「震兌橫而六卦縱，易之用也」。[81]八卦佈列之不同，確定先後天方位之別，也爲陰陽運化的不同方式的呈現。在先天之學之後，有後天之學的易學體系，其思想內涵主要表現在文王所建構之八卦方位與卦序上，朱震列稱《文王八卦方位圖》，又名爲「後天八卦方位」。有關圖式與說明如下：

圖 10-3-5　文王八卦方位圖

《說卦》：「帝出乎震，齊乎巽，相見乎離，致役乎坤，說言乎兌，戰乎乾，勞乎坎，成言乎艮。」又曰：「震，東方也；巽，東南也；離也者，明也，萬物皆相見，南方之卦也。坤也者，地也。兌，正秋也。乾，西北之卦也。坎者，水也，正北方之卦也。艮，東北之卦也。」又曰：「動萬物者莫疾乎雷，撓萬物者莫疾乎風，燥萬物者莫熯乎火，說萬物者莫說乎澤，潤萬物者莫潤乎水，終萬物始萬物者莫盛乎艮。」此說《周易》也。故管輅曰：「聖人

何以處乾位於西北，坤位於西南？」邵康節曰：「置乾於
西北，退坤於西南，統三男而長子用事，坤統三女而長女
代母，坎離得位，而兌震為耦以應地之方也，王者之法盡
於是矣。」[82]

朱震明白的指出邵雍的《文王八卦方位圖》即源自《說卦傳》「帝
出乎震」的思想，亦即邵雍自云「起震終艮一節，明文王八卦也」。
[83]乾坤各處西北與西南，並統三男三女，由震卦長子代乾父用事，
行氣化資始之道，巽卦長女代坤母以資生長物。坎離子午定位，
震東而兌西，乾坤艮巽四卦分屬四隅，如此八卦佈列以「應地之
方」，有別於先天八卦的「應天之時」。[84]在這裡，特別強調四
正方位的重要性，萬物之震動以雷為速，萬物之撓引以風為速，
萬物之潤養以水為重，終始萬物盛於艮山。四方列位，宇宙空間
變化由是開展。

此一圖式，除了建構出八卦的空間方位外，也隸定出時間的
意涵。邵雍指出「易者，一陰一陽之謂也。震兌，始交者也，故
當朝夕之位。坎離，交之極者也，故當子午位」。[85]四正之卦，
為陰陽變化下所反映出的太陽運行的卯酉子午之位。同時，此四
正之卦，也代表一年四季之變化，以「冬至之子中，陰之極。春
分之卯中，陽之中。夏至之午中，陽之極。秋分之酉中，陰之中。
凡三百六十，中分之則一百八十，此二至二分，相去之數也」。[86]
陰陽之消息循環變化，環繞一周為三百六十度，二至二分則相去
皆為一百八十度。震為春分，兌為秋分，離為夏至，坎為冬至。

---

82 圖式與說明，見朱震《漢上卦圖》，卷上，頁 312-313。
83 見邵雍《皇極經世書・觀物外篇上》，卷十三，頁 1065。
84 見邵雍《皇極經世書・觀物外篇上》，卷十三，頁 1066。
85 見邵雍《皇極經世書・觀物外篇上》，卷十三，頁 1066。
86 見邵雍《皇極經世書・觀物外篇下》，卷十四，頁 1077。

時空並建，正爲宇宙存在的根本要件。此四方之位合四時之化，爲漢代卦氣說的主要部份。

後天方位同時配之以五行與方位之數。震東爲木，兌西爲金，離南爲火，坎北爲水，四隅之卦巽亦爲木，乾爲金，坤、艮同爲土。陰陽之運化，進而推用五行，於先天之學用水火土石四種，於後天之學用木火土金水。邵雍云「天有五辰，日月星辰與天而爲五；地有五行，金木水火與土而爲五。五行之木，萬物之類也；五行之金，出乎石也。故水火土石不及金木，金木生其間也」。[87]先天之學以五辰之用僅水火土石四種元素，以金出於石之中，火與木彼此相得，則木從之於火。至於後天之學，爲傳統易學所普遍運用之五行觀的再現，也是漢代天文歷法與卦氣說的不變主張，並且特別強調「水」作爲「萬物之類」的重要地位，同於「天一生水」的天地之數合五行之說中的氣化之始。至於八卦之數，坎一、坤二、震三、巽四、乾六、兌七、艮八、離九，中處五數，同於朱震所列《河圖》九數之佈局。

第四節　小　結

朱震視之爲儒學薪傳所開展出的新視野，肯定有關圖式的「彌縫《易傳》之闕」，[88]爲傳述《易》道之有功者。朱震對《易》圖的理解，正是北宋以來易學發展的普遍認識與價值認同，同時更是朱震易學宗主其說的重要特色之所在。

由陰陽、五行、天地之數，乃至天干與《易》卦所構築出的

---

87 見邵雍《皇極經世書・觀物外篇下》，卷十四，頁 1079。
88 見朱震《漢上卦圖》，卷上，頁 308。

《河圖》與《洛書》之宇宙圖式，非先秦兩漢以來所傳衍的原來面目，為宋代陳摶以降的新的易學理解下之產物。誠如胡渭《易圖明辨》所言，《易》不同於它經，「秦以為卜筮之書，獨不在禁中。使果有《先天古易》、《河圖》、《洛書》，不妨公行於世，何竟無一人知之」？[89]否定相關《易》圖的傳統存在之可能性，並指出「《河圖》之象不傳，故《周易古經》及注疏未有列《圖》、《書》於其前者；有之自朱子《本義》始。《易學啟蒙》屬蔡季通起稿，則又首本《圖》《書》，次原卦畫，遂覺《易》之作全由《圖》、《書》，而舍《圖》、《書》無以見易。學者溺於所聞，不務觀象玩辭，而唯汲汲於《圖》、《書》，豈非《易》道之一厄乎」？[90]《易》圖自朱熹以降，往往求圖而悖於《易》道。「太極、兩儀、四象非《圖》、《書》之所有」；[91]但自朱熹之說以來，「以太極、兩儀、四象、八卦悉附會於《圖》《書》，傳習已久，世莫敢違」，極其謬誤而偏差易學本色。因此，胡渭甚至批評此類之作，「迂談僻論，愈出愈奇，矯誣上天，蕪穢聖經」。[92]學術本在不斷的外延與發展，多元的理解使學術發展更具生命力，胡渭站在求其本實的立場，批判或許過甚，否定朱熹《易》圖之說的權威性，正可提醒回歸圖學之本然；同時也可以體現出，朱熹《易》圖學說的影響力，朱震傳衍授受之有功於前，卻拘於朱學之權威而不得合理評論，不論是《太極圖》或《河圖》與《洛書》皆是。

　　朱熹於《易學啟蒙》自序中提到，他著《易》作的孤詣之意，

---

89 見胡渭《易圖明辨》，卷一，頁 21。
90 見胡渭《易圖明辨》，卷一，頁 2。
91 見胡渭《易圖明辨》，卷一，頁 15。
92 見胡渭《易圖明辨》，卷一，頁 23。

認為「氣數之自然，形於法象，見於圖畫者，有以啓於其心而假
手焉耳。近世學者類喜談《易》而不察乎此，其專於文義者，既
支離散漫而無所根著。其涉於象數者，又皆牽合傅會，而或以為
出於聖人心思智慮之所為也。若是乎，予竊病焉，因與同志頗輯
舊聞，為書四篇，以示初學，使毋疑於其說云」。[93]朱熹苦心於
「聖人心思智慮之所為」，希望讀《易》者能夠真得聖人之道。
然而學者求諸圖畫象數，卻往往支離無根、牽強附會，故朱熹起
心責病，作《易學啓蒙》，以示初學，以正視聽。復以其為理學
之宗師，涉《易》論理，從南宋以降，至元明乃至當代，影響所
及，或有質疑者，亦每有不敢置喙，或以之為專，而原本其說，
致使誤者仍為誤，更甚者積非成是。其中列說易學圖式，對於有
關之內容也言之鑿鑿，但是歷來亦有學者深究圖學，尤其有清時
期的黃宗炎、毛奇齡、胡渭、江永等人，每有以朱震之說輔證，
敢於訾議其舛誤，諷其不能昭晰其原，不見造化之妙，同有牽附
之病，補苴而張皇，以重正視聽。

93　見朱熹《易學啓蒙·自序》。引自胡方平《易學啓蒙通釋·易學啓蒙原序》，
　　臺北：臺灣商務印書館景印文淵閣四庫全書本第 20 冊，1986 年 3 月初
　　版，頁 655。

第十一章　納甲與消息圖式述評

　　朱震（西元 1072-1138 年）的易學圖式，其中以納甲與消息卦的相關圖式，最足以表徵漢代象數之學的思想主張。西漢盛行將干支五行納入《易》卦系統中，尤其以現行文獻所見，京房（西元前 77-前 37 年）的八卦納甲與魏伯陽（西元？年）、虞翻（西元 164-233 年）的月體納甲之說最具代表性。十二消息卦同於西漢以來，卦氣或卦變主張，乃至相關象數之說所普遍採用的觀點，早在孟喜（西元？年）的易學中已具體呈現。納甲與消息之說，爲漢代象數之學的重要範疇，也影響歷來象數觀點的建立與運用，這種代表漢代的主流思想，也爲朱震所承繼，成爲其詮釋《周易》經傳的重要內容與方法，並且也反映爲根本漢學、採摭象數之學的主要成份。這種對納甲與消息之說的回歸與運用，在形式的展現上，朱震又特別以易圖構制的方式來呈現，也爲其圖書之學的主要內容之一。

　　本章主要針對朱震的易圖進行檢索，關注其易圖中有關納甲與消息的圖式，進行詮釋與評析，揀選其最具代表性的納甲圖式與消息卦圖式進行考釋說明，同時將納甲與消息之說運用於卦爻辭義的論述所建構的圖式，作圖式與辭義的再詮釋。針對有關圖式，同時開闡當中所反映的宇宙時空觀之義蘊與內涵。

第一節　八卦納甲圖說

　　納甲之說為漢儒運用十天干配屬八卦所建構出的易學論述系統，最為具體的主張，包括京房的八卦六位配干之說，以及魏伯陽、虞翻的月體納甲之說，為兩個典型的八卦配干之認識體系。此二納甲之說，同為朱震易學所用，除了運用於經傳之釋義外，朱震並以圖式方式重新建構起漢儒有關的思想，為漢代象數之學的另類再現，也反映出宇宙自然陰陽變化的時空意涵。有關之圖式包括八卦六位相關圖說、《納甲圖》、《月之盈虛圖》、《日之出入圖》、《天壬地癸會於北方圖》，以及《坎離天地之中圖》等圖式。

一、八卦六位圖說

　　干支與五行之配屬，由來甚早，早在《左傳》即有「分為四時，序為五節」[1]之說，其後包括《管子》、《呂氏春秋》、《禮記》、《淮南子》、《春秋繁露》等典籍，皆有以天干、地支與五行、四時相配者，這樣的思想，為兩漢的普遍知識，並廣泛運用在易學系統中，成為兩漢易學卦爻的納甲、納支之說，而於今存文獻中，以京房所言尤詳。朱震制作包括《乾坤六位圖》、《震坎艮六位圖》與《巽離兌六位圖》等八卦六位之圖式，以申明京氏之學。其圖式與說明如下：

1　見左丘明《左傳·昭公元年》。引自楊伯峻編著《春秋左傳注·昭公元年》，臺北：復文圖書出版社，1991 年 9 月再版，頁 1222。

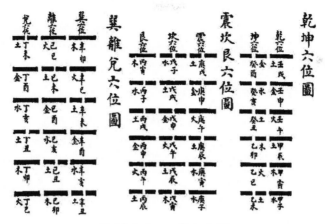

圖 11-1-1　八卦六位圖

京氏曰：降五行，頒六位。陸績曰：十二辰分六位，升降以時，消息吉
凶。又曰：天六地六氣六象六，天乾交坤，而生震、坎、艮，
故自子順行，震自子至戌六位，長子代父也。坎自寅至子
六位，中男也。艮自辰至寅六位，少男也。坤交乾，而生
巽、離、兌，故自丑逆行，巽自丑至卯六位，配長男也。
離自卯至巳六位，配中男也。兌自巳至未六位，配少男也。
女，從人者也，故其位不起於未。《易》於乾卦言「大明
終始，六位時成」，則七卦可以類推。[2]

朱震之圖式與釋說，反映出以下幾點重要內容：

（一）降五行頒六位的配屬情形

明確指出此為京房「降五行，頒六位」之說，亦即八卦六位
的納甲納支之法。《京氏易傳》明白的指出，「分天地乾坤之象，

---

2 見朱震《漢上卦圖》，卷中，臺北：臺灣商務印書館景印文淵閣四庫全書
本第 11 冊，1986 年 3 月，頁 340。本章所引朱震原典與圖式，皆以四庫
全書本為主，不再作詳注。

益之以甲乙壬癸。震巽之象配庚辛，坎離之象配戊己，艮兌之象
配丙丁。八卦分陰陽，六位配五行，光明四通，變易立節。天地
若不變易，不能通氣」。[3]朱震根據京氏之說，制作八卦六位之圖
式，其內容詳如表 11-1-1 所列：

表 11-1-1　八卦六位與干支五行配置表

	乾☰金	坤☷土	震☳木	坎☵水	艮☶土	巽☴木	離☲火	兌☱金
上爻	壬戌土	癸酉金	庚戌土	戊子水	丙寅木	辛卯木	己巳火	丁未土
五爻	壬申金	癸亥水	庚申金	戊戌土	丙子水	辛巳火	己未土	丁酉金
四爻	壬午火	癸丑土	庚午火	戊申金	丙戌土	辛未土	己酉金	丁亥水
三爻	甲辰土	乙卯木	庚辰土	戊午火	丙申金	辛酉金	己亥水	丁丑土
二爻	甲寅木	乙巳火	庚寅木	戊辰土	丙午火	辛亥水	己丑土	丁卯木
初爻	甲子水	乙未土	庚子水	戊寅木	丙辰土	辛丑土	己卯木	丁巳火

干支分陰陽，陽卦納陽干與陽支，陰卦納陰干與陰支，六陽
干以進順之序列配位，六陰干以退逆之序列配位，「惟乾納二陽，
坤納二陰，包括首尾，則天地父母之道也」。[4]八卦當中，惟乾坤
兩卦納二干，體現出乾坤所代表的陰陽終始之道。就乾卦而言，
乾主甲子、壬午；甲為陽日之始，壬為陽日之終；子為陽辰之始，
午為陽辰之終；初爻在子，四爻在午。坤卦主乙未、癸丑；乙為
陰日之始，癸為陰日之終，丑為陰辰始，未為陰辰終；初爻主未，
四爻主丑。其它震卦主庚子、庚午；坎卦主戊寅、戊申；艮卦主
丙辰、丙戌；巽卦主辛丑、辛未；離卦主己卯、己酉；兌卦主丁
巳、丁亥。[5]

八卦爻位與十二地支之配置，六陽支子、寅、辰、午、申、

---

3 見《京氏易傳》，卷下。引自郭彧《京氏易傳導讀》，濟南：齊魯書社，
　2002 年 10 月第 1 版第 1 刷，頁 133。
4 見惠棟《易漢學》，卷四。引自惠棟《惠氏易學・易漢學》，臺北：廣文
　書局影印皇清經解續編本，1981 年 8 月再版，頁 1141。
5 有關之內容，清代學者惠棟在其《易漢學》中，引用唐代占星學李淳風
　之說，作了詳細的述明。參見惠棟《易漢學》，卷四，頁 1137-1140。

戌各別配乾、震、坎、艮四陽卦，六陰支丑、卯、巳、未、酉、亥各別配配坤、巽、離、兌四陰卦。乾卦從初爻至上爻分別配納子、寅、辰、午、申、戌，而震卦的配置也相同，主要是由於震卦為乾卦的長子，父卦與長子卦相同。其它坎卦六爻從初爻至上爻，分別配納寅、辰、午、申、戌、子；艮卦分別配納辰、午、申、戌、子、寅。另外，在陰卦方面，坤卦從初爻至上爻分別配納未、巳、卯、丑、亥、酉，不以丑支為先，也不取順行的次序，主要依準於京房所說「陰從午，陽從子，子午分行，子左行，午右行」[6]之主張；「陰從午」即陰生始於午，但午為陽支，故前推取陰支未為開始，進而為巳、卯、丑、亥、酉之次序，陽支與陰支順序正相反，分行而列位。其它巽卦六爻初爻至上爻分別配納丑、亥、酉、未、巳、卯；離卦配納卯、丑、亥、酉、未、巳；兌卦配納巳、卯、丑、亥、酉、未。

（二）配位之重要意義

　　以干支、五行與八卦六位相配，除了表徵相關諸元與陰陽的相容規則外，也將傳統的天文歷法上所運用的諸元概念，與易學體系相互結合，建構一套客觀而可操作性的易學系統，以干支、五行和《易》卦的有序而複雜多元的建制中，彰顯易學的變化之道，具體呈顯出自然變化現象的吉凶休咎之推測與判定，讓易學的變化之性更具系統性與整體結構性的意義。

　　干支與爻位相配，確立爻位的重要地位，每一個爻位的變化，皆代表著一個時空的變化實況；一卦六爻，不同的五行屬性，雖然天干分配二元於六爻之中，或六爻同用一干，但地支之用，其

---

6 見京房《京氏易傳》，卷下。引自郭彧《京氏易傳導讀》，頁133。

屬性也不同，使每一爻形成不同的變化內容，產生不同的吉凶結果；雖然同屬某一卦，但不同的爻位，卻產生不同的結果，爻位的重要性在此具體展現。

二、《納甲圖》為虞翻易學之具現

　　干支、五行、方位與八卦之相配，為漢代象數之學的主要內容，尤其藉由相關之諸元，反映月體的消長變化，更是日月推移的時空境域之展現，為東漢魏伯陽與虞翻等人的重要主張。朱震制作《納甲圖》，正是有關思想觀點的再現。其圖式與內容說明如下：

圖 11-1-2　納甲圖

　　納甲何也？曰：舉甲以該十日也。乾納甲壬，坤納乙癸，
　　震、巽納庚辛，坎、離納戊己，艮、兌納丙丁。皆自下生。
　　聖人仰觀日月之運，配之以坎離之象，而八卦十日之義著
　　矣。
　　《繫辭》曰：懸象著明，莫大於日月。虞曰：謂日月懸天，

成八卦象。三日暮，震象，月出庚；八日，兌象，月見丁；十五日，乾象，月盈甲壬；十六日旦，巽象，月退辛；二十三日，艮象，月消丙；三十日，坤象，月滅乙。晦夕朔旦，則坎象，水流戊日中則離，離象火；就已土位。象見於中，日月相推，而明生焉。《坤象》曰：西南得朋，東北喪朋。虞曰：陽喪滅坤，坤終復生，此指說《易》道陰陽之大要也。又曰：消乙入坤，滅藏於癸。[7]

此納甲之說，以京房的納甲為基本的框架，並配合月相弦望晦朔的月體運動而立說，早期明確的主張者，為東漢魏伯陽的月相納甲之說，[8]以及虞翻所論的八卦納甲的觀點；朱震所論亦虞翻的重要說法。

（一）八卦配干的日月盈虛向度

在八卦配十天干的方面，即同於前述八卦六位的圖式所配。十干以日相配，合八卦之象並為一月的變化之象。以乾納甲壬，十五日盈於甲，為月望之時；坤納乙癸，三十日窮於乙，為月晦朔之時；巽納辛，十六日為月始退之時；艮納丙，二十三日為月下弦之時；震納庚，為三日月始生之時；兌納丁，為八日月升上弦之時。至於坎離則納戊己，為分屬東西的日月之位，以坎月出於西，離日出於東，並結合乾天為上，坤地為下，成為自然的四

---

7 見朱震《漢上卦圖》，卷下，頁 341-342。

8 見魏伯陽《周易參同契》云：「三日出為爽，震庚受西方；八日兌受丁，上弦平如繩；十五乾體就，盛滿甲東方。蟾蜍與兔魄，日月氣雙明，蟾蜍視卦節，兔者吐生光，七八道已訖，屈折低下降。十六轉受統，巽辛見平明；艮直於丙南，下弦二十三；坤乙三十日，東北喪其朋。節盡相禪與，繼體復生龍。壬癸配甲乙，乾坤括始終。」見明代蔣一彪輯《古文參同契集解》卷下上篇，臺北：新文豐出版公司影印毛晉訂本，1987 年 6 月臺 1 版，頁 19。

方之象與時空共成的基本結構。[9]月之圓缺繫乎日，月體之形象，由日光而體現，日月相恃變化，一月而周，反復循環，有序而不息，以此作爲宇宙自然的萬化之道。

月體的週期變化，即日月的交互影響下的結果，日月位置的轉化，使月體產生有序的不同之形象；在一月內的不同時間，月形的盈虛圓缺與所處的方位，有一定的規律性，以月體的盈虛變化，比附八卦之象，構成一個自然演化的時空向度。

（二）坎離地位的具體揚升

在這個納甲之說的圖式中，特別凸顯坎離二卦的重要性。乾坤分屬天地二方，而坎離二卦象徵日月，分立於東西，以彰顯陰陽消長盈虛之理，成爲月相變化的核心之二卦。坎離之外的其它六卦，分立月相變化之重要位置。納甲之說具體反映陰陽消長變化的循環反復的恆常之道，以坎離作爲作用之主體，八卦依次作爲盈虛變化實況；由震而兌而入於乾，爲陽息陰消、月相由晦而明以至於盈滿之過程；由巽而艮而入於坤，爲陰息陽消、由盈滿而消退隱晦的過程。這種以坎離作爲主體的月相之變化，爲陰陽消息的另一種展現，也是一種結合八卦月相與干支、五行的有機架構之自然演化觀的表述。

坎離作爲陰陽變化的主體，朱震特別引《繫辭傳》「懸象著明，莫大於日月」之觀點，申明以日月爲重之思想，早在《易傳》

---

9 坎離分列東西之位，清代惠棟認爲「坎離戊己在中」，而「宋人作納甲圖，以坎離列東西者誤甚」，也就是朱震所云東西之位爲誤。（見惠棟《易漢學》，卷三，頁 1111。）然而，胡渭根據朱震所言，訂制《新定月體納甲圖》，肯定朱震之說，以惠棟所質確爲誣說。（參見胡渭撰、鄭萬耕點校《易圖明辨》，卷三，北京：中華書局，2008 年 2 月 1 版北京 1 刷，頁71-72。）

時期已然存在，坎離為日月之象，故「懸象著明」本諸坎離二卦。八卦或六十四卦形成的傳統認識，乾坤立為父母之卦，並有類比為陰陽的根源性意義，在乾坤之外的坎離二卦，並沒有特別的重要地位；然而不論是魏伯陽或虞翻等人，皆將二者置於自然運化圖式的主要位置，因為二卦有日月之象，也因為二卦由乾坤而變，乾坤先生坎離，進而坎離再推生震、巽、艮、兌四卦。坎離的地位，因納甲象數之說，也因丹道的思想主張之延續而提升而不墜。同時，納甲之說或此坎離二卦的角色，也為歷來所謂「日月為易」之說，確立其合理性與正當性的立論基礎。

（三）《周易》經傳確立納甲精神

這種納甲之說，朱震確指《易傳》立下了理論的基礎，至若包括坤卦《彖辭傳》所云「西南得朋，乃與類行。東北喪朋，乃終有慶」，亦就此納甲主張而言，因此，二句文義欲得合理之通解，也必從納甲而得其真。他特別引用虞翻的解釋，云「陽喪滅坤，坤終復生，此指說《易》道陰陽之大要也」；又云「消乙入坤，滅藏於癸」。[10]陰陽之消息，以坤終於癸而後復生，陰盡陽生，坤滅而起一陽初生之震卦，即月三日，震象出庚之時，歷二陽生之兌卦，此二陽為「朋」，見丁為南，時為八日。震庚為西，兌丁為南，所以是「西南得朋」。至十五日，乾象盈甲，為滿月之象。從月朔後三日起震至十五日乾象滿月之時，是陽升而得其類者，所以是「乃與類行」。然而，自十六日起，「陽喪滅坤」，

---

10 朱震除了於《漢上卦圖》中論及虞翻之說外，也於解釋坤卦時，指出「虞翻以月之生死論之，曰：從震至乾，與時偕行。消乙入坤，滅藏於癸，坤終復生，陰陽之義配日月」。（見朱震《漢上易傳》，卷一，頁 15。）認同虞翻以月體納甲之說申明辭義。

一陰生為巽辛，經二十三日二陰生，而為艮丙，再至二十九日，消乙入坤，滅藏於癸，乙東而癸北，以坤滅乾，故稱「東北喪朋」。虞氏藉由月體納甲之說，來說明「西南得朋」與「東北喪朋」之理。[11]朱震肯定虞氏的納甲主張，以納甲之法可以申明卦辭辭義；同時似乎也接受在《周易》的卦爻辭中，也存在著納甲的影子，欲明其義，必以納甲論之。

三、月之盈虛與日之出入圖式

日月的運動變化，代表宇宙自然的時空運化主要星體，日月象徵陰陽，日月傳遞出時空的意識。月體的運動，以一月三十日之時間為其盈虛之一週期，不同的月相，反映出不同的時間意涵，並確立其空間之位置。同樣的，太陽的運動週期，一週為一年十二個月，亦即三百六十五又四分之一日，從太陽與地球的空間位置的轉移，正反映出時序的變化，以及其運動有序下可以確定的空間方位概念。朱震分別制作日月的變化圖式，結合干支配屬的納甲知識體系，確立宇宙自然存在的時空意義。

（一）《月之盈虛圖》

朱震制作《月之盈虛圖》，與《納甲圖》及後文陸續說明的《天壬地癸會於北方圖》之內容與結構佈列相同，其圖式說明如下：

11　惠棟根據朱震之說，於《易漢學》中也針對坤卦《彖傳》而立說。見惠棟《易漢學》，卷三，頁 1109。有關惠氏之說，參見拙著《惠棟易學研究》，臺北：花木蘭文化出版社，2009 年 9 月初版，頁 252-254。

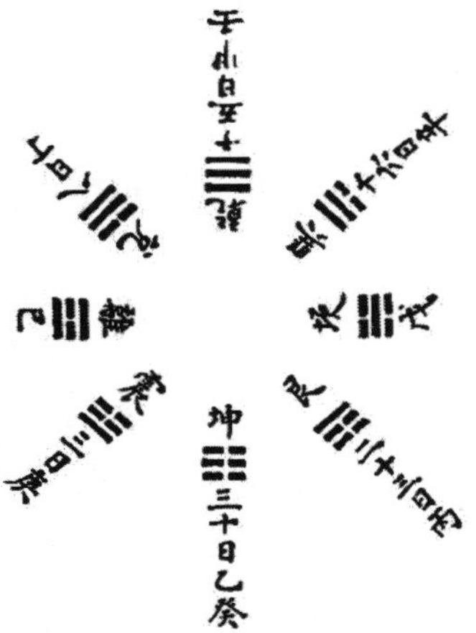

圖 11-1-3　月之盈虛圖

月三日成震，震納庚；十五日成乾，乾納甲；三十日成坤，滅藏於癸，而復出震。[12]

此圖特別強調月相盈虛之狀，同於前述虞翻的月體納甲之說，以乾坤生坎離爲日月；日月之運動，使月相形成盈虛之變化，即陰陽之消長，以八卦表徵其變化之性。月於三十日成坤而滅藏於癸，爲月晦之象；由晦而朔，陰盡而入於陽，陰退陽進，一陽初生爲震，時值三日見於庚，此時月方生明，藉太陽之光而見其明，爲月朒之象。八日二陽生爲兌，見於丁位，爲上弦之象。三陽盛極成乾，納於甲位，爲月望之象。陽極而衰，陰進陽退，以陰用事，則一陰初生成巽，爲十六日見於辛位。二十三日二陰生爲艮，見於丙位，爲月象下缺的下弦之象。三陰盛極爲坤卦所主，三十日月相乙位升起而再滅藏於癸。如此循環反復，陰極生陽，陽極生陰，消息不已，時空之變化，生生不息，運化有序。不同時空下的不同之月相，具有時間與空間的雙重概念，由此確立一切的存在。

---

12 見朱震《漢上卦圖》，卷下，頁 344。

　　月體的高度，表徵一日一月的時序轉化，並在其有序的變化下，確立出月相的時空意識。月體不同的高度，正反映出不同的時序變化。三十日月相滅於坤癸之位，初一朔相，月於黃昏六時已在西方落下，從而不見月體，至清晨六時從東方升起，此月體之運行，使夜間不見月相。三日震象，月出於西方庚位，所見之月已在黎明之時。八日兌象，月出於南方丁位，黃昏六時上弦之月，處正南之方，子時在西方落下，月相不再復見。十五日乾象月見於東方甲位，時值黃昏六時；子時在正南，晨間於西方落下。十六巽象，月滿潮消，月見漸晚，月之升落皆較十五望相爲晚。二十三日下弦艮丙之位，黃昏入暮，月體尚未升起，至子時方從東方而升，清晨之時，月處正南方之丙位。復返三十日，月於晨間與日同於東方乙位升起，不見其明，並滅於東北癸位。這種月體升降所表現的形象與高度，正爲一種時序的反映，並可由月體之高度，確定事物空間存在之意義，此也正是天文物理學上，透過月體高度定位的方法所在。

　　月體的變化，表現的星體吸引力之物理現象，帶來潮夕及各種水象與自然事物的運動變化，直接影響事物於時空的存在意義。月體在天文上的高度，即不同時間下的月體高度，也可以作爲判定空間意義上的具體座標位置，所以月體的高度，具體的確立存在之時空意義。

（二）《日之出入圖》

　　朱震另以太陽的運動變化，制作《日之出入圖》，透過八卦與干支的結合，佈列出季節變化的時空圖式，其圖式說明如下：

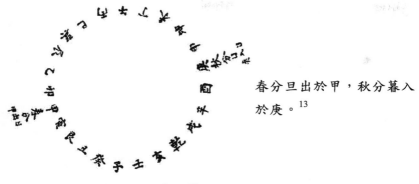

春分旦出於甲，秋分暮入
於庚。[13]

圖 11-1-4　日之出入圖

此圖式的八卦配位為傳統的八卦方位，即宋儒普遍稱說的後天八卦方位，即坎北、離南、震東、兌西、乾西北、坤西南、艮東北、巽東南。

此一表述日之運動變化的圖式，不同於前述月之盈虛變化之圖式，在於日之出入增加天干之運用，綜合諸元之配置，以甲乙屬震卯東方之位，五行屬木；丙丁屬離午南方之位，五行屬火；庚辛屬兌酉西方之位，五行屬金；壬癸屬坎子北方之位，五行屬水，戊己居中，五行屬土。

四時干支配屬的時空衍化，春分之時，旦出於甲，秋分之時，暮入於庚。日出於甲而入於庚，即日之升降軌道，與赤道軸線相差二十三度半，即由甲至卯之高度，與庚至酉之高度，皆為二十三度半；於甲庚可見日之升降，此二點所構成的立體空間方位，即日體運動之黃道線。[14]朱震將甲標示為春分，庚標示為秋分，

<hr>

13　見朱震《漢上卦圖》，卷下，頁 344。

14　黃道即由地球觀察太陽一年的視運動之路徑，事實上是地球繞太陽公轉的路徑，而從地球的角度觀之，假設地球為不動的星體為參照，即太陽繞地球轉動的天球路徑的軌道平之投影。黃道的路徑與赤道形成一個 23°26´（一般概說為二十三度半）的黃赤交角之夾角，亦即地軸之傾角。

即黃道線與天赤道相交的兩點，也就是一般天文學所稱說的春分
點與秋分點之二分點。《日之出入圖》反映出地球與太陽運轉間
的實際之物理現象，並且，這樣的運動實況，爲天文歷法與有關
文化知識系統運用的重要範疇。朱震透過此八卦與干支的排比，
也簡易的架構出這樣的概念，將太陽出入運動的確切方向，藉由
《日之出入圖》之組合系統，架構出具有科學意義的時空圖式。

四、《天壬地癸會於北方圖》的天地日月時空圖式

在納甲配干立卦的基礎上，朱震制作《天壬地癸會於北方
圖》，八卦配位與配干同於《納甲圖》，這構的圖式結構，合於
日月推移的時空概念。其圖式與說明如下：

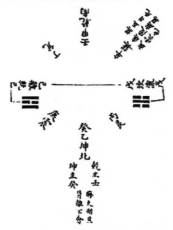

圖 11-1-5　天壬地癸會於北方圖

坎，坤體；離，乾體。乾坤壬癸會于北方。乾以陽交坤而
成坎，所謂流戊也；坤以陰交乾而生離，所謂就己也。戊，
陽土也，乾之中畫也；己，陰土也，坤之中畫也。陽爲實，
故月中有物；陰爲虛而白，故自正中，則成白畫。日月十

二會，不會則光明息矣。[15]

坎離二卦由乾坤而生，乾卦以陽爻交於坤卦而生坎月，則坎屬坤體，坤卦以陰爻交於乾卦而生離日，則離屬乾體。坎卦流戊之位，其中滿之爻爲乾之中畫，故爲陽土之性；離卦居己之位，其中虛之爻爲坤之中畫，故爲陰土之性。坎離之五行屬性爲中土之位。坎離源自乾坤，則「日月代天地行道，凡陰陽推算，寒暑晝夜，生成長養，三才萬象，莫不以此爲權衡」。[16]在此圖式中，可以體現日月與天地同體，天地之用見於日月之化，而天地之精，則匯聚於北方，亦即朱震所謂的「乾坤壬癸會于北方」。日月於北方相會，當月體全顯日之光影時，則爲月望光耀之時，值十五之際，以天壬爲稱；當月爲日所隱時，爲月晦三十之時，以地癸爲名。從日月的實際運行狀況而言，壬癸爲晦夕之時，日月同在地中，行於赤道內外，出地在南，入地在北，北即壬癸之方，故云「天壬地癸會於北方」。但是，日月的真正位置，日東月西，本不宜言會於壬，亦不可言會於癸。

立坎離戊己爲中，爲天地之中，象徵日月爲天地陰陽變化之用；但在圖式的呈現上，朱震卻將之分立於兩側，與其它諸干同於環繞之位，恐有模糊坎離屬干之特殊意義，因此，朱震又立《坎離天地之中圖》，特別申明二卦位處天地之中，爲天地之用。坎離分立，雖具日月之用而居中的意義，但在圖式呈現上，仍爲東西分立，一月所見八卦之序，合於宋代普遍運用的先天八卦方位，朱震納甲圖式所立亦合此位，清代焦循專主後天八卦，反對朱震

15　見朱震《漢上卦圖》，卷下，頁342。

16　參見清代馮道立《周易三極圖貫》中《天地有日月爲太極生兩儀》的圖式所述，同樣強調坎離日源自乾天坤地，以茲共構自然之道。見馮道立著、孫國中點校《周易三極圖貫》，北京：團結出版社，2009年4月1版1刷，頁32-33。

等宋人之說，強調納甲不合卦位。[17]

　　天地日月共構自然萬化之道，萬物非天地不生，亦非日月不長，故乾、坤、坎、離構成宇宙自然的主體結構；在此天地之間，日月相互的運動變化，形成循環有序的時空場域。日月之變化，三十日積成一月而反復不移，即日月得天地之氣，以其相著而成生生不息之理。

五、《坎離天地之中圖》的天地之用

　　東漢以降月體納甲之說，凸顯坎離兩卦的重要性，並成為丹道思想體系的核心系統，也反應為日月之象。坎離二卦在納甲圖式或自然演化中的地位，前已多有述及，朱震又特就二卦在八卦源起過程中的地位，制作《坎離天地之中圖》，圖式與說明如下：

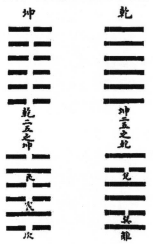

圖 11-1-6　坎離天地之中圖

　　乾坤，鬼神也；坎離，日月、水火也；艮兌，山澤也；震

17 相關的不同說法，參見馮道立著、孫國中點校《周易三極圖貫》，頁 57-61。

巽，風雷也；坎離震兌，四時也。坎離，天地之中也。聖
人得天地之中，則能與天地日月四時鬼神合。先天而天弗
違，聖人即天地也；後天而奉天時，天地即聖人也。聖人
與天地為一，是以作而萬物覩。同聲相應，震巽是也；同
氣相求，艮兌是也；水流濕火就燥，坎離是也。雲從龍，
風從虎，有生有形，各從其類，自然而已。[18]

朱震以《說卦傳》確立乾坤父母卦生六子卦的基礎。乾二五之坤，
坤變而得坎卦，坤二五之乾，乾變而得離卦。坎離由乾坤所變，
內攝於乾坤之中，坎離日月之象，處乾坤天地之中。坤陰之卦，
得坎月之卦，坤坎於此之德相近，坎卦又內含震艮二象，則坤衍
三子卦；乾陽之卦，得離日之卦，乾離於此之德相近，離卦又內
含巽兌二象，則乾衍三女卦。

　　坎月離日，為乾坤陰陽之化，朱震不斷申明與強調「坎，坤
體也。坎中之乾，二、五也」；坎月為坤體，其畫為乾之二、五，
以一陽入坤為坎，坎作為乾坤合體，為陰中之陽，代表坤體之用。
離「在天為日，乾體也。其中畫乃坤之二、五」；一陰入乾為離，
為陽中之陰，化表乾體之用。坎離流行於乾坤天地之間，周流於
六虛，上下無常，往來不定，標明出陰陽交錯之狀，也標明宇宙
自然陰陽氣化的運動實況，成為包蘊萬有存在的基本結構。

　　坎離日月之光，無所不及，為存在的主體，朱震強調二卦位
居乾坤之中，即處天地之中，亦即魏伯陽《周易參同契》的月相
納甲圖式與虞翻月體納甲圖式的坎離中宮之位，也就是戊己中
位；作為天道運化的樞紐，則「懸象著明，莫大於日月，而月受
明於日」，而「日月相推而生明」，「合其明者，坎離互用也」。

---

18 見朱震《漢上卦圖》，卷下，頁348。

[19]日月依恃變化,生其圓缺之明,一月而周,反復循環。乾坤為存在之主體,而坎離日月為存在之用,坎離相推而大明終始,在宇宙根源性意義上,乾坤與坎離共構出體用相資的宇宙生化圖式。坎離之地位,虞翻、魏伯陽,乃至《易緯》已然確立,朱震歸本漢說,特制此圖,為漢《易》思想的再現。

第二節　十二消息圖說

朱震重視消息卦的運用,在卦變思想中,特別強調十二消息卦的卦變主張,以爻位的變化和剛柔的相易,展現出《易傳》所重視的變化觀,並特別指出《序卦傳》已具體的運用十二消息卦的思想,確立十二消息卦運用的合理性,成為其易學的重要一環。消息卦圖式,以其剛柔相推的變化之道,構成宇宙萬物生存消亡、生息反復之規律,建構出宇宙化生的基本圖式。[20]消息卦的思想,除了展現出作為闡釋《周易》經傳辭義的具體方法外,也確立其陰陽運化的哲學意義。其重要之圖式包括《消息卦圖》、《天之運行圖》,以及《乾用九坤用六圖》等重要代表圖式。

一、《消息卦圖》的陰陽消息演化結構

朱震制作《消息卦圖》,確立十二消息卦皆由乾坤兩卦的陰陽消息變化而來,有關圖式與說明如下:

---

19 括弧相關引文,見朱震《漢上易傳》,卷九,頁 286-294。
20 有關朱震論述十二消息卦的卦變主張,參見第八章所述。本章主著於從朱震有關的消息圖式,進行全面性的釋說,有關圖式的卦變思想,則非本章論述之主要重點。

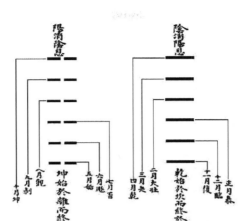

圖 11-2-1　消息卦圖

> 剝之《象》曰「柔變剛也」。純乾之卦，而柔變之。一變
> 為姤，二變為遯，三變為否，四變為觀，五變為剝。此變
> 卦見於《易》者也。陰陽升降，變而為六十四。[21]

朱震舉剝卦《象傳》說明以剛柔消息釋義者，已見於《易傳》，
認為純陽乾卦，陽極入陰，變而為陰柔之卦，一變為姤，再而遯、
否、觀、剝，乃至於純陰之坤卦；陰極入陽，變而為陽剛之卦，
一變為復，再而臨、泰、大壯、夬。這種陰陽的消息變化關係，
即卦變的關係，以十二消息卦由乾坤所推衍，並透過十二消息卦，
再進一步進行陰陽的升降變化，形成六十四卦的卦變系統。

　　朱震強調「乾始於坎而終於離」，「坤始於離而終於坎」，
乃就陰陽消息運化的氣化流行方向而論，乾坤作為陰陽消息的主
體，而坎離作為日月之象，為陰陽消息變化的作用；且坎離處南
北子午之位，北子坎位，南午離位，乾息之卦起於一陽復卦，正

21　見朱震《漢上卦圖》，卷中，頁 340。

為坎北子位，陽息至乾卦為陽極四月巳位，近於離南午位。至於坤消之卦，陽極而陰消為一陰姤卦，正為離南午位，至坤陰盛極為十月亥位，近於坎北子位，故以陰消始於離午而終於坎子。在此乾坤消息演化的圖式中，朱震亦聯結坎離的日月推變概念，重視坎離的地位；在消息圖式中，也結合坎離的重要角色觀點，以乾坤坎離共構為核心體系，這樣的宇宙圖式與月相納甲圖式，乃至丹道之學的主體思想相契合。

乾坤二卦的爻位處位，代表陰陽之氣的生成變化，每一爻位體現不同的卦月，而乾坤二卦十二爻的爻義，也多可與消息卦進行聯結。例如乾卦初九，表徵陽氣初升之狀，即一陽復卦的十一月之時，此時陽氣始生，積蓄尚弱，故「潛龍勿用」。又如坤卦初六，一陰始生，正為五月姤卦之時，此時陽極而衰，陰氣始萌，冰霜始於初陰，故「履霜」而知「堅冰」將至，有見微知著、防微杜漸之義。十二消息卦的推布，正是乾坤十二爻位的變化，十二消息卦籠絡在乾坤二卦之中，乾坤為十二消息卦的母體，十二消息卦由乾坤而生，故在卦變系統中，乾坤生成十二消息卦，成為傳統卦變系統中的支系。

二、《天之運行圖》強化自然運化的時序認識

朱震制作《天之運行圖》，同樣以十二消息卦配屬於乾坤二卦的十二爻，並結合十二地支立說。建構之圖式，除了有十二辰所反映的年行一周的周而復始之時間概念外，也同時具有四方的空間意義。圖式內容如下：

> 始於乾，終於坤。乾納甲，坤復生震，震納庚。[22]

────────────

22 見朱震《漢上卦圖》，卷下，頁 344。

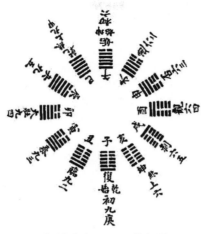

圖 11-2-2　天之運行圖

在此消息卦圖式中，朱震將十二消息卦結合乾坤二卦十二爻，以及十二地支與月相納甲而立說，以乾始坤終，乾納甲爲月行十五日之時，終於坤三十日以滅藏於癸後，再而一陽升爲復卦，其下震納庚爲月行三日，天行由斯而作。二陽升爲臨卦，其下兌納丁，爲月行八日之相。其它各卦亦同樣依次排序。

　　月相納甲之說，在時間序列上，觀月之變化以體現一個月的周期，而十二地支的運用，則爲天體以地球爲核心，繞越太陽一周的一年周期，二者呈現的時間並不對等，很難將之並列進行合理的聯繫。同時，此圖式中陳述的月相納甲之位，乃朱震特將月相之說強加於十二消息卦的運化之中，至少乾坤納甲之位與前述月相納甲之說不同；月相納甲中乾坤正處南北正位，但此圖式中乾坤並未處於正南北之方，也就是方位之立定不同。這樣的八卦納甲之法，爲京房以降的納甲配卦之法。因此，二者納甲位說並不相同。然而，日行十二月（實際上是地球繞太陽公轉）之變化，朱震特別將之與月行三十日的周期變化進行結合，雖未必合於機

械化操作的合理之邏輯概念，卻也反映出日月推布時空變化關係之意涵，宇宙自然的演化，尤其在時間的意義上，正是根源於日月的變化，藉由此一圖式予以顯現出來。

另外，乾坤十二爻的配支之法，以乾坤陰陽爻位的消息變化次序，與十二地支進行有序之結合，這種十二爻配支之說，與漢儒統傳乾坤十二爻辰的觀點迥異。此一圖式的乾坤爻位等同於陰陽消息變化，乾坤的爻位聯結陽息陰消的十二消息卦，並確立其屬月的十二地支之配屬。一陽復卦為子月，即乾始初九之位；二陽臨卦為丑月，即乾卦九二之位；九三泰卦寅月，九四大壯卦卯月，九五夬卦辰月，至六陽俱升為乾卦巳月，即乾卦上九之位。坤卦爻位也同樣依次配序，一陰姤卦為午月，即坤卦初六之位；六二遯卦未月，六三否卦申月，六四觀卦酉月，六五剝卦戌月，至上六即坤卦亥月。此乾坤十二爻辰，依消息推升而有次序的配列，而傳統的乾坤十二爻辰之說，不論是京房或是《易緯》之說，分陽支與陰支，陽支納乾卦，陰支納坤卦，乾卦初爻至上爻分別配納子、寅、辰、午、申、戌的順行次序，而坤卦則不取順行的次序，從初爻至上爻分別配納未、巳、卯、丑、亥、酉等六支。有關之內容，前述《乾坤六位圖》中已有詳明。這樣的乾坤爻辰之法，強烈表現出陰陽消息的時序轉化。

三、《乾用九坤用六圖》的消息節候體系

朱震藉由十二消息卦與其每卦六爻，配置七十二候，制作《乾用九坤用六圖》，其圖式內容與說明如下：

> 九六者，陰陽之變也。陽至九而變，陰至六而變，九變則六，六變則九，陰陽合德，九六相用，乾坤未始離也。天之運行，自復九十日至於泰之上六，自大壯九十日至於乾

之上九，自姤九十日至於否之上九，自觀九十日至於坤之
上六，成三百六十日。為陽候者，三十有六者，九也；為
陰候者，三十有六者，六也。積十有二月而七十二候，九
六之變，循環無窮，是以乾用九其策亦九，坤用六其策亦
六。《太玄》明乾坤之用者也。故天玄三曰「中羨從」，
地玄三曰「更晬廓」，人玄三曰「減沈成」。首各有九，九
九八十一，始於冬至，終於大雪。陰陽相合，周流九變。[23]

圖 11-2-3　乾用九坤用六圖

氣化流行，重視陰陽之氣的變化之性，從占筮系統中以九、六、
七、八代表陰陽之氣的變化狀態，七、八為不變之氣，而九、六

---

[23] 見朱震《漢上卦圖》，卷下，頁 347-348。

則爲當變之氣。作爲占筮之爻性而言，七、八不變，而九、六則採爻變，也就是陽氣之究當變，即九變爲六，同樣的，陰氣之究亦變，六當變爲九。萬物皆由陰陽之變而生，陰陽之氣不斷的生成變化，以九、六爲其變化之用；九、六除了表徵可變之陰陽二氣外，亦是陰陽二氣之代稱，陰陽推移共生萬物，則「陰陽合德，九六相用，乾坤未始離也」。

　　天體運行，以三百六十日爲一周期，代表一年之變化，並分出七十二節候，朱震以十二消息卦與之相配，則一卦三十日，一卦六爻每爻配五日爲一候，則一卦配六候，十二卦合七十二爻配七十二候。陽爻爲九，陰爻爲六，十二卦陽爻合三十六，陰爻亦三十六，朱震並稱以九（陽爻）配候爲陽候，以六（陰爻）配候爲陰候，故陽候與陰候各三十六。藉由十二消息卦的乾坤陰陽消息之變化，由復卦爲一年之開端，自復卦初九至泰卦上六爲九十日，自大壯卦初九至乾卦上九又爲九十日，共一百八十日，此陽息之卦，也是乾陽（九）之氣升發之時，配用三十六候；又自姤卦初六至否卦上九爲九十日，自觀卦初六至坤卦上六又爲九十日，共一百八十日，此陰消之卦，亦爲坤陰（六）之氣漸長之時，同時配用三十六候。以候表徵時序現象之變化，即陰陽之變化，也是九六之變化，此生生之變，循環無窮，《乾用九坤用六圖》正展現出這樣的自然演化的哲學意涵。

　　歷法節候之說，由來已早，至兩漢時期與易學相聯結，發展出以卦氣爲主的易學特色。孟喜以四正卦與六十卦配之以二十四節氣、七十二候的卦氣主張，至《易緯》廣泛申論節候卦氣之說，卦氣的思想爲漢代易學的主流觀點。朱震此一圖式，正是漢代易學的重要內容，爲漢《易》的再現。其消息爻位配候之內容，表列說明如表 11-2-1 所示：

表 11-2-1　消息爻位配候表

十二支	月份	消息卦	爻位	日期	七十二候
子	11月	復䷗	初九	1-5	鶡旦不鳴
			六二	6-10	虎始交
			六三	11-15	荔挺出
			六四	16-20	蚯蚓結
			六五	21-25	麋角解
			上六	26-30	水泉動
丑	12月	臨䷒	初九	1-5	鴈北鄉
			九二	6-10	鵲始巢
			六三	11-15	野雉始雊
			六四	16-20	雞始乳
			六五	21-25	征鳥厲疾
			上六	26-30	水澤腹堅
寅	1月	泰䷊	初九	1-5	東風解凍
			九二	6-10	蟄蟲始振
			九三	11-15	魚上冰
			六四	16-20	獺祭魚
			六五	21-25	鴻鴈北
			上六	26-30	草木萌動
卯	2月	大壯䷡	初九	1-5	桃始華
			九二	6-10	倉庚鳴
			九三	11-15	鷹化爲鳩
			九四	16-20	玄鳥至
			六五	21-25	雷乃發聲
			上六	26-30	始電
辰	3月	夬䷪	初九	1-5	桐始華
			九二	6-10	田鼠化爲鴽
			九三	11-15	虹始見
			九四	16-20	萍始生
			九五	21-25	鳴鳩拂其羽
			上六	26-30	戴勝降於桑
巳	4月	乾䷀	初九	1-5	螻蟈鳴
			九二	6-10	蚯蚓出
			九三	11-15	王瓜生
			九四	16-20	苦菜秀
			九五	21-25	靡草死
			上九	26-30	小暑至

			初六	1-5	螳螂生
午	5 月	姤䷫	九二	6-10	鵙始鳴
			九三	11-15	反舌无聲
			九四	16-20	鹿角解
			九五	21-25	蜩始鳴
			上九	26-30	半夏生
未	6 月	遯䷠	初六	1-5	溫風至
			六二	6-10	蟋蟀居壁
			九三	11-15	鷹乃學習
			九四	16-20	腐草爲螢
			九五	21-25	土潤溽暑
			上九	26-30	大雨時行
申	7 月	否䷋	初六	1-5	涼風至
			六二	6-10	白露降
			六三	11-15	寒蟬鳴
			九四	16-20	鷹乃祭鳥
			九五	21-25	天地始肅
			上九	26-30	禾乃登
酉	8 月	觀䷓	初六	1-5	鴻鴈來
			六二	6-10	乙鳥歸
			六三	11-15	群鳥養羞
			六四	16-20	雷乃收聲
			九五	21-25	蟄蟲壞戶
			上九	26-30	水始涸
戌	9 月	剝䷖	初六	1-5	鴻鴈來賓
			六二	6-10	雀入大水化爲蛤
			六三	11-15	菊有黃花
			六四	16-20	豺乃祭獸
			六五	21-25	草木黃落
			上九	26-30	蟄蟲始俯
亥	10 月	坤䷁	初六	1-5	水始冰
			六二	6-10	地始凍
			六三	11-15	雉入大水化爲蜃
			六四	16-20	虹藏不見
			六五	21-25	天氣上騰地氣下降
			上六	26-30	閉塞成冬

　　十二消息卦，每卦六爻配屬二個節氣，每一爻配一候五日，

以十一月復卦爲例，初九所含爲初一至初五，節爲「大雪」，候爲「鶡旦不鳴」；六二爲初六至十日，同爲大雪節氣，候則爲「虎始交」；六三爲十一至十五日，亦大雪節氣，候爲「荔挺出」；六四爲十六至二十日，節爲「冬至」，候爲「蚯蚓結」；六五爲二十一至二十五日，同爲「冬至」節，候爲「麋角解」；上六爲二十六至三十日，亦「冬至」節，候爲「水泉動」。一卦六爻即此六候爲三十日，其它各卦各爻所配內容類推，不作詳述。

不管是孟喜，乃至《易緯》，尤其是《稽覽圖》，皆以六十卦相配的直事之法，每一候皆由辟卦領四卦的由五卦之五爻統五日，也就是六十卦三百六十爻，每一爻統一日；同樣以十一月爲例，由未濟☲☵、蹇☵☶、頤☶☳、中孚☴☱、復☷☳卦等五卦共三十爻配十一月三十日：初一爲未濟初六，初二爲蹇卦初六，初三爲頤卦初九，初四爲中孚卦初九，初五爲復卦初九，初六爲未濟卦九二，初七爲蹇卦六二，初八爲頤卦六二，初九爲中孚卦九二，十日爲復卦六二，十一日爲未濟卦六三，十二日爲蹇卦九三，十三日爲頤卦六三，十四日爲中孚卦六三，十五日爲復卦六三，十六日爲未濟卦九四，十七日爲蹇卦六四，十八日爲頤卦六四，十九日爲中孚卦六四，二十日爲復卦六四，二十一日爲未濟卦六五，二十二日爲蹇卦九五，二十三日爲頤卦六五，二十三日爲頤卦六五，二十四日爲中孚卦九五，二十五日爲復卦六五，二十六日爲未濟卦上九，二十七日爲蹇卦上六，二十八日爲頤卦上九；二十九日爲中孚卦上九，三十日爲復卦上六。其它各卦爻之配月與配日，亦以此類推。[24]顯然朱震所配，並沒有將十二消息卦以外的四十八

---

24 參見《稽覽圖》將六十卦分爲「六陽月三十卦直事」與「六陰月三十卦直事」。見《稽覽圖》，卷下。引自鍾謙鈞《古經解彙函‧易緯稽覽圖》，日本：京都市影印武英殿聚珍版，1998 年初版，頁 525-528。

卦（坎、離、震、兌等四正卦不在其中），以其一爻之位配一日，朱震純粹以十二消息卦七十二爻配七十二候，而為一年當期之日。

朱震以揚雄（西元前 53-18 年）《太玄》說明二十四節氣的配用，儼然說明十二消息卦也與節氣相配，強調二十四節氣始於冬至，終於大雪。在十二消息卦中，復卦為首，前三爻配大雪，後三爻配冬至，也就是說，復卦內含二十四節氣之終始，也是跨一年之終始。

十二消息卦以其陰陽消息變化的屬性，配屬七十二候，藉由陰陽之變，與自然物象之變化實況相結合，例如復卦一陽升為十一月微陽初升之時，冰寒之氣仍正壯盛，地凍開始崩坼欲解，此時自然物象的具體實狀，求旦之鳥不鳴，虎於此時亦求其交合，香草薜荔皆緣木而生，穴中之蚯蚓亦因陽氣之動而交，麋走山陽而陰盡角解，微陽既生，則凝涸之泉水益動。復卦以其陰盡而一陽初生之時，合於自然六候之狀，其它十一卦亦同；陰陽時序之變，與自然現象結合。因此，十二消息卦合候之說，展現出宇宙自然時空變化的具體面貌。

第三節　納甲與消息的運用圖式 ——
卦爻辭義詮解圖式之建構

朱震以納甲與消息圖式闡明漢儒之說，並藉有關主張論釋經傳辭義。朱震更甚者，將納甲與消息之觀點，直接以圖式構制之形式，述明卦爻辭義。包括在採用納甲之法方面，以《乾甲圖》、《虞氏義圖》與《震庚圖》申明蠱卦巽卦爻義蘊；採用消息之說

方面，以《乾六爻圖》申明乾龍象義，《坤初六圖》申明坤卦初六爻義，《坤上六天地玄黃圖》申明坤卦上六爻義，《臨八月有凶圖》申明臨卦卦義，《復七日來復圖》申明復卦卦義。

一、《乾甲圖》、《虞氏義圖》與《震庚圖》的蠱巽義蘊

在納甲思想的基礎上，朱震制作《乾甲圖》、《虞氏義圖》與《震庚圖》，說明蠱☶☴、巽☴☴二卦之卦義。聖人立蠱、巽二卦，以納甲之說闡明聖人大義，明白指稱「先甲」、「後甲」、「先庚」、「後庚」的義蘊。

（一）《乾甲圖》與《虞氏義圖》

蠱☶☴卦卦辭「先甲三日，後甲三日」，所謂之「甲」即納甲之法中的乾☰卦配甲之說，朱震制作《乾甲圖》，其圖式與說明如下：

蠱《象》曰：「先甲三日，後甲三日。終則有始，天行也。」虞曰：「謂初變成乾，乾為甲，至二成離，離為日，乾三爻在前，故『先甲三日』，賁時也。變三至四體離，至五成乾，乾三爻在後，故『後甲三日』，无妄時也。《易》出震，消息歷乾坤，象乾為始，坤為終，故『終則有始』。乾為天，震為行，故『天行也』。」[25]

←圖 11-3-1　乾甲圖

---

25 見朱震《漢上卦圖》，卷下，頁 343。

朱震並於論釋蠱☲☶卦卦辭時，也運用虞翻的觀點及卦變之說，指出：

> 蠱一變大畜，乾納甲，再變賁，離為日，乾三爻在先，先甲三日也。三變頤，四變噬嗑，離為日，五變无妄，乾納甲，乾三爻在後，後甲三日也。先甲者，先其事而究其所以然。後甲者，後其事而慮其將然。究其所以然，則知救之之道；慮其將然，則知備之之方。[26]

同時，朱震另制《虞氏義圖》，說明《乾甲圖》所述合於虞翻之說，故云「《虞氏義圖》說與《乾甲圖》說同」。[27]其圖式如下所見：[28]

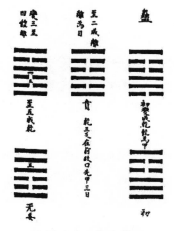

圖 11-3-2　虞氏義圖

圖說與卦義之釋述同義。朱震取虞翻納甲之說，以解釋蠱卦卦辭與《彖傳》之義。蠱卦初爻不正，使之為正，則下卦「初變成乾」；

---

26 見朱震《漢上易傳》，卷二，頁 70。
27 見朱震《漢上卦圖》，卷下，頁 344。
28 圖式引自朱震《漢上卦圖》，卷下，頁 344。

乾納甲，故云「先甲」、「後甲」。內卦爲「先」，則乾甲爲「先甲」。二變成離，離爲「日」象，爲賁☲☶卦之時。此乾卦三爻在前，故云「先甲三日」，是賁卦之時。變至四則四至上體離又爲「日」，繼變至五成乾象，同爲納甲，則成爲天雷无妄☰☳卦之時。此乾卦在外卦爲「後」，故爲「後甲三日」，爲无妄卦之時。消息卦一陽動爲復☷☳卦，下卦爲震，則以「出震」爲消息之始。陽息由復卦至乾☰卦，陰消由姤☰卦至坤☷卦，故云「消息歷乾坤」。消息始於乾初，終於坤上，故以乾坤爲始終，如此消息反復，有終則有始。消息之說與納甲同義；乾納甲，始於乾初震☳象，進而乾二兌☱象，再而乾三乾☰象，乾始歷震、兌、乾爲「三日」，始爲先，故爲「先甲三日」。消息終於坤卦，歷巽☴、艮☶、坤☷爲「三日」，終爲後，故爲「後甲三日」。朱震以虞氏之說，申明蠱卦卦辭與《彖傳》辭義，也將納甲與消息聯繫並說。

（二）《震庚圖》

巽☴卦九五爻辭「先庚三日，後庚三日」，所謂之「庚」即納甲之法中的震☳卦配庚之說，朱震制作《震庚圖》之圖式與說明如下：

> 巽「九五，貞吉，悔亡，无不利，无初有終。先庚三日，後庚三日，吉。」虞曰：「震，庚也，謂變初至二成離，至三成震，震主庚，離爲日，震三爻在前，故『先庚三日』，謂益時也。動四至五成離，終上成震，震三爻在後，故『後庚三日』也。巽初失正，終變成震得位，故『无初有終，吉』。震究爲蕃鮮，白爲巽也，巽究爲躁卦，謂震也。」
> 又曰：「乾成於甲，震成於庚，陰陽天地之終始，故經舉

甲、庚於蠱《象》巽五也。」[29]

震庚

所謂坤成於庚

變初至二成離為日

至三成震主庚成戍富戊

動四至五成離

終上成震

圖 11-3-3　震庚圖

朱震釋說巽卦九五爻辭時，亦云：

> 先庚三日，變家人變益之時也。下三爻震，震納庚，離為
> 日，先於此庚之使善也。後庚三日，變噬嗑變震之時也。
> 震納庚，離為日，後於此庚之慮，其未盡善也。先庚、後
> 庚，主於中正也。十日之次，以戊己為中。過中則變，故
> 庚謂之更，更而正中，正則吉，此九五之所以吉歟？[30]

朱震引虞翻之說，指出在納甲之說中，震納庚，初二不正，變初
至二則初至三互離為日，變至三則下三爻互震為庚，此震三爻在
前，故云「先庚三日」；此時亦處上兌☱下震☳的益䷩卦之時，
即先變家人䷤卦而入於益䷩卦。又四動至五則四至上互離又為
日，五變上變則上卦成震庚之時，上震在外，故云「後庚三日」；
此時亦處上震☳下震☳的震䷲卦之時，即先變噬嗑䷔卦而入於震

---

29 引文與圖式，見朱震《漢上卦圖》，卷下，頁 343。
30 見朱震《漢上易傳》，卷六，頁 200。

䷸卦。巽初陰爻處位不正，終變成震，使初終皆得正位，故「无初有終」而能獲得吉祥。震卦之究爲蕃鮮，蕃鮮者爲白，巽又爲白，爲巽究躁卦之象，亦即震在上爲躁動之義。朱震並舉納甲說以戊己爲處中之位，過中則變之爲適中，庚即有「更」義，使之更爲中正吉位。巽䷸五動而成蠱䷑，故二者義近。蠱卦初變成乾，乾納甲，則「乾成於甲」，有「先甲三日，後甲三日」之說。巽終變而成震，震納庚，則「震成於庚」，亦有「先庚三日，後庚三日」之說。

清代學者馮道立（西元 1782-1860 年）針對蠱、巽二卦與納甲的關係，制作《日月納甲與巽蠱庚甲貫》，引《黃氏日鈔》立說，認爲「巽先庚三日爲丁，丁有叮嚀意，後庚三日爲癸，癸有揆度意。蠱先甲三日爲辛，辛有艱辛意，後甲三日亦爲丁，丁有叮嚀意」。以十天干爲十日，巽卦之先庚三日，乃庚前推三干爲丁，後庚三日爲庚後推三干爲丁，詳如圖 11-3-4 所見：

圖 11-3-4　日月納甲與巽蠱庚甲貫圖

在月相的對應實況上，「初三月始見庚，十五月圓在甲，故以庚甲言，因甲與庚對也」。「丁爲上弦，故巽蠱皆以之。辛則十六一陰生，癸則三十日爲晦，晦又與望對」。以天干對應出日月之

變化與月相望朔圓缺之實狀,進而說明二卦所表彰的陰陽終始之大義。此一圖式與朱震所述相近,故馮氏同時肯定朱震之說,指出「若夫『己日乃革』,朱子發讀戊己之己,謂過己方受以庚,亦取天干意」。[31] 以朱震之說同於漢儒納甲之法,以納甲之法釋說卦義,方可得到合理之通解。

對於二卦所展現的天道的終始之行,朱震同樣以納甲之說,具體的指稱:

> 蠱,東方卦也;巽,西方卦也。甲者,事之始;庚者,事之終。始則有終,終則更始,往來不窮。以日言之,春分旦出於甲,秋分暮入於庚。以月言之,三日成震,震納庚,十五成乾,乾納甲,三十成坤,滅藏於癸,復為震。甲庚者,天地之終始也。蠱,事之壞也。巽,行事也。變更之始,當慮其終,事久而蠱,當圖其始。先甲三日,圖其始也。……後甲者,……一日、二日至於三日,慮之深,推之遠,故能革前弊,彌後患,久而可行。[32]

蠱為東方之卦,巽為西方之卦,二卦相對應,在天干與五行的配方上,東方甲乙木,東方又為草木繁衍來迎之方,春天萬物復甦,故東方蠱以甲為事之端始;西方立為庚辛金,為秋分之時,故西方巽以庚為事之終。從月相配卦而言,月三日之時為震,以震納庚,十五日為乾甲,三十日為坤癸晦朔之相。月相反復而見,後為震庚,故以甲庚為天地之終始。「先庚」「後庚」、「先甲」「後甲」之說,反映巽蠱二卦正表徵終始之義,這種立論天道終始之思想,漢儒虞翻已明,而朱震同本漢說,尤見其終始之義,強調「天道之行,終則有始,无非事者,聖人於蠱、巽二卦明之」。

---

31 圖式與括弧引文,見馮道立著、孫國中點校《周易三極圖貫》,頁 255。
32 見朱震《漢上易傳》,卷二,頁 69-70。

[33]以蠱、巽二卦，皆有終始之義，並以納甲之說彰明聖人於此二卦之重要認識。朱震以納甲之法申明辭義，闡論終始之道，正爲漢儒立說之法，爲根本漢說之具體落實。

二、《乾六爻圖》的乾龍象義

朱震專就乾卦六爻立說，制作《乾六爻圖》，以乾卦六爻布列消息圖式，並配之以四方星宿的東方蒼龍七宿。其圖式與說明如下：

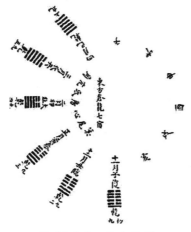

圖 11-3-5　乾六爻圖

震爲龍，而乾之六爻爲龍，何也？曰：奮乎重陰之下者，震之動也。潛升以時，其用不窮者，乾之健也。乾者息震而成也。天文東方之宿，蒼龍之象，其角在辰，其尾在寅。震者，卯也。乾始於子成於巳，故陽復於十一月者，乾之初九也，亦震也。《說卦》震曰「其究爲健」。元之中，

---

33 見朱震《漢上易傳》，卷二，頁 69。

　　冬至之氣，象中孚也，其次三木也，東方也。故曰「龍出
　　于中，首尾信，可以為庸」。元文曰：「龍出乎中何為也？」
　　曰：龍德始著者也，陰不極則陽不生，亂不極則德不形，
　　所謂陰極生陽，則乾之初九也。[34]

此一圖式同於前圖《天之運行圖》，爻位配消息卦與爻辰皆同，
專取乾卦而言，所不同者為加入東方蒼龍七宿，藉以說明乾卦六
爻變化下的卦爻大義。

　　乾卦表徵陽氣上舒之狀，效法天體的剛健之氣，以天為體，
以健為用，壯健不息，動行不休。龍以剛健神物為名，乘雲而遊
於天際，能潛、能現、能躍、能飛，故乾卦《彖傳》云「大明終
始」，「時乘六龍以御天」。乾天乾龍之質，轉諸於人事，則合
君子之性。早期《易》家之說，如《子夏傳》、《九家易》、虞
翻等人，以人事的乾健之德同於龍象，乾卦六爻象六龍，李鼎祚
（西元？年）《周易集解》並引沈驎士（西元 418-503 年）之說，
認為「天地之氣有升降，君子之道有行藏，龍之為物，能飛能潛，
故借龍比君子之德也」。[35]如文王以其聖明有德，為紂王困於羑
里，如龍潛之時；當文王免於羑里，出潛離隱，此時陽氣漸施，
聖人將顯，正是現龍之時；武王舉兵孟津，奉天伐暴之舉，如龍
躍於淵之時；武王克紂正位，成就聖功，正處陽氣上浮清明無形
的壯盛之際，如飛龍在天之時。乾卦六陽升舒，除了立其六辰之
別，亦表六龍之狀，以明人事之化。

　　乾陽之息始於子而成於巳，一陽復卦生於子，亦震之象，震
得乾之一陽，為乾父之長子，同承父象得雲龍之性，故《說卦傳》

---

34 見朱震《漢上卦圖》，卷下，頁 345。

35 見李鼎祚《周易集解》。引自李道平《周易集解纂疏》，卷一，北京：中
　　華書局，2006 年 2 月 1 版北京 4 刷，頁 28。

指出震卦「其究爲健」，「震爲龍」，則歷來學者亦多以震卦同具龍象。震屬東方之位，亦合東方蒼龍之宿的據所。

　　乾卦六爻的變化，以陽氣由下而上升，其變化分別爲復、臨、泰、大壯、夬、乾，與時序相繫則爲陽氣自冬至到夏至的初生至壯大之過程。此陽氣變化之過程，正可與東方蒼龍七宿的變化位置相聯結；從初九「潛龍」到上九「亢龍」的過程，確立乾陽之起點，即冬至節後龍星箕宿出現之時，陽氣滿盈的升終之點，即入於夏至節龍星角宿下沉之時，中間歷尾、心、房、氐、亢等宿。是以乾卦六爻之變，即陽息六卦之變，亦即陽氣升發擬爲六個月的轉變，並在不同的時間對應出不同的星宿位置。乾卦六爻之不同位置，代表陽氣運化下的不同時間之轉變，也從時間的不同，對應出不同空間下的星宿處位。在此消息卦建構的圖式中，呈現出高度的時空演化之時空意識。

三、《坤初六圖》的履霜堅冰之至

　　朱震制作《坤初六圖》，以坤卦六爻納六支爲六月，並與傳統四正卦的四時之位相結合，其圖式與說明如下：

圖 11-3-6　坤初六圖

乾為寒、為冰，何也？曰：坤坎之交乎乾也。露者，坤土之氣也。至於九月，坤交乎乾，白露為霜，故霜降為九月之候。冰，寒水也，乾交乎坎也。乾位在亥，坎位在子。大雪者，十一月之節。玄之難大雪也，其辭曰：「陰氣方難，水凝地坼，陽弱於淵。」夫坤之初六，五月之氣，姤卦也。是時豈唯无冰，而露亦未凝，何以言「履霜堅冰至」？曰：一陰之生，始凝於下，驗之於物，井中之泉已寒矣。積而不已，至于坤之上六，則露結為霜，水寒成冰。是以君子觀其所履之微陰，而知冰霜之漸。乾為金也，故霜肅殺而冰堅強。[36]

此一圖式中，首先朱震確立傳統四正四隅的八卦配位與配時之法，亦即後先八卦方位之法。坎子立於北方，為冬至之時；離午立於南方，為夏至之時；震卯立於東方，為春分之時；兌酉立於西方，為秋分之時。同時將坤卦六爻，初六由離午夏至午時（五月）為開端，依次排序：以六月未時為六二，七月立秋申時為六三，六四配於秋分酉時八月，九月戌時為六五，十月立冬亥時為上六。這裡必須說明的是，朱震圖式以八月戌時配六五爻，當為朱震未察之誤，應是九月戌時配六五爻。這種六爻配支之說，與漢儒爻辰之法不同，也就是不同於前述《乾坤六位圖》，亦即不同於漢儒普遍稱說的乾坤爻辰之說。這種以陽息之乾卦六爻配前六支，陰消之坤卦六爻配後六支的觀點，成為朱震論述十二消息卦時的普遍主張。有關之內容，後文尚有圖式亦有所聯繫，再作進一步的補述。

　　朱震特別指出乾卦有「寒」、「冰」之象，乃由於「坤坎之

---

36 見朱震《漢上卦圖》，卷下，頁 345-346。

交乎乾」，由乾卦與坤卦，以及乾卦與坎相交，以其二卦的卦象卦德之結合而得其象；這樣的理解源於《說卦》「乾爲寒」之說，爲乾處西北立冬之後，處位與北方坎水以及坤陰漸長至九月肅霜、十月極陰堅冰之時相近。「露」爲坤土之氣，《五經通義》指出「寒氣凝以爲霜，從地升也」，[37]爲寒氣之初；至於九月，坤交乎乾，即《月令》所謂「季秋之月」（即夏正爲九月），「霜始降，則百工休」，「農事備收」；[38]消息剝卦之時，白露爲霜入於霜降之候，故乾卦有「寒」象。「冰」爲寒水，爲乾交於坎，故乾有「冰」象。乾坎相交，主要在於八卦與天干相配，乾配位在亥，坎位在子，加上坎位又爲消息乾初之位，二位相鄰或相合，屬寒冷之時節。坎子之位，十一月大雪之節，「水凝地坼」，陽氣初升「陽弱於淵」之狀，亦消息復卦之時。乾卦有「寒」、「冰」之象，理據於此。

　　坤卦初六配午，爲「剝乾之初」，值消息姤卦的五月之氣，此時陰氣始生，無冰寒又露未凝，但爻辭卻言「履霜堅冰至」，朱震特別強調一陰始生於下，驗於井中之泉水，則初寒已升，見微知著，至於上六則寒露爲霜、寒水爲冰。坤極入乾，乾爲金納亥，則乾坤相接「霜肅殺而冰堅強」。故「一陰始凝，知其必至於履霜堅冰」，君子觀其初始微陰，則知冰堅之漸，進而體察人事之變，深明始凝之陰，莫之易禦，駸駸然而馴致堅冰之盛陰，當小人之道長，應「知小人之禍於甚微之時」，[39]防微杜漸之道

37　見《北堂書鈔》錄《五經通義》之言。引自清代余蕭客《古經解鉤沉》，卷六，臺北：臺灣商務印書館景印文淵閣四庫全書本第 194 冊，1986 年 3 月初版，頁 472。
38　見《月令》。引自孫希旦《禮記集解・月令》，卷十七，臺北：文史哲出版社，1990 年 8 月文 1 版，頁 477-479。
39　相關引文參見朱震《漢上易傳》，卷一，頁 15-16。

不可不察焉。朱震藉由此圖解釋坤卦初六爻義，在乾坤消息變化下，透過乾坤十二爻聯結十二消息卦的基本認識，進一步申說初六陰消之始的霜來之義。

四、《坤上六天地玄黃圖》的龍戰玄黃

朱震同樣以十二消息卦結合爻辰與傳統四正方位之卦，加上五色之配置，制作《坤上六天地玄黃圖》，以釋說坤卦上六「龍戰于野，其血玄黃」，茲列其圖式與說明如下：

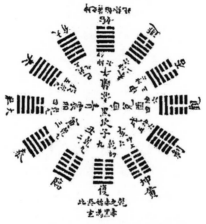

圖 11-3-7　坤上六天地玄黃圖

消息之卦，坤始於午，至亥而成陰之極也，道之窮也。乾，西北方之卦也。乾坤合居，陰凝於陽，為其兼於陽也，故稱龍焉。《古文周易》曰：「為其兼於陽也。」木剛則利，水凝則堅，陰凝於陽，則必戰。侯果謂陰盛似龍，非也。震為玄黃，何也？曰：以坤滅乾，坤終生陽，震陽也。天地玄黃，何也？曰：乾言其始，坤言其終也。坎為黑，乾之初九始於坎，息而至巳午為火，大赤也，坎黑也，赤黑為玄。坤之

初六始於離，離之中爻坤也，息而至亥成坤，故十一月陽氣潛萌於黃宮。黃宮者，乾始於坤也。坤之上六，陰陽交戰，坤終而乾始，故曰「玄黃」。震者，乾始也。《太元》謂十月之氣，曰：「深合黃純，廣含羣生。」又曰：「冬至及夜半以後者，近玄之象也。」冬至夜半，子也，坎也，乾之始也。青赤謂之文，乾坤相錯也。赤白謂之章，坤終乾也。繡者，坤始於離也。[40]

坤卦上六爻辭的論釋，又云：

上六坤之窮，十月也，其位在亥。乾之位十一月，復震，震變乾為龍。……坤道已窮，動而不已。臣疑於君，乾坤交戰，君臣相傷，不知變通故也。[41]

又云：

月盛則掩日，臣強則疑君。陰疑於陽，必戰。十月，純坤用事而稱龍者，天地未嘗一日而无陽，亦未嘗一日而无君子，為其純陰嫌於无陽也。故稱龍焉，乾在故也。[42]

消息之卦，乾始於子，至巳而爲陽之極；坤始於午，至亥而爲陰之極。子一陽升爲初九之位，至巳爲上九陽極之時。坤午一陰升爲初六之位，至亥爲上六陰極之時。乾卦屬西北方之卦，而坤升至上六亥位，與乾位合居，又坤窮入於十一月乾初之位，則「陰凝於陽，爲其兼於陽」，兼於陽則必戰，故上六以「龍戰於野」稱之。陰盛掩日，以陰凌陽，以臣疑君，此君臣兩侵而相傷，戰於野而血玄黃。

坤與乾相接爲玄黃，坤上六爲極陰之時，陰極則將入於陽，

40 見朱震《漢上卦圖》，卷下，頁 346-347。
41 見朱震《漢上易傳》，卷一，頁 17。
42 見朱震《漢上易傳》，卷一，頁 19。

處坤與乾間，故上六云「其血玄黃」，爲天玄而地黃之合。朱震
並以震卦有「玄黃」之象，乃陰極復生一陽，一陽生爲震，震處
「坤終生陽」之際，故震具「玄黃」之象。至於天地玄黃之所由
生，以乾坤共成天地，萬有皆由是資始資生，在氣化的週期循環
上，「乾言其始，坤言其終」，乾坤爻辰配位，北方子位爲乾陽
初生一氣之時，即初九之位，也正是四時方位上的坎北之位，北
方五行爲水，五色爲黑，故乾卦初九時值坎卦之位，也是色黑之
位。

　　子午之位爲四正卦的坎離之位，坎子又爲乾初之位，而離午
又爲坤初之位。坤卦本「黃」象，而「離中之陰」又爲「黃」；
乾之五行屬性與其處位，本有「玄」象，而坤極之後的坎子之位，
「坎中之陽」，亦有「玄」象。[43]因此，從乾坤配支之法，與消
息卦的變化，乃至四正卦的方位與屬卦的性質等諸多方面的結合
與多重視野的切入，陰陽消息的時空演化，可以具體的呈顯「龍
戰于野，其血玄黃」之大義，反映出君臣相傷的政治意涵。

五、《臨八月有凶圖》的陰長之凶

　　朱震制作《臨八月有凶圖》，藉以釋說臨卦卦辭「八月有凶」
之義，其圖式與說明如下：

> 先儒論八月不同。孔穎達從建丑至建申，褚氏從建寅至建
> 酉，何氏、王昭素、胡旦從建子至建未。考陰陽消息之理，
> 二陽生則剛長，二陰生則柔長，剛長則君子之道息，小人
> 之道削，柔長則君子之道消，小人之道息。《易》舉消息

43　參見朱震釋說坤卦上六爻義，云：「玄者，坎中之陽。黃者，離中之陰。
　　天地之雜也，其血玄黃者，君臣相傷也。」見朱震《漢上易傳》，卷一，
　　頁 19。

之理，以明吉凶之道，以建子至建未為正。

圖 11-3-8　臨八月有凶圖

朱震又進一步於圖式之後，論釋「臨至於八月有凶」，云：

> 鄭康成、虞翻以八月為遯，荀爽、蜀才以八月為否，當從
> 鄭、虞。文王繫卦辭，周月始建子，臨丑月卦也。自子數
> 之為二月，至於未為八月，遯未月卦也。劉牧曰：遯之六
> 二消臨之九二。又《卦略》曰：臨剛長則柔微，柔長故遯。
> 《易》傳亦然。[44]

「八月有凶」之義，漢代以來學者多以十二消息卦的觀點進行論
述，只不過「八月」所指為何，歷來眾說紛紜，莫衷一是。朱震
考釋諸論，指出從時間八個月的範疇云，孔穎達（西元 574-648
年）認為是從建丑至建申，褚氏認為從建寅至建酉，何氏、王昭
素（西元 894-982 年）、胡旦（西元 955-1034 年）等人則認為從
建子至建未之時。另從「至於八月」的時間為「有凶」云，認為

---

44 圖式與引文，見朱震《漢上卦圖》，卷下，頁 349。

鄭玄（西元 127-200 年）、虞翻皆以八月爲遯卦，荀爽（西元 128-190
年）、蜀才（西元？年）等人以八月爲否卦。朱震肯定鄭、虞之
說，以八月爲遯卦，於周建子爲未，即八月之時。朱震並認爲「天
之道，剛始於子，進而至臨，又進而至泰，然後萬物通」。又云
「天之道，言乾也。至于八月有凶，戒進之不已也。陰陽消長，
循環无窮，自子至未，八月而二陰長。陰長陽衰，其卦爲遯，小
人道長，君子道消，不可以久」。[45]陰陽消長，自是天地常道，
剛浸而長，起於復卦子位，至乾卦巳位則入於盛極之狀，盛極而
衰；自午姤則入於陰消，二陰浸長而至八月遯卦，爲君子道消、
小人道長之時，也象徵著子弒其父、臣弒其君的侵陽景況。

　　臨卦對應遯卦言八月，乃臨卦作爲陽息之卦，陽息至二爲臨
卦，消息十二月；臨與遯卦旁通，而遯卦爲陰消至二之卦，消息
爲六月。建月之不同，卦之屬月即有不同。前指十二月、六月者，
爲夏歷建子爲始之月，於殷歷爲建丑，則遯卦陰爲七月；於周歷
爲建寅，則遯卦爲八月。三代建月之不同，則屬月亦不同，朱震
肯定鄭氏、虞氏之說，周改殷正用事，以著興衰之戒，以八月有
凶，迹明弒君父終致亡的商紂之事，周之盛德，當以之爲慎。

　　清代學者馮道立對臨卦此辭引王應麟（西元 1223-1296 年）
《困學紀聞》的說法，制作《臨八月有凶見抑陰之道》的圖式，
並提出個人的見解，云：

　　　　一陰一陽之謂道，道在氣運，原陰陽並重，而聖人教人，
　　　　則扶陽抑陰之意。觀臨籤月有凶，以十二月辟卦輪派之。
　　　　《困學紀聞》云：自子至未，越八月爲遯，遯爲六月卦，
　　　　二陰方升也。自丑至申，越八月爲否，否爲七月卦，三陰

───────────

45　見朱震《漢上易傳》，卷二，頁 72。

當道也。自寅到酉，越八月為觀，觀為八月卦，四陰乘權
也。遯、否、觀三卦，皆陰升逼陽，故有凶，聖人於臨二
陽方升即言之，正扶陽抑陰之道。[46]

《周易》以一陰一陽作為宇宙萬化的根本，一切的存在都是陰陽
運動變化的結果，陰陽相即不離，缺一不可。但是，《周易》作
者仍賦予陰陽屬性的差異，確立陽尊陰卑的自然律則，故聖人以
《易》立教，每有以陽尊為君子，陰卑為小人，期待如泰卦所言
「小往大來」、小人在外，君子在內的通泰景象，陽氣上舒而陰
氣下沈，如此陰陽和順而萬物方可由是而生，故於人事之道，必
為《象傳》所言「君子道長，小人道消」的理想態勢，更是聖人
教以扶陽抑陰之意。

　　十二消息卦表徵陰陽消長變化的不同時態，在六個陰消之卦
當中，尤其是二陰之遯，三陰之否，四陰之觀，五陰之剝，以陰
漸長而掠陽，有凶厲之勢。王應麟循「臨八月有凶」的說法，認
為自子未歷八月正為六月遯卦，為二陰方升之時；自丑至申歷八
月為七月否卦，為三陰的陰盛之時；自寅至酉歷八月為八月觀卦，
為四陰漸升之時。此三卦皆以陰升逼陽而有凶。至於臨卦正處二
陽方升之時，卻言八月有凶，正強調扶陽抑陰的觀點，同時也反
映出陽升對應出陰升之時，有惕懼於陰消之凶。因此，由消息卦
所構築出的陰陽消息演化之時空圖式，以自然之化轉入人事之
用，扶陽抑陰為自然之法，人生日用亦以此為道。

六、《復七日來復圖》的七日來復義蘊

　　朱震根據消息卦的卦氣觀點，以解釋復卦卦辭「反復其道，

---

46 見馮道立著，孫國中點校《周易三極圖貫》，利集上，頁263。其《臨八
　月有凶見抑陰之道》的圖式，與其述文同義，不予贅列。

「七日來復」之義，制作《復七日來復圖》，並採用歷來重要《易》家的主張，以申明其卦義，其圖式與部份重要的引文內容如下：

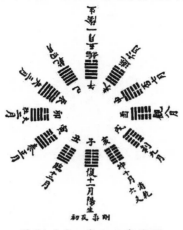

圖 11-3-9　復七日來復圖

子夏曰：「極六位而反於坤之復，其數七日，其物陽也。」京房曰：「六爻反復之稱。」陸績曰：「六陽涉六陰，又下七爻，在初，故稱七日。日亦陽也。」虞翻曰：「消乾六爻為六日，剛來反初。」蓋先儒舊傳自子夏、京房、陸績、虞翻，皆以陽涉六陰，極而反初為七日。至王昭素乃始暢其說，曰：「乾有六陽，坤有六陰，一陰自五月而生，屬坤，陰道始進，陽道漸消。九月一陽在上，眾陰剝物。至十月則六陰數極，十一月一陽復生自剝，至十一月隔坤之六陰，陰數既六、過六，而七則位屬陽，以此知過坤六位，即六日之象也，至於復為七日之象。」是以安定曰：「凡歷七爻，以一爻為一日，故謂之七日。」伊川四七變而為復，故云「七日」。蘇子曰：「坤與初九為七，其實皆源於子午。夫陽生於子，陰生於午，自午至子，七而必

復，乾坤消息之理也。故以一日言之，自午時至夜半復得子時；以一年言之，自五月至十一月復得子月；以一月言之，自午日凡七日復得子日；以一紀言之，自午歲凡七歲復得子歲。天道運行，其數自爾，合之為一紀，分之為一歲、一月、一日，莫不皆然。故六十卦當三百六十日，而兩卦相去皆以七日。且卦有以爻為歲者，有以爻為月者，有以爻為日者，以復言七日來復者，明卦氣也。」陸希聲謂「聖人言七日來復，為歷數之微明是也。以消息言之，自立冬十月節至大雪十一月節，坤至復卦凡歷七爻；以卦氣言之，自冬至十一月中氣卦起，中孚至復卦凡歷七日。聖人觀天道之行，反復不過七日，故曰七日來復，《象》曰『七日來復，天行也』。」王輔嗣曰：「復不可遠也。夫天道如是，復道豈可遠乎？豈惟不可遠，亦不能遠矣。」[47]

朱震認為舊有文獻的傳衍，從早先的《子夏易傳》，到漢魏《易》家包括京房、陸績（西元 187-219 年）、虞翻等人，從卦氣說的觀點開展，以坎離震兌四方卦之外的六十卦，三百六十爻，爻主一日為週天之數，而在消息卦上，坤六陰之後反初為一陽升之復卦，坤六爻為主日，一陽成震之復卦，其一陽生為七日，即由亥辰坤卦至子辰復初之時，「極而反初為七日」。又引王昭素之言，以消息陰消一陰為五月，為坤陰之始，至九月陰氣盛長，眾陰剝一陽，萬物剝剝殆盡，十月極陰為坤，陰極而陽氣待起，十一月一陽復生；由十月坤卦入於十一月復卦，相隔坤卦之六陰，則過六爻入於復初為七，有「七日」之象。又引胡安定（西元 993-1059年）之說，以其歷七爻，一爻為一日，故稱「七日」。又舉蘇軾

47　見朱震《漢上卦圖》，卷下，頁 350-351。

（西元 1037-1101 年）之言，以坤至初九爲「七」，實就子午之位而言，午爲陰始，由午至子則以「七」必復，即「七」必復於子，以此爲乾坤消息之理。以紀言爲復七年，以年言爲七月，以月言爲七日。朱震又舉陸績之說，認爲從節氣言，立冬十月節至大雪十一月節，歷七爻，而從卦氣立說，卦氣起中孚，中孚爲一年之端始，由中孚入於復卦，凡歷七日，此七日來復，乃天體運行之道，六十卦合天道一周爲一期年。又以王弼（西元 226-249 年）之說，認爲陽氣剝盡，至於來復則時爲七日，此七日亦即天行之時，故七日來復爲「天行」。復道不遠，以「七」爲言，或爲六十卦周期中一卦之結束入於下一卦之初爲七日，或爲十二消息卦陰陽消息轉化的七月之數。此天道如此反復，說明天道自然運動的變化有序、循環之規律，事物於此生息合道、生生不已。

朱震本諸漢魏諸家之說，從消息、卦氣、子午之說進行申明卦義，在其卦辭釋義中，指出「復本坤」，「剝極成坤」，「以剝復明」，復卦由陰消入坤而來，陰剝入於陰極之時，則陽初將至，陽氣復見，此乃「消息之理」。此來復之時，爲陰陽消息、天道自然之理，故「天道之行，極則來反，往則必復」。至於反復之數以「七」言之，以「其後之數，自午至子，不過於七。陽生於子，陰生於午，剝復七變，陽涉六陰，極而反初，日也，月也，歲也」，此乃「天地五行之數，所不可違」，[48]自然運化與一切人事現象，皆順此規律而行，皆在子午的準據下進行反復的轉化。

朱震舉《易緯》卦氣立說，卦主六日七分，取其成數爲七日而明之，認爲「《易稽覽圖》云：卦氣起中孚，故坎離震兌各主

---

48 見朱震《漢上易傳》，卷三，頁 90。

一方。其餘六十卦，卦有六爻，別主一日，凡主三百六十日。餘有五日四分日之一者，每日分爲八十分，五日分爲四百分，日之一又分爲二十分，是四百二十分。六十卦分之，六七四十二卦別，各得七分，每卦得六日七分也。剝卦陽氣之盡，在於九月之末。十月當純坤用事，坤卦有六日七分，坤卦之盡則復卦陽來，是從剝盡至陽氣來復，隔坤之一卦六日七分，舉成數言之，故輔嗣言凡七日也。兩漢諸儒傳經，皆用六日七分之說，故孔穎達述而明之，輔嗣論其大意而已」。[49] 六十卦主三百六十日，每卦六爻主六日，餘五又四分之一日，六十卦又各得八十分之七日，故每卦主六日七分。十月純坤用事，坤盡而復卦一陽升，此歷坤六日七分，概數以七日言，王弼以此爲說，孔穎達又明其大義，然至王昭素、王洙（西元 997-1057 年）、宋咸（西元？年）等人，論述多有商議之處，朱震詳考漢魏之說而進行申明，並引胡旦之言，以彌縫其失。不斷從地支配屬與六十卦配日的觀點，強調「陽生於子，陰生於午，自午至子，七而必復」。子午分判，陰陽各屬「七」而各有別，以「七」而陽復陰，陰復陽，「七」成爲陰陽消息的轉化之數，「七」之量詞內容爲「月」，即「七月」，而六十卦值日的說法上，「七」則轉爲「七日」。「六十卦當三百六十日，而兩卦相去皆以七日，聖人所以存其『七日來復』，爲歷數之徵明」。並且，論六十卦以言「七日來復」者，以京房爲先，並傳自焦延壽（西元？年），由揚子雲、馬融（西元 79-166 年）、鄭康成、宋衷（西元？年）、虞翻、陸績、范望（西元？年）等人並其說。[50] 朱震從卦氣的觀點進行申明，根本漢儒的基本主張，爲漢《易》思想的再現。

---

49 見朱震《漢上卦圖》，卷下，頁 351。

50 參見朱震《漢上卦圖》，卷下，頁 351-356。

　　朱震又指出「陸希聲、劉牧、王洙、龍昌期以七爲少陽之數，則无取焉」。[51]即包括陸希聲（西元？年）、劉牧（西元1011-1064年）、王洙、龍昌期（西元？年）等人，有以「七」爲筮數而言者，這樣的說法，似乎不合傳統《易》說之認識。他特別舉王洙之說云：

　　　　王洙曰：「凡陰息則陽消，自五月至十一月，其日之歷，
　　　　行天七舍，而陽氣乃復，故云『七日來復』。復初體震，
　　　　震居少陽，其數七，復則君子道長，因慶之也。」[52]

王洙以筮數言之，即復初處震之下陽，居少陽之位，故其數爲「七」，「七日來復」由是而生。朱震認爲此說並非《周易》作者之本義，也非漢代以來早期《易》家所取者。

　　陰陽消息的變化，朱震不斷的申說「陽生於子，陰生於午，自午至子，七而必復」。陽氣由一陽升之復卦爲開端，至六陽升之陽極乾卦，共歷六個陽升之卦，然後陽極必衰，陰氣生成，由一陰升之姤卦，至六陰升之陰極坤卦，亦歷六個陰升之卦。由陽始至陰始歷經七卦，由陰始至陽始亦歷七卦。此陰陽消息之十二卦以十二地支相配，以「子」爲開端，亦爲陽始之卦所配，歷七支爲「午」，亦即陰始之卦，故陽生於子，而陰生於午，歷七支而復其陰陽。此配支之說，「以一日言之，自午時至夜半，而復得子時；自一年言之，自五月至十二月，而復得子月；以一月言之，自午日凡七日而復得子日；以一紀言之，自午歲凡七歲而復得子歲。天道運行，其數如此，合之爲一紀，分之爲一歲，一月、一日莫不皆然」。以茲爲用，可以爲時辰，可以爲日、爲月、爲歲而言。至於復卦卦辭之說，則特就卦氣觀點的六十卦的當期之

<hr />

51　見朱震《漢上卦圖》，卷下，頁356。
52　見朱震《漢上卦圖》，卷下，頁355。

日來推算，即所謂「六十卦當三百六十日，而兩卦相去皆以七日，聖人所以存其『七日來復』於復卦者，明卦氣也」。[53]復卦此「七日來復」，爲《易經》建構者以卦氣立說的原始思維，亦爲漢儒的六十卦值日之說。朱震肯定漢儒的理解，並以之成爲自己詮釋辭義之依據，也是其易學思想高度漢學化特色所在。

第四節　小　結

　　早期納甲之法明確而具規模，以京房的八卦六位配天干五行之說爲先，其目的主要用於占候。之後魏伯陽與虞翻據之另立月體納甲之法，透過陰陽五行與天文歷法的基本知識背景，闡明合於日月運動規律的陰陽變化之道；與八卦的結合，揭示出某種程度的科學性與務實的內涵。同樣的，消息圖說的確立，也賦予陰陽消息變化的時空意識之展現，並結合卦氣與天文歷法知識，同樣具有科學性的理性意義。朱震重新對有關思想主張，以諸多圖式的呈現，進行考述與評析，除了展現出回歸漢代象數易學的認同外，重點在於說明相關的主張與圖說，能夠有效的申明經傳辭義。同時，朱震也認同古代自然科學知識與易學思想的相容性，並且承傳與建構出以圖式方式推定的具可驗證性的理論體系，使易學的論述更具實證的意義與價值。

　　朱震納甲與消息卦的諸多圖式，主要藉由乾坤二卦、乾坤二卦的十二爻，乃至八卦、十二消息卦，配合方位、四時、日月的時間布列、干支、五行、節候等諸元，形成以納甲與十二消息卦

53　括弧引文見朱震《漢上卦圖》，卷下，頁 355。

爲基本結構的主要圖式，以及由是而延伸的多元圖式，勾勒出宇宙的時空序列之立體而動態的圖式結構，具體而形象化的建構其理解的宇宙時空之有機的變化場域。相關觀點的重整與有關元素的聯繫運用，不外於漢代易學的基本立場，朱震尤其著重於經傳釋義之用，爲漢代易學的另類再現。

　　乾坤爻位配辰之說，在不同的論述系統中呈現不同的結果，漢儒如京房、《易緯》或鄭玄等傳統的乾坤十二爻辰之說，文中的《乾坤六位圖》即是，與乾坤十二爻與消息配辰之說，即《消息卦圖》、《天之運行圖》之說，儼然是兩個不同的配辰系統。在這當中也可以看出，將不同的論述體系進行結合，仍無法有效的聯結出一致性的觀點。同時，乾坤爻位與十二消息卦的聯結，在爻義的申明上，仍存在著侷限性，例如坤卦六三，即三陰升之否卦，坤卦六三爻辭「含章可貞，或從王事，无成有終」，如何與否卦整體的卦義進行結合，其它諸爻或有類似的商榷。雖然朱震不見得有強烈的企圖欲將二者進行有機聯結以闡明爻義，卻似乎帶有理應可以如斯的意味，但若真要如此論述乾坤十二爻的爻義，確實難以避免無法全面有效申明辭義的窘境。

　　月體納甲與乾坤消息卦之說，確立乾坤坎離所構築的宇宙時空運化系統，以及強化乾坤的根源性與主體的地位；同時，升揚坎離二卦的特殊角色，作爲宇宙自然演化的運動與作用，強調二者的日月之性，一切的生發變化與存在都是由日月的運動所致，也確爲現實世界的時空主體。《繫辭傳》所謂「陰陽之義配日月」，日月同時象徵陰陽，漢魏時代的早期易學家並有「日月爲易」之說，日月所表徵的陰陽之性，始終不被否定。同時，日月所代表的不同時間意涵，也爲中國一直以來時間認識的兩大普遍認識系統。這種日月的時間理解，在朱震月體納甲（月）與十二消息卦

（日）的圖式論述系統中具體呈現。但是，在消息卦圖式中，朱震又同時存在以日與以月量計的說法。陸振奇（西元？年）指出「日陽象，月陰象，八少陰之數，七少陽之數，故陰來之期曰八月，陽來之期曰七日」。[54] 日陽之象，以「日」為計，為地球繞太陽其自轉一圈之時，並以三百六十五又四分之一為繞日一周。月陰之象，以「月」為計，為月繞地球一月之周期。陰多以月稱之，而陽以日為名，故臨卦云「八月有凶」，就陰消遯卦而言，以月言「八月」，而復卦云「七日來復」，乃因一陽升為陽卦以日言「七日」。這樣的認識，可以概括為朱震的理解，糾合前人不同的說法於一體，似乎存在著繁瑣與附會之嫌。

　　月體納甲的八卦方位，乾天坤地位居上下，即南北之位，而坎離雖為乾坤之中，也就是以戊己處中；朱震在圖式的呈現上，坎離位居東西之位。這樣的八卦方位，成為宋儒立說先天八卦方位的重要背景要件，卻非漢儒既有的普遍卦位觀點。將月體納甲的八卦方位與先天八卦方位進行聯結，朱震雖沒有著力稱是，卻也沒有予以否定。既是以漢《易》為本，漢代學者並沒有先天卦位之說，因此，在這個方面，朱震有必要表明自己的主張與理解。

---

54 引自《周易註疏》之考證，清代朱良裘考證「臨卦辭至于八月有凶」之辭。見王弼、韓康伯注，陸德明音義，孔穎達疏，朱良裘、陳浩、李清植等考證《周易注疏・考證》，卷四，臺北：臺灣商務印書館景印文淵閣四庫全書本第 7 冊，1986 年 3 月，頁 393-394。

第十二章　卦氣律呂與天文圖式述評

　　天文、歷法與律呂等知識系統，爲漢代普遍發展用的認識及材料，隨著陰陽災異的思想在政治社會與學術上的高度運用，在易學的體系中，這些知識成爲建構具有時代特色的學說主張之養料，也成爲漢代易學表現在象數思想上的主要內容之一，爲漢代易學的重要標誌。漢代易學慣於論述卦氣，並將律呂與天文知識，帶引進入象數爲主的易學世界，在大多數的易學家的易學觀點中，爲不可或缺的重要內容。

　　朱震（西元 1072-1138 年）建構與輯述諸多易圖，其中不乏大量有關卦氣、律呂與天文方面的易學圖式，在卦氣圖式中，特別著重於申明李漑（西元？年）《卦氣圖》與揚雄（西元前 53-後 18 年）仿於易學思想所建構出的《太玄準易圖》，闡釋二圖所透顯的重要意義。因此，本章雖置重於揀選朱震易圖中，包括卦氣、律呂與天文等三個範疇，彼此關聯性貼近的圖式，但考慮朱震圖式的側重與內容多寡，特別將前述二圖分別立說，從五個方面對朱震有關的圖式，進行詳要之述評。

第一節　李漑《卦氣圖》的重要意義

　　漢代的象數之學，標誌著以孟喜（西元？年）以來那種卦氣

爲主的易學觀點，但在文獻的流衍佚失之下，反而《易緯》的卦氣主張，成爲主要的文獻來源。然而，李漑所傳述的《卦氣圖》，卻是早期論述漢代卦氣之學的完整圖式，朱震特別將之輯入，並作詳細的說明。

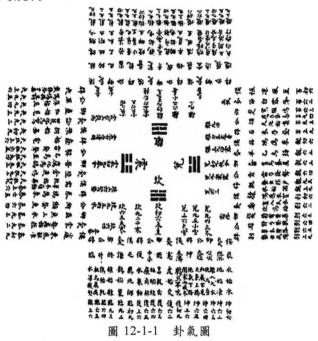

圖 12-1-1　卦氣圖

此李漑《卦氣圖》，朱震特別指出其相關主張源自《易緯》，於圖式之後作了具體的述說，云：

> 李漑《卦氣圖》，其說源於《易緯》。在《類是謀》曰：冬至日在坎，春分日在震，夏至日在離，秋分日在兌，四正之卦。卦有六爻，爻主一氣，餘六十卦，卦主六日七分，八十分日之七，歲十二月三百六十五日四分日之一，六十而一周。孔穎達《易疏》解「七日來復」，云：《易稽覽圖》卦氣起中孚，故離、

坎、震、兌各主一方，其餘六十卦，卦有六爻，別主一日，凡主三百六十日。餘有五日，四分日之一，每日分爲八十分，五日分爲四百分。日之一又分爲二十分，是四百二十分。六十卦分之，六七四十二卦別，各得七分，每卦得六日七分也。司馬溫公曰：冬至卦氣起於中孚。次復、次屯、次謙、次睽。凡一卦御六日，二百四十分日之二十一，五卦合三十日二百四十分日之二百五，此冬至距大寒之數也。故入冬至，凡涉七日而復之，氣應也。在《易通卦驗》曰：冬至四十五日，以次周天，三百六十五日復當。故卦乾西北也，主立冬；坎北方也，主冬至；艮東北也，主立春；震東方也，主春分；巽東南也，主立夏；離南方也，主夏至；坤西南也，主立秋；兌西方也，主秋分。鄭康成曰：春三月候卦氣者，泰也、大壯也、夬也，皆九三、上六。坎九五、上六，泰；震初九、六二，大壯；震六三，夬。夏三月候卦氣者，乾也、姤也、遯也，皆九三、上六。震九四、九五，乾；震上六、離初九，姤；離六三、九三，遯。秋三月候卦氣者，否也、觀也、剝也，皆六三、上九。離九四、六五，否；離上九、兌初九，觀；兌九二、六三，剝。冬三月候卦氣者，坤也、復也、臨也，皆六三、上六。兌九四、九五，坤；兌上六、坎初六，復；坎九二、六三，臨。又曰：冬至坎始用事，而主六氣初六爻也。小寒於坎直九二，大寒於坎直六三，立春於坎直六四，雨水於坎直九五，驚蟄於坎直上六；春分於震直初九，清明於震直六二，穀雨於震直六三，立夏於震直九四，小滿於震直六五，芒種於震直上六；夏至於離直初九，小暑於離直六二，大暑於離直九三，立秋於離直九四，處暑於離直六五，白露於離直上九；秋分於兌直初九，寒露於兌直九二，霜降於兌直六三，立冬於兌直九四，小雪於兌直九五，大雪於兌直上六。《乾鑿度》曰：歷以三百六十五日四分日之一為一歲，《易》三百六十祈當朞之日，此律歷數也。五歲再閏，故扐而後

卦以應律歷之數。鄭康成曰：歷以記時，律以候氣，氣章
六十日一轉，與歷相應，則三百六十日粗為終也。歷之數
有餘者，四分之一差不齊，故閏。定四時成歲，令相應
也。……二十四氣七十二候，見於周公之《時訓》，呂不
韋取以為《月令》焉。其上則見於《夏小正》，《夏小正》
者，夏后氏之書，孔孔子得之於杞者也。夏建寅，故其書
始於正月；周建子而授民時，巡狩承享，皆用夏正，故其
書始於立春。《夏小正》具十二月而無中氣，有候應而無
日數。至於《時訓》，乃五日為候，三候為氣，六十日為
節。二書詳略雖異，其大要則同，豈《時訓》因《小正》
而加詳歟？《左氏傳》曰：「先王之正，時也；履端於始，
舉正於中，歸餘於終，中謂中氣也。」漢詔曰：「昔者黃
帝合而不死名，察庶驗，定清濁，起五部，建氣物，分數
氣，謂二十四氣也。」則中氣其來尚矣！仲尼贊《易》時
已有《時訓》，觀〈七月〉一篇，則有取於《時訓》，可
知《易通卦驗》。《易》家傳先師之言，所記氣候，比之
《時訓》晚者二十有四，早者三，當以《時訓》為定。故子
雲《大玄》二十四氣、關子明論七十二候，皆以《時訓》。[1]

由此引文之說明，可以獲得幾個重要觀點：

一、李漑《卦氣圖》源自於《易緯》

朱震指出《類是謀》確立坎、離、震、兌分屬冬至、夏至、
春分、秋分等四個節氣。一卦六爻每爻主一氣，合為二十四節氣。

---

1 圖式與此文獻說明，見朱震《漢上卦圖》，卷中，臺北：臺灣商務印書館
景印文淵閣四庫全書本第 11 冊，1986 年 3 月，頁 323-325。本章所引朱
震原典與圖式，皆以四庫全書本為主，不再作詳注。

四正卦外的六十卦，分屬一年三百六十五又四分之一日，合每卦主六日七分，即六又八十分之七日。朱震並引《稽覽圖》云「卦氣起中孚」，以中孚卦為一年之開端，即坎卦初六冬至之位，亦即在十二消息卦一陽復卦的前一卦。以坎、離、震、兌分屬四方為四時正位，餘六十卦合三百六十爻主一年三百六十日，餘五又四分之一日，一日以八十分計，則五又四之一日為四百二十分；以六十卦分之，每卦分七分，如此一來，每卦配六日七分。朱震進一步舉司馬光之說，以一卦統六日又二百四十分之二十一日，即同於一卦主六日又八十分之七日，五卦則合為三十日又二百四十分之一〇五日；於此朱震作三十日又二百四十分之二〇五，此當為朱震無心之誤，或刊刻之誤。三十日又二百四十分之一〇五日，等於三十日又八十分之三十五日。司馬光之說法，同於《稽覽圖》之說。

二、確立八卦立位配時的時空意義

朱震同時又舉《通卦驗》之說，以八卦合一年三百六十日，則一卦配四十五日，以坎北之卦位冬至之時，為周天之開端；次四十五日入於東北艮卦，為立春之時；再次四十五日入於東方震卦，為春分之時；再次四十五日入於東南巽卦，為立夏之時；再次四十五日入於南方離卦，為夏至之時；再次四十五日入於西南坤卦，為立秋之時；再次四十五日入於西方兌卦，為秋分之時；再次四十五日入於西北乾卦，為立冬之時。此傳統八卦方位之說，即宋儒所稱文王後天八卦方位，配四時為一周天。

三、四正配十二消息與二十四氣

對於引述前說《通卦驗》之言，朱震並以鄭玄（西元 127-200

年）所謂「春三月候卦氣者，泰也、大壯也、夬也，皆九三、上六」等十二消息卦配候之說進行申明，鄭玄此說能與此《卦氣圖》相合者，在於春三月包含泰（正月）、大壯（二月）、夬（三月）等三卦，夏三月包含乾（四月）、姤（五月）、遯（六月）等三卦，秋三月包含否（七月）、觀（八月）、剝（九月）等三卦，冬三月包含坤（十月）、復（十一月）、臨（十二月）等三卦，至於鄭氏的爻位概念，卻不合於此一圖式之說。同時，朱震針對鄭氏之說作了注明，此注說即四正卦配十二消息卦與二十四節氣，合於《通卦驗》的觀點，但是，朱震的注說中，有部份的說法有誤：

（一）就泰卦正月而言，含「立春」與「雨水」二節氣，朱震認為是合坎卦九五與上六之位，此朱震為誤，當為坎卦六四與九五為正確。

（二）就大壯卦二月而言，即含「驚蟄」與「春分」二節氣，朱震認為是合震卦初九與六二之位，此又朱震為誤，當為坎卦上六與震卦初九之位方為正確。

（三）就夬卦三月而言，即含「清明」與「穀雨」二節氣，朱震認為是合震卦六三之位，此朱震又誤，當為震卦六二與六三之位為正確。

（四）就乾卦四月而言，即含「立夏」與「小滿」二節氣，朱震認為是合震卦九四與九五，此朱震又誤，當為震卦九四與六五之位為正確。

（五）就姤卦五月而言，即含「芒種」與「夏至」二節氣，朱震認為是合震卦上六與離卦初九，此說為正確。

（六）就遯卦六月而言，即含「小暑」與「大暑」二節氣，朱震認為是合離卦六三與九三，此朱震又誤，當為離卦六二與九

三之位方爲正確。

（七）就否卦七月而言，即含「立秋」與「處暑」二節氣，朱震認爲是合離卦九四與六五之位，此說爲正確。

（八）就觀卦八月而言，即含「白露」與「秋分」二節氣，朱震認爲是合離卦上九與兌卦初九之位，此說爲正確。

（九）就剝卦九月而言，即含「寒露」與「霜降」二節氣，朱震認爲是合兌卦九二與六三之位，此說爲正確。

（十）就坤卦十月而言，即含「立多」與「小雪」二節氣，朱震認爲是合兌卦九四與九五之位，此說爲正確。

（十一）就復卦十一月而言，即含「大雪」與「多至」二節氣，朱震認爲是合兌卦上六與坎卦初六之位，此說爲正確。

（十二）就臨卦十二月而言，即含「小寒」與「大寒」二節氣，朱震認爲是合坎卦九二與六三之位，此說爲正確。

由上述所見，其言誤者佔泰半，這樣的錯誤，或疏忽而序列錯位，但如此頻仍似乎過甚。

四、結合六十卦與七十二候之配屬

朱震此配四正卦的爻位之說，即其之後又引《通卦驗》以四正卦二十四爻配二十四節氣的說法，若結合《卦氣圖》中的六十卦與七十二候的配屬，則其具體內容，詳如表 12-1-1 所示：[2]

2　此一圖式，同於本人所製「孟氏卦配七十二候詳表」。此圖表內容，見《新唐書・志第十八》卷二十八，僧一行所列孟喜七十二候卦氣圖。一行所述，與《魏書・律歷志上》載七十二候有異，《魏書》之說後起。惠棟錄一行《開行大衍歷經》，見其論著《易漢學》，（見廣文書局輯本《惠氏易學》，1981 年 8 月再版，頁 1092-1102）。有關內容見拙著《惠棟易學研究》，臺北：花木蘭出版社，2009 年 9 月初版，頁 130-131。

表 12-1-1　四正卦配屬二十四節氣與六十卦及七十二候表

二十四氣	月份	中節	四正卦	爻位	初候	始卦	次候	中卦	末候	終卦
冬至	11	中	坎	初六	蚯蚓結	公中孚	麋角解	辟復	水泉動	侯屯（內）
小寒	12	節	坎	九二	雁北鄉	侯屯（外）	鵲始巢	大夫謙	野雞始雊	卿睽
大寒	12	中	坎	六三	雞始乳	公升	鷙鳥厲疾	辟臨	水澤腹堅	侯小過（內）
立春	正月	節	坎	六四	東風解凍	侯小過（外）	蟄蟲始振	大夫蒙	魚上冰	卿益
雨水	正月	中	坎	九五	獺祭魚	公漸	候雁北	辟泰	草木萌動	侯需（內）
驚蟄	2	節	坎	上六	桃始華	侯需（外）	倉庚鳴	大夫隨	鷹化為鳩	卿晉
春分	2	中	震	初九	玄鳥至	公解	雷乃發聲	辟大壯	始電	侯豫（內）
清明	3	節	震	六二	桐始華	侯豫（外）	鼠化為鴽	大夫訟	虹始見	卿蠱
穀雨	3	中	震	六三	萍始生	公革	鳴鳩拂羽	辟夬	戴勝降桑	侯旅（內）
立夏	4	節	震	九四	螻蟈鳴	侯旅（外）	蚯蚓出	大夫師	王瓜生	卿比
小滿	4	中	震	六五	苦菜秀	公小畜	靡草死	辟乾	麥秋至	侯大有（內）
芒種	5	節	震	上六	螳螂生	侯大有（外）	鵙始鳴	大夫家人	反舌無聲	卿井
夏至	5	中	離	初九	鹿角解	公咸	蜩始鳴	辟姤	半夏生	侯鼎（內）
小暑	6	節	離	六二	溫風至	侯鼎（外）	蟋蟀居壁	大夫豐	鷹乃學習	卿渙
大暑	6	中	離	九三	腐草為螢	公履	土潤溽暑	辟遯	大雨時行	侯恆（內）
立秋	7	節	離	九四	涼風至	侯恆（外）	白露降	大夫節	寒蟬鳴	卿同人
處暑	7	中	離	六五	鷹祭鳥	公損	天地始肅	辟否	禾乃登	侯巽（內）
白露	8	節	離	上九	鴻雁來	侯巽（外）	玄鳥歸	大夫萃	群鳥養羞	卿大畜
秋分	8	中	兌	初九	雷乃收聲	公賁	蟄蟲壞戶	辟觀	水始涸	侯歸妹（內）
寒露	9	節	兌	九二	鴻雁來賓	侯歸妹（外）	雀入大水為蛤	大夫無妄	菊有黃花	卿明夷
霜降	9	中	兌	六三	豺乃祭獸	公困	草木黃落	辟剝	蟄蟲咸俯	侯艮（內）
立冬	10	節	兌	九四	水始冰	侯艮（外）	地始凍	大夫既濟	雉入大水為蜃	節噬嗑
小雪	10	中	兌	九五	虹藏不見	公大過	天氣上騰地氣下降	辟坤	閉塞成冬	侯未濟（內）
大雪	11	節	兌	上六	鶡鳥不鳴	侯未濟（外）	虎始交	大夫蹇	荔挺出	卿頤

　　圖表中的相關內容，及至李漑此《卦氣圖》的內容，朱震認為是源自《易緯》的主張，的確，《易緯》的諸多主張，與此一圖說都能相合。然而，歷來學者的推定漢代的卦氣說，大都認為是根源於更早的孟喜的卦氣觀點，但是到了朱震的時候，已無有效的文獻足以徵實，朱震只能以相對完整的《易緯》之說，作為斷定有關圖說的來源。

五、鄭玄之前已舊有《卦氣圖》

　　對於《卦氣圖》的傳衍，朱震認為「先儒舊有此圖，故康成論乾、坤、屯、蒙、否、泰六卦之貞，曰：餘不見為圖者，備列之。所謂備列之者，謂此備列四正六十卦也」。[3]強調《卦氣圖》早在漢代已舊有此圖，鄭玄在探討乾、坤、屯、蒙、否、泰六卦的貞辰之法時，就已備列此四正六十卦的《卦氣圖》。鄭玄的貞辰之法，根本於其對《易緯》的理解，特別是採用《乾鑿度》的諸多觀點，以天道左旋而地道右旋，二卦十二爻而期一歲的爻辰主張，六十四卦兩兩一歲而周三十二歲。[4]依朱震的思維，既肯定《卦氣圖》源自《易緯》，則鄭玄熟悉《易緯》而為之作注，必

3　見朱震《漢上卦圖》，卷中，頁 324。

4　參見《乾鑿度》云：「乾，陽也；坤，陰也，並治而交錯行。乾貞於十一月子，左行，陽時六。坤貞於六月未，右行，陰時六。以奉順成其歲。歲終，次從於屯蒙。屯蒙主歲，屯為陽，貞於十二月丑，其爻左行，以間時而治六辰；蒙為陰，貞於正月寅，其爻右行，亦間時而治六辰，歲終則從其次卦。陽卦以其辰為貞，其爻左行，間辰而治六辰。陰卦與陽卦同位者，退一辰以為貞，其爻右行，間辰而治六辰。泰否之卦，獨各貞其辰，共比辰左行相隨也。中孚為陽，貞於十一月子；小過為陰，貞於六月未，法於乾坤。三十二歲期而周，六十四卦，三百八十四爻，萬一千五百二十析，復從於貞。」文中原作「丑與」，據張惠言《易緯略義》改為「其爻」。「比」字，原作「北」，據張惠言《易緯略義》改為「比」。（見《乾鑿度》卷下，引自《古經解彙函》本，日本：京都市，1998 年影印自武英殿聚珍本，頁 489-490。）二卦十二爻與十二個月相配為一年，每爻主一月。以卦屬陰陽為原則，三十二組卦當中，每組第一卦爻為陽，第二卦爻為陰，二二相耦，一為陽卦，一為陰卦，二卦相配而期一歲。三十二年一週期，乾坤十二爻為三十二年之第一年的十二個月，至既濟與未濟二卦，則為週期中的最後一組。鄭玄以乾坤十二爻主十二辰，並視《周易》其它六十二卦的爻辰為乾坤十二爻所派生。鄭氏的爻辰說，主要源於《乾鑿度》，且在內容的論述上，也與《乾鑿度》相近，鄭氏之說為《乾鑿度》貞辰思想的解讀與擴伸。相關內容，參見拙著《惠棟易學研究》，臺北：花木蘭出版社，2009 年 9 月初版，頁 492-495。

亦深知此圖；然而，貞辰之法與《卦氣圖》說本為不同的兩個系統，備列的用意為何？令人感到困惑。同時，朱震也引李鼎祚（西元？年）論述剝卦「畫隔」、坤卦「復來成」、震卦「七日來復」之義，以及王昭素（西元 894-982 年）論難孔穎達（西元 574-648年）「六日七分」，認為李、王「二家之學，蓋未見此圖，是以其論紛然」。也就是說，二家未見此《卦氣圖》，以至有所闕疑臆斷的情形。[5]

六、卦氣氣候之用根本於周公《時訓》

實際的歷數以三百六十五又四分之一日為一歲，而《易》以卦氣立說，取其三百六十日當期之日為概數，而確切的配卦之日為六日七分。因此，《周易》筮法操作，考慮律歷之數，以「五歲再閏，故扐而後卦以應律歷之數」。由一歲之日再結合二十四氣與七十二候的分配，早見於周公之《時訓》。在此之前則《夏小正》亦有論及，但《夏小正》並未完整配說，有十二月而無中氣，有候應卻又無日數的分配，而《時訓》所見則相對較為詳細，但二者大要皆同；《時訓》以五日為候，以三候為氣，以六十日為節，這種候氣之說即漢儒普遍的卦氣說。因此，孔子贊《易》之時，雖未必有卦氣之用，但已見《時訓》，易學的天道自然與時氣合用，亦屬合理而設為可能，而漢代包括《通卦驗》、揚雄《太玄》，以及關子明的論候，也都根本於周公之《時訓》。

從文本的具體文獻觀之，朱震以《卦圖氣》源於《易緯》，然漢代的卦氣之說，歷來學者普遍認為早在孟喜時期就已存在。僧一行（西元 683-727 年）的《卦議》可見孟喜卦氣說的重要觀

---

5 參見朱震《漢上卦圖》，卷中，頁 324。

點，但並沒有詳說四正卦與其它六十卦，以及與氣候的配屬情形，但肯定卦氣之說，早在孟喜之時已見。[6]清代惠棟（西元 1697-1758 年）《易漢學》列《六日七分圖》，提出孟喜的卦氣圖說，指出「孟氏卦氣圖，以坎、離、震、兌爲四正卦，餘六十卦，卦主六日七分，合周天之數，內辟卦十二，謂之消息卦。乾盈爲息，坤虛爲消，其實乾坤十二畫也。《繫辭》云：乾之策，二百一十有六，坤之策，一百四十有四，凡三百有六十當期之日。夫以二卦之策，當一期之數，則知二卦之爻，周一歲之用矣。四卦主四時，爻主二十四氣，十二卦主十二辰，爻主七十二候，六十卦主六日七分，爻主三百六十五日四分日之一。辟卦爲君，雜卦爲臣，四正爲方伯，二至二分，寒溫風雨，總以應卦爲節」。[7]指出孟喜的卦氣說，完整的將四正卦、十二消息卦與一年四時、二十四節氣、七十二候相配，以合一年之日。惠棟並沒有明確的指出相關的論

---

6 僧一行在其《卦議》中特別指出「《孟氏章句》，其說《易》本於氣，而後以人事明之」。同時詳細云：「夫陽精道消，靜而無迹，不過極其正數，至七而通矣。七者，陽之正也，安在益其小餘，令七日而後雷動地中乎？當據孟氏，自多至初，中孚用事，一月之策，九六、七八，是爲三十。而卦以地六，候以天五，五六相乘，消息一變，十有二變而歲復初。坎、震、離、兌，二十四氣，次主一爻，其初則二至、二分也。坎以陰包陽，故自北正，微陽動於下，升而未達，極於二月，凝涸之氣消，坎運終焉。春分出於震，始據萬物之元，爲主於內，則羣陰化而從之，極於南正；而豐大之變窮，震功究焉。離以陽包陰，故自南正，微陰生於地下，積而未章，至於八月，文明之質衰，離運終焉。仲秋陰形于兌，始循萬物之末，爲主於內，羣陽降而承之，極於北正，而天澤之施窮，兌功究焉。故陽七之靜始於坎，陽九之動始於震，陰八之靜始于離，陰六之動始于兌。故四象之變，皆兼六爻，而中節之應備矣。《易》爻當日，十有二中，直全卦之初，十有二節，直全卦之中。」（見歐陽修、宋祁《新唐書・曆志》，卷二十七上，北京：中華書局，1997 年 11 月 1 版 1 刷，頁 598-599。）強調四正配位的陰陽消息變化之道，乃至爻主二十四節氣的情形。

7 見惠棟《易漢學・孟長卿易上》，卷一。引自惠棟《惠氏易學》，臺北：廣文書局，1981 年 8 月再版，頁 1049-1050。

說，確實出於孟氏之說的可徵文獻之中。因此，在文獻的採用闡釋上，朱震以《易緯》具體可見，故以《卦氣圖》源自《易緯》之說；雖是如此，朱震並未否定孟喜卦氣主張的存在。

第二節 《太玄準易圖》的卦氣性質

《漢書・揚雄傳》指出揚雄「以爲經莫大於《易》，故作《太玄》」；[8]以《易》爲群經之首，推崇《易》之宏大深邃，爲推天道以明人事的儒學聖典。揚雄於《法言》中提到「《易》始八卦，而文王六十四，其益可知也。《詩》、《書》、《禮》、《春秋》，或因或作，而成於仲尼，其益可知也。故夫道非天然，應時而造者，損益可知也」。[9]五經之成，非天然渾成，爲聖人應時之需而造作者，並有因前人之作而損益以應時之用，因此其《太玄》之爲書，乃有本於《易》與前人之道說而應時損益以成其幽微深冥之著。《太玄》仿《易》贊《易》，並結合漢代天文歷法與音聲律呂等知識，建立出別出心裁的具有可操作性的「窮之於天地之季」，「叩之以萬物之情」，「測之以鬼神之狀」，「概之以六經之言」的天人蘊備之系統，故司馬光（西元 1019-1086 年）頌揚其書，「昭則極於人，幽則盡於神，大則包宇宙，小則入毛髮，合天地人之道以爲一，括其根本，示人所出，胎育萬物而兼爲之母，若地履之而不可窮也，若海挹之而不可竭也」。[10]

8　見班固《漢書・揚雄傳》，卷八十七下，北京：中華書局，1997 年 11 月 1 版 1 刷，頁 3583。

9　見揚雄《法言・問神》。引自汪榮寶撰，陳仲夫點校《法言義疏・問神》，卷第五，北京：中華書局，1996 年 9 月 1 版北京 2 刷，頁 144。

10　見揚雄撰，司馬光集注《太玄集注・讀玄》，北京：中華書局，1998 年 9 月 1 版北京 1 刷，頁 1。

　　朱震重視《太玄》的思想，其易學主張每引《太玄》以立說，於卦氣的觀點中，特別立《太玄準易圖》，並對其圖式內容作了詳要之闡釋。其圖式與重要的內容如下。[11]

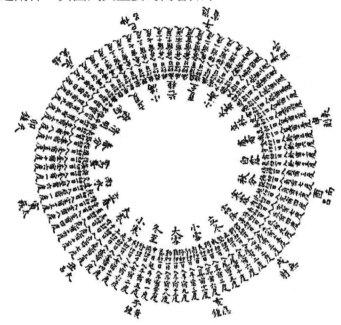

圖 12-2-1　太玄準易圖

一、本諸《連山易》與《太初歷》及顓頊之法

　　揚雄贊《易》而作《太玄》，所贊之《易》，並非以《周易》而自足，朱震特別強調其著本於《連山》，他說：

> 律歷之元始於冬至，卦氣起於中孚。其書本於夏后氏之《連山》，而《連山》則首艮。所以首艮者，八風始於不周，實居西北之方，七宿之次，是為東壁、營室。東壁者辟生

―――――――――――――――

11 下圖引自朱震《漢上卦圖》，卷中，頁 325。

氣而東之，營室者營陽氣而產之，於辰為亥，於律為應鍾，於時為立冬，此顓頊之歷所以首十月也。漢巴郡落下閎，運算轉歷，推步晷刻，以太初元年十一月甲子夜半朔，冬至而名節，會察寒暑，定清濁，起五部，違氣初分數，然後陰陽離合之道行焉。然落下閎能知歷法而止。揚子雲通敏叡達極陰陽之數，不唯知其法，而又知其意，故《太玄》之作，與太初相應而兼該乎顓頊之歷，發明《連山》之旨，以準《周易》為八十一卦，凡九分共二卦，一五隔一四，細分之，則四分半當一日，準六十卦一日，卦六日七分也。[12]

孔穎達《周易正義・序》指出「杜子春云：《連山》伏犧，《歸藏》黃帝。鄭玄《易贊》及《易論》云：夏曰《連山》，殷曰《歸藏》周曰《周易》。鄭玄又釋云：《連山》者，象山之出雲，連連不絕」。[13]漢代以來學者有以《連山》為伏犧所著，並以艮卦為首，其重卦以象山山相連的出雲之狀。朱震肯定「夏后氏作《連山》，首艮而乾在七」，[14]以《連山》為夏后氏所作，同時認為「《連山》，神農氏也」，即夏后氏或同於神農氏，且「其經卦皆八，本伏犧也」。[15]在筮法推變上，以「七八者，《連山》、《歸藏》也；六九者，《周易》也」。[16]朱震明確的認為，艮卦為首，於八風始於不周風，居西北之位，於辰為亥，二十四節氣屬立冬，於律屬應鍾，此即顓頊之歷法以十月建亥之時。朱震認為揚雄《太玄》有本於顓頊之歷，又相應於太初之法，這種合有

---

12 見朱震《漢上卦圖》，卷中，頁 326。
13 見王弼、韓康伯注，孔穎達等正義，《周易注疏・周易正義序》，臺北：藝文印書館十三經注疏本，1997 年 8 月初版 13 刷，頁 5。
14 見朱震《漢上易傳》，卷一，頁 6。
15 見朱震《漢上易傳》，卷八，頁 246。
16 見朱震《漢上易傳・序》，頁 3。

顓頊歷法與《太初歷》的思想體系的建構，[17]《漢書》本傳也提
到，指出「其用自天元推一晝一夜陰陽數度律歷之紀，九九大運，
與天終始。故《玄》三方、九州、二十七部、八十一家、二百四
十三表、七百二十九贊、分爲三卷，曰一二三，與《泰初歷》相
應，亦有顓頊之歷焉」。[18]合二家之歷法，故在天文與相關時日
的運用上，與當時多有不同者。[19]在數的推演上，《太玄》以八
十一首，特別與《太初歷》的八十一分爲一日之數相合。其三方、
九州、二十七部、八十一家、二百四十三表與七百二十九贊的設
立，是藉由模仿《易》之陰陽二元爲三方，模仿一卦之六爻爲九
贊，模仿六十四卦爲八十一家，則九贊通於八十一首（八十一即
三的四次方），則合爲七百二十九贊（即八十一乘以三的二次方）。
[20]以八十一首與一年的時間演化進行聯繫，如同《易》以四正卦

---

17 兩漢四百二十六年，歷法凡經三次改革，自高祖建國至武帝太初元年，
　計一百零三年（西元前 206 年-前 104 年），沿襲秦制，用《顓頊歷》。自
　太初元年至西漢末孺子嬰改用《太初歷》，計一百一十二年（西元前 104-
　西元 8 年）。自王莽篡漢至東漢章帝元和二年，計七十六年（西元 9 年-85
　年），用劉歆《三統歷》。自元和二年至獻帝建安二十五年，計一百三十
　五年（西元 85 年-220 年），用李梵、編訢《四分歷》。在歷制的內容上，
　《三統歷》乃抄襲自《太初歷》而來，不論歲實、朔策、元法上，均與
　《太初歷》無異，歷元都以太初元年爲首，故二者性質上極爲相近。採
　用的歷數，在《顓頊歷》方面：一年爲 365 日又 4 分之 1；一月爲 29 日
　又 940 分之 499；閏周：19 年 7 閏。在《太初歷》（三統歷）方面：一月
　爲 29 日又 81 分之 43＝81 分之 2392 日（日分 81，又稱 81 分法）；一年
　爲 12 月又 19 分之 7＝19 分之 235 月＝365 日又 1539 分之 385；＝1539
　分之 262120 日（多至同在一日）；閏周：19 年 7 閏。在《四分歷》方面：
　一月爲 29 日又 940 分之 499；一年爲 12 月又 19 分之 7＝12.368421 月＝
　365 日又 4 分之 1；閏周爲 19 年 7 閏。
18 見班固《漢書‧揚雄傳》，卷八十七下，頁 3575。
19 宋代司馬光注《太玄》，明白指出「揚子本以顓頊及太初曆作《太玄》，
　故日躔宿度氣應斗建不皆與今治曆者相應」。（見揚雄撰，司馬光集注《太
　玄集注》，卷一，頁 4。）揚雄兼採二歷法，故在天文與相關時日的配應，
　多有與當時相異者。
20 揚雄所建構的數字推演系統，即如《漢書‧揚雄傳》云：「而大潭思渾天，

之外的六十卦，分屬一年三百六十五又四分之一日而得六日七分，則八十一首各以四日半當之。

二、首序模擬卦氣之說

漢代的卦氣說，以六十卦合一年之日，其卦氣起中孚，值冬至之時，結合二十四節氣，以布列一年之變化。揚雄《太玄》模擬卦氣之說，將六十卦易名改用，立為八十一首，同樣分配為一年的節氣變化。參照前列的《太玄準易圖》，有明確的圖式結構之呈現，朱震並作了具體的說明：

> 中，中孚也。周，復也。礥、閑，屯也。少，謙也。戾，睽也。上、于，升也，狩、羨，臨也。此冬至以至大寒之氣也。差，小過也。童，蒙也。增，益也。銳，漸也。達、交，泰也。耎、傒，需也。從、進，隨也。釋，解也。格、夷，大壯也。樂，豫也。爭，訟也。務、事，蠱也。更，革也。斷、毅，夬也。此立春以至穀雨之氣也。裝，旅也。眾，師也。密、親，比也。斂，小畜也。彊、睟，乾也。盛，大有也。居，家人也。法，井也。應，離也。迎，咸也。遇，姤也。竈，鼎也。大、廓，豐也。文，渙也。禮，履也。逃、唐，遯也。常，恆也。此立夏以至大暑之氣也。永，恆也。度，節也。昆，同人也。減，損也。唫、守，否也。翕，巽也。聚，萃也。積，大畜也。飾，賁也。疑，震也。視，觀也。沈，兌也。內，歸妹也。去，无妄也。晦、瞢，明夷也。窮，困也。割，剝也。此立秋以至霜降

參摹而四分之，極於八十一。旁則三摹九据，極之七百二十九贊，亦自然之道也。」（見班固《漢書·揚雄傳》，卷八十七下，頁3575。）其「參摹而四分之」，即三的四次方，得八十一贊；「三摹九据」，即三的二次方，得九數，以八十一乘以九，則得七百二十九贊。

之氣也。止、堅，艮也。成，既濟也。關，噬嗑也。失、

劇，大過也。馴，坤也。將，未濟也。難，蹇也。勤、養，

坎也。此立冬以至大雪之氣也。[21]

根據朱震所述漢代四正卦與六十卦聯結的卦氣之說，與揚雄的八
十一首進行對比，修正朱震的部份錯誤，統計內容如表 12-2-1 所示：

表 12-2-1　六十四卦與八十一首對應表

四正卦	四正爻位	六十卦之始卦	《太玄》對應之玄首	六十卦之中卦	《太玄》對應之玄首	六十卦之終卦	《太玄》對應之玄首
坎	初六	公中孚	中	辟復	周	侯屯（內）	礥、閑
坎	九二	侯屯（外）	礥、閑	大夫謙	少	卿睽	戾
坎	六三	公升	上、于	辟臨	狩	侯小過（內）	羨、差
坎	六四	侯小過（外）	羨、差	大夫蒙	童	卿益	增
坎	九五	公漸	銳	辟泰	達、交	侯需（內）	奐、傒
坎	上六	侯需（外）	奐、傒	大夫隨	從	卿晉	進
震	初九	公解	釋	辟大壯	格	侯豫（內）	夷
震	六二	侯豫（外）	樂	大夫訟	爭	卿蠱	務、事
震	六三	公革	更	辟夬	斷、毅	侯旅（內）	裝
震	九四	侯旅（外）	裝	大夫師	眾	卿比	密、親
震	六五	公小畜	斂	辟乾	彊、晬	侯大有（內）	盛
震	上六	侯大有（外）	盛	大夫家人	居	卿井	法
離	初九	公咸	應、迎	辟姤	遇	侯鼎（內）	竈
離	六二	侯鼎（外）	竈	大夫豐	大、廓	卿渙	文
離	九三	公履	禮	辟遯	逃、唐	侯恆（內）	常
離	九四	侯恆（外）	常	大夫節	永、度	卿同人	昆
離	六五	公損	減	辟否	唫、守	侯巽（內）	翕
離	上九	侯巽（外）	翕	大夫萃	聚	卿大畜	積
兌	初九	公賁	飾	辟觀	視	侯歸妹（內）	沈、內
兌	九二	侯歸妹（外）	沈、內	大夫無妄	去	卿明夷	晦、瞢
兌	六三	公困	窮	辟剝	割	侯艮（內）	止、堅
兌	九四	侯艮（外）	止、堅	大夫既濟	成	節噬嗑	關
兌	九五	公大過	失、劇	辟坤	馴	侯未濟（內）	將
兌	上六	侯未濟（外）	將	大夫蹇	勤	卿頤	養

---

21 見朱震《漢上卦圖》，卷中，頁 326。

（一）朱震首與卦對比的錯誤論述

對照《太玄準易圖》與朱震所述，可以看到朱震錯誤之論述，包括：

1.朱震以「狩」、「羨」，即對應為臨卦，而「差」對應為小過卦。然而，實際上當以「狩」為臨卦，而「羨」、「差」為小過卦方為正確。

2.朱震以「從」、「進」對應為隨卦，且未列晉卦所當對應的首。當以「從」對應為隨卦，而「進」對應為晉卦方為正確。

3.朱震以「格」、「夷」對應為大壯卦，而「樂」對應為豫卦。當以「格」對應為大壯卦，而「夷」、「樂」對應為豫卦方為正確。

4.朱震以「應」對應為離卦，而「迎」對應為咸卦。當以「應」、「迎」對應為咸卦方為正確。八十一首並不與離卦等正四卦相對應。

5.朱震以「常」、「永」對應為恆卦，而「度」對應為節卦。當以「常」對應為恆卦，而「永」、「度」對應為節卦方為正確。

6.朱震以「疑」對應為震卦，而「視」對應為觀卦。當以「疑」、「視」皆對應為觀卦方為正確。八十一首並不與震卦等正四卦相對應。

7.朱震以「沈」對應為兌卦，而「內」對應為歸妹卦。當以「沈」、「內」皆對應為歸妹卦方為正確。八十一首並不與兌卦等正四卦相對應。

8.朱震以「難」對應為蹇卦，而「勤」、「養」對應為坎卦。當以「難」、「勤」對應為蹇卦，而「養」對應為頤卦方為正確。八十一首並不與坎卦等正四卦相對應。

　　由上列所見，可以看出朱震在對比論述與對揚雄之理解所產生的嚴重錯誤，尤其在四正卦與八十一首相對應上的錯誤認識。四正卦二十四爻與二十四節氣相合，其它六十卦與之相配，四正卦與六十卦為分開配屬的不同概念。故揚雄八十一首合節候，並相對應於卦氣系統，也只能與六十卦對應，也就是說，四正卦並不與八十一首相對應，朱震的說法為誤。

（二）首配屬之節氣對應卦之配屬並不全然相同

　　首與二十四節氣的配屬，「中」（中孚卦）之初一為冬至；「閑」（屯卦）之次四為小寒；「上」（升卦）之次七為大寒；「差」（小過卦）之次三為立春；「銳」（漸卦）之次五為驚蟄；「奚」（需卦）之初一為雨水；「釋」（解卦）之次三為春分；「樂」（豫卦）之次七為穀雨；「更」（革卦）之初一為清明；「裝」（旅卦）之次四為立夏；「親」（比卦）之次八為小滿；「盛」（大有卦）之次二為芒種；「應」（咸卦）之次六為夏至；「竈」（鼎卦）之上九為小暑；「禮」（履卦）之次四為大暑；「常」（恆卦）之次七為立秋；「減」（損卦）之初一為處暑；「翕」（巽卦）為白露；「飾」（賁卦）之次八為秋分；「內」（歸妹卦）之次三為寒露；「瞢」（明夷卦）之次六為霜降；「堅」（艮卦）之初一為立冬；「失」（大過）之次四為小雪；「將」（未濟卦）之次八為大雪。

　　這種以首配屬之節氣，對應氣卦配屬節氣，並不全然相同，如表 12-2-2 所示：

表 12-2-2　節氣配卦對應八十一首統計表

二十四節氣	漢儒卦氣說（始卦）	揚雄《太玄準易圖》
冬至	中孚卦	「中」首（中孚卦）
小寒	屯卦之外卦	「閑」首（屯卦）
大寒	升卦	「上」首（升卦）
立春	小過卦之外卦	「差」首（小過卦）
雨水	漸卦	「耎」首（需卦）
驚蟄	需卦之外卦	「銳」首（漸卦）
春分	解卦	「釋」首（解卦）
清明	豫卦之外卦	「更」首（革卦）
穀雨	革卦	「樂」首（豫卦）
立夏	旅卦之外卦	「裝」首（旅卦）
小滿	小畜卦	「親」首（比卦）
芒種	大有卦之外卦	「盛」首（大有卦）
夏至	咸卦	「應」首（咸卦）
小暑	鼎卦之外卦	「竈」首（鼎卦）
大暑	履卦	「禮」首（履卦）
立秋	恆卦之外卦	「常」首（恆卦）
處暑	損卦	「減」首（損卦）
白露	巽卦之外卦	「翕」首（巽卦）
秋分	賁卦	「飾」首（賁卦）
寒露	歸妹卦之外卦	「內」首（歸妹卦）
霜降	困卦	「瞢」首（明夷卦）
立冬	艮卦之外卦	「堅」首（艮卦）
小雪	大過卦	「失」首（大過）
大雪	未濟卦之外卦	「將」首（未濟卦）

　　在雨水、驚蟄、清明、穀雨、小滿與霜降等六個節氣中，揚雄之說對應漢儒卦氣說，並不相同。孟喜等漢儒的卦氣之說中，漸卦、泰卦以及需卦之內卦屬雨水之時，而揚雄卻以「耎」首為雨水，「耎」首對應即需卦；又卦氣說以需卦之外卦，以及隨卦、晉卦為驚蟄之時，而揚雄卻以「銳」首對應即漸卦為驚蟄，在這樣的對應關係之展現上，二者在二十四節氣的配屬上明顯不同。卦氣說以豫卦為清明，以革卦為穀雨，而揚雄卻以「更」首對應

即革卦爲清明，以「樂」首對應即豫卦爲穀雨，二者在節氣的配屬上，於此又不同。其它在小滿與霜降上，二者亦不同，不予贅述。

三、重要之異同

除了前述六十卦與八十一首配二十四節氣上的異同外，朱震作了進一步的論述，指出：

> 日月之行，有離合，陰陽之數，有盈虛。踦盈二贊有其辭，而無其卦，而附之於養者，以閏爲虛也。踦火也，日也，嬴水也，月也。日月起於天元之初，歸其餘也。蓋定四時成歲者，以其閏月再扐而後卦者，由於歸奇六日七分必加算焉，以三百六十五日，四分之不齊也。坎、離、震、兌，四正之卦也。二十四爻周流四時，玄則準之。日右斗左，秉巡六甲，東西南北，經緯交錯，以成八十一首也。一月五卦也，侯也，大夫也，卿也，公也，辟也。辟居於五，謂之君。卦四者，雜卦也，玄則準之。故一玄象辟，三方象三公，九州象九卿，二十七部象大夫，八十一首象元士，其大要則歷數也，律在其中也。體有所循，而文不虛生也。陸績謂「自甲子至甲辰，自甲辰至甲申，自甲申至甲子，凡四千六百一十七歲，爲一元」。元有三統，統有三會，會有二十七章。九會二百四十三章，皆無餘分，其鉤深致遠，與神合符有如此也。善乎！邵康節之言曰：「《太玄》其見天地之心乎？天地之心者，坤極生乾，始於冬至之時也。此之謂律歷之元。」[22]

22　見朱震《漢上卦圖》，卷中，頁 326-327。

宇宙自然的演化，日月與陰陽的推布運化開展，日月離合，陰陽
盈虛，成為一切存在的變化所在，時序上則有一年三百六十五又
四分之一日與二十四節氣的推演與循環不息，在漢儒易學系統下
的卦氣說，以四正卦二十四爻配置二十四節氣與七十二候的序列
排次，同時結合六十卦與二十四節氣的配屬，構成完整的六十四
卦卦氣系統。《太玄》仿《易》之卦氣說，形成另類的卦氣主張，
使其《太玄準易圖》同時具有卦氣圖式結構的系統化展現。其重
要差異在於：

（一）四時之布列

　　漢儒卦氣說以坎、離、震、兌布列四方為冬至、夏至、春分、
秋分的四時分立，四正卦自成體系而有別於其它六十卦，並以二
十四爻值二十四節氣。揚雄《太玄準易圖》以八十一首布列四時，
不另分出如四方之卦一般的四方之首以另立分列的系統，而是由
八十一首依排序以所逢之首直接分配一年二十四節氣的變化。故
司馬光注《太玄》指出「坎離震兌在卦氣之外，故因中應釋飾附
分至之位而準之」。[23]「中」、「應」、「釋」、「飾」四首分
列四時之位；其中「中」首為第一首，值冬至氣應、陽氣始生之
時，准中孚卦而兼坎卦。「釋」首為第二十一首，值春分氣應之
時，准解卦而兼震卦。「應」首為四十一首，值夏至氣應之時，
准咸卦而兼離卦。第六十一首為「飾」首，值秋分氣應之時，准
賁卦而兼兌卦。

（二）歲法與值日

　　漢儒卦氣說以六十卦值三百六十五又四分之一日，每卦直六

---

23 見揚雄撰，司馬光集注《太玄集注》，卷一，頁 4。

日七分，所用即顓頊之歷的計法，取八十分之法本於四分歷。漢武帝元封七年採鄧平與落下閎之八十一分律歷而改為《太初歷》，其日法即八十一分，一月即二十九又八十一分之四十三日，一年合三百六十五又一千五百三十九分之三百八十五日。揚雄本《太初歷》，以八十一首同樣值一年之日，每首值四日半；二贊當一日，七百二十九贊合於三百六十四日半，亦即九贊合四日半而為一首之日數，八十一首同於三百六十四日半；而其不足者，由踦、嬴二贊補之，以合歷法補閏之法。因此，在歲法與日法的表現，《太玄》的歷法結合運用之觀點，似乎較漢儒卦氣說更為自然。

（三）爵等之配置

漢儒卦氣說，以六十卦配公、辟、侯、大夫、卿等五等，而揚雄以首配爵位，根據「一玄、三方、九州、二十七部、八十一家」的體系，分為一辟、三公、九卿、二十七大夫、八十一元士，同樣以爵等相配。

（四）六爻與九贊

《易》以一卦六爻，而揚雄以九贊擬六爻，八十一首每首各有九贊，即：初一、次二、次三、次四、次五、次六、次七、次八、上九；九贊反映事物發展時態之變化狀態，依《洪範》改易而成。[24]九贊當中，揚雄特別側重初、中與上之位，亦即一、五、

---

24 參見《尚書·洪範》「九疇」之說，云：「初一曰五行，次二曰敬用五事，次三曰農用八政，次四曰協用五紀，次五曰建用皇極，次六曰乂用三德，次七曰明用稽疑，次八曰念用庶徵，次九曰嚮用五福、威用六極。」（見《尚書·洪範》，卷十二，臺北：藝文印書館十三經注疏本，1997 年初版 13 刷，頁 168。）揚雄將「次九」改作「上九」，以合《易》卦上爻之用名方式。

九之贊位，認爲「生神莫先乎一，中和莫盛乎五，倨勮莫困乎九」，
[25]初一之位，能知事物之幾微、事物之萌初，能見微知著，察事
之始端，使能見幾而作，不俟終日。次五之中，事物發展已合其
度，充份呈現其具體狀態，行中和之道，則通暢無阻，「行中則
無爽」。[26]九居九贊之終，亦事物亢極之時，物極則必反，體現
終極而變的轉化新成的階段。

（五）十二消息卦與九天

漢儒卦氣說，普遍以十二消息卦表徵一年十二月的陰陽消長
變化。揚雄擬十二消息卦爲九天，即「一爲中天，二爲羨天，三
爲從天，四爲更天，五爲睟天，六爲廓天，七爲減天，八爲沈天，
九爲成天」。[27]認爲「九營周流，終始貞也。始於十一月，終於
十月。羅重九行，行四十日。誠有內者存乎中，宣而出者存乎羨，
雲行雨施存乎從，變節易度存乎更，珍光淳全存乎睟，虛中弘外
存乎廓，削退消部存乎減，降隊幽藏存乎沈，考終性命存乎成。
是故一至九者，陰陽消息之計邪」。[28]「中天」之時，陽氣閉於
內而未顯；「羨天」之時，萬物宣出萌生；「從天」之時，雲雨
施行，滋潤萬物；「更天」之時，節度變化，萬物生長疾速；「睟
天」之時，陰氣歛藏而陽氣清明，萬物皆能安其性命而得其光華；
「廓天」之時，陰氣翳匿於下，而陽氣猶壯而張大之；「減天」

---

25 見揚雄《太玄·玄圖》。引自揚雄撰，司馬光集注《太玄集注》，卷十，
　　頁213。
26 見揚雄《太玄·玄捝》。引自揚雄撰，司馬光集注《太玄集注》，卷九，
　　頁210。
27 見揚雄《太玄·玄數》。引自揚雄撰，司馬光集注《太玄集注》，卷八，
　　頁202。
28 見揚雄《太玄·玄圖》。引自揚雄撰，司馬光集注《太玄集注》，卷十，
　　頁212-213。

之時，陰息陽消，陰盛陽弱，萬物衰微；「沈天」之時，陰陽相懷，萬物俱成，降墜深藏；「成天」之時，陰氣既寒，陽氣藏於地中，物賴以濟而能得其形體。此九天之循環共成，即陰陽之消息變化之道。九天各行四十日，合三百六十日的當期之日；始於十一月冬至，終於十月大雪之時。

　　揚雄吸收漢儒四正卦、十二消息卦、六日七分、二十四節氣等卦氣思想，建構出的《太玄》體系，由《太玄準易圖》具體呈現，並使其學說觀點更合天文歷法等自然科學的知識觀。《太玄準易圖》中，又將八十一首與十二律呂相配，起於「中」首為十一月之時，即黃鍾之位，餘各首配時與配律，參見前列圖式所示，漢代普遍稱說的二十八宿的概念，[29]京房（西元前 77-前 37 年）特將二十八星宿與八宮八十四卦相配，將二十八宿依次配入六十四卦中，由乾宮乾卦開始，至兌宮歸妹卦終止，周圍黃道二圈又八星宿；以五月為建，由西方白虎最末之參宿為起始，以乾卦相配，最後以南方朱雀七宿之末軫宿與歸妹卦相配。這種卦宿相配之法，與揚雄所用相近，只不過揚雄所用之起始星宿，不同於京房之用，即朱震引《逸周書》所說的「日月俱起于牽牛之初」，「即《太初歷》十一月朔旦冬至」，「子雲之於律歷之元，固已博極群書而知之矣」。[30]《太玄準易圖》納入二十八星宿的概念，本《太初歷》之建十一月冬至之法，以其八十一首之「中」首開

29　古人以太陽在二十八宿中的位置，推衍一年季節的變化規律，漢代學者的論著中，每每可以得見，如《史記・天官書》、《淮南子・天文訓》，都可以明白的得到有關資訊。這種透過觀星定四時之正的方式，早在先秦時期就已存在，如《尚書・堯典》即云：「日中星鳥，以殷仲春；日永星火，以正仲夏；宵中星虛，以殷仲秋；日短星昴，以正仲冬。」仲春日落正南方所見星鳥，即星宿；仲夏之時所見之星火即心宿；仲秋之時所見之星虛即虛宿；仲冬之時所見之星昴即昴宿。

30　見朱震《漢上卦圖》，卷中，頁 327。

始，正處北方玄武七宿的第二宿牛宿一度，也是冬至之時，終於「養」首，即入於北方玄武七宿的第一宿斗宿二十二度之時。二十八宿依次與八十一首相配，合爲一周，每一宿所配首數不同，如牛宿配「中」、「周」二首，女宿配「礥」、「閑」、「少」三首，危宿配「于」、「狩」、「羨」、「差」四首，宿與首相配並不全然均等，但整體圍繞合爲一周。諸此種種，《太玄準易圖》的結構建構上，遠較漢儒卦氣說更爲複雜；與歷法的結合，相對較爲精準。

第三節 《乾坤交錯成六十四卦圖》與《天道以節氣相交圖》的卦氣內涵

《乾坤交錯成六十四卦圖》與《天道以節氣相交圖》二圖式，皆展現出漢代卦氣之主體內涵，以坎、離、震、兌四正卦分列四方，同樣構築出一年四季的周期變化。

一、《乾坤交錯成六十四卦圖》之重要內涵

朱震的哲學體系中，特別強調乾坤的重要性，對乾坤的論述尤甚，重視乾坤在宇宙觀中所扮演的角色，肯定陰陽的變化之道，即以乾坤爲體的運化之道，六十四卦即乾坤運動變化下的宇宙生成變化體系。[31]朱震張揚乾坤之義，以乾坤聯結出六十四卦的《易》

---

31 朱震易學思想中，特別重視乾坤的重要性，強化乾坤的易學地位，因此對乾坤的著墨與相關論述體系的建立尤爲側重，成爲其易學思想的主要特色之一。有關乾坤的重要意義，第三章已有詳細之論述。

道系統，建構出《乾坤交錯成六十四卦圖》，並在此一系統圖式中，推布四時與十二個月的變化，高度展現出漢儒卦氣說的內在元素。其圖式與說明如下：

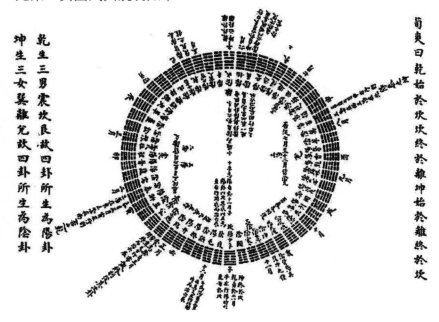

乾生三男震次坎良故四卦所生為陽卦

坤生三女巽離兌欲四卦所生為陰卦

荀爽曰乾始於坎終於離坤始於離終於坎

圖 12-3-1　乾坤交錯成六十四卦圖

乾，陽也；坤，陰也。並如而交錯行。乾貞於十一月子，左行，陽時六；貞，正也。初爻以此為正，次爻左右者，各從次數之。坤貞於六月未，乾坤，陰陽之主也，陰退一辰，故貞於夬。右行，陰時六，以順成其歲。歲終次從於屯、蒙。歲終則從其次，屯、蒙、需、訟也。屯為陽，貞十二月丑，其爻左行，以間時而治六辰。蒙為陰，貞正月寅，其爻右行，亦間時而治六辰。歲終則從其次卦，陽卦以次其辰，以丑為貞，左行間辰，而治六辰。陰卦與陽卦其位同，謂與日若在衡也。陰則退一辰，謂左右交錯相避。否、泰之

卦，**獨各貞其辰**。言不用卦次。泰當貞於戌，否當貞於亥。戌，乾體所在，亥，又乾消息之月。泰否，乾坤體氣相亂，故避而各貞其辰。謂泰貞正月，否貞七月。六爻者，泰得否之乾，否得泰之坤。否貞申右行，則三陰在西，三陽在北。泰貞寅左行，則三陽在東，三陰在南。是則陰陽相比，共復乾坤之體也。**其共北辰，左行相隨也。**北辰左行，謂泰從正月至六月，此月陽爻。否從七月至十二月，此月陰爻。否泰各自相隨。**中孚為陽，貞於十一月子；小過為陰，貞於六月未，法於乾坤。**中孚於十一月子，小過正月之卦也，宜貞於寅。二月卯而貞於六月，非其次，故言象法乾坤。其餘卦則各貞於其辰，同位乃相避。三十二歲朞，而周六十四卦。三百八十四爻、一千五百二十復貞此，乾坤交錯，成六十四卦。陳純臣所謂「六十四卦推盪訣」是也。其說見於《乾鑿度》，而鄭康成及先儒發明之。京房論推盪曰：「以陰盪陽，以陽盪陰，陰陽二氣盪而成象。」又曰：「盪陰入陽，盪陽入陰，陽交互內外，適變八卦，同巡至極，則反此正解《繫辭》八卦相盪之義。如六十卦圖本於乾坤，並如陰陽交錯而行，故傳圖者亦謂之推盪。」《易》天下之至變者也，六位遞遷，四時運動，五行相推，不可執一者也。[32]

此一圖式與相關釋說，傳達出的重要內涵：

（一）漢儒認識下的乾坤為一切變化之主體

朱震強調乾坤運動變化的核心地位，乾坤表徵陰陽，一切的變化與存在，皆為陰陽的變化結果，也是乾坤所主導的變化意義。宇宙自然的生成存在，以《易》卦體系共成，在八卦的生成系統上，乾坤相互摩盪而生六子，乾生震、坎、艮三子，合四卦屬陽

---

32 見朱震《漢上卦圖》，卷中，頁 328-329。

卦，即以陽性爲重；坤生巽、離、兌三女，合四卦皆屬陰卦，亦即以陰性爲主。在十二消息卦的系統上，乾坤以陰陽之氣的消息進行演化；乾陽初動，本於北方，由十一月（子）爲復卦，至四月（巳）乾盈爲一年之半，陽極而陰消，坤陰始升，起於南方五月（午）爲姤卦，至十月（亥）爲坤陰滿極，此又一年之後半。乾坤陰陽消息，以合一年之時。

　　乾坤交錯，進一步推布出六十四卦的陰陽循環變化系統，聯結出所謂的《乾坤交錯成六十四卦圖》，六十四卦在圖式中的處位，同於前述《卦氣圖》之基本結構，也就是說，乾坤的交錯變化，所得到的六十四卦之時空分佈狀態，同於孟喜乃至《易緯》等漢儒所普遍認識的概念；乾坤交錯的六十四卦分佈系統，同於漢代卦氣說的諸元配列。

（二）六十四卦時空體系的具體運成

　　乾坤交錯所聯結出的六十四卦分佈圖式，坎、離、震、兌四正卦布列四時之位，坎離處子午之位，朱震引荀爽（西元 128-190 年）之說，指出「乾始於坎，終於離，坤始於離，終於坎」，即乾陽之氣始於坎，而坤陰之氣終於坎，同樣的，坤陰之氣始於離，而乾陽之氣終於離。傳統的六十四卦卦序，其上經終於坎、離二卦，而下經終於既濟與未濟卦，即終始於坎離卦象的序列結構。

　　四正卦之外的六十卦，由十二辟卦各領五卦，各屬一辰，以合一年之時；單就十二消息卦而言，陰陽的消息變化，十一月冬至中氣，值一陽始生爲復卦，復卦成爲十二消息卦之首卦。然而，就六十卦而言，一年起始於北方子位，亦即「卦氣起中孚」下的中孚卦作爲開端；中孚卦在一陽生的復卦之前，以其卦象上下各二陽，二陰包附其中，取其外部剛硬堅實而內在柔質之性，爲果

核之象，果核之仁在堅殼之中，果核之中正為生機之所在，誠如惠棟引河上公注《老子》之言，「道唯窈冥無形，其中有精，實神明之相薄，陰陽交會也」。[33]「神明」為萬化之源，正為氣化之所在，在一陽復卦欲生之前，正值此陰陽交會的中孚卦之時；中孚卦展現神明之狀，運生一陽之復卦，則「列星辰，調陰陽，張四時」，「一動其本而百枝皆應，若春雨之灌萬物也，渾然而流，沛然而施，無地而不澍，無物而不生」。[34]陰陽始動，一陽始生，而後萬化盡隨之以變，六十卦應運布列，聯結出一個具體有序、生生之化的時空圖式。

（三）爻辰左行右行的圖式結構

朱震在解釋此圖式結構時，著重於乾坤左行右行以及爻辰的觀點來進行立說。左行右行的主張，源自京房「子午分行，子左行，午右行」之說，以及《易緯乾鑿度》「天左行、地右行」的說法，而這樣的原則觀點，成為京房納支與鄭玄爻辰思想的準據。

朱震側重於爻辰說，藉以述明六十四卦的生成變化。京房的爻辰之說，乾卦六爻納六陽支，為左行之順序，即子、寅、辰、午、申、戌，貞於十一月（子）而終於九月（戌）；坤卦六爻納六陰支，右行之序，本在「子午分行」的原則上應起於午，但於午為陽支，故推其後之未支為首，逆取之法依序為未、巳、卯、丑、亥、酉，貞於六月（未）而終於八月（酉）。同樣的，《易緯乾鑿度》的爻辰之說亦同。然而，鄭玄理解《易緯》的說法，並不合《易緯》原意，「陽時六」依序為子、寅、辰、午、申、

---

33 見惠棟《易例》。引自惠棟《惠氏易學》，頁 1013。

34 見劉安《淮南鴻烈·泰族訓》。引自劉文典《淮南鴻烈集解》，卷二十，北京：中華書局，1997 年 1 月 1 版北京 2 刷，頁 663-664。

戌等六辰無誤，但「陰時六」依序爲未、酉、亥、丑、卯、巳等六辰，則是對《乾鑿度》的錯誤理解。因此，這裡有必要釐清的是，清代學者惠棟批評朱震之說爲誤，認爲鄭玄所言爲正，此當惠棟未察而厚誣；張惠言（西元 1761-1802 年）於《易緯略義》中爲朱震作了辨正與澄清，並舉《火珠林》證說，以明鄭氏之誤。[35]

　　乾坤各六爻，陰陽各六辰，以合一年之時，其它六十二卦亦同，兩兩合屬一年之時，六十四卦合三十二歲之周期。乾坤之後，次爲屯蒙二卦，朱震指出屯爲陽，初爻貞十二月丑辰，初至上爻左行之序，依次爲丑、卯、巳、未、酉、亥；蒙卦爲陰，初爻貞於正月寅辰，初至上爻右行之序爲寅、子、戌、申、午、辰。同樣的，朱震亦舉泰否所值十二爻辰，泰卦貞於正月寅辰，初至上爻並依次爲寅、卯、辰、巳、午、未，否卦貞於七月申辰，初至上爻並依次爲申、酉、戌、亥、子、丑。否泰所貞爻辰，並沒有明顯的左行與右行的區別，也就是在爻辰的排序上，可以說是左右分行的特例。中孚與小過卦亦同，朱震認爲中孚卦爲陽卦，初爻貞於十一月子辰，終於上爻九月戌辰，而小過卦爲陰，初爻貞於六月未辰，終於上爻八月酉辰。這種中孚卦與小過卦的爻辰之序，主要是法於乾坤左右分行之原則方式。

35　參見張惠言云：「惠定宇作爻辰圖，謂乾貞於子左行，子、寅、辰、午、申、戌；坤貞於未右行，未、酉、亥、丑、卯、巳。引《周禮》鄭注十二律相生之次證之，謂朱子發圖未、巳、卯、丑、亥、酉爲右行者誤，今謂不然。經于泰否言共比辰，左行相隨，則餘卦云左右行者不相隨，可知惠云坤貞於未，若從巳向卯，是爲左行，然則否貞於申，從酉向戌，何以得爲左行？蒙貞於寅，若如惠例，當從辰向午，何以得爲右行乎？凡言左右，各從其本位言之耳。十二律之位，乾坤相並俱生，乃《易》參天兩地六畫之位，故交錯相隨，不必與此爲一。《火珠林》八卦六位，乾子、寅、辰、午、申、戌；坤、未、巳、卯、丑、亥、酉，蓋本此也。」見張惠言《易緯略義》，卷一，上海：上海古籍出版社續修四庫全書本第40 冊，2002 年 3 月 1 版 1 刷，頁 547。

（四）漢儒思想體系的混說

朱震之釋說，主要立基於《易緯乾鑿度》與鄭玄爻辰之說，藉由爻辰與六十四卦的關聯性，說明乾坤陰陽交錯所構成的六十四卦之卦氣時空網絡。這種周圍六十四卦的布列，朱震強調是乾坤陰陽相盪的結果，並且認爲最早由《乾鑿度》建立體系，而鄭玄等人繼起論之。在這樣的論述內容上，可以看出正是漢代爻辰之說的再現，以爻辰之說推衍六十四卦的布列結構，爲漢儒思想的再現。此六十四卦之圖式，各卦所處之位，爲漢儒卦氣之說的圖式體系，與爻辰之法並爲不同之二說，朱震將之並言，似乎有駁雜混用之嫌，將二個不同的論述體系，強加混說，失去原來思想主張的根本統緒。

二、《天道以節氣相交圖》之內涵

天道自然的變化，反映在一年不同節氣的演化，這樣的認識，可以藉由《天道以節氣相交圖》具體的顯現，此圖式與朱震之釋說如下：

> 陸希聲曰：天道以節氣相交，天文也。
>
> 孔穎達曰：「四月純陽用事，陰在其中，故靡草死。十月純陰用事，陽在其中，故薺菜生。以此爲剛柔交錯、四時之變。」石徂徠謂：「政道失於下，陰陽之氣差忒於上，則天文乖錯。」臣曰：二者皆是也。[36]

---

[36] 見朱震《漢上卦圖》，卷中，頁 336。

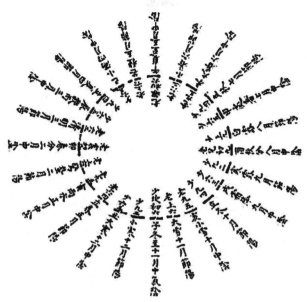

圖 12-3-2　天道以節氣相交圖

此一圖式主要以坎、離、震、兌四正卦作爲四方之位，一卦主一季，一爻配一節氣，二十四爻布列一年二十四節氣的變化，即漢儒以四正卦建構卦氣說的基本概念，坎卦初六爲冬至十一月建子中氣之時，歷十二月小寒（九二）與大寒（六三）、正月立春（六四）與雨水（九五），終於上六驚蟄二月節之時。然後入於震卦初九春分二月中氣，歷三月清明（六二）與穀雨（六三）、四月立夏（九四）與小滿（六五），終於上六芒种五月節之時。再入於離卦初九夏至五月中氣，歷六月小暑（六二）與大暑（九三）、七月立秋（九四）與處暑（六五），終於上九白露八月節之時。再入於兌卦初九秋分八月中氣，歷九月寒露（九二）與霜降（六三）、十月立冬（九四）與小雪（九五），終於上六大雪十一月節之時，此即一年節氣之終。坎卦初九爲陽氣初發之時，也是冬

至日至之時,值一年之開端,至震卦上六芒种陽極而入陰,適離卦初九夏至陰氣之初升,至兌卦上六大雪陰盛爲一年之終。陽升陰衰,陰漸陽黜,消息演化,此正卦氣所展現的自然氣化之道。

　　四正卦二十四爻的陰陽之化,構成一年時序之變,亦同於乾坤爲陰陽造化之主的十二月消息變化。朱震引陸希聲之言,云「天道以節氣相交,天文也」,說明節氣之變化,即天文之自顯;他以石徂徠之說,指出當政道悖逆天下萬民之心,則陰陽之氣違忒穢亂,無法順合四時之宜,則四時節候失其常序,天道自然之理也必乖舛錯離。天文合義,昭然自律,陰陽變化,消息得當,日月順序,萬物自遂,體現自然運化的必然性,與合天道以應人事之理。因此,陰陽消息自有其生滅法則,同於孔穎達消息立說之旨,以四月乾卦純陽用事,陽極入陰,陰在其中,生氣漸轉,則「靡草死」,將入於陰生寂肅之境;同樣的,十月坤卦純陰用事,陰極入陽,陽在其中,則「薺苗生」,將入於萬物復甦之境。

　　坎、離、震、兌的四季變化,即陰陽之變化,亦同於日月星辰的天文之象,其進退盈虛、有遲有疾之運轉,本爲自然天時之常道。體察卦氣的布列之道,陰陽消息的節候運化,同於天文之象,以天道明人事,則當「觀乎于天文,以察時變」,[37]準之於人事,如《漢書·天文志》所云,「陽用事則進,陰用事則退」,[38]明察時變,能夠「上下、內外、尊卑、貴賤,其文明而不亂,各當其分」,則「禍亂不生,災害不作」。[39]朱震在此圖式中,正強烈表達出推天道以明人事之理。

---

37 見賁卦《彖傳》之文。引自朱震《漢上易傳》,卷三,頁83。

38 參見班固《漢書·天文志》云:「陽用事則進,陰用事則退,蚤出爲盈,晚出爲縮也。」強調進退盈縮,有其一定之規律,陽以進而陰以退爲用事之道。

39 見朱震《漢上易傳》,卷三,頁83。

第四節　律呂圖式的重要意涵

朱震主要的律呂圖式，包括《律呂起於冬至之氣圖》、《十二律相生圖》、《陽律陰呂合聲圖》、《十二律通五行八正之氣圖》、《六十律相生圖》等圖式。以下將性質相近者併作述評。

一、《律呂起於冬至之氣圖》與《十二律相生圖》爻辰配律之說

朱震以乾坤二卦與律呂進行聯結，源自於京房八卦六位與鄭玄乾坤十二爻辰的觀點，取用乾坤二卦作爲主體架構，強化乾坤的重要地位，主要表現在其《律呂起於冬至之氣圖》與《十二律相生圖》兩個圖式上，以下將兩個圖式合併論述。

在《律呂起於冬至之氣圖》方面，朱震所制圖式與說明如后：

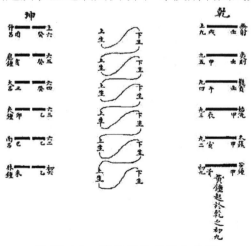

圖 12-4-1　律呂起於冬至之氣圖

　　　　鄭康成注《周禮・太師》云：黃鍾初九也，下生林鍾之初
　　　六，林鍾又上生太簇之九二，太簇又下生南呂之六二，南
　　　呂又上生姑洗之九三，姑洗又下生夾鍾之六三，夾鍾又上
　　　生蕤賓之九四，蕤賓又下生大呂之六四，大呂又上生夷則
　　　之九五，夷則又下生應鍾之六五，應鍾上生無射之上九，
　　　無射下生仲呂之上六。臣謂不取諸卦而取乾坤者，萬物之
　　　父母。[40]

在《十二律相生圖》方面，朱震所制圖式與說明如后：

　　　　《太玄》曰：「黃鍾生林鍾，林鍾生太簇，太簇生南呂，
　　　南呂生姑洗，姑洗生應鍾，應鍾生蕤賓，蕤賓生大呂，大
　　　呂生夷則，夷則生夾鍾，夾鍾生無射，無射生仲呂。」說
　　　者謂陽下生陰，陰上生陽，獨陸績注《太玄》云：「黃鍾
　　　下生林鍾，林鍾上生太簇，太簇下生南呂，南呂上生姑洗，
　　　姑洗下生應鍾，應鍾上生蕤賓，蕤賓又上生大呂，大呂下
　　　生夷則，夷則上生夾鍾，夾鍾下生無射，無射上生仲呂。」
　　　其說謂陽生於子，陰生於午，從子至巳，陽生陰退，故律
　　　生呂言下生，呂生律言上生。從午至亥，陰升陽退，故律
　　　生呂言上生，呂生律言下生。至午而變，故蕤賓重上生。
　　　而績論律呂分寸，與司馬遷《律書》特異。然黃鍾至蕤賓，
　　　律生呂者，自左而右；呂生律者，自右而左；蕤賓至仲呂，
　　　律生呂者，自右而左；呂生律者，自左而右云。夫六十卦
　　　乾貞於子而左行，坤貞於未而右行，屯貞於丑間時而左行，
　　　蒙貞於寅間時而右行，泰貞於寅而左行，否貞於申而右行，
　　　小過貞於未而右行。七卦錯行，律實效之。黃鍾，乾初九

---

[40] 圖式與說明，見朱震《漢上卦圖》，卷中，頁329。

也；大呂，坤六四也；太簇，乾九二也；應鍾，坤六五也；
無射，乾上九也；夾鍾，坤六三也；夷則，乾九五也；仲
呂，坤六二也；蕤賓，乾九四也；林鍾，坤初六也。初應
四，二應五，三應上，故子丑寅亥卯戌辰酉已申午未，謂
之合聲。司馬遷曰：「氣始於冬至，周而復生，此所謂律
數。」[41]

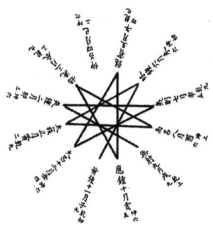

圖 12-4-2　十二律相生圖

　　律呂配支之法，爲漢代普遍的認識，《史記・律書》即有明
確的論述，以「陽氣踵黃泉而出」，處建子之位，其律爲黃鍾，
也代表一年之開端，此十二律呂配支之法，爲漢儒神聖而定型化
的歷律知識。[42]以《史記》爲主的律呂配月之形情，主要內容如

41　圖式與說明，見朱震《漢上卦圖》，卷中，頁 331-332。
42　參見《史記・律書》云：「十月也，律中應鍾。應鍾者，陽氣之應，不用
　　事也。其於十二子爲亥。亥者，該也。廣莫風居北方。廣莫者，言陽氣
　　在下，陰莫陽廣大也，故曰廣莫。……十一月也，律中黃鍾。黃鍾者，
　　陽氣踵黃泉而出也。其於十二子爲子。子者，滋也。……十二月也，律
　　中大呂。大呂者，其於十二子爲丑。丑者，紐也。……正月也，律中泰

表 12-4-1 所示：

表 12-4-1 律呂配月表

十一月	十二月	正月	二月	三月	四月	五月	六月	七月	八月	九月	十月
建子	建丑	建寅	建卯	建辰	建巳	建午	建未	建申	建酉	建戌	建亥
黃鍾	大呂	泰簇	夾洗	姑洗	仲呂	蕤賓	林鍾	夷則	南呂	無射	應鍾

其它包括《淮南子・天文訓》，也明白的提到十二律呂與支月之相配，以建子十一月爲黃鍾，依序終於十月亥爲應鍾。[43] 又其它如揚雄《太玄》乃至漢代易學家，都普遍應用律呂立說。

簇。泰簇者，言萬物簇生也，故曰泰簇。其於十二子爲寅。寅言萬物始生蠕然也。……二月也，律中夾鍾。夾鍾者，言陰陽相夾廁也。其於十二子爲卯。卯之爲言茂也。……三月也，律中姑洗。姑洗者，言萬物洗生。其於十二子爲辰。辰者，言萬物之蜄也。……四月也，律中中呂。中呂者，言萬物盡旅而西行也。其於十二子爲巳。巳者，言陽氣之已盡也。……五月也，律中蕤賓。蕤賓者，言陰氣幼少，故曰蕤；痿陽不用事，故曰賓。景風居南方。景者，言陽氣道竟，故曰景風。其於十二子爲午。午者，陰陽交，故曰午。……六月也，律中林鍾。林鍾者，言萬物就死氣林林然。其於十二子爲未。未者，言萬物皆成，有滋味也。……七月也，律中夷則。夷則，言陰氣之賊萬物也。其於十二子爲申。申者，言陰用事，申賊萬物，故曰申。……八月也，律中南呂。南呂者，言陽氣之旅入藏也。其於十二子爲酉。酉者，萬物之老也，故曰酉。……九月也，律中無射。無射者，陰氣盛用事，陽氣無餘也，故曰無射。其於十二子爲戌。戌者，言萬物盡滅，故曰戌。」（見司馬遷《史記・律書第三》，卷二十五，北京：中華書局，1997 年 11 月 1 版，頁 1243-1248。）

43 參見《淮南子・天文訓》云：「黃鍾爲宮，宮者，音之君也，故黃鍾位子，其數八十一，主十一月，下生林鍾。林鍾之數五十四，主六月，上生太簇。太簇之數七十二，主正月，下生南呂。南呂之數四十八，主八月，上生姑洗。姑洗之數六十四，主三月，下生應鍾。應鍾之數四十二，主十月，上生蕤賓。蕤賓之數五十七，主五月，上生大呂。大呂之數七十六，主十二月，下生夷則。夷則之數五十一，主七月，上生夾鍾。夾鍾之數六十八，主二月，下生無射。無射之數四十五，主九月，上生仲呂。仲呂之數六十，主四月，極不生」（見劉安《淮南子・天文訓》。引自劉文典《淮南鴻烈集解》，頁 113。）

（一）以乾坤十二爻為主體

　　朱震此二圖式，主要以乾坤十二爻配干支與十二律呂，強調所以不取其它諸卦，而專取乾坤二卦，在於乾坤即「萬物之父母」，作為眾卦之父母卦，為一切之根源，透過這樣的圖式，升揚乾坤的重要地位。圖式中乾坤十二爻配支之法，主要原始於京房之說；已如前述八卦六位之諸圖式，即京房「降五行，頒六位」的納甲納支之主張，乾坤作為天地之主體，與干支之相配，即京房所說「分天地乾坤之象，益之以甲乙壬癸」。[44]乾坤兩卦分別納首尾二干，體現乾坤的陰陽變化的終始之道。在配支方面，乾卦納六陽支，從初爻至上爻分別配納子、寅、辰、午、申、戌；坤卦納六陰支，從初爻至上爻分別配納未、巳、卯、丑、亥、酉。坤卦在子午分行的規準下，午屬陽支，故前推取「未」位，並依次逆取六支。

　　京房這種配位之說，與《易緯》的爻辰配位之法相同，後來鄭玄詮解《易緯》之思想，並立作乾坤十二爻辰的觀點，但並未正確取逆順的辰位排序，也就是爻辰配位與京房和《易緯》不相同。鄭玄在乾卦六爻配位與京房和《易緯》同，而坤卦六爻則不同；朱震採取鄭玄的主張，取鄭玄之說，與律呂相結合，形成此二圖說。鄭玄之主張，來自於與其理解《易緯》有直接的關聯性，但是鄭玄並未對《易緯》作正確的詮釋，而朱震立此二圖，主要是站在鄭玄的觀點立說，既是以鄭玄之說作為基礎，就當取鄭玄的說法，但是，顯然朱震仍採京房與《易緯》的原始爻辰主張，從鄭玄的角度來看，朱震對鄭玄的認識是錯誤的；倘若回歸原始

---

44 見《京氏易傳》，卷下。引自郭彧《京氏易傳導讀》，山東：齊魯書社，2002 年 10 月第 1 版第 1 刷，頁 133。

爻辰之說，也就是回歸京房與《易緯》的說法，朱震則無所謂理解錯誤的問題，但不該將之視爲鄭玄之說。

（二）配列之差異

依據京房與《易緯》的乾坤爻辰聯結律呂之配位，其配列之內容如表 12-4-2 所示：

表 12-4-2　京房與《易緯》乾坤爻辰與律呂配置表

乾初九	坤六四	乾九二	坤六三	乾九三	坤六二	乾九四	坤初六	乾九五	坤上六	乾上九	坤六五
十一月	十二月	正月	二月	三月	四月	五月	六月	七月	八月	九月	十月
子	丑	寅	卯	辰	巳	午	未	申	酉	戌	亥
黃鍾	大呂	太簇	夾鍾	姑洗	仲呂	蕤賓	林鍾	夷則	南呂	無射	應鍾

鄭玄之配位內容，主要在於坤卦六五、坤卦上六、坤卦六二與坤卦六三，與京房與《易緯》不同，如表 12-4-3 所示：

表 12-4-3　鄭玄乾坤爻辰與律呂配置表

乾初九	坤六四	乾九二	坤六五	乾九三	坤上六	乾九四	坤初六	乾九五	坤六二	乾上九	坤六三
十一月	十二月	正月	二月	三月	四月	五月	六月	七月	八月	九月	十月
子	丑	寅	卯	辰	巳	午	未	申	酉	戌	亥
黃鍾	大呂	太簇	夾鍾	姑洗	仲呂	蕤賓	林鍾	夷則	南呂	無射	應鍾

朱震所述之二圖，在配位布列上，除了與上述二圖有所不同外，二圖本身亦存在著差異。《律呂起於冬至之氣圖》之內容如表 12-4-4 所示：

表 12-4-4　《律呂起於冬至之氣圖》乾坤爻辰與律呂配置表

乾初九	坤六四	乾九二	坤六三	乾九三	坤六二	乾九四	坤初六	乾九五	坤上六	乾上九	坤六五
十一月	十二月	正月	二月	三月	四月	五月	六月	七月	八月	九月	十月
子	丑	寅	卯	辰	巳	午	未	申	酉	戌	亥
黃鍾	大呂	太簇	夾鍾	姑洗	南呂	蕤賓	林鍾	夷則	仲呂	無射	應鍾

《十二律相生圖》之內容如表 12-4-5 所示：

表 12-4-5　《十二律相生圖》乾坤爻辰與律呂配置表

乾初九	坤六四	乾九二	坤六三	乾九三	坤六二	乾九四	坤初六	乾九五	坤上六	乾上九	坤六五
十一月	十二月	正月	二月	三月	四月	五月	六月	七月	八月	九月	十月
子	丑	寅	卯	辰	巳	午	未	申	酉	戌	亥
黃鍾	大呂	太簇	夾鍾	姑洗	仲呂	蕤賓	林鍾	夷則	南呂	無射	應鍾

　　此二圖的差異上，主要在於坤卦六二與坤卦上六，出現南呂與仲呂的不同，《律呂起於冬至之氣圖》當非朱震之本意，故爲其疏忽而致出現此般差異。若修正此圖而歸於與《十二律相生圖》同，則朱震此二圖之建構，主要是根本於京房與《易緯》；《律呂起於冬至之氣圖》除了坤卦六二爲南呂與坤卦上六爲仲呂不同於京房與《易緯》外，《十二律相生圖》則與二者相同。然而，朱震制作此二圖式，主要是從鄭玄的觀點出發，也就是以鄭玄之說爲基準，因此有關之說法，應當與鄭玄相同才是，事實上二圖與鄭玄的差異更大，故惠棟《易漢學》特別指出「宋儒朱子發《十二律圖》，六二在巳，六三在卯，六五在亥，上六在酉，是坤貞于未而左行，其誤甚矣」。[45]張惠言《周易鄭氏義》也肯定惠棟所指出的錯誤，認爲朱震的錯誤在於「朱誤以南呂在巳，以中呂在酉」，「朱誤應鍾爲夷鍾」，「朱誤夾鍾爲應鍾」。[46]已如前述，朱震對於二圖在律呂配置的本質上之錯誤，在於沒有更正鄭玄原來的錯誤，而是以原來京房與《易緯》的正確說法視爲鄭玄之說，這是述評此二圖式的必須澄清的重要概念。

---

45 見惠棟《易漢學》，卷六。引自惠棟《惠氏易學‧易漢學》，臺北：廣文書局，1981 年 8 月再版，頁 1197。

46 參見張惠言《周易鄭氏義‧略例》，臺北：新文豐出版公司大易類聚初集第 19 冊影印庚申補刊《皇清經解》本，1983 年 10 月初版，頁 260。

（三）陽律陰呂動行之規律

　　朱震圖中又強調陽律陰呂，陽律下生陰呂，陰呂上生陽律；陽律生陰呂爲自右而左的左行動向，陰呂生陽律爲自左而右的右行方向。這種陰陽律呂所形成的陰陽之聲，本於《周官》所說的陰陽之聲，即「陽聲：黃鍾、大蔟、姑洗、蕤賓、夷則、無射。陰聲：大呂、應鍾、南呂、函鍾、小呂、夾鍾」。[47]陰陽之聲由來已久，並爲漢代卦氣配律的準據。律呂陰陽之聲的生行方向，同於漢儒爻辰之說的左右分行之普遍理解；陽聲黃鍾、大蔟、姑洗、蕤賓、夷則、無射等六律，其下生皆據左旋而言，而陰聲林鍾、南呂、夾鍾、大呂、應鍾、仲呂等六呂，其上生皆據右轉而云。鄭玄曾於注解《周官》時指出，「同位者象夫妻，異位者象子母，所謂律取妻而呂生子也」。[48]黃鍾之律下生林鍾之呂，二者同在初爻之位，象夫妻而合陰陽之性，夫動而下生娶妻；林鍾上生太蔟，二者異位，以陰生陽，若以母生子的子母之象，此以呂動而上生者，合生子之義。

　　上下左右分行的概念，正反映出宇宙自然的必然性規律，也同於律呂的既定規範；陰陽的變化，自有其變化之常道，如同律呂亦有其一定的規則。律呂效法乾坤陰陽的變化，建立其有序的時空場域，並爲人倫的軌矩，此正爲推天道立人倫的重要認識。

---

47 見《周禮・春官・大師》。引自孫詒讓《周禮正義・春官・大師》，卷四十五，北京：中華書局，2000 年 3 月 1 版北京 2 刷，頁 1832。函鍾即林鍾，即六月未之陰呂。律呂的陰陽之別，孫詒讓引賈公彥疏，指出「六律爲陽，六同爲陰，兩兩相合，十二律爲六合，故云各有合也」（揭前書，頁 1834。）六律六同兩兩相合，故以「六合」稱之，律呂相合，即陰陽之相合。

48 見鄭注《周禮・春官・大師》。引自孫詒讓《周禮正義・春官・大師》，卷四十五，北京：中華書局，2000 年 3 月 1 版北京 2 刷，頁 1832。

二、《陽律陰呂合聲圖》與《十二律通五行八正之氣圖》的星體共構圖式

朱震在《陽律陰呂合聲圖》與《十二律通五行八正之氣圖》二圖式中，同時強調律呂與星體結合之觀點，因此將此二圖並列述評。

（一）《陽律陰呂合聲圖》的歲星合體結構

十二辰合十二律呂，又與十二歲星相配，朱震制作《陽律陰呂合聲圖》，透過律呂與歲星的相合，建立其具體的關係圖式。其圖式與說明如下：

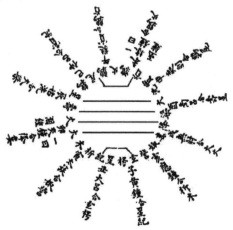

圖 12-4-3　陽律陰呂合聲圖

《周官》大師掌六律六同，以合陰陽之聲。鄭康成曰：「聲，陰陽各有合。黃鍾，子之氣也。十一月建焉，而辰在星紀。丑也。大呂，丑之氣也，十二月建焉，而辰在玄枵。子也。太簇，寅之氣也。正月建焉，而辰在娵訾。亥也。應鍾，亥之

氣也，十月建焉，而辰在析木。寅也。姑洗，辰之氣也，三
月建焉，而辰在大梁。酉也。南呂，酉之氣也，八月建焉，
而辰在壽星。卯也。蕤賓，午之氣也，五月建焉，而辰在鶉
首。未也。林鍾，未之氣也，六月建焉，而辰在鶉火。午也。
夷則，申之氣也，七月建焉，而辰在鶉尾。巳也。仲呂，巳
之氣也，四月建焉，而辰在實沈。申也。無射，戌之氣也，
九月建焉，而辰在大火。卯也。夾鍾，卯之氣也，二月建焉，
而辰在降婁。與建交錯貿處，如表裏然，是其合也。[49]

朱震舉《周官》說明大師掌六律六同，以合律呂所呈現的陰陽之
聲，強調律呂之聲皆以其陰陽各有合，並爲周朝時期的普遍規範。
同時，進一步以鄭玄之釋說，闡明律呂配辰並與歲星相合，也爲
漢代慣常的主張。律呂與十二辰相配，將天體運行變化後的時序
分列爲十二月，爲斗建十二月，具體而言，即以北斗星的斗建方
向進行確立，當斗柄指向正北時爲子，順轉三十度爲丑，再而爲
寅，以此類推，並取十二歲星以代之。此種時空概念的轉化，亦
即陰陽之變所產生的不同之時節變化，與音聲相合，律呂音聲之
理，以其長度不同而有別，象天體高度之差異而有時節之不同，
藉以會合律呂與十二辰的時序關係。

日月之會構成十二辰的不同時序，於人文與律呂相合，於天
上則聯結出十二歲星，依朱震引鄭玄之說，其合歲星之情形爲：

表 12-4-6　律呂與歲星配置表

黃鍾	大呂	太簇	夾鍾	姑洗	仲呂	蕤賓	林鍾	夷則	南呂	無射	應鍾
子	丑	寅	卯	辰	巳	午	未	申	酉	戌	亥
十一月	十二月	正月	二月	三月	四月	五月	六月	七月	八月	九月	十月
星紀	玄枵	娵訾	降婁	大梁	實沈	鶉首	鶉火	鶉尾	壽星	大火	析木

---

49 圖式與說明，見朱震《漢上卦圖》，卷中，頁 330。

仲冬之時，斗建在子辰，爲黃鍾之律應，日月會於星紀；季冬之時，斗建在丑辰，爲大呂之律應，日月會於玄枵；孟春之時，斗建在寅辰，爲大蔟之律應，日月會於娵訾；仲春之時，斗建在卯辰，爲夾鍾之律應，日月會於降婁；季春之時，斗建在辰辰，爲姑洗之律應，日月會於大梁；孟夏之時，斗建在巳辰，爲中呂之律應，日月會於實沈；仲夏之時，斗建在午辰，爲蕤賓之律應，日月會於鶉首；季夏之時，斗建在未辰，爲林鍾之律應，日月會於鶉火；孟秋之時，斗建在申辰，爲夷則之律應，日月會於鶉尾；仲秋之時，斗建在酉辰，爲南呂之律應，日月會於壽星；季秋之時，斗建在戌辰，爲無射之律應，日月會於大火；孟冬之時，斗建在亥辰，爲應鍾之律應，日月會於析木。

朱震以鄭玄指出十二辰之「與建交錯貿處，如表裏然」，並作小注認爲當黃鍾十一月之時，斗建在子，而日躔在丑次，同樣的，大呂十二月之時，斗建在丑，而日躔在子次，其它諸律亦兩兩相合，「是辰與建相與交錯而貿易迭處，如表裏然」，亦即所謂相合之義。[50]

（二）《十二律通五行八正之氣圖》的二十四宿與八風合體結構

朱震以十二律呂聯結二十八星宿與八風，制作《十二律通五行八正之氣圖》，其圖式與說明如下：

---

50 參見《周禮·春官·大師》，孫詒讓之疏解。參見孫詒讓《周禮正義·春官·大師》，卷四十五，頁 1836。

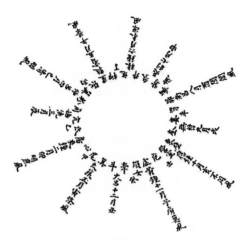

圖 12-4-4　十二律通五行八正之氣圖

司馬遷《律書》論律歷，天所以通五行八正之氣，其略曰：
不周風居西北，東壁居不周風東，至於營室，至於危，十
月也；律中應鍾，其於十二子為亥。廣莫風居北方，東至
於虛，東至於須女，十一月也；律中黃鍾，其於十二子為
子，其於十母為壬癸。十日為母，則十二辰為子；十日為幹，則十二辰為
夫。東至牽牛，東至於建星，建星六星，在南斗北。十二月也，律
中大呂。條風居東北，南至於箕，正月也；律中太簇，其
於十二子為寅，南至於尾。南至於心，南至於房，明庶風
居東方，二月也；律呂夾鍾，其於十二子為卯，其於十母
為甲乙。南至於氐，南至於亢，南至於角，三月也；律中
姑洗，其於十二子為辰。清明風居東南，維西之軫，西至
於翼，四月也；律中仲呂，其於十二子為巳。西至於七星，
西至於張，西至于注，柳八星一曰天相，一曰天庫，一曰注。五月也。律
中蕤賓，景風居南方，其於十二子為午，其於十母為丙丁。
西至於弧，參罰東有大星曰狼，下有四星曰弧。涼風居西南維，六月

也；律中林鍾，其於十二子為未。北至于罰，參爲白虎三星，貞是也，爲衡石，下有三星，兌曰罰。北至于參，七月也。律中夷則，其於十二子為申，北至于濁，北至于留，律呂南呂，其於十二子為酉。閶闔風居西方，其於十母為庚辛。北至於胃，北至於婁，北至於奎，徐廣曰：「一作圭。」九月也。律中無射，其於十二子為戌。太史公所論，即《乾鑿度》所謂五音六律，七變由此而作。故大衍之數五十，七變言七宿，四七二十八而周天，甲乙丙丁庚辛壬癸四方，而戊己當軒轅之宮。京房論大衍五十，謂十日十二辰二十八宿為五十，其一不用者，天之生氣。鄭康成謂天地之數五十有五，以五行氣通，凡五行減五，大衍又減一，其說皆本於此。[51]

朱震引司馬遷（西元前 145-前 86 年）《律書》所言，強調天道通五行八正之氣，並與時節、律呂與星宿相配。其八正之氣，即分佈八方八風，也就是八風本身爲氣化的型態，是陰陽氣化在不同時空下所形成的八種不同的類型。提到不周風居西北之位，正是北方玄武七宿之處位，其中最接近西方的壁宿居不周風之東，周圍聯結室宿與危宿，正十月亥辰，其律爲應鍾。接著十一月子時爲廣莫風，虛宿正處其位，律中黃鍾。繼續向東，十二月丑辰，律中大呂，牽、斗二宿處其位，南斗之北亦見建星。接著條風居東北之位，爲正月寅辰，東方蒼龍七宿中之箕、尾二宿居其位，亦律呂太簇之位。蒼龍之宿六、房之宿，爲二月卯辰，適明庶風居東之位，其律爲夾鍾。三月辰辰，律爲姑洗，氐、亢、角等東方之宿處其位。接著東南之位爲清明風，南方朱雀之軫、翼二宿居其位，其律仲呂，爲四月巳辰。接著西至南方朱雀之張、星、

---

51 圖式與說明，見朱震《漢上卦圖》，卷中，頁 333-334。

柳等宿,適景風之位,其律蕤賓,爲五月午辰。西至朱雀七宿的鬼、井之宿,其中亦有弧星,適涼風之位,其律林鍾,值六月未辰。接著北至西方白虎七宿參、觜之宿,其律夷則,爲七月申辰。接著至白虎七宿畢、昴之宿,亦濁、留之星,適閶闔風處西之位,其律南呂,值八月酉辰。接著至白虎之胃、婁、奎等宿,其律無射,爲九月戌辰。朱震認爲司馬遷以此而定爲周天,除了二十八星宿與之配位外,又加入十天干,其中甲乙居東方,五行屬木;丙丁居南方,五行屬火;庚辛居西方,五行屬金;壬癸居北方,五行屬水,戊己居軒轅中宮。這種說法合於《乾鑿度》的五音六律之說,並合四方二十八星宿,進而申說漢儒的大衍數論。其中特別指出京房以十日(即十天干所表徵者)合十二辰與二十八宿爲五十,並以其一不用,作爲天之生生之氣,一切存在的運化之源。事實上,的確京房特別重視二十八宿的運用,《京氏易傳》中可以看到京房將六十四卦納入二十八宿的運程,以每一卦納一宿,依序循環納配八宮六十四卦,並以之成爲占筮與論釋陰陽災異的內容。又舉鄭玄言天地之數的五十五數,以五行氣通而減五,又合大衍之數;二十八宿在鄭玄《易》說中,亦可見其以乾坤十二爻辰值二十八宿的具體作爲,同時也結合律呂與節氣立說。朱震認爲漢儒諸家的說法,都與《十二律通五行八正之氣圖》中的諸元素有密切關係。

　　八風之說,早在《周官》即有「十二風」的主張,歷來學者多以八風合十二月而言,並合八卦、律呂進行申述,表現爲漢代思想的主流觀點,如宋代易祓(西元?年)的《周官總義》即明白的指出:

> 艮爲條風,從大呂、大蔟之律。震爲明庶風,從圜鍾之律。
> 巽爲清明風,從姑洗、中呂之律。離爲景風,從蕤賓之律。

> 坤為涼風，從函鍾、夷則之律。兌為閶闔風，從南呂之律。
> 乾為不周風，從無射、應鍾之律。坎為廣莫風，從黃鍾之
> 律。[52]

明代孫瑴（西元？年）的《古微書》中收錄《春秋考異郵》也提
到：

> 八卦主八風，距同各四十五日，艮為條風，震為明庶風，
> 巽為清明風，離為景風，坤為涼風，兌為閶闔風，乾為不
> 周風，坎為廣莫風。[53]

八風周一歲，每風各主四十五日，自冬至後四十五日至立春之時，
為艮卦所配之條風；春分之後四十五日，為震卦所配之明庶風；
立夏之後四十五日，為巽卦所配之清明風；夏至之後四十五日，
為離卦所配之景風；立秋之候四十五日，為坤卦所配之涼風；秋
分之候四十五日，為兌卦所配之閶闔風；立冬之候四十五日，為
乾卦所配之不周風；冬至之候四十五日，為坎卦所配之廣莫風。
八卦配八風，分立於八方之位，此八卦配位為傳統四正四門之位。
這種觀點在《易緯》中處處可以看到，如《乾元序制記》中以四
正卦配二十四節氣與八風，云：

> 坎，初六冬至，廣莫風；九二小寒；九三大寒；六四立春，
> 條風；九五雨水；上六驚蟄。震，初九春分，明庶風；六
> 二清明；六三穀雨；九四立夏，溫風；六五小滿；上六芒
> 種。離，初九夏至，景風；六二小暑；九三大暑；九四立
> 秋涼風至；六五處暑；上九白露。兌，初九秋分，閶闔風，

---

52 見易祓《周官總義》，卷十六，臺北：臺灣商務印書館景印文淵閣四庫全
　　書本第 92 冊，1986 年 3 月初版，頁 474。
53 見孫瑴《古微書》，卷十，臺北：臺灣商務印書館景印文淵閣四庫全書本
　　第 194 冊，1986 年 3 月初版，頁 882。

> 霜下；九二寒露；六三霜降；九四立冬，始冰，不周風；
> 九五小雪；上六大雪也。[54]

以四正配八風，始於坎卦初六冬至之時，所配爲廣莫風；坎卦六四立春爲條風；震卦初九春分爲明庶風；震卦九四立夏爲溫風；離卦初九夏至爲景風；離卦九四立秋爲涼風；兌卦初九春分爲閶闔風；兌卦九四立多爲不周風。《易緯稽覽圖》加入公侯二十四卦及月分，以坎卦初六爲中孚卦（公），值冬至十一月中爲廣漠風；坎卦六四爲小過卦（侯），值立春正月節爲條風；震卦初九爲解卦（公），值春分二月中爲明庶風；震卦九四爲旅卦（侯），值立夏四月節爲溫風；離卦初九爲咸卦（公），值夏至五月中爲凱風；離卦九四爲恆卦（侯），值立秋七月節爲涼風；兌卦初九爲賁卦（公），值秋分八月中爲閶闔風；兌卦九四爲艮卦（侯），值立多十月節爲不周風。[55]朱震此一圖式，在八風配卦的意義上，正爲漢代的普遍思想，而《易緯》正是在此當中的重要代表。

三、《六十律相生圖》之圖式內涵

朱震以聲律相合爲六十，並與六十卦相配，構制《六十律相生圖》，其圖式與說明如下：

---

54 見《易緯乾元序制記》。引自鍾謙鈞《古經解彙函》，日本：京都市影印自武英殿聚珍版，1998 年初版，頁 554。

55 見《易緯稽覽圖》，卷下。引自《古經解彙函》，頁 523-524。《稽覽圖》所述二十四卦月節、八風，於震九四與兌九四各脫漏「溫風」與「不周風」；另坎九五雨水「正月節」、上六驚蟄「三月節」、兌上六大雪「十月節」，當係傳抄錯誤，今改正爲「正月中」、「二月節」與「十一月節」。《稽覽圖》以離卦初九夏至作「凱風」，與《乾元序制記》作「景風」不同。

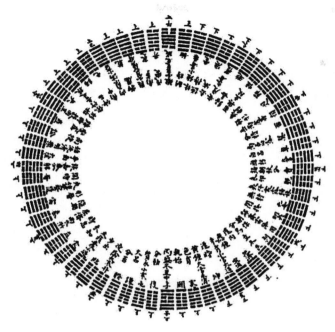

圖 12-4-5　六十律相生圖

《太玄》曰：「聲生日，律生辰。」《乾鑿度》曰：「日十者，五音也；辰十二者，六律也；星二十八者，七宿也。凡五十所以閡物而出之者。」鄭康成曰：「甲乙角也，丙丁徵也，戊已宮也，庚辛商也，壬癸羽也。六律益六呂，十二辰，四七二十八而周天。」觀康成所論五音，本於日，十二律生於辰，其學源於《太玄》。而子雲則觀大衍之數五十而知之。夫卦有十二消息，升降於前後，五日而成六十卦。律有十一，一律舍五聲；五聲之變成六十律。冬至之卦復也，其實起於中孚「七日而後復」。應冬至之律，黃鍾也，其實生於執始，而執始乃在冬至之前，此律歷之元也。唯子雲知之。今北辰不動，紐為天樞，而不動之處，

　　其實在紐星之末一度有餘。非善觀天者，孰能知之哉？[56]
朱震以《太玄》之言，指出五聲生日，十二律生辰。《乾鑿度》
一旬十日，以五音配說，十二辰與六律並言，而二十八星為七宿，
相總合為五十，即大衍之數。鄭玄以十天干為十日，與五音相配，
十二律呂並合十二辰，這些說法，都源自揚雄，其五十之數，亦
揚雄觀大衍之數所得者。十二律與五聲相合，「一律舍五聲」，
則五聲合為六十律。「六十」之數，合陰陽之數，老陽（三十六）
與老陰（二十四）合為六十，少陽（二十八）與少陰（三十二）
亦合為六十，四正卦之外的六十卦，又同合其數。《六十律相生
圖》即以六十律與六十卦相配，建構出歲成一周的循環系統。

　　朱震同時指出六十律合六十卦，自黃鍾為開端，即中孚卦之
時，亦多至之時。但當真正的蕤始於多至之前，則在天體為紐星
之末的一度有餘之處。朱震並言「六十律六十卦，自黃鍾左行，
至于制時為上生，自林鍾至于遲時為下生」。[57]天體左行，則始
自黃鍾為左行，並承上生之序，即黃鍾大雪未濟卦之時，至制時
姤卦之時，皆陽律之上生；自林鍾小暑鼎卦之時，至遲時坤卦為
終止之時，皆陰呂之下生。朱震此上生與下生之說，似乎不符合
陽律下生、陰呂上生之說。這種六十律之思想，為漢代易學家的
普遍認識，並以茲配用於《易》卦之中，《後漢書・律歷志》即
明白的指出京房受焦延壽之法，知六律五音之數，而作六十律相
生之法，強調「陽下生陰，陰上生陽，終於中呂」，而「中呂上
生蕤始，蕤始下生去滅，上下相生，終於南事，六十律畢矣」。[58]

56　圖式與說明，見朱震《漢上卦圖》，卷中，頁 332-333。文中朱震云「律
　　有十一」，當作「律有十二」，疑當抄錄之誤。
57　見朱震《漢上卦圖》，卷中，頁 332。
58　見司馬彪《後漢書・律歷上》，志第一，北京：中華書局，1997 年 11 月
　　1 版 1 刷，頁 3000。根據《後漢書・律歷上》所載，六十律起於黃鍾（下

這種六十律合卦之說，仍歸本於陰陽的運化，誠如劉昭所言，「陰陽之施化，萬物之終始，既類旅於律呂，又經歷於日辰，而變化之情則可見矣」。[59]六十律的變化，即展現陰陽的變化，效之以物類，和之以律氣，知其精微之變，見其幽隱之情，作爲自然變化的律準。

第五節　天文圖式

朱震易圖大多展現出漢代易學家的易學觀，並多有涉及天文與律歷的內容；在易學的思想範疇中，往往聯結天文、歷法與律呂的知識，成爲漢代易學的重要特色之一。已如前述諸說，不論

生林鍾），依序爲色育（下生謙待）、執始（下生去滅）、丙盛（下生安度）、分動（下生歸嘉）、質末（下生否與）、大呂（下生夷則）、分否（下生解形）、凌陰（下生去南）、少出（下生分積）、太蔟（下生南呂）、未知（下生白呂）、時息（下生結躬）、屈齊（下生歸期）、隨期（下生未卯）、形晉（下生夷汁）、夾鍾（下生無射）、開時（下生閉掩）、族嘉（下生鄰齊）、爭南（下生期保）、姑洗（下生應鍾）、南授（下生分烏）、變虞（下生遲內）、路時（下生未育）、形始（下生遲時）、依行（上生色育）、中呂（上生執始）、南中（上生丙盛）、內負（上生分動）、物應（上生質末）、蕤賓（上生大呂）、南事（不生）、盛變（上生分否）、離宮（上生凌陰）、制時（上生少出）、林鍾（上生太蔟）、謙待（上生未知）、去滅（上生時息）、安度（上生屈齊）、歸嘉（上生隨期）、否與（上生形晉）、夷則（上生夾鍾）、解形（上生開時）、去南（上生族嘉）、分積（上生爭南）、南呂（上生姑洗）、白呂（上生南授）、結躬（上生變虞）、歸期（上生路時）、未卯（上生形始）、夷汁（上生依行）、無射（上生中呂）、閉掩（上生南中）、鄰齊（上生丙負）、期保（上生物應）、應鍾（上生蕤賓）、分烏（上生南事）、遲內（上生盛變）、未育（上生離宮）、遲時（上生制時）。（揭前書，頁 3002-3014。）其上生下生，乃本「陽下生陰，陰上生陽」之法。此上下之生，與朱震圖式所見不同。

59 見梁朝劉昭注《後漢書・律曆上》之言。見司馬彪《後漢書・律曆上》，志第一，頁 3002。

在卦氣或律呂的議題，皆不免涉及天文的觀點，如《太玄準易圖》、《陽律陰呂合聲圖》、《十二律通五行八正之氣圖》等圖式，也都融攝著天文的思想主張。這裡特別以天文的認識為主體，揀選包括《天文圖》、《斗建乾坤終始圖》、《日行十二位圖》、《日行二十八舍圖》、《北辰左行圖》等幾個圖式進行說明。

一、《天文圖》

朱震引虞翻（西元 164-233 年）與王弼（西元 226-249 年）的說法，強調易學天文圖式的概念，指出「虞氏曰：離、艮為星，離日坎月。王輔嗣曰：剛柔交錯，天之文也」。[60]認為易學的天文圖式，所涉者即星體與陰陽剛柔的交錯運化，星體的布列與變化，即陰陽的變化。朱震以賁卦為出發點，制作《天文圖》，其圖式與說明如下：

圖 12-5-1　天文圖

---

60 見朱震《漢上卦圖》，卷中，頁 335。

徐氏云「天文也」，上脫「剛柔交錯」四字。故《象》總
而釋之：「剛柔交錯，天文也；文明以止，人文也。」王
昭素、胡安定皆用此義。石徂徠不然之，曰：「《象》『解
亨小利，有攸往』，中間更無異文，即言天文者。言剛柔
也者，天之文也，天之文即剛柔二義也。二氣交錯成天之
文，柔來文剛，分剛上而文柔者，天文也。」臣曰：日為
陽，月為陰；歲熒惑鎮為陽，太白辰為陰；斗魁為陽，尾
為陰；天南為陽，北為陰；東為陽，西為陰。日月東行，
天西轉日，自牽牛至東井，分剛上而文柔也。月自角至壁，
柔來而文剛也。五星東行，有遲有速，北斗西行，昏明迭
建，二十八宿分配五行，各有陰陽，四時隱見，至於中外
之宮，無名之星，河漢之精，皆發乎陰陽者也。則二氣交
錯成天之文，信矣！[61]

朱震不斷強調「剛柔交錯」而為「天文」，天之文即陰陽二氣的
剛柔交錯所產生的實質現象，申言所謂「以天文言之，無非剛柔
交錯，陰陽之精在地，象物成列，光耀離合，皆剛柔也」。[62]天
文的布列，以及各種天文景象，都是陰陽變化的結果；一切的存
在都是陰陽變化所形成，天文即是陰陽變化的結果，由陰陽之卦
與天文星象所共構的時空圖式，展現出宇宙自然存在的意義，具
有時間與空間的具體存在之意義。因此，「聖人觀乎天文，則知
剛柔有常矣。故南面而立，視昏旦之星，日月之次，以知四時寒
暑之變」。[63]日月星體的空間變化，直接表現出四時節氣的不同，
有其恆常之律則，而為人倫之準據。

---

61 圖式與說明，見朱震《漢上卦圖》，卷中，頁335。
62 見朱震《漢上易傳》，卷三，頁83。
63 見朱震《漢上易傳》，卷三，頁84。

　　朱震認爲星體與方位，皆爲陰陽之屬，皆可以陰陽來概括，所以日爲陽、月爲陰；緯星歲熒惑鎮之動者爲陽、太白辰星爲陰；北方玄武宿之斗宿爲陽，而相隔的東方蒼龍宿箕宿之後的尾宿則爲陰；天之南在離爲日則爲陽，天之北在坎爲月則爲陰；在東爲震爲春則爲陽，在西爲兌秋爲則爲陰；星體的天文布列，即陰陽變化、剛柔交錯的結果。

　　朱震強調二十八星宿的四方周圍分布，即陰陽二交錯變化的結果，以茲推定一年的時間變化，這樣的認識，早在《周禮》、《月令》、《爾雅》、《史記・律書》乃至《淮南子・天文訓》中已有詳述。[64]在圖式結構中，以八卦配二十八宿，這種以卦配宿之說，爲漢儒所慣用，京房即以八宮六十四卦，聯結干支，以範圍黃道之運行順序，作爲其占筮與解說陰陽災異之重要思想。[65]朱震以四正四隅之八卦分屬八方，其圖式方位即漢儒傳統的八卦方位，也就是宋代學者所言之文王後天八卦方位；八卦的時位，即二十八宿的處位，坎北多至之時，爲虛宿之位；離南夏至之時，

---

64 二十八星宿，東方蒼龍七宿：角、亢、氐、房、心、尾、箕；北方玄武七宿：斗、牛、女、虛、危、室、壁；西方白虎七宿：奎、婁、胃、昴、畢、觜、參；南方朱雀七宿：井、鬼、柳、星、張、翼、軫。二十八宿早在三代即有以之定四時之正，如《尚書・堯典》云：「日中星鳥，以殷仲春；日永星火，以正仲夏；宵中星虛，以殷仲秋；日短星昴，以正仲冬。」以黃昏時洛陽日落後一刻所見鳥星（星宿）在正南方，即仲春之時。大火即心宿，在正南方仲夏之時。虛宿爲仲秋之時，昴宿爲仲冬之時。又《周禮・春官》指出馮相氏掌「二十有八星之位」，而〈秋官〉亦有「二十有八星之號」的說法。《月令》的星宿記載，無箕、昴、鬼、張四宿，但另有弧星，並將斗稱作建星。《爾雅・釋天》有十七宿，缺女、危、胃、觜、參、井、鬼、星、張、翼、軫等宿。到了《史記・律書》、〈天官書〉，以及《淮南子・天文訓》時，二十八宿真正完備。可見二十八星宿之用，由來已久。

65 京房之有關思想，參見拙著《惠棟易學研究》，臺北：花木蘭文化出版社，2009 年 9 月初版，頁 190-194。

即星宿之位；震東春分之時，即房宿之位；兌西秋分之時，即昴宿之位。八卦配位列宿，所呈現的天文觀，正是漢《易》特色的再現。

二、《斗建乾坤終始圖》

朱震引革卦《彖傳》云「天地革而四時成」，進行申明《斗建乾坤終始圖》，其圖式如下：[66]

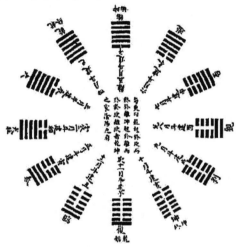

圖 12-5-2　斗建乾坤終始圖

此圖式以四正卦合四方與四時，並配乾坤消息之十二消息卦，藉以說明一年之變化。此圖式的時序觀，其根本即展現天文的觀念，以天體北斗為基準，日行黃道而確立寒暑之變、時序之化，如同日月之運化，亦同乾坤陰陽之消長，陽升為燠暑，陰生而為涼寒，晝夜長短，翕張消息，萬物也隨之生成變化。

朱震引用荀爽之說，認為「乾起於坎而終於離，坤起於離而

66 括弧引文與圖式，見朱震《漢上卦圖》，卷中，頁 336。

終於坎。坎離者，乾坤之家，陰陽之府」。[67]乾坤陰陽的消息變化，乾陽一陽復卦始生，即坎卦之時，行至離卦南方之時，正是陽極入陰的姤卦之位，故乾陽起於坎而終於離；坤陰一陰姤卦始生，即離卦之時，行至坎卦北方之時，正是陰極入陽的復卦之位，故坤陰起於離而終於坎。坎月離日，正是陰陽變化的主體，也是變化的核心，所以是乾坤陰陽之駐所，也是子午分行的指標、一切變化的基準。

陰陽的變化，四時的推移，正是星體運動的結果，消息的演化布列，也為天文的作用。因此，朱震在解釋革卦時，特別從天文的觀點進行論釋，指出「水火相會，其氣必革」。「日，火也。月，水也。多至日起牽牛一度，右行而十二次盡」。「牽牛者，星紀也，水之位也。日月交會於此，澤中有火之象也」。[68]日月交會於牽牛之一度，即多至之時，以此日月的交會變化，確立星體之位，並推定一年的時序；乾坤的陰陽消息，序列四時十二辰，即日月之運動與十二星體之定位。

三、《日行十二位圖》與《日行二十八舍圖》

在朱震有關的圖式中，與太陽運動有關的具體圖式，主要有《日行十二位圖》與《日行二十八舍圖》二圖。

（一）《日行十二位圖》

太陽與地球關係最為密切，以地球為主體的一切存在，離不開太陽這個生息相關的星體。太陽處位之不同，形成的時空意義便不同。朱震制作《日行十二位圖》，標示出太陽運行的不同位

---

67 荀爽之言，見此一圖式核心之文。
68 見朱震《漢上易傳》，卷五，頁170。

置之意義。其圖式與說明如下：

圖 12-5-3　日行十二位圖

楚丘曰：「明夷，日也，日之數十，故有十時，亦當十位。
自王已下，其二為公，其三為卿。日上其中，食日為二，
旦日為三。」杜預曰：「日中當王，食時當公，平旦為卿，
雞鳴為士，夜半為皁，人定為輿，黃昏為隸，日入為僚，
晡時為僕，日昳為臺。隅中日出，闕不在第，尊王公也。」
夫日右行，經天成十二位。子者，乾之始也，而終於巳；
午者，坤之始也，而終於亥。故曰「大明終始，六位時成」。
卜楚丘所推十日，蓋如一月。五卦辟，卦當五：以初為諸
侯，二為大夫，三為卿，四為公也。又卦有六位：一元士、
二大夫、三諸侯、四卿、五天子、六宗廟。《易》之用於
卜筮，其術多矣。[69]

_____

69 圖式與說明，見朱震《漢上卦圖》，卷中，頁 337。

朱震以《左傳·昭五年》的記載，「穆子之生也，莊叔以《周易》筮之，遇明夷䷣之謙䷎，以示卜楚丘」。[70]穆子出生之後，其父莊叔筮得遇明夷之謙，以之請示卜官楚丘，楚丘進一步解釋明夷卦之義，認為明夷卦為離下坤上，下離為火為日；古人以日之繞地球運轉（實際上為地球繞太陽轉動），其一周一晝夜有十時亦即十位之別，以十干由甲至癸稱之。乾之始由子為開端，並終於巳；坤之始由午為開端，並終於亥。子時為「夜半」之位，又有「夜中」之名；丑時為「雞鳴」之位，又稱「夜鄉晨」或「雞初鳴」；寅時為「平旦」之位；卯時為「日出」之位，又稱「見日」或「質明」；辰時為「食時」之位；巳時為「隅中」之位；午時為「中王」之位；未時為「日昳」之位；申時為「晡時」之位，酉時為「日入」之位，或稱「日旰」；戌時為「黃昏」之位；亥時為「人定」之位。十位賦予爵稱，引杜預之注，認為日中當王，在於以其陽盛之故，其二食時當公，其三平旦為卿，其四雞鳴為士，然後依次為皂、輿、隸、僚、僕、臺等不同之人位。根據元代梁益《詩傳旁通》指出「人有十等」，即「王臣公，公臣大夫，大夫臣士，士臣皂，皂臣輿，輿臣隸、隸臣僚、僚臣僕、僕臣臺」。[71]春秋之時，人有不同的十等位階，與太陽運行處位相擬；太陽運行位置之不同，賦予不同的十等，以天體之行以比擬人事之位。這種爵等分別之不同，朱震認為同於辟卦的五等之別，亦如卦位六等之異。

　　日體之變化，同於氣化之消長，有其一定的軌距與規律，以

70　見左丘明《春秋左傳·昭五年》。引自楊伯峻編著《春秋左傳注·昭公五年》，臺北：復文圖書出版社，1991年9月再版，頁

71　見梁益《詩傳旁通》，卷十一，臺北：臺灣商務印書館景印文淵閣四庫全書本第76冊，1986年3月初版，頁931。

之附於人事，分別身份等次，正爲窮天道以明人事之理。日行十二位，古人認爲即太陽一日的運動狀態，也就是地球繞太陽自轉的情形，不同的時間點所呈現的不同之星體景象。

（二）《日行二十八舍圖》

日體除了有一日的不同運動變化外，又有周期一年的推演，朱震的《日行二十八舍圖》，對日行大周天的概念，亦即地球繞太陽公轉一周的狀態，由作了具體的表述：

圖 12-5-4　日行二十八舍圖

斗左行建十二次，日右行周二十八舍，則乾坤終而復始。子、寅、辰、午、申、戌陽也，乾之六位；未、巳、卯、丑、亥、酉陰也，坤之六位。位之升降，不違其時，故曰「大明終始，六位時成」。《太玄》之序曰：「盛哉日乎！炳明離章，五色淳光，夜則測陰，晝則測陽，晝夜之測，或否或臧，陽推五福以類升，陰幽六極以類降，升降相關，

大貞乃通。經則有南有北，緯則有西有東，巡承六甲，與
斗相逢，歷以記歲，而百穀時雍。所謂晝夜升降，經緯六
甲，則大明終始，六位時成也。」甲子、甲寅、甲辰、甲
午、甲申、甲戌，謂之六甲。大貞，乃通者亨也。《太玄》
明歷，故舉六甲。[72]

歲星斗建十二次爲左行，而日周二十八宿爲右行。日行二十八宿，
乃古人間接參酌月球在天空的位置，來推定太陽的位置而設立，
也就是從太陽在二十八宿中的位置，即可確定一年的季節。[73]朱
震此一圖說，無法見其詳細內容，顯然僅就太陽的視運動而立說。
圖式的中心位置，引用劉昭之言，認爲「日行北陸謂之冬，西陸
謂之春，南陸謂之夏，東陸謂之秋」。日行四方之位，確立四時
之演變。其日行於東屬秋季之時，而日行於西屬春季之時，不符
合日體運動的實際節氣變化之認識；日行東方當爲春天之時，日
行西方則爲秋季。

從斗建十二次到日行二十八宿，朱震進而指說「乾坤終而復
始」，強調一切的自然現象，以及所確立的星體處位之情形，皆
爲宇宙自然陰陽運化之必然，且這種運化有其一定的消息與周而
復始的循環規律，同於乾坤陰陽六位，有其不變的處位狀態，正

---

72 圖式與說明，見朱震《漢上卦圖》，卷中，頁 338。
73 參見陳遵嬀《中國天文學史》（第二冊），臺北：明文書局，1985 年 5 月
初版，頁 52。二十八宿非僅以太陽作爲天體定位的準據，古人亦以月體
作爲參照，如《呂氏春秋・圜道》云：「月躔二十八宿，軫與角屬，圜道
也。」又王充《論衡・談天》亦云：「二十八宿爲日月舍，猶地有郵亭，
爲長吏廨矣。」二十八宿的劃分，歷來有言沿赤道劃分，亦有認爲沿黃
道劃分者，漢代時期以黃道渾儀進行訂定坐標，而二十八宿的實際位置，
大都接近於赤道，也形成主張是一種赤道分區的體系之說法。二十八宿
的劃分，是經過長期的修正與演變的過程，不論是以黃道或赤道進行劃
分，其主體仍在於太陽的位置。

與日行二十八宿相通，故《易傳》所謂「大明終始，六位時成」之大義即在於此。

　　此一圖式同時強調天文星體的處位，直接對應節氣的變化，所以二十四節氣與二十八宿相配。同時，乾坤十二爻辰，可以配列十二歲次，也可與二十四節氣相合，如此天文歷法與卦爻共構一體。

　　圖式配位的情形，與《漢書·律歷志》所載有異：《漢書》所見，星紀建丑，正爲牽牛之初的多至之時，其初爲斗十二度大雪之時，其終婺女七度。但是，《日行二十八舍圖》圖式中，卻爲虛宿、冬至日在斗二十一度。《漢書》以降婁在戌，其初爲奎五度雨水之時，其中爲婁四度春分之時，其終爲胃六度。但是，《日行二十八舍圖》圖式中，卻爲昴宿、春分日在奎四度。《漢書》以鶉首在未，其初爲井十六度芒種之時，其中爲並三十一度夏至之時，其終於張十七度。但是《日行二十八舍圖》圖式中，卻爲星宿、夏至日在井十五度。《漢書》以壽星在辰，其初爲軫十二度白露之時，其中爲角十度秋分之時，其終於氐四度。但是，《日行二十八舍圖》圖式中，卻以房宿、秋分日在角五度。《日行二十八舍圖》的其它配位亦與《漢書》所見有異。[74]朱震於此，並未述明所見爲何，在配用上並沒有詳加說明。

74　《漢書·律歷志》於玄枵在子，初爲婺女八度小寒之時，中爲危初大寒之時，終於危十五度。鶉火在午，初爲柳九度小暑之時，中爲張三度大暑之時，終於張十七度。娵訾在亥，初爲危十六度立春之時，中爲營室十四度驚蟄之時，終於奎四度。大梁在酉，初爲胃七度穀雨之時，中爲昴八度清明之時，終於畢十一度。大火在卯，初爲氐五度寒露之時，中爲房五度霜降之時，終於尾九度。實沈在申，初爲畢十二度立夏之時，中爲井初小滿之時，終於井十五度。析木在寅，初爲尾十度立冬之時，中爲箕七度小雪之時，終於斗十一度。對照《日行二十八舍圖》，則所配有所差異。

另外，朱震又以揚雄《太玄》六甲之說，行干支之相配，用以歷時紀歲，同樣採取一些諸元與天文星體結合，說明自然的時空演化，以及所構成的不變之律則。屬於漢代的易學系統裡，這些豐富的元素運用，成爲標誌當時象數易學的重要特色，這個部份，朱震用圖式呈現的方式，將之凸顯出來。

四、《北辰左行圖》

朱震強調「九宮數即卦數」，制作《北辰左行圖》，主體結構爲九宮數的結構，其圖式與內容如下：

圖 12-5-5　北辰左行圖

九宮數者，《乾鑿度》曰：「太一取其數從行九宮，四正四維，皆於十五。」鄭康成曰：「太一，北辰之神也，居其所曰太常，行於八卦日辰之間曰太一。」或曰：太一出入所由，息紫宮之外，其星因以為名。太一下行九宮，猶天子巡狩省方之事，每四乃還於中央。中央者，天地之所。太一以陽出以陰入，陽起於子，陰起於午，是以太一下行

九宮，從坎始。坎，中男也。自此而從於坤宮，坤母也。
又自此而從於震宮，震長男也。又自此而從於巽宮，巽長
女也。所行半矣，還自息於中央。既又自此而從乾宮，乾
父也。自此而從兌宮，兌少女也。又自此而從於艮宮，艮
少男也。又自此而從於離宮，離中女也。行則周於上下，
所由息於太一。天一之星，而紫宮始於坎，終於離，且出
從中男，入從中女，亦因陰陽男女之偶為終始云。臣曰：
所謂太一取其數從行，九宮者，七、九、六、八之數也。
一與八為九，一與六為七；三與四為七，七與二為九，陽
變七為九，陰變八之六，七與八為十五，九與六為十五，
故曰「四正四維，皆於十五」。[75]

「太一」或秦漢以來普遍稱說的「大一」、「泰一」或「天一」，
從星體而言，即為北辰之主星，或視為天神或主氣之神，從戰國
以來，不論是儒家、法家、道家、陰陽家或星占家，從具體的星
體物象，到視之為總攬宇宙萬物的元神，甚至代表不易、不偏的
最高原則性的「道」，或宇宙本源的概念。[76]這種從星體到天神
的概念，《史記》中多有記載，例如《史記・樂書》云「漢家常
以正月上辛祠太一甘泉」，「復次以《太一之歌》，歌曲曰：太
一貢兮天馬下」。《史記・天官書》亦云「中宮天極星，其一明
者，太一常居也」。《史記・封禪書》所云者又多，如「天神貴
者太一，太一佐曰五帝」。其它如《漢書》不論在〈禮樂志〉或
〈郊祀志〉，亦多有記載。「太一」作為北辰之主星，為漢代天
文學的普遍認識，《易緯》並聯結「數」的概念，以「太一取其

---

75 圖式與說明，見朱震《漢上卦圖》，卷中，頁 339
76 參見饒宗頤〈帛書《繫辭傳》「大恒」說〉。引自陳鼓應主編《道家文化
　　研究》，第三輯，上海：上海古籍出版社，1993 年 8 月 1 版 1 刷，頁 17。

數從行九宮」，並特別強調「太一取七、八、九、六之數，以行
九宮」，藉以應和《易傳》「一陰一陽之謂道」的觀點，以及筮
法用數的主張，作了明確的闡釋，指出「陽動而進，陰動而退，
故陽以七、陰以八爲象。易一陰一陽，合而爲十五之謂道。陽變
七之九，陰變八之六，亦合於十五，則象變之數若一。陽動而進，
變七之九，象其氣之息也；陰動而退，變八之六，象其氣之消也。
故太一取其數以行九宮，四正四維皆合於十五」。[77]陰陽之變化，
陽動而進，陰動而退，始於陽動之數，由七之九，又入於陰動之
數，由八之六；陰陽作爲一切生成變化的主體，雖有先後之別，
但陰陽的變化合和定數是沒有差異的，二者皆合爲十五數之「一」
的一致性概念，代表二者並合生化萬有的量化意義是相同的，其
動能變化生成之數是不變的，也就是十五；因此，陽動以七，則
陰動以八，其數合爲十五，陽息至九，陰消至六，其數亦合爲十
五。「十五」的數化概念，象徵著萬有的變化生成，皆爲定數「十
五」，一切的人人物物之形成，皆合「十五」以成其有，是自然
生成的合數，也反映任何的變化結果，其質量都是一樣的、統一
的。

　　「太一」由星體之主星，進而作爲生成變化的最高範疇，取
九宮之數來表徵，則不論是四正或四維也都合於十五之數。陰陽
變化之道，即「十五」之數，「十五」代表陰陽變化的不變恆道，
也是萬物生成變化之道，具有永恆性的不變之道，所以同九宮之
數一般，不論任何方面的變化成立，都是合爲十五之數。「十五」
數強化了萬有形成的陰陽變化之性，任何萬物的生成皆須經過一
定的陰陽變化過程，都是一種達於「十五」之數的過程；結合筮

---

77 見《易緯・乾鑿度》，卷下，頁488。卷上亦有近於此說之論述，見頁482。

法推布萬有與一切現象，取「七」、「八」、「六」、「九」四數，也皆以「十五」成數。《易緯》於此，特別透過此「十五」數的簡易邏輯概念，說明萬物的生化與道性的本質。[78]

　　朱震對《乾鑿度》的太一行於九宮以用八卦之數，舉鄭玄之說進行說明，以北辰太一取八卦之數而行於九宮，八卦分四正四維布於四方，坎、離、震、兌爲四正，乾、坤、艮、巽爲四維，四正四維的配屬，同於《說卦傳》「帝出乎震」的方位配屬，[79]也同於孟喜卦氣說中的四正卦說，亦即宋人普遍提到的文王後天八卦方位。坎一、坤二、震三、巽四、中央五、乾六、兌七、艮八、離九，由一依序而行入於九，每行九宮（八卦）之四數則還於中央。由子先行，即從坎宮始，而坤宮而震宮而巽宮等四卦，所行過半而還息於中央之宮；然後又乾宮而兌宮而艮宮而離宮等四卦，此行則合一周，也就是起於坎宮而終於離宮。這種九宮之數，與第十章朱震傳述的《洛書》之說相近。

　　《北辰左行圖》中，以北辰星體的規律運行，與卦數相合，則太一行九宮之數，如北辰天體運行於天地一般，天地萬物由是所包覆；太一行九宮，即涵攝著宇宙的一切變化，也就是如同陰陽變化一般。所行直貫中央皆合十五數，即陰陽變化合爲十五之數，初行之變化七與八合爲十五，極其變化則爲九與六亦合十五，十五爲陰陽變化的必然之數，也是萬物成形的必然之數。因此，

78　參見拙著〈《易緯》數論的哲理性意義〉，《第七屆漢代文學與思想國際學術研討會》，臺北：國立政治大學中國文學系，2009 年 10 月，頁 6。

79　參見《說卦傳》云：「帝出乎震，齊乎巽，相見乎離，致役乎坤，說言乎兌，戰乎乾，勞乎坎，成言乎艮。萬物出乎震，震，東方也。齊乎巽，巽，東南也。……離也者，明也，萬物皆相見，南方之卦也。……坤也者，地也，萬物皆致養焉，故曰致役乎坤。兌，正秋也，……乾，西北之卦也，……坎者，水也，正北方之卦也，……艮，東北之卦也……。」《說卦傳》文，引自朱震《漢上易傳》，卷九，頁 265-266。

筮法預設其超自然的存在，推定萬有的一切存在情形，即以此四數進行衍算與運用。天文的概念，操作出存在的意義。

第六節　小　結

　　《李溉卦氣圖》爲代表以孟喜爲主的漢代卦氣說之完整圖式，展現出漢代歷法高度文明下的學術文化內涵，具有易學科學化的本質。朱震直接表明此圖源自《易緯》，提點出《易緯》在漢代易學中的重要角色，在現存的漢《易》文獻中，著實的彌足珍貴；《易緯》的知識場域，爲進入漢《易》的必要幽徑。這個代表孟喜、《易緯》等諸漢代卦氣的思想學說，最具表徵漢代卦氣思想體系的重要圖式。推定該圖式在鄭玄之前已然存在，提供流變溯源觀點的一種參照。然而，朱震張揚《易緯》在卦氣說上的重要意義，並未在此圖式的釋說中涉言孟喜等人的思想，對於考索與歸源的立論上，似乎稍嫌不足。

　　《太玄準易圖》爲揚雄的另類易學卦氣說與《太玄》核心思想的圖式化展現。朱震述明此一圖式本諸傳統《連山易》與結合漢代諸歷法主張，並將《太玄》擬《易》之說以及與《易》說之差異，作了精要的釋說，但可惜的是朱震仍不免有舛誤之處，使人疑有考索不明之失。朱震透過此一圖式，將《太玄》數理邏輯演繹的思維，以及從對漢代主流易學的會通與整合，以新制的理論體系進行建構，也標示出將天文、歷法、節氣等科技文明與抽象理論的結合之另一種進路的開展，對時空運化下的人事意義，進行闡幽顯微，引領出諸多人文思想的視域。

　　朱震透過《乾坤交錯成六十四卦圖》與《天道以節氣相圖》，

具體開闡漢儒理解的卦爻結構體系，強調乾、坤二卦以及坎、離、震、兌所展現的陰陽運動變化之道，凸顯乾坤根本性的地位，以及四正卦的時空變化意涵；陰陽交錯變化之規律化特性，藉由陰陽爻位之推移變化，以有序的開展自然運化下的時空意義。

　　《律呂起於多至之氣圖》、《陽律陰呂合聲圖》、《十二律通五行八正之氣圖》等等諸多律呂配卦圖式，取十二星辰、二十八星宿與律呂相合，以定周天之法，具體取法於生息不已的天象運轉之定則，並將此歷律與《易》道結合，合於《周易》仰觀天文、觀象於天的效法天象之精神，以此彌綸天地之道，以知幽明之故。這種知識系統的建構，以及相關元素的結合運用，正是標榜著漢代易學的主流思潮。朱震錯認鄭玄爻辰之說為京房與《易緯》的觀點，但對漢代爻辰的認識，本質上是正確的。

　　易學融攝天文知識以圖式呈現，正是漢代思想文化與科技文明的產物。天體之變化，同於陰陽氣化之消長，天體運化的軌距與規律，同於易學系統下的乾坤二卦、八卦、十二消息卦乃至諸卦爻的布列所展現的陰陽變化之道，正是宇宙根源、時空意識的符號與圖式之抽象形式表現，隱含著高度的哲學思想氛圍。將這些天文圖式所透顯的規律性意義，附之於人事的衍化，可以體現出窮天道以明人事之理。天體動運的具體時間與空間概念，轉化成為易學圖式的平面時空模型，是一種對天體運動的自然科學之自覺性應用的認識，也是從易學圖式中認識自然、預測自然與認識生命、預判人生吉凶休咎的試圖合理化之理論構建的結晶；在朱震這些天文圖式中，可以得到驗證，它不但具有易學系統下的諸多意義，也具有高度時代性的文化意涵。

第十三章　象數餘說與易學總結

　　朱震（西元 1072-1138 年）雖集義理、象數與圖書於一體，但不管從內容或易學主體特色的角度來看，象數之學仍是其核心部份，從第五章至第九章，皆專就主要的象數主張進行詳細述評，而第十一、十二章，雖屬圖書之名，但所涉內容，包括卦氣、八卦六位、納甲等等圖式內容，亦皆象數之觀點。然而，朱震多元的象數主張，仍有諸多觀點有需要補述。本章節於論著之最後，從兩個部份進行：第一部份，主要針對朱震在象數之學方面，包括爻象、當應承乘的爻位關係，動爻、飛伏等幾個觀點，進行補充論述。第二部份，對朱震易學作綜合性的檢討與總評，主要從其易學之主體特色與易學得失兩方面，作具體而概括之評論。

第一節　朱震其它重要象數觀概説

　　除了前述諸章節詳論朱震重要象數主張的實質內涵與進行評析之外，論著最後為免於闕漏之憾，對於其它重要的象數主張，包括爻位之象、當應承乘的爻位關係、爻位變動之說，以及飛伏之主張等幾個論題，作概括的補述分析。

一、爻位之象

　　《周易》強調變化之道，主要藉由表徵陰陽概念的「爻」來

呈現。因此，爻作爲易學變化的主要媒介，有其特殊的形象性意義，朱震特別重視爻位之象的認識，認爲「爻動乎內，言爻象也」，[1]爻象即爻位的變動，爻象也爲其象數觀的重要一環。

（一）爻位的時變之義

朱震對爻位之義，作了具體的說明，爻爲何物，爻即反映出宇宙自然事物變化的狀態，認爲「道有變易，有流動，爻則效之，故曰『爻』」，[2]以爻凸顯事物流動變化的動態性情狀，爲變化中的時態。更進一步指出：

> 《易》之爲書也，原始於初爻，要終於上爻，成六位以爲體質者也。八卦，八物也。六爻，六時也。六爻相雜，時異而物異。八卦，本象也；時物，別象也。……上下之位，以時言之，初終也；以道言之，本末也；以事言之，始卒也；其實一也。時變則事變，事變則道與之俱，有違時造事而能成者。[3]

一卦六爻由初爻而至上爻，反映出由始而終的不同之變化狀態，也就是六個不同變化之時位；爻位之不同，即表現出不同的時狀，不同的時狀，事物的發展也就有所不同，故不同之爻位，產生事物不同時空的變化狀態。《易》卦之象，作爲事物發展變化的本象，而爻位則爲此本象範疇下進一步變化的時物之狀，此時物之狀，即爻位的處位之狀，所聯結的象，朱震稱之爲「別象」，爲本象變化下的別象。

爻位的不同，表現出不同的時態變化，其初上之位，即一切

1　見朱震《漢上易傳》，卷一，頁 6。
2　見朱震《漢上易傳》，卷八，頁 258。
3　見朱震《漢上易傳》，卷八，頁 258。

變化的初終、本末、始卒之時狀。爻位的變化，即為陰陽的變化，也就是事物在不同時態下的變化，透過不同爻位的理解，即掌握事物在不同時態的變化之道。

（二）爻位作為變化之主體

朱震認為「爻有剛柔，剛柔相推而生變化」，[4]爻本身有陰陽剛柔之別，藉由其剛柔的彼此相推衍而產生變化。變化之道，由爻位之變動而形成，他指出：

> 變化之於剛柔，猶進退之於晝夜。變化者，進退之象。剛柔者，晝夜之象。晝推而進則夜退，柔者變而剛；夜推而進則晝退，剛者變而柔。晝夜之進退无止，剛柔之變化不窮，憂虞異情，得失殊致，故曰「吉凶悔吝，生乎動」。變化者，動爻也，六爻之動，三極之道也。[5]

爻位的前後進退，即如剛柔晝夜之變化，因此，爻位的剛柔之性，即具有晝夜之象，其剛柔進退有其常道，互為消長。且由爻位開展其變化無窮之性，進而得其殊狀異情；其積極動態的變化情狀，藉由爻位的變動來展開，故六爻之動，正為天、地、人三才之道呈顯，尤其在人事方面，更能反應出吉凶悔吝的實情本質。

《易》以變為占，爻位作為占變的主體，朱震云：

> 君子所居而安者，易貴賤之序也。所樂而玩者，爻吉凶之辭也。居則觀其卦之象而玩其辭，動則觀其爻之變而玩其占。《易》以變為占，於占言變，則居之所玩，未變之辭也。居處動作，无非道也。[6]

---

4 見朱震《漢上易傳》，卷七，頁225。
5 見朱震《漢上易傳》，卷七，頁225。
6 見朱震《漢上易傳》，卷七，頁226。

占變之道，取其陰陽爻位處於氣究之時，亦即九、六筮數以其陰陽之極而變，此即《易》占以變的操作機制之根本要素所在。萬象萬物無所不變，安順邪道絕無不變，事物在變，人亦當順其變、應其變，使能逢凶化吉，趨順人意。占變之對象主體，仍在爻位。

（三）爻位的剛柔貴賤之別

爻位有其陰陽的貴賤剛柔之別，朱震認為「《易》自下升上，元士、大夫、三公、諸侯承之，然後君位乎五也」。強調爻位的尊卑貴賤之別，由下爻至上爻之位，由賤而貴，處位各有所別，初爻為元士，二爻為大夫，三爻為三公，四爻為諸侯，五爻為天子，上爻則為宗廟。因此，「高者貴，卑者賤，則貴賤之位分矣」。[7]

爻位的貴賤之別，朱震廣泛運用於經傳辭義之釋說。例如解釋乾☰卦《象傳》時，指出「五辟、四諸侯、三公、二大夫、初元士，各正其位，萬國咸寧，體利貞也」。[8]說明乾卦六爻各有其貴賤之位，其不同的貴賤之性，都能各正其位，殊散萬物，各盡其分，體現「利貞」、「萬國咸寧」之義。解釋晉☷卦卦辭，指出「五為天子，四為諸侯」，「六四進而之五，以諸侯近天子之光，王明而受福」。[9]即以四爻為諸侯之象，五爻為天子之象。解釋解☷卦六三時，指出三爻為「三公之位，小人而在高位」，認為六三陰爻為小人，小人處於三位為三公之位；又於上六時，也強調「三，公位」，則「六三之上，公用射隼」，與上六爻辭相合。[10]解釋損☶卦上九時，指出「二，大夫位，為家，上九反三，

7　見朱震《漢上易傳》，卷七，頁 224。
8　見朱震《漢上易傳》，卷一，頁 7。
9　見朱震《漢上易傳》，卷四，頁 123。
10　括弧引文，見朱震《漢上易傳》，卷四，頁 140、141。

則六不比於二,故得臣无家」。[11]以九二之位為大夫家位,上九反三而不比於二,則為「无家」。解釋益☵☳卦六三,指出「三公位,上乾不變為玉」,又以「伏兌為口」,則為「告公用圭」。同樣的,在解釋益卦六四爻時,也強調「三,公位」的概念。[12]解釋升☵☴卦九二,強調「上為宗廟」,而「二升五有長子升自門闕奉祭之象」。[13]同樣的,解釋困☵☰卦九二,指出「上六宗廟,五動二往,震為長子,艮為門闕,有升自門闕,長子奉宗廟之象」。藉由二、五兩爻之動,以與上六宗廟之象相合,則有爻辭「享祀」之義。[14]解釋蹇☵☶卦《彖傳》「正邦」之象,指出「四,諸侯位也。故『建侯』、『康侯』,『正邦』、『無邦』,皆取此象」。[15]強調四位為諸侯之位,故《周易》中的「建侯」、「康侯」、「正邦」、「無邦」,皆就四爻取諸侯之象而言。以爻位貴賤之象作為經傳辭義闡釋之用象來源,朱震使用極為頻繁,俯拾可見。

此外,爻位也強調陰陽貴賤之別,「陽為貴」,「陰為賤」,[16]亦即陽尊陰卑的概念。對此陰陽貴賤之說,又與陰陽剛柔之性相繫,朱震云:

> 動而不屈者,剛也。靜而不變者,柔也。動靜有常,則乾剛坤柔,其德斷而无疑矣。策數以七、九為陽,六、八為陰。陽,剛也;陰,柔也。爻位以一、三、五為剛,二、四、上為柔。陽先陰後,故策七者二十八,策九者三十六,爻一陽、二陰、三陽、四陰、五陽、六陰。君不剛則臣強,

---

11 見朱震《漢上易傳》,卷四,頁144。
12 括弧引文,見朱震《漢上易傳》,卷四,頁147。
13 見朱震《漢上易傳》,卷五,頁161。
14 參見朱震《漢上易傳》,卷五,頁164。
15 見朱震《漢上易傳》,卷四,頁136。
16 見朱震《漢上易傳》,卷七,頁224。

父不剛則子強，夫不剛則為妻所畜。尊卑之位，貴賤之分也。[17]

又云：

卦自下而上，列貴賤之位。存乎位，則剛柔、往來、上下、內外得位失位，或應或否見矣。[18]

動健為剛，靜順為柔，陽動陰靜，乾剛坤柔，自有其殊異屬性之常道。以筮數之用而言，七、九為陽剛，八、六為陰柔。就爻位而言，初、三、五位為剛性，亦為陽位；二、四、上位為柔性，亦為陰位。陽先陰後，陽主陰順，尊卑貴賤之位，由爻位而確立。雖然重視陽尊陰卑的觀點，但又不否定二者的互補相成之關係，認為「上既曰尊矣，尊无二上，故《易》尊為高」。爻之高位為尊，尊者為高為貴；但是《繫傳》卻「又曰卑高，貴以賤為本」，[19]無賤而不貴，二者相倚並存。故一卦六位共生，缺一而不成。

（四）重於中爻之象位

朱震強調「六爻者，變動相錯，而有吉凶存亡者也」，六爻的變動關係，律定了不同時態的變化狀況，賦予不同的吉凶休咎之情形。《易經》藉由爻位的不同，呈顯出不同的事物變化之道與時態事理，當中尤以中爻為重，故朱震所謂「理具乎中」，事理適中合宜，由中爻而具，即「辯得失是非，則非中爻不備」。此一「中爻」，為「崔憬所謂二、三、四、五，京房所謂互體是也」。[20]二至五爻的中爻，最能展現事物之理，並且透過互體取

---

17 見朱震《漢上易傳》，卷七，頁 224。
18 見朱震《漢上易傳》，卷七，頁 226。
19 見朱震《漢上易傳》，卷七，頁 224。
20 括弧諸引文，見朱震《漢上易傳》，卷八，頁 258。

象來呈現，以互體的方式，展現出中爻所貫通的事物之理。[21]

　　一卦初、上兩爻反映出事物初始與終末之時態，而二至五的這四中爻，體現出事物的更具體的變化實況。《繫辭下傳》特別指出「二與四同功而異位，其善不同，二多譽，四多懼」；「三與五同功而異位，三多凶，五多功」的具體原則，於此，朱震作了進一步說明：

> 二、四耦也，同為陰之功，內外異位，有不同焉。二多譽，
> 四多懼，何也？四近五，五尊位，近尊位則多懼。月望日
> 則食，禮近君則屈，然柔之為道，不利遠者，坤從乾也。
> 二遠於五，所以多譽者，其要在於雖柔而无咎，以其用柔
> 中也。用柔而失中，其能无咎乎？三、五奇也，同為陽之
> 功，內外異位，有不同焉。三多凶，五多功，何也？五貴
> 三賤，其等不同也。三處下位之極，其柔居之，則危不勝
> 任矣。其剛居之，將以為勝邪？以剛居剛，有時乎過剛矣，
> 危則疾顛，過則易敗，此三所以多凶也。若五不然，以剛
> 居之，得尊位大中，宜處貴者也。以柔居之，有處謙執柔、
> 以貴下賤之美，二為五用矣，此五所以多功也。[22]

二、三、四、五皆為中爻之位，亦為最具變化之性的動態之動能本質，特別長於藉由互體來展現。此四中爻之位，各有其不同之屬性，延續自《繫辭傳》的觀點而來。二位多譽，五位多功，三位多凶，四位多懼；以其五位處上居中，為最尊貴之天子之位，位尊則功居；四位最近於五，又以陰位在下，故卑位近尊而多懼；三位處下卦之極，以剛居剛，則過剛恐有危顛之凶。二位遠於五，

---

21 有關互體取象，尤其中爻的互體觀念，於第六章論述互體的部份，已有
　　詳細之說明，故不再贅述。
22 《繫辭下傳》暨朱震釋文，見朱震《漢上易傳》，卷八，頁259。

以柔應剛，又柔而用中，有輔君之譽。此四中爻之位，以二、五兩位作爲上下卦之中，其功譽之象最具吉慶之性，故六十四卦之二、五中位，大多數爲吉。二、五中位，往往作爲判定吉凶的明顯依據與來源。隨機舉例如朱震解釋解☵☳卦卦辭之義，指出「二往濟難，則處乎險中」；「以往爲中，大難既解，无所事於往也，則五來復，二乃爲得中。得中者，合宜之謂也，得中則吉」。[23]強調中位爲吉，不分上下卦，下卦之中，仍可爲吉。又如釋說解☵☳卦《象傳》「君子以赦過宥罪」，云：

> 內外有坎，坎爲獄。九二、九四皆不正，九二未失中，而陷之過也。九四不中，正罪也。君子於是時，過誤者，赦而不問；有罪者，宥而從輕。[24]

此卦初至三、三至五皆互體爲坎，故有坎獄之象。九二、九四皆陽爻居於陰位的不正之位。九二因其未失其中，雖陷於過誤，仍可「赦而不問」；九四卻非中位，則正入其罪，但亦可「宥而從輕」。九二、九四兩爻，同於不正之位，但因處中與非中，故陷獄問罪，輕重則有別。

　　中爻之位，體現不同的爻位之吉凶性質，而此四個中爻之位，又爲最具變化之性的爻位，此變化之性，並藉由互體予以體現，以產生各種不同之物象。這個部份詳見前面互體之章節。

（五）君子與小人之爻象

　　朱震特別強調陽爻爲君子，陰爻爲小人，陰陽爻對應出君子與小人之別，並且廣泛運用在其經傳釋辭之中。例如解釋遯☰☶卦《象傳》「君子以遠小人」之義，指出「三、四、五、上，君子；

23　見朱震《漢上易傳》，卷四，頁138。
24　見朱震《漢上易傳》，卷四，頁139。

初、二，小人。小人內，君子外，遠小人也。小人遠之則怨，怨則所以害君子者，无所不至」。[25]三至上爻爲陽爻，故爲君子，初、二兩爻爲陰爻，故爲小人。小人在內而君子在外，爲君子遠小人。又如解釋大壯䷡卦九三「小人用壯」時，指出「九三不動，陽爲君子，九動變六，陰爲小人，小人處極剛而有應，必用其壯，故曰『小人用壯』」。以陽爻爲君子之象，陰爻爲小人之象來進行論述。解釋解䷧卦六三時，指出「六爲小人」，即六三陰爻爲小人；又云「小人之事九爲君子」，即以九二陽爻爲君子，六三乘於九二，則爲「小人而乘君子之器」；並且認爲六三不正，爲「小人竊位，則寇至矣」。[26]又解釋解卦六五時，也強調君子、小人之象，認爲「陽爲君子，陰爲小人。故二以物言之爲狐，以陽言之爲君子。五，君位也。以陰言之，又爲小人之在上者」；[27]明白指出九二陽爻爲君子之象，而六五雖處君位，但以陰居之，則爲小人。解釋夬䷪卦上六時，指出「上六小人」，此「開小人自悔之路」，強調陰爻爲小人，處此小人之位，則「終必有凶」。[28]解釋困䷮卦時，同樣以君子、小人對應陽爻與陰爻，即「陽剛君子，陰柔小人」，則「四、五之剛，爲三、上所揜，二剛爲初、三所揜」，即君子爲小人所揜，是「陽剛爲陰柔揜蔽而不伸，君子窮困窒塞之時」。[29]解釋中孚䷼卦六三爻時，指出「六三不正，小人也。六四正，君子也」；[30]以爻位的正不正確定君子與小之別。辨證君子與子人之別，爲儒家思想的傳統，朱震藉由爻位之

25　見朱震《漢上易傳》，卷四，頁 119。
26　參見朱震《漢上易傳》，卷四，頁 140。
27　見朱震《漢上易傳》，卷四，頁 141。
28　見朱震《漢上易傳》，卷五，頁 153。
29　見朱震《漢上易傳》，卷五，頁 162。
30　見朱震《漢上易傳》，卷六，頁 212。

象，以具體開展此儒學釋《易》的內容特色，也凸顯君子與小人
之別的政治關懷。

（六）其它有關爻位的重要用象情形

1.**以爻位之不同，解釋卦象**。例如解釋鼎☲☴卦時，指出此卦
「以全卦言之，初六足也，二、三、四腹也。腹而中實，受物也。
六五耳也，上九鉉也，有鼎之象」。[31]以初爻爲足象，二、三、
四爻爲腹象，五爻爲耳象，上爻爲鉉象，合一卦之鼎象。

2.**三才之位**。例如解釋咸☱☶卦《彖傳》「聖人感人心而天下
和平」，求「人心」之象義，則云「六三中位，人心也」。[32]即
以三、四兩爻爲三才人位，居處六爻之中，故六三爻爲「人心」。

3.**初本上末之象**。例如解釋咸☱☶卦九五《象傳》「志末」之
義，指出「九五比於上六也，卦以初爲本，上爲末，有所志則私
矣。雖志於末，未爲无所係也」。[33]強調一卦六爻以初爻爲本，
上爻爲末。爻位的始終、本末之說，爲王弼（西元 226-249 年）
所重。

4.**陽爻爲大，陰爻爲小**。例如解釋萃☱☷卦六三「小吝」，六
三不正，「陰爲小」，「欲萃於四、二之間，故『小吝』」。然
而，「動而往則正，正則无咎」。同樣的，解釋萃☱☷卦九四「大
吉」，認爲「九四動則得正，上承於五，下納三陰，上下皆正」，
且「陽爲大，大者，吉也」，是爲「大吉」。[34]

5.**少、壯、究之象**。例如解釋大壯☳☰卦卦辭時，特別指出「以

31　見朱震《漢上易傳》，卷五，頁 173。
32　見朱震《漢上易傳》，卷四，頁 113。
33　見朱震《漢上易傳》，卷四，頁 114。
34　參見朱震《漢上易傳》，卷五，頁 159。

三畫卦言之，初爲少，二爲壯，三爲究；以重卦言之，初二爲少，三四爲壯，陽動於復，長於臨，交於泰，至四爻而後壯」。[35]說明在單卦方面，初爻爲「少」象，而二爻爲「壯」象，三爻爲「究」象。同時的，在重卦上，則初二爲「少」象，三四爲「壯」象，五上爲「究」象；大壯卦陽升至四，故以「壯」而言。

　　6.**陽爻為乾、陰爻為坤之象**。例如解釋家人☲☴卦六二時，指出「二，主婦之位，坤得位，上從乾。五乾，夫道也」。[36]以二陰之位，視爲主婦之位，且六二爲陰而得位，陰以坤稱之，故爲坤婦得位者。同樣的，九五之位，指出「五乾爲王」，九五之陽，以乾稱之。又，上九原本不正，「上九動而正」，「九動反正」，則動爲陰正，得坤象，取「坤爲身」言之。[37]因此，陽爻得位稱乾，陰爻得位稱坤。

　　7.**以九五為大人之象**。例如解釋蹇☵☶卦卦辭「利見大人」，指出「大人，九五也。剛中而正，量險而行，其才足以濟難。『利見大人』者，六二也」。[38]強調九五之位爲大人之象，「利見大人」，即六二利見九五大人。

　　8.**五、二兩爻對應為君臣關係之象**。例如解釋蹇☵☶卦六二「王臣蹇蹇」，云「五乾，王也。二坤，臣也，二應五，王臣也」。[39]此卦上卦僅九五爻爲陽爻，朱震視之爲乾爲王之象，下卦初、二爲陰爻，以六二爲坤爲臣之象，二、五相應，得「王臣」之象以合爻義。解釋夬☰☱卦卦辭「揚于王庭」時，指出「五，王位，伏

35　見朱震《漢上易傳》，卷四，頁 120。
36　見朱震《漢上易傳》，卷四，頁 131。
37　九五、上九所引釋文，見朱震《漢上易傳》，卷四，頁 131-132。
38　見朱震《漢上易傳》，卷四，頁 136。
39　見朱震《漢上易傳》，卷四，頁 137。

艮為庭」，[40]五象王位，而上兌伏艮為庭，合為「王庭」。解釋姤☲☰卦《彖傳》「剛遇中正，天下大行也」時，指出「九二剛中，臣也；九五剛中，而正君也」，「以剛中之臣遇中正之君，有其位，有其時，君臣相遇，亦猶天地之相遇」。「君臣相遇，道行乎天下，故曰『剛遇中正，天下大行也』」。[41]強調二臣五君之位，藉以解釋爻義。

9.陽實陰虛之象。例如解釋蹇☵☶卦六四，指出「陽為實」，[42]在說明九三陽實之象。

10.二爻為田。例如解釋解☳☵卦九二「田獲三狐」時，認為「二為田」，[43]藉由二爻為田，以合爻辭「田獲」之象。以二為田，主要是根據乾卦九二「見龍在田」而來，且一卦六爻之三才屬性，初、二為地，二為地之上，故為田。因此，九二陽爻合於乾性，故以陽二為田。

朱震廣泛用象，爻位之象也成為其用象的主要來源，爻位展現出多元複雜的用象內容，也具體的呈現爻位的變化特質，朱震在這方面的爻象使用，似乎不比漢儒遜色，有過之而無不及。

二、當應承乘的爻位關係

朱震重視爻位的彼此關係，爻位與爻位間確立其彼此的聯結關係，成為判定卦爻辭義所傳達出的吉凶休咎之依據。因此，朱震解釋卦爻辭義，往往好於借用爻位的關係來述明。例如解釋隨☱☳卦九四「隨有獲，貞凶。有孚在道，以明何咎」？以及《象傳》

---

40 見朱震《漢上易傳》，卷五，頁 149。
41 見朱震《漢上易傳》，卷五，頁 153。
42 見朱震《漢上易傳》，卷四，頁 137。
43 見朱震《漢上易傳》，卷四，頁 139。

「隨有獲，其義凶也。有孚在道，明功也」之義，云：

> 三不隨四，四據而有之，獲也。獲，難辭也。二與三當隨
> 五，為四所隔，下而從初，四在大臣之位，處可懼之地，
> 與五爭三，能无凶乎？三、四易位，正也，雖正亦凶，義
> 不可有三，故曰「貞凶」。《象》曰：「其義凶也。」然
> 四終不可以有三乎？曰：非不可有也。動而有孚於道，无
> 意於有三，而三自隨之可也。初九其行以正，所謂道也。
> 道之所在，故初九為隨之主。四動正，與初相應，有孚在
> 道也。四正而誠，孚於道。[44]

三、四皆不正，且兩爻之陰陽屬性不同，故三不隨四，陽四據其
位而有之，合其「獲」義。又二、三當隨於五陽，但為四爻所隔，
而四處多懼之位，又與五爭三，故必有「凶」。三、四不正，易
位而使之皆正；所論者為當不當位的概念。初九以陽居陽，故「其
行以正」而為隨之主；所論者亦在當位之認識。九四以陽居陰，
動而使之為正，而與初九相應；所論者在當、應的爻位關係。因
此，整個爻辭爻義的解釋，朱震廣泛的運用當、應、據、隔等爻
位關係之概念。爻位關係的易例之使用，成為朱震釋說卦爻辭義
的重要依據。

　　漢魏以來的學者，特別是漢代的象數之說，往往關注於從爻
位關係上，尋找一種在變化過程中，可以依循作為解釋卦爻義與
判定吉凶休咎的認識標準；使用當、應、承、乘等諸多爻位關係
的概念來進行確認，也就成為一直以來所依循的傳統。這種爻位
關係的側重，也為朱震象數觀的重要主張之一。以下專就當、應、
承、乘四個概念的運用，作簡要的說明。

---

44 見朱震《漢上易傳》，卷二，頁68。

（一）當位觀

　　朱震強調正而為吉、不正為凶的爻位吉凶的基本觀念，他說「《易》以正為吉，不正為凶」。因此，當他解釋益☶卦六三時，指出「六居三不正，上巽來益三，巽為事，益之用凶事也」。[45]六三不正，而有用凶事之情形。解釋恆☶卦九四《象傳》「久非其位，安得禽也」，指出「九四處非其位，待之於上，則初不至，與初相易，則巽伏而不見，四安得禽哉？久處非其位，自無得禽之理」。[46]九四陽爻居陰位，處非其位，故不得其禽。解釋歸妹☶卦的卦義，「以三、四相易言歸妹之義」，認為「三、四皆不當位，退而各復其所，乃吉」。[47]強調六三與九四皆不當位，二者相易，才能男女復歸其位，各定其所，而得其吉。又以頤☶卦為例，朱震解釋初九時，以初九陽爻正位，則「自養以正」，但「動而不正」，使之為凶，故云「凶之道也」。解釋六三時，指出「六三不正，動而正」，但因為動而使為正後，與上九無法相應，則仍有「貞凶」之狀。解釋六四爻義，指出「六四當位」，以柔為正，故「正則吉」。[48]又以離☶卦初九言，初九本為正位，但朱震指出「動則失正，失正則有咎」，[49]強調動而失位，使為有咎之義。朱震肯定當位為吉，失位為凶的原則，當不正之時，則動而使之為正、使之為吉，前舉歸妹卦即是如此。

　　採取爻的變動，使不正之位能夠復歸正位，而能夠得到吉象吉義，這種情形漢儒使用極為普遍。然而，朱震亦有將原本就是

45　二括弧引文，見朱震《漢上易傳》，卷四，頁 147。
46　見朱震《漢上易傳》，卷四，頁 117。
47　見朱震《漢上易傳》，卷五，頁 187。
48　諸括弧引文，見朱震《漢上易傳》，卷三，頁 101-102。
49　見朱震《漢上易傳》，卷三，頁 109-110。

正位之爻，透過爻位的變動，使之由正位而變爲不正之位，使呈現出凶象凶義，前舉頤卦初九、離卦初九即是。

　　萬物各歸其正，爲正當與理想的自然之道，尋求正位爲人人物物之期盼，故透過爻位的變動使之爲正，爲一種積極能動的期待與努力的目標，故漢儒慣用此一變動爲正的觀念。這種情形朱震亦然，但朱震卻將原本就是正位的概念，卻轉以動而爲不正，以合其爻辭所言之凶義。這樣的運用，明顯的看出，帶有強烈應合爻辭的意味，也就是配合爻義的實然，而決定何時採取動而使之爲正，動而使之爲不正；爻位的變動，並沒有嚴謹的依循原則，完全根據卦爻辭而決定。且動而使爲不正的運用，消弱了變動向善的理想態勢的認識概念。此等多元當位觀的運用，成爲朱震的重要理解；雖然多數與漢儒相近，但在此動而不正方面，卻非漢儒的普遍觀點。

　　另外，朱震亦有藉由爻位的當位與否，聯結出爻位之象。例如以豐䷶卦呈現出爻位失位之象；解釋豐卦「勿憂」之「憂」，指出「二、四失位，爲憂」，[50]以二、四兩爻失位不正，而有「憂」象。又如大壯䷡卦初九陽處正位，認爲「以正而大」，「正大而天地之情可見矣」。[51]正位有「大」之象。以正位得象爲朱震當位說的重要特色。

（二）相應之說

　　朱震重視爻位的相應關係，並且將之與變易觀相繫。認爲「六爻反復相應」，即是「京房所傳世應」的觀點，即「三畫之卦，一、二、三重爲六爻，四即初，五即二，上即三，各以其類相應」；

50　見朱震《漢上易傳》，卷五，頁 191。
51　見朱震《漢上易傳》，卷四，頁 121。

初與四、二與五、三與上，建立了密切的聯繫關係。並且引邵雍之言，云「有變必有應也」，則「變乎內者，應乎外；變乎外者，應乎內。變乎下者，應乎上；變乎上者，應乎下。本乎天者，親上；本乎地者，親下。變之與應，常反對也。故卦一世者，四應，二世者，五應；三世者，上應。四世者，初應；五世者，二應；六世者，三應」。確立「變」與「應」的可能關係，同時肯定「在《易》言應者，一十九卦」，也就是《周易》論「應」者有十九個卦，只是朱震並沒有具體指出。同時認爲這種相應思想，「至虞翻始傳其秘，然未盡善」。[52]虞翻（西元 164-233 年）力傳其說，但立論未盡完善，至朱震則大量採用相應的體例解釋卦爻義。以下隨機舉例說明。

解釋睽☲☱卦九四「睽孤」，云：

> 九四睽時，處不當位，介二陰之間，五應二，三應上，四獨无應，在睽而又孤，故曰「睽孤」。[53]

強調相不相應的概念，以五應於二，三應於上，惟四與初不相應，則有乖離孤危之咎。至於六五爻，原本「柔得尊位，宜有悔也」的處不正之位，但「能致九二在下之賢，以剛輔柔，故悔亡」；[54]也就是二五雖非正位，但彼此陰陽柔剛相應，而得以無悔。

解釋損☶☱卦卦辭「有孚」時，認爲「損六爻皆應，有孚也。凡損之道，損抑其過以就理義，則誠也。誠則上下內外无不信，乃可損，以人情莫不欲損也」。[55]損卦六爻皆相應，有誠孚之象，故上下內外無不信孚，莫不可損。解釋六三爻時，也強調六三與

---

52 括弧諸引文，參見朱震《漢上易傳》，卷一，頁 19-20。
53 見朱震《漢上易傳》，卷四，頁 134。
54 見朱震《漢上易傳》，卷四，頁 135。
55 見朱震《漢上易傳》，卷四，頁 141。

上九相應，「則上六下居三」，「三爻即上爻也，故謂之友」。
解釋六四爻時，也指出「六四下從初九，初九以剛益柔」，亦因
初九與六四相應，而可剛柔相益。解釋六五爻時，同樣強調「三
應上，四應初，五應二，十朋之龜弗克違也」。解釋上九時，以
「上九損之極，乃有弗損。弗損於下，反以益三，故曰『弗損益
之』」。[56]上九與六三相應，而得以無咎。

　　解釋夬䷪卦時，指出「上六下與九三相應」，「以上六應九
三言處夬之道也」。這種「揚于王庭」的號令天下、「決而不失
其和」的處夬之道，特別透過上六下應九三而展現。藉由相應的
關係，朱震進一步述明陰陽爻性的可轉換性，也就是說，夬卦上
六向下與九三的相應，可以體現巽卦與離卦之象，指出因爲向下
的相應，「成巽離，巽爲號，巽風者，天之號令，故令也，號呼
也，命也，皆取巽象相應孚也」；藉以說明發號令以「揚于王庭」。
因爲向下相應，故上六使九三變而爲陰，則三至五可以互體爲巽，
得巽號之象，同時也使二至四可以互體爲離，取離卦之象，則「離
爲光」，取「光」象以合《象傳》「乘危乃光」之義。同時，解
釋初九「壯于前趾，往不勝，爲咎」，也以「應」的爻位關係進
行論述，認爲「初九無應，不可動而先動也」，無應又「動而往
不正，不正不足以勝」；初九往應九四，九四不正，與之不應，
則不勝有咎。當解釋九三「壯于頄，有凶」時，指出「三健之極，
與上六小人相應」，然「眾陽決小人而已，違眾應之，有凶之道」。
[57]以九三雖與上六相應，此獨行而求應小人，爲違眾之志，故爲
凶。在這裡可以看出，雖二爻相應，但仍有凶象存在，而相不相
應的吉凶概念，雖有其普遍性的原則，但有時仍受制於卦爻辭，

---

56 諸括弧引文，見朱震《漢上易傳》，卷四，頁 143-144。
57 相關引文與論述，參見朱震《漢上易傳》，卷五，頁 150-152。

而必以凶象論之。同時，從這個例子可以看到，朱震慣用爻位之變動而進一步取用相應的關係，這種情形俯拾皆是。

　　朱震強調六十四卦中述明「剛中而應」者，明確的統計指出，「《易》言『剛中而應』者，五卦：師也，臨也，萃也，升也，无妄也」。[58]其中師䷆卦以九二剛中與六五相應，而能得其吉；臨䷒卦亦以九二剛中與六五相應，而能得「大亨以正」；无妄䷘卦以六二與九五剛中而應，而能得「大亨以正」；萃䷬卦以六二與九五剛中而應，而能得以萃聚之亨；升䷭卦以九二剛中與六五相應，而能得以「大亨」。因此，朱震又指出此「剛中而應」又能「大亨以正」者，則包括升、臨、无妄等三卦。[59]朱震主要根據《彖傳》所言，有此五卦云「剛中而應」，進一步斷定六十四卦當中此五卦確實有言「中」言「應」之說法。於此，朱震採取以傳解經的基本態度，認同《易傳》所言，確爲《周易》之本義。

　　朱震又重視正應的觀點，在論述爻位相應的同時，特別強調正應之說，例如屯䷂卦的初九與六四云「正應」，需䷄卦初九與六四、臨䷒卦初九與六四、恆䷟卦九三與上六、益䷩卦六二與九五、豐䷶卦九三與上六、節䷻卦初九與六四、中孚䷼卦初九與六四等等，皆以「正應」立說。其它又如睽䷥卦九二與六五，明白指爲「非正應」，睽卦六三與上九亦指稱「非正應」。[60]類似例子非常的多，不予一一贅舉。分別出正應或不正之應的不同關係，強調二者有所差異，在爻位關係的吉凶之呈現上，仍以正應最爲理想，而不正之應，雖亦屬相應，但已不如正應之理想；內外卦爻相應的關係，最佳的狀態仍屬在當位下的相應。這是漢儒確定

58　見朱震《漢上易傳》，卷三，頁93。
59　參見朱震對諸卦《彖傳》之釋說，不作一一詳注。
60　參見朱震對諸卦爻所作之釋說，不作一一詳注。

吉凶的普遍認識，但如此刻意的舉說，朱震當較漢儒爲甚。

（三）承與乘之說

相連的陰陽爻位，所形成的爻位關係，朱震同於漢儒，也廣泛運用「承」與「乘」的觀點。

1.相承之說

在「承」的概念上，一般而言，就相鄰的兩爻，從下爻的角度來看，即甲爻在下，乙爻在上，則爲甲爻承乙爻；大多情形，都以下爻爲陰，上爻爲陽，作爲陰卑順於陽尊的認識，亦即朱震所謂「以柔承剛，以順承健」[61]的說法。

朱震相承之說，大多以陰爻在下而上承陽爻而論。例如解釋屯䷂卦六四，指出「六四柔而正，上承九五」，六四陰柔順承九五陽剛，則「吉无不利」。[62]解釋師䷆卦上六時提到，「二大夫爲家，初陰在下承之，承家者也」。[63]初六陰柔庶民之位，上承九二陽剛之大夫，則有「承家」之義。解釋大有䷍卦九三時也提到「六五承上九，宗廟饗於祖廟之象也」。[64]此以六五陰爻上承上九陽爻而有饗於祖廟的吉象。解釋蹇䷦卦六四爻，指出「六柔無應，往則犯難，故往蹇。來則當位，承五下連九三，故來連」。認爲六四陰爻上承九五「大蹇」之難，唯以一柔之力，恐難以濟陽，故云「柔者安能獨濟乎」！[65]在這裡，朱震以「承」論述爻性與爻位的關係，「承」反應出有承接濟助的正面性質，但卻又認爲以其力量，是沒有獨濟五陽的能力。

---

61 見朱震《漢上易傳》，卷一，頁 14。
62 見朱震《漢上易傳》，卷一，頁 23。
63 見朱震《漢上易傳》，卷一，頁 37。
64 見朱震《漢上易傳》，卷二，頁 58。
65 見朱震《漢上易傳》，卷四，頁 137。

　　朱震有以陽承陽之說者，如解釋訟䷅卦九四，指出「九四上承五」，[66]即九四陽爻上承九五陽爻，能夠接受天子之號令。朱震有探爻位變動後再言相承的關係，如萃䷬卦九四，指出「九四處位不當」，則「九四動則得正，上承於五」，「上下皆正，是謂大吉」。[67]透過爻位的變動，使之各歸正位，以陰承陽，得以大吉。朱震又有以一爻承多爻者，如升䷭卦初六，指出「以一柔承二剛」，[68]即以初六陰爻承九二、九三陽爻，亦能得其大吉。如巽䷸卦卦辭，指出「柔在下而承二剛」，即初六陰爻上承九二、九三陽爻，使能「不違其令，命乃行也」。[69]朱震又有隔爻相承之說，如解釋否䷋卦六二，指出「五包二，二承之，包承也」。[70]因此，朱震論述爻位相承的觀點，十分的多元，但普遍把握以陰承陽爲吉的基本法則。

2.相乘之說

　　在「乘」的概念上，爲就相鄰的兩爻，從上爻的角度來看，可以稱作上爻乘下爻，但傳統上《易傳》普遍認爲陰爻凌居於陽爻之上，則稱作「乘」。朱震同於漢儒的多元認識，並沒有嚴格接受陰爻在陽爻之上才視爲「乘」的關係。朱震以「乘」論述爻位關係，大多數呈現的都是凶象。基本上，朱震認爲「剛乘柔則順，柔乘剛則逆」，[71]也就是陽爻乘於陰爻之上則爲順，趨於吉之傾向，陰爻乘於陽爻之上則爲逆，趨於凶之傾向。以屯䷂卦六二而言，六二以陰柔乘於初九陽剛之上，故「六二之難，乘剛也」。

66 見朱震《漢上易傳》，卷一，頁 33。
67 見朱震《漢上易傳》，卷四，頁 159。
68 見朱震《漢上易傳》，卷五，頁 161。
69 見朱震《漢上易傳》，卷六，頁 198。
70 見朱震《漢上易傳》，卷二，頁 52。
71 見朱震《漢上易傳》，卷一，頁 22。

[72]同樣在解釋解䷧卦初六《象傳》，也指出「屯，剛柔始交而難生，故六二乘剛，雖正而難解」。[73]屯卦之時，剛柔始交，六二雖正，卻以陰柔乘於初九陽剛之上，所以難解。解釋噬嗑䷔卦六二，指出「乘剛而往」，[74]即六二陰柔乘初九陽剛，有受刑之狀。解釋賁䷕卦六四，指出「四有乘剛之險」，[75]即六四陰柔乘於九三陽剛之上，有險陷之狀。

解釋訟䷅卦九四，認爲「下乘三」，也就是以九四陽剛下乘六三陰柔。[76]解釋无妄䷘卦六三，指出「四來乘三」，[77]說明九四陽剛來乘六三陰柔。陽爻在上，陰爻在下，確有以「乘」立說。

解釋乾䷀卦《文言》，提出「九三、九四以剛乘剛而不中」。相鄰兩陽爻，亦以「乘」而言，強調「過乎剛」的概念，過剛則有危惕之狀。[78]

朱震又有三陽爲一陰所乘之說，解釋小畜䷈卦六四時指出，「三陽務進，而上四以一陰乘之」，如此之狀，則「陰陽相傷」而必有所惕懼。

又有隔爻相乘之說，如解釋屯䷂卦九五，指出「五動而正，三以君討臣，則三復乘五，蓋膏澤不下，五之施未光」。以六三陰爻隔爻上乘九五陽爻，其結果爲「禍將不測矣」。[79]又如解釋需䷄卦九三，指出有「上乘三」之狀，「九三守正可也，動則上

---

72 見朱震《漢上易傳》，卷一，頁 22。
73 見朱震《漢上易傳》，卷四，頁 139。
74 見朱震《漢上易傳》，卷三，頁 81。
75 見朱震《漢上易傳》，卷三，頁 85。
76 見朱震《漢上易傳》，卷一，頁 33。
77 見朱震《漢上易傳》，卷三，頁 95。
78 參見朱震《漢上易傳》，卷一，頁 19。
79 見朱震《漢上易傳》，卷一，頁 24。

六乘之，坎爲盜，盜有戎，兵寇也」。[80]上六陰爻乘九三陽爻，同樣爲隔爻相乘之說。

　　從這些例子可以看出，朱震以「乘」論釋爻位關係，呈現出多元的面貌。同時，朱震運用「乘」的概念，並不沒刻意要建構出一套爻位相乘的準則，也沒有明確論定相乘一定爲凶，只在陰爻乘於陽爻之上時，有逆凶之象，而陽爻乘於陰爻之上，則似乎有順吉之象。

三、動爻之說

　　宇宙自然的變化，即陰陽的變化，則《易》所展現的自然變化之道，主要藉由爻所代表的陰陽剛柔之變，所以朱震指出「爻有剛柔，剛柔相推而生變化」，[81]以爻所反應的剛柔之性，在其彼此的相互推衍而產生變化。因此，已如前述，朱震進一步指出，「變化者，動爻也，六爻之動，三極之道也」。[82]陰陽的變化，就是爻位的變化，爻位的變動，即宇宙自然的變化之性，朱震賦予其名爲「動爻」。

　　強調動爻之用，在於趨時盡利，朱震指出：

> 辭有易者之於吉也，所謂能說諸心；辭有險者之於凶也，所謂能研諸慮。有憂虞悔吝，非險辭不足以盡之。爻辭也，各指其所之之險易也。所之者，動爻也，言乎其變也。……從其所之，乃能趨時盡利，順性命之理。[83]

爻辭在明其險易吉凶，尤其是研慮於憂虞悔吝之凶。爻位之變動，

80　見朱震《漢上易傳》，卷一，頁 29。
81　見朱震《漢上易傳》，卷七，頁 225。
82　見朱震《漢上易傳》，卷七，頁 225。
83　見朱震《漢上易傳》，卷七，頁 227。

在於順應天地自然之道，轉諸於人事，則在趨時盡利，順性命之
理。爻位的變動，自然也就形成卦的變動；小的時態之改變，大
的範疇也就跟著變化。動爻的主要目的仍在於順應時勢的變化，
尋求最佳的趨吉避凶之道。

　　朱震重視動爻作為變化之道的展現，著重爻位的變化之性，
並運用在經傳釋辭之中，藉由原來爻性之「動」而進行陰陽之變，
亦有採取卦中二爻的互換或升降之法，以達其順時之利，而其具
體的目的，仍在卦爻辭義的考量，因應卦爻辭義的需要而進行變
動。

（一）動而使之為正

　　朱震採取動而使之正的爻位變動方式，在爻位變動之法中最
為普遍，透過爻位的變動使之陰陽之變化能夠各歸其正。例如解
釋家人☲☴卦上九「有孚，威如，終吉」，以及《象傳》「威如之
吉，反身之謂也」之義，云：

　　　　九在上，剛嚴之象。上九動而正，家人見信，九三孚也。
　　　　始也威如，終則正而見信，威如，終吉也。

以陽九在上為過剛不正之象，動而為陰，與九三得以相應而見信，
故「終則正而見信」，得以為吉。又云：

　　　　上九卦之終，坤為身，九動反正，反身之謂也。威非外求，
　　　　反求諸身而已。反身則正，正則誠，誠則不怒而威，夫誠
　　　　所以動天地者也，況家人乎？[84]

強調上九爻動而之正，反身為正，求諸己則誠則威，而能動感家
人。

84　二段引文，見朱震《漢上易傳》，卷四，頁132。

解釋革☲卦《彖傳》，指出「五、上相易，各當其位。相易，亨也；各當其位，正也」。又云，「革而當者，六五之上也。上、五革而各得其正者，當也」。[85]以革卦由離☲卦變動而來，即離卦六五與上六相易，而能歸其正位，合革能得其正當之義。解釋无妄☲卦九四，認為「九四剛而不正，剛則私欲不行」；「動則正，正則无妄」。九四不正，動而使之為正，方能得以「无咎」之狀。[86]爻位變動後使之為正，其最終之意義，在於得到正面之改變，導向正面的意義上，也合於卦爻辭的正面辭義。

（二）動而使之為不正

朱震另有動而使之不正的運用，例如解釋家人☲卦九三爻辭，九三原本為正，但朱震認為是「陽居三，剛正過中」，則「三動不正，與二相易」，透過動爻的方式，以獲得震動兌說之象。[87]解釋困☲卦九二，指出「五動二往，震為長子，艮為門闕，有升自門闕，長子奉宗廟之象」。九五本為居中得正之位，卻藉由動而為陰，以得上震長子之象，進一步聯結爻辭「享祀」之義。[88]解釋革☲卦初九，指出「初動，艮為皮革」；「初動，艮又為手，為指」。[89]將初九陽爻變動後成為陰爻，則得初至三互艮為皮革、為手、為指之象。動而使之不正的運用，主要在於牽合卦爻辭之需，並藉由爻位變動後所得之卦象，用以詮解卦爻辭義。

---

85 見朱震《漢上易傳》，卷五，頁 170。
86 見朱震《漢上易傳》，卷三，頁 95。
87 見朱震《漢上易傳》，卷四，頁 131。
88 參見朱震《漢上易傳》，卷五，頁 164。
89 見朱震《漢上易傳》，卷五，頁 171。

（三）爻位互換與升降之法

　　朱震廣泛採取爻位的互換或升降之方式，以改變爻性。例如解釋益☲卦《象傳》「有過則改」，認爲「益自否來，九四不正，之初而正」，「初六不正，過也。初往之四得正，有過則改也」。[90]以益卦由否☰卦而來，進一步指出否卦九四陽爻處陰位，爲不正之位。同樣的，初六以陰爻居於陽位，亦爲不正之位，則初往四而爲益卦，如此一來，初、四皆正，是有過則改而爲益者。解釋升☷卦卦辭「用見大人」，指出「二升於五，剛中，正得位，以此見大人，其升必矣」；[91]以二、五不正而應，故二者動而使之正，則爲「用見大人」。解釋睽☲卦上九《象傳》「遇雨之吉，群疑亡也」，指出「坎在下爲雨，上來之三，三往遇之上，三正則吉，吉則向來群疑亡，本無是也，故曰『遇雨之吉，群疑亡也』」。[92]三至五互坎爲雨，三、上不正，三往之上，上來之三，使之爲正則吉。解釋解☳卦卦辭時，指出二、五兩爻原本不正，「二之五正而吉，解緩也」，[93]以爻位不正而以動爻而使之正，可以達到「解緩」之效。解釋離☲卦九四，指出「四之五成乾巽，乾爲父，巽爲子，子凌父，突也」。[94]九四與六五互易，則得上卦爲巽子之象，五、上得乾父半象。透過爻位的變化，以得其所需之卦象。此種改變爻性的方法，最重要的目的在於獲得所需的卦象，藉由新得之卦象，以詮解卦爻辭義。

---

90 見朱震《漢上易傳》，卷四，頁146。
91 見朱震《漢上易傳》，卷五，頁160。
92 見朱震《漢上易傳》，卷四，頁135。
93 見朱震《漢上易傳》，卷四，頁139。
94 見朱震《漢上易傳》，卷三，頁110。

四、飛伏之法

　　朱震重視飛伏之法，認為飛伏之用，即陰陽之氣，彼此互相伏隱，互相內含，以陰陽究極之時，伏隱著不同的氣性，即陽極伏陰，陰極伏陽，以占筮之法明之，則九、六各變為六、九，即朱震所謂「九、六陰陽之變也。九變則六，六變則九。九六相用，剛柔相濟，然後適乎中」。此亦為關子明所言「以六用九」的觀念，更是「京房所傳飛伏也」。[95]六九之變，陽中伏陰，陰中伏陽，陰陽相互濟用。此陰中有陽、陽中有陰，乃至陽極則陰生、陰極則陽生的陰陽二氣相互共生、相互轉化之思想，同於漢代京房（西元前 77-前 37 年）陰陽氣化觀點下的飛伏主張。

（一）具體意涵

　　飛伏的具體意涵，朱震認為：

> 乾、坤、坎、離、震、巽、兌、艮、兌[96]，相伏者也。見者為飛，不見者為伏。飛，方來也；伏，既往也。《說卦》巽「其究為躁卦」例，飛伏也。太史公《律書》曰：「冬至一陰下藏，一陽上舒。」此論復卦初爻之伏巽也。[97]

「飛」為顯見者，「伏」為伏隱未見者，二者為同一對象的內在相對應之關係。朱震明白指出八卦兩兩彼此相互對應、相互伏隱，他並在解釋豫☷☳卦時，也提到八卦彼此相伏，所謂「震有伏巽，艮有伏兌，坎有伏離」，[98]說明震卦伏隱巽卦，艮卦伏隱兌卦，

---

95 括弧諸引文，見朱震《漢上易傳》，卷一，頁 8。
96 此「兌」字當為衍字。
97 見朱震《漢上易傳》，卷一，頁 8。
98 見朱震《漢上易傳》，卷二，頁 63。

坎卦伏隱離卦，乾卦與坤卦亦同，八卦兩兩相互伏隱。本卦伏隱
著另一陰陽相對應的卦，如此一來，一卦可以體現兩個卦，一個
卦可以反應出另一卦，可以形成不同的卦象。同樣的，已如前述，
陽爻伏隱著陰爻，陰爻也同樣伏隱著陽爻。朱震並以《說卦》提
到巽卦的卦象「其究爲躁卦」，認爲是從飛伏的觀點去確認的，
似乎也認爲《說卦》已有飛伏思想的運用。《說卦》以「震爲決
躁」，震生於乾，爲乾之長子，乾卦純陽，剛健不息，而震卦作
爲長子，同有乾性，故《說卦》又云「帝出乎震」，其義在此。
震一陽初生，萌動於下，故震有「決躁」之象。至於巽卦，本由
坤而生，坤陰主靜，亦當同有卑順之性，但卑順之極終將健動；
同樣的，巽卦伏隱震卦，震有「決躁」之象，巽卦爲其所隱，故
「其究爲躁卦」。透過飛伏的概念，可以理解二者卦象屬性之意
涵。朱震又引《律書》的卦氣之說，以冬至之時，陰氣終極，一
陽上舒，即一陽生的上坤下震之復卦，此一陽生於下震初九爲見
爲飛爲舒；對應一陰下藏的上乾下巽之姤卦，此巽初爲隱爲伏爲
藏。故震卦伏隱巽卦，巽卦也伏隱震卦。《律書》的認識，仍可
藉由飛伏的概念去理解。由此段引文，大致可以理解朱震的飛伏
之說，著重於八卦的兩兩伏隱與其背後之用象問題。

（二）伏卦取象之用爲目的

朱震飛伏的使用，主要表現在卦的飛伏上，專就伏卦取象而
用。例如朱震釋說乾☰卦《象傳》時，指出「初九變坤，下有伏
震，潛龍也，陽氣潛藏在下之時」。[99]初九陽爻變成坤陰之爻，
則下卦互巽，伏有震卦，震爲長子，同有龍象，因爲潛藏伏隱，

見朱震《漢上易傳》，卷一，頁 8。

故稱「潛龍」。此取伏震而得「潛龍」之象。釋說臨䷒卦九二《象傳》，指出「二至四有伏巽，巽爲命」；二至四互體爲震，震有伏巽，得巽命之象。又釋說九三《象傳》，指出「二至四有伏巽，巽爲長」；[100]亦以二至四互震伏巽，得巽長之象。又如釋說咸䷞卦九五「咸其脢」，指出「九五有伏艮，下感六二，艮爲背脢」。[101]咸卦上卦爲兌，伏卦爲艮，故取伏艮而得背脢之象。又如釋說歸妹䷵卦六五爻辭，指出「二之五，離毀變坎成兌。坎爲水，兌有伏艮爲手」；「乾兌伏艮爲衣袂」。[102]藉由爻變得兌卦，兌有伏艮得手象，合乾衣之象，又得「衣袂」之象。

透過伏卦的使用，目的在於取得所需之卦象，藉以進一步釋說經傳辭義。再取釋說豫䷏卦卦辭與《彖傳》爲例，朱震認爲豫卦爲「謙之反」，而謙䷎卦「自二以上有師體」，也就是謙卦二至上爻互體爲師䷆卦，則師卦下卦爲坎，「坎有伏離，日月也，二至也」。取師卦下坎伏有離卦，則坎月離日，爲冬至與夏至的二至之時。朱震透過豫卦取反卦謙卦，再由謙卦以互體之法得師卦，再取其下卦坎卦之伏卦離得日月之象，進而得四時中的二至之時。朱震進一步釋說，認爲「以豫卦九四論之，自四以上，震也；四以下，艮也；合上下視之，坎也。震有伏巽，艮有伏兌，坎有伏離，六體也。變而化之，則无窮矣」。[103]四至上互體爲震，二至四互體爲艮，三至五互體爲坎，此三卦伏有巽、兌、離，則透過互體與伏卦的方式，形成六卦，藉由這樣的變化，可以得到「无窮」的卦體卦象。從此一釋例可以看出，朱震進行複雜的反

---

100 二括弧引文，見朱震《漢上易傳》，卷二，頁73、74。
101 見朱震《漢上易傳》，卷四，頁114。
102 見朱震《漢上易傳》，卷五，頁189。
103 括弧相關引文，見朱震《漢上易傳》，卷二，頁62-63。

卦、互體、伏卦的方式，以取得所需的卦象，採取此般的取象方式，則欲求之象將無所不能，所需之象亦當不虞匱乏。

伏卦結合爻變、卦變、互體諸法之運用，其最終目的仍在於考量經傳辭義，以取得所需的卦象，進一步釋說辭義。朱震於此之用，遠甚於歷來學者的採用，在其論著中俯拾可見；但是，並沒有建立明確可以依循的規則，形成隨機取法，有浮濫運用、任意取象之嫌，也造成歷來學者批評之所在。然而，伏卦的概念，也積極的展現出《周易》所標示的陰陽之變化，自身的自體變化，以及陰陽剛柔的對應之思想，乃至事物本身潛在的對應概念，得到體現與發揮。

第二節　朱震易學之總結評論

綜合前述各章節議題之論述，認清朱震易學的主體特色，以及檢討朱震易學的得失，因此，論著最後主要從此二個面向，對朱震易學作概括精要之總結。

一、朱震易學之主體特色

（一）**義理、象數與圖書三位一體**：朱震所處的歷史時空背景，無法絕棄義理之學，作爲上蔡謝良佐（西元 1050-1103 年）的弟子，並自奉以程頤（西元 1033-1107 年）《易傳》爲宗，或可視爲程氏的再傳弟子，又兼採張載（西元 1020-1077 年）之思想，承傳陳摶（西元？-989 年）以降北宋時期的圖書之學，並輯制屬於漢代象數之學具有規模的易學圖式，以恢宏漢《易》、折

衷象數與義理爲志，表現出囊括義理、象數與圖書之學三位一體的獨特風格。

（二）**會通漢宋的氣化宇宙觀**：朱震肯定漢儒一貫的氣化主張，太極雖爲無形，卻是決然存有的氣化本質。同時，接受張載、程頤等人的觀點，從氣的聚散與動靜、體用觀、陰陽的妙神之性，乃至強化乾坤的多元概念等重要內涵進行開展，建構出會通漢宋的氣化宇宙觀之認識特色。

（三）**推明《易》道以表達政治關懷**：朱震將其政事之卓識，化諸於《周易》經傳的詮解中，根本儒道的政治思想，從政治之視域，著力於君子與小人之別。藉由易學天道推明人事，直陳政治之道而有功，用政治的觀點作爲開展義理思想的主要內容，洵爲易學政治觀的典範。

（四）**回歸漢儒象數之說而有別**：朱震不論在經傳辭義之釋說，或是易學圖式的輯制，都高度表現出對漢代象數易學的理解傳承之功。廣納包括卦象、互體、卦主、卦變、納甲、卦氣、五行與爻位觀等種種主張，進行傳述與改造，在實際的運用上，已非原本漢儒的釋義內容，而是成爲屬於自己理解下的新的詮解。

（五）**《易》圖之承繼與改造**：朱震輯制龐富的易學圖式，這些圖式有傳自於前儒者，也有朱震自行新創者；有本於前宋邵雍、周敦頤等諸家圖書易學者，也有屬於漢代象數觀點的圖式結構。除了承傳陳摶以降的圖書思想外，也網羅制作與象數之學有關的重要圖式，以具象結構之方式呈現象數之學的觀點。朱震的易圖，不但提供圖書溯源的材料，也反映出朱震自身的易學思想與認知。

（六）**數論之高度聯結與運用**：朱震高度重視《易》數的論述與運用，廣泛使用天地之數、大衍之數、卦爻之數、五行數、

日辰之數、聲律之數、納甲之數等等龐富的數說。除了於《漢上易傳》與《漢上叢說》闡釋《易》數之說，並在《漢上卦圖》中構制諸多數論圖式，將《易》數之說推向時代高峰，成爲其易學的重要特色。其《易》數之說，透過簡易的數字邏輯建構之認識，傳遞出自然演化的宇宙時空觀與自然運式原則。

（七）**卦爻象爲推定辭義之主要來源**：朱震卦爻象的廣泛使用，建立出屬於自己的用象法則；藉由多元繁富的卦爻象之比附運用，肯定《周易》經傳義理的闡發，必須立象以見其義，展現出經傳之辭皆由象生的背後蘊義。其用象之重，標示著象數易學在宋代異軍突起的主流典範。由於高度用象的需求，也帶起取象方式的多元與複雜化。

（八）**變易思想的重視與多元體現**：朱震關注自然變化的思想，掌握陰陽變易之性，除了在義理的論述中，具體展現在其陰陽變易、體用相資、太極生化等等哲學命題上，特別轉化爲象數運作的機制；強調變動之性下展開出具有動態性的卦爻變化主張，最重要的包括動爻、卦變、互體、五行與納甲等內容，以及筮數成卦確立的變易觀，體現出宇宙自然變化的運作機制，以一切的生生運化都是透過這些體例來呈現。因此，變易之性以多元而具有某種制式規則的開展出來。

二、易學得失之檢討

（一）正面之認同與影響

人物的學說思想，面對特殊的時空環境，形成其特有的思想性格與學說主張。朱震以程氏之後自任，以《程氏易傳》爲宗，兼取張載氣論之說，以及邵雍等人的圖書之學，並以重返漢《易》

與調合象數及義理爲志，彌補王弼之後舊說遺佚與老莊專尙之失，同時面對北宋陳摶以降圖書易學的成熟之時代風潮影響，因此特別詳於象數與圖書易學，使其《易》作在那個義理極盛的時代，表現出獨特且具有象數與圖書代表性格的易學主張，洵足以代表那個時期的象數與圖書之學的易學大家。朱震以象數爲尙而非純主漢說，不乏有二程後學的義理性格與龐大豐富的圖書之學，成爲宋代易學中非常特殊的易學家。其圖書之學，除了反映出北宋以來陳摶一系的《易》圖觀點外，也從有關圖式中，清楚表達出漢代象數之學的重要主張。同時這些易學圖式，也高度滲透出另類的義理思想，特別在宇宙觀的思維上。朱震易學在這個時代，標示出強烈的獨特性格。

　　清代乾嘉時期的惠棟（西元 1697-1758 年）易學，再次發皇漢代象數之學，其易學內容深受朱震之影響，大量採用朱震的觀點，但對朱震易學也多有批評；雖然朱震立說不免有失，但指責之處，未必覈實。以考實爲名的大家，九鼎之言，往往若符其實，但事實上，若僅是從惠棟的批評理解朱震，不對二家深入瞭解，恐怕可能陷入預設的、刻板的、主觀的偏見或錯誤認識。

1.歷代重要易學家之認同與影響

　　朱震在易學史上的成就與地位，得到歷代諸多易學家的肯定與仿效。擇其重要者，例如：

　　（1）宋代鄭剛中（西元 1088-1154 年）《周易窺餘》中指出王弼掃象而不用古注，認爲「以義訓者不可遺象也，義不由象出，是猶終日論影而不知形之所在」，一直到了「近世程頤正叔嘗爲《易傳》，朱震子發又爲《集傳》，二書頗相彌縫於象義之間，

其於發古今之奧爲有功焉」。[104]以程頤、朱震並言，使象數與義理因而相得益彰。朱震之學對鄭氏的影響甚遽，論著中往往多取朱震之說加以考稽參照。

（2）南宋丁易東（西元？年）之《易象義》，主要也是根本於朱震《漢上易傳》之說，《四庫提要》指出其說「大抵以李鼎祚《周易集解》、朱震《漢上易傳》爲宗」。[105]並且，丁氏自云，「若以象言則得李鼎祚所集漢魏諸儒之說焉，朱子發所集古今諸儒之說焉」；「言象者，不過李氏鼎祚與朱氏子發耳。朱氏之說原於李氏者也，李氏之說原于漢儒者也」。[106]將朱震與李鼎祚（西元？年）並言，甚至「子發爲最勝」，[107]高度肯定二家爲象數之大宗，朱震又尤勝，而朱震的象數主張，大體是本源於李氏而同爲漢儒之說。

（3）南宋陳瓘（西元 1057-1122 年）的《了齋易說》，以卦變爲重，且多與朱震雷同，所以《四庫提要》直云「了齋有《易全解》，不止一卷，多本卦變，與朱子發之說相類」。[108]朱震折衷合會歷來卦變之說，陳氏深受其影響。

---

104 參見鄭剛中《周易窺餘·自序》。引自臺北：新文豐出版公司編印《大易類聚初集》第 2 冊，影印文淵閣四庫全書本《周易窺餘·自序》，1983年 10 月初版，頁 341。

105 見丁易東《易象義·提要》。引自臺北：新文豐出版公司編印《大易類聚初集》第 6 冊，影印文淵閣四庫全書本《易象義·提要》，1983 年 10月初版，頁 276。

106 見丁易東《易象義·自序》，頁 281。

107 見丁易東《易象義·易統論上》云：「以象論易者，若李鼎祚、朱子發、鄭少梅是也。然鼎祚《集解》則失於泥子，發集《傳》則傷於巧，鄭少梅則又別成一家而失之雜。以三家言之，子發爲最勝。」（見是書，頁282。）

108 引目陳瓘《了齋易說·提要》，臺北：新文豐出版公司編印《大易類聚初集》第 1 冊，影印文淵閣四庫全書本《了齋易說》，1983 年 10 月初版，頁 954。

（4）南宋其它重要《易》家與學者，包括朱元昇（西元？-1273年）的《三易備遺》、程大昌（西元 1123-1195 年）的《易原》、程迥（西元？年）的《周易古占法》、馮椅（西元？年）的《厚齋易學》、王宗傳（西元？年）的《童溪易傳》、徐總幹（西元？年）的《易傳燈》，以及王應麟（西元 1223-1296 年）《玉海》中的諸多引述，[109]也都深受影響。

（5）元明清時期的重要易學家：如元代吳澄（西元 1249-1333年）的《易纂言外翼》、胡一桂（西元 1264-？年）的《周易本義啓蒙翼傳》、董真卿（西元？年）的《周易會通》、明代熊過（西元？年）的《周易象旨決錄》、潘士藻（西元 1537-1600 年）的《讀易述》、清代毛奇齡（西元 1623-1716 年）的《仲氏易》與《易小帖》、張次仲（西元 1587-1676 年）的《周易玩辭困學記》、董守諭（西元 1596-1664 年）的《卦變考畧》、黃宗羲（西元 1610-1695 年）的《易學象數論》、黃宗炎（西元 1616-1686年）的《圖學辯惑》、胡渭（西元 1633-1714 年）的《易圖明辨》、惠棟的《易漢學》等等諸多《易》家論著，不論在文獻採用或觀點的取捨上，也都深受朱震的影響。

歷來學者研究漢《易》或圖書之學，也都不免論及有關主張，相關之釋說或圖學源流之記載，似乎已成爲有關議題論述時必須經略之文獻。全祖望（西元 1705-1755 年）誦其所謂「漢上之立身，則粹然真儒」，[110]其立身行道，《易》著所見，標誌爲儒學

---

109 王應麟《玉海》中涉《易》之言，引朱震之說者，不下二十三次。如卷三「唐遁甲圖」所引，卷七云卦氣應律呂之說，卷九云二十四氣，卷三十五云河洛之數，又云文王作易，又云歸藏成卦之法，又云孟喜、京房之學出自子夏所傳，又云八卦逸象，又云鄭康成與經傳相合，又云漢儒互體等等，不再一一贅舉。

110 見黃宗羲著，全祖望補本《宋元學案・漢上學案》，卷三十七，北京：中華書局，2007 年 1 月北京 1 版 3 刷，頁 1252。

的典範。戴君仁（西元 1901-1978 年）也認為他以義理為宗，並有濃厚的象數色彩，而且又傳授豐富的圖書之學，「這些圖書，影響了中國哲學思想數百年之久」，不能不引人注意與激起探求的興趣。[111]不論在象數的主張上，或圖書之學授受源流的問題，朱震都造成對後學無可迴避的深刻影響。

2.易學主體內容之正面評價

（1）辭義與觀念的釐清，重視歷來《易》家文獻之運用，建立出屬於自己所認定的合理看法。

（2）融攝漢代氣化觀，會合張載、程頤與邵雍等人的重要思想觀點，建立其氣化宇宙論之認識。

（3）推明《易》道落實於政治之關懷，建立其理性的政治自覺與實用的政治哲學。

（4）具體凸顯乾坤的哲學性地位，張揚乾坤之大義。

（5）釋說漢《易》作為主要之內容，讓易學研究者重新關注漢《易》之發展與對其實質內容之運用與認識。

（6）象數諸法的實際操作運用，多能發於己說、本於己意，不泥於漢說，亦不承襲墨守，展現出屬於自己的象數風格。

（7）提供後人研究漢代象數之學與宋代圖書之學的直接與相當完整的資料。

（8）陳述歷來重要易學觀點，列舉重要的代表主張，提出具體述評，具有積極駁正與批評之精神，有助於後人對相關觀點的釐清與認識。

（9）八卦用象之成象的形成，於經傳釋說中，特別是《說卦》的論釋，作了明確而詳細的說明，雖未必全然周洽，卻能夠使讀

---

111 參見戴君仁〈蘇軾與朱震的易學〉，《孔孟學報》，卷 26，1973 年 9 月，頁 99。

者明曉用象之來源。

　　（10）藉由卦變之說，具體展現宇宙自然變化的有機體系，凸顯宇宙自然與易學思想的變化之道。

　　（11）對天地之數、大衍之數，乃至各種數論，進行詳細考索辨析，確立其推原關係，提供後人數論之重要參照。

　　（12）針對太極圖式、河洛圖式、先後天圖式等有關圖式，進行詳細申說，於源流授受之有功，予後人考辨宋代圖書之學，提供重要的文獻依據。

　　（13）認同古代自然科學知識與易學思想的相容性，藉由圖式方式之呈現，試圖建構另類的邏輯思維下之具可驗證性的理論體系，使易學的論述更具實證的意義與價值。

（二）負面批評與具體缺失

1.歷來學者之負面批評

　　朱震對象數易學的重要觀點，大致能夠疏通，卻不免也有缺失舛誤者，歷來學者提出異議與批評者，主要針對其互體、卦變與伏卦等象數主張，作出責難與質疑，以下列舉重要者進行說明：

　　（1）南宋朱鑑（西元？年）的《文公易說》，對朱震提出諸多的批評，從其整體《易》著進行評斷，指出「朱子發解《易》如百衲襖，不知是說甚麼」。[112]認為其解說《易》義，過於煩瑣，令人難以捉摸。同時認為：

>　　朱震又多用伏卦、互體。說陽便及陰，說陰便及陽；乾可為坤，坤可為乾，恐太走作。[113]

112　見朱鑑《文公易說》，卷二十，臺北：臺灣商務印書館景印文淵閣四庫全書本第 18 冊，1986 年 3 月初版，頁 820。
113　見朱鑑《文公易說》，卷八，頁 586。

對其所用伏卦、互體之法，表現出的陰陽變易之具體作為過甚，深不以為然。又提到對朱震卦變之法的質疑，甚至認為「漢上卦變則通不得」，[114]作強烈而直接的否定。

（2）俞琰（約西元 1253-1314 年）《讀易舉要》提到他「多採先儒之說」，「於象數頗加詳焉」，但也指出「毛璞力詆其卦變、伏體之失」。[115]雖然肯定他詳於象數，卻失於卦變、伏體之說。就卦變而言，以既濟卦為例，《京氏傳》云「既濟與豐皆自泰來」，[116]也就是辟卦中的泰卦推佈出既濟卦、豐卦，虞翻也認為既濟是「泰五之二」，[117]而侯果也指出此本泰卦「六五降二，九二升五，是剛柔正而位當也」。[118]很明顯的，漢儒普遍肯定既濟卦是出自泰卦的二、五升降的結果。但是，朱震對既濟卦的解說，或曰自泰卦來，或曰自豐卦來。「初吉」以內卦言，離卦在南方當亨極之時，故與豐卦同象；「終亂」以外卦言，出離入坎，由既濟卦而入未濟卦。與豐卦日中則昃，月盈則食，天地盈虛，與時消息同義。[119]

（3）明代董守瑜（西元 1596-1664 年）《卦變考略》，針對卦變觀點，也提出質疑，認為：

> 漢上（朱震）以內外卦言，非精於變者。初吉者，謂泰乾

114　見朱鑑《文公易說》，卷二十，頁 821。
115　見俞琰《讀易舉要》。引自臺北：新文豐出版公司編印《大易類聚初集》第 6 冊，影印文淵閣四庫全書本《讀易舉要》，卷四，1983 年 10 月初版，頁 666。
116　《京氏傳》之言，源自郎顗之說。此處轉引自明代董守瑜《卦變考略》之錄。見董守瑜《卦變考略》，卷下，臺北：臺灣商務印書館景印文淵閣四庫全書本第 35 冊，1986 年 3 月初版，頁 675。
117　見李鼎祚《周易集解》，卷十二，臺北：臺灣商務印書館，1996 年 12 月台 1 版 2 刷，頁 302。
118　見李鼎祚《周易集解》，卷十二，頁 303。
119　參見朱震《漢上易傳》，卷六，頁 217。

> 也;乾為始。終亂者,謂泰坤;稱亂,反否終坤,虞氏之
> 變不可易也。[120]

其卦變主張,確實不全然依準於漢儒之說。從復原漢《易》本來面貌的角度云,朱震確未等同漢儒之論述,而從知識系統或操作系統的運用來看,朱震混用諸說,並未建立一個合理而有系統的理路,的確容易引人非議。

(4)元代胡一桂否定其飛伏的觀點,例如朱震往往以乾五為坎,坎變離,離為飛,所以為「飛龍」;以此飛伏之說,目的在於牽合取象,故常為後人所斥,胡氏甚至鄙其為「自是一老儒」,[121]未能建構出具有開創性的見解。

(5)清代惠棟的批評:惠棟提出諸多朱震對於漢儒《易》說的錯誤理解,例如對於鄭玄(西元 127-200 年)爻辰說的理解,在乾坤十二爻主十二辰的次序方面,朱震對鄭玄爻辰的理解:乾卦六爻自初至上,依序為子、寅、辰、午、申、戌;坤卦六爻自初至上,依序則為未、巳、卯、丑、亥、酉。乾起於子而終於戌,與鄭氏之義相符而無異議,然坤起於未而終於酉,則與鄭義相違;朱氏所云之坤卦的爻辰,實合於《乾鑿度》的配置,卻不合鄭氏之說。惠棟透過十二律相生之說,以正朱震之誤。[122]

---

120 見董守瑜《卦變考略》,卷下,臺北:臺灣商務印書館景印文淵閣四庫全書本第 35 冊,1986 年 3 月初版,頁 675。

121 參見元代胡一桂《周易啟蒙翼傳》云:「今觀其取象,亦甚有好處,但牽合走作處過多,且是文辭煩雜,使讀者茫然不能曉會。朱文公嘗謂漢上解如百衲襖相似,以此進讀,教人主如何曉。看來漢上自是一老儒,无書不讀,无事不曉,只是不善作文,窒塞不通爾。」(見胡一桂《周易啟蒙翼傳》,中篇,臺北:臺灣商務印書館景印文淵閣四庫全書本第 22 冊,1986 年 3 月初版,頁 268。)

122 朱震以《乾鑿度》的陽左行、陰右行之順逆次序,理解為鄭氏之次序;鄭氏的左行與右行,並無順逆之別,只是陽月、陰月的前後相次罷了,因此,惠棟藉此匡正朱氏之誤謬,指出「宋儒朱子發作《十二律圖》,

2.重要的具體缺失與不足

（1）借用張載「氣之體」的重要語言，對於太虛的本體論性格，並無周延之建構，亦無具體化成型。

（2）「性」、「理」、「誠」等諸多哲學命題的論述，蕪雜片斷，缺乏系統化，多有不足之處。

（3）卦爻象之運用，因辭立象又因象求象，過度強取，曲透複雜，致使辭屈義泥。

（4）多卦同用一象，半象與單爻取象運用頻繁，缺失嚴整性與合理性。

（5）互體取象，過度繁富牽合。多元的互體方式，未能建立使用之原則與時機，陷於繁瑣與附會的不合理困境。

（6）卦主之運用，不如前人如王弼之系統化，缺乏卦主的理論體系與思想意義。

（7）卦變之運用，並未建立完整而有系統的一致化體系。對虞翻、李挺之、邵雍諸說之認識不夠透徹，多有誤謬之處，非但未達後出轉精之功，卻顯其著失統緒，難以避免穿鑿附會、轉襲繆妄之嫌。

（8）將月體納甲的八卦方位與先天八卦方位進行聯結，隱約接受漢代即存在先天卦位的說法，陷入北宋新說的窠臼。

六二在巳，六三在卯，六五在亥，上六在酉，是坤貞于未而左行，其誤甚矣」。（參見惠棟《易漢學》，引自臺北：廣文書局《惠氏易學‧易漢學》，卷六，1981 年 8 月再版，頁 1196-1197。）張惠言《周易鄭氏義》肯定惠氏之考證，並在此一基礎上，進一步指出朱震爻辰說在配音律方面的錯誤，其誤主要為「朱誤以南呂在巳，以中呂在酉」，「朱誤應鍾為夷鍾」，「朱誤夾鍾為應鍾」。（參見張氏《周易鄭氏義‧略例》。引自《大易類聚初集》第十九輯，影印庚申補刊《皇清經解》本，臺北：新文豐出版公司，1983 年 10 初版，頁 260。）詳細之內容，參見本論著第十二章有關律呂圖式之論述。

（9）諸多圖說之內容，考索論述不夠精確，如卦氣、律呂圖式，如對《太玄準易圖》之釋說，部份內容失其準據。

（10）伏卦之運用，未確立依循的規則，顯現出隨機取法、浮濫頻繁之失。

整體而言，在尊重或認同象數易學的同時，反省朱震接受與運用兩漢以降所建構的象數理論，實際上仍存在牽強附會、繁複瑣碎的負面形象。將那些屬於天文歷法等科學性概念，以及律呂、陰陽五行、干支等方面強加混用與擴充，欲將公式化或機械化的內容，運用於變化多端、紛繁複雜的現實上，往往易陷入捉襟見肘、附會不實的窘境，致使科學性的共識，失去其在學術文化上所可以呈現的正面意義，這也正是朱震釋說經傳所面對的困境。

三、朱震易學具象與抽象認識並建之可能

象數或圖式的類符號訊息的運思思維，爲易學系統的特有思維方式，其內在仍具有積極的邏輯思維與表述哲學意義的可能。藉由象數組成的符號、文字體系與圖式結構，表徵世界的本質和規律。

人對世界的認識意識，主要透過感性的形象思維與理性的抽象思維方式來運作形成。感性認識的產生，源自於人們把握事物的表面特徵和外在形象，以對事物進行根本的理解；理性思維的產生，源自人們從個別中認識一般的本質和規律，以進行可能的實踐活動之需要。[123]象數與圖式的思維，雖然本身帶有強烈的形象思維形式，卻也在形象的背後又涵攝著抽象的概念。如同《繫辭傳》所說的「書不盡言，言不盡意」，則「聖人立象以盡意」，

---

123 參見何麗野〈象的思維：說不可說 —— 中國古代形而上學方法論〉，《中國哲學》，2004 年第 4 期，頁 40。

在無法全然言說以「意」之下，可以通過「象」或「象數」乃至圖式形式的解讀來領會。所以說，象數或圖式的呈現，絕不僅僅指為客觀事物的表象或結構性的圖式概念，而是能夠生「意」的象數或圖式。擴而言之，世界的本質往往不能直接言說，但可以通過象數或圖式的概念積極的顯示出來。

或許抽象概念可以藉由言語直接言說，但象數或圖式仍可以有它存在的必要性，也可以達到它直接或輔助達「意」的效果。因此，象數或圖式不只是形象的思維，而是能夠帶有多樣性的抽象意義，其抽象之意義，則有待讀者或研究者的進一步詮釋與藉由語言的再一次邏輯建構與理解，使其抽象的意義更為豐富起來。當能用這種觀念看待象數或圖書之學，它的價值與學術的可開展性也就自然的提高；將具象的形式或符號訊息，予以抽象思考與建構，乃至挖掘其內在本身存有的抽象思維之可能性，本是存在著理解本身的問題。

因此，義理之學的優位價值雖然可以被認同，但象數或圖書之學的存在價值，尤其作為一個知識系統衍生歷程中的必然產物，也是這個知識系統的內容之一，客觀上也是不容漠視或刻意排斥的，它仍有其多元存在或必然存在的價值與意義。甚至，在易學系統的客觀發展過程中，乃至這套原始知識系統的語言性質，本身就難以捨棄或分割與象數的關係、或是後來發展出的圖式結構之關係，畢竟，在義理之學的建構中，往往必須藉由《周易》本身的象數概念，乃至運用前儒的象數主張作為進一步詮釋的介面。至於象數、圖書之學，或義理思想的側重，或把握的主要易學取向，作為易學洪流中的一員，則端視其易學知識建構與詮解的認識取向、問題意識，以及其學術發展過程中的時代角色，這些因素所構築的易學認識，不見得能夠、也不一定要符合後人

的一定之期待；回歸歷史的當中，朱震並沒有被否定，朱震的易學成就，某種程度得到普遍的認同與接受。

朱震以其理解的象數或圖書之學，提供對世界的認識形式，藉由特殊符號訊息或具象的概念形式與論述法則，以某種可以決定現象變化方向和結果的具有規律性的普遍原則，用以對天道的揣摹和模擬，體現出推天道以明人事的歷程。朱震融合漢魏乃至北宋以來的特有元素，從哲學的視域觀之，仍重於對世界的瞭解，形成其解釋世界的特殊理解形式與特色。

朱震融會諸多歷來的易學形式觀念，表現出屬於自己所認識的事物存在之基本方式與根本邏輯，是一種具體和直觀的思維所建構的世界圖式。這些思維圖式，反映在其經傳釋義的象數運用上，包括卦變、互體、卦爻象、納甲、卦主、《易》數等等；也反映在其四十餘幅的卦圖當中，包括河洛、先後天、八卦六位、天文、律呂等等諸多圖式的呈現。將帶有濃厚天文歷法等自然科學知識的介入，雖然或許以其主觀的概念，試圖認同與建構其可驗證性的、或又帶有神秘性的理解，但仍有其天人合一觀念的基本概念之體現，也有其邏輯思維的合理性存在，不容全盤被否定。

四、朱震易學的時代價值

朱震把握易學變易觀的核心思想，會通張載、程頤、邵雍等人的思想，具體運用卦變、互體、數論等諸多象數的主張，展現出陰陽氣化的形象化、形式化認識，走在接受傳統氣化觀的思路上，不被北宋以來以理為主的主流價值與認識所籠制，並在他所處的南宋前期階段，引領形成一股性質相近的易學風氣，從易學或理學發展流變的歷史視域看，可以讓我們看到這個時期並非已是一個決然浸染於以「理」為主或是太極為一「理」的時期，理

氣的問題，在他所處的階段並不是一個必然存在或是實質存在的問題；從象數的理解，賦予氣化的本質，朱震易學思想給我們如此一般的明確之認識。這樣的認識，雖然帶有諸多宋人的元素，但仍存在高度漢代易學的實然，具體的向漢代易學傾斜。

朱震作爲漢《易》延續的中介與承傳者，在李鼎祚《周易集解》等象數文獻的既有基礎下，廣泛運用漢儒各種象數主張，作爲實際操作釋說《周易》經傳的主要依據，並非只是漢《易》觀點的介紹而已，而是一種認同漢說而內化成爲屬於自己的易學理解。因此，在象數思想的運用上，朱震把握漢人的象數主張，卻非不變的只是模仿漢人釋說《周易》經傳的方式與內容，朱震重構與運用出成爲一套屬於自己創制的領舊翻新之象數之學的認識系統，一種本諸於傳統的理解之創造性詮解，這樣的認識，非漢代象數之學所能牢寵。

朱震在圖書易學方面，除了部份繼自北宋的河洛、先後天之學等圖書方面的理解系統外，主要仍表現在漢人的象數觀之圖式結構化的具體形象性認識，傳遞出某些完整的漢魏象數之學的知識體系，並含有某種程度的抽象性概念的存在，如宇宙時空觀、陰陽運動變化的思想等內容；象數之學，以另類的簡易之圖式結構或符號訊息來呈現，其科學性的意義，以及邏輯性的或是抽象性的存在，仍不可以否定或抹殺的。

這些象數的理解，除了具有天文、律呂等具體的知識概念外，其背後的溯源與原則的依循，仍然是易學系統中固有的陰陽變易思想，或許並不是深層而複雜的抽象性意義，但仍不失其抽象性意義的存在，以簡易的太極、陰陽推演的基礎規律，建構出宇宙自然、人事變化的可能之認識。美國物理學家阿・熱所著《可怕的對稱》提到，「當代物理學正著手向進一步簡化進發，我們對

大自然探究得越深，它就越簡單。這個結確實是驚人的，因為並無任何先置的理由使我們能期望，這個包含極多迷惑人的複雜現象的宇宙，最終只是由幾個簡單的規則支配的」。[124]強調自然的變化、自然的現象與規律，或許最終可以藉由幾個簡易的概念或規則所確認。易學系統中，不論是複雜而抽象的義理之學的根本原則，或是象數之學或圖書之學所傳達的簡易認識，也都反應出古人所理解的宇宙觀、自然的變化概念，乃至時空運化、能量轉化的結構與規律意義，不管它是否合於科學的或物理的實質現象與規則，但卻是古人具體運用科學的知識聯結易學的認識系統，成為他們所理解的世界，從簡化的天道規則，以推明人道之變。

　　自然演變的意義仍在於人，易學系統就是在試圖推明此一概括概念的認識系統，確立出最簡易的自然規律。這樣的態度與認識思維，就如當代物理學家們面對深邃奧妙的宇宙的簡易規則之可能理解一樣。回歸漢代象數之學，某種程度上更具有這種科學性的意義，尤其表現在天文、歷法等知識元素的運用上。這些部份，在朱震的卦圖或經傳的釋說中，可以得到豐富的體現。

124　《可怕的對稱》所云，轉引自馬保平《中國方數文化思想方法研究》，北京：中國社會科學出版社，2007 年 12 月 1 版 1 刷，頁 189。

參考書目

（依姓氏筆劃順序排列）[1]

一、古籍《易》著（含點校本）

丁易東《易象義》，臺北：新文豐出版公司大易類聚初集第 6 冊，
　　影印文淵閣四庫全書本，1983 年 10 月初版。

王弼、韓康伯注，孔穎達正義《周易正義》，臺北：藝文印書館十
　　三經注疏本，1997 年 8 月初版 13 刷。

王弼《周易註》，臺北：臺灣商務印書館景印文淵閣四庫全書本第
　　7 冊，1986 年 3 月初版。

王弼著、樓宇烈校釋《王弼集校釋》，北京：中華書局，1999 年
　　12 月 1 版北京 3 刷。

王應麟《周易鄭康成註》，臺北：臺灣商務印書館景印文淵閣四庫
　　全書本第 7 冊，1986 年 3 月初版。

王應麟《周易鄭康成註》，臺北：新文豐出版公司大易類聚初集第
　　1 冊，影印文淵閣四庫全書本，1983 年 10 月初版。

王宗傳《童溪易傳》，臺北：臺灣商務印書館景印文淵閣四庫全書
　　本第 17 冊，1986 年 3 月初版。

王夫之《船山易學》，臺北：廣文書局，1981 年第 3 版。

王樹枬《費氏古易訂文》，臺北：文史哲出版社影印光緒辛卯季冬

1　本論著參考書目，僅列易學相關論著。其它有關典籍著作之運用，乃至
　　相關典籍引用闕漏者，參見論著注引所示。

文莫室刻本，1990 年 11 月景印初版。

毛奇齡《仲氏易》，臺北：新文豐出版公司大易類聚初集第 13 冊，1983 年 10 月初版。

毛奇齡撰、鄭萬耕點校《毛奇齡易著四種》，北京：中華書局，2010 年 1 月 1 版北京 1 刷。

方申《方氏易學五書》，臺北：新文豐出版公司叢書集成續編第 29 冊，影印南菁書院本，1989 年 7 月台 1 版，頁 603。

朱熹《原本周易本義》，臺北：新文豐出版公司大易類聚初集第 2 冊，影印文淵閣四庫全書本，1983 年 10 月初版。

朱熹《周易二種・周易本義》，臺北：大安出版社，2006 年 8 月 1 版 2 刷。

朱震《漢上易傳》，臺北：臺灣商務印書館景印文淵閣四庫全書本第 11 冊，1986 年 3 月初版。

朱震《漢上易傳》，臺北：成文出版社嚴靈峯編輯無求備齋易經集成據宋刊鈔補本影印第 20、21 冊。

朱震《漢上易傳》上、下，臺北：廣文書局易學叢書續編本，1974 年 9 月初版。

朱震著，王婷、王心田編輯點校《朱震集》，長沙：嶽麓書社，2007 年 10 月 1 版 1 刷。

朱駿聲《六十四卦經解》，北京：中華書局，1998 年 12 月第 1 版第 6 刷。

宋翔鳳《周易考異》，臺北：新文豐出版公司大易類聚初集第 20 冊，1983 年 10 月初版。

江藩《周易述補》，臺北：新文豐出版公司大易類聚初集第 17 冊，1983 年 10 月初版。

沈起元《周易孔義集說》，臺北：臺灣商務印書館景印文淵閣四庫

全書本第 50 冊，1986 年 3 月初版。

江永著、孫國中校理《河洛精蘊》，北京：學苑出版社，2004 年 3 月北京 3 版北京 1 刷。

李鼎祚《周易集解》，臺北：臺灣商務印書館景印文淵閣四庫全書本第 7 冊，1986 年 3 月初版。

李鼎祚《周易集解》，臺北：臺灣商務印書館，1996 年 12 月台第 1 版第 2 刷。

李衡《周易義海撮要》，臺北：臺灣商務印書館景印文淵閣四庫全書本第 13 冊，1986 年 3 月初版。

李光地《周易折中》，成都：巴蜀書社，1998 年月 1 版 1 刷。

李光地《周易折中》，臺北：臺灣商務印書館景印文淵閣四庫全書本第 38 冊，1986 年 3 月初版。

李塨《周易傳註》，臺北：臺灣商務印書館景印文淵閣四庫全書本第 47 冊，1986 年 3 月初版。

李道平《周易集解纂疏》，臺北：廣文書局，1979 年 6 月初版。

李道平《周易集解纂疏》，北京：中華書局，2006 年 7 月北京 1 版 5 刷。

李銳《周易虞氏略例》，臺北：新文豐出版公司大易類聚初集第 19 冊，影印南菁書院《皇清經解續編》，1983 年 10 月初版。

李富孫《易經異文釋》，臺北：新文豐出版公司大易類聚初集第 20 冊，1983 年 10 月初版。

李林松《周易述補》，臺北：新文豐出版公司大易類聚初集第 17 冊，1983 年 10 月初版。

何楷《古周易訂詁》，臺北：臺灣商務印書館景印文淵閣四庫全書本第 36 冊，1986 年 3 月初版。

吳翊寅《易漢學考》，上海：上海古籍出版社續修四庫全書編纂委

　　員會編續修四庫全書第 39 冊。

吳翊寅《易漢學師承表》，上海：上海古籍出版社續修四庫全書編
　　纂委員會編續修四庫全書第 39 冊。

吳翊寅《周易消息升降爻例》，上海：上海古籍出版社續修四庫全
　　書編纂委員會編續修四庫全書第 39 冊。

孟喜《孟氏章句》，臺北：成文出版社無求備齋易經集成第 173
　　冊，19765 年出版。

京房《京氏易傳》，臺北：中國子學名著集成第 98 冊。

林栗《周易經傳集解》，臺北：臺灣商務印書館景印文淵閣四庫全
　　書本第 12 冊，1986 年 3 月初版。

來知德《周易集注》，北京：九州出版社，2004 年 6 月 1 版 1 刷。

紀磊《虞氏逸象攷正》，臺北：新文豐出版公司叢書集成續編第
　　30 冊，影印吳興叢書本，1989 年 7 月台 1 版。

紀磊《九家逸象辨證》，臺北：新文豐出版公司叢書集成續編第
　　30 冊，影印吳興叢書本，1989 年 7 月台 1 版。

查慎行《周易玩辭集解》，臺北：臺灣商務印書館景印文淵閣四庫
　　全書本第 47 冊，1986 年 3 月初版。

俞琰《讀易舉要》，臺北：臺灣商務印書館景印文淵閣四庫全書本
　　第 21 冊，1986 年 3 月初版。

俞樾《周易互體徵》，臺北：新文豐出版公司大易類聚初集第 18
　　冊，1983 年 10 月初版。

俞樾《周易平議》，臺北：新文豐出版公司大易類聚初集第 18 冊，
　　1983 年 10 月初版。

胡渭《易圖明辨》，臺北：新文豐出版公司大易類聚初集第 15 冊，
　　影印皇清經解續編本，1983 年 10 月初版。

胡渭撰、鄭萬耕點校《易圖明辨》，北京：中華書局，2008 年 2

月 1 版北京 1 刷。

胡方《周易本義注》，臺北：新文豐出版公司叢書集成新編第 16 冊，影印嶺南叢書本，1985 年元月初版。

胡一桂《周易啓蒙翼傳》，臺北：臺灣商務印書館景印文淵閣四庫全書本第 22 冊，1986 年 3 月初版。

高亨《周易大傳今注》，濟南：齊魯書社，1998 年 4 月第 1 版第 1 刷。

晏斯盛《易翼宗》，臺北：臺灣商務印書館景印文淵閣四庫全書本第 43 冊，1986 年 3 月初版。

章太炎等撰《易學論叢》，臺北：廣文書局，1971 年 5 月初版。

莊存與《卦氣解》，臺北：新文豐出版公司大易類聚初集第 17 冊，1983 年 10 月初版。

陳壽熊《讀易漢學私記》，臺北：新文豐出版公司大易類聚初集第 18 冊，1983 年 10 月初版。

陳念祖《易用》，臺北：臺灣商務印書館景印文淵閣四庫全書本第 35 冊，1986 年 3 月初版。

陳瓘《了齋易說》，臺北：新文豐出版公司大易類聚初集第 1 冊，影印文淵閣四庫全書本，1983 年 10 月初版。

張獻翼《讀易紀聞》，臺北：臺灣商務印書館景印文淵閣四庫全書本第 32 冊，1986 年 3 月初版。

張惠言《周易鄭氏學》，臺北：成文出版社無求備齋易經集成第 176 冊，1976 年出版。

張惠言《易緯略義》，上海：上海古籍出版社續修四庫全書第 40 冊。

張惠言《周易荀氏九家義》，臺北：新文豐出版公司大易類聚初集第 19 冊，影印學海堂《皇清經解》本，1983 年 10 月初版。

張惠言《周易鄭氏義》，臺北：新文豐出版公司大易類聚初集第 19 冊，影印學海堂《皇清經解》本，1983 年 10 月初版。

張惠言《周易虞氏義》，臺北：新文豐出版公司大易類聚初集第 19 冊，影印學海堂《皇清經解》本，1983 年 10 月初版。

張惠言《易圖條辨》，臺北：新文豐出版公司大易類聚初集第 17 冊，1983 年 10 月初版。

張次仲《周易玩辭困學記》，臺北：新文豐出版公司大易類聚初集第 10 冊，1983 年 10 月初版。

程大昌《易原》，臺北：新文豐出版公司大易類聚初集第 3 冊，影印文淵閣四庫全書本，1983 年 10 月初版。

惠士奇《惠氏易說》，臺北：藝文印書館皇清經解易類彙編本，1992 年 9 月 2 版。

惠棟《易例》，臺北：成文出版社無求備齋易經集成第 150 冊，1976 年出版。

惠棟《惠氏易學》，臺北：廣文書局，1981 年 8 月再版。

惠棟《周易述》，臺北：臺灣商務印書館景印文淵閣四庫全書本第 52 冊，1986 年 3 月初版。

惠棟《增補鄭氏周易》，臺北：臺灣商務印書館景印文淵閣四庫全書本第 7 冊，1986 年 3 月初版。

惠棟《易漢學》，臺北：新文豐出版公司叢書集成新編本第 17 冊，影印經訓堂叢書本。

惠棟《九經古義》，臺北：臺灣商務印書館景印文淵閣四庫全書本第 191 冊，1986 年 3 月初版。

黃宗羲《易學象數論》（外二種），北京：中華書局，2010 年 10 月 1 版北京 1 刷。

黃宗炎《周易象辭》，臺北：新文豐出版公司大易類聚初集第 13

冊，1983 年 10 月初版。

黃宗炎《易圖辨惑》，臺北：新文豐出版公司大易類聚初集第 13
　　冊，1983 年 10 月初版。

黃宗炎《尋門餘論》，臺北：新文豐出版公司大易類聚初集第 13
　　冊，1983 年 10 月初版。

程頤《伊川易傳》，臺北：新文豐出版公司大易類聚初集第 1 冊，
　　1983 年 10 月初版。

程廷祚《大易擇言》，臺北：新文豐出版公司大易類聚初集第 18
　　冊，1983 年 10 月初版。

馮道立著、孫國中點校《周易三極圖貫》，北京：團結出版社，2009
　　年 4 月 1 版 1 刷。

焦延壽《焦氏易林》，臺北：新文豐出版公司，1987 年六月台 1
　　版。

焦循《易章句》，臺北：新文豐出版公司大易類聚初集第 20 冊，
　　1983 年 10 月初版。

焦循《易通釋》，臺北：新文豐出版公司大易類聚初集第 20 冊，
　　1983 年 10 月初版。

焦循《易圖略》，臺北：新文豐出版公司大易類聚初集第 20 冊，
　　1983 年 10 月初版。

董守瑜《卦變考略》，臺灣商務印書館景印文淵閣四庫全書本第
　　35 冊，1986 年 3 月初版。

董真卿《周易會通》，臺北：臺灣商務印書館景印文淵閣四庫全書
　　本第 26 冊，1986 年 3 月初版。

楊萬里《誠齋易傳》，臺北：臺灣商務印書館景印文淵閣四庫全書
　　本第 14 冊，1986 年 3 月初版。

蒼頡、鄭康成注《易緯八種》，臺北：新興書局，1963 年初版。

翟均廉《周易章句證異》，臺北：新文豐出版公司大易類聚初集第
　　18 冊，1983 年 10 月初版。

熊過《周易象旨決錄》，臺北：新文豐出版公司大易類聚初集第 8
　　冊，1983 年 10 月初版。

熊良輔《周易本義集成》，臺北：臺灣商務印書館景印文淵閣四庫
　　全書本第 24 冊，1986 年 3 月初版。

鄭剛中《周易窺餘》，臺北：新文豐出版公司大易類聚初集第 2
　　冊，影印文淵閣四庫全書本，1983 年 10 月初版。

蔡清《易經蒙引》，臺北：臺灣商務印書館景印文淵閣四庫全書本
　　第 29 冊，1986 年 3 月初版。

蔣一彪輯《古文參同契集解》，臺北：新文豐出版公司影印毛晉訂
　　本，1987 年 6 月台 1 版。

魏濬《易義古象通》，臺北：臺灣商務印書館景印文淵閣四庫全書，
　　本第 34 冊，1986 年 3 月初版。

魏伯陽等撰《古文參同契箋註集外二種》，臺北：新文豐出版公司，
　　1987 年 6 月台 1 版。

魏伯陽等撰《參同契正文外三種》，臺北：新文豐出版公司，1987
　　年 6 月台 1 版。

藝文印書館彙編《皇清經解易類彙編》，臺北：藝文印書館，影印
　　皇清解本。

藝文印書館彙編《續經解易類彙編》，臺北：藝文印書館，影印皇
　　清經解續編本。

《易緯八種》，日本：京都市，1998 年影印自武英殿聚珍版本《古
　　經解彙函・易緯八種》。

二、當代《易》著

丁維杰《周易哲學》，臺北：藝文印書館，1959 年 4 月初版。

王瓊珊《易學通論》，臺北：廣文書局，1971 年 5 月初版。

王居恭《周易旁通》，臺北：文史哲出版社，1992 年 11 月初版。

王新春《周易虞氏學》，臺北：頂淵文化事業有限公司，1999 年 2 月初版 1 刷。

王章陵《周易思辨哲學》，臺北：頂淵文化事業有限公司，2004 年 5 月初版 1 刷。

王博《易傳通論》，臺北：大展出版社有限公司，2004 年 11 月初版 1 刷。

王鐵《宋代易學》，上海：上海古籍出版社，2005 年 9 月 1 版 1 刷。

孔繁詩《易經繫辭傳研究》，臺北：晴園印刷事業有限公司，1998 年 12 月再版。

田合祿、田峰《周易與日月崇拜》，北京：光明日報出版社，2004 年 9 月 1 版 1 刷。

田合祿、田峰《周易真原 —— 中國最古老的天學科學體系》，太原：山西科學技術出版社，2004 年 1 月修訂再版。

朱維煥《周易經傳象義闡釋》，臺北：臺灣學生書局，1993 年 9 月初版 3 刷。

朱伯崑《易學哲學史》，北京：華夏出版社，1995 年 1 月第 1 版。

朱伯崑主編《國際易學研究》第三冊，北京：華夏出版社，1997 年 7 月北京第 1 版第 1 刷。

朱伯崑主編《國際易學研究》第四冊，北京：華夏出版社，1998 年 6 月北京第 1 版第 1 刷。

朱伯崑主編《國際易學研究》第五冊，北京：華夏出版社，1999
　　年 9 月北京第 1 版第 1 刷。

成中英《易學本體論》，北京：北京大學出版社，2006 年 9 月 1
　　版 1 刷。

江國樑《易學研究基礎與方法》，臺北：學易齋，2000 年 12 月。

牟宗三《周易的自然哲學與道德函義》，臺北：文津出版社，1998
　　年 8 月初版 2 刷。

牟宗三《周易哲學演講錄》，上海：華東師範大學出版社，2004
　　年 7 月 1 版 1 刷。

汪忠長《讀易劄記》，臺北：考古文化事業公司，1982 年 6 月台
　　初版。

汪學群《清初易學》，北京：商務印書館，2004 年 11 月 1 版北京
　　1 刷。

汪致正《易學津梁》，北京：人民出版社，2006 年 5 月 1 版北京 1
　　刷。

祁潤興《周易義理學》，上海：上海古籍出版社，2007 年 5 月 1
　　版 1 刷。

邢文《帛書周易研究》，北京：人民出版社，1997 年 11 月第 1 版
　　第 1 刷。

呂紹綱主編《周易辭典》，長春：吉林大學出版社，1992 年 4 月 1
　　版 1 刷。

呂紹綱《周易闡微》，臺北：韜略出版有限公司，2003 年 11 月 2
　　版 1 刷。

李周龍《易學窺餘》，臺北：文津出版社，1991 年 8 月初版。

李樹菁《周易象數通論 ── 從科學角度的開拓》，北京：光明日報
　　出版社，2004 年 4 月 1 版 1 刷。

李學勤《周易經傳溯源》，北京：長春出版社，1992 年 8 月第 1 版第 1 刷。

李申、郭彧《周易圖說總滙》，上海：華東師範大學出版社，2004 年 4 月 1 版 1 刷。

李申《易圖考》，北京：北京大學出版社，2001 年 2 月 1 版 1 刷。

余敦康《內聖外王的貫通－北宋易學的現代闡釋》，上海：學林出版社，1997 年 1 月 1 版 1 刷。

余敦康《漢宋易學解讀》，北京：華夏出版社，2006 年 7 月北京 1 版 1 刷。

余敦康《周易現代解讀》，北京：華夏出版社，2006 年 7 月北京 1 版 1 刷。

林尹等著《易經研究論集》，臺北：黎明文化事業公司，1981 年元月初版。

林忠軍《象數易學發展史》第二卷，桂林：廣西教育出版社，1996 年 9 月 1 版 1 刷。

林忠軍《周易鄭氏學闡微》，上海：上海古籍出版社，2005 年 8 月 1 版 1 刷。

林忠軍主編《歷代易學名著研究》（上、下），濟南：齊魯書社，2008 年 5 月 1 版 1 刷。

林文欽《周易時義研究》，臺北：鼎文書局，2002 年 10 月初版。

林耕年《易學通論》，臺北：大溢出版社，2003 年 12 月出版。

金景芳、呂紹綱《周易全解》，上海：上海古籍出版社，2005 年 1 月 1 版 1 刷。

吳懷祺《易學與史學》，臺北：大展出版社有限公司，2004 年 12 月初版 1 刷。

吳康《邵子易學》，臺北：臺灣商務印書館，1972 年初版 2 刷。

屈萬里《先秦漢魏易例述評》，臺北：聯經出版公司，1984 年 7 月初版。

周止禮《易經與中國文化》，北京：學苑出版社，1990 年 12 月第 1 版第 1 刷。

周伯達《周易哲學概論》，臺北：臺灣學生書局，1999 年 4 月初版。

尚秉和《周易尚氏學》，北京：中華書局，2003 年 12 月 1 版北京 8 刷。

南懷瑾、徐芹庭註譯《周易今註今譯》，臺北：臺灣商務印書館，1997 年 4 月修定版 10 刷。

范良光《易傳道德的形上學》，臺北：臺灣商務印書館，1990 年 4 月第 2 版。

胡自逢《先秦諸子易說通考》，臺北：文史哲出版社，1989 年第 3 版。

胡自逢《周易鄭氏學》，臺北：文史哲出版社，1990 年第 1 版。

胡自逢《程伊川易學述評》，臺北：文史哲出版社，1995 年 12 月初版。

高懷民《大易哲學論》，臺北：作者自印，1978 年 6 月初版 1988 年 7 月再版。

高懷民《先秦易學史》，臺北：中國學術著作獎助委員會，1990 年 6 月第 3 版。

高懷民《兩漢易學史》，臺北：中國學術著作獎助委員會，1970 年 12 月初版。

高懷民《中國哲學在皇皇易道中成長發展》，臺北：作者自印，1999 年 2 月初版。

高懷民《宋元明易學史》，桂林：廣西師範大學出版社，2007 年 7

月 1 版 1 刷。

高懷民《邵子先天易哲學》，臺北：作者自印，1987 年 3 月初版。

唐琳《朱震的易學視域》，北京：中國書社，2007 年 7 月 1 版 1
刷。

徐芹庭《易學源流》，臺北：國立編譯館，1987 年 8 月初版。

徐芹庭《易圖源流》，臺北：國立編譯館，1993 年 4 月初版。

徐芹庭《易經詳解》，臺北：聖環圖書有限公司，1994 年 3 月 1
版 2 刷。

徐芹庭《易經研究》，臺北：五洲出版社，1997 年 6 月初版。

徐芹庭《虞氏易述解》，臺北：五洲出版社，1974 年出版。

閆修篆《易經的圖與卦》，臺北：五洲出版有限公司，1998 年 10
月出版。

孫劍秋《易理新研》，臺北：臺灣學生書局，1997 年 12 月初版。

孫劍秋《《易》、《春秋》與儒學思想研究論集》，臺北：中華文化
教育學會出版，2007 年 4 月。

郭彧《京氏易傳導讀》，濟南：齊魯書社，2002 年 10 月 1 版 1 刷。

郭彧《易圖講座》，北京：華夏出版社，2007 年 1 月北京 1 版 1
刷。

郭彧《周易八卦圖解》，成都：巴蜀書社，2003 年 3 月 1 版 1 刷。

郭建勳注譯、黃俊郎校閱《新譯易經讀本》，臺北：三民書局，1996
年 1 月初版。

常秉義《周易與歷法》，北京：中國華僑出版社，2002 年 1 月 2
版 3 刷。

梁書弦《漢易卦氣學研究》，濟南：齊魯書社，2007 年 1 月 1 版 1
刷。

陳鼓應《易傳與道家思想》，臺北：臺灣商務印書館，1994 年 9

月初版 3 刷。

陳鼓應、趙建偉《周易注譯與研究》，臺北：臺灣商務印書館，1999
年 7 月初版 1 刷。

陳伯适《惠棟易學研究》（一、二、三、四），臺北：花木蘭文化
出版社，2009 年 9 月初版。

張立文《周易帛書今注今譯》，臺北：臺灣學生書局，1991 年 9
月初版。

張吉良《周易哲學和古代社會思想》，濟南：齊魯書社，1998 年 9
月第 1 版第 1 刷。

張其成《易經應用大百科》，臺北：地景企業股份有限公司，1996
年 5 月初版。

張濤《秦漢易學思想研究》，北京：中華書局，2005 年 3 月 1 版 1
刷。

張善文《歷代易家與易學要籍》，福州：福建人民出版社，1998
年 4 月 1 版 1 刷。

張善文《象數與義理》，瀋陽：遼寧教育出版社，1997 年 4 月 1
版 3 刷。

張漢《周易會意》，成都：巴蜀書社，2002 年 12 月 1 版 1 刷。

黃沛榮《易學論著選集》，臺北：長安出版社，1985 年 10 月初版。

黃慶萱《周易縱橫談》，臺北：東大圖書股份有限公司，1995 年 3
月初版。

黃忠天《周易程傳註評》，臺北：高雄復文圖書出版社，2006 年 3
月 3 版。

傅隸樸《周易理解》，臺北：臺灣商務印書館，1999 年 10 月初版
7 刷。

程石泉《易學新探》，上海：上海古籍出版社，2003 年 12 月 1 版

1 刷。

馮家金《周易繫辭傳》，臺北：頂淵文化事業有限公司，1999 年 2 月初版 1 刷。

楊錦銓《易經古義解讀》，臺北：臺灣學生書局，2002 年 4 月初版。

楊吉德《周易卦象與本義統解》，濟南：齊魯書社，2004 年 11 月 1 版 1 刷。

趙中偉《《周易》「變」的思想研究》，臺北：花木蘭文化出版社，2009 年 3 月初版。

廖名春《帛書易傳初探》，臺北：文史哲出版社，1998 年 11 月初版。

鄧球柏《帛書周易校釋》，長沙：湖南出版社，1996 年 8 月第 2 版第 3 刷。

潘雨廷《易學史叢論》，上海：上海古籍出版社，2007 年 6 月 1 版 1 刷。

鄭吉雄《易圖象與易詮釋》，臺北：財團法人喜瑪拉雅研究發展基金會，2002 年 2 月初版。

鄭萬耕《易學源流》，瀋陽：瀋陽出版社，1997 年 5 月第 1 版第 1 刷。

鄭衍通《周易探原》，臺北：文史哲出版社，2002 年 6 月修正增訂 1 版。

劉百閔《周易事理通義》，臺北：世界書局，1985 年 10 月再版。

劉瀚平《宋象數易學研究》，臺北：五南圖書出版公司，1993 年 2 月初版 1 刷。

劉瀚平《周易思想探微》，臺北：商鼎文化出版社，1997 年 12 月第 1 版第 1 刷。

劉玉建《兩漢象數易學研究》，桂林：廣西教育出版社，1996 年 9
　　月第 1 版第 1 次刷。

劉大鈞《象數精解》，成都：巴蜀書社，2004 年 5 月 1 版 1 刷。

劉大鈞《周易概論》，成都：巴蜀書社，2004 年 5 月 1 版 1 刷。

劉大鈞主編《大易集奧》，上海：上海古籍出版社，2004 年 12 月
　　1 版 1 刷。

劉大鈞主編《象數易學研究》第三冊，成都：巴蜀書社，2003 年
　　3 月 1 版 1 刷。

劉大鈞主編《大易集述》，成都：巴蜀書社，1998 年 10 月 1 版 1
　　刷。

劉保貞《易圖明辨導讀》，濟南：齊魯書社，2004 年 5 月 1 版 1
　　刷。

賴貴三《易學思想與時代易學論文集》，臺北：文津出版社，2007
　　年 11 月初版。

盧泰《周易參五筮法》，長春：吉林文史出版社，2004 年 7 月 1
　　版 1 刷。

盧央《京房評傳》，南京：南京大學出版社，1998 年 12 月第 1 版
　　第 1 刷。

盧央《易學與天文學》，臺北：大展出版社，2005 年 6 月初版 1
　　刷。

戴君仁《談易》，臺北：臺灣開明書店，1982 年 2 月第 7 版。

戴璉璋《易傳之形成及其思想》，臺北：文津出版社，1989 年初
　　版。

濮茅左《楚竹書《周易》研究》，上海：上海古籍出版社，2006
　　年 11 月 1 版 1 刷。

鍾泰德《易經研究》，臺北：文英堂出版社，1998 年 9 月初版。

蕭漢明、郭東升《周易參同契研究》，上海：上海文化出版社，2001
　　年 1 月 1 版 1 刷。

嚴靈峰《馬王堆帛書易經斠理》，臺北：文史哲出版社，1994 年 7
　　月初版。

三、論文期刊

（一）學位論文

林志孟《俞琰易學思想研究》，臺北：私立文化中大學中國文學系
　　博士論文，1994 年。

涂雲清《吳澄易學研究》，臺北：國立臺灣大學中國文學系碩士論
　　文，1997 年。

陳玉琪《邵雍「先天圖」研究》，臺北：私立東海大學中國文學系
　　碩士，2001 年。

陳志淵《朱震《漢上易傳》研究》，臺北：國立臺灣師範大學國文
　　研究所碩士論文，1993 年 5 月。

許朝陽《胡渭《易圖明辨》之研究》，臺北：中央大學中國文學研
　　究所碩士論文，1996 年 6 月。

許朝陽《胡煦易學研究》，臺北：私立輔仁大學中國文學研究所博
　　士論文，2000 年 6 月。

許維萍《宋元易學的復古運動》，臺北：私立東吳大學中國文學系
　　博士論文，2000 年。

許瑞宜《劉牧易學研究》，臺北：國立台南大學語文教育系碩士論
　　文，2005 年。

黃忠天《宋代史事易學研究》，臺北：國立高雄師範大學國文研究
　　所博士論文，1994 年。

曾復祺《朱震易學之研究》，臺北：私立銘傳大學應用中國文學系碩士論文，2008 年 6 月。

彭涵梅《邵雍元會運世說的時間觀》，臺北：國立臺灣大學哲學研究所博士論文，2004 年 6 月。

楊自平《吳澄之《易經》解釋與《易》學觀》，臺北：國立中央大學文學研究所博士論文，1999 年。

楊淑瓊《虞翻《易》學研究 —— 以卦變和旁通為中心的展開》，臺北：國立中興大學中國文學系碩士論文，2002 年。

楊雅妃《周濂溪太極圖說研究》，臺北：國立高雄師範大學國文學系碩士論文，1999 年。

劉慧珍《漢代易象研究》，臺北：私立輔仁大學中國文學研究所博士論文，1997 年 6 月。

賴貴三《焦循雕菰樓易學研究》，臺北：國立臺灣師範大學國文研究所博士論文，1993 年。

（二）中文期刊（包括研討會論文）

王家儉〈清代漢宋之爭的再檢討〉，《中央研究院國際漢學會議論文集》（第三冊），臺北：中央研究院，1981 年 10 月 10 日。

王樹人、喻柏林〈《周易》的「象思維」及其現代意義〉，《周易研究》，1998 年第 1 期，頁 1-8。

王新春〈哲學視野下的漢易卦氣說〉，《周易研究》，2002 年第 6 期，頁 50-61。

王鳳顯〈十四種八卦圖比較之管見 —— 中國易學思維研究〉，第 19 卷第 3 期，頁 93-96。

申江、胡紅〈符號思維與易圖發生〉，《昭通師範高等專科學校學報》，第 23 卷第 4 期，2001 年 12 月，頁 1-14。

任蘊輝〈論漢代易學的納甲〉,《中國哲學史》,1993 年第 8 期,頁 73-80。

宇亮〈對古易圖全息系統層次模型的認識〉,《周易研究》,1994 年第 1 期,頁 69-71。

李尙信〈孟喜卦氣卦序反映的思想初論〉,《中國哲學》,2001 年第 12 期,頁 34-38。

何麗野〈象的思維:說不可說 —— 中國古代形而上學方法法〉,《中國哲學》,2004 年第 4 期,頁 22-27。

林忠軍〈干寶易學思想研究〉,《周易研究》,1996 年第 4 期,頁 12-24。

林忠軍〈試析鄭玄易學天道觀〉,《中國哲學》,2003 年第 3 期,頁 44-52。

林忠軍〈《易緯》宇宙觀與漢代儒道合流趨向〉,《中國哲學》,2002 年第 12 期,頁 52-56。

林麗真〈如何看待易「象」 —— 由虞翻、王弼與朱熹對易「象」的不同看法說起〉,《周易研究》,1994 年第 4 期,頁 35-41。

周立升〈《周易參同契》的月體納甲學〉,《周易研究》,2000 年第 4 期,頁 35-40。

周山〈《周易》詮釋若干問題思考〉,《中國哲學》,2004 年第期,頁 49-55。

范愛賢〈《易》之「數」「圖」的文化符號學機制〉,《周易研究》,2009 年第 2 期,頁 65-69。

高懷民〈西漢孟喜改列卦序中的哲學思想〉,《周易研究》,2000 年第 2 期,頁 14-21。

康中乾〈《易經》卦圖解意〉,《周易研究》,1999 年第 3 期,頁 61-69。

唐明邦〈象數思維管窺〉,《周易研究》,1998 年第 4 期,頁 52-57。

唐琳〈朱震易學納甲觀初探〉,《周易研究》,2004 年第 1 期,頁 25-31。

唐琳〈朱震易學太極觀的哲理內涵〉,《武漢大學學報》(人文科學版),第 57 卷第 2 期,2004 年 3 月,頁 197-202。

唐琳〈朱震《周易》文本觀初探〉,《江漢論壇》,2005 年 6 月,頁 58-62。

唐琳〈從相關易圖看朱震易學的卦氣觀〉,《湖北大學學報》(哲學社會科學版),第 32 卷第 6 期,2005 年 11 月,頁 641-644。

唐琳〈朱震卦變思想解析〉,《周易研究》,2006 年第 3 期,頁 36-41。

唐琳〈朱震太極觀的哲學內涵與歷史影響〉,《孔子研究》,2007 年 2 月,頁 69-74。

孫廣才〈《易經》「卦變圖」中的組合理論〉,《渭南師專學報》(自然科學版),1995 年第 2 期,頁 42-45。

郭彧〈卦變說探微〉,《周易研究》,1998 年第 1 期,頁 9-20。

崔波〈京房易學思想述評(上)〉,《周易研究》,1994 年第 4 期,頁 17-23。

崔波〈京房易學思想述評(下)〉,《周易研究》,1995 年第 1 期,頁 26-34。

常秉義〈「卦變」說辨析〉,《周易研究》,1997 年第 4 期,頁 15-24。

陳恩林、郭守信〈關於《周易》「大衍之數」的問題〉,《中國哲學史》,1998 年第 3 期,頁 42-47。

陳世陜〈《周易》「象數」與現代系統學模型〉,《周易研究》,1997 年第 4 期,頁 3-14。

陳伯适〈從詮釋學觀點看惠棟易學〉,《政大中文學報》,第 6 期,2006 年 12 月,頁 183-208。

陳伯适〈虞翻取象表意的易學思維－從歷史性的意義下開展〉,國

立政治大學中國文學系《第六屆漢代文學與思想學術研討會論文集》，2008 年 3 月，頁 43-92。

陳伯适〈朱震易學中的傳統儒學本色〉，「2008 第二屆全國經學學術研討會」，臺北：高雄師範大學經學研究所，2008 年 11 月，頁 1-33。

陳伯适〈魏晉時期象數易學之發展流變－兼舉爻位觀與互體作說明〉，國立成功大學中國文學系《第六屆魏晉南北朝文學與思想國際學術研討會論文集》，2009 年 4 月，頁 281-308。

陳伯适〈朱震易學的氣化宇宙觀析探〉，《高明教授百歲冥誕紀念學術研討會論文集》，臺北：政治大學中國文學系，2009 年 10 月，頁 150-180。

陳伯适〈《易緯》數論的哲理性意義〉，國立政治大學中國文學系「第七屆漢代文學與思想國際學術研討會」，2009 年 10 月，頁 1-23。

陳伯适〈郝大通《太古集》的天道觀－以其《易》圖中的宇宙時空圖式爲主體〉，國立政治大學中國文學系經常性學術研討會，2009 年 11 月 27 日，頁 1-36。

陳伯适〈朱震易學的卦變思想析論〉，《第二屆東方人文思想國際學術研討會論文集》，臺北：玄奘大學東方人文思想研究中心、玄奘大學中國語文學系，2010 年 6 月，頁 1-40。

陳伯适〈朱震易學思想中「乾坤」的重要意義〉，《東華漢學》，第 12 期，2010 年 12 月，頁 159-188。

陳伯适〈論朱震易學以卦主申明卦義之說〉，「政大中文系經常性研討會」，臺北：國立政治大學中國文學系，2010 年 11 月，頁 1-21。

陳伯适〈宋代易圖詮述 —— 以朱震太極圖、河圖與洛書、先後天

易學圖式爲例〉,「政大中文系經常性研討會」,臺北:國立政治大學中國文學系,2011 年 4 月,頁 1-26。

陳伯适〈論朱震易學以象釋義的卦象主張之重要內涵〉,「第七屆中國經學國際學術研討會」,臺北:國立政治大學中國文學系,2011 年 4 月,頁 1-30。

陳伯适〈朱震易圖學中的納甲與消息圖式評述〉,《第三屆東方人文思想國際學術研討會論文集》,臺北:玄奘大學中國語文學系,2011 年 6 月,頁 190-220。

陳伯适〈論朱震互體取象之說〉,《國文學誌》,第 22 期,臺北:彰化師範大學國文學系,2011 年 6 月,頁 397-432。

陳守煜〈易圖的系統辨證思維剖析〉,《系統辨證學學報》,第 5 卷第 4 期,1997 年 10 月,頁 42-49。

梁韋弦〈「卦氣」與「歷數」,象數與義理〉,《中國哲學》,2002 年第 2 期,頁 43-47。

梁韋弦〈孟京易學的來源〉,《中國哲學》,2003 年第 11 期,頁 9-11。

張文智〈京氏易學中的陰陽對待與流行〉,《周易研究》,2002 年第 2 期,頁 39-53。

鈕恬〈略論《周易》卦爻變化的特點〉,《周易研究》,1999 年第 3 期,頁 25-36。

傅榮賢〈孟喜易學略論〉,《周易研究》,1994 年第 3 期,頁 4-7。

黃忠天〈「伊川易傳」對宋代史事派易學之影響〉,《高雄師大學報》,第 16 期,2004 年 6 月,頁 201-218。

黃忠天〈彭作邦《周易史證》述要〉,《高雄師大學報》,第 17 期,2004 年 12 月,頁 161-174。

楊作龍〈太極圖河洛探源〉,《洛陽師範學院學報》,2004 年第 6 期,頁 5-9。

雷喜斌〈朱熹對先天象數易圖之采借與改造淺論〉,《福建省社會
　　主義學院學報》,2009 年第 1 期,頁 45-50。

趙中國〈邵雍先天學的兩個層面:象數學與本體論－兼論朱熹對
　　邵雍先天學的誤讀〉,《周易研究》,2009 年第 1 期,頁 60-70。

戴君仁〈蘇軾與朱震的易學〉,《孔孟學報》,卷 26,1973 年 9 月,
　　頁 97-99。

劉慧珍〈漢代易學的特殊問題 —— 易象陰陽五行化試論〉,《第二
　　屆漢代文學與思想學術研討會》,臺北:國立政治大學中國文
　　學系主辦,1998 年 10 月 17 日。

劉玉建〈五行說與京房易學〉,《周易研究》,1996 年第 4 期,頁
　　1-11。

劉玉建〈鄭玄爻辰說述評〉,《周易研究》,1995 年第 3 期,頁 34-42。

劉玉建〈論魏氏月體納甲說及其對虞氏易學的影響〉,《周易研
　　究》,2001 年第 4 期,頁 21-25。

劉玉建〈試論京房易學中的世卦起月例〉,《周易研究》,1996 年
　　第 2 期,頁 17-20。

劉保貞〈五行、九宮與八卦 —— 胡渭《易圖明辨》「五行、九宮」
　　說述評〉,《周易研究》,2005 年第 2 期,頁 46-51。

劉謹銘〈劉牧易學研究〉,《玄奘人文學報》,第 8 期,2008 年 7
　　月,頁 53-84。

蔡方鹿〈朱熹以圖解《易》的思想〉,《重慶師院學報》(哲社版),
　　1997 年第 2 期,頁 59-64。

鄭萬耕〈易學中的陰陽五行觀〉,《周易研究》,1994 年第 4 期,
　　頁 24-32。

鄭萬耕〈易學中的整體思維方式〉,《周易研究》,1995 年第 4 期,
　　頁 62-70。

鄭吉雄〈論宋代易圖之學及其後之發展〉,《中國文學研究》,創刊
　　　號,1987 年 5 月。

鄭吉雄〈從經典詮釋傳統論二十世紀《易》詮釋的分期與類型〉,
　　　《中央大學人文學報》,第 20、21 期合刊,2001 年,頁
　　　175-242。

鄭吉雄〈從經典詮釋的角度論儒道《易》圖的類型與變異〉,《中
　　　央大學人文學報》,第 24 期,2001 年,頁 93-184。

鄭吉雄〈周敦頤《太極圖》及其相關的詮釋問題〉,臺北:大學追
　　　求卓越計劃 ── 「東亞近世儒學中的經典詮釋傳統第七次研
　　　討會」,2001 年 9 月 22 日。

蕭漢明〈論《京氏易傳》與後世納甲筮法的文化內涵〉,《周易研
　　　究》,2000 年第 2 期,頁 22-34。

蘇開華〈太極圖、河圖、洛書、八卦四位一體論〉,《學海》,1998
　　　年第 1 期,頁 67-74。